JÜRGEN GRÄSSLIN

SCHWARZBUCH
WAFFEN
HANDEL

Wie Deutschland am Krieg verdient

WILHELM HEYNE VERLAG
MÜNCHEN

Verlagsgruppe Random House FSC® N001967
Das für dieses Buch verwendete FSC®-zertifizierte Papier
Super Snowbright liefert Hellefoss AS, Hokksund, Norwegen.

2. Auflage
Originalausgabe 06/2013

Copyright © 2013 by Wilhelm Heyne Verlag, München,
in der Verlagsgruppe Random House GmbH
Printed in Germany 2013
Redaktion: Thomas Bertram
Umschlaggestaltung: Hauptmann & Kompanie Werbeagentur, Zürich
Satz: Buch-Werkstatt GmbH, Bad Aibling
Druck und Bindung: GGP Media GmbH, Pößneck
ISBN: 978-3-453-60237-3

www.heyne.de

Jürgen Grässlin zählt seit vielen Jahren zu den profiliertesten Rüstungs-
gegnern Deutschlands. Er ist Bundessprecher der Deutschen Friedensgesellschaft – Vereinigte KriegsdienstgegnerInnen (DFG-VK), Sprecher der Kampagne »Aktion Aufschrei: Stoppt den Waffenhandel!«
sowie der Kritischen AktionärInnen Daimler (KAD) und Vorsitzender
des RüstungsInformationsBüros (RIB e. V.). Er ist Autor zahlreicher
kritischer Sachbücher über Rüstungsexporte sowie Militär- und Wirtschaftspolitik, darunter internationale Bestseller. 2011 wurde Grässlin
mit dem »Aachener Friedenspreis« ausgezeichnet.

Inhalt

Vorwort

Den Opfern eine Stimme,
den Tätern Name und Gesicht

Mehr als zwei Millionen Menschen starben
bisher durch Kugeln aus den Läufen von
H&K-Waffen. Mohamed Jama aus Berbera (Nord-
somaliland) erhielt bei einem mit
G3-Gewehren verübten Massaker einen Kopf-
schuss. Er wird zeitlebens geistig behindert sein.

Ein Staat in einem Krisengebiet. Ein Staat, in dem die Demokratiebewegung auf eigenem Territorium und im Nachbarland mit Waffengewalt unterdrückt wird. Ein Staat ohne geschriebene Verfassung
und landesweite Wahlen. Ein Staat, der Facebook-Protestierer mit Folter bestraft, der die Rechte von Frauen massiv einschränkt. Ein Staat,
in dem die Scharia gilt, wo vermeintlichen Dieben auf Plätzen öffentlich Hände abgehackt, Homosexuelle und Christen hingerichtet
werden. Ein Staat, in dem eine Fatwa ausgerufen wird, wonach zukünftig nur muslimische Gotteshäuser bestehen dürfen. Ein aus west-
licher Sicht barbarischer Staat, der Erinnerungen ans tiefste Mittelalter wachruft.

Sprechen wir von einem Land auf der Achse des Bösen? Dessen
menschenverachtende Regierung, im »Krieg gegen den Terror« gewaltsam zum Guten bekehrt werden soll? Nicht im Mindesten! Saudi-Arabien ist ein befreundetes Land, das Königshaus in Riad gilt als
vertrauter Verbündeter der Bundesregierung, als enger Wirtschafts-
partner der Bundesrepublik Deutschland. Wie die Bundeskanzler vor
ihr, hofiert auch die bekennende Christin Angela Merkel das repressive Herrscherhaus von König Abdullah Bin 'Abdul 'Aziz al-Saud als
einen nahestehenden Freund. Waffenhandel als Beitrag zur Stabilisierung eines diktatorischen Regimes!

Bei Zusammenkünften mit Wirtschaftsdelegationen werden Menschenrechte pro forma angesprochen, und zugleich profitable Waffendeals eingefädelt. Zahlungskräftige Freunde belohnt man mit einer Lizenz zum Eigenbau von G36-Sturmgewehren, der Lieferung von
Kampfflugzeugen vom Typ Eurofighter Typhoon und einer Tausende
Kilometer langen Grenzsicherungsanlage rund um das Land. Freunde unterstützt man auch zukünftig im Kampf gegen externe und interne Feinde, beispielsweise mit Leopard-2-Kampfpanzern sowie –
gewünscht – mit Radpanzern Boxer und Spürpanzern Dingo (siehe
Kap. 3).[1]

Saudi-Arabien ist ein Beispiel unter vielen. Zu Recht verweist
die Gemeinsame Konferenz Kirche und Entwicklung (GKKE) in ihrem Rüstungsexportbericht 2012 darauf, dass im Vorjahr 64 Länder
Kriegswaffen und Rüstungsgüter erhalten hätten, deren Menschenrechtssituation vom Internationalen Konversionszentrum Bonn
(BICC) als sehr bedenklich eingestuft worden seien. Im Jahr 2010

waren es noch 48 Länder gewesen.[2] So steht Saudi-Arabien pars pro toto für die Ausweitung der Rüstungsexportgenehmigungen der Bundesregierung, für weitere Tabubrüche, für den grundlegenden Paradigmenwechsel: Nicht Restriktion, nicht Zurückhaltung, nicht Mäßigung und schon gar nicht die Wahrung der Menschenrechte stehen im Mittelpunkt der Rüstungsexportpolitik der Bundesregierung, sondern deutsche Wirtschafts- und Sicherheitsinteressen. Führende Politiker propagieren offen den Waffenhandel gegen Terrorismus und für die Sicherung der Rohstoffzufuhr der industrialisierten Welt. Beim Bergedorfer Gesprächskreis im September 2011 in Berlin und bei der Bundeswehrtagung im Oktober 2012 in Strausberg ließ die Bundeskanzlerin ihre neue Doktrin durchblicken: Fortan sollen Scheindemokraten und Despoten noch mehr Waffen aus Deutschland erhalten und das Geschäft selbst erledigen. So können mit dem Export von Mordwerkzeugen Auslandseinsätze der Truppe minimiert werden. Denn mit toten Bundeswehrsoldaten lassen sich keine Wahlen gewinnen.

An seinen Außengrenzen schottet sich der europäische Kontinent immer mehr ab und wird zur *Festung Europa*. Eines der jüngsten Beispiele sind die Genehmigungen für die Lieferung von Waffen und Rüstungsgütern an das diktatorische Regime von Abdelaziz Bouteflika. Seit April 1999 festigt der algerische Staatspräsident seine Macht mit Waffengewalt, wird die Demokratiebewegung im Land brutal unterdrückt, werden Christen verfolgt. Dessen ungeachtet genehmigte die Bundesregierung unter Kanzlerin Merkel Waffendeals mit dem Bouteflika-Regime im Umfang von rund 10 Mrd. Euro (siehe Kap. 4). Waffenhandel als Beitrag zu Völkerverständigung und Humanität? Keine andere Region bedroht den Weltfrieden stärker als der Nahe und Mittlere Osten. Nichtsdestotrotz zählen viele der dort gelegenen Staaten zu den Hauptempfängern deutscher Waffen.

Politisch heiß diskutiert sind U-Boot-Lieferungen an Israel. Am 21. März 2012 unterzeichneten Thomas de Maizière und Ehud Barak, die Verteidigungsminister Deutschlands und Israels, einen Vertrag zur Lieferung eines sechsten U-Bootes. Die israelische Marine verfügt bereits über drei moderne U-Boote der Dolphin-Klasse, zwei weitere stehen vor der Auslieferung, das fünfte und sechste sollen folgen. Mittels technischer Umrüstung können U-Boote der Dolphin-II-

Klasse Atomwaffen abfeuern (siehe Kap. 5). Waffenhandel als Beitrag zu Frieden und Gerechtigkeit?

In keinem anderen Politikbereich klaffen humanistischer Anspruch und tödliche Wirklichkeit weiter auseinander als beim staatlich legalisierten Waffenhandel. Solange sie menschenverachtende Waffenlieferungen unterstützen, sollten die Parteien CDU/CSU und SPD Begriffe wie »demokratisch«, »christlich« oder »sozial« aus ihrem Parteinamen streichen. »Liberal« im Sinne von Wirtschaftsförderung war nicht nur die Devise der FDP: Gemeinsam mit der SPD verfünffachten selbst Bündnis 90/Die Grünen in Regierungsverantwortung Rüstungsexporte in den Jahren 2002 bis 2005. Mit der Aufsehen erregenden Stellungnahme der früheren Justizministerin Herta Däubler-Gmelin entpuppt sich neben Bundeskanzler Gerhard Schröder auch der Grünen-Chef Joschka Fischer als zweite Schlüsselfigur. Der damalige Außenminister- und Vizekanzler, seinerzeit stellvertretender Vorsitzender im geheim tagenden Bundessicherheitsrat (BSR), votierte vielfach pro Rüstungsexport (siehe Kap. 2).

Die Gesamtbilanz ist bedrückend: Bundesregierungen gleich welcher politischen Couleur genehmigten Waffenhandel selbst mit diktatorischen Regimen. Bar jeglicher Transparenz oder gar Demokratie erfolgten und erfolgen diese Entscheide im BSR, einem Kabinettsgremium unter Leitung des jeweiligen Kanzlers bzw. der Kanzlerin.

Dieses Buch möchte Opfern und Zeugen eine Stimme geben. Denn noch immer werden die Opfer dieser Geschäftspolitik totgeschwiegen, noch immer werden Rüstungsexporte unter anderen Gesichtspunkten gesehen, maßgeblich unter monetären. Nicht zuletzt der Krieg in Libyen hat uns – einmal mehr – eindringlich vor Augen geführt, dass die Waffenhändler in Nadelstreifen keinerlei Skrupel kennen.

Kriege und Konflikte sind gut fürs Geschäft einer Industrie, deren führende Unternehmen sogar dem Global Compact der Vereinten Nationen beigetreten sind. Viele Rüstungskonzerne haben den UN-Verhaltenskodex für eine globalisierte Wirtschaft auf der Basis ethischer Wertvorstellungen unterzeichnet. Mehr noch: Firmenintern haben sie sich Ethikcodes, Verhaltensrichtlinien und Compliance-Organisationen gegeben – und täuschen somit moralisches Handeln vor. Denn zur Unterbindung des Waffenhandels mit menschenrechtsverletzenden Staaten haben all diese wohlfeinen Papiere nicht geführt.

Profitinteresse kennt keine Grenzen und keine Rücksichtnahme. Während der sozialen Unter- und Mittelschicht in Griechenland radikale Sparmaßnahmen zur staatlichen Haushaltssanierung aufgezwungen wurden (und weiterhin werden), profitierte die deutsche Rüstungsindustrie schamlos von milliardenschweren Geschäften mit dem griechischen Staat. Geld war in Athen genug vorhanden, zumindest für Waffenbeschaffungen. Im Jahr 2006 rangierte Griechenland gar auf Platz 2 der wichtigsten Bestellerländer deutscher Waffen.[3]

Überboten wird das eine Armenhaus durch das andere. Im Jahr 2010 bewilligte die Bundesregierung den Transfer von U-Booten, Teilen für Kampfschiffe und von Unterwasserortungsgerät an das portugiesische Militär im Gesamtwert von 811 739 201 Euro. Damit erklomm das total überschuldete Portugal Platz 1 der Empfängerländer deutscher Waffen.[4]

Rüstungsexport ist ein eiskaltes Geschäft. Ob Armut oder Menschenrechtsverletzung: Die Situation im Empfängerland spielt de facto *keinerlei* Rolle. Ihr wahres Gesicht zeigt die rüstungsproduzierende und -exportierende Industrie nirgendwo deutlicher als auf Rüstungsmessen. Deren schlimmste ist die im Zwei-Jahres-Turnus stattfindende IDEX. Während sich von Tunesien ausgehend in Nordafrika der Widerstand gegen die verhassten Diktatoren formierte, feierte die weltweite Rüstungscommunity im Februar 2011 in Abu Dhabi zeitgleich ihre Todesprodukte mit Waffenschauen und Kampfvorführungen.

An vorderster Front mit dabei deutsche Waffenfabrikanten von Rang und Namen: Atlas Elektronik, ATM ComputerSysteme, Blohm + Voss Naval, Carl Zeiss Optronics, Daimler AG und Daimler Trucks North America, Diehl BGT Defence, Diehl Defence Holding und Diehl Remscheid, Dynamit Nobel Defence, EADS, Eurofighter Jagdflugzeug GmbH, Fr. Lürssen Werft, GIWS Gesellschaft für intelligente Wirksysteme, Heckler & Koch, Howaldtswerke-Deutsche Werft, Junghans Microtec, Krauss-Maffei Wegmann, MTU Friedrichshafen, Northrop Grumman LITEF, Rheinmetall Defence, Rohde & Schwarz und die ZF Friedrichshafen AG – um nur einige von mehr als 70 deutschen Unternehmen zu nennen (siehe Kap. 5).[5]

Waffenhandel ist ein Bombengeschäft, denn am Ende zählt nur ei-

15

nes: Profit, Profit und nochmals Profit. Zur Vertuschung der Tatsache, dass Deutschland bestens am Krieg verdient, müssen Scheinargumente herhalten, zuallererst das der Arbeitsplätze. Dabei ist die Rüstungsindustrie zweifelsohne keine Schlüsselindustrie Deutschlands. Da hilft es wenig, dass eine Studie des Berliner Wirtschaftsforschungsinstituts WifOR im Auftrag des Lobbyverbandes BDSV für 2011 plötzlich annähernd 98 000 Erwerbstätige und 218 640 indirekte Beschäftigungsverhältnisse im Sektor der Sicherheits- und Verteidigungsindustrie errechnet haben will. Fakt ist, dass die Branche die Anzahl der direkt in der Rüstung Beschäftigten seit Ende der Achtzigerjahre von 400 000 auf unter 100 000 senken musste.[6] Fakt ist zudem, dass der Rüstungsexport gerademal 0,12 Prozent zum Gesamtexport beiträgt.[7] Dennoch rangiert Deutschland auf Platz drei der Weltwaffenexporteure. Diese Position wurde durch enthemmten Waffenhandel errungen, bar jeglicher moralischer und ethischer Werte. Seit Jahrzehnten beliefern deutsche Waffenschmieden selbst menschenrechtsverletzende und kriegführende Staaten in aller Welt.

Damit Waffenhandel funktioniert, muss er bestens geplant, vorbereitet, abgesprochen, beworben, herbeigeführt, erschlichen, erkauft, genehmigt und letztlich vollzogen werden. Dieses System funktioniert nicht zuletzt dank einer perfekt organisierten Lobbymaschinerie, in der die zahlreichen Zahnräder der Rüstungsindustrie, der Bundeswehr und der Politik, bestens geölt und geschmiert von mächtigen und einflussreichen Lobbyverbänden und deren Hintermännern, nahtlos ineinandergreifen. An der Spitze dieser Lobby-Organisationen stehen – national wie international – vermeintlich angesehene Persönlichkeiten der Wirtschaftswelt, der Streitkräfte und der Parteipolitik in Deutschland (siehe Kap. 4).

Über Direktexporte oder weltweit genehmigte Lizenzfertigungen gelangen immer mehr in Deutschland produzierte oder entwickelte Waffen und Rüstungsgüter in die entlegensten Winkel der Erde. In den allermeisten Fällen genehmigt die Bundesregierung, in den allerseltensten Fällen untersagt sie Waffenhandel. So standen im Jahr 2010 den Einzelausfuhrgenehmigungen im Wert von rund 4,75 Mrd. Euro und Sammelausfuhrgenehmigungen von 737,3 Mio. Euro abgelehnte Anträge im Volumen von 8,1 Mio. Euro gegenüber.[8] Schlimmer noch die absoluten Zahlen im Jahr danach: 2011 standen Einzelausfuhrgenehmigungen im Volumen von 5,41 Mrd. Euro und Sammelausfuhr-genehmigungen im Wert von 5,38 Mrd. Euro Ablehnungen im Gesamtwert von 24,8 Mio. Euro entgegen. Wurden 2010 gerademal 113 Anträge auf Genehmigung von Rüstungsgüterausfuhren abgelehnt, so waren es 2011 nur noch 105.[9]

Besteht dennoch der – angesichts der extrem hohen Genehmigungs-quote äußerst seltene – Verdacht ungesetzlichen Vorgehens, so verfolge ich diesen mit Strafanzeigen. Beispielsweise gegen Heckler & Koch, wie der in Kapitel 6 dieses Buches beschriebene Fall Mexiko nachdrücklich belegt. Einer der spektakulärsten Rüstungsexportfälle in Deutschland, dessen Hintergrundrecherche dieses Buch exklusiv liefert. Fälle wie diese aber stellen die Ausnahme dar, der eigentliche Skandal ist die Legalität und damit die Akzeptanz moralisch verwerflichen Handels. Geschätzte 98 Prozent aller bundesdeutschen Rüstungsexporte erfolgen mit Genehmigung der Kontrollbehörden oder des Bundessicherheitsrates.

Erstmals gibt dieses Schwarzbuch den Verantwortlichen des ungezähmten Waffenhandels Name und Gesicht. In 20 Täterprofilen wird die Verstrickung von Rüstungsmanagern und Politikern in Waffengeschäfte bzw. deren Genehmigung differenziert aufgezeigt. Die *Top Ten der Täter in der Politik* schont keine der fünf in wechselnden Koalitionen amtierenden Regierungsparteien. Als Vorsitzende des Bundessicherheitsrates verantworten die Bundeskanzler die brisantesten Rüstungsexporte: Schröder, Kohl, und – auf Platz 1 – Merkel führen das unrühmliche Politikerranking an. Sie alle haben sich mit ihrer Politik der Unterstützung oder Genehmigung grenzenlosen Waffenhandels mitschuldig gemacht am legalen Export und damit am Einsatz deutscher Waffen mit zahllosen Opfern in Kriegen und Bürgerkriegen in aller Welt.

Ebenso wenig schont die *Top Ten der Täter in der Rüstungsindustrie* die Waffenhändler in den Chefetagen rüstungsproduzierender und -exportierender Unternehmen. Täglich sterben schätzungsweise durchschnittlich 112 Menschen allein durch den Einsatz von Heckler & Koch-Waffen – in etwa so viele wie beim vielbeachteten Massaker von Kunduz (siehe Kap. 6). Auf Platz 1 im Täterranking rangiert der Hauptgesellschafter von Europas tödlichstem Unternehmen: Andreas Heeschen vom Kleinwaffenexporteur H&K. Beide Täterrankings 2012 finden sich nach Kap. 7. Wer über Rüstungsexporte diskutieren, wer Rüstungsexporte reduzieren und stoppen will, der muss die Grundlagen und Zusammenhänge und die Akteure des Systems kennen. Genau diese Informationen will das *Schwarzbuch Waffenhandel* vermitteln. Dabei wird anhand von Fallbeispielen den folgenden Schlüsselfragen nachgegangen:

- Welche deutschen Waffen gelangen auf welchen Wegen in Krisen- und Kriegsgebiete?
- Welche Parteien genehmigen Waffenhandel selbst mit menschen- rechtsverletzenden und kriegführenden Staaten?
- Welche Unternehmen verdienen am Geschäft mit dem Tod?
- Welche Banken finanzieren rüstungsexportierende Unternehmen?
- Wer sind die Täter, wer die Opfer dieser skrupellosen Politik?

Zur Beantwortung dieser Fragen soll dieses Buch beitragen. Und es will Mut machen zum aktiven Eintreten für eine gerechtere und friedlichere Welt.

Jürgen Grässlin,
Freiburg im Breisgau,
im Februar 2013

Anmerkung: Auf meiner Homepage (**www.juergengraesslin.com** > Buchautor > Schwarzbuch Waffenhandel) finden Sie viele weitere Informationen zum Buch, unter anderem eine ausführlichere Erläuterung der *Top Ten der Täter in der Politik* und der *Top Ten der Täter in der Rüstungsindustrie,* ein *Glossar* mit den maßgeblichen Begriffen zum Rüstungsexport und eine Dokumentation rechtlicher *Grundlagentexte zum Thema Waffenhandel.*

1 »Die Merkel-Doktrin« in *der Spiegel* vom 3. Dezember 2012, S. 20 f.
2 GKKE-Bericht, S. 7.
3 Rüstungsexportbericht 2006, S. 24.
4 Rüstungsexportbericht 2010, S. 17.
5 www.idexuae.cfm > Exhibition List.
6 Studie »Quantifizierung der volkswirtschaftlichen Bedeutung der Sicherheits- und Verteidigungsindustrie für den deutschen Wirtschaftsstandort« des Wirtschaftsforschungsinstituts WifOR vom November 2012, S. 7.
7 Rüstungsexportbericht 2011, S. 33.
8 Rüstungsexportbericht 2010, S. 3 und 17.
9 Rüstungsexportbericht 2011, S. 6 und 20.

Kapitel 1

Der Verfassungsbruch und seine Folgen

Wie Deutschland zur Weltmacht beim Waffenhandel aufsteigen konnte

Rekordhalter Helmut Kohl (CDU) – in seiner 16-jährigen Amtszeit als Bundeskanzler genehmigte Kohl mehr Rüstungsexporte als jeder seiner Amtskollegen. Im Hintergrund Gerhard Stoltenberg, der wegen illegaler Panzergeschäfte mit der Türkei vom Amt des Verteidigungsministers zurücktreten musste.

1.1 Der doppelte Sündenfall des Franz Josef Strauß

Von der Kapitulation zur Remilitarisierung

In Berlin-Karlshorst treffen sich in tiefer Nacht Repräsentanten der vier Alliierten. Vergeblich hat Großadmiral Karl Dönitz den Versuch unternommen, den Westmächten gegenüber wenigstens eine Teilkapitulation durchzusetzen.

Der deutschen Delegation gehören neben Keitel auch Generaloberst Hans-Jürgen Stumpff und Generaladmiral Hans-Georg von Friedeburg an. In dieser Nacht des 9. Mai 1945 unterzeichnen sie die Urkunde, welche die aberwitzige Vision des »Tausendjährigen Reiches« nach sechs Kriegsjahren beendet. Notgedrungen erklärt die deutsche Militärspitze gegenüber dem Oberkommando der Roten Armee und dem der Expeditionsstreitkräfte der Alliierten »die bedingungslose Kapitulation aller unserer Streitkräfte zu Lande, zu Wasser und in der Luft« . Dieses Papier besiegelt das Ende des Zweiten Weltkrieges.[1]

Mit den Politischen Grundsätzen des Potsdamer Protokolls legten die Alliierten im August ihre Ziele fest. Die »völlige Abrüstung und Entmilitarisierung Deutschlands und die Ausschaltung der gesamten deutschen Industrie, welche für eine Kriegsproduktion benutzt werden kann«, waren in Punkt 1 festgeschrieben. Mit der vollständigen und endgültigen Auflösung aller Land-, See- und Luftstreitkräfte und sämtlicher militärischer Strukturen und Organisationen sollte der »Wiedergeburt oder Wiederaufrichtung des deutschen Militarismus und Nazismus« vorgebeugt werden.

Nach Ansicht von Prof. Wolfram Wette erkannten die Alliierten den deutschen Militarismus »in seinen vielschichtigen strukturellen Zusammenhängen«. Verantwortliche Eliten in wichtigen Privatunternehmen, so das Potsdamer Protokoll, sollten von ihren Posten entfernt werden. Vorgaben wie diesen misst Wette, vormals Historiker am Militärgeschichtlichen Forschungsamt, eine immense Bedeutung zu: von der Funktion der Entmachtung von Wirtschaftseliten über die Entflechtung bis hin zur Dekartellisierung. Zu den entscheidenden Schritten zählt der Militärhistoriker auch die damals stattfindenden Kriegsprozesse gegen Wirtschaftsführer der NS-Zeit.

Am 23. Mai 1949 um 24.00 Uhr trat das Grundgesetz für die Bundesrepublik Deutschland (GG) in Kraft, die Verfassung der Deutschen Demokratischen Republik (DDR) am 7. Oktober desselben Jahres. Mit der Wiedervereinigung am 3. Oktober 1990 wurde die DDR-Verfassung außer Kraft gesetzt, das Grundgesetz seither die Verfassung des gesamten deutschen Volkes.

Vier Jahre nach dem Ende des Zweiten Weltkrieges erfolgte die damalige Verfassungsgebung »von dem Willen beseelt, als gleichberechtigtes Glied in einem vereinten Europa dem Frieden der Welt zu dienen«, so die Präambel des Grundgesetzes. Dieser Friedensgedanke findet sich wieder in Artikel 26, in dem die »Friedenssicherung« festgeschrieben wurde. In Absatz 1 heißt es dort: »Handlungen, die geeignet sind und in der Absicht vorgenommen werden, das friedliche Zusammenleben der Völker zu stören, insbesondere die Führung eines Angriffskrieges vorzubereiten, sind verfassungswidrig. Sie sind unter Strafe zu stellen.« Auf dieser Grundlage führt Absatz 2 aus: »Zur Kriegsführung bestimmte Waffen dürfen nur mit Genehmigung der Bundesregierung hergestellt, befördert und in Verkehr gebracht werden. Das Nähere regelt ein Bundesgesetz.«[2] Genau dies sollte zwölf Jahre später und in doppelter Form festgeschrieben werden.

Noch aber wirkten die Kräfte der Vergangenheit. Ausdrücklich weist Wolfram Wette auf die kapitalen Fehler hin, welche die christlich-liberale Bundesregierung unter dem ersten deutschen Bundeskanzler, Konrad Adenauer, Mitte der Fünfzigerjahre des vorigen Jahrhunderts verantwortete. Im Auftrag des Bundeskanzlers durften ehemalige Wehrmachtsoffiziere die »neue Wehrmacht« planen, so Wette. Auch wenn 1956 die Umbenennung in »Bundeswehr« erfolgte, stammten die bis 1957 ernannten 44 Generäle und Admirale allesamt aus der Wehrmacht und damit aus der Hitler-Ära. Zwei Jahre danach dienten im Offizierkorps der Bundeswehr mit ihren 14 900 Berufssoldaten beachtliche 12 360 frühere Wehrmachtsoffiziere.[3]

Zur Remilitarisierung Deutschlands gehörte neben einer eigenen

Armee auch der Wiederaufbau einer eigenständigen Rüstungsindustrie. Begünstigt wurden diese Vorhaben durch das Aufkommen des Kalten Krieges zwischen den vormaligen Kriegsverbündeten, den Vereinigten Staaten von Amerika und der Sowjetunion. Jetzt zeigten vor allem die USA Interesse an der deutschen Wiederbewaffnung, eine Chance, welche die Adenauer-Regierung zu nutzen wusste – von der Aufstellung eigener Streitkräfte über den Aufbau von Produktionskapazitäten in der Rüstungsindustrie bis hin zu ersten Rüstungsexporten der Bundesrepublik Deutschland. Die Gespenster der Vergangenheit kehrten in neuem Gewand zurück.

Wie die Verfassung gebrochen wurde

In den Fünfziger- und Sechzigerjahren schlug die Stunde eines Mannes, der die grundlegenden Voraussetzungen dafür schaffen sollte, dass Deutschland mit seinen Streitkräften und der Rüstungsindustrie wieder auf der internationalen Bühne mitmischen konnte. Franz Josef Strauß, Abgeordneter des oberbayerischen Wahlkreises Weilheim, war von 1953 bis 1955 Bundesminister für besondere Aufgaben in der Regierung von Bundeskanzler Konrad Adenauer.

Die Einrichtung des Bundesverteidigungsrates – Vorläufer des heutigen Bundessicherheitsrats – geht auf einen Kabinettsbeschluss vom 6. Oktober 1955 zurück.[4] Den Impuls hierzu hatte Strauß gegeben. Der Münchner begründete seine Initiative zur Einrichtung des Bundesverteidigungsrates damit, dass »die äußere Sicherheit nicht nur Soldaten zufallen könne und dass die Landesverteidigung auch von anderen Funktionen des Staates abhängig sei«.[5]

Infokasten 1/1

Der Bundessicherheitsrat – todbringende Entscheidungen in geheimer Sitzung

Auf Initiative des Bundesministers für besondere Aufgaben, Franz Josef Strauß, erfolgte die Einrichtung des Bundesverteidigungsrates mit Beschluss der 99. Sitzung des Bundeskabinetts am 6. Oktober 1955. Der Bundesverteidigungsrat wurde von der folgenden Großen Koalition aufgelöst, die Umbenennung in »Bundessicherheitsrat« (BSR) erfolgte am 29. Oktober 1969.[6] Im Laufe der Jahrzehnte definierte der Rat unterschiedliche Kernaufgaben. In den Achtzigerjahren richtete sich der Fokus zunehmend auf Fragen der Abrüstung und Rüstungskontrolle. Die Zentrierung auf den Waffenhandel erfolgte in den Neunzigerjahren. Mit ihrer Koalitionsvereinbarung vom 20. Oktober 1998 definierte die rot-grüne Bundesregierung die Rückorientierung auf den vormals erweiterten Aufgabenbereich. Sie werde »dem Bundessicherheitsrat seine ursprünglich vorgesehene Rolle als Organ der Koordinierung der deutschen Sicherheitspolitik zurückgeben und hierfür die notwendigen Voraussetzungen schaffen«, so die von Gerhard Schröder und Joschka Fischer geführte Bundesregierung.[7]

Als Kabinettsausschuss der Bundesregierung befasst sich der BSR mit der Genehmigung besonders brisanter Rüstungsexporte, der Koordinierung der Sicherheitspolitik Deutschlands und der Abstimmung der strategischen Ausrichtung. Beratungen des BSR finden unregelmäßig statt, sie unterliegen nach dem Verständnis der Wissenschaftlichen Dienste des Bundestages der Geheimhaltung. Weder über die Tagesordnung noch über das Zusammenkommen als solches wird informiert. Als geheime Verschlusssache werden die BSR-Protokolle in der Registratur im Bundeskanzleramt aufbewahrt.[8]

Heute gehören dem BSR neun Mitglieder an: der Bundeskanzler, der Chef des Bundeskanzleramts sowie die Bundesminister des Auswärtigen, der Finanzen, des Inneren, der Justiz, der Verteidigung, für Wirtschaft und (seit 1998) für wirtschaftliche Zusammenarbeit und Entwicklung. Im Bedarfsfall nehmen weitere Bundesminister sowie der Generalinspekteur der Bundeswehr beratend teil. Beobachterstatus hat der Chef des Bundespräsidialamtes.

Strauß, 1956 zum zweiten Verteidigungsminister der Bundesrepublik Deutschland berufen, präsentierte nur ein Jahr danach seine Pläne zur atomaren Wiederbewaffnung. Mit den Pariser Verträgen hatte sich Deutschland zwar zum Produktionsverzicht verpflichtet, unterlag aber keinem Einsatzverbot von Atomwaffen. Gemeinsam mit Adenauer forcierte Strauß die militärische Nutzung atomarer Waffen. Am 25. März 1958 erfolgte der Beschluss zur nuklearen Bewaffnung der Bundeswehr. Die atomare Teilhabe der NATO eröffnete auch den deutschen Streitkräften die Möglichkeit, diese Massenvernichtungswaffen im Kriegsfall einzusetzen.

Angesichts dieses Bedrohungsszenarios und der Tatsache, dass in

Deutschland zu Beginn der Sechzigerjahre des 20. Jahrhunderts noch keine nennenswerten Kapazitäten zur Produktion konventioneller Waffen zur Verfügung standen, war das damalige Vorgehen des Verteidigungsministers in seiner Tragweite kaum einschätzbar: Franz Josef Strauß verantwortete nicht nur die Einrichtung des Bundesverteidigungsrates, ihm ist auch ein rechtlicher Trick anzulasten, der zur Aushebelung der Verfassung führte. Statt »ein Bundesgesetz« zu schaffen, wie in Artikel 26 (2) des Grundgesetzes vorgeschrieben, brachte Strauß zwei Ausführungsgesetze auf den Weg:

1. das Gesetz über die Kontrolle von Kriegswaffen, kurz Kriegswaffenkontrollgesetz (KrWaffKontrG bzw. KWKG) mit der ergänzenden Kriegswaffenliste (KWL) und
2. das Außenwirtschaftsgesetz (AWG) mit der ergänzenden Verordnung zur Durchführung des Außenwirtschaftsgesetzes, kurz Außenwirtschaftsverordnung (AWV).

Seit Inkrafttreten der beiden Ausführungsgesetze am 1. Juni 1961 (KWKG) und am 1. September 1961 (AWG) sieht sich jeder Rüstungsexporteur mit einem vermeintlich strikten Kontrollregime konfrontiert.

Tatsächlich reglementiert das Kriegswaffenkontrollgesetz alle Vorgänge bezüglich der in der Kriegswaffenliste (KWL) definierten Kriegswaffen streng. Trotz einiger Schwachstellen setzt das KWKG insgesamt klare Vorgaben für die Herstellung, das Inverkehrbringen und die Beförderung. Schwerpunkt ist der Kontrollmechanismus auf deutschem Territorium. Für die gesamte Kette, von der Produktion über die Beförderung bis hin zum Vertrag für die Überlassung von Kriegswaffen, bedarf es der Genehmigung.

Entgegen der weit verbreiteten Ansicht, für den Export von Waffen und Rüstungsgütern in andere Staaten sei einzig das Kriegswaffenkontrollgesetz ausschlaggebend, ist realiter das Außenwirtschaftsgesetz (AWG) maßgeblich. Die Verabschiedung eines zweiten Ausführungsgesetzes zu Artikel 26 (2) des Grundgesetzes widerspricht der grundgesetzlichen Vorgabe *eines* Bundesgesetzes. Mit dem wirtschaftskonformen AWG öffnete Franz Josef Strauß dem Handel mit Waffen und Rüstungsgütern – und damit auch mit den zivil wie militärisch einsetzbaren Dual-Use-Gütern – Tür und Tor. In der Praxis wird das strikte KWKG damit ausgehebelt, die grundgesetzliche Vorgabe hintergangen. Das AWG regelt den Waren-, Dienstleistungs-, Kapital-, Zahlungs- und sonstigen Wirtschaftsverkehr mit fremden Wirtschaftsgebieten – gemeint ist all das, was das Territorium der Bundesrepublik Deutschland verlässt. Diese Transfers sind »grundsätzlich frei«. Restriktionen tauchen im AWG zumeist als Kann-Vorschrift auf, sind jedoch in vielen Fällen nicht verbindlich. Ergänzend wurde die Verordnung zur Durchführung des Außenwirtschaftsgesetzes, kurz Außenwirtschaftsverordnung (AWV), erlassen. Sie enthält gemäß § 27 Absatz 1 des AWG Genehmigungs-, Verfahrens- und Meldebestimmungen sowie Straf- und Bußgeldvorschriften.

Die zentralen rechtlichen Aspekte des KWKG und des AWG – scharfes Kontrollregime durch das Kriegswaffenkontrollgesetz und grundsätzlich freier Wirtschaftsverkehr durch das Außenwirtschaftsgesetz« – finden sich auf der Homepage www.juergengraesslin.com > Buchautor > Schwarzbuch Waffenhandel.

Die Genehmigungen zur Kriegswaffenausfuhr erteilt die jeweils amtierende Bundesregierung. Mit Ausnahme der für die Aufrechterhaltung der öffentlichen Sicherheit zuständigen Behörden, der Bundeswehr und des Zollgrenzdienstes fällt die Exportkontrolle in den Zuständigkeitsbereich des Bundesministeriums für Wirtschaft und Technologie (BMWi). Im Einvernehmen mit dem Auswärtigen Amt und dem Bundesverteidigungsministerium genehmigt das BMWi Anträge zur Ausfuhr von Kriegswaffen. Die zuständige Behörde für die Genehmigung sonstiger Rüstungsgüter und für Dual-Use-Güter ist das Bundesamt für Wirtschaft und Ausfuhrkontrolle (BAFA) in Eschborn, hier wird auch der überwiegende Teil der Rüstungsexportgeschäfte abgewickelt.[9] Der Name ist Programm. Im Bundesamt *für* Wirtschaft wird der Großteil der Rüstungsexportgeschäfte zügig abgewickelt.

Im Jahr 2011, genau fünfzig Jahre nach in Kraft treten des KWKG 1961, sollte Holger Rothbauer, Rechtsexperte in Sachen Kriegswaffenkontrolle, vom »entscheidenden Ausgangspunkt des Sündenfalls« sprechen. Damals wurde geregelt, dass das KWKG den Export von

Kriegswaffen unter einen Genehmigungsvorbehalt stellt. Demnach ist »alles verboten, was nicht explizit erlaubt ist«. Im Gegensatz dazu erfüllt das AWG die Funktion eines, so Rothbauer, Außenwirtschaftsförderungsgesetzes, denn erlaubt ist erst einmal alles, was nicht explizit verboten ist.[10]

Die Folgen der Strauß'schen Rüstungsexportpolitik erfassten neben den Kriegswaffenexporten einen weiteren, nicht minder folgenschweren Bereich: den der sonstigen Rüstungsgüter, die in Teil I Abschnitt A, der Ausfuhrliste aufgeführt sind. Sie zählen nicht zu den Kriegswaffen, dementsprechend setzt deren Export lediglich eine Genehmigung nach AWG und AWV voraus. Laut Rothbauer hat die Trennung in KWKG und AWG den Jahrzehnte währenden Exportboom bei den sonstigen Rüstungsgütern erst ermöglicht. Zu den tödlichsten Folgen zählen die Exporte von Produktionsmaschinen bis hin zu ganzen Waffenfabriken gemäß AWG, allen voran die Fabrikationsanlagen zur Fertigung des Schnellfeuergewehrs G3 des Oberndorfer Rüstungsproduzenten Heckler & Koch. Bereits 1961 nahm das Drama seinen Lauf, als die Bundesregierung, damals im Besitz der G3-Lizenz, dem diktatorischen Regime in Portugal den Nachbau des H&K-Gewehrs genehmigte. Weitere 14 Lizenzvergaben allein für G3-Gewehre sollten folgen. 2008 genehmigte die Große Koalition die Lizenzvergabe für das neue Sturmgewehr G36 an Saudi-Arabien. Sämtliche Lizenzvergaben erfolgten gemäß Außenwirtschaftsgesetz.

Nicht minder kritisch urteilt Christine Hoffmann, Generalsekretärin der katholischen Friedensorganisation pax christi Deutschland. Mit der Ergänzung des Kriegswaffenkontrollgesetzes von 1961 durch das Außenwirtschaftsgesetz sei »die Rechtsphilosophie auf den Kopf gestellt« worden.

Tatsächlich zielt Artikel 26 des Grundgesetzes in seiner seit 1949 unveränderten Fassung eindeutig in die Richtung des Friedensgebots: Handlungen, die geeignet sind, das friedliche Zusammenleben der Völker zu stören, sahen die Mütter und Väter der Verfassung unter bestimmten Umständen sogar als verfassungswidrig an. Sie seien unter Strafe zu stellen (GG Art 26.1). Dieser Friedenspflicht entspreche, so Hoffmann, die Einschränkung von Herstellung und Vertrieb »zur Kriegsführung bestimmter Waffen«. Die Generalsekretärin von pax christi fordert die Umsetzung der Intention des KWKG Grundgesetz-Artikels 26 (2) durch das Kriegswaffenkontrollgesetz – »ein Gesetz, das dem Grundsatz folgt, dass alles verboten ist, was nicht ausdrücklich erlaubt wird«. Hoffmanns Forderungen betreffen einen Aspekt, den die Rüstungsexportpolitik der Sechzigerjahre fast vollständig ausklammerte. Beim Waffenhandel dürfe es nicht um Wirtschaftsförderung gehen, vielmehr müsse sich »ethisch verantwortbare Politik« am Friedensgebot des Grundgesetzes orientieren.

Mit Strauß aber, so Hoffmann, habe die Wirtschaftsförderung in den Waffenhandel Einzug gehalten. Diese Perspektive relativiere »in gefährlicher Weise die verheerenden Folgen der Waffengeschäfte«. Laut Hoffmann müsse die Genehmigung zur Ausfuhr von Kriegswaffen, Rüstungsgütern und Waffenkomponenten »zur absoluten Ausnahme werden«, zudem öffentlich begründet und parlamentarisch legitimiert sein. Die Generalsekretärin von pax christi fordert eine Rückbesinnung auf frühere Maßstäbe: »Umkehr beim Rüstungsexport bedeutet eine Erinnerung an das Friedensgebot des Grundgesetzes und die Abwendung von der aktuellen auf Wirtschaftsförderung ausgerichteten Genehmigungspraxis.«[11]

Eine Praxis, die Franz Josef Strauß mit seinem Vorgehen für Jahrzehnte ausgehebelt hat. Der CSU-Politiker darf stattdessen für sich in Anspruch nehmen, der Vater einer schier grenzenlosen Rüstungsexportpolitik zu sein. Seit der Verabschiedung besagter beider Ausführungsgesetze muss jeder Schlagbolzen eines Sturmgewehrs und jedes Rohr eines Kampfpanzers gemäß Kriegswaffenkontrollgesetz beim Produzenten genauestens erfasst und beim Transport zum Ausfuhrort scharf kontrolliert werden. Ab Bremerhaven oder dem Frankfurter Flughafen jedoch gilt der Primat des freien Warenhandels gemäß Außenwirtschaftsgesetz. Politisch geschickt geregelt im Interesse der deutschen Rüstungsindustrie.

Bis Mitte der Fünfzigerjahre des vorigen Jahrhunderts galt das durch die Besatzungsmächte verhängte Rüstungsproduktions- und damit zugleich Rüstungsexportverbot. Kaum war es aufgehoben, zeigten sich in der Ära Adenauer erste Auswirkungen der Strauß'schen Militarisierungs- und Aufrüstungspolitik: Deutschland partizipierte, wenn auch mangels existierender bzw. funktionierender Rüstungsindustrie auf äußerst niedrigem Niveau, am weltweiten Waffenhandel. Erste Exporte konventioneller, also nicht atomarer, biologischer oder chemischer Waffen aus der Bundesrepublik lassen sich ab dem Jahr 1955 belegen. Zu diesen konventionellen Waffen zählen beispielsweise Pistolen und Gewehre (Kleinwaffen) bzw. Kriegsschiffe, Kampfpanzer, Militärhelikopter oderJagdflugzeuge (Großwaffensysteme).

Der aufkommende Kalte Krieg fand seinen Niederschlag auch im staatlichen Waffenhandel. Sichtbar wurde diese Entwicklung erstmals 1966, im letzten Jahr der von Bundeskanzler Ludwig Erhard (CDU) geführten christlich-liberalen Koalitionsregierung. Bis Ende November vom Kabinett Erhard verantwortet, erfuhren die Rüstungstransfers eine deutliche Steigerung auf 80 Mio. US-Dollar (1966). Die Partizipation der Sozialdemokraten in der Großen Koalition unter Bundeskanzler Kurt Georg Kiesinger (CDU) und seinem Vize Willy Brandt (SPD) wirkte sich anfangs positiv aus: Mit einem Umfang von 10 Mio. US-Dollar (1967) und fünf Mio. US-Dollar (1968) wurden die deutschen Rüstungsexporte auf das Niveau der Fünfzigerjahre heruntergefahren.[12]

Statt die Kriegsmacht Deutschland nach den bitteren Erfahrungen des Nationalsozialismus zum Friedensreich umzugestalten, nutzten die späteren Bundesregierungen die wachsende Bedrohungslage der Blockkonfrontation von NATO und Warschauer Pakt sukzessive zur Remilitarisierung. In den Siebzigerjahren nahm der Wiederaufstieg der deutschen Rüstungsindustrie und der damit einhergehende Boom des deutschen Waffenhandels seinen Lauf – für manche erschreckend, dass diese Entwicklung sich ausgerechnet unter den sozialdemokratischen Kanzlern Brandt und Schmidt vollzog.

Täterprofil

Franz Josef Strauß – Wegbereiter des deutschen Waffenhandels

Am 6. September 1915 in der Münchener Schellingstraße geboren, wuchs Franz Josef Strauß in Zeiten des NS-Regimes auf. Er wurde Mitglied des Nationalsozialistischen Kraftfah-

rerkorps (NSKK), Referent beim NSKK-Sturm und Wehr-
machtssoldat. Trotz seines Militärdienstes in Landsberg und
Trier konnte er sein Studium in München fortsetzen und mit
dem Zweiten Staatsexamen für das Höhere Lehramt abschlie-
ßen. Strauß beteiligte sich am Westfeldzug und Russlandfeld-
zug, wurde 1944 Chef einer Stabsbatterie und Offizier für wehr-
geistige Führung.

Nach seiner Kriegsgefangenschaft folgte eine steile Parteikarriere in der CSU, deren erster Generalsekretär er wurde. Von
1961 bis zu seinem Tod war Strauß CSU-Vorsitzender und seit
1978 bayerischer Ministerpräsident, außerdem stelltretender
Fraktionsvorsitzender der CDU/CSU-Fraktion im Deutschen
Bundestag. Der Abgeordnete des oberbayerischen Wahlkreises Weilheim wurde zum Bundesminister für besondere Aufgaben (1953–1955), für Atomfragen (1955 und 1956), der Verteidigung (1956–1962) und der Finanzen (1966–1969) berufen.

Strauß erhielt zahlreiche zivile und militärische Ehrungen
und Auszeichnungen im In- und Ausland.

Als Verteidigungsminister in der Nachfolge von Theodor
Blank gehörte Strauß ab 1956 zu den zentralen Akteuren der
deutschen Remilitarisierung nach dem Zweiten Weltkrieg.
Schon 1957 präsentierte er seine Pläne zur atomaren Wiederbewaffnung.

Die Liste der problematischen Aktivitäten im Bereich der
Rüstungsexporte und -importe unter seiner Ägide ist lang:

- Mit seiner politischen Einflussnahme als damals zuständiger Bundesverteidigungsminister wurden – entgegen der
Vorgabe in Artikel 26 (2) des Grundgesetzes – zwei Ausführungsgesetze zum Rüstungsexport geschaffen. Jeweils 1961
wurde dem für das deutsche Territorium geltenden strikten
Kriegswaffenkontrollgesetz (KWKG) das exportfördernde
Außenwirtschaftsgesetz (AWG) an die Seite gestellt. Strauß
verantwortete mit Zustimmung der Mehrheit des Deutschen
Bundestages die Schaffung einer dem Grundgesetz entgegen-

stehenden neuen Rechtslage. Diese öffnete dem Export von Kriegswaffen und Rüstungsgütern über das AWG als Verbotsvorbehaltsgesetz Tür und Tor – laut Rechtsanwalt Rothbauer ein »Verfassungsbruch«.[13]

- Trotz des millionenfachen Mordes an den Juden im Rahmen des Holocaust verbanden Israel und Deutschland seit Mitte der Fünfzigerjahre vergleichbare Interessen: Beide Staaten planten den Aufbau starker Streitkräfte und die Schaffung einer eigenen Rüstungsindustrie. Strauß setzte sich nach Kräften für ein militärisch starkes Israel ein, wobei die Rüstungskooperation beider Staaten seit 1954 weitgehend geheim gehalten wurde. Trotz des Waffenproduktionsverbots lieferte Deutschland zwei Patrouillenboote an Israel.[14]

- Türöffner war das von Strauß geführte Verteidigungsministerium auch bei den folgenschwersten Rüstungsexportentscheidungen in der deutschen Geschichte. Im Jahr 1961 bot der Bund dem portugiesischen Diktator António de Oliveira Salazar die Nachbaurechte für das G3-Gewehr von Heckler & Koch an. Salazars Streitkräfte wüteten mit den in Deutschland entwickelten und in den portugiesischen Waffenschmieden FMBP und INDEP nachgebauten Schnellfeuergewehren in den portugiesischen Kolonien in Afrika. Damit war Portugal der erste von insgesamt fünfzehn Staaten, welche die G3-Nachbaurechte von der jeweiligen Bundesregierung erwarben. Wie viele Lizenznehmer re-exportierte auch Portugal Waffen. So lieferte es 1977 und 1978 die immense Anzahl von 150 000 G3-Gewehren nach Südafrika. Mit Hilfe dieser Waffen sicherte das dortige Apartheid-Regime lange Jahre seine Macht und unterdrückte die farbige Bevölkerung.[15]

- Strauß' politische Karriere war von zahlreichen Skandalen geprägt. Der frühere Verkäufer von Lockheed, Paul White, warf Strauß und dem Deutsche-Bank-Vorstand Hermann Josef Abs vor, bei einem Waffendeal Gelder kassiert zu haben – dabei waren Flugzeuge des Typs Lockheed Constellation und Electra an die deutsche Lufthansa verkauft worden. Mangels gerichtsfester Nachweise kam es nie zu Anklagen gegen Strauß oder Abs.

- 1958 entschied Strauß sich für die Beschaffung von US-Starfightern F-104 für die Bundeswehr. Der Vertrag wurde vom Bundesrechnungshof als »miserabel« eingestuft. Bei der Starfighter-Affäre, zuweilen als Lockheed-Skandal tituliert, flossen gleich in mehreren NATO-Staaten Bestechungsgelder. Insgesamt wurden 916 der US-amerikanischen Kampfflugzeuge gekauft bzw. in Lizenz nachgebaut. Wegen der technischen Probleme der deutschen Version wurde der Starfighter auch als »Witwenmacher« verhöhnt – bei insgesamt 292 Abstürzen verloren 115 Piloten ihr Leben.[16]

- Als Rüstungs-, Militär- und Außenpolitiker pflegte Strauß rege Reise- bzw. Geschäftskontakte mit Dikatoren, z. B. zu Mao Zedong in Peking, Pieter Willem Botha in Südafrika und Alfredo Stroessner in Paraguay. Strauß unterstützte das diktatorische Regime Augusto Pinochets: »Angesichts des Chaos, das in Chile geherrscht hat, erhält das Wort Ordnung für die Chilenen plötzlich wieder einen süßen Klang.« In Chile, wo auch G3-Gewehre zum Einsatz kamen, wurde im Zuge des Umsturzes der demokratisch gewählte Präsident Salvador Allende erschossen.

- Mit Bundessubventionen förderte Strauß den Zusammenschluss mehrerer Luft- und Raumfahrtunternehmen zur Messerschmitt-Bölkow-Blohm GmbH (MBB). Er gilt als einer der maßgeblichen Förderer der zivilen wie militärischen Luftfahrt und als einer der führenden Initiatoren der Gründung von Airbus, wo er als Aufsichtsratsvorsitzender amtierte. Für Schmiergeldzahlungen soll es schwarze Kassen in der Schweiz gegeben haben.[17]

- Im Bundestagswahlkampf 1979 verlor Strauß gegen den SPD-Kandidaten Helmut Schmidt. Am 3. Oktober 1988 verstarb er in Regensburg. Der CSU-Politiker machte den Waffenhandel in Deutschland wieder salonfähig.

1.2 Reger sozialliberaler Waffenhandel

Willy Brandts Vermächtnis: erste Politische Grundsätze zum Rüstungsexport

Das sozialliberale Kabinett unter Führung des sozialdemokratischen Bundeskanzlers Willy Brandt und seines liberalen FDP-Vize Walter Scheel war noch keine zwei Jahre im Amt, als im Juni 1971 erstmals in der Geschichte der Bundesrepublik Deutschland »Politische Grundsätze der Bundesregierung für den Export von Kriegswaffen und sonstigen Rüstungsgütern« beschlossen wurden.

Ziel war es, die rechtlichen Grundlagen von Artikel 26 (2) des Grundgesetzes und der beiden Ausführungsgesetze – Kriegswaffenkontrollgesetz (KWKG) und Außenwirtschaftsgesetz (AWG) – sowie der Außenwirtschaftsverordnung (AWV) auf der Ebene politischen Handelns zu ergänzen. Im Gegensatz zum Gesetzesrahmen stellen die Politischen Grundsätze keine Rechtsgrundlage dar, sehr wohl aber eine verbindliche Absichtserklärung. Mit ihnen signalisiert die jeweilige Bundesregierung seit Anfang der Siebzigerjahre ihren Willen, Rüstungsexporte nach eigenen politischen Vorstellungen zu gestalten. An den Politischen Grundsätzen muss sich seither jede Bundesregierung messen lassen.

Bereits die einführenden Passagen der Erstfassung aus dem Jahr 1971 offenbarten das zugrunde liegende Spannungsfeld. Einerseits verabschiedete die SPD/FDP-Koalition ihre Grundsätze für den Transfer von Waffen und militärisch nutzbaren Rüstungsgütern »in dem Bestreben, im Rahmen der internationalen und gesetzlichen Verpflichtungen der Bundesrepublik Deutschland den Export von Rüstungsgütern am Sicherheitsbedürfnis und außenpolitischen Interesse der Bundesrepublik Deutschland zu orientieren«. Andererseits – und diese Passagen trugen die Handschrift Willy Brandts – galt es, unkontrolliertem Waffenhandel einen Riegel vorzuschieben. Ziel war es, »durch seine Begrenzung und Kontrolle einen Beitrag zur Sicherung des Friedens in der Welt zu leisten und dementsprechend auch auf Beschlüsse internationaler Institutionen grundsätzlich Rücksicht zu nehmen …« Angestrebt wurde »eine Beschränkung des internationalen Waffenhandels unter Abrüstungsgesichtspunkten«.

Dabei unterschied die Bundesregierung zwischen Rüstungsexporten an NATO-Länder – definiert nach dem Geltungsbereich laut Artikel 6 des NATO-Vertrages – und an Nicht-NATO-Länder. Erst später ging man dazu über, NATO-Länder, NATO-gleichgestellte Länder (Australien, Neuseeland, Japan und die Schweiz) und Drittländer zu unterscheiden. In der NATO sollte sich der Transfer von Kriegswaffen und sonstigen Rüstungsgütern »an der Erhaltung der Verteidigungskraft des Bündnisses und damit an dem Verteidigungsinteresse der Bundesrepublik Deutschland« orientieren – und galt damit vorbehaltlich »besondere[r] politische[r] Erwägungen« und »Einzelfälle (…)« – als »grundsätzlich nicht zu beschränken«.

Dabei hatte die Brandt-Regierung bereits Anfang der Siebzigerjahre den Verbleib der in NATO-Länder gelieferten Waffen und Rüstungsgüter fest im Blick. Diese durften »grundsätzlich nicht außerhalb des Geltungsbereichs des NATO-Vertrags verbracht werden«. Bezüglich des Endverbleibs war die »Anlehnung an die Praxis anderer NATO-Länder« anzustreben. Nur »in relevanten Fällen« und nur »mit dem schriftlichen Einverständnis der Bundesregierung« durften deutsche Waffen und Rüstungsgüter »aus dem Geltungsbereich des NATO-Vertrags verbracht werden«. Das heißt, auch die Weitergabe von Waffen durch das Empfängerland an Staaten außerhalb des westlichen Militärbündnisses bedurfte der Zustimmung der Bundesregierung.

Noch wesentlich rigider war die Verbringung von Kriegswaffen in Nicht-NATO-Länder geregelt. Diese durften als »ein weiterer Beitrag zur Sicherung des Friedens in der Welt« grundsätzlich nicht in Staaten außerhalb des atlantischen Militärbündnisses exportiert werden. Der Transfer der sonstigen Rüstungsgüter sei »so weit wie möglich zu beschränken«.

In den Politischen Grundsätzen von 1971 unterschied die Bundesregierung drei Kategorien von Nicht-NATO-Ländern: Länder der sogenannten »Länderliste C« der Außenwirtschaftsverordnung, Länder in Spannungsgebieten und sonstige Länder.

Zum damaligen Zeitpunkt umfasste die Länderliste C Albanien, Bulgarien, die Mongolische Volksrepublik, Nordkorea und Nordvietnam, Polen, Rumänien, die Sowjetunion, die Tschechoslowakei, Ungarn, die Volksrepublik China (Embargoliste des Coordinating Committee for East-West Trade Policy; COCOM) und Kuba – die DDR galt als gleichbehandelt. In all diese Staaten durften keinerlei Kriegswaffen exportiert werden, der Transfer sonstiger Rüstungsgüter bedurfte »einstimmiger Zustimmung« der Mitgliedsländer des 1951 zur Überwachung der Embargobestimmungen im Ost-West-Handel gegründeten COCOM.

Welche Länder Spannungsgebieten zuzuordnen waren, bestimmte das Auswärtige Amt. Diese Staaten waren generell vom Export deutscher Kriegswaffen ausgenommen. Ausfuhrgenehmigungen für sonstige Rüstungsgüter waren zu untersagen, »wenn eine Störung des friedlichen Zusammenlebens der Völker oder eine erhebliche Störung der auswärtigen Beziehungen der Bundesrepublik Deutschland zu befürchten« war.

Auch die sonstigen Länder durften überhaupt keine Kriegswaffen erhalten, »es sei denn, dass Ausnahmen allgemeiner Art festgelegt oder Ausnahmegenehmigungen in Einzelfällen auf Grund besonderer politischer Erwägungen« erteilt wurden. Diese bedurften eines amtlichen Endverbleibsnachweises. Ausfuhrgenehmigungen für sonstige Rüstungsgüter wurden nur dann erteilt, wenn die »im Rahmen der entsprechenden gesetzlichen Vorschriften zu schützenden Belange nicht gefährdet« waren.[18]

Was als gut gemeinte Absichtserklärung einer sozialliberalen Bundesregierung verstanden werden konnte, blieb reine Zielvorgabe. Denn die Genehmigungspraxis für Rüstungsexporte stand den selbst gesetzten politischen Vorgaben diametral entgegen. Kriegswaffen wurden sehr wohl an Staaten außerhalb des atlantischen Bündnisses geliefert, obwohl dies »grundsätzlich unterbleiben« sollte. Länder in Spannungsgebieten, die nach Bestimmung des Auswärtigen Amtes »keine Kriegswaffen« erhalten sollten, wurden vielfach beliefert. Selbst Waffentransfers an Länder der Dritten Welt erfolgten in der Ära Brandt/Scheel von Oktober 1969 bis Mai 1974 schier grenzenlos.[19]

Wie ablehnend Willy Brandt Waffen generell gegenüberstand, bekundete er 1985 vor der Stiftung Dritte Welt in New York. Dort kritisierte der Friedensnobelpreisträger des Jahres 1971 nicht nur die Anwendung von Waffengewalt, sondern auch die Herstellung von Waffen. Denn, so Brandt, Waffen »töten, ohne dass sie benutzt werden«.[20] Wie bedauerlich, dass der Sozialdemokrat seine Ansinnen nur bedingt in Realpolitik umsetzen und Abrüstung nicht weitaus umfassender verwirklichen konnte. Dennoch bleiben seine friedenspolitischen Verdienste, insbesondere in der Ostpolitik, unvergessen.

Von der Einzelfallregelung zum Regelfall

In den folgenden acht Jahren der beiden Amtsperioden des zweiten sozialdemokratischen Bundeskanzlers Helmut Schmidt und seines Stellvertreters und Außenministers Hans-Dietrich Genscher (1974–1982) nahm das Ausmaß des Waffenhandels dramatischere Züge an. Weltweit verdoppelte sich das Volumen der Waffentransfers in den Jahren von 1973 bis 1980. Dabei war die Bundesrepublik Deutschland in den Siebzigerjahren das Industrieland, das im westlichen Bündnis die höchste Steigerungsrate aufwies.

Noch viel schwerer aber wog die Erkenntnis, dass Deutschland mit legal genehmigten Rüstungsexporten hemmungslos Diktatoren in Drittwelt-Staaten hochrüstete – beispielsweise das Regime des chilenischen Despoten Augusto Pinochet mit U-Booten-Lieferungen.[21]

Zugleich mühte sich Helmut Schmidt, wenigstens nach außen hin den schönen Schein eines Friedensstifters zu wahren. Vor der Sondergeneralversammlung der Vereinten Nationen für Abrüstung erklärte er im Mai 1978, dass das Ausmaß des Waffentransfers »zu einem internationalen Problem ersten Ranges geworden« sei. Die Regelung des internationalen Rüstungstransfers müsse, so der Bundeskanzler, »bei unseren Bemühungen um Rüstungsbegrenzung einen wichtigen Rang bekommen«. Deutschland würde lediglich »in insgesamt geringfügigen Ausnahmefällen« Waffenlieferungen an Staaten außerhalb der NATO erlauben. »In internationale Spannungsgebiete lassen wir Waffenlieferungen grundsätzlich nicht zu.«[22]

In den folgenden vier Jahren handelte Schmidt gemäß Adenauers Worten: »Was interessiert mich mein Geschwätz von gestern.« Das Stockholm International Peace Research Institute (SIPRI) belegte, dass Deutschland in den Jahren 1978 bis 1982 direkt hinter Italien auf Platz 6 der Weltwaffenlieferanten rangierte. In diesen fünf Jahren verkaufte Deutschland Großwaffensysteme im Wert von 1,948 Mrd. US-Dollar.[23] Mehr als bedenklich waren die Empfängerstaaten deutscher Rüstungstransfers: 4,6 Mrd. US-Dollar des Gesamtausfuhrvolumens stammten aus Waffenexporten in sogenannte Entwicklungsländer.

Das Ranking der Empfängerländer verrät viel über die wirtschaftlichen und außenpolitischen Interessen der Regierung Schmidt/Genscher. Laut Recherchen der U. S. Arms Control and Disarmament Agency (ACDA) erhielten in den Jahren 1978 bis 1982 folgende Staaten Rüstungslieferungen aus Deutschland: Iran und Argentinien (je 120 Mio. US-Dollar), Indonesien (140 Mio.), USA und Peru (je 180 Mio.), Pakistan (190 Mio.), Griechenland (220 Mio.), Irak (240 Mio.), Ägypten (260 Mio.), Nigeria (280 Mio.), Sudan (330 Mio.), Algerien (370 Mio.), Libyen (430 Mio.), Türkei (500 Mio.) und – der Spitzenreiter – Saudi-Arabien (550 Mio.). Zusätzlich zu den Waffen für Marine, Heer und Luftwaffe wurden auch Produktionsanlagen zur Waffenfertigung geliefert.[24]

Just in dieser Zeit bemühte sich auch Hans-Dietrich Genscher um die Pflege Potemkinscher Dörfer. Im September 1980 schrieb der liberale Außenminister an Amnesty International (AI), dass die Bundesregierung sich an die Menschenrechtserklärung und die Menschenrechtspakte der Vereinten Nationen gebunden fühle: »Sie hat daher in den letzten Jahren überall dort, wo die Gefahr bestand, dass aus der BRD gelieferte Waffen bei Menschenrechtsverletzungen eingesetzt werden könnten, die Ausfuhrgenehmigung versagt«, so Möchtegern-Gutmensch Genscher in seinem Schreiben an die Menschenrechtsorganisation.

Im Februar 1981, nicht einmal ein halbes Jahr nach Genschers Brief an AI, offenbarte ein anderes Schreiben den wahren Tatbestand. Unumwunden erklärte das Bundeskanzleramt, die rüstungspolitischen Grundsätze der Bundesregierung berücksichtigten außen- und sicherheitspolitische Aspekte, »nicht jedoch die innenpolitische Lage des Empfängerlandes von Rüstungsexporten«. Die Einhaltung der Menschenrechte stelle »kein ausschlaggebendes Kriterium für die Genehmigung bzw. Verweigerung von Exportgenehmigungen dar«.[25]

Das Folgenschwerste aber kam zum Schluss: Am 28. April 1982 – gut fünf Monate vor Ende der Schmidt'schen Regierungszeit – beschloss die Regierungskoalition aus SPD und FDP die Neufassung der »Politischen Grundsätze der Bundesregierung für den Export von Kriegswaffen und sonstigen Rüstungsgütern«. Darin wurde in schönfärberischen Worten die Fortsetzung der »bewährten restriktiven Rüstungsexportpolitik« propagiert.

Bereits in der Einführung wies die Bundesregierung darauf hin, dass sich der Export von Rüstungsgütern »am Sicherheitsbedürfnis und außenpolitischen Interesse der Bundesrepublik Deutschland« orientiere. Der Export von Kriegswaffen und sonstigen Rüstungsgütern an NATO-Länder habe sich »an der Erhaltung der Verteidigungskraft des Bündnisses und damit an dem Verteidigungsinteresse der Bundesrepublik Deutschland zu orientieren«. Diese Ausfuhren seien »grundsätzlich nicht zu beschränken«, es sei denn, besondere politische Gründe geböten »in Einzelfällen eine Beschränkung«.

Als Türöffner für Rüstungstransfers sollte in den kommenden Jahren eine Formulierung dienen, die den Waffenhandel mit den »Nicht-NATO-Ländern« beschrieb. Dort hieß es in Punkt 8: Der »Export von Kriegswaffen und kriegswaffennahen sonstigen Rüstungsgütern in Länder außerhalb des Atlantischen Verteidigungsbündnisses bleibt eingeschränkt«. Damit waren die unter Brandt und Scheel geltenden Politischen Grundsätze aus dem Jahr 1971, nach denen der Waffenhandel mit Ländern außerhalb des atlantischen Bündnisses grundsätzlich unterbleiben sollte, außer Kraft gesetzt.

Nun lautete die Vorgabe, dass der Export von Kriegswaffen nicht genehmigt werde, »es sei denn, dass auf Grund besonderer politischer Erwägungen Ausnahmen allgemeiner Art festgelegt werden oder im Einzelfall vitale Interessen der Bundesrepublik Deutschland für eine ausnahmsweise Genehmigung sprechen«. Diese vitalen Interessen wurden in Punkt 9 als »außen- und sicherheitspolitische Interessen der Bundesrepublik Deutschland unter Berücksichtigung der Bündnisinteressen« definiert.[26]

In der Zeit dieser sozialliberalen Regierungskoalitionen wurden salbungsvolle Sätze gesprochen und zugleich Kriegswaffen in bis dato unerreichtem Ausmaß exportiert. Will man der SPD/FDP-Regierung eines anrechnen, dann die Tatsache, dass es ihr gelang, das Volumen des Waffenhandels in den letzten fünf Jahren zu senken: von 559 Mio.

US-Dollar (1978) auf 488 Mio. US-Dollar (1979), dann auf 317 Mio. US-Dollar (1980) und nach einer zwischenzeitlichen Steigerung auf 487 Mio. US-Dollar (1981) auf letztlich 325 Mio. US-Dollar (1982).[27] Dessen ungeachtet gehörte Deutschland im Fünf-Jahres-Ranking weiterhin zur Spitzengruppe staatlicher Weltwaffenhändler und erklomm nach den USA, der UdSSR, Frankreich und Großbritannien Platz 5.

Vielleicht hätte die Entwicklung einen anderen, weitaus besseren Verlauf genommen, wenn die Neufassung der Politischen Grundsätze zum Rüstungsexport von 1982 nicht derart industriefreundlich und damit rüstungsexportfördernd ausgefallen wäre. Die Nachfolgeregierungen unter dem christdemokratischen Bundeskanzler Helmut Kohl und seinen liberalen Stellvertretern konnten sich bei der von Helmut Schmidt geführten sozialliberalen Bundesregierung für die geleistete Vorarbeit bedanken – wobei auch die FDP unter Vizekanzler Genscher maßgeblich von den selbst mitverabschiedeten Richtlinien profitierte.

Der Friedensforscher Michael Brzoska bilanzierte: »13 Jahre lang hatte Helmut Schmidt erhebliche Verantwortung für den bundesdeutschen Rüstungsexport mitgetragen«, von 1969 bis 1972 als Bundesverteidigungsminister, von 1972 bis 1974 als Bundesfinanzminister und von 1974 bis 1982 als Bundeskanzler. In dieser Zeit sei die Rüstungsexportpolitik »komplexer und undurchsichtiger« geworden. Der damalige Regierungssprecher Klaus Bölling erzählt, dass Schmidt zum Ende seiner Kanzlerschaft geäußert habe, er wolle sich »mal nicht mehr mit Rüstungsexporten und U-Booten für Chile beschäftigen müssen«.[28]

In diesem Sinne überwog das Negative der sozialliberalen Regierungszeit bei Weitem. Die Hauptempfängerländer deutscher Waffen lagen – entgegen eigener Vorgaben – vielfach außerhalb der NATO, zuhauf in Spannungsgebieten. Beliefert wurden Militärs verfeindeter Staaten, wie Iran und Irak. Die von Schmidt und Genscher geäußerten hochtrabenden Versprechungen einer menschenrechtsorientierten Rüstungsexportpolitik blieben bedauerlicherweise Blendwerk.

1.3 Kanzler Kohls unrühmlicher Rekord

Scheckbuchdiplomatie im Zweiten Golfkrieg

Im Sommer 1982 hatte sich die sozialliberale Koalition über der Frage zerstritten, wie die lange währende Wirtschafts- und Beschäftigungskrise behoben werden könnte. Nicht genug damit, befand sich die SPD in einem inneren Zerwürfnis: Bundeskanzler Helmut Schmidt votierte für den NATO-Doppelbeschluss zur Stationierung atomarer Mittelstreckenraketen, seine Partei intervenierte vehement.

Am 17. September 1982 kündigte Schmidt die Koalition von SPD und FDP auf. Hans-Dietrich Genscher, Parteivorsitzender der Liberalen, setzte sich für die Neuorientierung seiner Partei zur Union ein und erhielt dafür die mehrheitliche Zustimmung der FDP-Fraktion. Bundeskanzler Schmidt wurde am 1. Oktober 1982 durch ein konstruktives Misstrauensvotum gestürzt und Helmut Kohl mit einer Mehrheit von 21 Stimmen zum sechsten Bundeskanzler der Bundesrepublik Deutschland gewählt.[29]

Bei der Bundestagswahl am 6. März 1983 verzeichnete die Union beträchtliche Stimmengewinne (+ 4,3 %), die SPD dagegen verlor stark, desgleichen die FDP. Insgesamt aber verfügte die neue Koalition aus CDU/CSU und FDP über eine deutliche Mehrheit. Zu diesem Zeitpunkt konnte noch niemand ahnen, dass dieser Regierungswechsel von immenser Dauer sein würde. Über vier Legislaturperioden hinweg – vom 4. Oktober 1982 bis zum 26. Oktober 1998 – sollten CDU/CSU mit Helmut Kohl den Kanzler und die FDP mit Hans-Dietrich Genscher bzw. Klaus Kinkel den Vizekanzler und Außenminister stellen.

Die in diesen 16 Jahren amtierenden liberalen Wirtschaftsminister Otto Graf Lambsdorff, Martin Bangemann, Helmut Haussmann, Jürgen W. Möllemann und Günter Rexrodt konnten sich bei ihren Waffenhandels-Genehmigungen auf die von der sozialliberalen Koalition 1982 neuformulierten »Politischen Grundsätze der Bundesregierung für den Export von Kriegswaffen und sonstigen Rüstungsgütern« berufen – was sie auch leidlich taten. Kein Wunder also, dass diese Grundsätze zum Rüstungsexport in den folgenden gut anderthalb Jahrzehnten mit keiner Silbe geändert wurden.

Die sozialliberale Textvorgabe mit ihrer Betonung vitaler Interessen der Bundesrepublik Deutschland wurde ge- und missbraucht. Was ursprünglich als Ausnahmeregelung vorgesehen war, fungierte 16 lange Jahre als Türöffner für umfassende Waffentransfers in Drittweltstaaten.

Die Tendenz war eindeutig, jedoch nicht linear belegbar. So ließ die christlich-liberale Koalition den Waffenhandel aktienkursgleich in neue Höhen schießen. Im Jahr des Regierungswechsels, 1982, hatte das Volumen legaler deutscher Waffentransfers bei 325 Mio.US-Dollar gelegen. Nach 16 Jahren Kohl'scher Kanzlerschaft war ein Umfang von 1,064 Mrd. US-Dollar (1998) erreicht. Die Verdreifachung des deutschen Waffenhandelsvolumens geht eindeutig auf das Konto des Christdemokraten im Kanzleramt und seiner wechselnden Außen- und Wirtschaftsminister aus den Reihen der FDP.

Ursächlich erklärbar waren die Unmengen an Rüstungsexporten mit neuen zwischenstaatlichen Kriegen, allen voran dem Zweiten Golfkrieg. Vom 2. August 1990 – dem Einmarsch irakischer Truppen in Kuwait – bis zum Kriegsende am 5. März 1991 tobte in Irak und Kuwait der schwerste Krieg weltweit nach 1945. Erstmals nach den beiden begrenzten Militäroperationen im Libanon 1958 und von 1982 bis 1984 setzten die Vereinigten Staaten in einem Großeinsatz Truppen in Nahost ein. Die Koalitionsstreitkräfte wurden angeführt von den USA (rund 575 000 Soldaten), Großbritannien (53 500), Saudi-Arabien (52 000) und der Türkei (50 000).

Auch wenn die christlich-liberale Regierungskoalition keine Bundeswehrsoldaten entsandte, war Deutschland indirekt Kriegspartei: Über Kooperationsgeschäfte erfolgten Waffenlieferungen nie gekannten Ausmaßes auch an kriegführende Staaten. Bekanntlich flogen die Luftstreitkräfte Saudi-Arabiens und Großbritanniens mit deutsch-britisch-italienischen Kampfflugzeugen vom Typ Tornado mehr als 1500 Einsätze gegen Irak, bei denen über 5000 Bomben abgeworfen wurden – um nur ein Beispiel zu nennen.

Unter Bundeskanzler Helmut Kohl und Bundesaußenminister Hans-Dietrich Genscher avancierte die Bundesrepublik zum Kriegsfinanzier und die hiesige Rüstungsindustrie zum Kriegsprofiteur par excellence. Alles in allem unterstützte Deutschland diesen Krieg gegen Irak per »Scheckbuchdiplomatie« mit 17,9 Mrd. DM.[30]

Die Opferzahlen des Zweiten Golfkrieges (auch Erster Irakkrieg genannt) waren dramatisch. Auf Seiten der Alliierten kamen bei der Operation »Desert Storm« – der direkten Offensive gegen Irak – bei Kampfhandlungen 237 Menschen ums Leben, 776 wurden verwundet. Bei der Operation »Desert Shield« zum Schutz Saudi-Arabiens starben weitere 138 Soldaten, 2978 erlitten Verletzungen. Als äußerst umstritten gelten die Opferzahlen unter den Soldaten des diktatorischen Regimes von Saddam Hussein. Sie reichen von 25 000 bis 75 000, andere Quellen sprechen von bis zu 200 000 getöteten Militärs. Die Zahl der Zivilisten, die in diesem Krieg starben, wird auf 35 000 geschätzt.

Deutsche Kriegswaffen für das Bürgerkriegsland Türkei

Panzerlieferungen erfahren zuweilen eine immense mediale Aufmerksamkeit, was – je nach Empfängerland – vehementen Widerspruch in der Öffentlichkeit bewirken kann. Andere, nicht minder folgenschwerere Waffentransfers blieben und bleiben weitgehend unbeachtet, gelten gar als Normalität. Eine dieser »Normalitäten« waren jahrzehntelange, äußerst umfangreiche Waffenlieferungen an die Türkei. Allein im Zeitraum von 1964 bis Anfang der Neunzigerjahre erhielt der NATO-Partner Waffen und Ausrüstungsgüter im Gesamtwert von 6,4 Mrd. DM. Die Bundesrepublik Deutschland gewährte dem Bündnispartner umfassende Ausstattungs-, Ausbildungs- und Rüstungssonderhilfen.

Die Ausstattungshilfen umfassten den Transfer »von Material an die Sicherheitskräfte – Streitkräfte, wie auch gelegentlich Polizei – des Empfängerlandes, um ihnen die Durchführung ihrer Aufgaben zu erleichtern«. Unter Ausbildungshilfen fielen sowohl die Aus- und Weiterbildung von Soldaten, Polizisten und Straßenbauern als auch die Errichtung von Ausbildungszentren und der Transfer technischen Wissens. Mit der Maßgabe der Terrorbekämpfung bildete die Spezialeinheit GSG-9 in der Türkei Milizen aus. Die Rüstungssonderhilfen schließlich umfassten alle übrigen Leistungen. Deren Finanzierung erfolgte allerdings über das Außenministerium, während das Verteidigungsministerium über die Mittelvergabe und die Durchführung befand.[31]

Die folgenschwersten aller Rüstungstransfers aber waren Lizenzvergaben zum Nachbau von Kleinwaffen an das türkische Staatsunternehmen Makina ve Kimya Endüstrisi Kurumu (MKEK), das die türkischen Streitkräfte in den folgenden Jahrzehnten mit Polizei- und Militärwaffen versorgte. Die Produktion des Schnellfeuergewehrs G3 von Heckler & Koch erfolgte in Kirikkale, etwa sechzig Kilometer östlich von Ankara. Das Maschinengewehr MG3 – eine Entwicklung von Rheinmetall – wurde im MKEK-Werk Silahsan AS gefertigt.

Für beide Gewehrtypen wurden 1967 – also in der Ära der Großen Koalition unter Bundeskanzler Kurt Georg Kiesinger (CDU) und Stellvertreter Willy Brandt (SPD) – Lizenzen an die Türkei vergeben, mit fatalen Folgen. Türkische Soldaten setzten fortan bei kriegerischen Auseinandersetzungen G3 und MG3 als Standardwaffen ein. Mit ihnen wurde auf mittlere und größere Distanz geschossen und tausendfach getötet.

Als Beginn des Guerillakrieges attackierten Kämpfer der Arbeiterpartei Kurdistans am 15. August 1984 zwei Militärkasernen in Şemdinli und Eruh. Der militärische Arm der PKK kämpfte – und kämpft vereinzelt noch heute – mit militärischen Mitteln für die Achtung der Rechte der kurdischen Bevölkerung und der Wahrung ihrer Kultur.

Der türkische Staat schlug mit unerbittlicher Härte zurück. Im Laufe der immer brutaler ausgetragenen Militäraktionen gingen staatliche Sicherheitskräfte massiv gegen die Zivilbevölkerung im Südosten des Landes vor. Als PKK-Führer Abdullah Öçalan am 1. Dezember 1998 einen einseitigen Waffenstillstand verkündete, endeten die kriegerischen Auseinandersetzungen. Der türkische Oberst Bülent Dağsali hatte bereits im Mai bilanziert, beim Kampf der Streitkräfte im Namen des Großen Generalstabs seien mehr als 40 107 »Terroristen unschädlich gemacht« worden. Laut seiner »Siegesbilanz« waren 5172 Soldaten, Polizisten und Dorfschützer als »Märtyrer« gestorben, des Weiteren 5238 Zivilisten. Alles in allem kamen nach diesen Darstellungen in den 14 Jahren mehr als 50 000 Menschen ums Leben. Sicherheitskräfte der Türkei hatten von den vormals 9000 kurdischen Dörfern jedes dritte geräumt oder niedergebrannt, das Gelände häufig vermint. Notgedrungen flohen die Dorfbewohner in die Städte, die meisten in die Provinzhauptstadt Diyarbakir.

Rückblickend bilanzierte Amnesty International, dass in diesem Bürgerkrieg »beide Seiten« Menschenrechtsverstöße begangen hätten. In Einzelfällen habe es auch Verstümmelungen von Leichen durch PKK-Mitglieder gegeben, Abtrünnige seien hingerichtet, Folterungen verübt worden. Außer Zweifel stand aus Sicht der Menschenrechtsorganisation jedoch, dass die weit überwiegende Zahl von Menschenrechtsverletzungen auf das Konto türkischer Sicherheitskräfte ging.

»Mehr als achtzig Prozent der Kurden sind mit dem G3 getötet worden«, erklärte mir Doğan Galip auf einer Recherche-Reise. Der frühere Kommandeur einer türkischen Militäreinheit ist seither schwer traumatisiert. Was er und andere über an Kurden verübte Gewaltexzesse berichten, weist auf extreme Formen der Folter hin. Immer mit dabei: das Schnellfeuergewehr G3, die sogenannte »Braut des Soldaten«. Andere Soldaten bestätigten in Gesprächen Galips Aussagen. Offiziere sprachen gar von neunzig Prozent getöteter Kurden durch den Einsatz der Standardwaffe G3.[32]

Der NATO-Partner Türkei stand ganz oben auf der Lieferliste Deutschlands, trotz schwerster Menschenrechtsverletzungen. Laut Bundesaußenminister Klaus Kinkel habe das Land »eine hohe strategische, politische, wirtschaftliche, kulturelle Bedeutung«, insbesondere nach dem Ende des Ost-West-Konfliktes. »Die Türkei gewinnt eine Brückenfunktion an der Nahtstelle zwischen Europa und Asien, zwischen Christentum und Islam«, so Kinkel 1992.[33]

Fast sechs Jahre vor Ende des Bürgerkrieges, im Januar 1993, stellten mehrere Friedens- und Menschenrechtsorganisationen gemeinsam mit Angelika Beer, Bundesvorstandsmitglied der Grünen, und der Bundestagsabgeordneten Ulla Jelpke von der PDS/Linke Liste »Strafanzeige wegen Unterstützung des Völkermordes und Aggressionskrieges der Türkischen Republik gegen das kurdische Volk durch bundesdeutsche staatliche Stellen, Rüstungsbetriebe und Einzelpersonen«.[34] Die Grünen-Politikerin Beer begründete ihre Mitbeteiligung an der Strafanzeige mit der Menschenrechtslage in der Türkei. Dort würden

»Menschen durch Unbekannte ermordet. Folter, Unterdrückung der Meinungsfreiheit durch Mord an Journalisten, Flucht und Vertreibung stehen auf der Tagesordnung«, so die Kielerin.

In ihrer Argumentation bezog sich Beer auf Dokumentationen der Menschenrechtsorganisation Amnesty International und der Hilfsorganisation medico international. Diese belegten, dass die Instrumente der Unterdrückung und Vernichtung seitens der türkischen Politik »in den letzten drei Jahren eine noch nie dagewesene Schärfe und Ausbreitung erreicht« hätten.

Ausdrücklich verwies sie auf die Initiative Nordrhein-Westfälischer Strafverteidiger, die darlege, dass »der Tatbestand des Völkermordes nach § 220a STGB in objektiver und subjektiver Hinsicht erfüllt« sei. Die deutschen Waffenlieferungen erfolgten »ungeachtet des tendenziellen Völkermordes und ethnischer Säuberung«. Würde die Strafanzeige zurückgewiesen, dann wäre dies, so Beer in der Begleitbroschüre, »ein weiterer Beweis für die Doppelmoral der deutschen Politik und Gerichtsbarkeit, die von internationaler Geltung der Menschenrechte, von der Einrichtung eines internationalen Gerichtshofes zur Verurteilung von Kriegsverbrechern aus dem ehemaligen Jugoslawien spricht, aber gleichzeitig die eigenen Kriegsverbrecher ungestraft weiter Beihilfe zum Völkermord am kurdischen Volk leisten« lasse.[35]

Mit dem Ziel, »dem schleichenden Genozid am kurdischen Volk Einhalt zu gebieten«, unterstützten die Grünen 1993 nicht nur die Strafanzeige gegen staatliche Stellen in Deutschland. Vielmehr forderte Bundesvorstandsmitglied Beer im Namen ihrer Partei eine ganze Palette weitreichender Schritte: vom »Appell, die Türkei touristisch zu boykottieren«, über Reisedelegationen zum Schutz von Kurden bis hin zum »gemeinsamen Protest mit Friedensgruppen und Menschenrechtsinitiativen« gegen die Lieferung weiterer Waffen an die Türkei – vor allem der in Leck und Bremgarten bei Freiburg stationierten Phantom-Aufklärungsflugzeuge. Beers Rede gipfelte in der Forderung: »Keine weiteren Rüstungsexporte in die Türkei! Stoppt die Rüstungsproduktion!«[36]

Auch wenn das Verfahren gegen bundesdeutsche staatliche Stellen, Rüstungsunternehmen und Einzelpersonen nie aufgenommen wurde, war es den Friedens- und Menschenrechtsorganisationen gelungen, die dramatischen Folgen des Einsatzes von aus Deutschland gelieferten Waffen im türkischen Bürgerkrieg eindrucksvoll aufzuzeigen.

Die Gesamtbilanz des Waffenhandels in der Ära Helmut Kohl ist so katastrophal wie bedrückend. Der 4. Oktober 1982 muss in der Rückschau als Zäsur in der Geschiche der Bundesrepublik Deutschland bewertet werden, die eine 16 Jahre oder vier Legislaturperioden währende Ära christlich-liberaler Dominanz einleiten sollte.

Bundeskanzler Helmut Kohl und sein Vizekanzler Hans-Dietrich Genscher sahen von Anfang an keine Notwendigkeit, an der Zweitfassung der »Politischen Grundsätze der Bundesregierung für den Export von Kriegswaffen und sonstigen Rüstungsgütern« der sozialliberalen Vorgängerregierung vom April 1982 auch nur ein Jota zu ändern, schließlich hatte Genscher sie mit abgesegnet. Aus Schmidts und Genschers Einzelfallregelung beim Waffenhandel mit Nicht-NATO-Staaten wurde der Regelfall, und die sozialliberale Definition vitaler deutscher Interessen diente fortan als Genehmigungsgrund für Rüstungsexporte in Nicht-NATO-Länder.

Keine Kontrolle unter Kanzler Kohl

Die Bundestagswahl am 2. Dezember 1990 war geprägt von der Wiedervereinigung beider deutscher Staaten. Obwohl sich Helmut Kohl als »Kanzler der Einheit« feiern ließ und trotz seines Amtsbonus, verloren CDU/CSU 0,5 Prozent der Stimmen, der Koalitionspartner FDP dagegen gewann 1,9 Prozent hinzu. Die Regierungskoalition durfte sich alles in allem als Wahlsieger sehen, denn die drei Oppositionsparteien erlebten ein Debakel.[37]

Offenbar betrachtete die von Bundeskanzler Helmut Kohl und seinem Stellvertreter Bundesaußenminister Hans-Dietrich Genscher geführte christlich-liberale Koalition ihre Wiederwahl als eine Art Freifahrtschein für die Fortsetzung des hemmungslosen Waffenhandels mit befreundeten Staaten, deren Regierungen die Menschenrechte massiv mit Füßen traten. Als eine der Symbolfiguren rechtlich fragwürdiger und teilweise eindeutig illegaler Waffengeschäfte in der Ära Kohl/Genscher tat sich Gerhard Stoltenberg hervor. Als Nachfolger von Rupert Scholz war der Kieler CDU-Bundestagsabgeordnete und Finanzminister am 21. April 1989 an die Spitze des Verteidigungsressorts berufen worden. In seiner fast dreijährigen Amtszeit jagte ein Rüstungsexportskandal den nächsten.

Mit der Begründung, die Südostflanke der NATO schützen zu wollen, forcierte die Hardthöhe den Waffenhandel mit dem Bündnispartner Türkei. Im Rahmen des NATO-Vertrages unterzeichneten die Vertragspartner Deutschland und Türkei ein Abkommen zur »Materialhilfe«, welche die Summe von 1,5 Mrd. DM umfasste. Darin enthalten waren auch Waffen aus den Beständen der Bundeswehr. Für die 150 Panzer vom Typ Leopard 1, deren Lieferung bereits Ende 1988 vertraglich vereinbart worden war, bestand in der Türkei dringender Bedarf. Das Verteidigungsministerium vergab den Auftrag zum Umbau der Kampfpanzer an die Waffenschmiede Krauss-Maffei. Geliefert wurde außerdem Kriegsgerät der vormaligen Nationalen Volksarmee (NVA). In einem Offenen Brief an den Bundeskanzler und den Verteidigungsminister wies die Gesellschaft für bedrohte Völker darauf hin, dass jeder der rund 250 000 im kurdischen Teil der Türkei stationierten Soldaten »mit zwei Stahlhelmen und einer Kalaschnikow aus DDR-Beständen für den Bruderkrieg gegen die Kurden ausgerüstet« worden sei.[38] Just als der Bürgerkrieg in den Jahren 1991 und 1992 seinen blutigen Höhepunkt erreichte und die türkischen Streitkräfte Abertausende von PKK-Kämpfern und Zivilisten töteten, lieferte die Bundesrepublik auch noch BTR-60-Panzer, die ebenfalls aus ehemaligen NVA-Beständen stammten und mit der Wiedervereinigung in gesamtdeutschen Besitz übergegangen waren.

In zwei Sitzungen im Herbst 1991 beschäftigte sich der Haushaltsausschuss des Deutschen Bundestages mit dem völkerrechtswidrigen Vorgehen der Türkei. Bei seiner zweiten Zusammenkunft am 7. November wurde beschlossen, die für den Umbau und den Export der letzten Leopard-1 benötigten 25 Mio. DM einzufrieren. Eine Entscheidung, die gegen den Willen von Ottfried Henning, Parlamentarischer Staatssekretär der CDU im Verteidigungsministerium, erfolgte.

Das Verteidigungsministerium wurde angewiesen, dem Panzerbauer Krauss-Maffei mitzuteilen, dass die geplanten Umbauten für den Türkeieinsatz einzustellen und weitere Panzerlieferungen zu unterlassen seien. Henning bekundete daraufhin, »diesen Beschluss in keiner

Weise« zu unterlaufen. In Wahrheit aber wurde Krauss-Maffei nicht informiert, die Umbaumaßnahmen wurden fortgeführt und die verbliebenen 15 Kampfpanzer über den Hafen in Emden an die Türkei ausgeliefert.

Der Panzerdeal flog auf, als Krauss-Maffei die Bezahlung einforderte. Bundesverteidigungsminister Gerhard Stoltenberg – der später nichts von dem illegalen Waffenhandel gewusst haben wollte – wandte sich mit der Bitte an das Finanzministerium, der Haushaltsausschuss möge die gesperrten 25 Mio. DM freigeben.

Im März 1992 überschüttete Stoltenberg die türkische Regierung mit wohlwollenden Worten. Sie habe unter Ministerpräsident Demirel »in ihrem Programm ausdrücklich Priorität gegeben für die Verwirklichung der Menschenrechte und der Demokratie sowie die baldige Lösung der im Südosten des Landes bestehenden Probleme«.[39] Zur gleichen Zeit startete die türkische Armee grenzüberschreitend Angriffe auf kurdische Siedlungen in Nordirak, wohin sich die Kämpfer der PKK angeblich zurückgezogen hatten. Als der TV-Sender Sat.1 am 26. März 1992 den Einsatz von BTR-Schützenpanzern der NVA gegen Kurden in Cizre nachwies, stellte die Bundesregierung bereits tags darauf die Waffentransfers an die Türkei ein. Just an diesem Tag machte die PDS die illegale Lieferung der Leopard-Kampfpanzer publik.[40]

Die Schuld dafür wurde Wolfgang Ruppelt in die Schuhe geschoben, dem Leiter der Hauptabteilung Rüstung im Verteidigungsministerium, der von Henning angeblich eine »klare Anweisung« erhalten hatte, den Beschluss des Haushaltausschusses umzusetzen. Stoltenberg versetzte Ruppelt in den einstweiligen Ruhestand und sah die Sache als erledigt an. Minister trügen zwar Verantwortung, so der bis zuletzt uneinsichtige Stoltenberg, was aber nicht bedeute, »dass – wenn die Leitung klare Weisungen gegeben hat – die Realisierung in jedem Fall von der Spitze und nicht von den zuständigen leitenden Beamten kontrolliert« werde.[41]

Ganz anders argumentierte Willy Wimmer, Parlamentarischer Staatssekretär im Verteidigungsministerium. Der Rheinländer brachte die wahren Gründe des widerrechtlichen Panzerdeals treffend auf den Punkt. »Mangelndes Rechtsbewusstsein« sowohl bei Offizieren als auch bei Beamten lautete die vehemente Kritik des studierten Juristen. Wimmers Worte gipfelten in einer Art Kapitulationserklärung:

»Wir haben keine Kontrolle mehr« – gemeint war die Kontrolle über das eigene Ministerium.[42]

Die Opposition forderte Stoltenbergs Rücktritt, die Angelegenheit schlug international hohe Wellen. Nach internen Beratungen mit Bundeskanzler Helmut Kohl und CDU/CSU-Fraktionschef Wolfgang Schäuble gab der Verteidigungsminister am 31. März 1992 seinen Rücktritt bekannt, um »Schaden für die Union und für die Bundesregierung zu vermeiden«, so Stoltenberg in seiner Erklärung.[43] Mit ihm schieden auch die beiden Staatssekretäre Ottfried Henning und Willy Wimmer aus dem Amt.[44]

Zum ersten Mal hatte ein Bundesminister der Verteidigung wegen eines illegalen Waffenexportgeschäftes seinen Hut nehmen müssen. Damit war die Angelegenheit auch für Kanzler Kohl ausgestanden. Der hatte einen seiner Wegbegleiter verloren, und die Bundesregierung und seine Partei hatten im Kreuzfeuer der Kritik gestanden. Im Frühjahr 1992 war Stoltenberg Vergangenheit, Nachfolger auf dem Schleudersitz des Bundesverteidigungsministers wurde der bisherige CDU-Generalsekretär Volker Rühe. Die Waffenlieferungen in das Bürgerkriegsland Türkei wurden letztendlich fortgeführt, als sei nichts geschehen.

Täterprofil

Gerhard Stoltenberg – illegale Panzerlieferungen in das Bürgerkriegsland Türkei

Gerhard Stoltenberg wurde am 29. September 1928 in Kiel geboren, als Jugendlicher zur Wehrmacht eingezogen und geriet in Kriegsgefangenschaft. Dem Studium der Geschichte, Sozialwissenschaften und Philosophie folgte 1954 die Promotion, 1960 die Habilitation. Seit 1947 Mitglied der schleswig-holsteinischen CDU, avancierte er zum Landesvorsitzenden, Präsidiumsmitglied der Bundespartei, Bundesvorsitzenden der Jungen Union, Landtagsabgeordneten und Ministerpräsidenten Schleswig-Holsteins, Bundestagsabgeordneten und stellvertretenden Vorsitzenden der CDU/CSU-Bundestagsfraktion. In den Jahren 1965 und 1969/1970 war Stoltenberg Direktor der Friedr. Krupp GmbH. Er war Bundesminister für wissenschaftliche Forschung (1965–1969), der Finanzen (1982–1989) und der Verteidigung (1989–1992). Stoltenberg starb am 23. November 2001 in Bonn-Bad Godesberg.[45]

In seiner nicht ganz dreijährigen Amtszeit als Bundesminister der Verteidigung war Stoltenberg wiederholt in Rüstungsexportskandale verwickelt:

- Im Februar 1990 sah er sich im Zusammenhang mit dem widerrechtlichen Verkauf von U-Boot-Konstruktionsplänen an das Apartheidregime in Südafrika mit dem Vorwurf konfrontiert, Strafvereitelung im Amt betrieben zu haben. Allerdings hatte er Erfolg mit der Strategie des vermeintlich Unwissenden. Der Untersuchungsausschuss des Deutschen Bundestages konnte ihm beim U-Boot-Deal keine rechtlich relevanten Verfehlungen nachweisen.[46]
- Ende des Jahres 1991 hatte der Bundesnachrichtendienst (BND) in Zusammenarbeit mit Beamten des Verteidigungsministeriums den Versuch unternommen, widerrechtlich Waffen an Israel zu liefern – deklariert als »landwirtschaftliche Maschinen«. Der Waffentransfer konnte rechtzeitig gestoppt werden. Erneut spielte Stoltenberg seine Rolle bei diesem Rüstungsexportskandal herab und bekundete ein weiteres Mal seine Unkenntnis.[47]
- In den Jahren 1991 und 1992 exportierte Deutschland BTR-60-Panzer aus Beständen der NVA in das Bürgerkriegsland Türkei. Kurz vor den Luftschlägen der USA im Zweiten Golfkrieg unterzeichneten Deutschland und die Türkei im Rahmen des NATO-Vertrages ein Abkommen über Materialhilfe. Neben NVA-Waffen sollte auch ausrangiertes Material

der Bundeswehr im Wert von 1,5 Milliarden DM an die türkischen Streitkräfte transferiert werden.

- Bereits im Dezember 1988 war Ankara die Lieferung von 150 bei der Bundeswehr ausgemusterten Leopard-1-Panzern vertraglich zugesichert worden. Stoltenbergs Verteidigungsministerium gab den notwendigen Umbau der Kampfpanzer in Auftrag.[48]
Da die zuständige Abteilung im Bundesverteidigungsministerium diesen Beschluss jedoch nicht an das Unternehmen weiterleitete, wurden die letzten 15 Kampfpanzer widerrechtlich an die Militärs in der Türkei ausgeliefert.

Am Ende war der Abgang Stoltenbergs, der als Verteidigungsminister die massiven Missstände in seinem Ministerium zu verantworten hatte, eine Frage von Tagen. Zu vehement forderte die Opposition personelle Konsequenzen, zu gering war der Rückhalt in den eigenen Reihen, zu parteischädigend die Berichterstattung in den Medien, national wie international. Am 31. März 1992 verkündete er nach einem vertraulichen Treffen mit Bundeskanzler Kohl und CDU/CSU-Fraktionschef Schäuble seinen Rücktritt.

Fazit: Als Bundesminister der Verteidigung war Gerhard Stoltenberg maßgeblich verantwortlich für legale wie illegale Waffengeschäfte seines Ministeriums mit menschenrechtsverletzenden bzw. kriegführenden Staaten wie Südafrika, Israel und Türkei. Auch nach dem illegalen Export von Kampfpanzern an die Türkei behauptete er, die Regierung in Ankara setze sich für die Wahrung der Menschenrechte ein. Noch am Vortag seines Rücktritts leugnete Stoltenberg trotz massivster Versäumnisse seines Ministeriums jede Mitverantwortung für den illegalen Panzerexport.

Und noch ein Rüstungsexportskandal – genauer gesagt, mehrere miteinander verflochtene – fiel in den Achtziger- und Neunzigerjahren in die Amtszeit von Bundeskanzler Helmut Kohl. Er ist eng verknüpft mit dem Namen Ludwig-Holger Pfahls. Auch in diesem Fall konnte man den Eindruck gewinnen, Kohl besäße keine Kontrolle. Umso schlimmer für ihn, sollte er hinter den Kulissen doch alles im Griff gehabt haben.

Der aus Luckenwalde in Brandenburg stammende Pfahls war über seine Tätigkeit in der Bayerischen Staatskanzlei mit dem CSU-Vorsitzenden Franz Josef Strauß in Kontakt gekommen, der ihn 1978 zum persönlichen Referenten gemacht hatte. Seit 1981 hatte Pfahls das Büro des Ministerpräsidenten Strauß geleitet, anschließend die Grundsatzabteilung der Bayerischen Staatskanzlei. Nach seiner Tätigkeit als Präsident des Bundesamts für Verfassungsschutz (1985–1987) wurde Pfahls auf Vorschlag von Strauß 1987 beamteter Staatssekretär unter CDU-Verteidigungsminister Manfred Wörner. Bis zu seinem Ausscheiden aus dem Amt 1992 fielen die Bereiche Rüstungskontrolle sowie die Beschaffung und der Export von Kriegswaffen in seinen Zuständigkeitsbereich.

Im Jahr 1991 erfolgte der Verkauf von 36 gebrauchten ABC-Spürpanzern des Typs Fuchs an Saudi-Arabien. Allerdings zu einem völlig überhöhten Preis, der rund das Zehnfache der Kosten für neuwertige Spürpanzer betrug. Da das saudische Militär eine zeitnahe Lieferung der Großwaffensysteme wünschte, der Fuchs-Hersteller Thyssen Industrie Henschel AG jedoch nicht schnell genug liefern konnte, handelte Pfahls: Gegen den Willen des betroffenen Heeres setzte der damalige Staatssekretär Panzerlieferungen aus Beständen der Bundeswehr durch, deren Abwehrfähigkeit somit gemindert wurde.

Im April 1999 erwirkte die Staatsanwaltschaft Augsburg beim dortigen Amtsgericht einen Haftbefehl gegen den früheren Verteidigungsstaatssekretär wegen des Verdachts der Steuerhinterziehung und Bestechlichkeit. Um einen Waffendeal mit den Machthabern in Riad zu ermöglichen, habe der Rüstungslobbyist und Waffenhändler Karlheinz Schreiber Pfahls angeblich 3,8 Mio. Euro auf ein Konto in der Schweiz überwiesen.

Vom Gesamtvolumen des Geschäfts in Höhe von 446 Mio. DM sollen rund 220 Mio. DM als Schmiergelder gezahlt worden sein: an Auftraggeber im Empfängerland Saudi-Arabien, an Thyssen-Manager, an die Waffenhändler Karlheinz Schreiber und Rolf Wegener. Pfahls verschwieg erhaltene Finanzzuwendungen in seiner Steuererklärung und hinterzog damit gut 1,9 Mio. DM an Steuern.

Bei einer Überprüfung setzte die Generalstaatsanwaltschaft München den Haftbefehl gegen Pfahls aus. Dieser nutzte im Mai 1999 die Gelegenheit zur Flucht nach Taipeh, da zwischen Taiwan und Deutschland kein Auslieferungsabkommen bestand. Französische Nachrichtendienste sollen ihm auf seiner lange währenden Flucht behilflich gewesen sein, um die Elf-Aquitaine-Affäre und andere Skandale nicht hochkommen zu lassen. Erst im Jahr 2000 schloss die CSU Pfahls aus der Partei aus – wegen Versäumnissen bei seinen Mitgliedsbeiträgen, nicht wegen der Schmiergeldzahlungen beim Waffenhandel.

Am 13. Juli 2004 erfolgte Pfahls Festnahme in Paris und am 20. Januar 2005 die Auslieferung an die deutschen Behörden. Beim Prozess am Landgericht Augsburg gestand der Angeklagte im Juni 2005, von Schreiber 2 Mio. DM Schmiergeld für ein Panzergeschäft angenommen zu haben. Dabei sei es um seine Lobbyarbeit bei Transfers von Fuchs-Spürpanzern – wohlgemerkt, an die USA – gegangen. Ihm sei es nicht nur peinlich, sondern auch unerklärlich, »wie es zu diesem Aussetzer«, so die verharmlosende Darstellung widerrechtlichen Handelns, »gekommen ist«. Laut Aussage seines Verteidigers wollte Pfahls die restlichen 1,8 Mio. DM an Zuwendungen als Vergütung für Lobbyarbeit verstanden wissen, nicht als Schmiergeld. Ex-Bundeskanzler Helmut Kohl, in dessen Amtszeit Rüstungsgeschäfte von Ludwig-Holger Pfahls fielen, entlastete mit seiner Aussage den vormaligen Staatssekretär, woraufhin der Verdacht der Bestechlichkeit entfiel.

Die Staatsanwaltschaft beschuldigte Pfahls, die 3,8 Mio. DM für den Panzerdeal mit Riad kassiert zu haben, das Waffengeschäft mit den USA spielte keine Rolle.

Im August 2005 verurteilte das Landgericht Augsburg den früheren CSU-Verteidigungsstaatssekretär zu einer Haftstrafe von zwei Jahren und drei Monaten wegen Steuerhinterziehung und Vorteilsnahme. Unter Anrechnung bereits verbüßter Haftzeiten wurde Pfahls aber schon im September 2005 auf Bewährung entlassen.

Im September 2007 erklärte er sich für mittellos und stellte die Zahlungen an Gläubiger ein. Staatsanwaltschaftliche Ermittlungen bewiesen das Gegenteil, und nach einem weiteren Prozess musste der Ex-Staatssekretär eingestehen, dass mehr als rund 2 Mio. Euro auf Konten in Luxemburg, in der Schweiz und auf den Bahamas deponiert worden waren. Im November 2011 verurteilte ihn das Augsburger Landgericht wegen betrügerischen Bankrotts zu einer Haftstrafe von viereinhalb Jahren. Er habe sein Vermögen systematisch versteckt, so die Erkenntnis des zuständigen Richters Rudolf Weigell. Verurteilt wurden außerdem Pfahls' Ehefrau und der Lobbyist Dieter Holzer. Im Dezember 2011 zog Pfahls seine Revision zurück, und das Urteil wurde rechtsgültig.

Seit Herbst 2012 soll am Augsburger Landgericht geklärt werden, ob der Vorwurf der Bestechung tatsächlich verjährt ist und ob der Waffenhändler in Deutschland steuerpflichtig war.[49]

Neben all den Negativmeldungen und handfesten Skandalen lässt sich die Ära Kohl in Zahlen fassen. Als Bundeskanzler und qua Amt Vorsitzender des Bundessicherheitsrates erteilte Helmut Kohl mit seinen Ministern Exportgenehmigungen, die mit entschieden über Leben und Tod.

Im Jahr 1994, dem Rekordjahr schlechthin, lag Deutschland mit Waffenexporten in Höhe von 2,637 Mrd. US-Dollar erstmals – und bis heute unerreicht – auf Platz 2 der Rüstungsexporteure in aller Welt: nach den USA und noch vor Russland, das mit einem Waffenexportvolumen in Höhe von 1,155 Mrd. US-Dollar nicht einmal halb so viel Waffen ins Ausland lieferte.[50] Helmut Kohl wurde, was die Zahl der genehmigten Waffentransfers betraf, zum Spitzenreiter unter den Kanzlern der Bundesrepublik Deutschland. Und auch beim gesamten Rüstungsexportvolumen ist Helmut Kohl bis heute Rekordhalter. Nach der deutsch-deutschen Wiedervereinigung wurden Waffen in riesigen Mengen außer Landes gebracht, vielfach verschenkt, beispielsweise an das türkische Militär. Millionen von Wählerinnen und Wählern sahen sich massiv getäuscht.

Täterprofil

Ludwig-Holger Pfahls – vom Staatssekretär zum Steuerhinterzieher

Ludwig-Holger Pfahls wurde am 13. Dezember 1942 im brandenburgischen Luckenwalde im Kreis Jüterbog-Luckenwalde geboren. In der Nachkriegszeit besuchte er die Luckenwalder Volksschule, ehe die Familie von der Sowjetischen Besatzungszone nach Westdeutschland übersiedelte. Nach einem Studium der Rechtswissenschaften in Freiburg, Heidelberg, Würzburg und München betätigte sich der promovierte Jurist bis 1973 als abgeordneter Richter am Bayerischen Obersten Landesgericht und anschließend als Staatsanwalt für Wirtschaftssachen. 1974 wechselte Pfahls ins Bayerische Umweltministerium und 1976 als Landtagsreferent in die Bayerische Staatskanzlei. Franz Josef Strauß machte ihn zum persönlichen Referenten (1978), zum Büroleiter des Ministerpräsidenten (seit 1981) und Leiter der Grundsatzabteilung der Staatskanzlei (1982). Zwischenzeitlich Präsident des Bundesamtes für Verfassungsschutz, verantwortete Pfahls ab 1987 als Staatssekretär im Verteidigungsministerium die Rüstungskontrolle, die Beschaffung und den Export von Kriegswaffen, ehe er 1992 – nach offizieller Lesart freiwillig – aus dem Amt schied, um als Anwalt in München sowie als Generalbevollmächtigter bei Daimler-Benz für Belgien und seit 1995 für Ostasien tätig zu sein.[51]

Die problematischsten Rüstungsexportgeschäfte unter Verteidigungsstaatssekretär Ludwig-Holger Pfahls (Auswahl):

- Im Nachhinein (2004) wurde publik, dass sich Pfahls als Verteidigungsstaatssekretär aktiv im Sinne des Daimler-Konzerns und des – heute zur EADS gehörenden – Tochterunternehmens DASA betätigt hatte: unter anderem bei der Beschaffung des Kampfflugzeugs Jäger 90/Eurofighter.
- In mehreren Fällen konnte Pfahls nachgewiesen werden,

dass er Schmiergelder in Millionenhöhe kassiert hatte, gezahlt, um politisch genehme Entscheidungen herbeizuführen. In der sogenannten »Leuna-Affäre« um die dubiosen Geschäftspraktiken des Ölkonzerns Elf Aquitaine wurde in Deutschland nicht gegen Pfahls ermittelt. Und das, obwohl die französische Justiz zwei Finanzzahlungen in Millionenhöhe auf Luxemburger Konten Pfahls zuwies.

- Erst im Fall der 1991 an Saudi-Arabien gelieferten 36 gebrauchten Spürpanzer Fuchs aus Beständen der Bundeswehr leiteten die Ermittlungsbehörden Strafverfolgungsmaßnahmen gegen Pfahls ein. Eine Anklage aus diesem Grund erfolgte jedoch nie. Im April 1999 erwirkte die Augsburger Staatsanwaltschaft einen Haftbefehl wegen des Verdachts der Steuerhinterziehung und der Bestechlichkeit. Im Sommer 2005 verurteilte ihn das Landgericht Augsburg wegen Steuerhinterziehung und Vorteilsnahme zu einer Haftstrafe von mehr als zwei Jahren und drei Monaten. In einem weiteren Verfahren wurde er wegen betrügerischen Bankrotts zu einer viereinhalbjährigen Haftstrafe verurteilt.[52]
- Pfahls Fall spielte sowohl im Skandal um die illegalen Waffengeschäfte von Karlheinz Schreiber als auch in der CDU-Spendenaffäre eine Rolle.

In Deutschland wegen widerrechtlicher Rüstungsexporte verurteilt zu werden, stellt die absolute Ausnahme dar. Selbst Ludwig-Holger Pfahls ist letztlich nicht wegen geschmierter Geschäfte und Machenschaften beim Waffenhandel verurteilt worden, sondern wegen Steuerhinterziehung und Betrug.

Dabei lenken die spektakulären Gerichtsprozesse wegen illegaler Exportgeschäfte von der alltäglichen Tatsache ab, dass rechtlich genehmigter Waffenhandel, selbst mit kriegführenden, menschenrechtsverletzenden und sogar diktatorischen Staaten der Regelfall ist.

Täterprofil

Helmut Kohl – Unfrieden schaffen mit immer mehr Exportwaffen

Helmut Josef Michael Kohl wurde am 3. April 1930 in Ludwigshafen am Rhein geboren. Nach dem Besuch der Volks- und Oberrealschule studierte Kohl Rechts-, Staats- und Sozialwissenschaften sowie Geschichte in Frankfurt am Main und Heidelberg.

Nach seinem Parteibeitritt wurde Kohl 1953 Vorstandsmitglied der CDU Pfalz, 1954 stellvertretender Landesvorsitzender der Jungen Union, 1955 Landesvorstandsmitglied und 1966 Landesvorsitzender der CDU Rheinland-Pfalz (bis 1973). Seit 1966 war er Mitglied im Bundesvorstand, 1969 stellvertretender Bundesvorsitzender und von 1973 bis 1998 Bundesvorsitzender der CDU.

Neben seiner Tätigkeit in der CDU-Stadtratsfraktion Ludwigshafen (von 1960 bis 1966) war Kohl seit 1959 Mitglied im Landtag, ab 1961 stellvertretender Vorsitzender und von 1963 bis 1969 Vorsitzender der Landtagsfraktion Rheinland-Pfalz. Bundestagsabgeordneter war Kohl seit 1976, von Dezember 1976 bis Oktober 1982 Vorsitzender der Bundestagsfraktion von CDU/CSU. Als Bundeskanzler (1982–1998) stand Kohl dem Bundessicherheitsrat vor.[53]

Die ersten Legislaturperioden der Kanzlerschaft von Helmut Kohl fielen noch in die Zeit des Kalten Krieges, eine Periode atomarer wie konventioneller Hochrüstung. Nach der Auflösung des Warschauer Paktes am 1. Juli 1991 wurde die Chance zu umfassender Abrüstung verspielt. Stattdessen wurde die Bundeswehr in den Neunzigerjahren unter Kohl sukzessive von einer Verteidigungs- zu einer Interventionsarmee umgebaut und damit der Weg zu den heutigen Kriegseinsätzen geebnet.

Die problematischsten Rüstungsexportpositionen, -genehmigungen und -geschäfte in der Ära Kohl (Auswahl):

- Die von Helmut Kohl geführte christlich-liberale Koalition verdreifachte das bundesdeutsche Rüstungsexportvolumen in den 16 Jahren ihrer Regierungsverantwortung von 325 Mio US-Dollar (1982) auf 1064 Mio. US-Dollar (1998).
- Auch wenn Kohl bestritt und auch sonst nie dezidiert nachgewiesen werden konnte, dass bei dem Export von Spürpanzern des Typs Fuchs im Jahr 1991 Schmiergelder gezahlt wurden, erscheinen zahlreiche Aspekte dieses Waffengeschäfts bis heute äußerst dubios. Laut Kohl wurde die Exportentscheidung »ausschließlich nach außen-, sicherheits- und bündnispolitischen Erwägungen« getroffen.[54] Der Waffenlobbyist Karlheinz Schreiber hatte für Waffengeschäfte bis zu 67 Mio. DM Provision von Thyssen erhalten. Der Anklage der Staatsanwaltschaft Augsburg zufolge, verteilte Schreiber Gelder über Briefkastenfirmen und Tarnkonten an Politiker, Beamte und Industriemanager. Im Rahmen der CDU-Spendenaffäre wurden CDU-Schatzmeister Walther Leisler Kiep, CSU-Verteidigungsstaatssekretär Ludwig-Holger Pfahls und zwei Thyssen-Manager wegen Bestechlichkeit verurteilt.
- Während der Kohl'schen Kanzlerschaft wurden zahlreiche brisante Waffenlieferungen bewilligt, unter anderem die U-Boot-Ausfuhren an Indien und Südkorea. Genehmigt wurden zudem Kriegsschifflieferungen an verfeindete Staaten, beispielsweise U-Boote der späteren ThyssenKrupp Marine Systems an die Türkei und Griechenland. Auf der Grundlage von in den Jahren 1991 und 1994 geschlossenen Verträgen muss der Transfer dreier U-Boote der Dolphin-Klasse an Israel als besonders kritikwürdige Rüstungsexportbewilligung eingestuft werden.[55]
- Zwischenzeitlich wurden mit Rüstungsexporten zuvor unvorstellbare Verkaufsrekorde verbucht. Vor allem zu Zeiten der Eskalation des Bürgerkrieges in der Türkei steigerte

das CDU/CSU/FDP-Regierungsbündnis die Waffentrans-
fers auf Spitzenwerte: 1991 und 1994 wurden laut SIPRI aus
Deutschland jeweils Kriegswaffen im Wert von mehr als 2,5
Mrd. US-Dollar ausgeführt.[56]

- Zu den späten Amtshandlungen der Regierung Kohl zählt die
Genehmigung einer Lizenzvergabe zum Nachbau des HK33-
Gewehrs in der Türkei. Seither wurden mehrere Hunderttausend dieser von Heckler & Koch entwickelten Kleinwaffen bei
der türkischen Staatsfirma MKEK in Lizenz gefertigt.

- Helmut Kohl ist doppelter Rekordhalter beim bundesdeutschen Waffenhandel. In seiner 16-jährigen Kanzlerschaft lieferte Deutschland Waffen im Wert von rund 20,022 Mrd.
US-Dollar ins Ausland. Damit sicherten die Kohl-Regierun-
gen selbst nach dem Ende des Kalten Krieges den Fortbestand der deutschen Rüstungsindustrie.

Trotz aller Verfehlungen Kohls und seiner Ministerriege gilt
es zwei positive Aspekte hervorzuheben. Zum einen erteilte
Schwarz-Gelb im besonders folgenschweren Bereich der Kleinwaffen Einzelgenehmigungen für Drittländer lediglich in Höhe
von 1,87, 6,24 und 6,57 Mio. Euro (1996–1998), was deutlich
unter dem genehmigten Volumen der von Angela Merkel seit
2005 geführten Bundesregierungen liegt.[57] Zum anderen lehnte Helmut Kohl den Export von Leopard-Kampfpanzern nach
Saudi-Arabien ab.

Während des Bundestagswahlkampfs im Frühjahr 1983 hatten die Christdemokraten mit den wohlfeilen Worten »Frieden
schaffen mit immer weniger Waffen« geworben. Mit diesem
Slogan wurden die jahrelange Politik der Abschreckung und
die damit verbundene Hochrüstung nie gekannten Ausmaßes
kaschiert. Mehr noch: Unter Helmut Kohl exportierte Deutschland so viele Waffen wie nie zuvor. Bezogen auf die Rüstungsexportpolitik der Ära Kohl hätte der wahre Slogan »Unfrieden
schaffen mit immer mehr Exportwaffen« lauten müssen.

1 http://www.wdr.de/themen/kultur/stichtag/2005/05/08.jhtml //. Die Szene gehört zu einem erhaltenen Filmdokument über die bedingungslose Kapitulation Nazi-Deutschlands am 8. Mai 1945.

2 Grundgesetz für die Bundesrepublik Deutschland vom 23. Mai 1949, Präambel und Artikel 26.

3 Wette, *Militarismus in Deutschland,* S. 216 ff. und 221.

4 Bernard & Graefe (Hrsg.): *Handbuch der Bundeswehr und der Verteidigungsindustrie 2011/2012,* Bonn 2011, S. 26.

5 »Der Bundessicherheitsrat«, Deutscher Bundestag, Wissenschaftliche Dienste, Nr. 22/08 vom 9. Mai 2008.

6 *Handbuch der Bundeswehr … 2011/2012,* S. 26. Die Wissenschaftlichen Dienste des Deutschen Bundestags, Ausgabe Nr. 22/08 vom 9. Mai 2008, »Der Bundessicherheitsrat«, nennen den 28. November 1969 als Datum der Umbenennung in »Bundessicherheitsrat«.

7 »Aufbruch und Erneuerung – Deutschlands Weg ins 21. Jahrhundert. Koalitionsvereinbarung zwischen der Sozialdemokratischen Partei Deutschlands und Bündnis 90/Die Grünen« vom 20. Oktober 1998, Punkt »Bundeswehr/Rüstungsexporte«, S. 47.

8 »Der Bundessicherheitsrat«, Deutscher Bundestag, Wissenschaftliche Dienste, Nr. 22/08 vom 9. Mai 2008.

9 *Handbuch der Bundeswehr … 2011/2012,* S. 32.

10 »Fünfzig Jahre Sündenfall. Beim Rüstungsexport geht es um ethisch verantwortbare Politik, nicht um Wirtschaftsförderung«, Mitteilung an die Medien von pax christi vom 14. November 2011.

11 Ebda.

12 *SIPRI Yearbook 1968,* Waffen-Transfers 1950–68.

13 E-Mail RA Rothbauer vom 3. Mai 2012.

14 Otfried Nassauer und Christopher Steinmetz: »Rüstungskooperation zwischen Deutschland und Israel«, BITS Research Report 3 vom 1. September 2003.

15 Jürgen Grässlin, *Den Tod bringen Waffen aus Deutschland,* S. 364 ff.

16 Wolfram Bickerich: *Franz Josef Strauß. Die Biographie,* Düsseldorf 1996, S. 146 f.

17 Bickerich, *Franz Josef Strauß,* S. 298 und 301.

18 Politische Grundsätze der Bundesregierung vom 16. Juni 1971. Zum Originaltext siehe Anhang, Dokumentation: Grundlagentexte zum Thema Waffenhandel, Dok. 4.

19 http://www.ag-friedensforschung.de/aktuell/Export-Richtl-71.html

20 Zit. aus: *Vorwärts,* Nr. 18 vom 27. April 1985.

21 Nielebock, *Rüstungsexport,* S. 8.

22 *Weißbuch 1979,* Stichwort Rüstungsexport, Punkt 58, zit. nach: Nielebock, *Rüstungsexport,* S. 165.

23 Nielebock, *Rüstungsexport,* S. 145.

24 Nach ACDA; siehe auch Nielebock, *Rüstungsexport,* S. 142 f. und 148 f.

25 Schreiben des Bundeskanzleramtes vom 20. Februar 1981, zit. aus: Nielebock, *Rüstungsexport,* S. 59.

26 »Politische Grundsätze der Bundesregierung für den Export von Kriegswaffen und sonstigen Rüstungsgütern«. Beschluss der Bundesregierung vom 28. April 1982 (Originaltext siehe Anhang, Dokumentation: Grundlagentexte zum Thema Waffenhandel, Dok. 5).

27 Nielebock, *Rüstungsexport,* S. 145; *SIPRI Yearbook 1986,* Fünf-Jahres-Übersicht 1981 bis 1985, ohne Seitenangabe.

28 Zit. aus: Michael Brzoska: *Die Rüstungsexportpolitik der sozialliberalen Regierungen 1969–1982,* Stockholm/Hamburg 1984, S. 1.

29 Stiftung Haus der Geschichte der Bundesrepublik Deutschland; www.hdg.de

30 Stephan Bierling: *Die Außenpolitik der Bundesrepublik Deutschland,* München 1999, S. 279.

31 *antimilitarismus information* (ami), Mai 1992, S. K-9.

32 Jürgen Grässlin, *Versteck dich, wenn sie schießen,* S. 208, 252, 262, 315, 332 f.

33 *Jungle World* vom 11. März 1999, S. 5.

34 Unterstützt wurde die Strafanzeige von Rainer Ahues, Rechtsanwalt; Angelika Beer, Die Grünen; Hans Brandscheid, medico international; Jürgen Grässlin, Rüstungsinformationsbüro Baden-Württemberg (RIB e. V.); Initiative Bremer StrafverteidigerInnen; Ulla Jelpke, PDS/Linke Liste; Kurdistan Komitee in der BRD e. V.; Holger Rothbauer, Dachverband kritischer AktionärInnen Daimler-Benz; Hans-Eberhardt Schultz, Rechtsanwalt; Strafverteidigervereinigungen-Organisationsbüro; Christiane Urban, BUKO; Vereinigung Hessischer Strafverteidiger e. V. und anderen.
Kurdistan Komitee in der BRD e. V. [Hrsg.]: »Völkermordanzeige gegen Bundesdeutsche staatliche Stellen wegen Unterstützung des Völkermordes am kurdischen Volk«, Köln 1993, S. 29 f.

35 Kurdistan Komitee, »Völkermordanzeige«, S. 5 ff.

36 Ebda., S. 11 f.

37 Quelle: www.wikipedia.de > Bundestagswahl 1990

38 »Deutsche Panzer für die Türkei sind eine Bedrohung für den Frieden in der Region«. Offener Brief der Gesellschaft für bedrohte Völker vom 20. Oktober 1999.

39 *Der Spiegel* 14/1992, S. 20.

40 ami, Mai 1992, S. K-10.

41 *Der Spiegel* 14/1992, S. 20.

42 Ebda., S. 19.

43 *Stuttgarter Zeitung* vom 1. April 1992.

44 ami, Mai 1992, S. K-11.

45 Quelle: http//webarchiv.bundestag.de und www.wikipedia.de

46 ami, Mai 1992, S. K-9.

47 Ebda.

48 *Der Spiegel* 14/1992, S. 18.

49 *Badische Zeitung* vom 7. September 2011; *Süddeutsche Zeitung* vom 18. Juli 2012.

50 *SIPRI Yearbook 1999,* S. 424.

51 www.munzinger.de > Ludwig-Holger Pfahls u. a.

52 *Spiegel Online* vom 9. November und 27. Dezember 2011.

53 http://webarchiv.bundestag.de > Helmut Kohl

54 Helmut Kohl: *Mein Tagebuch 1998–2000,* München 2000, S. 114.

55 www.thyssenkrupp-marinesystems.com > Verträge

56 SIPRI-Jahrbücher 1986, 1991, 1995, 1996 und 1999.

57 Rüstungsexportbericht 2010, S. 35.

Kapitel 2

Das rot-grüne Rüstungsexportdesaster

*Wie SPD und Grüne das in sie
gesetzte Vertrauen verspielten*

*Bundeskanzler Gerhard Schröder (SPD) galt als Kanzler
der Rüstungskonzerne. Er pflegte Geschäftskontakte
zu Demokraten, Scheindemokraten und Diktatoren,
wie dem libyschen Machthaber Muammar al-Gaddafi,
der Schröder hier am 14. Oktober 2004
bei dessen Ankunft in Tripolis begrüßt.*

2.1 Grüner Wandel mit Waffenhandel

Wahlversprechen – Waffenhandel unterbinden, Rüstung konvertieren

Die Gesamtbilanz der Bundesregierungen seit Mitte der Fünfzigerjahre des 20. Jahrhunderts war desaströs. CDU/CSU, SPD und FDP hatten Deutschland in der Spitzengruppe der Weltwaffenexporteure etabliert. Dabei spielte es letztlich keine Rolle, welche Koalition aus den vier Altparteien die Regierungsmacht innehielt. Sie alle genehmigten nach dem Ende des Zweiten Weltkriegs und mit Aufkommen des Kalten Krieges Waffentransfers an politisch genehme Staaten bar jeglicher moralischer und ethischer Erwägungen.

Auch die Deutsche Demokratische Republik lieferte hemmungslos Waffen und Rüstungsgüter an kommunistische Regime und dem Warschauer Pakt nahestehende Diktaturen, allerdings in weit geringerem Umfang als Westdeutschland. Dementsprechend tauchte die DDR in den Jahrzehnten nach ihrer Staatsgründung weder in den Top Ten der Lieferländer von SIPRI noch 1982 in der ACDA-Liste der 20 führenden Weltwaffenexporteure auf.[1]

Ihren vorläufigen moralischen Tiefpunkt hatte die Rüstungsexportpolitik in der Ära Kohl erreicht.

Entsprechend groß waren die Hoffnungen, die in der zweiten Hälfte der Neunzigerjahre in die aufstrebende Partei Bündnis 90/Die Grünen gesetzt wurden. Versprachen diese ihren Wählerinnen und Wählern doch nicht weniger als eine grundlegende politische Wende. Nach vier Legislaturperioden der Kohl-Regierung sehe »die Bilanz seiner Politik verheerend aus«, so das Urteil von Joschka Fischer über die politische Lage. Entsprechend kämpferisch verkündete die Galionsfigur der Grünen, bei der Bundestagswahl am 27. September 1998 »nicht nur eine Regierung ablösen, sondern mit dem politischen Neuanfang beginnen« zu wollen.[2]

Im Sinne ihres Fraktionssprechers im Deutschen Bundestag legte die Partei die Messlatte hoch. Nach vier schwarz-gelben Legislaturperioden versprach das Wahlprogramm von Bündnis 90/Die Grünen mit dem verheißungsvollen Titel *Grün ist der Wechsel* »die Unterbindung von Waffenexporten in Staaten, die Menschenrechte verletzen«. Sowohl die legale Waffenherstellung als auch »der Waffenhandel sind einzuschränken«, so die eigene Vorgabe der Bündnisgrünen. Als selbst ernannte Friedenspartei definierten sie den Einsatz Deutschlands für ein gesamteuropäisches Sicherheitssystem nur dann als glaubwürdig, »wenn national und europaweit ein Prozess konsequenter Abrüstung und Selbstbeschränkung bei der Produktion, der Beschaffung und dem Export von Waffen eingeleitet« werde. »Militärische Friedenserzwingung und Kampfeinsätze lehnen wir ab«, so der klare Standpunkt.[3]

Zwar zogen die Grünen mit der Bundestagswahl 1998 erneut in das deutsche Parlament ein. Allerdings mit einem enttäuschenden Wahlergebnis von nur 6,7 Prozent der Stimmen, 0,6 Prozent weniger als vier Jahre zuvor. Anders die SPD, deren famoses Wahlergebnis von 40,9 Prozent sie seit 1972 bundesweit wieder zur stärksten Partei machte. Erstmals in der deutschen Parteiengeschichte konnte somit auf Bundesebene ein rot-grünes Regierungsbündnis geschlossen werden. Zugleich wurde die bislang amtierende schwarz-gelbe Regierungskoalition – was auch als Novum in die bundesdeutsche Geschichte einging – vollständig abgewählt. Die Regentschaft von Helmut Kohl, der nach 16 Jahren Kanzlerschaft erneut als Kandidat der CDU/CSU angetreten war, endete mit einem Waterloo: 6,3 Prozent Stimmenverlust und der Absturz der konservativen Volkspartei auf einen Anteil von 35,1 Prozent sprachen eine deutliche Sprache.

Ende Oktober 1998 präsentierten der frischgebackene Bundeskanzler Gerhard Schröder und sein Grünen-Vize und Außenminister Joschka Fischer das neue Kabinett mit Verteidigungsminister Rudolf Scharping, Finanzminister Oskar Lafontaine, Innenminister Otto Schily, Justizministerin Herta Däubler-Gmelin, Entwicklungshilfeministerin Heidemarie Wieczorek-Zeul – allesamt Sozialdemokraten – und dem parteilosen Wirtschaftsminister Werner Müller. Als Mitglieder im Bundessicherheitsrat entschieden sie fortan über besonders brisante Waffentransfers.

Grundlage dieser Entscheidungen bildete die am 20. Oktober 1998 in Bonn geschlossene Koalitionsvereinbarung. Darin war festgeschrieben, dass die neue Bundesregierung »dem Bundessicherheitsrat seine ursprünglich vorgesehene Rolle als Organ der Koordinierung der deutschen Sicherheitspolitik zurückgeben und hierfür die notwendigen Voraussetzungen schaffen« würde. Die bestehenden Programme militärischer Ausstattungshilfe waren zu »überprüfen und grundsätzlich keine neuen Verträge in diesem Bereich« abzuschließen.

Stattdessen, so die vielversprechende Vorgabe, würde die neue Bundesregierung »verstärkt Maßnahmen der Demokratisierungshilfe fördern und dafür zusätzliche Mittel bereitstellen«. Zugleich verpflichtete sich die rot-grüne Regierungskoalition, die Bemühungen um den Zusammenschluss der europäischen Luft- und Raumfahrtindustrie »aktiv« zu unterstützen – eine äußerst konzernkonforme Festlegung.

Die transnationale europäische Rüstungsindustrie sollte »für ihre Exporttätigkeit einem verpflichtenden europäischen Verhaltenskodex unterworfen« werden. Zudem wollte die rot-grüne Bundesregierung darauf hinwirken, dass darin »ein Transparenzgebot und der Menschenrechtsstatus möglicher Empfängerländer« als Kriterien enthalten sein sollten. Der deutsche Rüstungsexport außerhalb der NATO und der Europäischen Union sollte »restriktiv gehandhabt« werden. Und, ganz im Sinne des Grünen-Wahlversprechens würde fortan bei Rüstungsexportentscheidungen »der Menschenrechtsstatus möglicher Empfängerländer als zusätzliches Entscheidungskriterium eingeführt«.

Rüstungskonversion, die Umstellung auf zivile Fertigung, wurde »auch als bundespolitische Aufgabe und Element regionaler Strukturpolitik begriffen«. Damit sahen sich die Grünen durchaus auf einer Linie mit Gerhard Schröder. Dieser hatte als niedersächsischer Ministerpräsident zwar immerzu das Arbeitsplatzargument – auch für den Bestand der Rüstungsindustrie – ins Feld geführt, zugleich aber, im Fall des DASA-Werkes Lemwerder, auch die Stoßrichtung vorgegeben, »langfristig Rüstungskonversion anzustreben«. Würde die SPD im Bund Regierungsverantwortung tragen, so der Oppositionspolitiker Schröder schon 1993, müssten entsprechende »industriepolitische Maßnahmen bisherige Tatenlosigkeit« der Regierung Kohl und Kinkel überwinden.[4]

Fünf Jahre später wurde Schröder Kanzler, Fischer Vize. Rot-Grün handelte und schrieb im Koalitionsvertrag nicht nur die neue Zielrichtung Rüstungskonversion fest, sondern verabschiedete auch die sinnvolle Vorgabe, dass dem Deutschen Bundestag fortan jährlich ein Rüstungsexportbericht vorgelegt werden müsse.[5]

Die Arbeitsteilung in der Regierungskoalition war von Anfang an offenkundig. Gerhard Schröder als Kanzler der Konzerne und sein Wirtschaftsminister Werner Müller sollten die Genossen in der Partei und in der Fraktion, die Wählerinnen und Wähler in den Betrieben – auch in den rüstungsproduzierenden Unternehmen – sowie die der SPD nahestehenden Gewerkschaften mit Arbeitsplatzgarantien zufriedenstellen.

Die sozialdemokratische Entwicklungshilfeministerin Heidemarie Wieczorek-Zeul und Grünen-Chef Joschka Fischer waren die Aushängeschilder für eine Politik der Entwicklungshilfe, der Menschenrechte und des Friedens. In zahlreichen Reden, Stellungnahmen, Presseverlautbarungen und Interviews propagierte Menschenrechtler Fischer in Regierungsverantwortung, was ihm am Herzen lag: »Die Menschenrechte gewinnen im Zeitalter der Globalisierung eine völlig neue, über das Humanitäre hinausgehende Dimension«, erklärte der Außenminister gleich zu Beginn seiner Amtszeit.[6]

Fischers frohe Botschaft sollte alsbald von der Realität der Schlachtfelder auf dem Balkan eingeholt werden – denn dort sprachen erst einmal die Waffen. Im März 1999 wurden die ersten Bomben über Belgrad abgeworfen, in der Folge setzte die NATO Tornado-Kampfbomber der EADS ein. Zwar bombte die deutsche Luftwaffe nicht selbst, aber Bundeswehrpiloten in AWACS-Aufklärungsflugzeugen lieferten die Daten für den Kriegseinsatz. Der Tabubruch war perfekt. Was sämtliche CDU/CSU- und FDP-geführten Bundesregierungen zuvor nie gewagt hatten, verantworteten nunmehr Gerhard Schröder und Joschka Fischer: die erste Beteiligung der Bundeswehr an einem Kampfeinsatz, der ohne Mandat der Vereinten Nationen erfolgte.[7]

Auf dem Sonderparteitag von Bündnis 90/Die Grünen in Bielefeld sah sich der Außenminister im Mai 1999 mit dem Vorwurf konfrontiert, er habe den Bundeswehreinsatz im Kosovo-Krieg maßgeblich mitzuverantworten. In seiner Rechtfertigungsrede führte Fischer einen rhetorisch geschickten, inhaltlich jedoch verfehlten Vergleich ins Feld: »Auschwitz ist unvergleichbar«, sagte der Grünen-Vorsitzende, um dann doch den Massenmord im schlimmsten aller Vernichtungslager der Nationalsozialisten anzuführen. »Aber ich stehe auf zwei Grundsätzen: nie wieder Krieg, nie wieder Auschwitz; nie wieder Völkermord, nie wieder Faschismus.«[8] In der Folge verließen zahlreiche pazifistische Parteimitglieder Bündnis 90/Die Grünen.

Neue Politische Grundsätze – Menschenrechte theoretisch maßgeblich

Seit Mai 1999 arbeitete die Bundesregierung an einer Neufassung der »Politischen Grundsätze der Bundesregierung für den Export von Kriegswaffen und sonstigen Rüstungsgütern«. Mitten in diese Arbeitsphase platzte eine Diskussion, die äußerst kontrovers geführt wurde und mit dem Mehrheitsentscheid des BSR am 20. Oktober 1999 eine Koalitionskrise auslöste. Auf den Tag genau ein Jahr zuvor, am 20. Oktober 1998, hatte Rot-Grün den Koalitionsvertrag verabschiedet. Im BSR hatte eine Mehrheit für die Freigabe eines Testpanzers vom Typ Leopard A2 in die Türkei votiert.

Am 25. Oktober 1999 beschloss der Koalitionsausschuss die Weitergabe der Überarbeitung der Politischen Grundsätze an den »Vorbereitungsausschuss Bundessicherheitsrat«. Am 19. Januar 2000 beschloss das rot-grüne Kabinett in Berlin eine viel versprechende Neufassung der Politischen Grundsätze. Im Zentrum stand das Bestreben, die Politik des Waffenhandels »restriktiv zu gestalten« und »durch seine Begrenzung und Kontrolle einen Beitrag zur Sicherung des Friedens, der Gewaltprävention, der Menschenrechte und einer nachhaltigen Entwicklung in der Welt zu leisten«.

In Punkt I, den Allgemeinen Prinzipien, ist festgeschrieben, dass der »Beachtung der Menschenrechte im Bestimmungs- und Endverbleibsland« bei Entscheidungen über den Transfers von Kriegswaffen und sonstigen Rüstungsgütern »besonderes Gewicht bei[zu]messen« sei. Gemäß Beschluss des Bundeskabinetts würden Genehmigungen sowohl für Exporte von Kriegswaffen als auch von sonstigen Rüstungsgütern »grundsätzlich nicht erteilt, wenn hinreichender Verdacht besteht, dass diese zur internen Repression im Sinne des EU-Verhaltenskodex für Waffenausfuhren oder zu sonstigen fortdauernden und systematischen Menschenrechtsverletzungen missbraucht werden«. Entsprechende Einwendungen sollen in der Regel nach einer Befassung im Bundessicherheitsrat erfolgen. Bei der Prüfung der Menschenrechtssituation würden Feststellungen der Europäischen Union und des Europarates, der Vereinten Nationen, der OSZE und anderer internationaler Gremien einbezogen. Zudem seien Berichte internationaler Menschenrechtsorganisationen zu berücksichtigen.

Auch Waffentransfers in »sonstige Länder« – gemeint waren Staaten, die weder der EU oder NATO angehören noch als NATO-gleichgestellt gelten – sollten künftig »restriktiv gehandhabt« werden. Exportgenehmigungen nach Kriegswaffenkontrollgesetz oder Außenwirtschaftsgesetz »kommen nicht in Betracht, wenn die innere Lage des betreffenden Landes dem entgegensteht«. Ausdrücklich benannt wurden bewaffnete interne Auseinandersetzungen sowie der hinreichende »Verdacht des Missbrauchs zu innerer Repression oder zu fortdauernden und systematischen Menschenrechtsverletzungen«. Auch an dieser Stelle wurde betont, dass für diese Frage »die Menschenrechtssituation im Empfängerland eine wichtige Rolle« spiele. Nach 1971 und 1982 wurde damit die dritte Fassung der Politischen Grundsätze unter der Ägide sozialdemokratischer Bundeskanzler (Brandt, Schmidt, Schröder) verabschiedet.

Klar wie nie zuvor hatte ein Bundeskabinett in einem entscheidenden Punkt die neue Linie vorgegeben: Die Menschenrechte rückten in den Mittelpunkt rüstungsexportrelevanter Entscheidungen einer ethisch und moralisch verantwortungsvoll handelnden Bundesregierung. Wahlversprechen sollten eingelöst und die damit verbundenen Erwartungen erfüllt werden. Ein Anfang war gemacht, die Politikwende nahm konkrete Konturen an.

Fortan sollte der Menschenrechtslage in den Empfängerländern maßgebliche Bedeutung beigemessen werden.

Nur eine Woche nach dem Kabinettsbeschluss befasste sich der Ausschuss für Menschenrechte und humanitäre Hilfe mit den neuen Richtlinien. Zu Recht verwies die Ausschussvorsitzende Claudia Roth auf eine entscheidende Schwerpunktsetzung: dass Genehmigungen für den Export von Kriegswaffen und sonstigen Rüstungsgütern nur erteilt würden, wenn der Endverbleib im Endempfängerland sichergestellt sei. Ein Punkt, dem zum ersten Mal ein eigenes Kapitel gewidmet war. Zudem zeigte sich die Grünen-Politikerin erfreut darüber, dass erstmals Sanktionen vorgesehen waren.

Selbstzufrieden legten auch der parteilose Bundeswirtschaftsminister Werner Müller und Bundesaußenminister Joschka Fischer dem Ausschuss die wichtigsten Inhalte dar. Laut Fischer bestünde nunmehr »eine klare, verlässliche Grundlage«. In einer globalisierten Welt würde das Menschenrechtskriterium »immer wichtiger werden«. Denn, so Fischer, »wer nicht auf klare demokratische Grundsätze baut, hat auf Sand gebaut«. In der Praxis werde die Bundesregierung von nun an versuchen, »sehr restriktiv vorzugehen«.

Klare Signale kamen von der Opposition. Endlich wollte auch die FDP, dass der Menschenrechtslage im Empfängerland eine gewichtige Rolle zukäme. Die Union ging noch einen Schritt weiter mit ihrer Forderung, das »Krebsgeschwür internationalen Waffenhandels« auch international zu bekämpfen. Die PDS begrüßte die neuen Richtlinien, die ihr allerdings nicht weit genug gingen.

Insgesamt aber herrschte eine überraschende und erfreuliche Einigkeit quer durch die Fraktionen. Die einhellige Botschaft des Menschenrechtsausschusses lautete: Menschenrechte wahren, Waffenexporte äußerst restriktiv genehmigen, Waffenhandel bekämpfen. Ein Durchbruch schien geschafft.[9]

Die erste rot-grüne Koalition im Bund war gerade zwei Monate im Amt, als PKK-Führer Abdullah Öçalan das Ende des mehr als 14 Jahre währenden Bürgerkriegs in der Türkei verkündete. Formal war mit dem einseitigen Waffenstillstand seitens der PKK seit dem 1. Dezember 1998 eine neue, positivere Sicherheitslage in der Türkei gegeben. Für das Jahr 2000 stellte Amnesty International fest, dass es »nur noch zu vereinzelten Zusammenstößen zwischen Armee-Einheiten und dissidenten Gruppen innerhalb der PKK« gekommen sei.[10]

Ganz anders die Menschenrechtslage. Öçalan wurde wegen Hochverrats und Separatismus vor Gericht gestellt, »nach einem unfairen Verfahren« – so Amnesty International – zum Tode verurteilt und ist seither inhaftiert. Der türkische Staat reagierte auf die 1999 stattfindenden Proteste mit Massenverhaftungen. Aus der gesamten Türkei trafen immer mehr Berichte über Folterungen ein, in Gefängnissen herrschten weiterhin menschenunwürdige Zustände.[11]

Die Menschenrechtslage in der Türkei blieb auch in den kommenden Jahren angespannt bis dramatisch. Dennoch erteilte die rot-grüne Bundesregierung in den Jahren 1999 bis 2005 umfangreiche Ausfuhrgenehmigungen für Rüstungsexporte an den türkischen Staat. In diesen sieben Jahren rangierte die Türkei stets unter den 20 führenden Empfängerländern deutscher Waffen: im Jahr 1999 auf Platz 1, 2000 (2), 2001 (5), 2002 (7), 2003 (4), 2004 (13) und 2005 (6). Insgesamt wurden in diesem Zeitraum Waffenexporte im Wert von rund 3,5 Milliarden Euro an den Folterstaat Türkei genehmigt. Ganz legal konnten unter Rot-Grün beispielsweise militärische Geländewagen, gepanzerte Fahrzeuge, Teile für Landfahrzeuge, Lkw, Teile für Panzer, Feuerleiteinrichtungen, Wärmebildgeräte, Produktionsmaschinen für Rüstungsgüter usw. geliefert werden. Ein größerer Kontrast zu den am 19. Januar 2000 verabschiedeten und allseits gelobten neuen Politischen Grundsätzen zum Rüstungsexport ist kaum denkbar.[12] Die hehre Theorie war die eine Seite, die Geschäftspraxis eine wahrlich andere.

Kriegseinsätze mit Kohl/Kinkel-Gewehren und Schröder/Fischer-Munition

Wenn es eines letzten, symbolträchtigsten Beweises dafür bedurft hätte, wie bereitwillig Rot-Grün die schwarz-gelbe Rüstungsexportpolitik mit dem NATO-Partner Türkei fortführte, so wurde er erbracht. Als eine der letzten Amtshandlungen vor der Bundestagswahl im September 1998 hatte die christlich-liberale Koalition den Nachbau von Heckler & Koch-Gewehren des Typs HK33 in der Türkei genehmigt – und das in der immens hohen Stückzahl von 500 000. Beim HK33 handelte es sich bereits damals um einen eher älteren, aber aufgrund seiner technischen »Qualitäten« weltweit geschätzten Waffentyp, der seit 1968 in Oberndorf produziert wurde. Die neuen HK33-Gewehre sollten sukzessive die seit 1967 im Werk Kirikkale von Makina ve Kimya Endüstrisi Kurumu hergestellten G3 ersetzen.

Unpassend nur, dass das HK33 mit Munition des NATO-Kalibers 5,56 mm schießt statt der reichlich vorhandenen 7,62-mm-Munition des alten G3. Unpassender noch, dass im Herbst 1998 die Regierung in Deutschland wechselte und Rot-Grün die Menschenrechtsfrage ins Zentrum der Entscheidung über die Erteilung von Rüstungsexport-

Deutschlands Waffenhandel mit der Türkei in der Ära der Bundesregierung Schröder/Fischer (1999–2005)

In jedem Jahr der Regierungszeit von Rot-Grün rangierte die Türkei unter den 20 wichtigsten Bestimmungsländern für erteilte Rüstungsexport-Einzelgenehmigungen. Derweil war die Sicherheitslage im Empfängerland prekär, die Menschenrechtslage desaströs.

Jahr	Platz unter den Empfängerländern	Wert in Mio. DM/€	Ausfuhrgenehmigungen erteilt (exemplarische Beispiele)	Menschenrechtslage laut Amnesty International (exemplarische Beispiele)
1999	1	1909,2 Mio. DM	Marinetechnik (keine weiteren Angaben im regierungsamtlichen Rüstungsexportbericht)	Zunahme der Folterungen gegenüber Vorjahren im ganzen Land durch staatliche Sicherheitskräfte, u. a. Nackt-Ausziehen, eiskalter Wasserstrahl, Aufhängen an Handgelenken, Elektroschocks, sexuelle Nötigung, Vergewaltigungen, wiederholt Todesfälle nach Folter; Massenverhaftungen nach Demonstrationen u. v. a. m.
2000	2	510,1 Mio. DM	Teile für Kampfschiffe; Herstellungsausrüstung für Rüstungsgüter; Teile für Luftfahrzeuge	Folterungen noch immer weit verbreitet und juristisch ungeahndet; gewaltsame Niederschlagung von Protesten gegen die Einführung kleinerer Haftzellen, schwere Verletzungen und Tötungen Gefangener; massive Repression gegen politische Parteien und Organisationen in Kurden-Gebieten u. v. a. m.
2001	5	327,3 Mio. DM	Lenkflugkörper und Abfeuereinheiten; Teile für Panzer, gepanzerte Fahrzeuge und andere Fahrzeuge u. v. a. m.	Tausende Gefangene in Isolationshaft; Menschenrechtsverteidiger inhaftiert, mit dem Tode bedroht, strafrechtlich verfolgt; Folterungen in Polizeigewahrsam weit verbreitet und systematisch; Folterungen an Frauen, Männern und Kindern, Foltermethoden s. o.; politische Morde und widerrechtliche Hinrichtungen u. v. a. m.

Jahr	Platz unter den Empfänger-ländern	Wert in Mio. DM/€	Ausfuhrgeneh-migungen erteilt (exemplarische Beispiele)	Menschenrechtslage laut Amnesty International (exemplarische Bei-spiele)
2002	7	124,0 Mio. €	Teile für Torpedos und Flugkörper; Feuerleiteinrich-tungen, Bordwaf-fen-Steuersys-teme; Teile für Torpedos; Flug-körper; Datenver-arbeitungssyste-me u. v. a. m.	In Kurdenfrage zahlreiche gewaltlose politische Gefangene verurteilt; Fol-terungen in Polizeigewahrsam weit verbreitet und in Anti-Terror-Trakten von Polizeistationen im Kurdenge-biet systematisch angewendet; Mel-dungen über zahlreiche Tötungen durch Sicherheitskräfte u. v. a. m.; Abschaffung der Todesstrafe in Frie-denszeiten
2003	4	440,3 Mio. €	Teile für Panzer, gepanzerte Fahr-zeuge; U-Boote, Patrouillenboote, Waffeneinsatz-systeme elektro-nische Ausrüs-tung u. v. a. m.	Berichte über Folterungen und Miss-handlungen in Polizeigewahrsam, Foltermethoden (Elektroschocks etc.); Anwendung exzessiver Gewalt gegen Demonstranten; strafrechtli-che Verfolgung abweichender Mei-nungen und friedlicher Demonstran-ten u. v. a. m.
2004	13	72,8 Mio. €	Torpedos, Flug-körper, Panzer-platten; Fre-gatten, Teile für U-Boote, Kampf-schiffe; elektroni-sche Ausrüstung u. v. a. m.	Misshandlungen und Folterungen in Gewahrsam der Polizei und Gen-darmerie (Schläge, Elektroschocks, Nackt-Ausziehen, Todesdrohungen); exzessive Gewalt gegen Demonst-ranten; Ausbleiben dringend notwen-diger Schritte zur Verhinderung von Gewalt gegen Frauen; Sicherheits-kräfte erschossen bis zu 21 Zivilisten u. v. a. m. Todesstrafe abgeschafft
2005 (SPD/ Grüne bis 18. 9. 2005)	6	213,1 Mio. €	Geländewagen und Teile für Pan-zer, gepanzerte Fahrzeuge, Lkw; Teile für U-Boote, Patrouillenboote u. v. a. m.	Einschränkung der Ausübung fun-damentaler Menschenrechte; Folte-rungen und Misshandlungen durch Beamte mit Polizeibefugnissen; ex-zessive Gewalt gegen Demonstran-ten; Inhaftierung von Kriegsdienstver-weigerern u. v. a. m.

Quellen:
Rüstungsexportbericht 1999, S. 14; *2000*, S. 10; *2001*, S. 17; *2002*, S. 20; *2003*, S. 25 f.; *2004*, S. 30 und *2005*, S. 24; *amnesty international Jahresberichte 2000*, S. 350 ff.; *2001*, S. 573 ff.; *2002*, S. 567 ff.; *2003*, S. 582 ff.; *2004*, S. 555 ff.; *2005*, S. 500 ff.; *2006*, S. 463 ff. Die Jahresberichte erfassen jeweils die Menschenrechtslage des Vorjahres.

genehmigungen rückte. Nach erfolgtem Regierungswechsel bestätigte Siegmar Mosdorf (SPD), Parlamentarischer Staatssekretär im Bundeswirtschaftsministerium, erst einmal »die Ausfuhr von Ausrüstungen, Einzelteilen, Technologieunterlagen und Software zur Herstellung des automatischen Gewehrs HK33 in die Türkei«.[13]

Fehlte noch die passende Munition. Zuständig hierfür war die Fritz Werner Industrie-Ausrüstungen GmbH, damals eine hundertprozentige Tochter der zum MAN-Konzern gehörenden Ferrostaal AG. Das Unternehmen hat seinen Sitz in Geisenheim am Rhein, gut 20 Kilometer westlich von Wiesbaden. Fritz Werner konnte auf eine Tradition verweisen: Bereits Jahrzehnte zuvor hatte die Geisenheimer Firma schlüsselfertige Produktionsanlagen für Kunden weltweit geplant und geliefert – unter anderem für die Regierungen in Iran und Birma (Myanmar). Jetzt stand ein neuer lukrativer Auftrag ins Haus: die Errichtung der Fabrikationsanlagen für die 5,56-mm-Munition bei MKEK. Doch die Regierung Kohl/Kinkel hatte mit dem türkischen Staatsbetrieb lediglich Vorverträge abgeschlossen.

Mit der im Januar 2000 proklamierten menschenrechtsorientierten Rüstungsexportpolitik hätte Rot-Grün den Munitionsdeal unterbinden können, ja müssen. Doch Papier ist geduldig. In geheimer Sitzung stimmte der Bundessicherheitsrat dem Munitionsdeal zu. Kolportiert wurde, dass neben Schröder auch Wirtschaftsminister Müller und Verteidigungsminister Scharping für, Außenminister Fischer und Entwicklungshilfeministerin Wieczorek-Zeul jedoch gegen das Munitionsgeschäft votiert hätten. In der Sache änderte das nichts. Am 23. August 2000 wurde in Ankara der Vertrag mit dem türkischen Verteidigungsministerium über das rund 45 Mio. Euro teure Rüstungsprojekt unterzeichnet.

Zu seiner Verteidigung erklärte ein deutscher Ministeriumsvertreter, wegen positiv beschiedener Voranfragen hätten »rechtliche Verpflichtungen« zur Zustimmung bestanden. Just wies der vormalige Bundeswirtschaftsminister Günter Rexrodt, FDP, darauf hin, dass Voranfragen sehr wohl »ein politisches Signal, aber nicht rechtsverbindlich« seien. Bissiger Kommentar Rexrodts, wohlgemerkt aus der Opposition heraus: Dass Rot-Grün sich hinter der christlich-liberalen Vorgängerregierung verschanze, sei »eine Unglaubwürdigkeit ersten Ranges«.[14]

Letztlich konnte sowohl die Gewehr- als auch die Munitionsproduktion in der Türkei anlaufen. Seitdem können türkische Soldaten mit Heckler & Koch-Gewehren – Exportgenehmigung erteilt von der Regierung Kohl/Kinkel – und 5,56-mm-Munition – Exportgenehmigung erteilt von der Regierung Schröder/Fischer – schießen und Menschen töten.

2.2 Rot-grüne Rüstungslieferungen an problematische Länder

Uneingeschränkt solidarische Waffenlieferungen

Die Tendenz war rückläufig und damit erfreulich: Bis Ende des 20. Jahrhunderts halbierte sich die Zahl der Kriege weltweit und lag in den Jahren 1999 und 2000 bei 35. Insgesamt handelte es sich um keinen kurzfristigen Rückgang, sondern eine stetige Reduzierung.[15]

Was dann aber geschah, führte zu einer neuen »Qualität« kriegerischer Auseinandersetzungen. Die Ereignisse im Spätsommer 2001 verdrängten alle anderen Kriege und bewaffneten Konflikte weitgehend aus dem Bewusstsein der Weltöffentlichkeit. Die Medien kannten nur noch ein Thema. Selbst der Krieg in Mazedonien verschwand weitgehend aus der öffentlichen Diskussion, obwohl dieser Konflikt zuvor in Deutschland vehement und kontrovers diskutiert worden war.[16]

Die Terroranschläge des 11. September 2001 markierten eine Wende in der westlichen Außen- und Sicherheitspolitik und in der Folge fatalerweise auch beim weltweiten Waffenhandel.

Unmittelbar nach 9/11 kündigte US-Präsident George W. Bush einen »War on Terrorism«, einen »Krieg gegen den Terrorismus«, an. Den USA wurde das Recht auf Selbstverteidigung zugestanden, und die Falken in den Vereinigten Staaten fühlten sich legitimiert, auf der Basis der UN-Resolution 1368 all diejenigen mit militärischen Mitteln zu bekämpfen, die Terroristen in Afghanistan Schutz gewährten – auch wenn deren Rückzugsgebiet schwerpunktmäßig in Pakistan lag und 15 der 19 Attentäter des 11. September aus Saudi-Arabien kamen.

Am 12. September 2001 verkündete Bundeskanzler Gerhard Schröder, er habe dem amerikanischen Präsidenten die uneingeschränkte Solidarität Deutschlands zugesichert.[17]

In der Folge erklärte der NATO-Rat, dass es sich im Falle der Angriffe auf New York und Washington um einen Bündnisfall gemäß Artikel 5 des NATO-Vertrages handle.[18] Auch wenn die Auswirkungen all dieser Entscheidungen und Aussagen zu diesem Zeitpunkt allenfalls erahnt werden konnten: Sie waren immens, denn Deutschland zog an der Seite der USA in den Krieg in Afghanistan. Dass der folgende Kriegseinsatz der Bundeswehr am Hindukusch weitaus länger dauern würde, als der Einsatz deutscher Soldaten im Ersten und Zweiten Weltkrieg zusammengenommen, hätte sich wohl kaum ein Mitglied der Bundesregierung zu diesem Zeitpunkt träumen lassen.

Mit der Bundestagswahl am 22. September 2002 steigerten die Grünen ihren Stimmenanteil um 1,9 auf 8,6 Prozent, während die Sozialdemokraten 2,4 Prozent einbüßten, aber mit 47,1 Prozent der Zweitstimmen reichte das Gesamtergebnis beider Parteien zur Fortsetzung der rot-grünen Regierungskoalition.

Im März 2003 startete der beschönigend als »Operation Iraqi Freedom« titulierte Kriegseinsatz der Vereinigten Staaten, Großbritanniens und ihrer Verbündeten gegen Irak. In diesem – mangels UN-Mandat – völkerrechtswidrigen Krieg diente die nie bewiesene Behauptung, das Regime von Saddam Hussein besitze Massenvernichtungswaffen, als Interventionsgrund. Zur weltweiten Verwunderung erklärte der verantwortliche US-Präsident George W. Bush bereits zwei Monate später, im Mai 2003, größere Kampfhandlungen für beendet; de facto wurde der Krieg allerdings noch jahrelang weitergeführt.

Ein halbes Jahrzehnt später verkündete US-Präsident Barack Obama die Erfüllung eines Versprechens: Mitte Dezember 2011 verließen offiziell die letzten US-Soldaten Irak. Die Bilanz war rundum verheerend. Laut Pentagon wurden mehr 4421 Soldaten der US Army getötet, fast 32 000 verwundet. Rund 9500 irakische Polizisten und Soldaten verloren ihr Leben. Offiziell kamen mehr als 113 500 irakische Zivilisten ums Leben – die wahre Zahl wird im Dunkeln bleiben.[19]

Frankreich und Deutschland hatten sich der »Koalition der Willigen« nicht angeschlossen, da das Mandat des UN-Sicherheitsrates fehlte. Dennoch unterstützte die Bundesregierung den völkerrechts- und grundgesetzwidrigen Kriegseinsatz. Gerhard Schröder gestand später ein, man habe »den USA und der Koalition Überflugrechte sowie Start- und Landerechte gewährt«. Zudem habe man »den Schutz von Militärobjekten in Deutschland übernommen«. Des Weiteren seien »die logistischen Basen weiterhin bereitgestellt« geworden.[20]

Was Schröder unerwähnt ließ, sind die immens hohen Lieferungen von deutschen Waffen, die in Irak und Afghanistan zum Einsatz kamen. Allein für die Vereinigten Staaten von Amerika erteilte die rot-grüne Bundesregierung Einzelgenehmigungen für Waffenexporte im Wert von 644,9 Mio. DM (im Jahr 1999), 895,5 Mio. DM (2000), 1,108 Mio. DM (2001), 685,3 Mio. Euro (2002), 492,1 Mio. Euro (2003), 486,6 Mio. Euro (2004) und 630,7 Mio. Euro (2005).

Die Liste der Waffensysteme, für deren Export in die USA in der Ära Rot-Grün Ausfuhrgenehmigungen erteilt wurden, ist umfangreich: elektronische Ausrüstung; Kommunikations- und Datenverarbeitungsausrüstung; Navigations- und Radarsysteme; Revolver, Pistolen und Granatpistolen; Maschinenpistolen, Maschinengewehre und Scharfschützengewehre; Kanonen; Munition für besagte Kleinwaffen und Kanonen; Teile für Maschinenpistolenmunition, Maschinengewehrmunition, Haubitzenmunition, Mörsermunition und Granatpistolenmunition; Teile für Bomben, Raketen und Granaten; Herstellungsausrüstung für Munitionsteile; Mündungsfeuerdämpfer, Schalldämpfer und Waffenzielgeräte; Nachtsichtvorsätze; Reizstoffe; Infrarot- und Wärmebildausrüstung; Container und Brücken; Lastkraftwagen und Landfahrzeuge; Geländewagen, gepanzerte Fahrzeuge und amphibische Fahrzeuge; Panzerhaubitzen und Teile für Panzer; Luftlandefahrzeuge, Schleppflugzeuge und Triebwerke; Transportflugzeuge, Hubschrauber und Teile für Kampfhubschrauber; Bodengeräte und Teile für Kampfflugzeuge; Drohnen und vieles mehr.[21]

Nichtsdestotrotz gerierten sich SPD und Grüne schamlos als vermeintliche Friedensparteien, die sich nach den Terroranschlägen des 11. September 2001 angeblich dem Irak-Krieg kategorisch widersetzt hätten.

Eiskalte Diener der Rüstungslobby

Die Grünen-Chefin stand einmal mehr im Mittelpunkt des medialen Interesses. Gewohnt eloquent geißelte Claudia Roth in Funk und Fernsehen, in Printmedien und im Internet den geplanten Verkauf von Leopard-Kampfpanzern durch die schwarz-gelbe Bundesregierung an das saudische Königshaus. Auf der parteieigenen Homepage monierte sie den »Tiefpunkt der politischen Kultur« und präsentierte als konsequente Kämpferin kontra Waffenhandel die Grünen-Kampagne »Keine Panzer für Diktatoren«.

Nach Ansicht der Parteivorsitzenden würden die Politischen Grundsätze zum Rüstungsexport »systematisch verletzt und aufgeweicht«. Denn eine der zentralen Vorgaben sei, »dass keine Rüstungsexporte in Spannungsgebiete erfolgen«. Dies betreffe »natürlich Saudi-Arabien« und Staaten im nordafrikanischen Raum, die »ein Spannungsgebiet« darstellten. Zudem seien »Befürchtungen ernst zu nehmen, dass mit diesen Panzern Demokratiebewegungen nicht nur in Saudi-Arabien, sondern in der ganzen Region niedergemacht werden sollen«.

Die Behauptung der Bundesregierung, man müsse das Königshaus in Riad als Stabilitätsfaktor gegenüber Iran stützen, ließ die Grünen-Politikerin nicht gelten: »Wir halten es für außenpolitisch und sicherheitspolitisch falsch, dort aufzurüsten.« Exemplarisch führte sie Libyen und Irak an, wo zu besichtigen sei, »was passiert, wenn man Despoten mit Kriegsgerät ausrüstet«.

Die CDU/CSU/FDP-Bundesregierung, so die Grünen-Vorsitzende, »möge uns künftig verschonen mit feierlichen Reden über Demokratie, über Menschenrechte oder über Abrüstung«. Denn Schwarz-Gelb entpuppe »sich in diesen Tagen als eiskalter Diener der Rüstungslobby«.[22]

Nach all den bitterbösen Beschuldigungen vom Sommer 2011 – lautstark von Seiten der Grünen, leiser von Seiten der Sozialdemokraten – sollte man meinen, dass unter der rot-grünen Bundesregierung alles ganz anders war. Dass die Regierung Schröder/Fischer angesichts der bedrückenden Menschenrechtslage in Saudi-Arabien einen Rüstungsexportstopp gegen Riad verhängte und sämtliche Geschäftskontakte mit dem saudischen Königshaus abbrach sowie deren Wiederaufnahme von konkreten Schritten der Demokratisierung abhängig machte. Eine Annahme, die verfehlter kaum sein könnte.

Claudia Roth war bis 2001 Vorsitzende des Ausschusses für Menschenrechte und humanitäre Hilfe im Deutschen Bundestag. Qua Amt wusste sie um die Not vieler Menschen auch in Saudi-Arabien. Die Menschenrechtsorganisation Amnesty International (AI) attestierte der dortigen Regierung in ebendiesem Jahr 2001 schwerwiegende Menschenrechtsverletzungen. Das Königshaus ließ keine politischen Parteien, Gewerkschaften oder unabhängige Menschenrechtsorganisationen zu. Wegen des von der Öffentlichkeit abgeschirmten Strafrechtssystems wurde laut AI-Jahresbericht (2002 für 2001) »Menschenrechtsverletzungen noch zusätzlich Vorschub geleistet«. Beispielsweise wurden Hunderte von Jugendlichen ausgepeitscht, Frauen »schwerwiegenden Diskriminierungen ausgesetzt«.[23]

Konsequent betrieb Rot-Grün in diesen Jahren die Aufrüstung des Regimes in Riad. Der Wert der Waffenexportgenehmigungen durch Bundesregierung und nachgeordnete Kontrollbehörden stieg von 51,1 Mio. DM (1999) auf 72,8 Mio. DM (2000.)[24].

Ein Blick in die Lieferliste der genehmigten Waffenausfuhren an Riad offenbart das ganze Rüstungsexportdesaster. Rot-Grün gestattete den Transfer von Kriegswaffen mit kaum überbietbarer Treffsicherheit und Zerstörungskraft. So konnten auch 2002 ganz legal weitere Teile für Gewehre und Karabiner, Schießanlagen, Herstellungsausrüstung für Teile von Maschinenpistolen und automatischen Gewehren, Herstellungsausrüstung für Munition und Munition für Haubitzen, Wartungsunterlagen für gepanzerte Fahrzeuge und Teile für Kampfflugzeuge und mehr nach Saudi-Arabien exportiert werden.[25]

Im März 2003 avancierte Claudia Roth zur Beauftragten der Bundesregierung für Menschenrechtspolitik und Humanitäre Hilfe im Auswärtigen Amt. In dieser Funktion musste sie erfahren, wie die im Jahr 2003 »von der Regierung verfolgte Politik der ›Terrorismus‹-Bekämpfung« eine weitere Verschlechterung der Menschenrechtslage mit sich brachten. Bezüglich der Diskriminierung von Frauen konnten »keine nennenswerten Veränderungen« herbeigeführt werden. »Religiöse Aktivisten, vermeintliche Regierungskritiker und Demonstran-

Deutschlands Waffenhandel mit Saudi-Arabien in der Ära der Bundesregierung Schröder/Fischer (1999–2005)

In der Regierungszeit von Rot-Grün rangierte Saudi-Arabien meist unter den 20 wichtigsten Bestimmungsländern für erteilte Einzelgenehmigungen. Es wurden in erheblichem Umfang Kleinwaffen exportiert, die für den Einsatz in Häusern und auf der Straße besonders geeignet sind. Zudem wurde der Transfer von Herstellungsausrüstung für Kleinwaffen und Munition genehmigt. Der Export von Kampfpanzern, wie dem Leopard 2, wurde abgelehnt.

Jahr	Platz unter den Empfängerländern	Wert in Mio. DM/€	Ausfuhrgenehmigungen erteilt (exemplarische Beispiele)	Menschenrechtslage laut Amnesty International (exemplarische Beispiele)
1999	k. A.	51,1 Mio. DM	Teile für gepanzerte Fahrzeuge mobile Stromerzeuger, unfertige Erzeugnisse	Todesurteile, Amputationen und Prügelstrafe in unfairen Verfahren vollstreckt; Berichte über Folterungen und Misshandlungen in Haft; mindestens 100 Menschen hingerichtet, tatsächliche Zahl wohl weitaus höher u. v. a. m.
2000	16	72,8 Mio. DM	Teile für Feuerleiteinrichtungen, Waffenzielgeräte; Teile für Kampfflugzeuge, Teile für Flugkörper; u. a.	schwerwiegende MR-Verletzungen, Missachtung grundlegender Rechte wie Anspruch auf Rechtsanwalt; erschreckender Anstieg vollstreckter Amputationen, auch operative Augenentfernung; Verbot politischer Parteien und Gewerkschaften; mindestens 123 Menschen hingerichtet u. v. a. m.
2001	19	74,8 Mio. DM	Schießanlagen, Revolver, Pistolen, Maschinenpistolen, Maschinengewehre, Munition, Herstellungsausrüstung für Maschinenkanonen; Teile für Patrouillenboote u. v. a. m.	Schwerwiegende und weit verbreitete MR-Verletzungen; keine Parteien, Gewerkschaften und unabhängigen MR-Organisationen zugelassen; Auspeitschung Hunderter Jugendlicher; schwerwiegende Diskriminierung von Frauen; mindestens 79 Menschen hingerichtet u. v. a. m.
2002	nicht unter den 20 wichtigsten Empfängerländern	26,5 Mio. €	Teile für Gewehre, Karabiner, Maschinenpistolen, Herstellungsausrüstung für kleinkalibrige Munition, Munition für Haubitzen;	schwere MR-Verletzungen; weitere Verschlechterung nach Anschlägen vom 11.9.2001; Verbot politischer Parteien, Gewerkschaften und unabhängiger MR-Organisationen

Jahr	Platz unter den Empfän- gerländern	Wert in Mio. DM/€	Ausfuhrgenehmigun- gen erteilt (exemplarische Beispiele)	Menschenrechtslage laut Amnesty International (exemplarische Beispiele)
			Schießanlagen; Teile für Kampfflugzeuge u. v. a. m.	diskriminierende Praktiken gegen Frauen; Folterungen und Miss- handlungen verbreitet; mindes- tens 48 Menschen hingerichtet u. v. a. m.
2003	17	43,7 Mio. €	Teile für elektronische Kampfführung; Teile für Herstellungsausrüstung für Schusswaffen und Muniti- on; Teile für Kampfflugzeu- ge, Teile für Patrouillenboo- te u. v. a m.	Schwere MR-Verletzungen; wei- tere Verschlechterung durch Re- gierungspolitik der »Terroris- mus«-Bekämpfung; kein Ende der Frauen-Diskriminierung; Verhaf- tungswelle gegen religiöse Akti- visten; Folterungen in Haft an der Tagesordnung; mindestens 50 Menschen hingerichtet u. v. a. m.
2004	17	58,8 Mio. €	Gewehre, Maschinenpis- tolen, Kanonen, Mörser, Munition für Maschinen- pistolen, Munitionstei- le für Maschinengewehre, Munition, Technologie- unterlagen zur Herstel- lung von Handfeuerwaf- fen; Geländewagen, Teile für gepanzerte Fahrzeuge; Fertigungsunterlagen für Flugzeugteile, Teile für Pat- rouillenboote u. v. a. m.	Verschlechterung der ohnehin pre- kären MR-Lage; gewaltfreie Kritiker verhaftet; grausame, unmensch- liche und erniedrigende Strafen; zahlreiche Tötungen durch Sicher- heitskräfte bei Hausdurchsuchun- gen und Verfolgungsjagden; viel- fältige Formen der Diskriminierung von Frauen; wiederholt Foltervor- würfe seitens verhafteter Perso- nen; Christenverfolgung durch Re- ligionspolizei; gerichtlich verfügte Auspeitschung Jugendlicher; min- destens 33 Menschen hingerichtet u. v. a. m.
2005 (SPD/ Grü- ne bis 18.09. 2005)	nicht un- ter den 20 wichtigsten Empfän- gerländern	29,9 Mio €	Pistolen, Maschinenpis- tolen, Gewehre, Scharf- schützengewehre, Waf- fenzielgeräte und Teile für Pistolen, Maschinenpisto- len, Gewehre und Scharf- schützengewehre; Teile für Kampfflugzeuge, Teile für Patrouillenboote, Schnell- boote u. v. a. m.	Erneuter Anstieg von Tötungen durch bewaffnete Gruppen und Sicherheitskräfte; Verschlechte- rung der prekären MR-Lage; Frau- en massiver Diskriminierung aus- gesetzt; zahlreiche vermeintliche Islamisten in Haft; Unterdrückung des Rechts auf freie Meinungsäu- ßerung und der Religionsfreiheit; mindestens 86 Menschen hinge- richtet u. v. a. m.

Der Regierungswechsel von der CDU/CSU/FDP- zur rot-grünen Bundesregierung erfolgte nach der Bundestagswahl am 27. September 1998. Die ersten drei Monate von Rot-Grün sind in der tabellarischen Übersicht nicht berücksichtigt, da keine Monatsangaben ermittelbar sind. Der erste Rüstungsexportbericht der Bundesregierung wurde für das Jahr 1999 publiziert. Die Abwahl der rot-grünen Bundesregierung erfolgte in der Bundestagswahl am 18. September 2005. Die Waffentransfers des Jahres 2005 sind überwiegend, aber nicht ausschließlich, der von Gerhard Schröder und Joschka Fischer geführten Bundesregierung anzulasten.

Abkürzungen:
k. A. – keine Angabe; MR – Menschenrechte

Quellen:
Rüstungsexportbericht 1999, S. 23 f.; *Rüstungsexportbericht 2000*, S. 12, 24; *Rüstungsexportbericht 2001*, S. 24 f.; 25 f.; *Rüstungsexportbericht 2002*, S. 32, 119 f.; *Rüstungsexportbericht 2003*, S. 29; *Rüstungsexportbericht 2004*, S. 31 f.; *Rüstungsexportbericht 2005*, S. 140; *amnesty international Jahresbericht 2000*, S. 450; *amnesty international Jahresbericht 2001*, S. 474 ff.; *amnesty international Jahresbericht 2002*, S. 474; *amnesty international Jahresbericht 2003*, S. 484; *amnesty international Jahresbericht 2004*, S. 647 ff.; *amnesty international Jahresbericht 2005*, S. 593 ff.; *amnesty international Jahresbericht 2006*, S. 383 ff.
Die Jahresberichte von AI erfassen jeweils die Menschenrechtslage des Vorjahres.

ten, unter ihnen auch Frauen«, wurden festgenommen. »Folterungen und Misshandlungen in Haft waren nach wie vor an der Tagesordnung«, bilanzierte Amnesty.[26]

Claudia Roth konnte in ihrer neuen Funktion im Auswärtigen Amt (bis Oktober 2004) hautnah mitverfolgen, wie sich die Menschenrechtslage in Saudi-Arabien erneut verschärfte. »Die Zahl der von Sicherheitskräften und bewaffneten Gruppen verübten Tötungen stieg erheblich an«, bilanzierte Amnesty International für 2004, »was zu einer Verschlechterung der ohnehin prekären Menschenrechtslage im Land beitrug.« Dazu verwies die Menschenrechtsorganisation auf die Verhaftung gewaltfrei engagierter Kritiker, auf die Anwendung der Prügelstrafe, einer grausamen, unmenschlichen und erniedrigenden Strafe, vergleichbar der Folter. In mindestens 33 Fällen sei zudem in jenem Jahr die Todesstrafe vollzogen worden. Laut Amnesty International waren »für den Tod der meisten von ihnen … die Sicherheitskräfte in Riad, Mekka und Jiddah verantwortlich«. Die Mehrzahl dieser Tötungen fand »bei Hausdurchsuchungen der Sicherheitskräfte und bei Verfolgungsjagden auf der Straße statt«.[27]

Abermals stellte sich die Frage, wie ernst die rot-grüne Bundesregierung ihre eigenen, vier Jahre zuvor verfassten Politischen Grundsätze zum Rüstungsexport nehmen würde. Die Antwort gab die Regierung

Schröder/Fischer auf ihre Art: durch die Genehmigung des Transfers von noch mehr Waffen und Rüstungsgütern an das saudische Königshaus. Im Jahr 2004 durften Kriegswaffen im Wert von 58,8 Mio. Euro – 15,1 Mio. Euro mehr als im Vorjahr – nach Saudi-Arabien geliefert werden, darunter Kanonen und Mörser, Gewehre und Maschinenpistolen, Munitionsteile für Maschinengewehre, Munition für Maschinenpistolen, zudem Teile für Patrouillenboote, Fertigungsunterlagen für Flugzeugteile, Technologie für Flugzeuge, Geländewagen und Teile für gepanzerte Fahrzeuge und vieles mehr.[28]

Am 18. September 2005 wurde Rot-Grün abgewählt. Das Jahr 2005 brachte keine quantitative, dafür aber eine bislang unerreichte qualitative Steigerung des Waffenhandels mit Riad. Zwar wurden »nur« noch halb so viele Waffentransfers genehmigt (Wert: 29,9 Mio. Euro), doch das, was den saudischen Sicherheitskräften geliefert wurde, hatte es in sich: So betrafen die 73 erteilten Genehmigungen des Jahres 2005 neben den altbekannten Rüstungsexporten in Form von Pistolen und Maschinenpistolen, Teilen für Gewehre, Patrouillenbooten und Kampfflugzeugen auch Schnellboote und Scharfschützengewehre.[29]

Dabei war die Zahl der von Sicherheitskräften wie bewaffneten Gruppen verübten Tötungen erneut angestiegen, »was zu einer nochmaligen Verschlechterung der ohnehin prekären Menschenrechtslage im Land beitrug«, erklärte Amnesty International. Frauen waren weiterhin »massiver Diskriminierung« ausgesetzt. Die Hoffnung, dass sich nach dem Tod von König Fahd am 1. August 2005 und mit der Inthronisation seines Nachfolgers, Kronprinz Abdullah, Entscheidendes auf dem Weg zur Demokratisierung verändern würde, erfüllte sich nicht. Bis Ende des Jahres musste Amnesty feststellen, dass sich die Zahl der Hinrichtungen gegenüber dem Vorjahr fast verdreifacht hatte.[30]

Unumwunden gestand Claudia Roth ein, dass Kritik an ihrer Partei berechtigt sei. Die Lieferungen von Kleinwaffen an Saudi-Arabien waren »auch damals eine absolut falsche Entscheidung, an der es nichts zu rütteln« gebe. Was aber war mit den vielen anderen Waffensystemen, deren Export nach Riad Rot-Grün genehmigt hatte?

Konfrontiert mit dem Vorwurf der Heuchelei, verwies die Grünen-Vorsitzende auf die Anmerkungen zum Rüstungsexportbericht 2003, die sie damals gemeinsam mit dem stellvertretenden Vorsitzenden der Grünen-Fraktion im Deutschen Bundestag, Winfried Nachtwei, dem Parlament übergeben hatte. »Darin kritisieren wir die rot-grünen Geschäfte heftig und fordern von der Regierung Transparenz ein«, so Roth. Die Forderung nach Transparenz war und ist allerdings keine nach einem Waffenexportstopp.

Außerdem, so Roth, sei die damalige Situation nicht mit der heutigen vergleichbar: »Aber sicher sind heute, nach dem Arabischen Frühling, die Rahmenbedingungen für Rüstungsgeschäfte mit der Region nochmals ganz andere.«[31] Sind Waffenlieferungen an diktatorische Regime erst dann als verwerflich zu bewerten, wenn Unterdrückte unter Einsatz ihres Lebens Widerstand wagen und die gelieferten Waffen nachweislich eingesetzt werden?

Erinnern wir uns an Claudia Roths – in der Sache nachvollziehbaren – Vorwurf vom Juli 2011 an die Adresse der amtierenden CDU/CSU/FDP-Regierung. Zu einem Zeitpunkt, da geplante Panzerlieferungen an Saudi-Arabien vom Bundessicherheitsrat offenbar genehmigt worden waren, forderte sie, die Bundesregierung »möge uns künftig verschonen mit feierlichen Reden über Demokratie, über Menschenrechte oder über Abrüstung«. Das Vorgehen von Schwarz-Gelb sei das genaue »Gegenteil einer werteorientierten Außenpolitik«.[32]

Jede Rüstungsexportmedaille hat zwei Seiten: die der amtierenden Bundesregierung und die ihrer Vorgängerregierung. Im Falle fortgeführter Waffenlieferungen an Saudi-Arabien grinst der Tod auf beiden Seiten der Medaille.

Täterprofil

Gerhard Schröder –
Kanzler der Rüstungskonzerne

Gerhard Fritz Kurt Schröder wurde am 7. April 1944 in Mossenberg im Kreis Lippe geboren. Vater Fritz fiel als Soldat an

---

der Ostfront, seinen Sohn sah er nie. Nach der Volksschule lernte Schröder in Lemgo Einzelhandelskaufmann, holte 1964 die Mittlere Reife nach und studierte nach bestandenem Abitur Jura in Göttingen. 1976 wurde er als Rechtsanwalt in Hannover zugelassen.

Nach dem Eintritt in die SPD (1963) wurde Schröder Bundesvorsitzender der Jusos (1978–1980), Bundestagsabgeordneter (1980–1986) und Mitglied im Parteivorstand. In den Folgejahren arbeitete er als Vorsitzender der SPD-Landtagsfraktion, ab 1990 an der Spitze der rot-grünen Koalition und seit 1994 in der SPD-Alleinregierung als Ministerpräsident des Landes Niedersachsen. Von 1998 bis 2005 führte Schröder als siebter Bundeskanzler die rot-grüne Regierungskoalition. Zugleich war er mit mehrfacher Wiederwahl SPD-Bundesvorsitzender.

Bereits als niedersächsischer Ministerpräsident hatte Schröder 1992 den Export von Fregatten und U-Booten an die taiwanesische Marine im Krisengebiet Südostasien befürwortet. Er widersetzte sich damit grundlegenden SPD-Parteitagsbeschlüssen gegen den Waffenhandel mit Nicht-NATO-Ländern.

Im Jahr 1993 propagierte Schröder konsequent das Totschlagargument von Arbeitsplätzen in der Rüstungsindustrie. Dass ebendieses Interesse de jure bei der Zustimmung zu Rüstungsexporten keine Rolle spielen durfte, ignorierte er wohl geflissentlich. Desgleichen die Tatsache, dass sich seine Partei eine andere Programmatik gegeben hatte. Bekanntlich entscheidet die Arbeitsplatzfrage Wahlen, und der Niedersachse wollte gewählt werden, offenbar um jeden Preis. In Schröder-Deutsch lautete diese Erkenntnis: »Wenn klar wird, dass sich die bayerische SPD genauso wie die niedersächsische Partei massiv für Arbeit einsetzt, dann kann das nicht zum Nachteil bei Wahlen sein.«

Auf die Frage nach der Produktion des Kampfflugzeugs Jäger 90, dem heutigen Eurofighter, antwortete er als Ministerpräsident konsequenterweise, es sei »richtig, dass ich Arbeitsplätze beim Dasa-Werk in Lemwerder sichern will«. Dort trage er »Verantwortung für 1300 Menschen, denen unmittelbar der Verlust des Arbeitsplatzes« drohe. Gerhard Schröder lenkte den Blick aufs große Ganze. »Diese Drohung ist nicht auf Lemwerder beschränkt«, der Arbeitsplatzverlust könne »ein Flächenbrand werden«. Das sagte Schröder nicht nur mit Blick auf den zivilen Flugzeugbau des Rüstungsriesen DASA, der inzwischen in die EADS übergegangen war. Konfrontativ stellt er sich gegen große Teile der Parteibasis und die Bundesregierung. Die Regierung Kohl, so seine Worte, müsse »entscheiden, ob sie die Anschaffung finanziert«. Zugleich aber verlangte er – wohlgemerkt als niedersächsischer Ministerpräsident – »eine Neubewertung der zivilen Luft- und Raumfahrt bundesweit: »Dabei kann allerdings der militärische Teil nicht ausgenommen werden.« [33]

Die sieben Jahre der Schröder'schen Kanzlerschaft wurden von schweren außenpolitischen Entscheidungen belastet: vom ersten Kampfeinsatz der Bundeswehr im Kosovo-Krieg über den Irak-Krieg, für den Schröder sich offen aussprach, bis hin zum Einsatz der Bundeswehr im Afghanistan-Krieg.

Die folgende Übersicht zeigt exemplarisch die problematischsten Militäraktivitäten und Rüstungsexportpositionen, -genehmigungen bzw. -geschäfte in der Ära Schröder:

- Nach den Terroranschlägen des 11. September 2001 startete unter Führung der USA im Oktober eine internationale Militärallianz den Kriegseinsatz in Afghanistan. Deutschland beteiligte sich ab November des Jahres. Zehn Jahre danach wurde die Zahl der Opfer auf 70 000 geschätzt, die Hälfte von ihnen Zivilisten, zumeist Kinder, Jugendliche und Frauen.[34]
- Im März 2003 starteten die USA mit Verbündeten die völkerrechtswidrige Intervention in Irak. Unterstellte Massen-

vernichtungswaffen im Besitz des Regimes von Saddam Hussein wurden nie gefunden. Zwar verweigerte Rot-Grün unter Schröders Führung die Entsendung von Bundeswehrsoldaten, musste nachträglich jedoch indirekte Unterstützung eingestehen: Deutschland hatte u. a. Überflugrechte sowie Start- und Landerechte gewährt und massiv Rüstungsexporte an kriegführende Staaten bewilligt.[35]

- Vor dem Hintergrund der Kriegseinsätze in Irak und Afghanistan erteilte die SPD-geführte Bundesregierung von 1999 bis 2005 Genehmigungen zum Waffenexport an die USA im Gesamtwert von 3,649 Mrd. Euro. Die USA rangierten in den Jahren der Schröder'schen Kanzlerschaft stets auf Platz 1 oder 2 der wichtigsten Bestimmungsländer deutscher Waffenexporte.[36]

- Rund 13 Jahre nach seinem Einsatz für die Lieferung von U-Booten an Taiwan kämpfte Kanzler Schröder wieder nach Kräften: diesmal auf EU-Ebene als Türöffner für China – Taiwans Gegner. Im Frühjahr 2005 tat sich Schröder mit der Forderung hervor, das Waffenembargo gegen China müsse endlich aufgehoben werden. Zum wiederholten Mal lehnte das EU-Parlament kurz darauf die Aufhebung des Waffenembargos gegen China ab – mit den Stimmen der Sozialdemokraten.[37]

- Einem Offenbarungseid in Sachen Menschenrechtspolitik kam die Aussage des SPD-Kanzlers über den russischen Präsidenten gleich: Wladimir Putin nannte er einen »lupenreinen Demokraten«. Angesichts der russischen Militärintervention im Rahmen des zweiten Tschetschenien-Krieges (1999–2009) und des systematischen Abbaus demokratischer Rechte im eigenen Land durch Putin erntete Gerhard Schröder massiven Widerspruch. Amnesty International beschuldigte den sozialdemokratischen Kanzler, Prinzipien des Rechtsstaats und der Demokratie zu verraten.
Während Schröders Kanzlerschaft konnten Waffen im Wert von 3,0 Mio. DM (1999), 3,4 Mio. DM (2000), 9,3 Mio. DM

(2001), 7,7 Mio. Euro (2002), 11,4 Mio. Euro (2003) und 12,6 Mio. Euro (2005) nach Russland ausgeführt werden. Im Jahr 2004 genehmigte die Bundesregierung gar Rüstungstransfers im Volumen von 192,3 Mio. Euro für ein Satellitensystem der Bundeswehr, das von einer russischen Startrampe abgeschossen wurde. Ganz legal durften nach Russland unter anderem Revolver, Pistolen, Waffenzielgeräte, Bestandteile für Gewehre mit Kriegswaffenlisten-Nummern und Munition für Gewehre sowie Fertigungsunterlagen für Fahrwerksbestandteile und gepanzerte Geländewagen geliefert werden. Angesichts der desaströsen Menschenrechtslage im Empfängerland hätte all diesen Waffenlieferungen die Zustimmung versagt werden müssen.

- Unter der Ägide von Gerhard Schröder wurden zahlreiche Staaten, in denen die Menschenrechte wenig zählten (Russische Föderation, Indien, Türkei, Vereinigte Arabische Emirate, Saudi-Arabien, Indonesien u. a.) mit deutschen Waffen hochgerüstet. Undemokratische und scheindemokratische Regime konnten ihre Macht mit deutscher Waffengewalt stabilisieren.

- Wie keine CDU/CSU-, FDP- oder SPD-Regierung zuvor steigerte Rot-Grün in der zweiten Legislaturperiode den Waffenhandel auf ein neues Rekordniveau: Laut SIPRI wurden die Waffenverkäufe von 2002 bis 2005 von 632 Mio. US-Dollar auf 1,879 Mrd. US-Dollar verdreifacht.[38] Gemäß der eigenen Rüstungsexportberichte wurden die Kriegswaffenausfuhren von 318,4 Mio. Euro (2002) auf 1,629 Mrd. Euro (2005) mehr als verfünffacht.[39]

Mit seinem vehementen Kampf für den Kriegsschiffexport in die Krisenregion Südostasien und für die Produktion des Kampfflugzeugs Jäger 90/Eurofighter hatte Gerhard Schröder schon in den frühen Neunzigerjahren seine Friedens- und Menschenrechtsmaske fallen lassen. Ihm war Vollbeschäftigung in der Rüstungsindustrie offenbar weitaus wichtiger als zwischenstaatliche Sicherheit oder die Einhaltung von Menschenrechten.

Alle bisherigen Kanzler der Bundesrepublik Deutschland haben sich mehr oder minder offen zu den Interessen der Rüstungsindustrie bekannt – keiner jedoch derart unverhohlen wie der Niedersachse. Noch zwei Wochen vor der Bundestagswahl 2005 unternahm Schröder einen Versuch, Wählerstimmen aus der Rüstungsindustrie zu ergattern. Zu diesem Zeitpunkt stritten Anteilseigner beim zivil-militärischen Motorenbauer MTU Friedrichshafen über die Frage, ob das Unternehmen an den US-Finanzinvestor Carlyle verkauft werden sollte. Forsch nutzte Schröder »den Einsatz für die Erhaltung der Arbeitsplätze bei MTU als Wahlwerbung«, wie die *Financial Times Deutschland* am 7. September 2005 kommentierte. Bis zu seiner Abwahl agierte Gerhard Schröder als Kanzler der Rüstungskonzerne.

2.3 Wie Schröder und Fischer Waffengeschäfte geheim genehmigten

Der rot-grüne Vertrauensbruch

Bei all den genannten Defiziten waren in der ersten rot-grünen Legislaturperiode von 1998 bis 2002 sehr wohl Schritte in die richtige Richtung erkennbar: die alljährliche Veröffentlichung eines Rüstungsexportberichts, das Prinzip Alt gegen Neu in Form der Verschrottung von Altwaffen bei Lieferung neuer und vor allem ein gesenktes Gesamtvolumen beim Waffenhandel.

Zwar wurde der Wert der Waffenexporte von 1,064 Mrd. US-Dollar im Jahr 1998 – dessen erste drei Quartale noch von der Regierung Kohl/Kinkel verantwortet wurden – in den beiden Folgejahren zunächst auf 1,282 und 1,261 Mrd. US-Dollar gesteigert, doch dieser Anstieg konnte zum Teil mit der Erfüllung der unter Schwarz-Gelb geschlossenen Verträge begründet werden. Danach gelang es Rot-Grün, den Umfang deutscher Rüstungstransfers in den Jahren 2001 und 2002 auf 640 und 632 Mio. US-Dollar zu halbieren – so konnte es weitergehen.[40]

Im Mai 2002 hatte die Bundesdelegiertenkonferenz von Bündnis 90/ Die Grünen in Wiesbaden ihr Wahlprogramm für die erhoffte zweite Legislaturperiode verabschiedet. Die Grünen präsentierten sich als Partei, die »für eine aktive und präventive Friedenspolitik« eintrat. Diesmal galt die wohlklingende Vorgabe: »Wir wollen Rüstungsexporte weiter begrenzen und Entscheidungsverfahren transparent gestalten.«

Im Bereich der Kleinwaffen – angesichts der immens hohen Opferzahlen die tödlichsten aller Waffensysteme – setzte Bündnis 90/Die Grünen auf das durchaus löbliche Ziel »der Kontrolle und Vernichtung konventioneller Kleinwaffen und Landminen«. Wahrlich gewichtige Gründe, Grün zu wählen.[41]

Doch nach der gewonnenen Bundestagswahl im September 2002 und der Fortsetzung der rot-grünen Regierungskoalition wurden die Rüstungsexporte gewaltig gesteigert: auf 1,706 und 1,017 Mrd. US-Dollar 2003 und 2004, unter anderem begründbar mit beträchtlichen Waffenbestellungen nach den Terroranschlägen von 9/11.

In der Liste der zwanzig wichtigsten Bestimmungsländer rangierten 2004 die in Irak und Afghanistan kriegführenden Staaten USA (Platz 1) und Großbritannien (Platz 4) in der Spitzengruppe. Auch in eklatant die Menschenrechte verletzende Länder, darunter die Russische Föderation (Platz 7), Indien (11), die Türkei (13), die Vereinigten Arabischen Emirate (16), Saudi-Arabien (17) und Indonesien (19), wurden umfangreiche Waffenexporte genehmigt.[42] Und noch eine äußerst alarmierende Entwicklung muss man Rot-Grün vorhalten: Bereits im Vorjahr (2003) hatte die Regierung Schröder/Fischer die Einzelgenehmigungen für besonders bedenkliche Drittländer von 596,1 Mio. (1997) auf 1,613 Mrd. Euro (2003) verdreifacht.[43]

Der Waffenexportwert des Jahres 2005 erbrachte ein weiteres äußerst unerfreuliches Ergebnis, zumindest bis Herbst verantwortet von Rot-Grün: Mit 1,879 Mrd. US-Dollar wurden in diesem Jahr dreimal mehr Waffen verkauft als 2001 bzw. 2002.[44] Alles in allem verantwortete die rot-grüne Bundesregierung in ihrer siebenjährigen Regierungszeit Waffenexporte im Umfang von rund 8,2 Mrd. US-Dollar – ein

Fiasko, wenn man die nackten Zahlen mit den Empfängerländern in Beziehung setzt.

Die Fachgruppe »Rüstungsexporte« der Gemeinsamen Konferenz Kirche und Entwicklung (GKKE) veröffentlicht seit 1997 Analysen zum Waffenhandel Deutschlands, die im Bericht der Bundesregierung verschwiegen oder beschönigend dargestellt werden. Die Mitglieder der Fachgruppe kommen aus wissenschaftlichen Einrichtungen, der kirchlichen Friedens- und Entwicklungszusammenarbeit sowie aus Nichtregierungsorganisationen. Erstellt wird der GKKE-Rüstungsexportbericht unter der Mitarbeit der Hessischen Stiftung Friedens- und Konfliktforschung (HSFK), des Bonner Internationalen Konversionszentrums (BICC) und SIPRI. Dabei werden auf der Grundlage öffentlich zugänglicher Quellen die Transfers deutscher Kriegswaffen und Rüstungsgüter des jeweiligen Vorjahres bewertet. Berücksichtigt werden dabei nicht nur Fragen der Sicherheits- und Wirtschaftspolitik, sondern auch ethische Gesichtspunkte und entwicklungspolitische Aspekte.

Laut GKKE-Rüstungsexportbericht wurden im Jahr 2005 für 22 Länder Genehmigungen zur Ausfuhr deutscher Kriegswaffen erteilt, deren Menschenrechtslage im gemeinsamen Bericht der evangelischen und katholischen Kirche als »sehr bedenklich« eingestuft wurde: Afghanistan, Algerien, Ägypten, Bangladesch, Indien, Indonesien, Irak, Israel, Jordanien, Kasachstan, Katar, Kolumbien, Malaysia, Nigeria, Oman, Pakistan, Russische Föderation, Saudi-Arabien, Singapur, Thailand, Tunesien und die Vereinigten Arabischen Emirate.[45]

Derart umfängliche Rüstungsexporte wären nie und nimmer möglich gewesen, hätten SPD und Grüne ihre eigenen Politischen Grundsätze konsequent umgesetzt. »Grün ist der Wechsel«, hatte das mit hochtrabenden Worten über Frieden und Abrüstung und der Wahrung der Menschenrechte gespickte Programm von Bündnis 90/Die Grünen zur Bundestagswahl 1998 versprochen. Die Wirklichkeit sah anders aus.

Rückblickend betrachtet hatte Joschka Fischer nicht erst mit den An-
schlägen des 11. September 2001 auf die Wende der Grünen zur kriegsunterstützenden Partei gesetzt. Maßgeblicher Meilenstein war bereits
der Bielefelder Sonderparteitag 1999. Unter Fischers Führung vollzog
Bündnis 90/Die Grünen sukzessive den Kurswechsel von der stram-
men Anti-Kriegspartei zur Kriegspartei, vom vehementen Waffen-
handelsgegner zum Genehmiger von Waffengeschäften. Daran änderte auch die Tatsache nichts, dass an der Parteibasis von Grünen
und SPD in den Jahren 1998 bis 2005 wiederholt massiv Kritik an den
weltweiten Waffentransfers und damit auch Kritik an der »eigenen«
rot-grünen Bundesregierung geübt wurde. Statt einer menschenrechtsorientierten Außenpolitik bestimmten letztlich militärisch definierte Sicherheitsinteressen und wirtschaftlich orientierte Profitinteressen
die Politik von Rot-Grün.

Herta Däubler-Gmelin – eine Insiderin packt aus

Von 1998 bis 2002 zogen Bundeskanzler Gerhard Schröder, Bundesaußenminister, Vizekanzler Joschka Fischer und Bundeswirtschaftsminister Werner Müller die Fäden im Bundessicherheitsrat. Das Trio
entschied über Rüstungsexportgenehmigungen sowohl an menschenrechtsverletzende als auch an kriegführende Staaten.

In Sachen Waffenhandel ist der BSR das Gremium aller Gremien,
die Schaltzentrale der Macht. Seine Mitglieder – die Bundeskanzlerin
als Vorsitzende und acht Ministerinnen bzw. Minister der Schlüssel-
ressorts – treffen sich unregelmäßig im Bundeskanzleramt. Im Kleinen Kabinettssaal werden hinter dickem Panzerglas Genehmigungen erteilt oder versagt, wie sie bedeutender und brisanter nicht sein
könnten:[46] Darf Israel U-Boote der Howaldtswerke-Deutsche Werft
GmbH erhalten oder gar von der Bundesrepublik geschenkt bekommen? Dürfen Leopard-2-Panzer an die Türkei oder nach Saudi-Arabien geliefert werden, obwohl beide Staaten immer wieder Militäreinheiten zu kriegerischen Aktionen in Nachbarstaaten entsenden?
Dürfen Sturmgewehre des Typs G36 an Staaten wie Mexiko oder
Ägypten geliefert werden?

Eine Politikerin, die sich im Laufe ihrer politischen Karriere – auch als Mitglied des Bundessicherheitsrates – vehement gegen Rüstungsexporte aussprach, ist die Professorin Dr. Herta Däubler-Gmelin. In ihrer Funktion als Bundesjustizministerin der rot-grünen Regierungskoalition nahm die Tübingerin seit 1998 als stimmberechtigtes Mitglied an den Sitzungen des Bundessicherheitsrates teil. Mit von der Partie war auch ihre Genossin Heidemarie Wieczorek-Zeul, denn seit Rot-Grün verfügt auch das Entwicklungshilfeministerium über ein Stimmrecht im BSR. Beide machten keinen Hehl aus ihren Bedenken gegen grenzenlosen Waffenhandel. Den Kreis der Rüstungsexportkritiker schloss Außenminister Joschka Fischer. Der Stellvertreter des Bundeskanzlers repräsentierte die Stimme der Grünen im Kabinettsgremium. Dieser Dreierbund wollte einiges bewegen.

Als halbwegs erfreulich konnten die offiziellen Bilanzzahlen der ersten rot-grünen Legislaturperiode bewertet werden: Nach einer zunächst dramatischen Steigerung im Jahr 1999 konnte Rot-Grün die Kriegswaffenausfuhren bis 2002 mehr als halbieren, auf 318,4 Mio. Euro. Der Anteil von Rüstungsgütern am deutschen Gesamtexport sank entsprechend von 0,14 auf 0,06 Prozent.[47]

Däubler-Gmelin begründete die quantitative Senkung deutscher Waffentransfers damit, dass sich in den langen Jahren der Opposition »Teile der Grünen und der SPD programmatisch auf die Erkenntnis ›Waffen töten auch ohne Krieg!‹ festgelegt« hätten. Eine Position, die »von großen Teilen unserer beiden Parteien unterstützt« worden sei. »Unsere Parteibasis verlangte von der Regierung, Rüstungsexporte dramatisch zu senken«, und zwar »nicht nur die in sogenannte Spannungs- oder Krisen- und Kriegsgebiete, sondern Waffenexporte insgesamt«. Während der Kurs der Rüstungsexportreduktion quantitativ in die richtige Richtung ging, blieb auch diese Regierungskoalition qualitativ viel zu viel schuldig. Wie konnten sich Bundeskanzler Gerhard Schröder und Wirtschaftsminister Werner Müller gegen Joschka Fischer, Heidemarie Wieczorek-Zeul und Herta Däubler-Gmelin durchsetzen? Die logische Antwort – so die bislang weit verbreitete Ansicht – war das Abstimmungsergebnis in geheimer Sitzung: Der Kanzler konnte sich in der Regel der Rückendeckung von Verteidigungsminister Rudolf Scharping, Finanzminister Hans Eichel und Innenminister Otto Schily sicher sein. Aber würde sich das unterlegene

Dreierteam über vier lange Jahre hinweg die Genehmigung eines zweifelhaften Rüstungstransfers nach dem anderen gefallen lassen? Bestand nicht die Gefahr, dass die beiden SPD-Ministerinnen die rüstungsexportkritische SPD-Basis mobilisierten? Oder dass Bündnis 90/Die Grünen die Koalitionsfrage stellten?

Wie ernst eine Genehmigung von Rüstungsexporten im BSR werden konnte, zeigte sich früh. Inmitten der Arbeit an den neuen Politischen Grundsätzen wurde die noch junge Regierungskoalition von der Diskussion um die Lieferung eines Kampfpanzers zu Testzwecken an die Türkei kalt erwischt. Hintergrund war der Wunsch türkischer Militärs nach späterer Lieferung von bis zu 1000 Leopard 2. Am 20. Oktober 1999 genehmigte der BSR mehrheitlich den Export des Testpanzers und löste damit eine schwere Koalitionskrise aus. Auf die diesbezügliche Frage eines Journalisten reagierte Joschka Fischer mit dem Eingeständnis, dass viele, auch er selbst, sich »in der Frage der Waffenlieferung eine andere Entscheidung gewünscht« hätten.[48]

Eine zweite Koalitionskrise dieser Art würde Rot-Grün schwerlich überstehen. Wohl gerade deshalb blieben die Grünen beim Panzerexport hart, stimmten aber der Lieferung einer Munitionsfabrik an Ankara ganz offensichtlich zu. Mit diesem Abstimmungsdesaster vom Herbst 1999 brachen noch keine Dämme. Fortan aber votierte die Regierungskoalition ohne große Krise für Waffenlieferungen an Staaten wie Saudi-Arabien, Tunesien, Ägypten, Pakistan und zahlreiche weitere, obschon deren Menschenrechtslage zuweilen an das tiefste Mittelalter erinnerte. Selbst Waffenlieferungen an kriegführende Staaten wie die USA, Großbritannien und Israel wurden genehmigt.

Für Außenstehende war die Koalitionskrise wegen der Lieferung des Testpanzers an die Türkei durchaus nachvollziehbar, nicht aber die nachfolgenden Exportgenehmigungen an Scheindemokraten, Kriegstreiber und Diktatoren. Was war geschehen? Wieso nahmen Fischer, Däubler-Gmelin und Wieczorek-Zeul von nun an eine Abstimmungsniederlage nach der anderen stillschweigend hin?

»Allerdings – und das mag für Außenstehende überraschend klingen – waren diejenigen Mitglieder im Bundessicherheitsrat vergleichsweise machtlos, die nicht Bundeskanzler, Außen- oder Wirtschaftsminister waren.« So beschreibt Herta Däubler-Gmelin rückblickend ihre vergeblichen Versuche, sich im BSR gegen Waffenlieferungen an menschenrechtsverletzende Staaten stark zu machen.

Auch die Entscheidungsfindung war eine ganz andere als bislang angenommen. Denn im Gegensatz »zur landläufigen Meinung wurde im Bundessicherheitsrat ja nicht abgestimmt«. Stattdessen habe für ein Mitglied lediglich dann die Möglichkeit bestanden, Einspruch gegen einen Rüstungsexport zu erheben, »wenn das eigene Ressort betroffen war«. Fischers Ressort war de facto immer betroffen, doch der stand augenscheinlich oft auf Seiten der Rüstungsexportbefürworter.

Wieczorek-Zeul konnte lediglich aus einer vergleichsweise schwachen Position heraus intervenieren, wenn ihr Entwicklungshilferessort betroffen war. Auch Däubler-Gmelin befand sich angesichts der juristischen Bewertung fortwährend in schier aussichtsloser Lage, denn die Poltischen Grundsätze waren und sind rechtlich nicht verbindlich. Dagegen ist das wirtschaftskonforme und exportorientierte Außenwirtschaftsgesetz Grundlage der Genehmigung oder Verweigerung von Rüstungsexporten. Däubler-Gmelin hatte als Bundesjustizministerin »also nur dann wirksame Einspruchsmöglichkeiten, wenn ein vorgesehener Export Rechtsvorschriften verletzte«. Mit anderen Worten: in den allerseltensten Fällen, denn der Skandal beim deutschen Waffenhandel ist die Tatsache, dass geschätzte 98 Prozent der Geschäfte legal erfolgen.

Hinter verschlossenen Türen des Bundessicherheitsrats fiel offenbar die Maske der Musterdemokraten. Dort war eine Diskussions- und Entscheidungskultur eher unerwünscht – und das im entscheidenden, weil tödlichsten Bereich der Außen- und Wirtschaftspolitik. Däubler-Gmelin musste erfahren, dass die politische Bewertung beim Waffenhandel »der Bundeskanzler und sein Außenminister selbst« vornehmen wollten. Beide »duldeten sie auch keinen Widerspruch von anderen«. Denn »Herr Schröder und Herr Fischer gingen immer mit vorab geklärten, meist die Rüstungsexporte befürwortenden Vorabsprachen in die Runde«.

Widerspruch war demnach unerwünscht. Jedoch wagten Däubler-Gmelin und Wieczorek-Zeul Widerworte gegen das machtvolle Duo Schröder/Fischer, gerade wenn es um bedenkliche Waffenlieferungen ging. Schon solche Diskussionen seien aus Sicht von Schröder und

Fischer »sicherlich zu häufig« gewesen. Lediglich im »einen oder anderen Fall« konnte die Ablehnung oder Zurückstellung eines Waffenexportantrages erreicht werden. Däubler-Gmelins abschließendes Urteil fällt entsprechend ernüchternd aus: »Machen wir uns nichts vor: In dieser Form ist der Bundessicherheitsrat insgesamt eher ein formales, jedenfalls kein machtvolles Gremium.«

Schröders Befürwortung des weltweiten Waffenhandels kam wenig überraschend. Aus dem Kanzler der Konzerne war der Kanzler der Rüstungskonzerne geworden. Inwiefern aber muss das Bild des vermeintlichen Rüstungsexportkritikers Joschka Fischer revidiert werden?

Däubler-Gmelin antwortet aus Erfahrung zum Entscheidungsprozess im Bundessicherheitsrat. Ihre ernüchternde Bilanz: »In der Regel waren Bundeskanzler und Vizekanzler bei den verhandelten Rüstungsexporten übereinstimmender Meinung.« Eben auch bei den schier grenzenlosen Rüstungsexporten in Krisen- und Kriegsgebiete.[49]

Täterprofil

Joschka Fischer – vom Steinewerfer zum Genehmiger von Rüstungsexporten

Joseph Martin Fischer, Joschka genannt, wurde am 12. April 1948 im baden-württembergischen Gerabronn geboren. Nach Frankfurt am Main umgezogen, engagierte er sich ab 1967 in der Studentenbewegung, in der Außerparlamentarischen Opposition, als Steinewerfer im militanten Frankfurter Häuserkampf.

Nach Jahren des Widerstands, der Wandlung, wurde Fischer im Jahr nach seinem Parteieintritt (1982) Bundestagsabgeordneter und Parlamentarischer Geschäftsführer der ersten Grünen-Gruppierung im Bundestag (1983–1985). Von 1985 bis 1987 war er Staatsminister für Umwelt und Energie im Hessischen Landtag, damit erstes Kabinettsmitglied seiner Partei und nach dem Austritt seiner Partei aus der Koalition Grünen-Fraktionschef. Als stellvertretender Ministerpräsident der rot-grünen Regierungskoalition in Hessen konnte Fischer von 1991 bis 1994 erste Erfolge in der Anti-Atom-Politik vorweisen.

Bei der Bundestagswahl im September 1998 setzte er auf eine Ampelkoalition von Bündnis 90/Die Grünen mit SPD und FDP und auf die Verhinderung der Militarisierung der Außenpolitik. Nach der gewonnenen Wahl wurde Fischer Vizekanzler und Außenminister in der ersten rot-grünen Regierungskoalition unter Führung des SPD-Kanzlers Gerhard Schröder. Rot-Grün regierte nach einem erneuten Wahlsieg im September 2002 bis Herbst 2005. Bei der vorgezogenen Bundestagswahl im Oktober 2005 verlor die von Fischer und Schröder geführte Regierungskoalition ihre Mehrheit.

Im September 2006 beendete Fischer seine Abgeordnetentätigkeit im Deutschen Bundestag und gründete eine Beraterfirma. Er erhielt zahlreiche Ehrungen und Auszeichnungen.

Die erste Legislaturperiode von Rot-Grün ließ auf die angekündigte Politikwende hoffen: Erstmals veröffentlichte eine Bundesregierung Rüstungsexportberichte, deren Defizite allerdings noch eklatant waren und bis heute sind. Mit der Neufassung der »Politischen Grundsätze der Bundesregierung für den Export von Kriegswaffen und sonstigen Rüstungsgütern« vom 19. Januar 2000 erhielten die Menschenrechte ein stärkeres Gewicht.

Mit dem Programm »Grün wirkt« versprach Bündnis 90/Die Grünen unter Fischers Führung zur Bundestagswahl 2002 »eine aktive Abrüstungspolitik«. Ziel war es, Rüstungsexporte weiter zu begrenzen und Entscheidungsverfahren transparent zu gestalten.[50] Noch heute gilt Fischer in der Wahrnehmung seiner Partei und weiter Teile der Öffentlichkeit als Politiker, der sich Abrüstung und Frieden, Gerechtigkeit und Menschenrechten verpflichtet fühlte.

Soweit die Sonnenseite der Ära Fischer. Die Schattenseite wiegt indes weitaus schwerer, wie die nachfolgende Übersicht zeigt:

- Vor der Bundestagswahl 1998 hatte Fischer einen »politischen Neuanfang« nach der Ära Kohl angekündigt.[51] Doch statt der versprochenen nichtmilitärischen Konfliktmoderation und der Umstellung der Rüstungsindustrie auf eine nachhaltige zivile Fertigung, setzten Joschka Fischer und Gerhard Schröder die Kohl'sche Politik des Primats des Militärischen unter dem Deckmantel der Menschenrechte fort. Auch mit seiner Befürwortung der ersten Kampfeinsätze der Bundeswehr in der Nachkriegsgeschichte brach Fischer Versprechungen. Angesichts der kriegerischen Auseinandersetzungen auf dem Balkan sah er es als falsch an, »nicht früher auf militärisches Eingreifen der internationalen Seite gesetzt zu haben«: Es war »ein schwerer Fehler von mir, gegen Intervention zu sein«.[52]
- Mit der Fortsetzung der rot-grünen Regierungskoalition ab dem Jahr 2002 wurden die Rüstungsexporte Deutschlands auf 1,706 (2003) und 1,017 Mrd. US-Dollar (2004) gesteigert, was unter anderem mit Waffenbestellungen nach den Terroranschlägen vom 11. September 2001 begründet wurde. Im Jahr 2004 avancierten die USA (Platz 1) und Großbritannien (4) ganz legal zu führenden Empfängerländern deutscher Waffen – trotz deren Beteiligung an den Kriegen in Afghanistan und Irak. Eine Beteiligung der Bundeswehr im Irak-Krieg hatte Fischer noch öffentlichkeitswirksam abgelehnt.[53]
- Staaten, die massiv die Menschenrechte verletzten, wie die Russische Föderation, Indien, die Türkei, die Vereinigten Arabischen Emirate, Saudi-Arabien und Indonesien, fanden sich auf der Liste der 20 wichtigsten Empfängerländer deutscher Waffen.
- Die Regierung Schröder/Fischer verdreifachte den Wert der Einzelgenehmigungen für besonders bedenkliche Drittlän-

der von 596,1 Mio. Euro (Regierung Kohl 1997) auf 1,613
Mrd. Euro (2003).[54]

- In der zweiten rot-grünen Legislaturperiode brachen alle
Dämme: Laut SIPRI verantworteten Joschka Fischer und
Gerhard Schröder von 2002 bis 2005 eine Verdreifachung des
Werts der Waffenverkäufe von 632 Mio. auf 1,879 Mrd. US-
Dollar.[55] Laut Rüstungsexportbericht der Bundesregierung
aus dem Jahr 2010 wurde der Wert der tatsächlich erfolgten
Kriegswaffenausfuhren (ohne Gebrauchtwaffen) im gleichen
Zeitraum mehr als verfünffacht: von 318,4 Mio. (2002) auf
1,629 Mrd. Euro (2005).[56]

Joschka Fischer ist kein Pazifist, er war nie einer. Die in den
Anfangsjahren der Grünen noch von Gewaltfreiheit geprägte
Grundhaltung und das entsprechende Parteiprogramm mögen
manche Beobachter und Wähler über diese Tatsache hinweg-
getäuscht haben, letztlich aber traf Fischer qua Amt Entscheidungen, die maßgeblich von politischen und wirtschaftlichen
Interessen geleitet waren, keinesfalls primär von nichtmilitärischen Lösungsansätzen.

Bei vielen Menschen gilt Fischer bis heute als moralisch han-
delnder Politiker, manche verehren ihn gar als eine Art Frie-
densbringer. Dieses Bild muss grundlegend revidiert werden.
Denn man habe im Bundessicherheitsrat wenig davon bemerkt,
dass Fischer ein Gegner des Waffenhandels gewesen sei, erklärt
Däubler-Gmelin. Vielmehr wurden ihrer Erinnerung nach im
BSR zum Waffenhandel »fast nur Anträge eingebracht, die von
den Herren Schröder und Fischer positiv votiert wurden«. Insoweit treffe »das öffentliche Bild des Rüstungsexportkritikers
Fischer nicht zu«.

Alles in allem offenbart der Blick hinter die rot-grünen Rüs-
tungsexport-Kulissen eine erschreckende Seite des Politikers
Joschka Fischer.

1 *SPIRI Yearbook 1968*, Tab. 1 C. 2. Wert der Exporte von Großwaffensystemen in Gebiete, die in Tab. 1 C 1 aufgeführt sind; Thomas Nielebock (Hrsg.): *Rüstungsexport. Analysen Daten Stellungnahmen*, Tübingen 1984, S. 142.

2 *Blickpunkt Bundestag* 3/98, S. 10.

3 Bündnis 90 / Die Grünen, *Grün ist der Wechsel*, S. 119, 130, 135 und 145.

4 »Mir geht es nicht um Beifall«, Interview mit Gerhard Schröder, *Der Spiegel* 47/1993 vom 22. November 1993.

5 »Aufbruch und Erneuerung – Deutschlands Weg ins 21. Jahrhundert«, S. 47.

6 Zit. aus: *Der Spiegel*, 48/1998, S. 87.

7 *Stuttgarter Zeitung* vom 11. September 1999, Wochenendbeilage.

8 Zit. aus: *Die Welt* vom 14. Mai 1999.

9 *Blickpunkt Bundestag* 1/00, S. 18.

10 *amnesty international Jahresbericht 2001*, S. 574.

11 *amnesty international Jahresbericht 2000*, S. 530 ff., und Zeugenberichte.

12 Politische Grundsätze der Bundesregierung für den Export von Kriegswaffen und sonstigen Rüstungsgütern vom 19. Januar 2000

13 Ebda., S. 335.

14 Ebda., S. 333 ff.

15 http://www.sozialwiss.uni-hamburg.de/publish/Ipw/Akuf/kriege_archiv.htm

16 www.akuf.de: Aktuelle Kriege und bewaffnete Konflikte (2001).

17 Ebda., S. 167.

18 Ebda., S. 172.

19 dpa-Meldung, veröffentlicht in der *Badischen Zeitung* vom 19. Dezember 2011.

20 Schröder, *Entscheidungen*, S. 224.

21 Rüstungsexportbericht 1999, S. 14; Rüstungsexportbericht 2000, S. 10; Rüstungsexportbericht 2001, S. 15; Rüstungsexportbericht 2002, S. 18; Rüstungsexportbericht 2003, S. 24; Rüstungsexportbericht 2004, S. 25; Rüstungsexportbericht 2005, S. 22.

22 Interview mit Claudia Roth, »Aufrüstung ist keine Stabilisierung«, vom 12. Juli 2011, www.gruene.de

23 *amnesty international Jahresbericht 2002*: a. a. O.

24 Rüstungsexportbericht 1999, S. 23; Rüstungsexportbericht 2000, S. 12.

25 Rüstungsexportbericht 2002, S. 119 f.

26 *amnesty international Jahresbericht 2004*, S. 647.

27 *amnesty international Jahresbericht 2005*, S. 593 ff.

28 Rüstungsexportbericht 2004, S. 31 f.

29 Rüstungsexportbericht 2005, S. 140.

30 *amnesty international Jahresbericht 2006*, S. 383.

31 Interview mit Claudia Roth, a. a. O.

32 Ebda.

33 »Mir geht es nicht um Beifall«, Interview mit Gerhard Schröder im *Spiegel* 47/1993 vom 22. November 1993.

34 www.ag-friedensforschung.de/regionen/afghanistan/10jahre-anklage2.htlm

35 Schröder, *Entscheidungen*, S. 224.

36 Rüstungsexportbericht 1999, S. 14; Rüstungsexportbericht 2000, S. 10; Rüstungsexportbericht 2001, S. 15; Rüstungsexportbericht 2002, S. 18; Rüstungsexportbericht 2003, S. 24; Rüstungsexportbericht 2004, S. 25; Rüstungsexportbericht 2005, S. 22.

37 www.faz.net vom 14. April 2005; *Financial Times Deutschland* vom 7. September 2005.

38 *SIPRI Yearbook 2006*, S. 481; *SIPRI Yearbook* 2008, S. 325.

39 Rüstungsexportbericht 2010, S. 45.

40 *SIPRI Yearbook 2006*, S. 481; *SIPRI Yearbook* 2004, S. 479; *SIPRI Yearbook* 1986, ohne Seitenangabe.

41 Bündnis 90 / Die Grünen: *Grün wirkt. Unser Wahlprogramm 2002–2006*, Berlin 2002, S. 7, 78 und 88.

42 Rüstungsexportbericht 2004, S. 25 ff.

43 Ebda., S. 25 ff. und 36.

44 *SIPRI Yearbook 2008*, S. 325.

45 GKKE-Rüstungsexportbericht 2006, S. 48.

46 *Der Spiegel* 41/2011, S. 20.

47 »Kriegswaffenausfuhren in den Jahren 1997 bis 2009«, in: Rüstungsexportbericht 2009, S. 40.

48 Burkhard von Pappenheim im Gespräch Joschka Fischer, *Stuttgarter Zeitung* vom 18. November 1999.

49 Prof. Dr. Herta Däubler-Gmelin im Interview mit dem Autor; autorisierte Fassung vom Dezember 2011.

50 Bündnis 90/Die Grünen, *Grün wirkt*, S. 88.

51 »Wir brauchen eine neue Politik«, *Blickpunkt Bundestag* 3/98, S. 10.

52 Interview in der *Badischen Zeitung* vom 29. Oktober 1996.

53 Fischer, *»I am not convinced«*, S. 212.

54 Rüstungsexportbericht 2004, S. 25 ff. und 36.

55 *SIPRI Yearbook 2006*, S. 481; *SIPRI Yearbook* 2008, S. 325.

56 Rüstungsexportbericht 2010, S. 45.

Kapitel 3

Merkels Waffenhandels-koalitionen

*Wie die schwarz-rot-gelbe
Deutschlandkoalition Menschenrechtsbrecher an der Macht hielt und hält*

*Im Mai 2010 machte Bundeskanzlerin Angela Merkel
dem saudischen König Abdullah ibn Abd al-Aziz Al Sa'ud
in Dschidda ihre Aufwartung.
Im Jahr danach genehmigte der Bundessicherheitsrat unter
Merkels Führung eine Voranfrage zum Export
von rund 270 Leopard-2-Kampfpanzern.*

3.1 Die große Rüstungsexportkoalition

Der Koalitionsvertrag – vom Vorantreiben der internationalen Wettbewerbsfähigkeit

Mit dem Abstimmungsdesaster bei der Bundestagswahl am 18. September 2005 endete die siebenjährige Regierungskoalition von Sozialdemokraten und Bündnis 90/Die Grünen. Die SPD verbuchte gegenüber 2002 mit minus 4,3 Prozent die höchsten Stimmenverluste aller Parteien. Auch die Grünen mussten mit einem Negativergebnis von 0,5 Prozent Verluste hinnehmen, wenngleich diese sich in Grenzen hielten.

Obwohl auch CDU und CSU Stimmenverluste in Höhe von 3,3 Prozent eingefahren hatten, bildeten sie als Fraktionsgemeinschaft mit 35,2 Prozent der Stimmanteile dennoch die stärkste Fraktion. Es kam, wie es kommen musste: Die beiden Wahlverlierer einigten sich und schlossen sich für vier Jahre zu einer Großen Koalition zusammen. Merkel wurde Kanzlerin, der Sozialdemokrat Frank-Walter Steinmeier Vizekanzler und Außenminister.

Im November 2005 veröffentlichte die neue Bundesregierung ihren Koalitionsvertrag. Auch wenn der Titel »Gemeinsam für Deutschland – mit Mut und Menschlichkeit« noch Hoffnung auf eine humane Politik machte, standen weder die Frage der Wahrung von Menschenrechten noch die Wende beim Waffenhandel im Vordergrund. Vielmehr ging es um die Sicherung wirtschaftlicher Kapazitäten. Christ- und Sozialdemokraten vereinbarten das Festhalten »an den derzeit geltenden Rüstungsexportbestimmungen« ebenso wie den Einsatz »für eine Harmonisierung der Rüstungsexportrichtlinien« innerhalb der Europäischen Union.

Erklärtermaßen stellten CDU/CSU und SPD auch das Interesse rüstungsproduzierender und -exportierender Unternehmen in den Mittelpunkt ihrer Wirtschaftspolitik. Die Bundesregierung werde »alle Möglichkeiten nutzen, um die europäische Rüstungskooperation unter Erhalt der Kernfähigkeiten der deutschen wehrtechnischen Industrie« voranzubringen. Die gemeinsame Rüstungsplanung müsse die Einsatzfähigkeit der Bundeswehr gewährleisten, desgleichen »den Erhalt entsprechender industrieller Kernkompetenzen«. Diese Formulierung enthielt praktisch eine Garantie für die Rüstungsindustrie zum Bau von Kriegsschiffen, Kampfflugzeugen, Kampfpanzern, Militärhubschraubern und

Sturmgewehren. Nicht Rüstungskonversion, die Umstellung auf eine nachhaltige zivile Fertigung, stand auf der Agenda der Großen Koalition, stattdessen galt es, neben den Kernfähigkeiten der Waffenschmieden auch deren internationale Wettbewerbsfähigkeit voranzutreiben.[1]

Im Jahr 2005, dem letzten des Führungsduos Schröder/Fischer und dem ersten unter der Ägide von CDU-Kanzlerin Angela Merkel und ihrem SPD-Vize Frank-Walter Steinmeier wurden die Kriegswaffenausfuhren auf ein bis dato unerreichtes Rekordniveau geschraubt. Ihr Gesamtwert betrug, so die regierungsamtlichen Angaben, einschließlich der Bundeswehrabgaben 1,629 Mrd. Euro – noch maßgeblich zu verantworten von Rot-Grün. In den vier Folgejahren umfassten die Kriegswaffenausfuhren einschließlich Bundeswehrabgaben offiziell ein Volumen von 1,374 (2006), 1,510 (2007), 1,427 (2008) und 1,338 Mrd. Euro (2009) – macht summa summarum von Regierungsseite bestätigte Waffentransfers im Höhe von 5,717 Mrd. Euro.[2]

Erwartungsgemäß kam das Stockholm International Peace Research Institute zu weitaus höheren – weil realistischer berechneten – Werten. So bezieht SIPRI auch den Handel mit gebrauchten Waffensystemen ein, während die Bundesregierung ausschließlich den Export von Neuwaffen erfasst. Laut Berechnungen von SIPRI lagen die Rüstungsexporte Deutschlands bei 1879 Trend-Indicator Values/TIV (2005)[3], 2567 TIV (2006), 3194 TIV (2007), 2500 TIV (2008) und 2432 TIV (2009).[4] Der TIV ist der Berechnungsfaktor von SIPRI zum Vergleich des Volumens von Rüstungsexporten und -importen von Staaten. Selbst wenn die direkte Vergleichbarkeit der Berechnungsgrundlagen nicht gegeben ist, lässt sich eines klar herauslesen: Keine der bisherigen Bundesregierungen hatte in einer einzigen Legislaturperiode Waffen in einem auch nur ansatzweise vergleichbaren Volumen in alle Welt exportiert wie die Große Koalition unter Angela Merkel und Frank-Walter Steinmeier.

Bereits die rot-grüne Bundesregierung hatte in den sieben Jahren ihrer Regierungszeit eigene Vorsätze einer an Menschenrechten orientierten Rüstungsexportpolitik vielfach und systematisch missachtet. In der Ära Merkel/Steinmeier aber verkamen die Politischen Grundsätze endgültig zur Makulatur. Die Beachtung der Menschenrechte im Bestimmungs- und Endverbleibsland bei den Entscheidungen über Kriegswaffenexporte war unter der Großen Koalition in den allermeisten Fällen kein relevantes Kriterium.[5]

Infokasten 3/1

Als »kritisch« oder »problematisch« einzustufende Empfängerländer deutscher Rüstungsexporte in der Ära der Bundesregierung Merkel/Steinmeier (2005–2009)

Die GKKE publiziert in ihren alljährlich erscheinenden Rüstungsexportberichten eine äußerst aufschlussreiche Übersicht der als »problematisch« (bis 2008) bzw. »kritisch« (2009) einzustufenden Empfängerländer deutscher Waffenexporte. Die folgende Zusammenstellung mit der Auflistung der Menschenrechtssituation, interner Gewaltkonflikte, der Unverträglichkeit von Rüstung und Entwicklung bei gleichzeitig Jahr für Jahr neuerlichen Ausfuhrgenehmigungen belegt vor allem eines: Die Bundesregierungen missachteten mit ihren Exportgenehmigungen für Rüstungsgüter die Sicherheits- und Menschenrechtslage in den genannten Empfängerländern.

Land	Jahr	Menschen-rechts-situation	Interne Gewalt-konflikte	Gefahr der Unverträg-lichkeit von Rüstung und Entwicklung	Wert deutscher Ausfuhrge-nehmigungen für Rüstungsgüter (in Mio. Euro)
Afghanistan	2009	sehr schlecht	ja	–	54,3
	2008	sehr schlecht	ja	–	33,5
	2007	sehr schlecht	ja	–	180,0
	2005	sehr bedenklich	sehr be-denklich	–	5,67
Algerien	2005	sehr bedenklich	sehr be-denklich	sehr be-denklich	19,03
Ägypten	2009	sehr schlecht	ja	gering	77,5
	2008	sehr schlecht	teilweise	groß	33,5
	2007	sehr schlecht	teilweise	groß	15,1
	2006	sehr schlecht	teilweise	groß	16,2
	2005	sehr bedenklich	bedenklich	sehr be-denklich	8,39
Angola	2009	sehr schlecht	ja	groß	11,5
	2008	sehr schlecht	teilweise	groß	6,8
	2007	sehr schlecht	teilweise	groß	2,5
	2006	sehr schlecht	teilweise	groß	1,5
Bangladesch	2005	sehr bedenklich	sehr be-denklich	bedenklich	1,14
Brasilien	2009	sehr schlecht	teilweise	gering	115,0
	2008	sehr schlecht	teilweise	gering	17,7
	2007	sehr schlecht	teilweise	gering	7,7
	2006	sehr schlecht	teilweise	gering	28,5

108

Land	Jahr	Menschen-rechts-situation	Interne Gewalt-konflikte	Gefahr der Unverträg-lichkeit von Rüstung und Entwicklung	Wert deutscher Ausfuhrge-nehmigungen für Rüstungsgüter (in Mio. Euro)
Brunei	2009	sehr schlecht	nein	gering	433,9
Georgien	2009	schlecht	teilweise	groß	2,5
	2008	schlecht	teilweise	groß	2,5
	2007	schlecht	teilweise	groß	1,4
	2006	schlecht	ja	mittel	3,4
Indien	2009	sehr schlecht	ja	mittel	67,9
	2008	sehr schlecht	ja	mittel	51,8
	2007	sehr schlecht	ja	mittel	89,9
	2006	schlecht	ja	groß	107,8
	2005	sehr bedenklich	sehr be-denklich	sehr be-denklich	50,85
Indonesien	2009	schlecht	ja	gering	1,4
	2008	sehr schlecht	teilweise	gering	7,7
	2007	sehr schlecht	ja	mittel	4,1
	2006	sehr schlecht	ja	gering	11,1
	2005	sehr bedenklich	sehr be-denklich	bedenklich	24,89
Irak	2005	sehr bedenklich	sehr bedenk-lich	–	25,05
Israel	2009	sehr schlecht	ja	gering	32,6
	2008	sehr schlecht	ja	gering	25,1
	2007	sehr schlecht	ja	gering	28,3
	2006	sehr schlecht	ja	gering	19,5
	2005	sehr bedenklich	sehr be-denklich	–	20,35
Jemen	2006	sehr schlecht	ja	groß	3,9
Jordanien	2005	bedenklich	bedenklich	sehr be-denklich	4,40
Kasachstan	2005	sehr bedenklich	bedenklich	–	2,37
Katar	2005	sehr bedenklich	–	–	9,38
Kolumbien	2009	sehr schlecht	ja	mittel	68,9
	2008	sehr schlecht	ja	gering	18,5
	2007	sehr schlecht	ja	gering	3,9
	2006	sehr schlecht	ja	gering	3,4
	2005	sehr bedenklich	sehr be-denklich	–	4,01
Kuwait	2009	schlecht	teilweise	groß	68,1

Land	Jahr	Menschen-rechts-situation	Interne Gewalt-konflikte	Gefahr der Unverträg-lichkeit von Rüstung und Entwicklung	Wert deutscher Ausfuhrge-nehmigungen für Rüstungsgüter (in Mio. Euro)
Malaysia	2009	sehr schlecht	nein	gering	32,9
	2008	sehr schlecht	nein	gering	21,3
	2007	sehr schlecht	nein	mittel	80,5
	2006	sehr schlecht	nein	mittel	17,5
	2005	sehr bedenklich	–	bedenklich	92,78
Nigeria	2009	sehr schlecht	ja	gering	1,8
	2008	sehr schlecht	ja	gering	5,3
	2007	sehr schlecht	ja	gering	4,3
	2006	sehr schlecht	ja	gering	2,4
	2005	sehr bedenklich	sehr be-denklich	–	1,97
Oman	2009	sehr schlecht	nein	groß	12,6
	2008	sehr schlecht	nein	groß	22,4
	2007	sehr schlecht	nein	groß	11.2
	2006	sehr schlecht	nein	groß	10,1
	2005	sehr bedenklich	–	sehr be-denklich	13,26
Pakistan	2009	sehr schlecht	ja	groß	61,6
	2008	sehr schlecht	ja	groß	93,3
	2007	sehr schlecht	ja	groß	163,8
	2006	sehr schlecht	ja	groß	134,7
	2005	sehr bedenklich	sehr be-denklich	sehr be-denklich	99,73
Russland	2009	sehr schlecht	teilweise	mittel	144,3
	2008	sehr schlecht	teilweise	gering	40,9
	2007	sehr schlecht	teilweise	gering	30,8
	2006	sehr schlecht	ja	mittel	196,1
Russische Föderation	2005	sehr bedenklich	sehr be-denklich	sehr be-denklich	12,64
Saudi-Arabien	2009	sehr schlecht	ja	groß	167,9
	2008	sehr schlecht	teilweise	gering	170,3
	2007	sehr schlecht	teilweise	gering	45,5
	2006	sehr schlecht	teilweise	gering	56,9
	2005	sehr bedenklich	sehr be-denklich	sehr be-denklich	29,85
Singapur	2009	schlecht	nein	gering	165,8
	2008	sehr schlecht	nein	gering	349,7
	2007	sehr schlecht	nein	gering	126,4
	2005	sehr bedenklich	–	–	120,28

Land	Jahr	Menschen-rechts-situation	Interne Gewalt-konflikte	Gefahr der Unverträg-lichkeit von Rüstung und Entwicklung	Wert deutscher Ausfuhrge-nehmigungen für Rüstungsgüter (in Mio. Euro)
Thailand	2009	sehr schlecht	ja	mittel	27,4
	2008	sehr schlecht	ja	gering	13,4
	2007	sehr schlecht	ja	gering	7,3
	2006	sehr schlecht	ja	gering	17,8
	2005	sehr bedenklich	bedenklich	bedenklich	9,50
Türkei	2009	sehr schlecht	ja	gering	45,5
	2008	sehr schlecht	ja	gering	43,6
	2007	sehr schlecht	ja	gering	121,3
	2006	schlecht	ja	gering	311,7
Tunesien	2005	sehr bedenklich	–	–	33,00
Venezuela	2008	sehr schlecht	ja	gering	9,0
	2007	sehr schlecht	ja	gering	7,3
	2006	sehr schlecht	ja	gering	21,9
Vereinig-te Arabische Emirate	2009	sehr schlecht	nein	gering	540,7
	2008	sehr schlecht	nein	gering	142,1
	2007	sehr schlecht	nein	gering	69,3
	2006	sehr schlecht	nein	gering	93,9
	2005	sehr bedenklich	–	–	316,18

Quellen:
Rüstungsexportbericht 2010 der GKKE, Fachgruppe Rüstungsexporte, S. 62; *Rüstungsexport-bericht 2009* der GKKE, Fachgruppe Rüstungsexporte, S. 40; *Rüstungsexportbericht 2008* der GKKE, Fachgruppe Rüstungsexporte, S. 45; *Rüstungsexportbericht 2007* der GKKE, Fachgrup-pe Rüstungsexporte, S. 40 f.; *Rüstungsexportbericht 2006* der GKKE, Fachgruppe Rüstungs-exporte, S. 48.*
*Die Angaben beziehen sich jeweils auf das Vorjahr.

Anmerkung:
Der Regierungswechsel von Rot/Grün zur Großen Koalition erfolgte nach der Bundestagswahl am 18. September 2005. Die Rüstungsexporte der ersten neun Monate des Jahres 2005 fal-len in den Verantwortungsbereich der Regierung Schröder/Fischer. Mit dem abermaligen Wech-sel zu einer von CDU/CSU und FDP geführten Bundesregierung nach der Bundestagswahl am 27. September 2009 verantwortet die christlich-liberale Bundesregierung Merkel/Westerwelle die Rüstungsexporte des letzten Quartals 2009.

Im Zeitraum von 2006 bis 2009 erhielten deutsche Rüstungsfirmen Exportgenehmigungen für Waffen und Rüstungsgüter an 25 Länder, die als »problematisch« (2006–2008) oder »kritisch« (2009) beurteilt wurden. So die Analysen in den Rüstungsexportberichten der Gemeinsamen Konferenz Kirche und Entwicklung (GKKE). Zudem erfolgten 2005 – im Jahr des Regierungswechsels von Rot-Grün zu Schwarz-Rot – Exporte von Waffen und Rüstungsgütern an Bangladesch, Irak, Jordanien, Kasachstan und Katar, allesamt Staaten mit »bedenklicher« oder »sehr bedenklicher« Menschenrechtssituation.[6] Wer die leise Hoffnung gehegt hatte, dass eine »christlich« und »sozial« geführte Bundesregierung eine Wende zum Guten herbeiführen würde, der wurde tief enttäuscht. Denn die Große Koalition mutierte zur großen Rüstungsexportförderungskoalition.

Angela Merkel und Frank-Walter Steinmeier hatten im Koalitionsvertrag ihrer Parteien vereinbart, die internationale Wettbewerbsfähigkeit der wehrtechnischen Industrie zu fördern. Laut SIPRI rangierte der Rüstungsexport-Europameister Deutschland in den vier Jahren der Großen Koalition nach den USA und Russland auf Platz 3 der weltweit größten Waffenexporteure. Aus Sicht der Rüstungsindustrie hatten sich die Christdemokratin und der Sozialdemokrat als Erfolgsduo etabliert. Aus Sicht der Opfer fungierten Merkel und Steinmeier eher als Desasterduo, das Folterern und Schlächtern in aller Welt die Mordwerkzeuge an die Hand gab.

Exemplarisch für das Versagen der Großen Koalition in der Menschenrechtspolitik steht die bereits von Rot-Grün vollzogene Ausweitung des Waffenhandels mit dem saudischen Königshaus. Mit Merkel und Steinmeier brachen auch hier die letzten Dämme.

Schwarz-roter Waffenhandel mit dem Regime in Riad

Im Sog des forcierten deutschen Waffenhandels steigerte die von Union und SPD geführte Bundesregierung die Rüstungslieferungen an die Machthaber in Riad exorbitant. Hatte das Genehmigungsvolumen der Waffentransfers an Saudi-Arabien 2005 bei beachtlichen 29,9 Mio. Euro gelegen, so folgte der ersten Steigerungswelle in den Jahren 2006 und 2007 auf 56,9 bzw. 45,5 Mio. Euro eine zweite ebenso dramatische: Für 2008 und 2009 genehmigte die Bundesregierung Waffen-transfers an die saudischen Militärs in einem Umfang von 170,4 und 167,9 Mio. Euro.

In der Legislaturperiode von 2005 bis 2009 durfte aus Deutschland alles ausgeführt werden, was das saudische Königshaus zur gewaltsa-men Unterdrückung der Opposition im Land und zur militärischen Bedrohung der Nachbarländer begehrte. Die Große Koalition geneh-migte die Ausfuhr von Militärlastern, von Teilen für gepanzerte Fahr-zeuge, von Granaten und Teilen für Raketen und Flugkörper. Des Wei-teren legalisierte sie den Export von Waffenzielgeräten, Prüfgeräten für Maschinenkanonen, Schießsimulatoren, Teilen für Feuerleiteinrich-tungen und für ein Gefechtsübungszentrum. Geliefert werden konnten darüber hinaus Funküberwachungssysteme, Kommunikationsausrüs-tung und Geräte für die elektronische Kampfführung. Und die EADS konnte einen rund 8000 Kilometer langen Sicherungszaun an den Au-ßengrenzen Saudi-Arabiens errichten.

Die saudische Marine durfte sich über die Lieferung von Teilen für Schnellboote freuen, die Luftwaffe des Landes über Teile für Tankflug-zeuge und Kampfflugzeuge – vor allem über Teilelieferungen für das Kampfflugzeug Eurofighter/Typhoon. Dabei tauchen die Eurofighter-Zulieferungen in der Exportstatistik der Bundesregierung nicht einmal als Transfers an Saudi-Arabien auf, da die Endmontage der 72 Kampf-flugzeuge in Großbritannien stattfindet und der Export letztlich über den NATO-Partner erfolgt.

Besonders schwer wiegen stets Exporte und Lizenzvergaben im Be-reich sogenannter »Kleinwaffen«. Die Regierung Merkel/Steinmeier genehmigte die Lieferung von Pistolen und Revolvern, Maschinenpis-tolen, Gewehren, Maschinengewehren und von Scharfschützengeweh-ren, außerdem den Transfer von Munition und von Herstellungsteilen für Munition. Für lautlose Exekutionen in Gefängnissen bestens ge-eignet, wie der frühere Fall der Lieferung von MP5-Maschinenpisto-len nach Thailand belegt, waren die Schalldämpfer, deren Ausfuhr im Jahr 2007 genehmigt wurde.

Folgenschwerer als jeder Direktexport einer noch so hohen, aber letzt-lich begrenzten Zahl von Kriegswaffen an ein diktatorisches Regime ist die Vergabe von Nachbaurechten für Gewehre. Der Hamburger Bundestagsabgeordnete der Linksfraktion Jan van Aken stellte eine schriftliche Anfrage zu einer entsprechenden Lizenzvergabe an die Regierung in Riad. Er erkundigte sich nach den Genehmigungen des Transfers von Fertigungsunterlagen und -technologien sowie der Herstellungsausrüstung für das Sturmgewehr G36 von Heckler & Koch an MIC in Saudi-Arabien. Die Antwort des Staatssekretärs im Bundeswirtschaftsministerium Jochen Homann im August 2011 fiel ungewohnt deutlich aus: Im Jahr »2008 wurden Genehmigungen für die Ausfuhr von Technologieunterlagen und Herstellungsausrüstung nach Saudi-Arabien zur Fertigung bestimmter Bestandteile des automatischen Gewehres G36 erteilt«.[7]

Zu diesem Zeitpunkt war Rot-Grün bereits seit drei Jahren Geschichte und Schwarz-Gelb noch nicht inthronisiert. Die Verantwortung für diesen dramatischen, weil folgenschweren Deal liegt laut Artikel 26 (2) und Artikel 65 des Grundgesetzes – Genehmigungspflicht für Kriegswaffen, Richtlinienkompetenz des Bundeskanzlers und Ressortprinzip – bei der Bundeskanzlerin und den Ministern von CDU/CSU und SPD. Zwar sind Lizenzvergaben nicht Gegenstand der Entscheidungen des Bundessicherheitsrates, sehr wohl jedoch die Genehmigungen zum Export von Technologieunterlagen und Herstellungsausrüstung in brisante Länder, zu denen das diktatorische Regime in Riad sicherlich gehört.

Sobald die bei der staatlichen saudischen Firma MIC in Masse produzierten G36-Sturmgewehre bei aggressiven oder gar völkerrechtswidrigen Handlungen gegenüber Nachbarstaaten oder zur Niederschlagung der Demokratiebewegung im eigenen Land eingesetzt würden, müssten sich Angela Merkel und Frank-Walter Steinmeier den Vorwurf der – legalisierten – Beihilfe zu Mord – je nach Verlauf der Auseinandersetzungen in Kriegen und Bürgerkriegen – und zu Massenmord gefallen lassen.

Der letztere Vorwurf käme nicht von ungefähr. Bekanntlich stellen »Kleinwaffen« die Massenvernichtungswaffen des 20. und 21. Jahrhunderts dar. Zwei von drei Kriegstoten (63 %) sind Opfer von Kugeln aus Gewehrläufen. Der frühere Heckler & Koch-Beauftragte für Saudi-Arabien, Michael Lehmann, hatte bereits in den Achtzigerjahren die Auslandslieferungen des in saudischer Lizenz gefertigten Schnellfeuergewehrs G3 in die Bürgerkriegsländer Uganda – zu Zeiten des Diktators Idi Amin – Sudan und Jemen aufgedeckt.[8] Die erneute Lizenzvergabe für eines der treffgenauesten und damit tödlichsten Gewehre auf dem Weltwaffenmarkt war nicht nur ein Technologiertransfer unter vielen, sondern das schlimmste aller möglichen Waffengeschäfte. In den kommenden Jahren könnte sich in Saudi-Arabien wiederholen, was nach der Lizenzvergabe von 1969 geschah: der Export an andere Staaten im Nahen und Mittleren Osten und vor allem nach Afrika – von einer Scheindemokratie in die nächste, von einem Diktator zum anderen.

Dem saudischen Regime waren deutsche Waffen willkommen, um bei den gewaltsamen Konflikten mit bewaffneten Gruppen im Rahmen des sogenannten »Krieges gegen den Terror« die Oberhand zu behalten. Amnesty International recherchierte und publizierte in den Jahren nach 2005 zahllose schwere und schwerste Menschenrechtsverletzungen, vielfach angeordnet oder begangen von staatlichen Sicherheitskräften. AI dokumentierte die Inhaftierung Aberhunderter Menschen unter Terrorismusverdacht, darunter viele sogenannte »gewaltlose politische Gefangene«, also Inhaftierte, die ihrerseits keine Gewalt angewendet hatten; des Weiteren Folterungen in Gewahrsam der Behörden, Misshandlungen von Häftlingen in Haftanstalten, menschenverachtende Gerichtsurteile mit anschließender routinemäßig erfolgender Auspeitschung von Verurteilten, darunter junge Männer und Kinder. Besorgt zeigte sich AI auch über verschiedenste Formen der Diskriminierung von Frauen in allen Bereichen der Gesellschaft und den häufigen Vollzug der Todesstrafe (2006 wurden in Saudi-Arabien 39 Menschen hingerichtet, 2007 waren es 158).[9]

Deutschlands Waffenhandel mit Saudi-Arabien unter der Bundesregierung Merkel/Steinmeier (2005–2009)

In der Regierungszeit der von Bundeskanzlerin Merkel geführten CDU/CSU/SPD- und CDU/CSU/FDP-Bundesregierungen stieg Saudi-Arabien erneut in die Liste der 20 wichtigsten Bestimmungsländer für erteilte Einzelgenehmigungen beim Waffenexport auf. Die Platzierung in der Spitzengruppe ist umso fataler, weil die Zulieferteile für das Kampfflugzeug Eurofighter weitgehend unter dem Empfängerland »Großbritannien« ausgewiesen werden, da dort die Endmontage auch der für Saudi-Arabien bestimmten Kampfjets stattfindet.

Jahr	Platz Empfänger- länder	Wert (in Mio. €	erteilte Ausfuhrgenehmi- gungen (exemplarische Beispiele)	Menschenrechtslage laut Amnesty International (exemplarische Beispiele)
2005	Nicht unter den 20 wichtigsten Empfän- gerländern	29,9	Pistolen, Maschinenpisto- len, Gewehre, Scharfschüt- zengewehre, Waffenzielgeräte und Teile Pistolen, Maschi- nenpistolen, Gewehre und Scharfschützengewehre; Teile für Kampfflugzeuge, Teile für Patrouillenboote, Schnell- boote u. v. a. m.	erneuter Anstieg von Tötungen durch bewaffnete Gruppen und Si- cherheitskräfte; Verschlechterung der prekären Menschenrechtslage; Frauen massiver Diskriminierung ausgesetzt; zahlreiche vermeint- liche Islamisten in Haft; Unter- drückung des Rechts auf freie Meinungsäußerung und der Reli- gionsfreiheit; mindestens 86 Men- schen hingerichtet u. v. a. m.
2006	20	56,9	Gewehre mit KWL-Nummer, Revolver, Pistolen, Maschi- nenpistolen, Scharfschüt- zengewehre, Maschinenge- wehre; Munition für Revolver, Pistolen, Maschinenpisto- len und Gewehre; Muni- tionsteile für Mörser und Panzerabwehrwaffen; Kom- munikationsausrüstung; Er- satzteile für Kampfflugzeuge u. v. a. m.	Im Zusammenhang mit dem »Krieg gegen den Terror« erneut Men- schenrechtsverletzungen; neuerli- che Vorwürfe über Folterungen in Gewahrsam der Behörden; Gerich- te verurteilen Angeklagte, darunter auch junge Männer und Kinder, routinemäßig zu Peitschenhieben; Frauen in allen Bereichen der Ge- sellschaft der Diskriminierung aus- gesetzt; mindestens 39 Menschen hingerichtet u. v. a. m.
2007	Nicht unter den 20 wichtigsten Empfän- gerländern	45,5	Pistolen, Gewehre, Scharf- schützengewehre, Teile für Maschinenpistolen, Schall- dämpfer, Waffenzielgeräte; Herstellungsausrüstung für Maschinenpistolen,	Hunderte von Menschen unter Ter- rorismusverdacht inhaftiert, auch gewaltlose politische Gefangene; Folterungen und Misshandlungen von Häftlingen weit verbreitet;

Jahr	Platz Empfänger- länder	Wert (in Mio. €)	erteilte Ausfuhrgenehmi- gungen (exemplarische Beispiele)	Menschenrechtslage laut Amnesty International (exemplarische Beispiele)
			Gewehre, Munition; Schieß- simulator, Gefechtsübungs- zentrum; Teile für Schnell- boote u. v. a. m.	Angeklagte zu Prügelstrafen und Amputationen verurteilt; Frauen gesetzlich diskriminiert; 158 Men- schen hingerichtet u. v. a. m.
2008	8	170,4	Revolver, Pistolen, Gewehre mit KWL-Nummer, Maschi- nengewehre, Herstellungs- ausrüstung für Handfeuer- waffen, Herstellungteile für Munition, Prüfgeräte für Maschinenkanonen; Funk- überwachungssysteme, Kommunikationsausrüstung; Lkw und Teile für gepanzerte Fahrzeuge u. v. a. m.	Inhaftierung Tausender Menschen, darunter Menschenrechtsvertei- diger und Regierungskritiker, die friedlich für politische Reformen eintreten; starke Einschränkung der freien Meinungsäußerung, Reli- gionsfreiheit, Versammlungsfreiheit; schwere Diskriminierung von Frau- en auch vor Gericht; systematische Folter und Misshandlungen Ge- fangener; häufig Auspeitschungen, Zwangsamputationen; mindestens 102 Menschen hingerichtet, öffent- liche Enthauptungen wegen Glau- ben und Homosexualität u. v. a. m.
2009	6	167,9	Teile für Raketen, Flugkör- per, Granaten; Kommuni- kationsausrüstung, elekt- ronische Kampfführung; Waffensysteme und Grenz- sicherungssysteme; Boden- überwachungsradar, Teile für Feuerleiteinrichtungen; Tei- le für Kampfflugzeuge und Tankflugzeuge u. v. a. m.	weiterhin Unterdrückung des Rechts auf freie Meinungsäuße- rung und weiterer Grundrechte; Gerichte verhängen regelmäßig Körperstrafen, Auspeitschungen auch Jugendlicher, Zwangsamputa- tion; schwere Diskriminierung von Frauen; mindestens 69 Menschen hingerichtet, hohe Dunkelziffer von zum Tode Verurteilten u. v. a. m.

Anmerkung: Der Regierungswechsel von Rot/Grün zur Großen Koalition aus CDU/CSU und SPD erfolgte mit der Bundestagswahl am 18. September 2005. Die Waffentransfers dieses Jah- res sind noch überwiegend der Bundesregierung unter Gerhard Schröder und Joschka Fischer anzulasten. Nach der Bundestagswahl am 27. September 2009 ging die Union eine Koalition mit der FDP ein. Die Waffentransfers des Jahres 2009 sind überwiegend der von Angela Merkel und Frank-Walter Steinmeier geführten CDU/CSU-SPD-Bundesregierung anzulasten.
Abkürzungen: k. A. – keine Angabe, KWL-Nummer – Nummer der Kriegswaffenliste (Anlage zum Kriegswaffenkontrollgesetz)
Quellen: Rüstungsexportbericht 2005, S. 140; Rüstungsexportbericht 2006, S. 30; Rüstungs- exportbericht 2007, S. 146 f.; Rüstungsexportbericht 2008, S. 19; Rüstungsexportbericht 2009, S. 19 f. *amnesty international Jahresbericht 2006*, S. 383 ff.; *amnesty international Jahresbe- richt 2007*, S. 364 ff.; *AMNESTY INTERNATIONAL REPORT 2008*, S. 349 ff.; *AMNESTY INTERNA- TIONAL REPORT 2009*, S. 387 ff.; *AMNESTY INTERNATIONAL REPORT 2010*, S. 387 ff.*
* Die AI-Jahresberichte erfassen jeweils die Menschenrechtslage des Vorjahres.

Verdoppelung des Waffenhandels – die bittere Bilanz des schwarz-roten Rüstungsexportwahns

Für viele standhafte Sozialdemokraten auf Orts- und Kreisebene war es eine äußerst erfreuliche Wandlung, was sie vernahmen, als der Altkanzler mit Verve seine Stimme erhob: »Unsere Volkswirtschaft und unsere Zahlungsbilanz sind nicht auf Waffenexporte angewiesen«, sagte Helmut Schmidt. »Zumindest wäre zu wünschen, dass wir die Richtlinien für unsere Waffenexporte wesentlich enger fassen.«[10]

Altersweisheit oder Anstand? Verkapptes Eingeständnis früherer Versäumnisse oder schlichte Erkenntnis eines scharfen Beobachters? Wie auch immer, als Bundeskanzler verantwortete der Sozialdemokrat Rüstungstransfers an menschenrechtsverletzende Staaten und in Krisengebiete. In den vergangenen Jahren aber hat Schmidt zu einer klaren Linie gefunden. Heute gehört er innerhalb der deutschen Sozialdemokratie zu den renommiertesten Gegnern einer ungezügelten Rüstungsexportpolitik. Und seine Kritik richtete sich nicht aus parteitaktischen Erwägungen gegen eine christdemokratisch dominierte Regierungspolitik, sondern – im Jahr 2008 – gegen die Rüstungsexportpraxis einer schwarz-roten Bundesregierung.

Dass diese Kritik mehr als berechtigt war, belegt die Analyse der beiden großen christlichen Kirchen. Laut GKKE erteilte die Bundesregierung im Jahr 2008 15 458 Einzelausfuhrgenehmigungen mit einem Gesamtumfang von 5,778 Mrd. Euro – 2,1 Mrd. Euro und damit gut ein Drittel mehr als im Vorjahr.[11] Bernhard Felmberg, evangelischer Vorsitzender der Gemeinsamen Konferenz Kirche und Entwicklung, zeigte sich besonders besorgt über Rüstungslieferungen an instabile Entwicklungsländer und nannte als Beispiel die »auf dem afghanischen und pakistanischen Schwarzmarkt gehandelten Waffen deutscher Herkunft«. Zu Recht verwies Felmberg auf die heutigen Folgen der in früheren Jahren erfolgten Lizenzvergaben an ehemalige Unrechtsregime, besonders im Bereich der Kleinwaffen. »Man braucht sich nur aktuelle Fotos von Kämpfern in Pakistan anzusehen und entdeckt gleich das klassische deutsche G3-Gewehr im Einsatz«, so die Kritik der GKKE.

Auch im Marine-Bereich fiel die Lagebeschreibung zum Ende der schwarz-roten Regierungskoalition desaströs aus. »Von den 36 Staaten, die weltweit über nicht-nukleare U-Boote verfügen«, so der Kommentar des Vorsitzenden der GKKE-Fachgruppe Rüstungsexporte Bernhard Moltmann, seien »mehr als die Hälfte U-Boote deutscher Herkunft«. Und dieser Waffenhandel sei durch Hermes-Bürgschaften, eine staatliche Form der Ausfallbürgschaft, abgesichert (siehe Kap. 7 »Hermes-Bürgschaften der Bundesregierungen).

Die schwarz-rote Genehmigungspolitik hat dafür gesorgt, dass die Auftragsbücher der Howaldtswerke-Deutsche Werft GmbH bis ins Jahr 2017 gefüllt sind – mit Rüstungsaufträgen, versteht sich. Weitere Kunden klopften derweil in Kiel an: Israel und die Türkei, Südkorea, die Vereinigten Arabischen Emirate und die verfeindeten Staaten Indien und Pakistan. Sie alle meldeten Interesse an U-Booten an.[12]

Gerade die Empfängerländer deutscher Waffen gaben im Jahr 2008 Anlass zu größter Sorge: Mit Genehmigung des Bundes waren 20 Staaten, die von den beiden großen christlichen Kirchen aufgrund der Menschenrechts- bzw. Sicherheitslage als »problematisch« eingestuft wurden, ganz legal in den Besitz von Waffen aus Deutschland gelangt. An der Spitze lag Singapur mit Waffen und Rüstungsgütern im Wert von 349,7 Mio. Euro, gefolgt von Saudi-Arabien (170,3 Mio. Euro) und den Vereinigten Arabischen Emiraten (142,1 Mio. Euro).[13] All diese Transfers erfolgen unter der Ägide von Angela Merkel.

Mehr noch als in den Vorjahren transferierte Deutschland im vierten Jahr der Großen Koalition (2009) Waffen und Rüstungsgüter nach Afghanistan, Ägypten, Angola, Brasilien, Brunei, Georgien, Indien, Indonesien, Israel, Kolumbien, Kuwait, Malaysia, Nigeria, Oman, Pakistan, Russland, Saudi-Arabien, Singapur, Thailand, die Türkei und die Vereinigten Arabischen Emirate – allesamt Länder, deren Menschenrechtslage laut GKKE in drei Fällen als »schlecht«, in 18 Fällen als »sehr schlecht« beurteilt wurde.[14] Selbst an kriegführende Staaten, wie die USA, Großbritannien, die Türkei und viele andere, lieferte Deutschland im letzten Jahr der Regierung Merkel/Steinmeier in großem Stil Waffen. Insgesamt erteilte die Bundesregierung im Jahr 2009 16 202 Einzelausfuhrgenehmigungen für Waffen und Rüstungsgüter im Gesamtwert von 5,043 Mrd. Euro.[15]

Die Gesamtbilanz der Großen Koalition könnte kaum verheerender ausfallen: Von Herbst 2005 bis Herbst 2009 verdoppelte Deutschland seinen Marktanteil unter den weltweit führenden Lieferanten konventioneller Großwaffensysteme auf elf Prozent und belegte Platz 3 im Ranking der Weltwaffenexporteure. Hauptempfängerländer deutscher Rüstungstransfers waren unter der Bundesregierung Merkel/Steinmeier die verfeindeten Staaten Türkei und Griechenland mit einem Anteil am deutschen Waffenhandel von 14 bzw. 13 Prozent, gefolgt von Südafrika mit 12 Prozent.[16]

Nach Berechnungen des Stockholmer Friedensforschungsinstituts SIPRI hatte Schwarz-Rot das Rüstungsexportvolumen gegenüber der rot-grünen Vorgängerregierung um einhundert Prozent gesteigert. 27 Prozent des deutschen Waffenhandels entfielen auf den Export gepanzerter Fahrzeuge.[17]

Maßgeblich für diese Verdoppelung waren nicht zuletzt die starken Zuwächse bei Zulieferungen im Panzer- und Schiffsbereich an europäische Geschäftspartner, aber auch die umfassenden Rüstungstransfers an das in der Krisenregion Südostasien gelegene Südkorea.[18]

Aber es sollte noch schlimmer kommen.

Täterprofil

Frank-Walter Steinmeier – Rekordhalter bei Kleinwaffenexporten

Frank-Walter Steinmeier wurde am 5. Januar 1956 in Detmold geboren. Nach Abitur, Jura- und Politikstudium arbeitete er bis 1991 als Wissenschaftlicher Mitarbeiter am Lehrstuhl für öffentliches Recht und Wissenschaft der Gießener Universität.

Schon als Schüler Mitglied der Jusos, trat Steinmeier 1975 in die SPD ein. Nach Karriere-Stationen in der Niedersächsischen Staatskanzlei wechselte Steinmeier nach der von der SPD gewonnenen Bundestagswahl 1998 nach Berlin. Im November 1998 wurde er Staatssekretär im Bundeskanzleramt und Beauftragter für die Nachrichtendienste. Von 1999 bis 2005 war er zudem Chef des Bundeskanzleramtes. Nach Schröders Rücktritt nach der verlorenen Bundestagswahl amtierte Steinmeier in der schwarz-roten Regierungskoalition bis Oktober 2009 als Bundesaußenminister und von November 2007 bis 2009 als Vizekanzler unter Angela Merkel. Als sozialdemokratischer Kanzlerkandidat unterlag er Merkel bei der Bundestagswahl 2009, und die FDP nahm den Platz der SPD als Koalitionspartner der CDU/CSU ein. Im Herbst 2009 wurde Steinmeier Vorsitzender der SPD-Fraktion und damit Oppositionsführer im Deutschen Bundestag.

Im Folgenden sind die problematischsten Rüstungsexportpositionen, -genehmigungen bzw. -geschäfte in der Ära des Bundesaußenministers, Mitglieds im Bundessicherheitsrat (stellvertretender Vorsitzender 2007–2009) und Vizekanzlers Steinmeier aufgelistet:

- In den vier Jahren der schwarz-roten Regierungskoalition genehmigte die Bundesregierung summa summarum Kriegswaffenausfuhren im Wert von 5,717 Mrd. Euro.[19] Die ernüchternde Gesamtbilanz: Keine andere Bundesregierung zuvor verantwortete in nur vier Jahren ein derart hohes Volumen an Kriegswaffenausfuhren wie die Große Koalition aus CDU/CSU und SPD. Unter den Top Ten der Empfängerländer rangierten in all den Jahren die kriegführenden Staaten USA und Großbritannien zumeist unter den ersten drei.
- Von den zahlreichen menschenrechtsverletzenden Staaten, die unter Merkel/Steinmeier massiv mit deutschen Waffen versorgt wurden, sei exemplarisch Saudi-Arabien genannt. Von 2005 bis 2009 konnten die Rüstungsexporte in das autokratische Königreich von 29,9 Mio. Euro (2005) auf 167,9 Mio. Euro (2009) verfünffacht werden. Der Höchststand mit erteilten Ausfuhrgenehmigungen im Wert von 170,4 Mio. Euro wurde 2008 erreicht. Dank des unter Steinmeier forcierten Waffenhandels mit den Machthabern in Riad rückte

Saudi-Arabien sogar auf Platz 6 (2009) der Empfängerländer deutscher Waffen vor.

- Unter Steinmeier erhielten sämtliche Waffensysteme eine Exportgenehmigung für Saudi-Arabien, welche die Herzen demokratiefeindlicher und menschenrechtsverletzender Militärs höher schlagen lassen: Revolver, Pistolen, Maschinenpistolen, Gewehre mit KWL-Nummer – nebst dazugehöriger Munition –, Sturmgewehre und sogar Scharfschützen- und Maschinengewehre.[20]

- Außerdem gestattete die Regierung Merkel/Steinmeier auch Eurofighter-Exporte über Großbritannien an Saudi-Arabien. Einzige Ausnahme: die Untersagung der Leopard-2-Lieferungen. Dafür verantworteten SPD und CDU/CSU den folgenschwersten Fauxpas im Rüstungsexportbereich seit den G3-Lizenzvergaben in den Sechziger-, Siebziger- und beginnenden Achtzigerjahren: die Genehmigung der Ausfuhr von Herstellungsausrüstung zur Fertigung von Gewehren, Maschinenpistolen und Munition (2007) sowie von Herstellungsausrüstung für das Sturmgewehr G36 von Heckler & Koch (2008).[21]

- Den schlimmsten aller Rekorde hält ebenfalls die Regierung Merkel/Steinmeier: Beim Export in die besonders problematischen Drittländer, wo üblicherweise Kleinwaffen zum Einsatz kommen, versechzehnfachten Sozial- und Christdemokraten den entsprechenden Genehmigungswert gegenüber 1996 auf unglaubliche 30,2 Mio. Euro (2007).[22]

- In der Zeit der Großen Koalition bewilligte die CDU/CSU-SPD-geführte Bundesregierung 2006 mit Vizekanzler Steinmeier die Lieferung des vierten und fünften U-Boots der angeblich atomwaffenfähigen Dolphin-Klasse.[23]

Abwägungen bei Rüstungsexporten müssten, so Steinmeier, im Einzelfall erfolgen. Im Fall der geplanten Leopard-2-Lieferungen an Saudi-Arabien seien diese »grottenfalsch getroffen worden«.[24] Im Oktober 2011 beantragte Steinmeier, dass gemäß den Politischen Grundsätzen für den Kriegswaffenexport und in Anbetracht der aktuellen Lage in Länder Nordafrikas und des Mittleren Ostens »keine Kriegswaffen und Rüstungsgüter geliefert werden« dürften. Konsequent forderte Steinmeier die Bundesregierung auf, »sich künftig streng an die geltenden Rüstungsexportrichtlinien der Bundesregierung zu halten und dementsprechend eine restriktive Genehmigungspraxis zu praktizieren«.[25]

Wichtige Worte eines Oppositionsführers, der als Bundesaußenminister und Vizekanzler in der Legislaturperiode zuvor das genaue Gegenteil praktiziert hatte. Scheindemokratische und diktatorische Staaten im Norden Afrikas und im Mittleren Osten waren massiv mit deutschen Waffen hochgerüstet und autokratische Regime stabilisiert worden. Saudi-Arabien stieg zum sechsgrößten Empfängerland, die Vereinigten Arabischen Emirate – mit ebenfalls äußerst problematischer Menschenrechts- und Sicherheitslage – gar zum zweitgrößten Empfängerland auf.[26]

Im Rüstungsexportbericht 2008 gab die Bundesregierung vor, bei der Ausfuhr von Technologie und Herstellungsausrüstung »grundsätzlich keine Genehmigungen im Zusammenhang mit der Eröffnung neuer Herstellungslinien für Kleinwaffen und Munition in Drittländern« zu erteilen.[27] Mit der Lieferung der Herstellungsmaschinen für das G36-Gewehr wurde im selben Jahr der Weg geebnet für den jahrzehntelangen Nachbau Hunderttausender dieser Waffen.[28]

Wort und Tat stehen bei Steinmeier in eklatantem Widerspruch. Aufrichtigkeit und Wahrhaftigkeit in der Politik sehen anders aus.

3.2 Christlich – liberal – tödlich

Westerwelles Worte, Westerwelles Taten

Welch ein Überschwang der Gefühle bei Guido Westerwelle und den Freien Demokraten. Dank eines von voluminösen Versprechungen geprägten Wahlkampfes verbesserte die FDP ihr Ergebnis bei der Bundestagswahl am 27. September 2009 von 9,8 Prozent (2005) auf das historische Hoch von 14,6 Prozent.

Fast auf den Tag genau einen Monat nach der Bundestagwahl war der Koalitionsvertrag zwischen CDU, CSU und FDP am 26. Oktober 2009 unter Dach und Fach. Deutschlands Glaubwürdigkeit stehe »in direktem Zusammenhang mit dem konsequenten Eintreten für die Menschenrechte in der Außen- und Entwicklungspolitik«. Mit Nachdruck unterstützte Schwarz-Gelb die vom US-amerikanischen Präsidenten Barack Obama unterbreiteten Vorschläge »für weitgehende neue Abrüstungsinitiativen«. Abrüstung und Rüstungskontrolle, so die Koalitionäre. Die Bundesregierung stehe für eine Außenpolitik, »die durch Abrüstung zu Frieden und Freiheit in der Welt beiträgt«.

Dafür zuständig sei eine »leistungsfähige Bundeswehr« als »wesentliches Instrument deutscher Friedenspolitik« und außerdem eine leistungsfähige deutsche Industrie. Wichtiges Anliegen sei die »Sicherung technologischer Kompetenz und hochwertiger Arbeitsplätze in Deutschland«. Daher würden »ressortübergreifend Maßnahmen zur Erhaltung ausgewählter wehrtechnischer Kernfähigkeiten« festgelegt und umgesetzt.

Im Koalitionsvertrag heißt es ferner, die christlich-liberale Bundesregierung halte »an den derzeit geltenden Rüstungsexportbestimmungen fest«. Das für den Rüstungsexport an andere Länder maßgebliche Außenwirtschaftsrecht in Gestalt des Außenwirtschaftsgesetzes (AWG) und der Außenwirtschaftsverordnung (AWV) werde »entschlackt und übersichtlicher ausgestaltet«. Vorschriften würden gestrichen, welche »deutsche Exporteure gegenüber ihren europäischen Konkurrenten benachteiligen«. Bei der Anwendung des Außenwirtschaftsrechts müsse »der internationalen Wettbewerbssituation der deutschen Wirtschaft mehr als bisher Rechnung getragen werden«.

Dabei bleibe es »bei der verantwortungsbewussten Genehmigungspolitik für die Ausfuhr von Rüstungsgütern«.

In deutlichen Worten kritisierte der katholische GKKE-Vorsitzende Karl Jüsten anlässlich der Präsentation des Rüstungsexportberichts der christlichen Kirchen den Koalitionsvertrag der Bundesregierung: »Wir sind enttäuscht und unzufrieden.« Die Vereinbarung von CDU/CSU und FDP orientiere sich vorrangig an »außenwirtschaftlichen und industriepolitischen Gesichtspunkten«, so Jüsten im Dezember 2009 in Berlin. Letztlich sei der Koalitionsvertrag sogar dabei behilflich, Wettbewerbshindernisse für die deutschen Waffenproduzenten aufzuheben.[29]

Ausgehend von Tunesien, wagte die arabische Demokratiebewegung 2011 den Widerstand gegen die repressiven und diktatorischen Machthaber im Maghreb sowie im Nahen und Mittleren Osten. Im Anschluss an eine Zusammenkunft mit seinem ägyptischen Amtskollegen Al Araby verkündete der deutsche Außenminister Guido Westerwelle im April 2011, dass sich in Ägypten entscheiden werde, »ob dem arabischen Frühling ein Sommer folgt, oder ob es ein Zurück in einen Winter« gäbe. Tatsächlich war die Demokratisierung allenfalls angestoßen, ein kritischer Blogger war gerade erst zu einer dreijährigen Haftstrafe verurteilt worden. Westerwelles Position war klar: »Demokratie und Rechtsstaat gehören zusammen.« Sobald dies gegeben sei, würden deutsche Unternehmen wieder Investitionen im Land tätigen.[30]

Westerwelle forderte eine demokratische Entwicklung nicht nur für Ägypten. In einer Regierungserklärung vom Frühjahr 2011 äußerte sich der deutsche Außenminister unmissverständlich: Die Bundesregierung wolle »stabile Demokratien und demokratische Stabilität«.[31] Wie wunderbar wären Westerwelles liberale Weltanschauung und sein freiheitliches Gedankengut, könnte man beides auch nur halbwegs ernst nehmen. Denn die wohligen Worte von stabilen Demokratien wurden *nach* dem Sturz des Regimes von Mohamed Hosni Mubarak gesprochen, nachdem der Bundesaußenminister Ägypten Ende Februar und Mitte April 2011 zum zweiten und dritten Mal während seiner Amtszeit besucht hatte. Zu diesem Zeitpunkt war Mubarak längst verhaftet und stand unter Arrest.

Seine erste Aufwartung hatte Westerwelle dem Land am Nil im Mai des Vorjahres gemacht und sich bei dieser Gelegenheit auf dem Tahir-Platz in Kairo feiern lassen: von Ägyptens Staatspräsident Mohamed Hosni Mubarak und seinen Mitstreitern.[32] »Unsere Sicherheit und unser Wohlstand lassen sich nicht von den Entwicklungen in der Nah- und Mittelost-Region trennen«, verkündete Deutschlands Außenminister anlässlich des Treffens mit Diktator Mubarak auf der zweiten Station seiner Nahost-Reise vom 21. bis 23. Mai 2010. »Uns verbindet zudem eine traditionell enge Partnerschaft«. Diese, so Westerwelle, »wollen wir pflegen und ausbauen«. Zu pflegen galt es vor allem die guten Wirtschaftsbeziehungen beider Länder, die »sich seit vielen Jahren auf hohem Niveau« bewegten, wie der deutsche Außenminister im Interview mit der ägyptischen Zeitung *Al Ahram* betonte. Nach den kommenden Wahlen befragt, stellte er dem Land quasi einen Persilschein für die Zukunft aus: »Ägypten ist durch langjährige politische Kontinuität geprägt und ein Stabilitätsanker in der Region.«[33]

Diese »langjährige politische Kontinuität«, bezog sich nicht nur auf die intensiven Kontakte diverser Bundesregierungen mit der ägyptischen Regierung, sondern auch auf die Kontinuität des Waffenhandels mit dem sogenannten »Stabilitätsanker in der Region« Mohamed Hosni Mubarak.

Zwar sind nach wie vor die USA der Hauptwaffenlieferant Ägyptens, doch im bestens bestückten Waffenarsenal der Sicherheitskräfte Mubaraks fanden sich auch zahlreiche Produkte aus deutschen Landen. Innerhalb eines Jahres hatte die bis Herbst 2009 amtierende Große Koalition sowie die CDU/CSU/FDP-geführte Nachfolgeregierung den Genehmigungswert für den Transfer von Waffen und Rüstungsgütern von 33,6 Mio. (2008) auf 77,5 Mio. Euro (2009) mehr als verdoppelt. Geliefert wurden gepanzerte Fahrzeuge, militärische Landfahrzeuge sowie Teile für Panzer und Kommunikationsausrüstung. In der Liste der aus Deutschland belieferten Entwicklungsländer war Ägypten längst zum bedeutendsten Empfängerland avanciert.[34]

Aufgrund der langjährigen Kontinuität deutscher Rüstungslieferungen verfügte die für ihre rücksichtslose Vorgehensweise bekannte ägyptische Polizei über Maschinenpistolen des Typs MP5, entwickelt vom

Oberndorfer Gewehr- und Pistolenfabrikanten Heckler & Koch. Im Jahr 2009 genehmigte die Bundesregierung den Export weiterer 884 Maschinenpistolen und »Bestandteile« im Wert von 866 037 Euro an die Machthaber in Kairo.[35]

In den ersten zwölf Monaten der Regierung Merkel/Westerwelle erfolgte dann der Export weiterer Waffen und Rüstungsgüter im Wert von 21,0 Mio. Euro an die ägyptische Diktatur, darunter Landfahrzeuge, Teile für gepanzerte Fahrzeuge und Munition. Genau 34 Exportanträge wurden genehmigt, lediglich zwei abgelehnt.[36]

Die Fotos zierten die Titelseiten der Weltpresse. Ein halbes Jahr nachdem der ägyptische Staatschef Mubarak seine Amtsvollmachten am 10. Februar 2011 an den kurz zuvor berufenen Vizepräsidenten Omar Suleiman abgegeben hatte und einen Tag später zurückgetreten war, geschah, worauf zahllose Ägypterinnen und Ägyptern Jahre und Jahrzehnte gewartet hatten. Begleitet vom Jubel einer Menschenmenge wurde der seit seinem Rücktritt unter Hausarrest stehende Ex-Staatspräsident Ägyptens am 3. August 2011 auf einer Krankenliege in einem Metallkäfig im Gerichtssaal der Polizeiakademie vorgeführt.

Ein im Frühjahr veröffentlichter Untersuchungsbericht gab ihm die Mitschuld am Tod von offiziell 846 Menschen während der Unruhen am 25. Januar 2011. Außerdem musste Mubarak sich wegen seines Schießbefehls an die Polizei und wegen Anstiftung zum Überfahren von Demonstrantinnen und Demonstranten mit Fahrzeugen verantworten. »Ich bestreite alle Anklagepunkte«, ließ der vormalige Staatspräsident Millionen von Zuschauern an den Fernsehschirmen wissen. Im Falle einer Verurteilung drohte Mubarak die Todesstrafe.

Wie die christlich-liberale Bundesregierung ein barbarisches Regime belohnt

Saudi-Arabien liegt im Spannungsgebiet des Nahen und Mittleren Ostens, der südlich angrenzende Jemen gilt als eine der Hochburgen der Terrororganisation al-Qaida. Mit dem Argument des »Krieges gegen den Terror« verletzt Saudi-Arabien seit Jahren massiv die Menschenrechte. Zugleich unterstützt die Regierung in Riad Nachbarstaaten bei kriegerischen Auseinandersetzungen. Als die jemenitische Regierung im August 2009 ihre Militäroffensive mit dem Codenamen »Scorched Earth«, »Verbrannte Erde«, startete, kam es alsbald zu schweren kriegerischen Auseinandersetzungen mit bewaffneten Gruppen des schiitischen Geistlichen al-Huthi. Militäreinheiten Saudi-Arabiens griffen in den Konflikt im Norden des Landes ein und lieferten sich Gefechte mit al-Huthis Anhängern. Ab November 2009 flog die saudische Luftwaffe Angriffe gegen Dörfer und Städte in der jemenitischen Region Saʿda. Gemeinsam bombardierten jemenitische und saudische Streitkräfte im November 2009 und im Januar 2010 Ziele in Saʿda, darunter auch zivile Bauwerke wie Schulen, Moscheen und Industriebetriebe, die schwer beschädigt wurden.

Mehrere dieser Angriffe sollen »willkürlich und unangemessen« gewesen sein, berichtet Amnesty International. »Bei einigen Angriffen lag der Verdacht nahe, dass sie gegen das Völkerrecht verstießen«, erklärte die Menschenrechtsorganisation. Die Angriffe hätten sich offenbar absichtlich gegen Zivilisten und zivile Ziele gerichtet und seien wahllos erfolgt. Amnesty beklagte Hunderte von toten und verletzten Zivilisten, großflächige Verwüstungen und in der Folge die Massenflucht der Zivilbevölkerung. Nach Angaben des UN-Hochkommissars für Flüchtlinge (UNHCR) befanden sich noch Ende 2010 mehr als 35 000 Menschen auf der Flucht, zumal Landminen und nicht detonierte Munition die Rückkehr in die Heimat erschwerten.[37]

Die Bundesregierungen betrachteten Saudi-Arabien seit je als Verbündeten im Kampf gegen Terror und al-Qaida. Kritik selbst an schwersten Menschenrechtsverletzungen und augenscheinlich völkerrechtswidrigen Militäraktionen wurde und wird – falls überhaupt – nur äußerst zurückhaltend vorgebracht.

In der ersten Juliwoche 2011 deckte der *Spiegel* auf, dass der Bundessicherheitsrat – nach Ablehnung durch alle Vorgängerregierungen – erstmals dem Transfer von Kampfpanzern des Typs Leopard 2 an das saudische Königshaus zugestimmt hatte. Und Guido Westerwelle gewährte einmal mehr einen Einblick in sein liberales Exportverständnis.

Von Amts wegen Mitglied im geheim tagenden Kabinettsausschuss, hätte der »liberale« Westerwelle allen Grund gehabt, sein Veto einzulegen. Die Reaktion des Außenministers und Vizekanzlers legte allerdings den Verdacht nahe, dass genau das nicht geschehen war. Auf den Panzerdeal mit dem Regime in Riad angesprochen, verschanzte Westerwelle sich hinter der argumentativen Festung, der Bundessicherheitsrat tage grundsätzlich geheim.[38]

In der zweiten Juliwoche 2011 ging Westerwelle einen Schritt weiter und suchte nach einer Begründung für den in der deutschen Rüstungsexportgeschichte einmaligen Tabubruch. Verantwortungsvolle Außenpolitik müsse »auch unsere und die Sicherheitsinteressen unserer Verbündeten berücksichtigen«. Zwar habe Saudi-Arabien »immer noch große Defizite bei Demokratie und Menschenrechten, die wir nicht verschweigen«, erklärte der Außenminister im Interview mit der *Bild*-Zeitung, gleichwohl sei das Land »ein einflussreicher Faktor in der Region, der eine wichtige Rolle für den Frieden im Nahen Osten spielen« könne. Und so müsse man im »Interesse von Frieden und Sicherheit« nicht nur in Nahost »immer wieder mit Partnern zusammenarbeiten, die nicht unseren eigenen demokratischen Maßstäben entsprechen«.[39]

Wie aber sehen die von Guido Westerwelle erwähnten großen »Defizite bei Demokratie und Menschenrechten« in Saudi-Arabien konkret aus? Zu ihnen zählen routinemäßig erfolgende Auspeitschungen, systematische Folterungen und Misshandlungen in Gefängnissen, gerichtlich verordnete und vollzogene Zwangsamputationen von Gliedmaßen und das Ausstechen von Augen vermeintlicher Delinquenten – um nur einige Beispiele aus dem Kabinett des Grauens zu nennen.

Täterprofil

Guido Westerwelle – Türöffner auch für die deutsche Rüstungswirtschaft

Guido Westerwelle wurde am 27. Dezember 1961 in Bad Honnef geboren. Nach dem Abitur (1980) studierte er in Bonn Rechtswissenschaften. Im Anschluss an die Dissertation arbeitete er bis 1994 in der Anwaltskanzlei seines Vaters.

Nach dem Eintritt in die FDP (1980) war Westerwelle von

1983 bis 1988 Bundesvorsitzender der Jungen Liberalen und von 1993 bis 2000 FDP-Kreisvorsitzender in Bonn. Seit 1994 auf Bundesebene, war Westerwelle bis 2001 FDP-Generalsekretär und von 2001 bis 2011 Bundesvorsitzender der Freidemokraten. Seit Februar 1996 ist er Mitglied des Deutschen Bundestages, von Mai 2006 bis Oktober 2009 war er Vorsitzender der Bundestagsfraktion seiner Partei. Mit der schwarz-gelben Regierungskoalition ist Guido Westerwelle der vierte Bundesaußenminister der Liberalen und als solcher Mitglied des Bundessicherheitsrates.[40]

Das Folgende ist eine Auflistung der problematischsten Rüstungsexportpositionen, -genehmigungen bzw. -geschäfte in der Ära des Außenministers (seit 2009) und Vizekanzlers (Oktober 2009 bis Mai 2011) Westerwelle:

- Der Koalitionsvertrag vom Oktober 2009 trägt die Handschrift Westerwelles und der Liberalen. Mehr als bisher müsse der Wettbewerbssituation der deutschen Wirtschaft »Rechnung getragen werden«. Die deutschen Exporteure dürften gegenüber ihren europäischen Konkurrenten nicht benachteiligt werden. Mit der Genehmigungspolitik werde »eine Harmonisierung der anderen EU-Staaten auf hohem Niveau angestrebt«. Eine »leistungsfähige nationale wehrtechnische Industrie« sei von hoher sicherheits- und wirtschaftspolitischer Bedeutung.[41]
- Das Unterfangen, den Pleitestaat Griechenland zum Kauf von Kampfjets des Typs Eurofighter/Typhoon zu bewegen war vorerst gescheitert. Dennoch setzte sich Westerwelle unverdrossen für das Wohl der EADS ein: Anfang 2010 verkündete er, man wolle Griechenlands Regierung zwar nicht zum Erwerb der Eurofighter verleiten, wenn sie aber eine Entscheidung zum Kauf von Kampfflugzeugen treffe, »wollen die Eurofighter-Länder, die hier durch Deutschland vertre-

ten werden, bei der Entscheidung berücksichtigt werden«.[42] Auch bei seinem Indienbesuch im Herbst 2010 machte sich Westerwelle für den Verkauf des Eurofighter-Typhoon stark: Die Bundesrepublik verfüge über »beste und zuverlässigste Technologie«.[43]

- Unerreicht der Rekordwert der Vorgängerregierung Merkel/Steinmeier bei Kleinwaffentransfers. Dennoch fällt auch Westerwelles Bilanz negativ aus. Denn die Regierung Merkel/Westerwelle verantwortete 2010 mit 49,54 Mio. Euro den vierthöchsten Wert bei den Einzelgenehmigungen für Kleinwaffenausfuhren seit Veröffentlichung der Rüstungsexportberichte. Bei den verantwortungslosesten Ausfuhrgenehmigungen, denen in Drittländer, wurde mit 16,30 Mio. Euro gar der dritthöchste jemals verzeichnete Wert erzielt.[44] Führende Empfängerländer der Lieferungen von Maschinenpistolen, Gewehren oder Maschinengewehren waren Saudi-Arabien, Indien und die Vereinigten Arabischen Emirate (VAE).[45]
- Der Rüstungsexporte begünstigende Koalitionsvertrag zeitigte bereits im ersten Jahr Wirkung. Die Kriegswaffenausfuhren erreichten ungeahnte Höhen: Im Rekordjahr 2010 wurden Waffen im Wert von rund 2,12 Mrd. Euro im Vergleich zu rund 1,34 Mrd. Euro im Jahr zuvor [2009] an Kunden in aller Welt verkauft.[46]
- Beliefert wurden unter Westerwelle zahlreiche Staaten, deren Menschenrechtslage von der GKKE als »sehr schlecht« eingestuft wurde: Ägypten, Algerien, Bahrain, Indien, Indonesien, Irak, Israel, Libyen, Oman, Pakistan, Russland, Saudi-Arabien, Türkei, Turkmenistan, Venezuela, VAE und Vietnam. Vielfach gab es dort interne Gewaltkonflikte.[47]

Guido Westerwelle ist Symbolfigur einer Partei, die sich traditionell einer liberalen, damit wirtschaftskonformen und rüstungsexportfördernden Politik verpflichtet sieht. Er selbst steht allerdings für den höchsten aller Ausfuhrwerte eines Jahres bei Kriegswaffen seit Gründung der Bundesrepublik Deutschland.

Westerwelles wiederholte Appelle zur Wahrung des Weltfriedens, zur Verwirklichung von Bürger- und Menschenrechten und zur Unterstützung der Demokratiebewegungen im Norden Afrikas, des Nahen und Mittleren Osten müssen Verfolgten in den Empfängerländern deutscher Waffen als blanker Zynismus erscheinen.

Infokasten 3/3

Deutschlands Waffenhandel mit Saudi-Arabien unter der Bundesregierung Merkel/Westerwelle (ab 2009)

In der Regierungszeit der von Bundeskanzlerin Merkel geführten CDU/CSU/FDP-Bundesregierung erklomm Saudi-Arabien – massiv begünstigt durch die bis Herbst 2009 amtierende christlich-soziale Vorgängerregierung – einen bisher unerreichten sechsten Platz unter den Empfängerländern deutscher Waffen. Im Sommer 2011 genehmigte die deutsche Bundesregierung in geheimer Sitzung des BSR angeblich den Transfer von Kampfpanzern des Typs Leopard 2 an das Königshaus in Riad. Was die zu erwartenden Opferzahlen betrifft, wird dieser Waffendeal allerdings noch überboten von der zwischen 2009 und 2011 erfolgten Errichtung einer Fabrikationsstätte für das Sturmgewehr G36 von Heckler & Koch in Saudi-Arabien.

Jahr	Platz Empfängerländer	Emp-Wert (in Mio. €)	erteilte Ausfuhrgenehmigungen (exemplarische Beispiele)	Menschenrechtslage laut Amnesty International (exemplarische Beispiele)
2009	6	167,9	Teile für Raketen, Flugkörper, Granaten; Kommunikationsausrüstung, elektronische Kampfführung; Waffensysteme und Grenzsicherungssysteme; Bodenüberwachungsradar, Teile für Feuerleiteinrichtungen; Teile für Kampfflugzeuge und Tankflugzeuge u. v. a. m.	weiterhin Unterdrückung des Rechts auf freie Meinungsäußerung und weiterer Grundrechte; Gerichte verhängen regelmäßig Körperstrafen, Auspeitschungen auch Jugendlicher, Zwangsamputationen; schwere Diskriminierung von Frauen; mindestens 69 Menschen hingerichtet, hohe Dunkelziffer von zum Tode Verurteilten u. v. a. m.
2010	10	152,5	Elektronische Ausrüstung, Kommunikationsausrüstung, Teile für elektronische Kampf-	seit Jahren Festnahme Tausender Menschen, auch gewaltloser politischer Gefangener, aus sogenannten

Jahr	Platz Emp-fänger-länder	Wert (in Mio. €)	erteilte Ausfuhrgenehmi-gungen (exemplarische Beispiele)	Menschenrechtslage laut Amnesty International (exemplarische Beispiele)
			führung; Flugkörper, Simu-latoren; Luftaufklärungssys-tem, Teile für Kampfflugzeu-ge, Tankflugzeuge, Triebwerke; Gewehre mit KWL-Nummer, Bestandteile für Maschinen-Pistolen und Maschinenge-wehre; Munition für Gewehre, Bestandteile für Gewehr- und Maschinengewehrmunition; Teile für Haubitzen-, Kanonen- und Mörsermunition; Teile für gepanzerte Fahrzeuge, Lkw u. v. a. m.	Sicherheitsgründen; Informatio-nen über Anwendung von Folter-methoden und Misshandlungen von Häftlingen; Gerichte verhängen grausame, unmenschliche und er-niedrigende Strafen wie Auspeit-schungen; Diskriminierung von Mädchen und Frauen; Festnahme von Christen und Muslimen ande-rer Glaubensrichtungen wegen Aus-übung ihres Glaubens; mindestens 27 Menschen hingerichtet; Angriffe saudischer Streitkräfte bei militäri-schem Konflikt im Jemen mit Toten und Verletzten unter der Zivilbevöl-kerung u. v. a. m.
2011	k. A.	k. A.	Presseberichte über Ge-heimbeschluss des Bundes-sicherheitsrates zur Lieferung von 200 Kampfpanzern des Typs Leopard 2;	militärische Intervention saudischer Streitkräfte in Bahrain auf Wunsch der dortigen Regierung zur Un-terdrückung der Demokratiebewe-gung; geplante Demonstrationen der Protestbewegungen rücksichtslos unterdrückt; Folter und unfaire Ge-richtsverfahren; Gerichte verhängen erneut grausame und unmenschli-che Strafen (Auspeitschungen, Am-putationen von Händen und Füßen etc.); massive Verfolgung religiöser Minderheiten und Demokraten; min-destens 82 Menschen hingerichtet.

Anmerkung: Nach der Bundestagswahl vom 27. September 2009 schloss die CDU/CSU eine Koalition mit der FDP. Die Waffentransfers des Jahres 2009 sind überwiegend der von Angela Merkel und Frank-Walter Steinmeier geführten Vorgängerregierung anzulasten. Die in der Legis-laturperiode seit Herbst 2009 folgenden Exporte von Kriegswaffen und Rüstungsgütern verant-wortet die neue Bundesregierung unter Angela Merkel und Guido Westerwelle bzw. Philipp Rösler (seit 16. Mai 2011 neuer Vizekanzler).

Abkürzungen: k. A. – keine Angabe, KWL-Nummer – Nummer der Kriegswaffenliste (Anlage zum Kriegswaffenkontrollgesetz)

Quellen: Rüstungsexportbericht 2009, S. 19 f.; Rüstungsexportbericht 2010, S. 22 f., 38, 41; *AMNESTY INTERNATIONAL REPORT 2010*, S. 387 ff.; *AMNESTY INTERNATIONAL REPORT 2011*, S. 399 ff.*
* Die AI-Jahresberichte erfassen jeweils die Menschenrechtslage des Vorjahres.

Saudi-Arabien stand im Jahr 2010 unangefochten auf Platz 1 der besonders bedenklichen »Drittländer« sowohl beim besonders bedenklichen Transfer von Kleinwaffen als auch von Munition. Die Bundesregierung genehmigte die Lieferung von 3008 Gewehren im Wert von 4 324 015 Euro und von 56 330 Teilen für diese Waffen im Wert von 448 320 Euro. Gewehre können nur eingesetzt werden, wenn die entsprechende Munition vorhanden ist. Also gestattete die CDU/CSU- und FDP-geführte Bundesregierung auch den Export von 35 900 Stück Gewehrmunition und 20 000 »Waffenbestandteilen« für 44 749 und 640 000 Euro.[48]

Das seit August 2005 mit militärischer Macht regierende Herrscherhaus unter König Abdullah ibn 'Abd al-Aziz Al Sa'ud wurde 2010 wie kein anderes Land mit deutschen Gewehren und deutscher Munition versorgt.

Dieser von der Bundesregierung genehmigte Waffentransfer trägt bis heute nachhaltig zur Stabilisierung des saudischen Königshauses bei. Außenminister Guido Westerwelle ist einer der führenden Vertreter der »liberalen« Partei. Westerwelles Verständnis von Liberalität offenbart sich im Dauerspagat zwischen verbaler Unterstützung von Demokratiebewegungen bei gleichzeitiger Zustimmung zu Waffenlieferungen an Diktatoren, welche die Demokratiebewegung in ihren Ländern blutig niederschlagen lassen.

3.3 Same procedure as every year

Beschämende Belege einer rücksichtslosen Regierungspolitik

Vorweg das Begrüßenswerte: Für 2011 bilanzierte das Stockholmer Friedensforschungsinstitut SIPRI erneut eine Absenkung des Gesamtvolumens deutscher Rüstungsexporte gegenüber den Vorjahren. Allerdings hielt Deutschland mit einem neunprozentigen Anteil am Weltwaffenhandel seinen dritten Platz für den Zeitraum von 2007 bis 2011. Im Fünf-Jahres-Ranking lag die Bundesrepublik zwar klar hinter den USA (30 %) und Russland (24 %), aber immer noch vor Frankreich

(Rang 4 mit 8 %) und Großbritannien (Rang 5 mit 4 %). Die Gesamttendenz ist steigend: Wurden 2007 Waffen im Wert von 26,448 Mrd. TIV ausgeführt, so belief sich das Exportvolumen 2011 auf 29,954 Mrd. TIV. Ganz anders Japan: In den Jahren 2008 bis 2011 hat das Land vollständig auf Rüstungsexporte verzichtet – und ist dennoch eine der führenden Industrienationen der Welt.[49]

Direkte Vergleiche der SIPRI-Angaben mit denen der Bundesregierung gestalten sich schwierig, da unterschiedliche Indizes zugrunde gelegt werden. Lagen die Zahlen des schwedischen Friedensforschungsinstituts zumeist deutlich über denen der Bundesregierung, so näherten sie sich in den letzten Jahren an: Für 2011 verkündeten SIPRI und die Bundesregierung unisono sinkende Werte für den deutschen Waffenhandel.

Am 7. Dezember 2011 wurde der »Bericht der Bundesregierung über ihre Exportpolitik für konventionelle Rüstungsgüter im Jahre 2010« gebilligt und veröffentlicht. Darin wird zwischen Rüstungsexporten in NATO-Länder, EU-Mitgliedstaaten und NATO-gleichgestellte Länder, wie Australien, Neuseeland, Japan und die Schweiz, unterschieden. Rüstungstransfers in diese Staaten seien »grundsätzlich nicht zu beschränken«. Ausfuhren in alle anderen Länder, die sogenannten »sonstigen Staaten« oder auch »Drittländer«, würden »restriktiv gehandhabt«.

Ausdrücklich betonte die amtierende christlich/liberale Koalition, dass alle Anträge auf Ausfuhrgenehmigung »im jeweiligen Einzelfall nach sorgfältiger Abwägung vor allem der außen-, sicherheits- und menschenrechtspolitischen Argumente entschieden« worden seien. Wichtige Kriterien einer jeden Entscheidung seien dabei unter anderem die Konfliktprävention und die Beachtung der Menschenrechte im Empfängerland.

Laut Rüstungsexportbericht wurden im Jahr 2010 für Waffen und Rüstungsgüter Einzelausfuhrgenehmigungen im Wert von insgesamt rund 4,754 Mrd. Euro erteilt. Im Vorjahr hatte dieser Wert bei rund 5,043 Mrd. Euro gelegen. Bei einer Einzelausfuhrgenehmigung handele es sich um die Ausfuhr- bzw. Verbringungsgenehmigung zur Lieferung eines oder mehrerer Güter an einen Empfänger, so das Bundesausfuhramt (BAFA).[50] Auf EU-, NATO- und NATO-gleichgestellte Länder entfiel ein Anteil von 71 Prozent, die restlichen 29 Prozent

Infokasten 3/4

Die Lieferländer konventioneller Großwaffensysteme (2007–2011)

Die tabellarische Übersicht des Stockholmer Friedensforschungsinstituts SIPRI beinhaltet alle Staaten und nicht-staatlichen Akteure, die Großwaffensysteme in der Fünf-Jahres-Periode von 2007 bis 2011 exportierten. Grundlage bilden die von SIPRI erstellten »trend-indicator values« (TIV). Die Zahlenwerte sind gerundet, sodass geringe Abweichungen in der Summe bzw. bei den Prozentangaben auftreten können. Die Spalte am rechten Rand zeigt den prozentualen Anteil an den gesamten Weltwaffenexporten für die Jahre 2007 bis 2011.

Rang 2007-2011	Rang 2002-2006	Lieferanten	Importvolumen (TIV, Millionen)						Anteil (in %)
			2007	2008	2009	2010	2011	2007-2011	2007-2011
1	1	USA	7919	6463	6656	8111	9984	39133	30
2	2	Russland	5496	5980	5287	5881	7874	30517	24
3	4	Deutschland	3234	2383	2494	2476	1206	11794	9
4	3	Frankreich	2400	2048	2037	856	2437	9778	8
5	5	Großbritannien	1008	998	1027	1133	1070	5236	4
6	7	China	434	593	1018	1335	1356	4736	4
7	12	Spanien	594	610	997	280	927	3408	3
8	6	Niederlande	1235	512	517	440	538	3242	3
9	8	Italien	691	406	505	594	1046	3241	3
10	9	Israel	511	318	814	528	531	2703	2
11	10	Schweden	348	430	370	653	686	2488	2
12	11	Ukraine	732	367	385	488	484	2455	2
13	14	Schweiz	302	482	256	182	297	1519	1
14	13	Kanada	337	230	183	236	292	1277	1
15	20	Südkorea	219	78	163	97	225	782	1
16	18	Südafrika	165	161	186	123	61	696	1
17	19	Belgien	19	221	233	8	111	592	0
18	23	Norwegen	55	108	147	141	108	559	0
19	25	Weißrussland	6	226	42	160	59	493	0
20	32	Brasilien	53	92	37	184	27	394	0
21	15	Polen	175	75	81	8	8	347	0
22	30	Australien	1	8	57	98	126	290	0
23	16	Usbekistan	-	-	90	90	90	270	0
24	24	Finnland	47	67	41	46	47	248	0
25	29	Österreich	97	14	29	34	30	204	0
26	27	Türkei	38	61	43	45	6	193	0
27	44	Jordanien	13	12	60	91	-	176	0
28	-	Portugal	-	99	46	-	0	145	0
29	43	Montenegro	109	-	-	14	-	123	0

Rang 2007-2011	Rang 2002-2006	Lieferanten	2007	2008	2009	2010	2011	2007-2011	Anteil (in %) 2007-2011
30	58	Bosnien-Herzegowina	–	–	–	–	119	119	0
31	26	Tschech. Rep.	31	34	21	3	11	100	0
32	65	Chile	–	100	–	–	–	100	0
33	–	Libyen	10	18	32	28	–	87	0
34	69	Serbien	4	45	1	30	4	85	0
35	36	Moldawien	19	29	20	–	–	68	0
36	40	Indien	21	11	23	4	8	67	0
37	23	Dänemark	6	17	14	10	20	66	0
38	41	Singapur	–	–	31	27	4	63	0
39	49	Saudi-Arabien	–	–	–	1	58	59	0
40	33	Iran	–	2	5	5	45	57	0

Quelle:
SIPRI Yearbook 2012, S. 266 f., Tab. 6.2: »Die 50 größten Lieferanten von konventionellen Groß-
waffensystemen, 2007–11«.
Abkürzung: VAE – Vereinigte Arabische Emirate
Anm.: Die Tabelle zeigt die ersten 40 von 50 Staaten.

entfielen auf Drittländer. Der Gesamtwert aller Einzelgenehmigungen für Entwicklungsländer sank von 8,2 Prozent (2009) auf 7,7 Prozent (2010).

Deutlich verringert wurde der Wert erteilter Sammelausfuhrgenehmigungen – Ausfuhren im Rahmen der wehrtechnischen Kooperationen zwischen EU- und NATO-Partnern. Mit ihnen besteht die Möglichkeit, die Waffenausfuhr seitens zuverlässiger Exporteure gleich an
mehrere Empfänger zu genehmigen.[51] Der Wert dieser Genehmigungen war von 1,996 Mrd. Euro (2009) auf etwa 737,3 Mio. Euro (2010)
gesenkt worden.

Soweit der schöne Schein, denn entscheidend sind die tatsächlich
erfolgten Waffenexporte. Hier offenbarte sich ein ganz anderes Bild.
Aufgrund der Ausfuhrgenehmigungen wurden 2010 Waffen im Wert
von 2,119 Mrd. Euro exportiert. Gegenüber 2009, als das Ausfuhrvolu-
men noch bei 1,339 Mrd. Euro gelegen hatte, bedeutete dies eine Steigerung um sage und schreibe 58 Prozent.[52]

Für das Jahr 2011 wurde mit rund 1,285 Mrd. Euro ein deutlich nied-
rigerer Wert an real erfolgten Kriegswaffenausfuhren ausgewiesen –

was als taktisches Manöver vor der Bundestagswahl 2013 gewertet werden muss. »Wer in gewaltigem Umfang Kriegswaffen in die Kriegs- und Krisenregion des Nahen und Mittleren Osten liefert, macht sich mitschuldig am Einsatz dieser Waffen«, bewertete Paul Russmann, Sprecher der Kampagne »Aktion Aufschrei – Stoppt den Waffenhandel!« und der ökumenischen Aktion Ohne Rüstung Leben (ORL), die umfangreichen Kriegswaffenlieferungen an Staaten wie Saudi-Arabien und die Vereinigten Arabischen Emirate. Christine Hoffmann, ebenfalls Sprecherin der Aufschrei-Kampagne und pax christi-Generalsekretärin, monierte die Steigerung der Ausfuhrgenehmigungen für Exporte in Drittstaaten um 42 Prozent. Damit habe sich »Deutschland 2011 zehn Prozent häufiger als 2010 entschieden, Krisenherde in der Welt militärisch aufzurüsten«. Auch die »massive Steigerung« der Einzelgenehmigungen für die Ausfuhr von Rüstungsgütern von 4,75 Mrd. Euro 2010 auf 5,41 Mrd. Euro 2011 weise in eine völlig falsche Richtung.[53].

Die versprochenen Einzelfallentscheidungen aufgrund einer sorgfältigen Abwägung außen-, sicherheits- und menschenrechtspolitischer Argumente bei restriktiver Handhabung waren längst zur Farce verkommen. Anstatt den eigenen Vorgaben gemäß Waffengeschäfte zurückhaltend zu genehmigen, warf Schwarz-Gelb jegliche Bedenken über Bord und steigerte die tatsächlichen Kriegswaffenausfuhren 2010 auf ein in der Geschichte bundesdeutscher Rüstungsexporte bislang einmaliges Rekordniveau.

Transparenz? Nein danke!

Mit mehr als 811 Mio. Euro schlugen bei den im Jahr 2010 tatsächlich erfolgten Rüstungsexporten vor allem die Lieferungen von Kriegsschiffen, Teilen für Kampfschiffe und Unterwasserortungsgeräte an den NATO-Partner Portugal zu Buche. In der Kategorie »Güterbeschreibung« der 20 wichtigsten Bestimmungsländer wurde dieser Transfer mit »U-Boote« deklariert.[54] Für ebendieses Jahr meldete das im Rüstungsexportbericht der Bundesregierung auszugsweise zitierte Waffenregister der Vereinten Nationen die Lieferung eines U-Bootes der Klasse 214 vom Typ 209PN.[55]

Unschärfen und Widersprüche wie diese ziehen sich Jahr für Jahr durch die regierungsamtlichen Rüstungsexportberichte, sodass man

Infokasten 3/5

Neuer Rüstungsexportrekord –
Deutschlands Kriegswaffenausfuhren (1997–2011)

Im jährlichen »Bericht der Bundesregierung über ihre Exportpolitik für konventionelle Rüstungsgüter« wird auch eine tabellarische Übersicht des jeweiligen Gesamtwertes der Ausfuhr von Kriegswaffen sowie deren Anteil am Gesamtexport der Bundesrepublik Deutschland veröffentlicht. Darin ausgewiesen sind die Abgaben der Bundeswehr. Für das Jahr 2010 dokumentierte der Bericht einen Rekordwert von 2 119 000 000 Euro an real erfolgten Rüstungsexporten.

Jahr	Gesamtwert in Mio. €	Anteil in % am deutschen Gesamtexport
1997	707,4	0,16
1998	683,9	0,14
1999	1454,2	0,29
2000	680,2	0,11
2001	367,3	0,06
2002	318,4	0,06
2003	1332,8	0,20
2004	1129,1	0,15
2005	1629,7	0,26
2006	1374,2	0,15
2007	1510,1	0,16
2008	1427,2	0,14
2009	1338,8	0,17
2010	2119,0	0,22
2011	1284,7	0,12

Quellen:
»Bericht der Bundesregierung über ihre Exportpolitik für konventionelle Rüstungsgüter im Jahre 2010«, S. 46; »Bericht der Bundesregierung über ihre Exportpolitik für konventionelle Rüstungsgüter im Jahre 2011«, S. 33.

den Eindruck gewinnt, es stecke System dahinter. Dank des publizierten Auszugs aus dem UN-Waffenregister war diesmal wenigstens der Waffentyp benannt. Die Herstellerfirmen hingegen bleiben in den Berichten der Bundesregierung aus vorgeschobenen Geheimhaltungsgründen generell ungenannt. In vielen Fällen mutet diese Praxis geradezu lächerlich an. Schließlich preisen die Howaldtswerke-Deutsche Werft GmbH (HDW) in Kiel, eine Unternehmenstochter der ThyssenKrupp Marine Systems (TKMS), auf ihrer öffentlich zugänglichen Homepage den dreieinhalb Jahre zuvor vereinbarten Verkauf des ersten der beiden U-Boote an. Zugleich verkündete der Konzern die anstehende Lieferung eines zweiten Bootes der Klasse 214 vom Typ 209PN.

Während der Rüstungsexportbericht der Bundesregierung Transparenz weitgehend vermissen lässt, publiziert der größte deutsche Werftenverbund TKMS auf der öffentlich zugänglichen Unternehmenswebsite www.thyssenkrupp-marinesystems.com seinerseits eine umfassende »Referenzliste für Überwasser-Marineschiffe«. Diese ist differenziert gegliedert nach Land, Anzahl gelieferter Kriegsschiffe des jeweiligen Typs bzw. der jeweiligen Klasse, der Entwicklungs- und der Herstellerfirma sowie dem Jahr der Auslieferung von 1980 bis heute – genau so, wie man sich das als interessierter Bürger wünscht.

Statt Klarheit zu schaffen, wies die Bundesregierung im Rüstungsexportbericht 2010 darauf hin, dass die erteilten Genehmigungen »nicht unbedingt im selben Jahr für eine Ausfuhr ausgenutzt werden« müssten, sodass eine Diskrepanz zwischen Genehmigungs- und Ausfuhrzahlen bestehe.[56] Weitaus präziser ist hier einmal mehr die TKMS-Website: »Der Auftrag über die beiden Boote wurde 2004 zwischen der portugiesischen Regierung und dem German Submarine Consortium (GSC) geschlossen.«[57]

Mit anderen Worten: Der Vertragsabschluss erfolgte zu Zeiten von Kanzler Gerhard Schröder und Außenminister Joschka Fischer. Juristisch unangreifbar, denn bekanntlich sind Waffentransfers an NATO-Partner gemäß den Politischen Grundsätzen zum Rüstungsexport grundsätzlich nicht zu beschränken. Um die desaströse Finanzlage Portugals und die Not breiter Schichten der dortigen Bevölkerung kümmerte sich Rot-Grün damals offenbar genauso wenig wie Schwarz-Gelb 2010.

Und noch ein Armenhaus in der Europäischen Union war lange

Jahre ein guter Waffenkunde Deutschlands. So wurde im Jahr 2010 an den NATO-Partner Griechenland neben 223 Panzerhaubitzen des Typs M109 auch ein drittes U-Boot ausgeliefert, im UN-Waffenregister als U-Boot 214 klassifiziert.[58]

Die militärischen Stärken des U-Bootes der Klasse 214 werden auf der Website der ThyssenKrupp Marine Systems unverblümt beworben. Es sei mit »herausragenden technischen und operativen Möglichkeiten, ausgeprägten Stealth-Eigenschaften sowie einer eindrucksvollen Waffen- und Sensorausrüstung« ausgestattet. Ergänzend würdigt die TKMS-Tochter Howaldtswerke-Deutsche Werft GmbH die längeren Tauchzeiten, die geringe Ortbarkeit und die, aufgrund der Brennstoffzellentechnik, Fähigkeit zu größeren Tauchtiefen. Sämtliche operativen Anforderungen für Einsätze in flachen Gewässern seien erfüllt. Und auch zum Waffenhandel macht die Werft eine klare Aussage: »Derzeit sind U-Boote dieser Klasse für die griechische und koreanische Marine im Bau bzw. bereits gebaut.« Rückblickend führt TKMS in umfassenden Dateien die U-Boot-Exporte auf der Basis der 1960 bis 1980 und 1981 bis 2002 geschlossenen Verträge auf.[59] So viel zur Frage der Transparenz und vermeintlichen Geheimhaltungspflicht.

Die Gemeinsame Konferenz Kirche und Entwicklung (GKKE) kritisierte den Kriegsschiffexport an die griechische und die portugiesische Marine in ihrem von der Fachgruppe Rüstungsexporte vorgelegten Gegenentwurf zum regierungsamtlichen Rüstungsexportbericht. Es handele sich um ein »besonders krasses Beispiel für die Nichtberücksichtigung des Kontextes eines Empfängerlandes«. Nachdrücklich wies die GKKE auf die Inanspruchnahme monetärer Mittel der EU und des Internationalen Währungsfonds durch beide Staaten in den vergangenen zwölf Monaten hin. Scharfe Einschnitte in den öffentlichen Leistungen seien erfolgt, die insbesondere »die ärmeren Menschen betreffen«. Dass die Bundesregierung gleichwohl der Erfüllung langfristiger Lieferaufträge tatenlos zugesehen habe, zeuge nicht von der proklamierten »Verantwortlichkeit« in der Rüstungsexportpolitik.

In der Liste der 20 wichtigsten Bestimmungsländer deutscher Waffen des Rüstungsexportberichts 2010 rangierten auf den Plätzen 1 bis 5 Portugal (811 739 201 Euro), die USA (602 094 020 Euro), das Vereinigte Königreich (Großbritannien, 455 052 078 Euro), die Republik Korea (Südkorea, 270 862 393 Euro) und die Vereinigten Arabischen Emirate (262 513 354 Euro).[60] Griechenland, das diesem Bericht zufolge ein U-Boot der Klasse 214 und weitere Kriegswaffen im Wert von 403 487 000 Euro erhalten hatte, fand sich weder vor Südkorea auf Platz 4 noch sonst wo im Ranking der Top 20.[61] Angesichts dieser Lückenhaftigkeit fragt man sich, welchen Sinn solche Auflistungen noch haben.

Die Front der Transparenzbefürworter war und ist breit. Bereits 2009 konfrontierte die Bundestagsfraktion Die Linke die frisch gewählte christlich-liberale Regierung mit folgender Frage: »Teilt die Bundesregierung die Auffassung, dass die öffentliche Teilhabe und Nachvollziehbarkeit der Genehmigungspraxis für Rüstungsgüter Bestandteil einer effektiven und demokratischen Rüstungskontrollpolitik sind und die Glaubwürdigkeit der deutschen Rüstungsexportpolitik stärken?« Die Antwort des Parlamentarischen Staatssekretärs im Bundeswirtschaftsministerium, das für die Rüstungsexportkontrolle verantwortlich zeichnet, war an Fadenscheinigkeit kaum zu überbieten. »Um die Nachvollziehbarkeit der deutschen Rüstungskontrollpolitik in größtmöglichem Umfang sicherzustellen, leitet die Bundesregierung ihren jährlichen Rüstungsexportbericht dem Deutschen Bundestag zu«, so der FDP-Parlamentarier Ernst Burgbacher.[62]

Die Formulierung des FDP-Abgeordneten war blanker Zynismus. Von Transparenz konnte keine Rede sein, das Zahlenwerk war in zentralen Punkten widersprüchlich, vielfach unvollständig und damit verschleiernd. Das »prekäre Maß« an Transparenz bei Waffentransfers nahm die GKKE zum Anlass, »auf eine Verbesserung des offiziellen Berichtswesens und dessen inhaltlichen Zuschnitts zu drängen«.[63]

Im Namen der Kampagne »Aktion Aufschrei – Stoppt den Waffenhandel!« erklärte dessen Schirmherrin, Prof. Dr. Margot Käßmann, es müsse beim Waffenhandel »eine offene parlamentarische Kontrolle geben – wenn es schon Rüstungsexporte gibt«. Alles andere schade der Demokratie.[64] Ausdrücklich auf die GKKE-Forderung Bezug nehmend, begrüßte die Bundestagsfraktion der SPD das Engagement der Kirchenvertreter für mehr Transparenz in der Rüstungsexportpolitik.[65] Nicht anders Bündnis 90/Die Grünen. Deren Bundestagsfraktion kritisierte im Februar 2012 den laxen Umgang mit den eigenen Grundsätzen. Die Rüstungsexportberichte würden erst mit monatelanger Verspätung erscheinen und seien »in ihrem inhaltlichen Gehalt bescheiden«.[66] Bleibt die Frage, weshalb Grüne und SPD während ihrer siebenjährigen Regierungszeit genau diese Transparenz selber nicht realisierten.

Seitdem wiederholt sich alljährlich das peinliche Schauspiel des inhaltlich völlig unzureichenden und verspätet publizierten »Berichts der Bundesregierung über ihre Exportpolitik für konventionelle Rüstungsgüter«.

So erschienen

der Rüstungsexportbericht 1999 am 20. September 2000,
der Rüstungsexportbericht 2000 am 21. November 2001,
der Rüstungsexportbericht 2001 am 18. Dezember 2002,
der Rüstungsexportbericht 2002 am 17. Dezember 2003,
der Rüstungsexportbericht 2003 am 1. Dezember 2004,
der Rüstungsexportbericht 2004 am 25. Januar 2006,
der Rüstungsexportbericht 2005 am 27. September 2006,
der Rüstungsexportbericht 2006 am 7. November 2007,
der Rüstungsexportbericht 2007 am 17. Dezember 2008,
der Rüstungsexportbericht 2008 am 31. März 2010,
der Rüstungsexportbericht 2009 am 15. Dezember 2010,
der Rüstungsexportbericht 2010 am 7. Dezember 2011,
der Rüstungsexportbericht 2011 am 14. November 2012.

Auf den ersten Blick stechen zwei Veröffentlichungsdaten negativ hervor: So wurde der Rüstungsexportbericht 2004 knapp 13 Monate nach Abschluss des erfassten Kalenderjahres publiziert, der des Jahres 2008 gar 15 Monate danach – unrühmliche Rekorde. Mit anderen Worten: Erste Hinweise auf einen brisanten Rüstungsexport, der beispielsweise in geheimer Sitzung des Bundessicherheitsrates Anfang 2008 beschlossen worden war, erhielten die Abgeordneten des Deutschen Bundestages und die Bürgerinnen und Bürger im Frühjahr 2010. Diese säumige Veröffentlichungspraxis offenbart ein begrenztes Demokratieverständnis. Da hilft auch die Rechtfertigung nichts, dass die Zeitverzögerungen den Regierungswechseln der Jahre 2005 und 2009 geschuldet seien.

Tragische Tradition

Am Tag nach der Veröffentlichung des Rüstungsexportberichts der Bundesregierung für das Jahr 2010 meldete sich die Friedensorganisation IPPNW zu Wort. »Die geheimen Entscheidungen im Bundessicherheitsrat über Rüstungsexporte sowie der späte Veröffentlichungszeitpunkt erwecken den Eindruck, dass die Bundesregierung eine öffentliche Debatte über ihre Kriegsgeschäfte vermeiden will«, bemängelte der IPPNW-Vorsitzende Matthias Jochheim.

Von jeher zu den dramatischsten Missständen zählt der Bereich sogenannter »Kleinwaffen«, wie Pistolen, Maschinenpistolen, Sturm- und Maschinengewehre. Die in der IPPNW zusammengeschlossenen Ärztinnen und Ärzte verurteilten vehement die hohe Zahl von Genehmigungen für den Export von Kleinwaffen und deren Munition in Drittländer. Zu Recht, denn gerade die Lieferungen an Entwicklungsländer hatten sich von 4,5 Prozent (2009) auf 11 Prozent (2010) mehr als verdoppelt. Kleinwaffen fordern weltweit die meisten Todesopfer in Kriegen und Bürgerkriegen. »Sie verursachen zudem schwere körperliche und seelische Verletzungen«, so die Ärzteorganisation, die ausdrücklich bedenkliche Rüstungsexporte in Länder wie Mexiko verurteilte. Dort seien willkürliche Haft, Folter, das »Verschwindenlassen« von Menschen, außergerichtliche Exekutionen und weitere schwere Verletzungen der Menschenrechte an der Tagesordnung. Mit den geltenden Richtlinien der Bundesregierung und der Europäischen Union (EU) seien derartige Waffentransfers unvereinbar.[67]

Transparenz bewies die GKKE, als sie am 12. Dezember 2011, nur wenige Tage nach Erscheinen des regierungsamtlichen Rüstungsexportberichts, ihren – inzwischen fünfzehnten – Rüstungsexportbericht für das Jahr 2010 vorlegte. Zwar basierte dieser auf den Daten des regierungsamtlichen Berichtes, bewertete jedoch vieles weitaus kritischer.

Die Fakten lasen sich ernüchternd. Neben dem Rekordumsatz von über zwei Milliarden Euro und dem Anstieg um mehr als 50 Prozent gegenüber dem Vorjahr kritisierten die beiden großen christlichen Kirchen vor allem eines: dass deutsche Firmen wiederholt Waffen in Konfliktländer und -regionen verkauft hatten. Zudem seien die Genehmigungen der Verkäufe seitens der Bundesregierung intransparent. Deutschland habe, so die Autoren des GKKE-Rüstungsexportberichts, deutlich mehr Waffentransfers in Länder genehmigt, welche die geltenden EU-Kriterien für Waffenlieferungen nicht erfüllten.[68]

In den Beispielen problematischer Empfängerländer deutscher Rüstungsexporte 2010 fanden sich 20 Staaten, deren Menschenrechtssituation dreimal als »schlecht« und siebzehnmal als »sehr schlecht« bewertet wurde: Ägypten, Algerien, Bahrain, Indien, Indonesien, Irak, Israel, Kolumbien, Libyen, Marokko, Oman, Pakistan, Russland, Saudi-Arabien, Singapur, Türkei, Turkmenistan, Venezuela, Vereinigte Arabische Emirate (VAE) und Vietnam. Vielfach gab es interne Gewaltkonflikte, zuweilen bestand die Gefahr der Unverträglichkeit von Rüstung und Entwicklung. Führende Empfängerländer in diesem Ranking waren Saudi-Arabien (mit Ausfuhrgenehmigungen in Höhe von 152,5 Mio. Euro), die Türkei (199,0 Mio. Euro) und die VAE (262,5 Mio. Euro).[69] Mit Exportgenehmigungen für solche Länder beförderte die Bundesregierung das Morden und Massenmorden. Denn allein neun der genannten Staaten – Algerien, Indien, Irak, Israel, Kolumbien, Libyen, Pakistan, Russland und die Türkei – waren 2011 in bewaffnete Konflikte oder Kriege verwickelt.

Die Gesamtzahl der Kriege und bewaffneten Konflikte weltweit stieg im Jahr 2011. Zweifelsohne war diese Entwicklung auch dem »Arabischen Frühling« und den gewaltsamen Reaktionen repressiver Regime geschuldet. Die in den meisten Ländern anfangs friedlich verlaufenden Proteste der Demokratiebewegungen eskalierten in Libyen, im Jemen und in Syrien. Dort griffen staatliche Sicherheitskräfte zu Waffengewalt, was gewaltsame Gegenwehr provozierte. In den meisten anderen Staaten im Maghreb, im Nahen und Mittleren Osten wurde Gewalt in der Regel »einseitig durch Polizei und Militär angewandt«, so Wolfgang Schreiber von der AKUF. Ausdrücklich wies der Hamburger Friedensforscher auf die hohe Zahl von Todesopfern hin. Vor allem in Syrien und Ägypten gab es ungleich mehr Tote als in bewaffneten Konflikten andernorts.[70]

Infokasten 3/6

Kriege und bewaffnete Konflikte im Jahr 2012

Die Arbeitsgemeinschaft Kriegsursachenforschung (AKUF) am Institut für Politikwissenschaft der Universität Hamburg bilanzierte für das Jahr 2012 die nachfolgenden kriegerischen Konflikte, definiert je nach Anzahl der beteiligten bewaffneten Streitkräfte, Art der Auseinandersetzung, Kontinuität und Dauer als
niederschwelligerer »bewaffneter Konflikt« oder als »Krieg«.

Region/Land	Beginn	Einstufung 2012
Afrika		
Äthiopien (Ogaden)	2007	Krieg
Burundi	2011	bewaffneter Konflikt
Kongo-Kinshasa (Ostkongo)	2005	Krieg
Mali	2012	Krieg
Nigeria (Boko Haram)	2009	Krieg
Senegal (Casamance)	1990	bewaffneter Konflikt
Somalia	1988	Krieg
Sudan (Darfur)	2003	Krieg
Sudan (Südkordofan und Blauer Nil)	2011	Krieg
Sudan / Südsudan	2012	bewaffneter Konflikt
Südsudan	2010	bewaffneter Konflikt
Uganda (LRA)	2009	Krieg
Zentralafrikanische Republik	2006	bewaffneter Konflikt**
Asien		
Indien (Assam)	1990	bewaffneter Konflikt
Indien (Kaschmir)	1990	Krieg
Indien (Manipur)	2003	bewaffneter Konflikt
Indien (Naxaliten)	1997	Krieg
Myanmar (Kachin, Karen u. a. Minderheiten)	1948	Krieg
Pakistan (Taliban)	2007	Krieg
Philippinen (Mindanao)	1970	Krieg
Philippinen (NPA)	1970	Krieg
Thailand (Südthailand)	2004	Krieg
Vorderer und Mittlerer Orient		
Afghanistan	1978	Krieg
Algerien	1992	bewaffneter Konflikt**
Irak	1998	Krieg
Iran (Kurden)	2005	bewaffneter Konflikt
Israel (Palästina)	2000	Krieg
Jemen (al-Qaida)	2010	Krieg
Libyen	2011	bewaffneter Konflikt**
Russland (Nordkaukasus)	1999	Krieg

Syrien	2011	Krieg*
Tadschikistan	2010	bewaffneter Konflikt
Türkei (Kurden)	2004	Krieg
Süd- und Mittelamerika		
Kolumbien	1964	Krieg

* 2011 bewaffneter Konflikt / ** 2011 Krieg

Quelle:
»Zahl der kriegerischen Konflikte leicht zurückgegangen«. Pressemitteilung der Hamburger Arbeitsgemeinschaft Kriegsursachenforschung (AKUF) vom 18. Dezember 2012.

Ein Lichtblick: Laut AKUF wurden 2012 drei Kriege und bewaffnete Konflikte weniger ausgetragen als im Jahr zuvor, die Gesamtzahl sank auf 34. Zahlenmäßig »von organisierten Kämpfen« betroffen waren Afrika mit 13, der Vordere und Mittlere Orient mit elf sowie Asien mit neun kriegerischen Konflikten. Zudem tobte in Kolumbien ein Krieg. Größte mediale Aufmerksamkeit wurde vor allem den Kriegen in Syrien und in Mali zuteil.[71]

Die Entwicklung der bundesdeutschen Rüstungsexportpolitik der vergangenen Jahrzehnte lässt schaudern. Bundesregierungen wechselten nach einer oder mehreren Legislaturperioden. Bundeskanzler wurden im Amt bestätigt bzw. abgewählt. Bundesminister kamen und gingen. Dennoch sei, so die Redaktion des Deutschen Aktionsnetzes Kleinwaffen Stoppen (DAKS), Entrüstung unangebracht, denn der Trend steigender deutscher Rüstungsexporte sei doch seit Jahren konstant. Tödlichster Teil dieser Konstante ist der staatlich genehmigte Waffenhandel mit menschenrechtsverletzenden und kriegführenden Staaten. Nach den ernüchternden Erfahrungen mit den Regierungen Schröder/ Fischer und Merkel/Steinmeier hat sich auch die christlich-liberale Koalition unter Angela Merkel und ihrem Vize Guido Westerwelle bzw. dessen Nachfolger Philipp Rösler als Garant für die Fortsetzung dieser unseligen Tradition erwiesen.[72]

1   Ebda.

2   Rüstungsexportbericht 2009 vom 15. Dezember 2010, S. 40.

3   *SIPRI Yearbook 2008,* S. 325.

4   *SIPRI Yearbook 2011,* S. 302.

5   »Politische Grundsätze der Bundesregierung für den Export von Kriegs-
    waffen und sonstigen Rüstungsgütern«, I. Allgemeine Prinzipien, Punkt 2.

6   GKKE-Rüstungsexportberichte 2006 bis 2010.

7   Ebda.

8   Jürgen Grässlin, *Versteck dich, wenn sie schießen,* S. 375.

9   *amnesty international Jahresbericht 2007,* S. 364 ff, [#Ä4] und *amnesty inter-
    national Jahresbericht 2008,* S. 350.

10 Schmidt, *Außer Dienst,* a. a. O.

11 GKKE-Rüstungsexportbericht 2009, S. 5. Im Jahr 2007 waren es 3,67 Mrd.
    Euro.

12 www.zeit.de/politik/ausland/2009-12/ruestungsexporte

13 GKKE-Rüstungsexportbericht 2009, S. 40.

14 GKKE-Rüstungsexportbericht 2010, S. 62.

15 Ebda., S. 10

16 *SIPRI Fact Sheet,* März 2010, S. 4; »Deutschland verdoppelt seine Rüstungs-
    exporte«, *tagesschau.de* vom 15. März 2010.

17 *SIPRI Fact Sheet,* März 2010, S. 2 f.

18 GKKE-Rüstungsexportbericht 2010, S. 9.

19 Rüstungsexportbericht 2010, S. 45.

20 Rüstungsexportbericht 2006, S. 30; Rüstungsexportbericht 2007, S. 54 und
    S. 146 f.; Rüstungsexportbericht 2008, S. 19.

21 Rüstungsexportbericht 2007, S. 147; und Schreiben Jochen Homann, Staats-
    sekretär im Bundesministerium für Wirtschaft und Technologie, an Jan van
    Aken, MdB, vom 22. August 2011.

22 Rüstungsexportbericht 2010, S. 35.

23 SIPRI Trade Register 1982–2011, Lieferant Deutschland (FRG), Empfän-
    ger Israel.

24 Zit. aus: *Handelsblatt Online* vom 12. Juli 2011.

25 »Keine Liberalisierung von Rüstungsexporten – Für die Einhaltung und Stär-
    kung einer restriktiven Rüstungsexportpolitik«. Antrag von Dr. Frank-Wal-
    ter Steinmeier und der Fraktion der SPD, Bundestagsdrucksache 17/7336
    vom 18. Oktober 2011.

26 Rüstungsexportbericht 2009, S. 18.

27 Rüstungsexportbericht 2008, S. 11.

28 Ebda., S. 24.

29 Jürgen Grässlin: »Europameister Deutschland – legale Waffenexporte an kriegsführende Staaten und menschenrechtsverletzende Regime«, *Zivil-Courage*, Februar/März 2010.

30 *FAZ.NET* vom 19. April 2011.

31 *FAZ.NET* vom 5. Juli 2011.

32 Ebda.

33 Interview Guido Westerwelle mit *Al Ahram;* siehe Homepage Auswärtiges Amt > Ministerreisen > »Westerwelle im Nahen Osten«, Mai 2010.

34 »Friedensorganisationen kritisieren aktuelle Verdoppelung der Waffenexporte an das diktatorische Regime in Ägypten«. Gemeinsame Pressemitteilung DFG-VK, ORL und RIB e. V. vom 30. Januar 2011.

35 Rüstungsexportbericht 2008, S. 106; Rüstungsexportbericht 2009, S. 15, 24, 34, 110.

36 Rüstungsexportbericht 2008, S. 40, 115.

37 *AMNESTY INTERNATIONAL REPORT 2011,* S. 227, 230 (Jemen) S. 403 (Saudi-Arabien).

38 *FAZ.NET* vom 5. Juli 2011.

39 *Bild*-Zeitung vom 11. Juli 2011.

40 www.bundestag.de > Biografie Westerwelle; www.guido-westerwelle.de/Lebensweg/

41 »Wachstum. Bildung. Zusammenhalt. Koalitionsvertrag zwischen CDU, CSU und FDP«, 17. Legislaturperiode, vom 26. Oktober 2009, S. 55f., 125.

42 *Stuttgarter Zeitung* vom 15. März 2010.

43 *Spiegel Online* vom 11. November 2010.

44 Rüstungsexportbericht 2010, S. 35.

45 Ebda., S. 37f.

46 Ebda., S. 45.

47 GKKE-Rüstungsexportbericht, S. 41.

48 Rüstungsexportbericht 2010, S. 38, 41.

49 *SIPRI Yearbook 2012,* S. 266, Tab. 6.2: »Die 50 größten Lieferanten von konventionellen Großwaffensystemen, 2007–11«.

50 http://www.bafa.de/ausfuhrkontrolle/de/arbeitshilfen/merkblaetter/kurzdarstellung.pdf, S. 16.

51 Ebda., S. 17.

52 Rüstungsexportbericht 2010, S. 3.

53 »Blendwerk auf Zeit: Jede exportierte Kriegswaffe bleibt eine zu viel«. Pressemitteilung Aktion Aufschrei – Stoppt den Waffenhandel! vom 14. November 2012.

54 Ebda., S. 17.

55 Ebda., S. 10.

56 Ebda., S. 3.

57 www.thyssenkrupp-marinesystems.com > www.dmkn.de > »Erstes U-Boot der Klasse 209PN für die Portugiesische Marine getauft«.

58 Rüstungsexportbericht 2010, S. 10.

59 www.thyssenkrupp-marinesystems.com > U-Boot 214 und > Verträge.

60 Rüstungsexportbericht 2010, S. 19.

61 Ebda., S. 44.

62 »Transparenz und Aufklärung über deutsche Rüstungsexporte«, Kleine Anfrage der Fraktion Die Linke, Drucksache 17/82 vom 15. Dezember 2009.

63 GKKE-Rüstungsexportbericht 2011, S. 11 f.

64 »Helfen Sie uns, den Waffenhandel zu stoppen!« Interview des Autors mit Margot Käßmann, November 2011.

65 »Mit Transparenz und parlamentarischer Beteiligung gegen die Ausweitung von Rüstungsexporten«, Antrag der Fraktion der SPD, Deutscher Bundestag, Drucksache 17/5054 17. Wahlperiode vom 16. März 2011.

66 »Rüstungsexporte kontrollieren – Frieden sichern und Menschenrechte wahren. Ein neues Rüstungsexportgesetz«, Fraktionsbeschluss von Bündnis 90 / Die Grünen vom 28. Februar 2012, S. 1 f.

67 »Geheime Kriegsgeschäfte auf Rekordniveau«, Presseinformation der IPPNW vom 8. Dezember 2011; http://www.aufschrei-waffenhandel.de/08-12-11-IPPNW-zum-Ruestungsex.227. 0.html

68 KNA-Meldung: »Rüstungsexporte: Kirchen stellen Rekordumsatz fest Waffen und Leiden« vom 20. Dezember 2011, http://www.islamische-zeitung.de/?id=15350&print_view=on

69 »Beispiele für problematische Empfängerländer deutscher Rüstungsexporte« in GKKE-Rüstungsexportbericht 2011, S. 41.

70 Wolfgang Schreiber: »Kriege und bewaffnete Konflikte 2011. Ein erster Überblick«, *AKUF Analysen,* Nr. 10, Dezember 2011, S. 1.

71 »Zahl der kriegerischen Konflikte leicht zurückgegangen«, Pressemitteilung der Hamburger Arbeitsgemeinschaft Kriegsursachenforschung (AKUF) vom 18. Dezember 2012.

72 DAKS-Kleinwaffen-Newsletter, Nr. 75, Ausgabe 12/2011, S. 3.

Kapitel 4

Grenzenlose Geschäfte, neue Märkte

Wohin Deutschland Waffen lieferte und künftig liefern wird

Besonders erfolgreich gestalteten sich die Kanzlerkontakte mit dem algerischen Staatspräsidenten Abdelasis Bouteflika, dessen Regierung Menschenrechte massiv missachtet. Bei Treffen mit Kanzlerin Merkel (hier am 17. Juli 2008) in Algier wurden Vereinbarungen über Waffengeschäfte im Wert von rund 10 Mrd. Euro abgeschlossen.

4.1 Deutschlands Waffenhandel mit verfeindeten Staaten

Wie die Bundesrepublik Griechenland und die Türkei hochrüstet

Was gibt es Unproblematischeres als Exportgüter wie U-Boote oder Korvetten, Fregatten oder Zerstörer? Für die Politik der Bundesregierungen gilt seit je die Devise des früheren Bundesaußenministers Hans-Dietrich Genscher: »Was schwimmt, geht.« Gemeint ist: Der Export militärischer Schiffe sei problemlos, weil sie lediglich der Abschreckung dienten. Mit ihnen würden keine Kriege geführt und keine Menschen getötet. Vielmehr würden Arbeitsplätze in der deutschen Werftenindustrie gesichert und erfreulich hohe Profite erzielt.

Diese Denkweise begründet bis heute die hohe Akzeptanz und die häufige Wirkungslosigkeit des Widerstands gegen den Handel mit Kriegsschiffen. Entsprechend hemmungslos verkauft die Howaldtswerke-Deutsche Werft GmbH in Kiel – eine Beteiligung der ThyssenKrupp Technologies – bis heute U-Boote bzw. deren Bestandteile, beispielsweise Jagd-U-Boote der Klasse 214. Und das sowohl an die Türkei als auch an Griechenland. Die Schiffe werden auf der türkischen Werft Gölcük Naval Shipyard (GNSY) bei Izmit östlich von Istanbul[1] und auf den griechischen Hellenic Shipyards in Skaramangas produziert. Dank des außenluftunabhängigen Antriebssystems, das auf Brennstoffzellentechnik basiert, zählt die U-Boot-Klasse 214 zu den leisesten Typen weltweit.

Bei kriegerischen Auseinandersetzungen der verfeindeten Staaten Türkei und Griechenland könnten sich die Seestreitkräfte beider NATO-Staaten mit den in deutscher Lizenz gefertigten U-Booten gegenseitig beschießen. Die Boote verfügen über acht 533-mm-Torpedorohre, aber auch über Täuschkörpersysteme TAU 2000 zur Torpedoabwehr.

Auch unter Wasser sind die türkischen und griechischen Marineeinheiten mit deutschen Hightech-Waffen der Hamburger ThyssenKrupp Marine Systems (TKMS) bestens ausgerüstet. So wurden acht U-Boote der Klassen 209/1100 und 209/1200 für die Seestreitkräfte Griechenlands 1967 und 1975 geliefert. In den Jahren 2000 und 2002 folgten die Verträge für die Lieferung von vier U-Booten der Klasse 214 an die griechische Marine. Ebenso hochgerüstet wurde die türkische Marine mit drei U-Booten der Klassen 209/1200 und 209/1400. Die Verträge stammen aus den Jahren 1971 bis 1987. Der Vertrag für zwei Materialausrüstungen an die türkische Marine wurde 1993 unterzeichnet. Beachtenswert bei diesen Waffentransfers ist die Tatsache, dass die beiden konkurrierenden Staaten zuweilen zeitgleich mit TKMS-Unterseebooten bewaffnet und im Fall der Klasse 209/1200 sogar mit dem gleichen Waffentyp hochgerüstet wurden.

Nicht viel anders laufen die Waffengeschäfte bei Blohm + Voss Naval, einem Unternehmen der Thyssen-Gruppe. Die Hamburger Werft beteiligte sich ebenfalls an der Hochrüstung Griechenlands und der Türkei mit Kriegsschiffen. Als »erfolgreiche Zusammenarbeit mit der türkischen Marine« bezeichnen die Hamburger den Bau von Fregatten des Typs MEKO.[2]

Die Raketen für die Seestreitkräfte beider Staaten kommen aus Deutschland und den USA. Zuständig für derartige Waffendeals ist unter anderem die RAM-System GmbH mit Sitz in München. Deren Flugabwehrsystem Rolling Airframe Missile »überzeugt durch Leistung«. Gemeint sind militärische Fähigkeiten wie »Salvenschuss auch gegen Mehrfachziele« (Fire and Forget).

Dabei macht die RAM-System GmbH keinen Hehl aus den Empfängerländern ihrer Raketen: Das Rolling Airframe Missile-System ist neben der deutschen Marine bereits auch bei den Streitkräften der USA, Koreas und Griechenlands eingeführt. »In Beschaffung« war das Raketensystem im Jahr 2011 zudem bei den Vereinigten Arabischen Emiraten, Ägypten und der Türkei.[3]

Genschers Devise beim Waffenhandel, wonach alles exportiert werden dürfe, was schwimmt, endete mit der Einschränkung »... was nicht schwimmt, geht nicht«.[4] Von dieser selbst auferlegten Einschränkung war schon während seiner (mit einer kurzen Unterbrechung) von 1974 bis 1992 währenden Amtszeit als Bundesaußenminister wenig zu spüren. Abgesehen von Vorzeigeverweigerungen, wie dem Ausfuhrverbot für Kampfpanzer des Typs Leopard 2 an Saudi-Arabien, wurden Waffen in alle Welt exportiert. Heute sind selbst diese letzten Beschränkungen reine Makulatur. So bestätigte die Bundesrepublik Deutschland gegenüber dem Waffenregister der Vereinten Nationen für 2009 die Lieferung von Leopard-2-Panzern an die Türkei und an Griechenland.[5]

Alles halb so schlimm, könnte man meinen: Beide Staaten sind Mitglied der NATO, beide Staaten definieren Gegner außerhalb des Militärbündnisses. Die Realität ist eine andere. Die Türkei und Griechenland verbindet eine historische Feindschaft, maßgeblich verwurzelt im Griechisch-Türkischen Krieg 1919 bis 1922.[6]

Im Jahr 1974 erfolgte die Teilung Zyperns in die griechischsprachige Republik Zypern und den von türkischen Streitkräften kontrollierten Norden, heute getrennt durch eine Pufferzone der Vereinten Nationen. Einzig die Regierung in Ankara erkennt den nördlichen Teil der Mittelmeerinsel als souveränen Staat an. Der Konflikt um Ölbohrungen im Ägäischen Meer eskalierte wiederholt so im Herbst 2011, als die türkische Marine mit einer Militäreskorte für ein Forschungsschiff drohte.[7]

Dessen ungeachtet wird die Politik des ungezügelten Waffenhandels mit der Türkei auch Anfang dieses Jahrzehnts ungebrochen fortgesetzt. 2010 und 2011 wurden Ausfuhrgenehmigungen in Höhe von 198 967 974 und 139 547 059 Euro erteilt. Geliefert werden konnten unter anderem Panzer und Brückenlegepanzer, Lkw, amphibische Fahrzeuge, Teile für Schiffe und Unterwasserortungsgeräte, Abfeuereinrichtungen, Feuerleiteinrichtungen, Waffenzielgeräte, Flugkörper, Teile für Torpedos und Munition für Gewehre, Revolver, Pistolen, Kanonen und Granatmaschinenwaffen. Zu den symbolträchtigsten Waffentransfers zählten erneut Lieferungen des Leopard 2, gemeldet an das Waffenregister der Vereinten Nationen: So erhielt Ankara im Jahr 2010 zehn und ein Jahr darauf 18 weitere Kampfpanzer.[8]

Die Ausfuhrbilanz an den NATO-Verbündeten im Westen der Ägäis wurde laut UN-Waffenregister im Jahr 2010 maßgeblich geprägt vom Export eines U-Boots der Klasse 214 und weiterer 223 Panzerhaubitzen des Typs M109. Gleich nach Portugal rangierte Griechenland in der Liste sämtlicher kommerzieller Kriegswaffenausfuhren (inklusive der Transfers des Bundesverteidigungsministeriums) mit 403 487 000 Euro auf Platz 2 der deutschen Empfängerländer. Für die vergangenen fünf Jahre (2006–2010) meldete SIPRI, die deutschen Ausfuhren seien vor allem wegen der Waffenexporte an die Türkei und Griechenland (sowie Südafrika) angestiegen.

Mit einem Volumen von 12 519 879 Euro blieben die Ausfuhrgenehmigungen an die griechischen Militärs 2011 deutlich unter dem Wert des Vorjahres. Die Gründe für diese vergleichsweise zurückhaltende Rüstungsexportpolitik lagen mit Sicherheit nicht in der Erkenntnis der möglichen Konflikteskalation mit der Türkei, die wie eh und je mit deutschen Waffen versorgt wurde. Vielmehr bestand eine ganz andere Gefahr: die drohenden Zahlungsunfähigkeit Griechenlands.[9]

Sollte es zu kriegerischen Auseinandersetzungen zwischen den Armeen Griechenlands und der Türkei kommen, könnten neben Kriegsschiffen auch Kampfpanzer, Raketen und Militärfahrzeuge eingesetzt werden, gefertigt in deutscher Lizenz oder geliefert von Firmen wie Krauss-Maffei Wegmann, Rheinmetall oder dem Daimler-Tochterunternehmen Mercedes-Benz. Zwecks Verkaufsförderung hat die EADS in Athen und in Ankara jeweils Firmenvertretungen eingerichtet.[10] G3-Gewehre und MP5-Maschinenpistolen von Heckler & Koch werden in beiden Staaten in Lizenz gefertigt.[11]

Wie die Bundesrepublik Indien und Pakistan hochrüstet

Indien ist ein Pulverfass ohnegleichen – innenpolitisch wie auch im Verhältnis zu den angrenzenden Staaten. Auf dem Subkontinent fanden 2011 und 2012 weltweit die meisten kriegerischen Auseinandersetzungen statt, in Indien wurden zwei Kriege und zwei bewaffnete Konflikte ausgefochten. Zum schwerwiegendsten Konflikt entwickelten sich in den vergangenen Jahren die gewaltsamen Auseinandersetzungen mit Naxaliten, wie maoistische Parteien, Organisationen etc. in Indien genannt werden. Sehr viel bekannter ist allerdings der Kaschmirkrieg, auch Indisch-Pakistanischer Krieg genannt.[12] Die Landesgrenze beider Staaten gilt laut Philip Walker von *Foreign Policy* als eine der »weltweit gefährlichsten«.[13]

Indien liegt in einem vielschichtigen Spannungsgebiet, das sowohl Pakistan und Afghanistan im Westen als auch China im Norden einschließt. Die pakistanisch-afghanischen Grenzkonflikte haben sich mittlerweile zum schwerwiegendsten Krieg in Asien ausgeweitet. Pakistans Militärs und Polizisten sind in massive Auseinandersetzungen mit Taliban verwickelt. Die Studie »Body Count« der internationalen Ärzteorganisation IPPNW zu den Opfern des »Kriegs gegen den Terror« nennt noch dramatische Zahlen. Seit 2006 befindet sich Pakistan im Krieg. Gemäß einer Anzeige des Informationsministeriums in Islamabad ergebe sich eine Gesamtzahl von 24 467 Todesopfern in Pakistan: 2795 Soldaten und 21 672 Zivilisten. Letztlich bleiben Opferzahlen Schätzungen. Pakistans Premierminister Gilani nannte im September 2011 eine Gesamtsumme von rund 40 000 Getöteten, 5000 Soldaten und 35 000 Zivilisten.[14]

Doch nicht nur in Pakistan, auch in Indien kommt es zu Gewaltakten und Menschenrechtsverletzungen. Gemessen am Anspruch der größten Demokratie der Welt, ist die Menschenrechtslage auf dem Subkontinent erbärmlich. Anfang 2010 eskalierten die gewaltsamen Auseinandersetzungen zwischen maoistischen Gruppierungen einerseits und staatlichen Sicherheitskräften andererseits in Chattisgarh, Jharkhand und Westbengalen. Allein im Jahr 2011 fanden in diesem Krieg fast 600 Menschen den Tod. Auch in Assam herrscht eine dramatische Sicherheitslage. Dort kamen 350 Personen durch Bombenanschläge ums Leben. Bei Protestkundgebungen starben 2010 im Tal von Kaschmir laut Informationen von Amnesty International rund 100 Menschen, darunter zahlreiche Jugendliche. »Folter und andere Misshandlungen, außergerichtliche Hinrichtungen, Todesfälle im Gewahrsam und Administrativhaft« – wohlgemerkt ohne Anklage und ohne Gerichtsprozess – »waren nach wie vor weit verbreitet«, bemängelte AI die katastrophale Menschenrechtslage.[15]

Indiens Regierung reagiert auf die Bedrohungslagen im Land und an den Außengrenzen mit ungezügelter Hochrüstung. Laut Berechnungen von SIPRI war das Land im Zeitraum von 2007 bis 2011 der weltweit führende Importeur von Großwaffensystemen. In besagten fünf Jahren steigerte Indien seine Waffeneinfuhren von 2 213 000 TIV (2007) auf 3 582 000 TIV (2011). Mit 12 650 000 TIV, was einem durchschnittlichen Anteil von zehn Prozent an den weltweiten Waffenimporten entspricht, rangierte Indien von 2007 bis 2011 klar auf Platz 1. Die massiv verfeindeten Staaten Pakistan und China folgen mit Gesamtwaffeneinfuhren von 6 923 000 bzw. 6 325 000 TIV (jeweils fünf Prozent der weltweiten Waffenimporte) auf den Rängen 3 und 4. Mit anderen Worten: In Asien stehen sich drei bis an die Zähne hochgerüstete Staaten gegenüber. Sollte es zu Kriegen kommen, wären die Verwüstungen allein durch den Einsatz konventioneller Waffen gewaltig, die Opferzahlen unvorstellbar hoch – vom Einsatz der Atomwaffen der drei Nuklearmächte ganz zu schweigen. Im Gegensatz zu China haben Indien und Pakistan ebenso wie Nordkorea den Atomwaffensperrvertrag bis heute nicht unterzeichnet.

Während Indien und Pakistan ihre Armeen in den vergangenen Jahren massiv durch Waffeneinkäufe aufrüsteten, minderte die Volksrepublik China den Wert ihrer Waffeneinfuhren bis 2010 stetig auf 559 000 TIV. Doch der schöne Schein trügt: Während Indien rund 70 Prozent seiner Waffen im Ausland ordert, produziert China die seinen größtenteils selbst. Das Reich der Mitte legte zudem wieder kräftig zu und rangierte 2011 auf Platz 7 der Weltwaffenimporteure.[16]

Mit dem Nachbarland Pakistan verbindet Indien eine historisch und religiös fundierte Feindschaft. Die pakistanische Staatsgründung am 14. August 1947 führte zur Loslösung von Britisch-Indien. Rund vier Millionen Moslems siedelten damals in den neu gegründeten Staat über, sieben Millionen Hindus und Sikhs wanderten nach Indien aus. Geschätzte 750 000 Menschen verloren durch Gewaltakte, Hunger und Krankheit ihr Leben. Der bis heute ungebrochene Anspruch beider Staaten auf das zu Indien gehörende Fürstentum Kaschmir hat immer wieder militärische Auseinandersetzungen provoziert.

In Kenntnis dieser Situation genehmigte die Bundesregierung im Jahr 2010 exorbitant hohe Waffenlieferungen an beide Staaten. Einen Vorwurf konnte man der Bundesregierung indes zumindest 2010 nicht machen: dass sie eine Seite bevorzuge. Quasi zur Stabilisierung des Abschreckungspotenzials auf höchstem Niveau genehmigte die CDU/CSU/FDP-Regierung Waffenlieferungen an Indien im Wert von 96 856 031 Euro und an Pakistan für 96 677 141 Euro. Im Jahr darauf klaffte die Schere dann doch weit auseinander: Indien erhielt 2011, nahezu auf Vorjahresniveau, Ausfuhren im Wert von 90 056 370

Infokasten 4/1

Die Empfänger konventioneller Großwaffensysteme (2007–2011)

Die tabellarische Übersicht des Stockholmer Friedensforschungsinstituts SIPRI beinhaltet alle Staaten und nicht-staatlichen Akteure, die in der Fünf-Jahres-Periode von 2007 bis 2011 Großwaffensysteme importierten. Die untenstehende Tabelle zeigt die führenden Weltwaffenimporteure. Grundlage für die Einstufung bilden die von SIPRI erstellten sogenannten »trend-indicator values« (TIV). Die Zahlenwerte sind gerundet, sodass geringe Abweichungen in der Summe bzw. bei den Prozentangaben auftreten können. Die Spalte am rechten Rand zeigt den prozentualen Anteil an den gesamten Weltwaffenimporten für die Jahre 2007 bis 2011.

Rang 2007-2011	Rang 2002-2006	Empfänger	Volumen der Importe (TIV, in 1000)						Anteil (in %)
			2007	2008	2009	2010	2011	2007-2011	2007-2011
1	2	Indien	2213	1804	2200	2851	3582	12650	10
2	5	Südkorea	1767	1710	874	1320	1422	7093	6
3	11	Pakistan	636	1037	1124	2450	1675	6923	5
4	1	China	1758	1683	1054	718	1112	6325	5
5	22	Singapur	384	1178	1697	946	921	5126	4
6	8	Australien	640	385	649	1386	1749	4808	4
7	24	Algerien	489	1444	1093	836	783	4644	4
8	10	USA	818	880	947	881	946	4473	3
9	3	VAE	970	762	565	569	1444	4309	3
10	4	Griechenland	1708	521	1230	664	177	4299	3
11	12	Saudi-Arabien	195	369	818	1025	1095	3502	3
12	9	Türkei	613	583	642	390	1010	3238	3
13	28	Malaysia	568	540	1577	404	14	3102	2
14	13	Großbritannien	740	550	496	601	412	2800	2
15	46	Venezuela	785	743	357	207	560	2652	2
16	35	Norwegen	552	612	570	168	650	2551	2
17	7	Ägypten	678	247	174	676	545	2321	2
18	16	Chile	697	407	339	480	323	2246	2
19	40	Irak	269	380	402	455	722	2228	2
20	15	Japan	517	641	392	370	254	2174	2
21	20	Polen	987	601	157	135	144	2023	2
22	25	Südafrika	880	486	128	174	175	1842	1
23	6	Israel	859	653	153	43	76	1784	1
24	78	Afghanistan	41	152	344	371	835	1743	1
25	51	Marokko	29	47	39	63	1558	1735	1
26	45	Portugal	60	145	414	978	115	1711	1

Rang 2007-2011	Rang 2002-2006	Empfänger	Volumen der Importe (TIV, in 1000)						Anteil (in %) 2007-2011
			2007	2008	2009	2010	2011	2007-2011	2007-2011
27	37	Indonesien	576	238	461	228	201	1704	1
28	23	Kanada	463	458	107	270	342	1641	1
29	18	Spanien	342	370	273	304	248	1537	1
30	32	Vietnam	2	166	56	152	1009	1385	1
31	17	Italien	498	192	90	73	311	1165	1
32	29	Brasilien	204	193	169	289	266	1120	1
33	68	Syrien	-	253	192	299	291	1035	1
34	48	Kolumbien	236	112	310	202	155	1015	1
35	36	Jordanien	176	161	237	114	263	952	1
36	31	Niederlande	260	146	233	156	145	939	1
37	64	Österreich	306	220	330	5	6	867	1
38	53	Aserbaidschan	211	30	147	147	277	812	1
39	19	Iran	385	79	79	94	94	732	1
40	70	Belgien	174	204	94	33	22	526	0
41	21	Jemen	151	40	5	234	77	507	0
42	43	Thailand	8	13	37	82	360	499	0
43	103	Katar	-	-	285	26	181	491	0
44	44	Finnland	115	157	43	79	97	491	0
45	26	Deutschland	81	103	122	66	112	484	0

Quelle:
SIPRI Yearbook 2012, Tabelle 6.4: »Die 50 größten Empfänger von konventionellen Großwaffensystemen, 2007-11«, S. 272 f.

Abkürzungen:
VAE – Vereinigte Arabische Emirate
Anm.: Die Tabelle zeigt die ersten 45 von 50 Staaten.

Euro. Pakistan dagegen musste sich mit Waffenexporten im Wert von 14 077 744 Euro zufriedengeben.

Die indischen Streitkräfte durften sich in den besagten beiden Jahren in Deutschland beispielsweise mit Kommunikationsausrüstung, Zielfernmesssystemen, Feuerleiteinrichtungen, Bordwaffen-Steuersystemen, Flugabwehrsystemen, Teilen für Panzer, gepanzerten Fahrzeugen, Lkw und Landfahrzeugen, Teilen für U-Boote, Zerstörern, Patrouillenbooten sowie Herstellungsausrüstung und Wartungsausrüstung für Triebwerksteile, Munitionsteile, Panzerteile, Flugzeugteile, Flugkörper, Flugkörperabwehrsysteme und Torpedos eindecken. Des Weiteren durften mit Genehmigung der Bundesregierung Technologie für Panzerteile, Schiffsteile und elektronische Teile sowie Unterlagen für zahlreiche Waffensysteme für die Militärs in Neu-Delhi exportiert werden. Im Kleinwaffenbereich konnten Gewehre mit KWL-Nummer, Maschinenpistolen und deren Bestandteile transferiert werden.

Die pakistanischen Streitkräfte konnten sich 2010 und 2011 ihrerseits mit Billigung der Bundesregierung unter anderem Kommunikationsausrüstung nebst Zubehör und Teilen, Stromversorgungen, Radaranlagen, Täuschkörper, Teile für Minenräumsysteme, Teile für Transportflugzeuge, Aufklärungsflugzeuge, ein Luftüberwachungsflugzeug und Triebwerk sowie Flugkörper und Torpedos beschaffen.[17]

Nicht nur Christdemokraten und Liberale wollen das indische Militär mit Waffenlieferungen unterstützen. Auch Rainer Arnold, verteidigungspolitischer Sprecher der SPD-Bundestagsfraktion, macht sich für Waffenlieferungen an Indien stark. Obwohl »in einem Spannungsgebiet« gelegen, darf das Land nach Ansicht Arnolds mit Handfeuerwaffen ausgerüstet werden. Das sei »eine legitime Lieferung«, meinte der Esslinger Abgeordnete im März 2010. Im Gegenzug müsse »der Altbestand unter deutscher Aufsicht zerstört« werden. »Dies wird teilweise gemacht«, so Arnold.[18] Die Rechtslage und die Position der eigenen Bundestagsfraktion sind eine andere. In einem Antrag vom März 2011 betonte die SPD, dass Kriegswaffenexporte in Spannungsgebiete »nach den Politischen Grundsätzen untersagt« seien.[19]

Arnolds Vorstoß ist umso gewagter, als beide Staaten seit Jahrzehnten Empfänger bundesdeutscher »Kleinwaffen« sind. Besonders folgenschwer waren die Lizenzvergaben für das Schnellfeuerwehr G3 und die Maschinenpistole MP5 an die Pakistan Ordnance Factories (POF) ab 1963. Seither exportiert POF die vom Oberndorfer Waffenproduzenten Heckler & Koch (H&K) entwickelte Waffe in alle Welt: an die Philippinen, nach Myanmar (Birma), Kenia, Südafrika und in andere Staaten. Entsprechend der Werbeslogan: »Tried in Action«.[20]

Dass die christlich-liberale Bundesregierung aus den Fehlern der Vergangenheit absolut nichts gelernt hatte, bewies sie nachdrücklich im Sommer 2011. Als das indische Verteidigungsministerium im

Juni 2011 für 25 Mio. Euro 16 000 MP5 bestellte, erfolgte kein Veto – trotz der desaströsen Menschenrechts- und Sicherheitslage im Land. Zwar versicherte der verantwortliche Direktor des in Indien zuständigen Ministeriums mit einem Endverbleibszertifikat den Verbleib der H&K-Maschinenpistolen bei staatlichen Sicherheitskräften, die unter Aufsicht des Innenressorts in der Hauptstadt Neu-Delhi stünden, doch ein vom *Spiegel* veröffentlichtes internes Papier legte den Verdacht nahe, dass indische Polizeikommandos, die in Menschenrechtsverletzungen verwickelt waren, in den Besitz der MP5 gelangen sollten.[21]

Ob in früheren Jahren Iran und Irak, die Türkei und Griechenland oder heute verstärkt Indien und Pakistan – seit Jahrzehnten rüsten deutsche Waffenschmieden diese und weitere verfeindete Staaten in Krisen- und Kriegsgebieten mit Waffen und Rüstungsgütern hoch. Nachbaurechte werden beiderseits der Front vergeben –, mit Genehmigung der jeweiligen Bundesregierung.

4.2 Rüstungsinteressen im Reisegepäck

Patrouillenboote als profitables Angebot

Juli 2011. Eine der schlimmsten Hungerkatastrophen in der Geschichte des Kontinents wütet am Horn von Afrika. In Somalia sterben täglich Hunderte, wenn nicht Tausende von Menschen. Die Nachbarländer Äthiopien und Kenia nehmen zahllose Flüchtlinge auf, die Vereinten Nationen und humanitäre Hilfsorganisationen helfen nach Kräften. Zeitgleich macht sich die Bundeskanzlerin auf die Reise nach Kenia, Nigeria, Angola.

Als erstes Staatsoberhaupt in der Geschichte der Bundesrepublik Deutschland besucht Angela Merkel Angola. In der Hauptstadt Luanda wird sie von Staatsoberhaupt José Eduardo dos Santos empfangen und bespricht mit ihm die Probleme seines Landes und des gesamten Kontinents: Wie können Frieden und Gerechtigkeit geschaffen werden?

Wie der Hunger und die Armut überwunden werden? Wie Demokratie und Menschenrechte verwirklicht und Bildung vermittelt werden?

Angola ist ein reiches Land, gemessen an seinen Erdöl- und Diamanten-Vorkommen. Angola ist ein äußerst armes Land, gemessen an der Staatsverschuldung, dem Lebensstandard und der Kindersterblichkeit, der Wahrung der Bürger- und Menschenrechte.

Dos Santos regiert seit drei Jahrzehnten als autokratischer Herrscher. Seine Sicherheitskräfte wüteten und wüten mit martialischen Mitteln. Die seit Jahren staatlicherseits vorgenommenen Zwangsräumungen wurden im Jahr 2009 verstärkt, Zehntausende Menschen mussten ihre Heimat verlassen. Laut Amnesty International gab es »staatlichen Mord, willkürliche Festnahmen und Inhaftierungen sowie Folter und andere Misshandlungen durch die Polizei«.[22]

Auch im Jahr 2010 änderte sich kaum etwas an der Situation in Angola. Die 2010 vom Parlament angenommene Verfassung hat die autoritäre Ausrichtung des Systems nur noch verschärft. Alle Staatsorgane werden seitdem vom Staatspräsidenten kontrolliert.

Das Mittagessen der Bundeskanzlerin mit dem Scheindemokraten Dos Santos am 13. Juli 2011 in Luanda verlief in sehr gepflegter Atmosphäre. »Ganz herzlich« bedankte sich Merkel in ihrer Tischrede beim Präsidenten, den anwesenden Ministern und Abgeordneten. Zehn Jahre nach dem Ende des Bürgerkriegs könnten die Menschen mit berechtigtem Optimismus in die Zukunft blicken. »Dazu haben auch Sie, Herr Präsident, beigetragen.« Bei der schwierigen Aufgabe, Bildungschancen zu eröffnen, Arbeitsplätze zu schaffen, eine weitere Öffnung der sozialen Schere zu verhindern und die Infrastruktur aufzubauen, könne und dürfe Angola »auf Deutschland zählen«. Und: Ein wichtiger Pfeiler der deutsch-angolanischen Partnerschaft seien »sicherlich unsere wirtschaftlichen Beziehungen«.[23]

Wie Letztere vertieft wurden, deutete die Kanzlerin in ihrer Rede zur Eröffnung des Deutsch-Angolanischen Wirtschaftstreffens am selben Tag an. Merkel weiter: »Wir würden Ihnen auch gerne bei Ihren Verteidigungsanstrengungen helfen, zum Beispiel bei der Ertüchtigung der Marine.«[24] Bei der anschließenden Pressekonferenz der Bundeskanzlerin und ihres Gastgebers erkundigte sich ein Journalist nach der Form der Merkel'schen Ertüchtigung.

Dos Santos erklärte, das angolanische Militär sei dabei, sich zu modernisieren, für die benötigte neue Ausstattung von Heer, Marine und Luftwaffe gebe es internationale Ausschreibungen. »Wir haben jetzt dieses deutsche Angebot für die Kriegsmarine erhalten«, erklärte der Präsident, der zugleich Oberkommandierender der Streitkräfte ist. Dann verwies er auf »unsere traditionellen Partner, denen gegenüber wir uns auch nicht verschließen möchten«.

Merkels Antwort auf die Frage des Journalisten fiel zwar knapp, aber eindeutig aus. Von ihrer Seite könne sie sagen, dass es sich in diesem Falle um Patrouillenboote handele, die der Grenzsicherung dienten. »Das ist der Hintergrund. Da gibt es ein deutsches Angebot.« Schließlich zähle Angola zu den Staaten, die sich für Stabilität in der Afrikanischen Union einsetzten. Ziel sei, so Merkel, »dass regionale Konflikte auch durch regionale Truppen befriedet werden können«.[25] Zufrieden erklärte Dos Santos zur Zusammenkunft mit der deutschen Kanzlerin: »Ich kann sagen, dass das Resultat dieses Arbeitstreffens sehr, sehr positiv ist.«[26]

Vom 15. September 1993 bis Ende 2002 galt das durch den Sicherheitsrat der Vereinten Nationen gegen Angola verhängte Waffenembargo. Erst danach durften wieder legal Waffen an die Regierung in Luanda geliefert werden.[27]

Rot-Grün genehmigte 2004 die ersten Exporte von Lastkraftwagen, Splitterschutzwesten und Gesichtsschutzvisieren im Gesamtwert von 27 374 Euro nach Angola.[28] In den Jahren der Großen Koalition steigerten Union und SPD das Genehmigungsvolumen stetig: von 104 000 Euro (2005) auf 1,5 Mio. Euro (2006), 2,56 Mio. Euro (2007), 6,89 Mio. Euro (2008) und 11,51 Mio. Euro (2009). Zu den genehmigten Exportgütern zählten Lkw, Geländewagen (teilweise mit Sonderschutz), Landfahrzeuge und Teile für selbstfahrende Bohrgeräte.[29]

Für 2010 wurde die Lieferung von Geländewagen und Minenräumgeräten für Hilfsorganisationen im Wert von 1,08 Mio. Euro genehmigt. Wäre da nicht der bevorstehende Kriegsschiffexport, könnte man sich über diesen Rückgang der Genehmigungen für Waffenlieferungen nach Angola freuen.[30] Zumal neben den genehmigten Minenräumgeräten auch einige der zuvor exportierten Lkw zum Beseitigen von Minen eingesetzt wurden. Auch 2011 hielt die Bundesregierung ihre stringente Linie durch: Für gut 1,16 Mio. Euro wurden Teile für Minenräumfahrzeuge von Hilfsorganisationen sowie Lastkraftwagen für Minenräumaktionen genehmigt – was zweifelsfrei gutgeheißen werden kann.[31]

Mit der geplanten Lieferung bewaffneter Küstenboote an die repressive Regierung Dos Santos erhält der Waffenhandel mit Angola allerdings eine völlig neue Qualität. Verglichen mit der relativ zurückhaltenden Exportpolitik der Vorgängerregierungen, handelt es sich um einen Tabubruch, der nach einer guten Begründung sucht.

Was die Bundeskanzlerin in diesem Zusammenhang zu sagen hat, lässt aufhorchen. Die Patrouillenboote sollen, so die Kanzlerin, »für die Grenzsicherung« eingesetzt werden. Die bundesdeutschen Medien berichteten außerdem von den reichen Fischgründen und dass die angolanischen Fischer vor Piraten geschützt werden müssten, eine Aufgabe, welche die Marine mit neuen Kriegsschiffen bestens erfüllen könne.

Ein Blick auf die geografischen Gegebenheiten offenbart einen ganz anderen Aspekt angolanischer und mithin deutscher Interessen. Die reichen Erdölvorkommen des Landes liegen im Atlantischen Ozean, und US-Ölkonzerne haben in Tausenden Metern Tiefe die Offshore-Förderung übernommen. Tag für Tag werden rund 1,6 Mio. Barrel gehoben. Diese Erdöllagerstätten finden sich nicht irgendwo entlang der sich über rund 1600 Kilometer erstreckenden Küste, sondern ungünstigerweise im Bereich der nördlich gelegenen Enklave Cabinda. Diese gehört zwar zu Angola, ist aber zurzeit nur auf dem Luft- und Seeweg erreichbar. Denn zwischen die beiden Landesteile Angolas ragt der westliche Ausläufer der Demokratischen Republik Kongo mit dem bis zum Atlantik reichenden Mündungsdelta des Kongo-Flusses.

Sowohl Angola als auch die Demokratische Republik Kongo beanspruchen den überwiegenden Teil des Cabinda-Erdöls für sich. Bewaffnete Grenzkonflikte scheinen möglich, wenn nicht gar vorprogrammiert, und am Ende könnte ein Seekrieg zwischen Angola und der Demokratischen Republik Kongo stehen. Diese Konfliktlage gilt es zu berücksichtigen, will man das Interesse von Dos Santos an modernsten Kriegsschiffen mit modernster Bewaffnung verstehen. Bei den Jubiläumsfeierlichkeiten der angolanischen Marine brachte Vizeadmiral Mendes Caralho die neue militärische Zielrichtung treffend auf den Punkt: »Jetzt liegt unser Fokus auf Sicherheit im Meer.«[32]

Die Göttinger Gesellschaft für bedrohte Völker (GfbV) hat nachdrücklich darauf hingewiesen, es sei nicht auszuschließen, »dass Angolas Marine die Schiffe auch für den Transport von Soldaten und Militärgütern in die umkämpfte ölreiche Exklave Cabinda einsetzt«. Auch für eine Seeblockade Cabindas könnten die Kriegsschiffe verwendet werden.[33]

Das bei Merkels Besuch in Angola im Sommer 2011 vorliegende Angebot ist reizvoll für Angola. Zwischen sechs und acht Patrouillenbooten, 28 bis 41 Meter lang, könnte die Bremer Lürssen-Werft liefern. Kostenpunkt, je nach Größe, zwischen 10 und 25 Mio. Euro pro Stück.[34] Firmenchef Friedrich Lürßen bestätigte gegenüber *Spiegel Online*, dass der Bundessicherheitsrat schon zu Zeiten der Großen Koalition von CDU/CSU und SPD die grundsätzliche Genehmigung für diesen Waffenhandel erteilt habe.[35]

Deutliche Kritik an den Waffengeschäften kam aus den Reihen der angolanischen Bischöfe. Sie hatten bereits vor dem Merkel-Besuch geäußert: »Wir brauchen eine Industrie, die uns nach vorne bringt.« Dazu zählten sie »Infrastruktur, Material für Wohnungsbau, viele Dinge, die den Menschen im Land fehlen, aber keine Waffen«.[36]

Angela Merkel stillt Angolas Hunger

Die Genehmigung von Rüstungsexporten in ein Land wie Angola stellt einen erneuten Bruch mit den Politischen Grundsätzen zum Rüstungsexport vom Januar 2000 dar, denen zufolge der Menschenrechtslage im Bestimmungsland »besonderes Gewicht beigemessen« werden muss.[37]

Angesichts der bis heute zwischen Angola und der Demokratischen Republik Kongo ungeklärten Besitzansprüche auf das Cabinda-Öl muss die Lage als instabil eingestuft werden, das Konfliktpotenzial als erheblich. Der »Grenzsicherungs«-Hinweis der Bundeskanzlerin erscheint angesichts dieser Sicherheitslage geradezu zynisch. Niemand, auch nicht Angela Merkel, kann definitiv ausschließen, dass die bürgerkriegserfahrene Regierung Dos Santos die deutschen Patrouillenboote nicht auch zu kriegerischen Zwecken nutzen wird.

Angesichts der Menschenrechtslage in Angola, können sich Regierungskritiker im Land selbst schwerlich äußern, da sie um ihr Wohl fürchten müssen. Dezidierte Kritik kommt deshalb aus Deutschland, vom Mitbegründer der Angolanischen Antimilitaristischen Menschenrechtsinitiative IAADH *(Iniciativa Angolana Antimilitarista para os Direitos Humanos)* Emanuel Matondo, dem im Jahr 2001 Asyl gewährt wurde.

Deutschland habe in den vergangenen Jahren eine Politik betrieben, »die Militärbündnisse in Afrika gefördert« habe, so Matondo. Ziel der bundesdeutschen Politik sei, Militärs in Afrika in die Lage zu versetzen, sofort eigene Soldaten zu entsenden. Statt der Bundeswehr würden Waffen geschickt, der Bundestag erst gar nicht gefragt, entschieden werde im geheim tagenden Bundessicherheitsrat. Sollten NATO oder Kampfgruppen der EU dennoch intervenieren, könnten sie auf die Militärstrukturen vor Ort zurückgreifen.

Letztlich gehe es auch für Deutschland »um Ressourcen und Rohstoffe«, so Matondo. Deutschland wolle sich »den militärischen Einfluss und damit den Zugang zu den Rohstoffen […] sichern, wie auch die Handelswege für Öl und Gas«. Angesichts der Unmengen an Rohstoffen auf dem afrikanischen Kontinent ein lukratives Unterfangen. In Angola selbst bestärke diese Unterstützung das Regime in seinem Handeln, was unverantwortlich sei.

»Die Waffenexporte unterminieren jeglichen Demokratisierungsprozess«, meint Matondo. Und sie trügen »zur Militarisierung der Gesellschaften bei«. Die Folgen für Angola seien fatal. Denn wer die Herrschaft über die Waffen habe, der kontrolliere den Rest der Wirtschaft, den Zugang zu den Ressourcen und zu den Naturschätzen. »Es ist wirklich ein System der Ausbeutung, das hier auch durch Deutschland gestützt wird.«[38]

Die Reise der Bundeskanzlerin nach Angola ist ein weiterer Fall von Despotenhilfe, wie sie die Regierungen Merkel/Steinmeier und Merkel/Westerwelle/Rösler seit 2005 betreiben.

4.3 Diktatorenhilfe – wie Deutschland an kommenden Kriegen verdient

Merkels Mut machende Kampfpanzer

Das durch ungezügelte Rüstungsexporte angerichtete Desaster wird in seiner ganzen Bandbreite offenbar, wenn man die Waffentransfers der 17 führenden Lieferländer in den Nahen Osten und den Norden Afrikas analysiert. Genau das hat Amnesty International im Herbst 2011 getan. In einer knapp hundertseitigen Studie *(Arms Transfers to the Middle East and North Africa. Lessons for an Effective Arms Trade Treaty)* dokumentiert die Londoner Menschenrechtsorganisation den Export von Waffen, »die jetzt zur Unterdrückung friedlicher Proteste eingesetzt werden«. Allein für Deutschland listet der Bericht Exportgenehmigungen im Wert von 77 Mio. Euro auf. Diese Waffenlieferungen seien genehmigt worden, »obwohl schon damals ein erhebliches Risikos bestand, dass mit diesen Waffen Menschenrechtsverletzungen begangen werden«.

Neben Deutschland nennt Amnesty Belgien, Bulgarien, Frankreich, Großbritannien, Italien, Österreich, Russland, Tschechien und die USA als maßgebliche Waffenexporteure. Diese Staaten lieferten im Erfassungszeitraum 2005 bis 2009 Kleinwaffen, Munition, Militärfahrzeuge und andere Ausrüstung, »mit deren Hilfe Polizei und Militär friedliche Demonstranten getötet, verletzt oder willkürlich verfolgt haben«.

Zwar verhängte die internationale Staatengemeinschaft angesichts der Gewalt der repressiven Regierungen im Laufe des Jahres 2011 befristete Waffenembargos gegen einzelne Länder. Doch »wenn jetzt Waffenembargos verhängt werden, dann kommt das zu spät und ist zu wenig«, erklärte der Berliner AI-Rüstungsexperte Mathias John. Es habe sich gezeigt, dass bestehende Exportkontrollen nicht ausreichten, weshalb John im Namen von Amnesty dringend ein wirksames Waffenhandelsabkommen forderte. Keinesfalls dürften Rüstungsgüter geliefert werden, »wenn das Risiko besteht, dass der Empfänger damit schwere Menschenrechtsverletzungen begeht«. Die Bundesregierung müsse sich für ein umfassendes internationales Waffenhandelsabkommen stark machen, und Deutschland müsse eine verbindliche Menschenrechtsklausel anwenden, den Bundestag in Genehmigungsprozesse bei Rüstungsexporten einbeziehen und über eigene Maßnahmen zur Sicherung der Menschenrechte beim Waffenhandel Rechenschaft ablegen.[39] Zweifelsfrei sinnvolle Forderungen, aber meilenweit entfernt von der praktischen Politik der Bundesregierung unter Angela Merkel. Deren Blick richtete sich nach Riad und Algier, wo zahlungskräftige Auftraggeber warteten.

Als Hauptverantwortliche des geplanten Exports von mehr als 200 Leopard-2-Kampfpanzern nach Saudi-Arabien hätte Merkel sich – nachdem der *Spiegel* den bevorstehenden Großwaffendeal publik gemacht hatte[40] – schützend vor ihre Kabinettskollegen stellen und Position beziehen können. Sie hätte, als führende Repräsentantin Deutschlands, als aufgeklärte Demokratin, Rede und Antwort stehen müssen.

In einer Aktuellen Stunde des Deutschen Bundestages zu den geplanten Panzerlieferungen schickten die drei Oppositionsparteien ihre erste Riege ins Rennen. Scharf kritisierte Jürgen Trittin am 6. Juli 2011 das Vorhaben der Bundesregierung. Nachdrücklich verwies der Grünen-Politiker auf die dramatische Sicherheitslage in Bahrain, wo »die Demokratiebewegung blutig unterdrückt« werde. Militärische Hilfestellung war vom Nachbarn gekommen: Saudi-Arabien hatte rund tausend Soldaten zur Niederschlagung des bahrainischen Widerstands entsandt. »Wo steht Deutschland? Wo steht Herr Westerwelle, wo steht Herr Rösler, und wo steht Frau Merkel?« Alle drei, so der Vorwurf Trittins, »stehen nicht auf der Seite der Bevölkerung von Bahrain. Sie stehen nicht auf der Seite der Demokratie. Schwarz-Gelb steht an der Seite der Despotie.«[41]

Kaum anders Gregor Gysi, der Fraktionschef der Linken. Er erinnerte daran, dass es in Saudi-Arabien keine Wahlen und keine legale Opposition gebe. Vielmehr herrsche Folter, politische Gefangene würden inhaftiert, Verstümmelungen an Verurteilten vorgenommen. »Wie glaubwürdig ist ein Kampf gegen Terror, wenn man Panzer an die liefert, die diesen Terror bezahlen?«, fragte Gysi. Sigmar Gabriel komplettierte das Bündnis der Kritiker des geplanten Panzerdeals. Der Bundesregierung, so der SPD-Parteivorsitzende, fehlten der außenpolitische Kompass und der Mut, für die Grundlagen ihrer Außenpolitik öffentlich einzustehen. »Sie lieben das hohe Pathos, wenn es nichts kostet«, warf Gabriel den Kontrahenten aus den Reihen von CDU/CSU und FDP vor.

Spätestens jetzt hätte die Kanzlerin aufstehen, vehement Widerspruch erheben und das Panzergeschäft mit den Saudis erklären und rechtfertigen müssen. Aber die Kanzlerin ließ anderen den Vortritt. Sie wusste wohl nur allzu gut, dass mit dem Panzerdeal keine Lorbeeren zu gewinnen waren.

Den Kopf hinhalten durfte ein anderer: Dr. Joachim Pfeiffer, MdB aus dem Rems-Murr-Kreis, Hauptmann der Reserve, stellvertretendes Mitglied im Verteidigungsausschuss und seit 2009 wirtschaftspolitischer Sprecher der CDU/CSU-Bundestagsfraktion. Saudi-Arabien habe eine »stabilisierende Funktion in Richtung Iran, aber auch in Richtung Israel und Palästina«, eine solche Stabilisierung sei sehr wohl im Interesse Deutschlands. »Lassen Sie den Leo im Dorf«, sagte Pfeiffer. Die Moralkeule zu schwingen sei scheinheilig, schließlich habe Rot-Grün einst Rüstungsexporte nach Saudi-Arabien im Wert von 260 Mio. Euro genehmigt.[42] Aber sind falsche Entscheidungen der Vergangenheit eine Rechtfertigung für ethisch ebenso verwerfliche Entscheidungen der Gegenwart?

Elf Tage später allerdings musste Merkel im ARD-Interview mit Ulrich Deppendorf und Reinald Becker Farbe bekennen. Auf die Frage, ob sie angesichts des geplanten Panzerdeals mit Saudi-Arabien und der Patrouillenboote für Angola einen Schwenk beim Waffenhandel vollzogen habe, antwortete Merkel ausweichend: »Absolut natürlich nicht. Wir haben ja Richtlinien für den Bundessicherheitsrat, der aus gutem Grund auch geheim tagt.« Und »wir haben sogar die strengeren Richtlinien von Rot-Grün auch als Große Koalition und jetzt als christlich-liberale Koalition übernommen«. Entschieden werde entlang dieser Richtlinien, »und wir entscheiden natürlich auf der einen Seite nach den Fragen der Menschenrechte und vieler anderer Dinge in den Ländern, und wir entscheiden nach unseren Sicherheitsinteressen«. Abzuwägen sei vieles und so weiter und so fort.

Als die Empörung im Sommer 2011 hohe Wellen schlug und Zeitungen täglich über den geplanten Panzerdeal berichteten, entpuppte sich ausgerechnet Dirk Niebel als Befürworter der Leopard-2-Lieferung an Riad. »Die Stabilisierung einer Region trägt durchaus dazu bei, die Menschenrechte zu wahren – vielleicht nicht in dem Land, in dem man tätig ist, aber in den Nachbarländern«, so die verquere Argumentation des Bundesministers für wirtschaftliche Zusammenarbeit und Entwicklung. Schließlich habe während des Kalten Krieges »die militärische Abschreckung dazu beigetragen, dass der Krieg nicht stattfand.«[43]

Wie weit die Meinungen im Bundestag auseinandergingen, zeigte die Aussage des stellvertretenden Fraktionsvorsitzenden der Linken: »Die schlimmsten Unterdrücker bekommen die tödlichsten deutschen Panzer – das ist Merkels Beitrag zum arabischen Frühling«, sagte Jan van Aken. Deutschland baue den Saudis eine Sturmgewehrfabrik, bilde saudische Grenzer aus und wolle jetzt auch noch Panzer liefern. »Wir werden alles daran setzen, diesen tödlichen Deal zu stoppen«, kündigte der Hamburger Bundestagsabgeordnete an.[44]

Warum hat Angela Merkel den bereits unter Rot-Grün forcierten Waffenhandel mit Riad nicht völlig gestoppt, sondern das Volumen im ersten Jahr ihrer Amtszeit von 29,9 Mio. Euro (2005) auf 56,9 Mio. Euro (2006) fast verdoppelt?

Warum hofiert die Kanzlerin ein Regime, das die demokratischen Prinzipien und die Menschenrechte mit Füßen tritt?

Warum belohnte die Kanzlerin die völkerrechtswidrige Militärintervention saudischer Militäreinheiten im Jemen 2008 mit der Genehmigung weiterer Waffenlieferungen aus Deutschland?

Warum genehmigt die von Angela Merkel geführte Bundesregierung aktuell die Verfünffachung des Waffenhandels mit Riad?

Warum genehmigte der von ihr geleitete Bundessicherheitsrat offenbar den Export von mehr als 200 Leopard-2-Kampfpanzern nur wenige Wochen, nachdem saudisches Militär im Jahr 2011 auf Wunsch der Regierung in Bahrain die dortige Demokratiebewegung niedergeschlagen hatte?

Was die Menschenrechtslage in Bahrain betrifft, so steht der Fall Ayat al-Qarmezi für viele. Die Studentin hatte bei einer öffentlichen Kundgebung im Februar 2011 Strophen eines selbst verfassten Gedichtes rezitiert, in welchem sie den Opfern der staatlichen Gewalt eine Stimme gab. Daraufhin stürmten maskierte Sicherheitskräfte das Haus ihrer Eltern und bedrohten ihren Bruder mit dem Tod. Im Juni 2011 wurde Ayat al-Qarmezi wegen Störung der öffentlichen Sicherheit und Schürens von Hass gegen die Regierung zu einer einjährigen Haftstrafe verurteilt. In der Haft wurde sie eigenen Aussagen zufolge geschlagen und mit Elektroschocks gefoltert. Immerhin konnte mit öffentlichem Druck ihre Freilassung erwirkt werden.[45]

Dass die Demokratiebewegung in Bahrain bislang chancenlos blieb, lag und liegt auch an der aktiven Unterstützung durch Saudi-Arabien.

Die Lieferung von bis zu 270 Leopard-2-Kampanzern an Saudi-Arabien in der für den Straßenkampf geeigneten Version A7+ wäre der Tiefpunkt in der mehr als ein halbes Jahrhundert während unguten Rüstungsexporttradition der Bundesrepublik Deutschland. Dieser bislang kategorisch abgelehnte Waffendeal spricht die Sprache purer Interessenspolitik: *Leo* für *Oel*, Waffen im Austausch gegen die Sicherung der Rohstoffzufuhr.

Ein makabres Szenario: Während saudische Sicherheitskräfte mit deutschen Panzern Demonstranten auf den Straßen Riads niederwalzen und Barrikaden mit 120-mm-Kanonen zusammenschießen, nehmen saudische Sicherheitskräfte die Einzelverfolgung Flüchtender auf. Ausgerüstet mit G36-Sturmgewehren – entwickelt in Oberndorf am Neckar, produziert im saudischen Lizenzwerk in Al-Kharj.

Die Bundeskanzlerin wird dessen ungeachtet nicht müde, sich bei öffentlichen Anlässen als Menschenrechtlerin zu gerieren. »Wir können bei der Achtung der Würde jedes einzelnen Menschen keinen Kompromiss machen«, versicherte sie beispielsweise auf der Münchner Sicherheitskonferenz im Februar 2011.[46]

Weder in Friedens- und Menschenrechtsorganisationen noch in den beiden christlichen Kirchen schenkt man Merkel länger vorbehaltlos Glauben. Entsprechend deutlich fällt die Kritik des General-sekretärs der deutschen Sektion von Amnesty International aus. »Die Bundesregierung begrüßt zu Recht den Umbruch in Nordafrika, aber zur Niederschlagung der Proteste in Bahrain und der Unterstützung dafür aus Saudi-Arabien schweigt man«, so AI-Generalsekretär Wolfgang Grenz zur Doppelzüngigkeit der Regierenden in Berlin.

Auch der Vorsitzende der Gemeinsamen Konferenz Kirche und Entwicklung, Bernhard Felmberg, sieht die Menschenrechtssituation in Saudi-Arabien »als sehr bedenklich« an. Die anstehende Panzerlieferung sei »geeignet, um Demonstranten einzuschüchtern und Barrikaden aus dem Weg zu räumen«.[47] Nicht minder scharf fällt die Kritik des katholischen Co-Vorsitzenden der GKKE Karl Jüsten aus: In Saudi-Arabien würden die Menschenrechte »aufs Gröbste verletzt«.[48]

Noch sind die Panzer nicht geliefert, noch besteht die Chance zur Umkehr. »Dieser Rüstungsexport wäre ein fatales Signal gegenüber den Freiheitsbewegungen in der arabischen Welt«, sagt die frühere Ratspräsidentin der Evangelischen Kirche in Deutschland, Margot Käßmann. Denn gerade »erst sind saudi-arabische Soldaten gegen Demonstrierende in Bahrain vorgegangen«. Was bleibt zu tun? »Wir können die Bundesregierung nur auffordern, diesem Waffentransfer nicht zuzustimmen«, setzt die Theologin auf das Prinzip Hoffnung.

Beim Panzerbauer Krauss-Maffei Wegmann GmbH und dem Düsseldorfer Projektpartner Rheinmetall AG setzt man derweil auf das Prinzip Profit. Das Geschäft mit dem saudischen Königshaus würde den beteiligten Unternehmen nach Einschätzung eines Commerzbank-Analysten die immense Summe von rund 1,7 Mrd. Euro einbringen. Hier stehen moralische gegen monetäre Werte. Keine Frage, was mehr zählt in der Rüstungsindustrie.[49]

Die Rüstungsetats der europäischen Staaten werden in den Jahren bis 2015 knapp unterhalb der Marke von 200 Mrd. Euro stagnieren. Das haben die Berechnungen von *Jane's Defence Sector Budgets* für Deutschland, Frankreich, Großbritannien und Italien ergeben. Ganz anders dagegen die Situation in den Schwellenländern Saudi-Arabien und Indien, deren Verteidigungshaushalte bereits in den zurückliegenden Jahren um rund zwei Drittel erhöht wurden. Das Problem aus

Sicht der Waffenproduzenten und -exporteure ist längst erkannt, und eine Lösung ist in Sicht – wenn auch nicht in Europa.

Die Prognosen sind für Produzenten grandios: Erreichten Brasilien, Indien, die Vereinigten Arabischen Emirate und Saudi-Arabien im Jahr 2010 mit Rüstungsausgaben in Höhe von rund 120 Mrd. Euro nur etwas mehr als die Hälfte der Etats der vier Rüstungsgiganten Europas, so werden diese Ausgaben in den kommenden fünf Jahren stark ansteigen. *Jane's Defence* rechnet für 2015 mit einem Gesamtvolumen von gut 180 Mrd. Euro, welche die vier Schwellenländer in ihre Armeen und deren Bewaffnung investieren können.[50]

Neue Märkte winken mit lukrativen Waffengeschäften.

Waffen für Öl – algerischer Rüstungsfrühling bis 2021

Was hat die Bundesregierung, was haben Rüstungskonzerne aus der folgenschweren Unterstützung menschenrechtsverletzender Regime im Maghreb gelernt? Welche Schlussfolgerungen ziehen sie aus der Erkenntnis, dass sich die Regime von Muammar al-Gaddafi und Hosni Mubarak auch mit Hilfe deutscher Waffen und Rüstungsgütern über Jahrzehnte hinweg an der Macht halten und ihr eigenes Volk auf brutalste Art und Weise unterdrücken konnten?

Ein Lernerfolg ist unübersehbar: Waffenhandel lohnt, denn die Empfängerländer zeigen sich erkenntlich – mit milliardenschweren Zuwendungen für die deutsche Rüstungsindustrie, der Lieferung von Rohstoffen oder bei der Flüchtlingsabwehr. Haben diese Erfahrungen dazu beigetragen, dass der Bundessicherheitsrat im Juli 2011 klammheimlich weitere umfangreiche Rüstungslieferungen genehmigte – diesmal an die Machthaber in Algier? Im größten der nordafrikanischen Staaten konnten Polizei- und Militärkräfte den Arabischen Frühling mit Waffengewalt unterbinden, und es gelang der alten Garde des seit 1999 regierenden Präsidenten Abdelaziz Bouteflika, sich an der Macht halten. Und wenn es nach dem Willen der Bundesregierung und deutscher Rüstungskonzerne geht, soll sich daran auch künftig nichts ändern.

Die Signale sind eindeutig: ThyssenKrupp Marine Systems wird Fregatten für die algerische Marine bauen, deren Soldaten sollen zudem von den deutschen Waffenlieferanten ausgebildet werden. Die Großkonzerne Rheinmetall und MAN lassen mit dem Joint Venture Rheinmetall MAN Military Vehicles (RMMV) den Transportpanzer Fuchs in dem nordafrikanischen Land bauen. Und Mercedes-Benz, Europas führender Exporteur von Militärfahrzeugen, plant einmal mehr, Lkw und Geländewagen an ein repressives System zu verkaufen.

Auch wenn die eigentlichen Genehmigungen für die jeweiligen Projekte erst sukzessive erteilt werden, steht den auf ein Jahrzehnt angelegten Rüstungsprojekten im Wert von 10 Mrd. Euro offenbar nichts mehr im Wege.[51]

Abdelaziz Bouteflika regiert seit April 1999 als Staatspräsident in Algerien. Im April 2009 wurde er im Amt bestätigt, nachdem eigens im Jahr zuvor die Verfassung geändert worden war, um ihm eine dritte Amtszeit zu ermöglichen. Ebendiesen Mann empfing Angela Merkel im Dezember 2010 hochoffiziell in Berlin. Dabei ist Algeriens Präsident nicht irgendein Staatsmann eines befreundeten Landes. In einer 2011 von der Wochenzeitung *Die Zeit* veröffentlichten Liste der 16 schlimmsten Machthaber Afrikas sowie des Nahen und Mittleren Ostens eröffnet Bouteflika den bunten Reigen, gefolgt unter anderem von Unterdrückern wie Hosni Mubarak (Ägypten, gestürzt), Muammar al-Gaddafi (Libyen, gestürzt und ermordet) sowie Mahmud Ahmadinedschad (Iran).[52]

Im Jahr 2010 wurden in Algerien Christen, die ihren Glauben ausübten, strafrechtlich verfolgt. »Andere«, so Amnesty International, »standen wegen Beleidigung des Islam vor Gericht.« Wie in den Jahren zuvor kam es zu Übergriffen auf Gotteshäuser protestantischer Christen. Diese Verfolgung gläubiger Christen wird in Algerien offenbar von höchster Ebene geduldet. Als im Januar 2010 ein protestantisches Gotteshaus in Tizi Ouzou zerstört wurde, veranlassten die Behörden keine Untersuchung des Vorfalls. Und es handelte sich keinesfalls um einen Einzelfall. Zudem soll die algerische Regierung bereits 2008 die Schließung zahlreicher Kirchen protestantischer Christen angeordnet haben.

Zwar garantiert die algerische Verfassung Religionsfreiheit, aber der Islam ist Staatsreligion. Grundlage für rechtliche Repressionen gegenüber Christen bildet der Erlass 06–03 vom Februar 2006, der den Umgang mit nicht-islamischen Religionen regelt.

Im Jahr 2008 wurden mindestens zwölf Christen bzw. konvertierten Christen gemäß Erlass 06–03 Nötigung, Anstiftung sowie weitere »verführerische« Maßnahmen, die Menschen muslimischen Glaubens zum Religionsübertritt bewegen könnten und daher strafbar sind, vorgeworfen. In der Folge fanden mehrere Gerichtsprozesse gegen Christen statt. So sieht die sogenannte »Religionsfreiheit« in Algerien unter Führung von Abdelaziz Bouteflika in der Praxis aus.[53]

In Algerien kommt es immer wieder zu politisch motivierten Gewaltakten, die teilweise auf das Konto von al-Qaida gehen. Bei Durchsuchungen oder Zusammenstößen mit staatlichen Sicherheitskräften wurden allein im Jahr 2010 mehr als zweihundert Mitglieder gewalttätiger islamistischer Gruppen getötet. Dabei sollen laut Amnesty International außergerichtliche Exekutionen vollstreckt worden sein. Als es im selben Jahr infolge hoher Arbeitslosigkeit und niedriger Löhne zu Streiks und Aufständen kam, wurden Teilnehmer verhaftet und strafrechtlich verfolgt.[54]

Drei Wochen nach Bouteflikas Berlin-Besuch eskalierte die Lage in Algier im Januar 2011 erneut – diesmal waren die katastrophalen Wohnbedingungen der Anlass. Nach massiven Preissteigerungen für Lebensmittel gingen kurz darauf Jugendliche in mehreren Provinzen auf die Straße, und die Polizei schlug gnadenlos zu. Rund tausend Demonstranten wurden festgenommen, mehr als 800 Menschen erlitten Verletzungen, fünf wurden getötet.[55]

Bei der angespannten Sicherheitslage im Land kann das Regime Bouteflika deutsche Waffen bestens gebrauchen. Über die milliardenschweren Verträge für künftige Waffenlieferungen darf sich die deutsche Rüstungsindustrie ebenso freuen wie der algerische Sicherheitsapparat. Unter die Räder des Polizei- und Militärapparats geraten dabei unter anderem die Demonstrations- und die Religionsfreiheit.

Schließlich geht es um Wichtigeres als Demokratie und Menschenrechte. Nämlich um Erdöl- und Erdgaslieferungen. Das Interesse der deutschen Kanzlerin an den algerischen Rohstoffvorkommen ist nicht neu. Bereits im Juli 2008 hatte sie vor der Deutsch-Algerischen Industrie- und Handelskammer in Algier bekundet: »Wir haben es inzwischen geschafft, dass Exporte von Algerien nach Deutschland im Umfang von ungefähr einer Milliarde Euro stattfinden – im Wesentlichen oder fast ausschließlich im Bereich des Rohöls. (…) Ich glaube, das können und das wollen wir steigern …«[56] Bei Bouteflikas Besuch im Dezember 2010 redete die Kanzlerin dann Tacheles: Es gehe »um die Zusammenarbeit im Energiebereich«. Deutschland sei »daran interessiert, bei der Erschließung von Öl- und Gasvorkommen mitzuwirken«.[57]

Täterprofil

Angela Merkel – Marketenderin der Todeswaffen

Angela Dorothea Merkel wurde am 17. Juli 1954 als Angela Kasner in Hamburg geboren. Wenige Wochen später siedelte die Familie in die damalige DDR über, wo Vater Horst 1957 die Leitung des Pastoralkollegs Waldhof in Templin antrat. 1967 wurde sie konfirmiert und trat ein Jahr später der Freien Deutschen Jugend (FDJ) bei. Angela Kasner wuchs im Spannungsfeld von protestantischer Erziehung und sozialistischer Gesellschaft auf. Nach dem Abitur studierte sie in Leipzig Physik. 1977 heiratete sie ihren Kommilitonen Ulrich Merkel, 1982 erfolgte die Scheidung.

Als Diplomphysikerin fand Angela Merkel 1978 eine Anstellung an der Berliner Akademie der Wissenschaften. Ihre Parteikarriere führte sie 1989 über den Demokratischen Aufbruch (DA) in die CDU der DDR, die sich 1990 mit der westdeutschen CDU zusammenschloss. Bei der Bundestagswahl 1990 gewann Merkel das Direktmandat für den Wahlkreis Stralsund-Rügen-Grimmen. Unter Kanzler Kohl wurde Merkel Bundesministerin für Frauen und Jugend (1990) und für Umwelt, Naturschutz und Reaktorsicherheit (1994). Nach der verlorenen Bundestagswahl 1998 wurde sie Generalsekretärin der CDU und im Jahr 2000 Parteivorsitzende. Von 2002 bis 2005 war sie CDU/CSU-Fraktionsvorsitzende im Deutschen Bundestag. Seit November 2005 Bundeskanzlerin, stand Merkel zunächst einem christlich-sozialdemokratischen Regierungsbündnis vor. Seit 2009 führt sie die christlich-liberale Koalition.[58] Sie vertritt den Wahlkreis Stralsund-Nordvorpommern-Rügen.

Mit der Regierungsübernahme machte Angela Merkel, unterstützt von ihrem SPD-Vize Frank-Walter Steinmeier, dort weiter, wo Gerhard Schröder und Joschka Fischer aufgehört hatten: Unter ihrer Ägide wurden die weltweiten Waffenexporte weiter forciert. Qua Amt führt Merkel den Vorsitz im Bundessicherheitsrat.

Im Folgenden sind die problematischsten Rüstungsexportpositionen, -genehmigungen bzw. -geschäfte in der Ära der Bundeskanzlerin Angela Merkel aufgelistet:

- Dank einer konzernkonformen Rüstungsexportpolitik besaß Deutschland für die Legislaturperiode von 2005 bis 2009 einen elfprozentigen Marktanteil am weltweiten Handel mit konventionellen Großwaffensystemen. Hauptempfängerländer waren die Türkei und Griechenland mit 14 bzw. 13 Prozent Anteil am deutschen Waffenhandel, gefolgt von Südafrika (12 %).
- Unter der Ägide von Merkel und Vizekanzler Steinmeier wurden 2006 die U-Boote vier und fünf für die israelische Marine geordert. Im März 2012 wurde der Vertrag für das sechste U-Boot der Dolphin-Klasse unterzeichnet. Militärexperten bezweifeln nicht, dass diese U-Boote von See aus einen Atomschlag führen können.

- Der Wert der Einzelgenehmigungen für den Export von Kleinwaffen an Drittländer, deren Einsatz die mit Abstand meisten Kriegstoten fordert, wurde von 1,87 Mio. Euro (1996 unter der schwarz-gelben Regierung Kohl/Kinkel) auf 16,3 Mio. Euro (2010 unter der ebenfalls schwarz-gelben Regierung Merkel/Westerwelle) beinahe verneunfacht – aber immerhin eine annähernde Halbierung gegenüber dem Rekordjahr 2007 mit 30,2 Mio. Euro. Dazwischen lagen jedoch die beiden Rekordjahre 2008 und 2009 mit den höchsten jemals erfassten Einzelgenehmigungen (68,85 und 70,4 Mio. Euro – eine Verdreizehnfachung im Vergleich zu 1996).[59]

Im Rüstungsexportbericht 2010 bestätigte die Merkel-Regierung umfassende Exportgenehmigungen für Kleinwaffen an Drittländer wie die Vereinigten Arabischen Emirate (Gewehre mit KWL-Nummern und deren Bestandteile sowie Maschinenpistolen für 2,14 Mio. Euro), Indien (Maschinenpistolen und deren Bestandteile für 3,59 Mio. Euro) und Saudi-Arabien (Gewehre mit KWL-Nummern, Bestandteile für Gewehre, Maschinenpistolen und Maschinengewehre für 4,78 Mio. Euro).[60]

- Nicht minder schwer wiegt Merkels Verantwortung für die exorbitanten Steigerungen bei Munitionsexporten. Bis 2007 lagen die Genehmigungswerte aller Bundesregierungen für Drittländer seit dem ersten Jahr der Veröffentlichung 1996 unter 2 Mio. Euro. Mit dem Jahr des Regierungswechsels 2008 steigerte die CDU/CSU mit ihrem neuen Juniorpartner FDP die Munitionsgenehmigungen um mehr als das Zweihundertfache auf einen Wert von 18,65 Mio. Euro. Die lange Liste der Empfängerländer umfasste unter anderem Jordanien, Libanon, Malaysia und Saudi-Arabien.[61]

- In unguter Tradition unterstützt die Kanzlerin rüstungsproduzierende und -exportierende Unternehmen bei ihren Versuchen, neue Absatzmärkte für Waffen und Rüstungsgüter zu erschließen. Besonders dienlich sind Auslandsreisen in

Begleitung ihrer Minister oder führender Vertreter der Rüstungsindustrie. So waren Repräsentanten von Rüstungsfirmen in den letzten Jahren an folgenden Auslandsreisen deutscher Regierungsdelegationen beteiligt:

2006 Bahrain, Indien, Japan, Kasachstan, Katar, Kirgisistan, Kuwait, Oman, Saudi-Arabien, Singapur, Tadschikistan, Türkei, Turkmenistan, Usbekistan und Vereinigte Arabische Emirate

2007 Ägypten, Angola, Aserbeidschan, Bahrain, Gabun, Kasachstan, Katar, Kuwait, Oman und Vereinigte Arabische Emirate

2008 Algerien, Brasilien, Indien, Katar, Kolumbien, Mexiko, Peru, Saudi-Arabien und Vereinigte Arabische Emirate

2009 Algerien, Brasilien und Saudi-Arabien

2010 Argentinien, Brasilien, Katar, Türkei, Saudi-Arabien, Uruguay und Vereinigte Arabische Emirate.

- Auch auf den Kanzlerreisen des Jahres 2011 agierte Merkel als Marketenderin zum Wohle der deutschen Rüstungsindustrie. In Angola verhandelten Rüstungsreisebegleiter über den Verkauf von Patrouillenbooten, in Indien setzte Merkel sich nachdrücklich für die Lieferung von 126 Eurofightern, in Algerien für Kriegsschiffe ein. Drei Beispiele für die langjährige Tradition einer Wirtschafts-, Militär- und Rüstungsinteressen dienenden Reisediplomatie.

- Die bekennende Christin Angela Merkel verantwortet als Bundeskanzlerin milliardenschwere Waffendeals mit repressiven islamischen Machthabern. 2008 bestätigte die Merkel-Steinmeier-Regierung die Ausfuhrgenehmigungen für Technologieunterlagen und Herstellungsausrüstung zur Fertigung des Sturmgewehrs G36 – die folgenschwerste Exportentscheidung dieses Jahrzehnts.[62] Darüber hinaus erfolgten genehmigte Exporte von Eurofightern nach Saudi-Arabien, von MILAN-Panzerraketensystemen nach Libyen sowie von Mercedes-Militärfahrzeugen nach Tunesien, Ägypten und Syrien. Nach Befürwortung durch den Bundessicherheitsrat im Sommer 2011 sollen erstmals in der bundesrepublikanischen Geschichte bis zu 270 Leopard-2-Kampfpanzer nach Saudi-Arabien exportiert werden.

- Im Herbst 2011 genehmigte der BSR in geheimer Sitzung Rüstungsexporte (Fregatten, Militärfahrzeuge, ein Grenzsicherungszaun und eine Lizenz zum Bau des Transportpanzers Fuchs) im Wert von rund 10 Mrd. Euro nach Algerien, wo die Demokratiebewegung mit harter Hand unterdrückt wird. Mit dieser Genehmigungspraxis trägt Merkel zur Stabilisierung einer der weltweit repressivsten Regierungen bei. Im Gegenzug sichert sie Deutschland die Lieferung von Erdgas und Erdöl bei gleichzeitiger Flüchtlingsabwehr. Das letztere Problem wird sozusagen »vor Ort« mit deutschen Waffen gelöst.

- Eines ist all diesen Exportgenehmigungen gemeinsam: Sie erlauben den Waffen- oder Rüstungstransfer aus dem christlich geprägten Deutschland in islamische Länder, deren Regierungen zum Teil mit brutaler Gewalt gegen Christen im eigenen Land vorgehen oder ein solches Vorgehen durch unterschiedliche Gruppen zumindest dulden.

- Zu allem Überfluss steigerte die Merkel-Regierung die tatsächlichen Kriegswaffenausfuhren im Jahr 2010 auf ein neues Rekordhoch. Mit einem Wert von knapp 2,119 Mrd. Euro überstiegen sie erstmals die Zwei-Milliarden-Marke – das Sechsfache des Wertes zehn Jahre zuvor.[63]

Angela Merkels moderates Auftreten, ihre Kompromissfähigkeit in innenpolitischen Fragen, ihr Umdenken im Fall des Atomausstiegs täuschen über einen entscheidenden Sachverhalt hinweg: Schlimmer noch als ihre Vorgänger Kohl und Schröder tritt sie bei Zusammenkünften mit Demokraten, Scheindemokraten und Diktatoren als harte Kämpferin für deutsche und auch europäische Interessen auf, die sich darauf richten, wohlwollende Regime zu stabilisieren, die Zufuhr von Rohstoffen wie Erdöl und Erdgas zu sichern, Flüchtlinge mit Ziel Europa abzuwehren und die Kernkompetenzen deutscher Rüstungs-produktion zu erhalten.

Auf der Festveranstaltung »50 Jahre Bergedorfer Gesprächs-kreis« der Körber-Stiftung am 9. September 2011 in Berlin ge-währte Merkel in Anwesenheit von Ex-Bundespräsident Ri-chard von Weizsäcker und Ex-Kanzler Helmut Schmidt einen vielsagenden Einblick in ihr Denken. Staaten, die bereit seien, sich zu engagieren, müssten dazu befähigt werden: »Ich sage ausdrücklich: Das schließt auch den Export von Waffen mit ein.« Im Falle der Einigkeit im Atlantischen Bündnis und in der Erkenntnis, »dass die NATO nicht alle Konflikte lösen kann und dass den aufstrebenden Schwellenländern und Regional-organisationen mehr Verantwortung zukommt«, gelte es »im Bündnis bei den Rüstungsexporten auch schrittweise zu einer gemeinsamen Politik zu kommen«.[64] Ihre neue Doktrin be-züglich deutscher Waffenlieferungen an befreundete Staaten zwecks Umsetzung deutscher Interessen äußerte sie auch bei der Bundeswehrtagung in Strausberg im Oktober 2012. Es liege »in unserem Interesse, wenn wir Partner dazu befähigen, sich für die Bewahrung oder Wiederherstellung von Sicherheit und Frieden in ihren Regionen wirksam einzusetzen«.[65]

Hinter den wohlgesetzten Worten steckt das Interesse der Bundesregierung an einer grundlegenden Neuorientierung im Rüstungsexportbereich. Beim NATO-Gipfel im Mai 2012 warb die Kanzlerin für eine Liste von Drittstaaten, mit denen Rüs-tungsexportgeschäfte künftig erlaubt sein sollen. Für zahlreiche Empfängerländer würde damit der Genehmigungsprozess ent-fallen.[66] Im besten Falle würden Waffentransfers immer selte-ner als solche deklariert werden. Und im regierungsamtlichen Bericht müssten künftig nicht mehr alle Rüstungsexporte aus-gewiesen werden, das Waffenhandelsvolumen würde vorder-gründig sogar sinken. Noch aber ist es nicht so weit, da Merkel sich beim NATO-Gipfel nicht durchsetzen konnte.

Konsequent verfolgt Merkel ihren Kurs der Kollaboration mit den Chefs führender Rüstungskonzerne. Unverhohlener als ihre sechs Vorgänger im Kanzleramt rührt sie auf ihren Reisen die Werbetrommel für Waffengeschäfte der EADS, von Thyssen-Krupp Marine Systems, Krauss-Maffei Wegmann oder Rheinmetall. In nie gekanntem und nicht für möglich gehaltenem Ausmaß fördert sie den staatlichen Waffenhandel und macht sich zum Handlanger einer Industrie, die angesichts schrumpfender Aufträge seitens der Bundeswehr unter Hintanstellung moralischer und ethischer Verantwortung Rüstungsexporte an Unterdrücker und Diktatoren einfordert und durchführt.

Merkels Regierungskoalitionen waren und sind absolute Rekordhalter bei den Exportgenehmigungen für Kleinwaffen und Munition. Zu den Empfängerländern zählen repressive und diktatorische Staaten. Da Kriegswaffen bekanntlich Jahrzehnte im Einsatz sind, kennt niemand die Zahl der Menschen, die durch Schüsse aus Maschinenpistolen, Sturm- und Maschinengewehren, Mörsern, Kampfpanzern, Militärhubschraubern und Kampfflugzeugen aus deutscher Produktion oder Lizenzfertigung künftig noch getötet, verstümmelt oder verletzt werden.

Aufgrund seiner 16-jährigen Amtszeit ist das von Helmut Kohl zu verantwortende Rüstungsexportvolumen von mehr als 20 Mrd. US-Dollar höher als der seit 2005 unter der Kanzlerschaft von Angela Merkel erreichte Wert. Allerdings dominierten bei Kohl lukrative Großwaffenexporte, während bei den Kleinwaffentransfers – die für bis zu 19 von 20 Todesopfern bei kriegerischen Auseinandersetzungen verantwortlich sind – die Merkel-Regierungen klar vorn liegen.

Laut Grundgesetz Artikel 65 bestimmt der Bundeskanzler »die Richtlinien der Politik und trägt dafür die Verantwortung«. Angesichts der überaus freizügig und umfassend erteilten Exportgenehmigungen und der real erfolgten Waffenlieferungen in der Ära Merkel ist offensichtlich, dass die CDU-Politikerin die seit Veröffentlichung von Rüstungsexportberichten (1996) mit Abstand höchste Zahl an auch künftigen Toten und Verstümmelten durch deutsche Export- und Lizenzwaffen zu verantworten hat.

4.4 Lobbypolitik pur

Wie Vereine und Verbände massiv auf die Politik Einfluss nehmen

Damit das tödliche Geschäft mit den Militärs in aller Welt auch zukünftig reibungslos verläuft, sichern sich rüstungsproduzierende und -exportierende Unternehmen in Deutschland die Unterstützung mächtiger Lobbyverbände. Zu ihnen zählen der Arbeitskreis Wehrtechnik Schleswig-Holstein mit Sitz in Rendsburg, der Bundesverband der Deutschen Sicherheits- und Verteidigungsindustrie (BDSV e. V.) und der Bundesverband der Deutschen Luft- und Raumfahrtindustrie e. V. (BDLI) in Berlin, die Deutsche Gesellschaft für Wehrtechnik e. V. (DWT) in Bonn, der Förderkreis Deutsches Heer e. V. (FKH) mit Sitz in Bonn und einem Büro in Berlin sowie der Zentralverband der Elektrotechnik und Elektroindustrie e. V. Fachverband Wehrtechnik (ZVEI Wehrtechnik) in Frankfurt am Main. Bei Zusammenkünften treffen sich einflussreiche Führungspersönlichkeiten aus Politik, Rüstungswirtschaft und Militär.

In den Vorständen vieler Lobbyverbände sitzen ehemalige oder amtierende Führungskräfte der Rüstungsindustrie sowie Spitzenfunktionäre der Parteien CDU/CSU, SPD und FDP.[67] Letztere allerdings scheinen sich in ihrer Haut nicht immer wohlzufühlen. Jedenfalls lässt die Tatsache, dass gleich mehrere Bundestagsabgeordnete ihre Mitwirkung bei Vereinen aus dem Dunstkreis der Rüstungslobby verheimlichten, diesen Schluss zu. Gemäß der Geschäftsordnung des Deutschen Bundestages müssen derlei Tätigkeiten publik gemacht werden. Fünf Abgeordnete kamen dieser Pflicht nicht nach; sie verschwiegen ihre teilweise seit Jahren bestehende Mitgliedschaft im Präsidium der Deutschen Gesellschaft für Wehrtechnik bzw. im Förderkreis Deutsches Heer. So wurde im August 2009 publik, dass mit Gerd Höfer und Johannes Kahrs zwei Sozialdemokraten als Mitglieder im Präsidium des FKH saßen.

Gerade Kahrs hat sich seinen Ruf hart erarbeitet. Vehement wehrte er sich in seiner Funktion als Mitglied im Haushaltsausschuss des Deutschen Bundestages gegen »sehr viel extremere Kürzungen« des Verteidigungshaushalts. Kürzungsvorschläge seitens Union und FDP beklagte er im April 2010 als »Nacht- und Nebelaktion« und sprach von einem Vorgehen, das »besonders beschämend« sei. Entsprechend deutlich war seine Forderung: »Wir alle sollten für unsere Soldaten – sowohl im Einsatz als auch in der Heimat – bei der Finanzausstattung für einen klaren und auftragsgerechten Kurs eintreten!«[68]

Der Sozialdemokrat Kahrs steht nicht alleine für einen klaren Kurs. Seine Parteigenossen Jörn Thießen und Rainer Arnold sitzen im Präsidium der Deutschen Gesellschaft für Wehrtechnik, desgleichen die FDP-Abgeordnete Elke Hoff. Es sind einflussreiche Ämter, denn allein die DWT zählt 230 Mitgliedsfirmen.[69] Eines aber verbindet die genannten Abgeordneten über die Parteigrenzen hinweg: Sie alle hatten diese Funktionen nicht gemeldet.

Anders Bundestagsabgeordnete der CDU/CSU-Fraktion, die in ihrer Mitgliedschaft bei führenden Lobbyvereinen der Rüstungsindustrie und der Bundeswehr offenbar kein Problem sahen und sehen. Der CSU-Abgeordnete Christian Schmidt, Parlamentarischer Staatssekretär im Bundesverteidigungsministerium, fungierte als Präsident der Deutsch Atlantischen Gesellschaft e. V., zu deren Vizepräsidenten der Christdemokrat Dr. Karl A. Lamers zählte.[70] Dem Präsidium des Förderkreises Deutsches Heer gehörten der CDU-Bundestagsabgeordnete Ernst Reinhard Beck und sein CSU-Kollege Thomas Silberhorn an. Im erlauchten Kreis der FDH-Führung finden sich neben hohen Bundeswehroffizieren auch altbekannte Repräsentanten der deutschen Rüstungsindustrie: Klaus Eberhard, Vorstandsvorsitzender der Rheinmetall AG, Claus Günther, Vorstandsmitglied und Sprecher des Bereichsvorstands Diehl Defence, Frank Haun, Vorsitzender der Geschäftsführung von Krauss-Maffei Wegmann, und Bernd Wenzler, CEO von Defence Elektronik der EADS Deutschland – um nur einige zu nennen.[71]

Der Bundesverband der Deutschen Luft- und Raumfahrtindustrie e. V. (BDLI) sieht sich als »effektive Vertretung der Interessen einer der wichtigsten Schlüsselbranchen in Deutschland« und »Partner der Politik«. Um seine Ziele zu erreichen, ist der BDLI »offiziell beim Deutschen Bundestag akkreditiert und nimmt an Anhörungen zur Vorbereitung neuer Gesetze durch Mitarbeit in Fachräten und Fachausschüssen der Ministerien und bei Hearings des Parlaments teil«. Unverhohlener lässt sich knallharter Lobbyismus kaum beschreiben. Als Mitgliedsorganisation im Bundesverband der Deutschen Industrie (BDI) und im europäischen Dachverband Aerospace and Defence Industries Association of Europe (ASD) vertritt der BDLI seine Interessen auf nationaler wie internationaler Ebene.[72]

Der Bundesverband der Deutschen Sicherheits- und Verteidigungsindustrie (BDSV e. V.), ein »wehrtechnisch, rüstungs- und sicherheitspolitisch orientierter Zusammenschluss von Unternehmen der deutschen Sicherheits- und Verteidigungsindustrie«, hat sich das »Sicherstellen der Interessenvertretung der wehrtechnischen Industrie bei Bund, Ländern und internationalen Institutionen« sowie die »Förderung der engen Zusammenarbeit mit den relevanten Ministerien und der Bundeswehr« zur Aufgabe gemacht.[73]

Der BDSV setzt auf die globale Wettbewerbsfähigkeit der deutschen Sicherheits- und Verteidigungsindustrie. Diese sei »auf vielen Technologiefeldern weltweit führend und kann nur durch Erfolge in den Exportmärkten ihre technologischen Fähigkeiten für den erforderlichen nationalen Bedarf langfristig erhalten«. In Anbetracht unterschiedlicher Rahmenbedingungen in den EU-Staaten »ist beim Export Unterstützung durch die Politik und die Begleitung der Industrie durch die Amtsseite unverzichtbar«. Zu den Schwerpunktthemen des BDSV-Ausschusses Industriepositionierung und Verbandspolitik zählen, wie sollte es anders sein, »Export und Exportförderung«.

Wie der BDLI ist auch der BDSV Mitglied im Bundesverband der Deutschen Industrie (BDI), in der Aerospace and Defence Industry Association of Europe (ASD) und zudem in der NATO Industrial Advisory Group (NIAG) – keine schlechten Voraussetzungen für die intendierten Waffengeschäfte auf internationaler Ebene.[74]

Wo aber werden die großen Geschäfte getätigt? Um deutsche Waffenkonzerne auf den relevanten Rüstungsmessen wirkungsvoll zu präsentieren, formierten sich im Jahr 1996 rüstungsproduzierende und -exportierende Unternehmen zur Gruppe Wehrtechnische Messen (GWM), die heute dem BDSV zugeordnet ist. Sitz der GWM ist das ATRIUM in der Friedrichstraße 60 in Berlin. Die Koordination der Rüstungsmessen übernimmt die CCO Creative Consulting GmbH für die GWM. Unter dem Markenzeichen »German Defence Technology« organisiert die CCO gemeinsame Auftritte bei Waffenmessen, mit eigenem Stand und zugleich eingebunden in ein Gesamtkonzept. Führende Repräsentanten des Bundesverteidigungsministeriums sind regelmäßige Besucher dieser Messe-Auftritte. Abgesehen von der Antarktis, werden sämtliche Kontinente bedient:

In Europa unter anderem der Aerosalon, die EURONAVAL, die EUROSATORY und MILIPOL in Frankreich, die DEFENDORY und die DEFENSYS in Griechenland, die DSEI Defence Systems & Equipment International und die Farnborough International in Großbritannien und der MAKS Intern. Aviation & Space Salon in Russland.

In Afrika vertritt die CCO die Gruppe Wehrtechnische Messen des BDSV bei der Africa Aerospace & Defence in Südafrika, auf dem amerikanischen Kontinent unter anderem bei der AUSA in den USA. In Asien, wo sich gewaltige Absatzmärkte für deutsche Waffen finden, ist die GMW auf zahlreichen Rüstungsmessen aktiv. Zudem organisiert die CCO die gemeinsame Teilnahme der deutschen Rüstungsindustrie an der Australian International Airshow auf dem Avalon Airport.

Als Lobbyverband versteht sich der BDSV als Ansprechpartner »gegenüber Politik und Medien«. Im Zentrum seiner Bemühungen steht erklärtermaßen die Bundesregierung.[75] So verwundert es kaum, dass der Verteidigungsminister dem BDSV im September 2011 seine Aufwartung machte. Bei der Eröffnungsrede des Parlamentarischen Abends im Kaisersaal der Deutschen Parlamentarischen Gesellschaft würdigte Thomas de Maizière, CDU, »die Bedeutung der deutschen Sicherheits- und Verteidigungsindustrie und bot einen ehrlichen und konstruktiven Dialog an«, so der BDSV sichtlich zufrieden. Ziel war unter anderem, »mit der Industrie über neue Prioritätensetzungen im Beschaffungsbereich einen Konsens herstellen zu können«.

Der BDSV ließ hernach verlautbaren, der Vorstand werde von de Maizière »zu näheren Erläuterungen« eingeladen. Kein Wunder, dass die Bilanz aus Sicht der Rüstungslobbyisten rundum positiv ausfiel: Es sei ein »gelungener Parlamentarischer Abend« mit einem Vertreter der amtierenden Bundesregierung gewesen.[76]

Hinter dem strahlenden Lächeln des Georg Wilhelm Adamowitsch verbirgt sich einer der führenden Rüstungslobbyisten der Republik.

Seine Karriere führte den 1947 in Hameln geborenen SPD-Politiker über die Bundeswehr und ein Studium der Ingenieurs- und Verwaltungswissenschaften zunächst auf die Landes-, dann auf die Bundesebene seiner Partei. Von Funktionen in der nordrhein-westfälischen Staatskanzlei und in der SPD-Fraktion im Landtag Nordrhein-Westfalen stieg Adamowitsch auf bis zum Büroleiter des Ministerpräsidenten Johannes Rau. Unter dessen Nachfolger Wolfgang Clement avancierte er zum Staatssekretär und Chef der Staatskanzlei. Von 2002 bis 2006, also in Zeiten der rot-grünen und noch im ersten Jahr der schwarz-roten Bundesregierung, war der SPD-Mann beamteter Staatssekretär im Bundesministerium für Wirtschaft und Arbeit bzw. seit 2005 im Bundesministerium für Wirtschaft und Technologie.[77]

In den Aufgabenbereich des BMWi fällt die Kontrolle des Waffenhandels. Kein Wunder also, dass der Jubel beim BDSV über den neuen Hauptgeschäftsführer Adamowitsch gewaltig war. Bereits bei seiner Berufung zum 1. September 2011 wurde der Auserwählte mit Lob überhäuft. »Mit Georg-Wilhelm Adamowitsch haben wir einen ausgewiesenen Experten der nationalen und europäischen Industriepolitik für diese Aufgabe gewinnen können«, jubelte BDSV-Präsident Friedrich Lürßen. Dank »seiner vielfältigen beruflichen Erfahrungen in Wirtschaft, Politik und Verwaltung ist er besonders geeignet, die Interessen des Verbandes und seiner Mitgliedsunternehmen auf nationaler und europäischer Ebene zu vertreten«.[78]

Infokasten 4/2

Das Who's Who der deutschen Rüstungsindustrie – Mitgliedsunternehmen der Gruppe Wehrtechnische Messen im BDSV

Die alphabetische Übersicht der 120 Mitgliedsunternehmen der Gruppe Wehrtechnische Messen (GWM) des Bundesverbands der Deutschen Sicherheits- und Verteidigungsindustrie e. V. (BDSV) bietet einen umfassenden Einblick in die deutsche Rüstungsindustrie:

Abeking & Rasmussen, 27809 Lemwerder, www.abeking.com

Aerodata AG, 38108 Braunschweig, www.aerodata.de

Aeromaritime Systembau GmbH, 85375 Neufahrn, www.aeromaritime.de

AGP Europe GmbH, 49191 Belm, joelscher@agpglass.com

AIM Infrarot-Module GmbH, 74072 Heilbronn, www.aim-ir.com

Albrecht Bender GmbH u. Co, 91781 Weißenburg, www.a-bender.de

Aleris Aluminum Koblenz GmbH, 56070 Koblenz, www.aleris.com

Atlas Elektronik GmbH, 28309 Bremen, www.atlas-elektronik.com

Autoflug GmbH, 25462 Rellingen, www.autoflug.de

BAUER Kompressoren GmbH, 81477 München, www.bauer-kompressoren.de

Benteler Defense GmbH, 33602 Bielefeld, www.benteler-defense.com

Blücher GmbH, 40699 Erkrath, www.bluecher.com

Bruker Daltonik GmbH, 04318 Leipzig, www.bdal.de

Carl Walther GmbH, 59717 Arnsberg, www.carl-walther.com

Cassidian Optronics GmbH, 73447 Oberkochen, www.cassidian.com/optronics

CeramTec-ETEC GmbH, 53797 Lohmar, www.etec-ceramics.de

COMNET Hanse GmbH, 28217 Bremen-Überseestadt, www.com-net.de

Daimler AG – Special Trucks Division, 76742 Wörth, www.mercedes-benz.com/military-vehicles

Diehl Defence Holding GmbH, 88662 Überlingen, www.diehl.com

DOLL FAHRZEUGBAU AG, 77728 Oppenau, doll-oppenau.com

DREHTAINER GmbH, 19246 Valluhn, www.drehtainer.de

Dräger AG & Co. KGaA. FG Defense & Security, 23560 Lübeck, www.draeger.com/defense

Dynamit Nobel Defence GmbH, 57299 Burbach-Würgendorf, www.dn-defence.com

Dynasafe Germany GmbH, 45481 Mülheim a. d. Ruhr, www.dynasafe.com

EADS Deutschland GmbH, 81663 München, www.eads.com [mit Eurocopter]

Ecolog AG, 40599 Düsseldorf, www.ecolog-international.com

ESG Elektroniksystem- und Logistik-GmbH, 82256 Fürstenfeldbruck, www.esg.de

ESK Ceramics GmbH & Co. KG, 87437 Kempten /Allgäu, www.esk.com

ESW GmbH, 22876 Wedel, www.esw-wedel.de

Euro-Art International EWIV, 80807 München, www.euroart.cc

FFG Flensburger Fahrzeugbau Gesellschaft mbH, 24939 Flensburg, www.ffg-flensburg.de

FHF Flurfördergeräte GmbH, 28237 Bremen, www.fhf-gmbh.de

Fischer Panda GmbH, 33104 Paderborn, info@fischerpanda.net

FIMAG Finsterwalder Maschinen- und Anlagenbau GmbH, 03238 Finsterwalde,
www.fimag-finsterwalde.de

Fr. Fassmer GmbH & Co. KG, 27804 Berne / Motzen, www.fassmer.de

FRITZ Werner Industrie-Ausrüstungen GmbH, 65366 Geisenheim,
www.fritz-werner.com

FS Antennentechnik GmbH, 85716 Unterschleißheim, www.fsant.de

General Dynamics European Land Systems-Germany GmbH, 67655 Kaiserslautern, www.gdels.com

GEROH GmbH & Co. KG, 91344 Waischenwedel, www.geroh.com

GMT Gummi-Metall-Technik GmbH, 77815 Bühl, www.gmt-gmbh.de

Goldhofer Aktiengesellschaft., 87700 Memmingen, www.goldhofer.de

GuS GmbH & Co. KG, 32312 Lübbecke, www.gus-visionsysteme.com

HAIX-Schuhe Produktions- und Vertriebs GmbH, 84048 Mainburg,
www.haix.com

Harmonic Drive AG Defence Aerospace, 65555 Limburg a. d. Lahn,
martin.boehmer@harmonicdrive.de

Hawker GmbH, 58089 Hagen, www.hawker.com

Heckler & Koch GmbH, 78722 Oberndorf / Neckar, www.heckler-koch-de.com

Hemscheidt Fahrwerktechnik GmbH & Co. KG, 42781 Haan,
www.hemscheidt.de

HETEK Baumann Hebetechnik GmbH, 99830 Treffurt, www.hetek.de

Hoesch Schwerter Profile GmbH, 58239 Schwerte, www.hoesch-profile.com

Human Solutions GmbH, 67657 Kaiserslautern, www.human-solutions.com

Hübner GmbH, 34123 Kassel, www.huebner-germany.com

IABG GmbH, 85521 Ottobrunn, www.iabg.de

IBD Ingenieurbüro Deisenroth, 53797 Lohmar, www.ibd-deisenroth.de

Institut Dr. Förster GmbH & Co. KG, 72766 Reutlingen, www.foerstergroup.de

ITS International Training & Support GmbH, 82205 Gilching, www.itsmuc.de

IZT Innovationszentrum für Telekommunikationstechnik GmbH, 91058 Erlangen, www.izt-labs.de

J. Eberspächer GmbH & Co. KG, 73730 Esslingen, www.eberspaecher.com

Kappa optronics GmbH, 37130 Gleichen, www.kappa.de

KIDDE-DEUGRA Brandschutzsysteme GmbH, 40880 Ratingen,
www.kidde-deugra.com

Knott GmbH, 83125 Eggstätt, k.knott@knott.de

Krauss-Maffei Wegmann GmbH & Co. KG, 80997 München, www.kmweg.de

Kärcher Futuretech GmbH, 71409 Schwaikheim, www.kaercher-futuretech.com

König Komfort- und Rennsitze GmbH, 74360 Ilsfeld, www.koenig-sitze.de

Fr. Lürssen Werft GmbH & Co. KG, 28759 Bremen, www.luerssen.de

L-3 Communications MAGNET-MOTOR GmbH, 82319 Starnberg, www.magnet-motor.de

Liebherr-Werk Ehingen GmbH, 89584 Ehingen / Donau, www.liebherr.com

Mahle Behr Industry GmbH, 70469 Stuttgart, www.mahle-behr-industry.com

MANN & HUMMEL GmbH Geschäftsbereich Industriefilter, 67346 Speyer, www.mann-hummel.com

MEDAV GmbH, 91080 Uttenreuth, www.medav.de

MediaMobil Communication GmbH, 28359 Bremen, www.mediamobil.de

MEN Metallwerk Elisenhütte GmbH, 56377 Nassau, www.men-defencetec.com

MineWolf Systems AG, 78333 Stockach, www.minewolf.com

Motec GmbH, 65589 Hadamar-Steinbach, www.motecgmbh.de

MTU Friedrichshafen GmbH, 88040 Friedrichshafen, www.mtu-online.com

Northrop Grumman LITEF GmbH, 79115 Freiburg i. Br., www.northorpgrumman.litef.de

ODU Steckverbindungssysteme GmbH & Co. KG, 84453 Mühldorf am Inn, www.odu.de

PLATH GmbH, 20097 Hamburg, www.plath.de

PROCITEC GmbH, 75179 Pforzheim, www.procitec.de

PSM Projekt System & Management GmbH, 34131 Kassel, www.psm-spz.com

PSV Project Support Vehicles GmbH & Co. KG, 10117 Berlin, www.psv-shield.com

RAM-System GmbH, 85521 Ottobrunn, www.diehl-defence.de

Raytheon Anschütz GmbH, 24106 Kiel, www.raytheonmarine.com

RENK AG, 86159 Augsburg, www.renk.de

Rheinmetall AG, 40476 Düsseldorf, www.rheinmetall.com

Rheinmetall MAN Military Vehicles (RMMV) GmbH, 80995 München, www.rheinmetall.com

Rohde & Schwarz GmbH & Co. KG, 81671 München, www.rohde-schwarz.com

ROTINOR GmbH, 70499 Stuttgart, www.rotinor.com

ROTZLER GmbH & Co. KG, 79585 Steinen, www.rotzler.de

RUD Ketten Rieger & Dietz GmbH u. Co. KG, 73432 Aalen, www.rud.com

Salzgitter Maschinenbau GmbH, 38259 Bad Salzgitter, www.smag.de

Schleifring & Apparatebau GmbH, 82256 Fürstenfeldbruck, www.schleifring.de

Schmidt & Bender GmbH & Co. KG, 35444 Biebertal, www.schmidt-bender.de

SCHMEISSER GmbH, 47829 Krefeld, www.schmeisser-germany.de

SCHOTT AG, 55122 Mainz, www.schott.com

SCHOTTEL GmbH, 56322 Spay, www.schottel.de

Schuberth GmbH, 39126 Magdeburg. www.schuberth.de

SevenCs GmbH & Co. KG, 22761 Hamburg, www.sevencs.com

SFC Energy AG, 85649 Brunnthal, www.sfc.com

SGL Technologies GmbH, 86405 Meitingen, www.sglgroup.com

Siemens AG Industry Sector – Drive Technologies Division Large Drives I DT LD
MS S, 20099 Hamburg, www.siemens.de

SIM Security & Electronic System GmbH, 67433 Neustadt a. d. W.,
www.sim-electronic.com

SINUS Electronic GmbH, 74257 Untereisesheim, www.sinus-electronic.de

SPEKON Sächsische Spezialkonfektion GmbH, 02782 Seifhennersdorf,
www.spekon.com

SPELCO Special Parachute Equipment and Logistic Consortium GbR
c/o ESG GmbH, 82256 Fürstenfeldbruck, www.esg.de

SPINNER GmbH, 80335 München, www.spinner.de

Steinbach AG Industrial Components, 32758 Detmold, www.steinbach-tech.de

SYKO Gesellschaft für Leistungselektronik GmbH, 63533 Mainhausen,
www.syko-power.de

TEIJIN ARAMID GmbH, 42103 Wuppertal, karl.heinke@teijinaramid.com [ohne
Nennung: www.teijinaramid.com]

Theissen Training Systems GmbH, 40595 Düsseldorf, www.theissentraining.de

Thermo Fisher Scientific Messtechnik GmbH, 91056 Erlangen,
www.thermoscientific.com

Thielert Aircraft Engines GmbH, 09350 Lichtenstein, www.thielert.com

ThyssenKrupp Marine Systems AG / Blohm + Voss Naval GmbH, 20457 Hamburg, www.blohmvoss-naval.com

ThyssenKrupp Marine Systems AG, 24143 Kiel,
www.thyssenkrupp-marinesystems.com

Vallon GmbH, 72800 Eningen, www.vallon.de

Weisensee Warmpressteile GmbH, 36124 Eichenzell, www.weisensee.com

WEW Westerwälder Eisenwerk GmbH, 57586 Weitefeld, www.wew.de

WITTENSTEIN motion control GmbH, 97999 Igersheim,
www.wittenstein-motion-control.de/specialty-technologies/

ZARGES GmbH Produktmanager Logistikgeräte, 82362 Weilheim, www.zarges.de

Zeppelin Mobile Systeme GmbH, 88074 Meckenbeuren,
www.zeppelin-systeme.de

ZF Friedrichshafen AG Konzernkommunikation, 88046 Friedrichshafen,
www.zf.com

Stand: Dezember 2012
Diese Firmenliste mit Kontaktdaten und -personen findet sich auf der Website:
http://www.bdsv.eu/de/Gruppe_Wehrtechnische_Messen/Mitglieder_GWM_
A-Z.htm

Adamowitschs Aufgabe beim BDSV ist in dessen Vereinszielen veran-
kert. »Effiziente Beschaffungsvorgänge sind durch Abbau von bürokra-
tischen Hemmnissen sicherzustellen«, so die Vorgabe. Erforderlich sei
ein wechselseitiger, »auch personeller Austausch zwischen Industrie
und Amtsseite«, notwendig zudem eine »enge und vertrauensvolle Zusammenarbeit zwischen der Industrie, den Streitkräften und den Be-
schaffungsbehörden«. Unverhohlen spricht der BDSV von einer »weitaus engeren Zusammenarbeit zwischen Amtsseite und Industrie«.[79]

Keine Frage, als Brückenkopf der Rüstungsindustrie, ihrem Lobbyverband, der Amtsseite und zudem zur Bundeswehr ist Adamowitsch
die Optimalbesetzung. Selbst bei Regierungswechseln in den kommenden Jahren – sei es zu Schwarz-Rot oder Rot-Grün – verfügt der
SPD-Mann über die allerbesten Kontakte. Der Reserveoffizier bietet
in Persona die Gewähr für weitere milliardenschwere Beschaffungsaufträge für die Bundeswehr. Der frühere Koordinator der Maritimen
Wirtschaft der Bundesregierung[80] ist der Garant einer wohlwollenden Exportgenehmigungspraxis für Fregatten, Korvetten und U-Boote. Mehr noch: Der vormalige Wirtschaftsstaatssekretär verfügt über
die direkten Drähte in die das für die Rüstungsexportkontrolle zuständige Bundeswirtschaftsministerium.

Schützende Hände über Heckler & Koch

Wirtschaftsförderung setzt vor Ort an, dort, wo Waffenschmieden ihren Sitz haben. Im Kreis Rottweil kann nicht nur die Rüstungsproduktion auf eine langjährige Tradition verweisen, sondern auch der politische Lobbyismus.

Der gebürtige Stuttgarter Martin Grüner trat 1950 der FDP bei, studierte in Tübingen und Hamburg Jura, amtierte von 1964 bis 1972 als

Gemeinderat in Schramberg im Schwarzwald. Von 1963 bis 1988 war er, mit zweijähriger Unterbrechung (1967–1969) Mitglied im FDP-Landesvorstand in Baden-Württemberg und von 1976 bis 1990 im FDP-Bundesvorstand. Über die Landesliste des Südweststaates war Grüner von 1969 bis 1994 Mitglied des Deutschen Bundestages und von 1972 bis 1987 Parlamentarischer Staatssekretär im Bundeswirtschaftsministerium. Bekanntermaßen ist das BMWi für die Kontrolle von Waffenausfuhren verantwortlich. Und bekanntermaßen geben im Kreis Rottweil im Osten des heutigen Regierungsbezirks Freiburg drei weithin bekannte Waffenschmieden den Ton an: der Schramberger Zünderfabrikant Junghans, mittlerweile zur Diehl-Gruppe gehörend; der Oberndorfer Kanonenproduzent Mauser-Werke, heute Rheinmetall Defence; und der – ebenfalls in Oberndorf ansässige – Gewehr- und Pistolenhersteller Heckler & Koch.

Schon 1984 berichtete der *Spiegel*, dass Heckler & Koch »irritiert« bei FDP-Schatzmeister Hans Gattermann aus Nordrhein-Westfalen angefragt habe, »ob man denn Spenden jetzt an Jürgen Möllemann (Staatssekretär in Auswärtigen Amt) schicken müsse, um Ausfuhrgenehmigungen für Waffen zu erhalten, so jedenfalls erinnert sich Gattermanns Ex-Sekretärin Gertrud Rech«. Laut Recherchen des Magazins stand fest, dass »die Waffenfirma Heckler & Koch aus Oberndorf am Neckar 20 000 DM für die Parteikasse der FDP gespendet habe, nachdem das Unternehmen im […] Wirtschaftsministerium um die Genehmigung für den Export von Gewehrteilen für eine Waffenfabrik, ebenfalls in Saudi-Arabien, eingekommen war«.[81]

Im selben Jahr 1984 kommentierte der von Hans-Joachim Griephan herausgegebene *Wehrdienst* den Versuch Grüners, dem Vorwurf entgegenzutreten, er sei ein H&K-Lobbyist, mit folgendem süffisanten Hinweis: »Was Grüners Beamte im Kriegswaffenexport-Ressort IV B 4 verklausuliert haben, heißt nach ›aller Regel‹: Die Verbindungen sind gut bis hervorragend.« Zuvor hatte das BMWi in einer Antwort auf eine Kleine Anfrage der Grünen im Deutschen Bundestag, initiiert vom Tübinger MdB Walter Schwenninger, erklärt: »Die Verbindungen von Herrn Grüner zur Firma Heckler & Koch unterscheiden sich nicht von den Verbindungen, wie sie in aller Regel zwischen Mitgliedern des Deutschen Bundestages und Unternehmen ihres Wahlkreises bestehen.«[82]

Martin Grüner aus dem Kreis Rottweil wirkte als Parlamentarischer Staatssekretär unter den Bundeskanzlern Willy Brandt, Helmut Schmidt und Helmut Kohl. Der FDP-Politiker avancierte nach eigener Einschätzung zur »rechten Hand bei den Bundesministern für Wirtschaft«.[83]

Berühmt berüchtigt wurde derweil ein anderer Satz Grüners: »Rüstungsexporte vertragen nur ein begrenztes Maß an Publizität.« Mit diesem stereotypen Satz beliebte der Parlamentarische Staatssekretär waffenhandelskritische Bundestagsanfragen zu beantworten.[84] Und was Spannungsgebiet sei, müsse »von Fall zu Fall entschieden« werden. Als Heckler & Koch Gewehre ins Bürgerkriegsland Peru exportierte, verharmloste Grüner diesen Kleinwaffendeal als »Teilelieferungen im Rahmen erteilter Genehmigungen«. Selbst 1991, Grüner war längst nicht mehr im BMWi tätig, verstieg er sich zu der Behauptung: »Wir haben keine Waffen in den Nahen Osten geliefert.«[85] Dabei ließe sich allein über deutsche Waffenlieferungen in den Nahen Osten – und Abertausende von Opfern dieser hemmungslosen Rüstungsexportpolitik – ein eigenes Buch verfassen.

In der Amtszeit Grüners als Parlamentarischer Staatssekretär stieg Heckler & Koch zum deutschen Rüstungsexportmeister auf – gemessen an der Zahl der mehr als 80 Empfängerländer. Grüners Leistungen wurden belohnt; er ist Träger des Großen Verdienstkreuzes der Bundesrepublik Deutschland.

Martin Grüner ist Vergangenheit, die Gegenwart heißt Ernst Burgbacher. Wie sein Vorgänger ist Burgbacher Mitglied der FDP, Staatssekretär im Bundeswirtschaftsministerium und Wahlkreisabgeordneter aus der Region um Rottweil. Und wie sein Vorgänger hält auch Burgbacher offenbar seine schützende Hand über Heckler & Koch. Kritische Nachfragen werden zum Wohle des bekanntesten Unternehmens und Gewerbesteuerzahlers seines Wahlkreises in der den Liberalen eigenen Transparenz beantwortet.

So erkundigte sich die Bundestagsabgeordnete Ulla Jelpke von den Linken im Frühjahr 2011 schriftlich nach dem Sachstand der Aufklärung bezüglich der im Sommer 2008 illegal bei der Leibwache des georgischen Präsidenten aufgetauchten G36-Sturmgewehre aus Oberndorfer Fertigung. »Nach wie vor verfügt die Bundesregierung über keine Informationen zu Seriennummern der betreffenden Gewehre«, erteilte Burgbacher eine Art Minimalauskunft. Bekanntermaßen hatten georgische Soldaten im Militäreinsatz in Südossetien schussbereite G36-Gewehre mit sich getragen. Anhand der Waffennummern wäre es ein Leichtes gewesen, mit dem Kriegswaffenkontrollbuch von H&K den widerrechtlichen Weg der Waffen vom Stammwerk über einen Zwischenempfänger bis ins Kriegsgebiet nachzuvollziehen. Doch auf allen Fotos hielten die Soldaten die Gewehre so, dass die auf der Rückseite eingestanzten Gewehrnummern nicht erkennbar waren. Ein eindeutiges Indiz dafür, dass die Nummern verborgen bleiben sollten.

Aufklärung wäre diesmal vergleichsweise einfach gewesen, wesentlich einfacher jedenfalls als im Fall der in Libyen aufgetauchten G36. Denn bei Georgien handelt es sich um einen politisch nahestehenden Staat. Im äußersten Fall hätte die Bundesregierung ein Expertenteam nach Tiflis schicken und sich die Waffen in den Händen staatlicher Sicherheitskräfte zeigen lassen müssen – wahrlich keine allzu schwere Aufgabe. Dann allerdings wäre mit hoher Wahrscheinlichkeit der illegale Export über den NATO-Partner USA offenkundig geworden.

Entsprechend zielgerichtet fiel Burgbachers Stellungnahme aus: Nur mit den Seriennummern lasse sich der Ursprung und womöglich auch der Lieferweg der G36-Gewehre sicher nachvollziehen. »Diese Informationen können nur von der georgischen Regierung erlangt werden«, so Burgbacher weiter, »deren Kooperationsbereitschaft in dieser Frage jedoch unzureichend ist.« Überhaupt dürfe man sich heute kaum mehr Hoffnungen machen. Angesichts der inzwischen verstrichenen Zeit – gemeint sind drei Jahre – sei er »skeptisch, dass unsere Bemühungen, den Ursprung und die Weitergabe der in Georgien vorhandenen G 36-Gewehre aufzuklären, noch Erfolg haben werden«.[86]

Burgbachers Aussage lässt sich inhaltlich relativ leicht widerlegen, und die beiden Heckler & Koch-Geschäftsführer Lemperle und Ihloff erledigten das nicht einmal ein halbes Jahr später höchstpersönlich. In ihrem Schreiben an die Mitglieder des Bundestagsausschusses für Wirtschaft und Technologie zeigten sie sich im Oktober 2011 »sehr an einer Aufklärung interessiert, was die Funde von Heckler & Koch-Produkten (G36) in Libyen angeht«. In diesem Fall reichten vorgelegte Pressebilder, um »eine vorläufige Überprüfung der Funde« vorzunehmen.

Mit »hoher Wahrscheinlichkeit« gingen Ihloff und Lemperle davon aus, »dass die auf diesen Fotos abgebildeten Gewehre G36 zum einen von Heckler & Koch hergestellt wurden und zum zweiten einer Lieferung nach Ägypten zuzuordnen« seien. Eine äußerst überraschende Feststellung angesichts der Tatsache, dass die bekannten Bilder Waffen mit herausgefrästen Gewehrnummern zeigten. Die Schlussfolgerung der wackeren H&K-Aufklärer: »Gleichzeitig bestätigt dies, dass die Exportgenehmigung und -kontrolle einwandfrei« funktionierten.

Spannend dagegen die Feststellung von Lemperle und Ihloff, die Burgbachers stümperhaft wirkender Behauptung diametral entgegenstand: dass selbst »nach sieben bzw. acht Jahren« Liefervorgänge nachvollzogen werden könnten.[87] Vielleicht sollte sich Burgbacher beim nächsten Besuch seiner Wahlkreisfirma Heckler & Koch zeigen lassen, dass in Gewehre eingefräste Gewehrnummern Jahrzehnte haltbar und auch nach erfolgtem Export unverändert einsehbar sind – zumindest solange sie nicht entfernt wurden.

14. September 2009. An diesem Tag machten Volker Kauder und Ernst Burgbacher ihre Aufwartung in der Waffenstadt Oberndorf. Weder der Termin noch der Ort, noch die Begleitperson war zufällig gewählt. Die beiden Politiker befanden sich im Finale eines aufreibenden Bundestagswahlkampfes, die Stadt liegt im Norden ihres Wahlkreises Rottweil-Tuttlingen, Bundesverteidigungsminister Franz Josef Jung sorgte für das mediale Interesse.

Neben Rheinmetall Defence, dem Bordkanonenbauer für den Eurofighter, durfte man sich auch bei Heckler & Koch über den Besuch der drei wohlgesonnenen Politiker freuen. Entsprechend offen bedankte sich der mächtige Mann der Waffenschmiede H&K beim mächtigen Mann aus Berlin. Volker Kauder habe die Hand über das Unternehmen gehalten«, wenn es um Exportgenehmigungen ging, so der H&K-Hauptgesellschafter Andreas Heeschen. Allein mit Bundeswehraufträgen könnte H&K nicht überleben. Kauder positionierte sich im Gegenzug nicht minder klar. Er habe sich »von Anfang an gleichberechtigt für die Wehrtechnik eingesetzt«.[88]

Und auch Jung würdigte Waffenproduktion und -export bei Heckler & Koch. Er habe »einen sehr positiven Eindruck von der Modernisierung und den Investitionen«, so der Verteidigungsminister. Von der anschließenden Pressekonferenz berichtete Martin Himmelheber, Journalist der *Neuen Rottweiler Zeitung*. Als mittelständisches Unternehmen sei H&K Weltmarktführer. Jung wisse, dass der Rüstungsexport von immenser Bedeutung sei. Die Bundesregierung leiste Unterstützung, »weil wir von der Qualität überzeugt sind und wollen, dass diese Qualität auch anderen Nationen zur Verfügung gestellt werden kann«.[89]

Die breite politische Unterstützung zeigte Wirkung, H&K konnte Ende 2009 mit 234,7 Mio. Euro das umsatzstärkste Jahr bilanzieren.[90] Bereits im September jubelte H&K-Betriebsratschef Edgar Hagen, der Waffenhersteller arbeite zurzeit im Drei-Schicht-Betrieb. Wirtschaftskrise in der Rüstungsindustrie? Nein danke – nicht zuletzt dank einer bestens funktionierenden Lobbypolitik.

Der Kauder-Klan kann neben Volker noch eine zweite profilierte Persönlichkeit vorweisen. Siegfried Kauder, Volkers jüngerer Bruder, ist Jurist und arbeitet in einer Kanzlei in Villingen-Schwenningen. Seit 1993 ist er Vorsitzender des CDU-Kreisverbands Schwarzwald-Baar, der westlich an Rottweil-Tuttlingen angrenzt. Seit der Bundestagswahl 2002 ist der aus dem Landkreis Konstanz stammende Christdemokrat Mitglied des Deutschen Bundestages, im November 2009 wurde er Vorsitzender des dortigen Rechtsausschusses. Auch Siegfried Kauder verbindet viel mit Heckler & Koch.

Walter Lamp, von 1976 bis 1992 Geschäftsführer des Oberndorfer Waffenproduzenten und anschließend der H&K-Holding, musste sich im November 1993 vor dem Landgericht Rottweil verantworten. »Der Beschuldigte deklarierte die Lieferung von Komplettwaffen (Maschinengewehren) als bloße Zulieferung von angeblich unvollständigen Bausätzen zur Waffenproduktion englischer Firmen. In Wahrheit«, so die Staatsanwaltschaft Rottweil, »lieferte er die kompletten Waffenteile mit Ausnahme des Schlagbolzens.«[91] Die Anklage bezog sich auf einen Waffendeal der Jahre 1986 und 1987. Damals hatte Heckler & Koch 1118 Maschinengewehre des Typs HK23E im Wert von rund 15 Mio. DM an Royal Ordnance geliefert. Die Briten verkauften die MGs in die Vereinigten Arabischen Emirate, wahrlich kein Hort der Demokratie.

Walter Lamp wurde dennoch vor dem Landgericht Rottweil vom Vorwurf des Verstoßes gegen das Kriegswaffenkontrollgesetz freigesprochen. Nicht er, sondern sein Stellvertreter Moser sei für den Waffendeal nach Abu Dhabi verantwortlich gewesen. Zudem hätten bei den exportierten Handfeuerwaffen Bolzen und Federn gefehlt. Demnach habe es sich, so Richter Siegfried Haage, lediglich um Bausätze gehandelt. Zu Recht sprach Staatsanwalt Breiter von einer Form »organisierter Waffenwäsche«. Lamps Rechtsanwalt durfte dagegen jubeln. Siegfried Kauder, bis Herbst 2013 für die CDU/CSU Mitglied des Deutschen Bundestags, bezeichnete das Urteil als »Freispruch erster Klasse«.[92] Ein Skandal erster Klasse wäre zutreffender gewesen.

Zwanzig Jahre nach dem Rüstungsexportdeal mit den VAE sprach ein Mann namens Peter Beyerle mit deutschen Regierungsvertretern über den Export von Gewehren nach Mexiko. Beyerle war zu diesem Zeitpunkt Geschäftsführer von Heckler & Koch und dort zugleich Leiter für Recht, Behördenkontakte, Öffentlichkeitsarbeit und Exportkontrolle. Davor war er Präsident des Landgerichts Rottweil – jenes Gerichts, das den Beyerle-Vorgänger Walter Lamp trotz beeindruckender Beweislage freigesprochen hatte. Der Ex-Landgerichtspräsident und H&K-Geschäftsführer Beyerle trat nach meiner Strafanzeige wegen des Verdachts illegaler Waffengeschäfte mit Mexiko zu Beginn des Jahres 2011 zurück.

Lobbyismus hat viele Facetten. Bundesweit wegen ihrer Parteispenden in die Kritik geraten, veröffentlichte die Oberndorfer Waffenschmiede am 2. Dezember 2011 eine Zehnjahresübersicht über die Spendenpraxis seit 2002. Laut Erklärung der Heckler & Koch GmbH richteten sich die Spenden »an Parteien, deren sicherheitspolitische Programmatik die Verlässlichkeit der Bundesrepublik Deutschland als NATO-Partner in den Mittelpunkt stellt«. Mit dieser Begründung kamen CDU und FDP und in geringem Umfang die SPD in den Genuss der Zuwendungen des europaweit tödlichsten Unternehmens.

Allerdings bewegten sich die Spenden nicht auf gleichbleibendem Niveau. Zwar bekamen die Christdemokraten in den Jahren 2004, 2005 und 2011 keine Zuwendungen, in den anderen sieben Jahren jedoch jeweils 10 000 Euro, so viel wie keine andere Partei.

Die FDP ging bis einschließlich 2008 leer aus, seit 2009 wurde sie dafür umso üppiger bedacht. Der Grund dürfte weniger in der – bei der FDP in all den Jahren gegebenen – NATO-konformen Programmatik als in der Regierungsübernahme in Berlin liegen. Denn nach der gewonnenen Bundestagswahl wechselte die CDU/CSU unter Angela Merkel im Herbst 2009 den sozialdemokratischen gegen den freidemokratischen Juniorpartner aus. Bundesaußenminister Frank-Walter Steinmeier wurde durch Guido Westerwelle ersetzt. Viel wichtiger jedoch war eine andere Ressortneubesetzung: die Übernahme des für die Genehmigung von Rüstungsexporten verantwortlichen Bundeswirtschaftsministeriums zunächst durch Rainer Brüderle und ab Mai 2011 durch Philipp Rösler. Nach langen Jahren der Nullzuwendungen in Oppositionszeiten flossen die Gelder von H&K plötzlich üppig: Die Regierungspartei FDP durfte sich 2009, 2010 und 2011 über insgesamt 20 000 Euro freuen. Überwiesen wurde das Geld an den FDP-Kreisverband Tuttlingen, den Verband des Wahlkreisabgeordneten Ernst Burgbacher.

Allein im Jahr 2010 sponsorten die Oberndorfer Kleinwaffenexporteure die Liberalen mit 10 000 Euro.[93] Zum Vergleich: Die Einzelgenehmigungen für Kleinwaffenexporte waren 2009 und 2010 auf die exorbitanten Summen von 70,4 bzw. 49,54 Mio. Euro gesteigert worden – der höchste und fünfthöchste Wert seit Erstellung regierungsamtlicher Rüstungsexportberichte.[94] Auch dieser Umstand hat nicht nur ein Gschmäckle. Er stinkt zum Himmel.

Täterprofil

Volker Kauder – Abwickler von Exportanfragen

Volker Kauder wurde am 3. September 1949 in Hoffenheim geboren. Nach Abitur und Wehrdienst studierte er in Freiburg Jura. Schon 1966 trat er in die Junge Union (JU) ein und war von 1969 bis 1973 Vorsitzender der JU Konstanz, bis 1976 ehrenamtlicher Geschäftsführer der JU Südbaden, bis 1991 Mitglied und Pressesprecher des CDU-Vorstands Südbaden und von 1985 bis 1999 Vorsitzender des Kreisverbands Tuttlingen. Seit 1990 ist Kauder direkt gewählter Bundestagsabgeordneter für den Wahlkreis Rottweil-Tuttlingen. Von 2002 bis 2005 war er erster Parlamentarischer Geschäftsführer der Bundestagsfraktion von CDU und CSU, 2005 wurde er CDU-Generalsekretär. Im Dezember 2005 wurde er zum Vorsitzenden der CDU/CSU-Bundestagsfraktion gewählt.

Volker Kauder war und ist nicht Mitglied des Bundessicherheitsrats. Er gehört nicht aufgrund von erteilten Exportgenehmigungen für Waffen und Rüstungsgüter zur Top Ten der Täter. Tatsächlich kann man aber den Eindruck gewinnen, Volker Kauder sei der einflussreichste Lobbyist der Berliner Waffenschmiede. Im Jahr 2006 hatte er auf seiner Homepage verkündet, er helfe gerne »bei der Abwicklung von Exportanfragen«.[95] Heckler & Koch spendete in den Jahren 2002, 2003, 2006, 2007, 2008, 2009 und 2010 jeweils 10 000 Euro an die CDU. Keine andere Partei bekam insgesamt annähernd so hohe Spenden von diesem Unternehmen. Derartige Zuwendungen seien nicht an bestimmte Zeitpunkte gebunden, sondern »Teil unseres gesellschaftlichen Engagements«, ließ H&K verlautbaren.[96]

Als Bundesverteidigungsminister Franz Josef Jung in Begleitung Volker Kauders H&K im September 2009 einen Besuch abstattete, sprach Andreas Heeschen Klartext: Kauder habe »immer wieder die Hand über uns gehalten […], wenn es um Exportgenehmigungen ging«, so der H&K-Hauptgesellschafter.[97] Da Bundeswehraufträge allein nicht ausreichten, sei der Export für H&K »enorm wichtig«. Kauder ergänzte ganz im Sinne des Kleinwaffenherstellers, der Staat brauche Soldaten und Polizisten, und »die können wir nicht mit Holzgewehren ausrüsten«.[98]

Neben Heckler & Koch sind in Kauders Wahlkreis mit Rheinmetall Defence und Junghans Microtec gleich zwei weitere Waffengiganten von Weltruf vertreten. Bei der in Seedorf ansässigen Junghans Microtec (JMT), einer Beteiligungsgesellschaft der Nürnberger Diehl Stiftung & Co. KG und von Thales (55 % Diehl, 45 % Thales), werden im Jahr rund eine Million Mörser-, Bomben- und Granatenzünder gefertigt. Die Exportquote liegt bei 85 Prozent. Auf dem erreichbaren Markt sei das Unternehmen Weltmarktführer, brüstet man sich. Wer derart auf den Export angewiesen ist, sucht sich Helfer auf höchster politischer Ebene.

Bei Rheinmetall Defence, den früheren Mauser-Werken, wird u. a. die 27-mm-Bordkanone für den Eurofighter gefertigt. Anlässlich ihrer Oberndorf-Visite 13 Tage vor der Bundestagswahl 2009 besuchten Jung und Kauder auch diese Waffenschmiede.[99]

Der Lobbyismus ist eine der tragenden Säulen des Waffenhandels und hebelt die Rüstungsexportkontrolle aus. Zuständig für die Abwicklung von Rüstungsanfragen ist das Bundesausfuhramt in Eschborn. In besonders heiklen Fällen entscheiden das übergeordnete Bundeswirtschaftsministerium und der Bundessicherheitsrat.

Kauders Kampf für die Rüstungsindustrie kommt nicht von ungefähr. Bereits Anfang 1998 hatte er in der CDU/CSU-Bundestagsfraktion die »Abgeordnetengruppe Wehrtechnik« ins Leben gerufen und seither seinen Einfluss geltend gemacht.[100] Liegt da nicht der Gedanke nahe, dass Kauder seine herausragenden Kontakte zur Chefin des Bundessicherheitsrates nutzte und bis heute nutzt?

Ein Blick in die Statistik der Kleinwaffenexporte spricht Bände: Der Wert der Einzelgenehmigungen für Kleinwaffen stieg von 5,36 Mio. Euro (1996) auf den Höchstwert von 70,4 Mio. Euro im Jahr 2009. Als die Kleinwaffen-Exportgenehmigungen im Jahr 2010 auf 49,54 Mio. Euro zurückgingen, fuhr HSK seine Zuwendungen an die CDU im Folgejahr auf null zurück.[101]

4.5 Verkleinerte Bundeswehr, verstärkter Waffenhandel

Bedrückende Bundesbilanz im ersten Jahrzehnt des 21. Jahrhunderts

In Erkenntnis der tödlichen Folgen unbegrenzten Waffenhandels und im Bemühen um dessen Begrenzung verabschiedeten Bundesregierungen seit den Siebzigerjahren des vorigen Jahrhunderts Politische Grundsätze für den Export von Kriegswaffen und Rüstungsgütern (PGS). Alle drei Textfassungen von 1971, 1982 und 2000 wurden unter der Ägide sozialdemokratischer Bundeskanzler verabschiedet, von Willy Brand über Helmut Schmidt bis hin zu Gerhard Schröder. Diese Textfassungen wurden von den jeweils nachfolgenden CDU-geführten Bundesregierungen unter der Führung Helmut Kohls bzw. Angela Merkels wortgetreu übernommen.

In allen drei Fassungen versprachen die jeweiligen Bundesregierungen zumindest Zurückhaltung beim Export von Waffen und Rüstungsgütern: Im Jahr 1971 hieß es, man strebe, »eine Beschränkung des internationalen Waffenhandels unter Abrüstungsgesichtspunkten« an, seit 1982 galt die Devise von der »Fortsetzung ihrer bewährten restriktiven Rüstungsexportpolitik«. Seit dem Jahr 2000 gestalten die Bundesregierungen »ihre Rüstungsexportpolitik restriktiv«.

Dem wohligen Wortlaut der Politischen Grundsätze und den zuweilen zumindest hehren Absichten steht die Realität gegenüber: Seit Jahrzehnten genehmigen die jeweiligen Bundesregierungen in einer Allparteien-Regierungskoalition Waffentransfers in nahezu alle Krisen- und Kriegsgebiete der Welt. Die lange Liste der mehr als einhundert Empfängerländer umfasst zahlreiche menschenrechtsverletzende und kriegführende Staaten.

Angesichts dieser Gesamtbilanz drängt sich die Erkenntnis auf, dass alle Bundesregierungen – ob von SPD, CDU/CSU, FDP oder den GRÜNEN gestellt – dem Lobbyismus einer mächtigen Rüstungsindustrie erlagen. Doch diese Analyse allein greift zu kurz. Fakt ist, dass die Regierungen der Rüstungsindustrie Bestandsgarantien gaben, Rüstungsexporte in Milliardenhöhe legalisierten sowie Hermes-Bürgschaften zur finanziellen Absicherung erteilten.

Was wechselte, waren die vielfachen Versprechen zur Begrenzung und Kontrolle des Waffenhandels, um »einen Beitrag zur Sicherung des Friedens in der Welt zu leisten« (wortgleich 1971 und 1982) und – erweitert – um »einen Beitrag zur Sicherung des Friedens, der Gewaltprävention, der Menschenrechte und einer nachhaltigen Entwicklung in der Welt zu leisten« (2000). Was blieb, war die bis auf wenige Ausnahmen stete Steigerung des Waffenhandels, die im ersten Jahrzehnt dieses Jahrhunderts sogar noch zunahm.

So sprechen die Rüstungsexportberichte der Bundesregierungen – trotz begrenzter Transparenz bezüglich konkreter Exportdeals, der Typenbezeichnungen gelieferter Kriegswaffen, verantwortlicher Unternehmen und des Volumens exportierter Rüstungsgüter – wenigstens in einem Punkt eine klare Sprache: Vom 1. Januar 2000 bis zum 31. Dezember 2009 verdoppelten die Bundesregierungen den Genehmigungswert der Ausfuhr von Kriegswaffen. Belief sich das Genehmigungsvolumen im Jahr 2000 noch auf 707,4 Mio. Euro, so lag der Wert zum Ende des Jahrzehnts bei 1338,8 Mio. Euro (2009). Betrachtet man gar den Zeitraum von 2002 bis 2009, so muss mehr als eine Vervierfachung der real erfolgten Kriegswaffenausfuhren bilanziert werden.[102]

Rot-Grün verantwortete in den mehr als fünfeinhalb Jahren von Anfang 2000 bis Herbst 2005 Kriegswaffenausfuhren im Gesamtwert von rund 5,05 Mrd. Euro. Die schwarz-rote Bundesregierung musste und muss sich vorwerfen lassen, in ihrer vierjährigen Legislaturperiode von Herbst 2005 bis Herbst 2009 sogar Kriegswaffenausfuhren im Wert von 5,723 Mrd. Euro genehmigt zu haben. Nach dem Wahldesaster der Sozialdemokraten nahm die FDP ab dem letzten Quartal 2009 die Rolle des Juniorpartners der CDU/CSU ein. In diesen drei Monaten konnten Kriegswaffen im Wert von rund 334,7 Mio. Euro ausgeführt werden. Alles in allem betrug das Volumen genehmigter Kriegswaffenausfuhren in diesem Jahrzehnt gut 11,107 Mrd. Euro.

Letztlich muss sich die Große Koalition unter Angela Merkel und Frank-Walter Steinmeier den Vorwurf gefallen lassen, den Waffenhandel Deutschlands auf immens hohem Niveau stabilisiert, wenn auch nicht weiter gesteigert zu haben. Die Verantwortung für die Verdoppelung der Rüstungsexporte in diesem Jahrzehnt aber trägt die rot-grüne Bundesregierung. Anfangs noch auf klarem Abrüstungskurs mit mehr als einer Halbierung der Waffentransfers von 707,4 auf 318,4 Mio. Euro (von 2000 bis 2002), schraubte sie den Wert der Kriegswaffenausfuhren nach ihrer Wiederwahl im September 2002 auf neue Höhen. Unter der Ägide von Gerhard Schröder und Joschka Fischer praktizierte Rot-Grün danach eine Politik offener Grenzen – nicht für Flüchtlinge, sondern für Waffen.

Auf den ersten Blick überraschend erscheint die Entwicklung im letztlich entscheidenden Punkt: Vergleicht man die real erfolgten Kriegswaffenausfuhren Ende 1999 und 2009, so stellt man sogar einen Rückgang fest: Rot-Grün verantwortete – auch beeinflusst durch Beschlüsse der schwarz-gelben Vorgängerregierung unter Kanzler Kohl – einen Rekordwert bei Waffentransfers im Wert von 1,45 Mrd. Euro. Ende 2009 lag dieser Wert bei 1,39 Mrd. Euro. Dazwischen allerdings war es der Schröder/Fischer-Regierung gelungen, die Ausfuhr von Kriegswaffen um 318,4 Mio. Euro (2002) zu senken. Vergleicht man die Werte von Ende 2002 mit denen von Ende 2009, muss man in nur sieben Jahren mehr als eine Vervierfachung bilanzieren – mit weiter stark steigender Tendenz.[103] Dabei sind die von SIPRI erfassten Exporte gebrauchter Waffen noch nicht einmal einberechnet.

Rückblickend erfüllten die Politischen Grundsätze einen Zweck: Als rechtlich unverbindliche politische Absichtserklärung dienten sie als Barbiturat einer äußerst kritischen Öffentlichkeit. Die bundesdeutsche Bevölkerung wird seit mehr als vier Jahrzehnten ruhiggestellt und letztlich von allen Bundesregierungen – gleich welcher parteipolitischen Couleur – getäuscht. Rechtliche Schritte einzuleiten und Strafanzeige wegen Verstoßes gegen die Politischen Grundsätze zu stellen ist nicht möglich. Da diese Grundsätze lediglich eine Art Absichtserklärung darstellen, sind sie – im Gegensatz zum Grundgesetz, dem Kriegswaffenkontroll- und Außenwirtschaftsgesetz – nicht rechtsverbindlich.

Kein Wunder also, dass die seit 2005 amtierenden CDU/CSU-Bundesregierungen an den Politischen Grundsätzen aus der Ära Rot-Grün kein Wort änderten. Warum sollten sie auch? Immerhin übersteigt das Volumen bundesdeutscher Waffentransfers mittlerweile das der direkten Mitkonkurrenten Frankreich und Großbritannien. Laut SIPRI ist Deutschland heute Europameister beim Rüstungsexport. Wer aber glaubt, Rüstungsindustrie und Bundesregierung gäben sich damit zufrieden, der irrt, denn die aktuell beschlossene Bundeswehrreform weist den Weg zu noch mehr Waffenhandel.

Bundeswehr bis 2017 reformieren, Rüstungsexporte steigern

Die Reform der Bundeswehr ist in vollem Gange. Mit Verve setzt Bundesverteidigungsminister Thomas de Maizière die Pläne seines Vorgängers Theodor zu Guttenberg um, der Umbau der Streitkräfte soll bis zum Jahr 2017 vollendet sein. Aus der Wehrpflicht- wird eine Freiwilligenarmee, von 394 Standorten sollen am Ende erst einmal 264 bestehen bleiben. Dieser »radikalste Umbau in der Geschichte der Bundeswehr« betreffe eine Armee, »die sich im Einsatz, zum Teil im Krieg befindet«, charakterisiert das vormalige Mitglied der Bundeswehr-Strukturkommission Karl-Heinz Lather die Entwicklung. Als ehemaliger General der Bundeswehr weiß Lather, wovon er spricht.

»Veraltetes Gerät, zu viel und schlecht ausgebildetes Personal, bis ins Absurde wuchernde Parallelstrukturen, ineffiziente und überflüssige Kommandoebenen«, so bewertet Marco Seliger die bisherige Situation der Streitkräfte. Die Bundeswehr stehe am Anfang eines grundlegenden Prozesses: »Dieser Reform wird bald die nächste folgen«, prophezeit der Chefredakteur der Zeitschrift *loyal. Magazin für Sicherheitspolitik.* Laut Seliger wird der Personalumfang von bis zu 180 000 Soldaten aufgrund der demografischen und finanziellen Entwicklung in Deutschland »in einigen Jahren kaum mehr zu erreichen, geschweige denn zu bezahlen sein«.[104]

Unumwunden bringt der *loyal*-Redakteur die Bundeswehrreform auf den Punkt: »Der Auftrag lautet Kampf.« Das Heer wolle sich auf sein Kerngeschäft konzentrieren, die »Kampftruppen werden gestärkt«. Laut Inspekteur Werner Frees hat das Heer zukünftig zwei Aufträge: Einsatz und Ausbildung für den Einsatz. Den Kern werden dabei neun Brigaden und das Kommando Spezialkräfte (KSK) bilden. Bei dem im baden-württembergischen Calw ansässigen KSK handelt es sich um Einheiten auch für geheime Kampfeinsätze.[105] Noch deutlicher formuliert dies der Bundesverteidigungsminister. »Prinzipiell«, so Thomas de Maizière, gebe es keine Region auf der Welt, von der man sagen könne, »dass Deutschland dort nichts zu suchen« habe.[106]

Die Verfassungsmäßigkeit bestimmter Einsatzszenarien gilt als äußerst zweifelhaft. Tobias Pflüger, Begründer der Informationsstelle Militarisierung e. V. (IMI), beschreibt gleich zwei Verfassungsbrüche: die

Verletzung des Parlamentsvorbehalts, wonach der Bundestag vor einem Einsatz mehrheitlich zustimmen muss; und den Militäreinsatz außerhalb des Rahmens eines kollektiven Sicherheitssystems.

Eine kleinere Bundeswehr bedeutet unweigerlich weniger Waffenbeschaffungen, selbst beim Bedarf für weltweite Kampfeinsätze. Diese Entwicklung ruft beim Bundesverband der Deutschen Sicherheits- und Verteidigungsindustrie e. V. (BDSV) Empörung hervor, gepaart mit einer klaren Zielvorgabe: Die wehrtechnische Branche unterliege besonderen Rahmenbedingungen, denn deren Kunden seien ausschließlich staatliche Organisationen. Größere Beschaffungsprojekte würden über Jahre hinweg gestreckt, die Abwicklung in der Sicherheits- und Verteidigungsindustrie (SVI) verlaufe antizyklisch. Werde die Bundeswehr verkleinert und das nationale Budget für Verteidigung weiter gekürzt, so würden die Auswirkungen auf die deutsche SVI sichtbar »und können dann nur noch über zunehmende Exporte kompensiert werden«, so BDSV-Geschäftsführer Christian-Peter Prinz zu Waldeck im Februar 2011.

Darüber hinaus bilde die deutsche SVI auch eine nationale industrielle Rüstungsbasis. In diesem Sinne sei sie eine strategische Industriesparte, welche die Unabhängigkeit materieller Verteidigungsfähigkeit gewährleiste, die Kooperationsfähigkeit im Bündnis sichere und damit die nationale Handlungsfähigkeit und Souveränität Deutschlands unterstreiche, so Prinz zu Waldeck. Der Politik und der Amtsseite müsse bewusst sein, dass bei der derzeitigen »Sicherheitspolitik nach Kassenlage« industrielle Fähigkeiten und Kapazitäten endgültig verloren gehen könnten – mangels Aufträgen, mahnt der BDSV-Geschäftsführer.

Waldeck kämpft für die Rüstungsindustrie Deutschlands. Angesichts der technischen Leistungsfähigkeit und hohen Produktqualität biete diese eine große Produktvielfalt. Wer stattdessen Kauflösungen im Ausland präferiere, lasse bei seinen Überlegungen längerfristige Aspekte wie die Entwicklung der Betriebskosten, die Einflussnahme auf den Hersteller sowie die Versorgungssicherheit außer Acht. Darüber hinaus würden »hochwertige und innovative Arbeitsplätze in Deutschland gefährdet und industrielle Wertschöpfung ins Ausland transferiert«.[107]

Sinkende Waffenbeschaffungen der Bundeswehr rufen auch die Rüstungsindustrie auf den Plan, wobei die Argumentation zuweilen geradezu absurde Züge annimmt. Klaus Eberhardt macht zwei Anmerkungen zum Rüstungsexport: »Erstens können wir unsere Forschung und Entwicklung, die eben auch der Bundeswehr zugutekommt, nur über Exporterlöse finanzieren«, behauptet der Vorsitzende von Rheinmetall Defence. Zweitens gebe es »aufstrebende Staaten, die es nicht akzeptieren würden, wenn Deutschland zwar durch Automobil- und Maschinenexporte Arbeitsplätze und Wohlstand schafft, sich aber einer partnerschaftlichen Rüstungskooperation verweigert«.[108] Was für eine verquere Argumentation aus dem Munde eines führenden Rüstungsmanagers – als ob beispielsweise Fahrzeuglieferungen von Audi, BMW, Mercedes oder Volkswagen davon abhängen würden, dass Kooperationsgeschäfte bei Kampfpanzern oder Überwachungsdrohnen stattfinden.

Nicht besser, aber klarer argumentiert Friedrich Lürßen, Eigner der gleichnamigen Bremer Werft und zugleich Präsident des neu gegründeten Bundesverbandes der deutschen Sicherheits- und Verteidigungsindustrie. Laut Lürßen werden 70 Prozent der Waffen und Rüstungsgüter ins Ausland transferiert. Voraussetzung hierfür sei, dass die Bundeswehr als Erstkunde auftrete und damit als Türöffner fungiere. Sobald die Bundeswehr die Waffensysteme beschafft habe, könnten Rüstungsexporte folgen.[109]

Angesichts einer sinkenden Binnennachfrage bei fehlenden Beschaffungsaufträgen der Bundeswehr drängen Waffenproduzenten in Deutschland auf die Aushebelung der ohnehin lax gehandhabten Restriktionen für Rüstungsexporte. Die Grundlage dafür bietet der Koalitionsvertrag von CDU, CSU und FDP vom Oktober 2009. Dort schrieben die christlich-liberalen Koalitionäre fest, das Außenwirtschaftsgesetz und die Außenwirtschaftsverordnung würden »entschlackt und übersichtlicher ausgestaltet«. Vorschriften sollten gestrichen werden, »die deutsche Exporteure gegenüber ihren europäischen Konkurrenten benachteiligen«.[110]

Keine Frage, der Koalitionsvertrag von 2009 erwies sich als Türöffner für forcierten Waffenhandel. Wohin der Rüstungszug seitdem rast, zeigen die Exportzahlen zu Anfang des zweiten Jahrzehnts dieses Jahrhunderts. Im ersten gänzlich von der christlich-liberalen Bundesregierung verantworteten Jahr erreichten die real erfolgenden Kriegswaffenausfuhren einen neuen Rekordwert von 2,19 Mrd. Euro (2010). Das ist fast das sechsfache Volumen gegenüber 2001.[111] Solche Rekordwerte werden auch dank ganz legaler Waffentransfers an zahlreiche menschenrechtsverletzende bzw. kriegführende Staaten erzielt.

Das zweite Jahrzehnt des 21. Jahrhunderts wird ein entscheidendes werden: Mit der beschlossenen Verkleinerung der Bundeswehr und dem daraus resultierenden geringeren Volumen an Waffenbeschaffungen wächst der Druck auf die Rüstungsindustrie, andere Abnehmer für ihre tödlichen Produkte zu finden. Die alles entscheidende Frage lautet: Gelingt es den Lobbyisten der Rüstungsindustrie die Regierungspolitik mittels massiver Einflussnahme zu noch mehr Exportgenehmigungen für Waffen und Rüstungsgüter zu bewegen? Oder schafft es ein breites Bündnis zivilgesellschaftlicher Organisationen und der beiden christlichen Kirchen im Bündnis mit den rüstungskritischen Kräften in politischen Parteien, eine abrüstungspolitische Wende einzuleiten? Erstere Entwicklung ließe alle Dämme brechen, letztere wäre ein entscheidender Schritt auf dem Weg zu weitaus weniger Waffenhandel und zu einem vollständigen Rüstungsexportstopp.

1 www.thyssenkrupp-marinesystems.com

2 »Expertise. Technology. Innovation«, Waffenwerbung von Blohm + Voss Naval, *Europäische Sicherheit* 4/2011, S. 49.

3 »RAM Rolling Airframe Missile«, *Europäische Sicherheit* 4/2011, S. 51.

4 »Waffenschmiede Deutschland«, www.focus.de vom 20. März 2012.

5 VN-Waffenregister, in: Rüstungsexportbericht 2009, S. 10.

6 »Die Türken schießen sich auf den Erbfeind Griechenland ein«, *Stuttgarter Zeitung* vom 21. Januar 1994.

7 »Türkei droht Zypern Entsendung von Kriegsschiffen an«, www.nzz.ch vom 19. September 2011; *Stuttgarter Zeitung* vom 21. Januar 1994.

8 Rüstungsexportbericht 2010, S. 10, 20 und 112; Rüstungsexportbericht 2011, S. 13, 79 und 92.

9 Rüstungsexportbericht 2010, S. 10, 43 f. und 47; Rüstungsexportbericht 2011, S. 84.

10 Geschäftsbericht EADS: *Flug in die Zukunft. Das Unternehmen im Jahr 2010,* S. 67.

11 Jürgen Grässlin, *Versteck dich, wenn sie schießen. Die wahre Geschichte von Samiira, Hayrettin und einem deutschen Gewehr,* München 2003, S. 365 und 395.

12 Schreiber, »Kriege und bewaffnete Konflikte«, a. a. O.; Pressemitteilung AKUF »Zahl der kriegerischen Konflikte leicht zurückgegangen« vom 18. Dezember 2012.

13 Philip Walker: »The World's Most Dangerous Borders«, 24. März 2011, www.foreignpolicy.com

14 IPPNW (Hrsg.): Body Count: *Opferzahlen nach 10 Jahren »Krieg gegen den Terror« Irak Afghanistan Pakistan,* Berlin 2012, S. 72.

15 *AMNESTY INTERNATIONAL REPORT 2011,* S. 190.

16 *SIPRI Yearbook 2012,* S. 272; *Fischer Weltalmanach 2012,* S. 220.

17 Rüstungsexportbericht 2010, S. 15, 23 und 128; Rüstungsexportbericht 2011, S. 28, 97 und 103.

18 »Arbeit durch Rüstung?«, Interview mit Rainer Arnold, NTZ vom 17. März 2010; s. http://www.rainer-arnold.de/archiv

19 »Mit Transparenz und parlamentarischer Beteiligung gegen die Ausweitung von Rüstungsexporten«, Antrag der Fraktion der SPD im Bundestag, 17. Wahlperiode 17/5054, vom 16. März 2011.

20 Jürgen Grässlin: *Versteck dich, wenn sie schießen,* S. 365, 367 f.

21 *Spiegel Online* vom 13. November 2011.

22 *AMNESTY INTERNATIONAL REPORT 2010,* S. 80 f.

23 »Tischrede von Bundeskanzlerin Angela Merkel im Rahmen des Mittagessens, gegeben vom Präsidenten der Republik Angola« am 13. Juli 2011,

siehe www.bundeskanzlerin.de/Content/DE/Rede/2011/07/2011-07-13-bk-rede-luanda.html

24 Rede von Bundeskanzlerin Angela Merkel zur Eröffnung des Deutsch-Angolanischen Wirtschaftstreffens am 13. Juli 2011 in Luanda, siehe: http://www.bundeskanzlerin.de/Content/DE/Rede/2011/07/2011-07-13-bk-rede-deutsch-angolanisches-wirtschaftstreffen.html

25 »Pressestatements von Bundeskanzlerin Angela Merkel und dem Präsidenten der Republik Angola, José Eduardo dos Santos«, a. a. O.

26 Ebda.

27 Rüstungsexportbericht 2009, S. 6 und 83.

28 Rüstungsexportbericht 2004, S. 126.

29 Rüstungsexportberichte 2005, S. 121; 2006, S. 122; 2007, S. 128; 2008, S. 105; 2009, S. 109.

30 Rüstungsexportbericht 2010, S. 114.

31 Rüstungsexportbericht 2011, S. 94.

32 *taz* vom 15. Juli 2011.

33 »Angola: Anhaltender Bürgerkrieg in Cabinda. Rüstungshandel mit Angola verstößt gegen deutsche Exportrichtlinien«. Pressemitteilung der Gesellschaft für bedrohte Völker vom 14. Juli 2011.

34 *Süddeutsche Zeitung* vom 14. Juli 2011.

35 *Spiegel Online* vom 13. Juli 2011.

36 Ebda., S. 6.

37 »Politische Grundsätze der Bundesregierung für den Export von Kriegswaffen und sonstigen Rüstungsgütern«, I. Allgemeine Prinzipien, Punkt 2.

38 Interview mit Emanuel Matondo, »Gerade die Kleinwaffen sind verheerend«, in: Connection e. V. (Hrsg.): Waffenexporte ins südliche Afrika. Ein Geschäft mit dem Tod, Offenbach 2011, S. 4 ff.

39 »Deutsche Waffenexporte tragen zur Unterdrückung des ›Arabischen Frühlings‹ bei«, a. a. O.

40 *Der Spiegel* 27/2011.

41 »Aktuelle Stunde ›Lieferungen von Leopard-Kampfpanzern an Saudi-Arabien‹« am 6. Juli 2011 im Deutschen Bundestag, siehe http://www.gruene-bundestag.de/cms/bundestagsreden/dok/385/385687.aktuelle_stunde_lieferungen_von_leopardk.html

42 »Berichte über Panzer für Saudis lösen Unmut aus«, 6. Juli 2011, siehe http://www.bundestag.de/dokumente/textarchiv/2011/35029241_kw27_aktstd_panzer/index.html

43 *Zeit Online* vom 20. Juli 2011.

44 So Jan van Aken gegenüber dem Autor.

45 »Für die Freiheit des Wortes«. Infoblatt »50 Jahre amnesty international«, ohne Datumsangabe, Herbst 2011.

46 *de.news.yahoo.com* vom 5. Februar 2011, http://de.news.yahoo.com/2/20110205/tts-merkel-menschenrechte...

47 »Statement von Prälat Dr. Bernhard Felmberg zur Rüstungsexportgenehmigung von Leopard-Panzern nach Saudi-Arabien«, GKKE vom 4. Juli 2011.

48 Rüstungsexportbericht 2011 der GKKE, Statement von Prälat Dr. Karl Jüsten anlässlich der Bundespressekonferenz am 12. Dezember 2011.

49 »Regierung schweigt zu Panzer-Deal«, *stern.de* vom 4. Juli 2011; *Stuttgarter Zeitung* vom 6. Juli 2011.

50 »Das Unternehmen im Jahr 2010. Flug in die Zukunft«. Geschäftsbericht EADS, S. 30.

51 *Handelsblatt* vom 14. Juli 2011.

52 »Könige, Despoten und Gestürzte«, *Die Zeit* vom 24. Februar 2011, S. 2.

53 *AMNESTY INTERNATIONAL REPORT 2011*, S. 72 f., 75; *AMNESTY INTERNATIONAL REPORT 2009*, S. 79.

54 *AMNESTY INTERNATIONAL REPORT 2011*, S. 72 f.

55 *Fischer Weltalmanach 2012*, S. 54.

56 http://www.bundeskanzlerin.de/nn_700276/Content/DE/Archiv16/Rede/2008/07/2008-07-16-rede-merkel-ihk-algier.html

57 Pressestatements von Bundeskanzlerin Angela Merkel Abdelaziz Bouteflika, a. a. O.

58 www.bundeskanzlerin.de; www.hdg.de

59 Rüstungsexportbericht 2010, S. 35.

60 Ebda., S. 37 f.

61 Rüstungsexportbericht 2008, S. 35 f.

62 Schreiben Jochen Homann, Staatssekretär im Bundesministerium für Wirtschaft und Technologie, an Jan van Aken, MdB, vom 22. August 2011.

63 Rüstungsexportbericht 2010, S. 45.

64 »Deutschland weiß um seine Verantwortung in der Welt«, Rede der Bundeskanzlerin Angela Merkel anlässlich der Festveranstaltung »50 Jahre Bergedorfer Gesprächskreis«; am 9. September 2011; siehe http://www.bundeskanzlerin.de/Content/DE/Rede/2011/09/2011-09-09-rede-merkel...

65 »Merkel rechtfertigt Rüstungsexporte als Friedensmittel«, *Spiegel Online* vom 22. Oktober 2012.

66 *Süddeutsche Zeitung* vom 31. Juli 2012; *Badische Zeitung* vom 31. Juli 2012.

67 »Verbände mit Interessen an der Verteidigung«, in: *Handbuch der Bundeswehr ... 2009/2010*, S. 633 ff.

68 *Infobrief Heer* des FKH, April 2010, 2-2010, S. 3.

69 *Handbuch der Bundeswehr ... 2009/2010*, S. 644.

70 Ebda., S. 641.
71 Ebda., S. 645.
72 Ebda., S. 640.
73 Ebda., S. 636.
74 Ebda.
75 Ebda.
76 »Gelungener Parlamentarischer Abend des BDSV« vom 30. September 2011 // http://www.bdsv.eu/de/Aktuelles/Archiv_2011/Gelungener_Parlamentarischer_Abend_des_BDSV_Minister_laedt_Sicherheits-_und_Verteidigungsindustrie_zum_Dialog_ein.htm
77 Quelle: http://de.wikipedia.org/wiki/Georg_Wilhelm_Adamowitsch
78 Quelle: BDSV vom 20. Juli 2011; http://www.behoerden-spiegel.de/icc/Internet/nav/1f7/broker.p?uCon=4b050b4f-7196-4131-8121-89f707b988f2&uTem=aaaaaaaa-aaaa-aaaa-bbbb-000000000003&uMen=1f75009d-e07d-f011-4e64-494f59a5fb42&_ic_print=true
79 http://www.bdsv.eu/
80 BDSV vom 20. Juli 2011.
81 Siehe *Der Spiegel* 25/1984, zit. nach: Ebda., S. 107.
82 *Südfrüchte aus Oberndorf,* a. a. O., S. 109.
83 Selbstvorstellung zur Bundestagswahl, *Jede Woche* vom 21. Januar 1987; in: Jürgen Grässlin: *Den Tod bringen Waffen aus Deutschland. Von einem, der auszog, der Rüstungsindustrie das Fürchten zu lehren,* München 1994, S. 355.
84 Grässlin: *Versteck dich, wenn sie schießen,* S. 351.
85 Ebda., S. 384.
86 Schreiben von Ernst Burgbacher, Parlamentarischer Staatssekretär im Bundesministerium für Wirtschaft und Technologie, vom 7. Juni 2011, an Ulla Jelpke, MdB.
87 »Erste Indizien zur Frage der Herkunft der Waffenfunde von Heckler & Koch-Produkten in Libyen«. Schreiben von Lemperle und Ihloff an Mitglieder des Bundestagsausschusses für Wirtschaft und Technologie vom 2. November 2011.
88 Neue Rottweiler Zeitung; *NRWZ online* vom 15. September 2009.
89 Ebda.
90 »Das Phantom«, *Capital* 10/2010, S. 127.
91 Pressemitteilung der Staatsanwaltschaft Rottweil vom 1. März 1993, zit. nach Grässlin, *Den Tod bringen Waffen aus Deutschland,* a. a. O., S. 403 f.
92 Jürgen Grässlin, *Versteck dich, wenn sie schießen,* S. 403 f.
93 »Spendentätigkeit der Heckler & Koch GmbH«, 2. Dezember 2011, siehe www.heckler-koch.com/de/unternehmen/news

94 Rüstungsexportbericht 2010, S. 35.

95 Recherche von Thomas Reutter, »Report« *(Mainz)*, Spiegelung der Homepage von Volker Kauder aus dem Jahr 2006.

96 »Spendentätigkeit der Heckler & Koch GmbH«, 2. Dezember 2011, siehe www.heckler-koch.com/de/unternehmen/news

97 *NRWZ.* Online-Ausgabe vom 15. September 2009, und *Gränzbote* vom 15. Dezember 2011.

98 *NRWZ.* Online-Ausgabe vom 15. September 2009.

99 Martin Himmelheber in der *NRWZ online* am 21. September 2009.

100 *Neues Deutschland* vom 14. Dezember 2011.

101 Rüstungsexportbericht 2010, S. 35.

102 Rüstungsexportbericht 2010, S. 45.

103 Ebda.

104 *loyal* Nr. 12/2011, S. 3, 8 und 10.

105 Ebda., S. 12 f.

106 Interview des *MDR* mit Bundesverteidigungsminister Thomas de Maizière, zit. nach http://www.heise.de/tp/blogs/8/152316

107 Pressemitteilung »Sicherheits- und Verteidigungsindustrie gut aufgestellt«, a. a. O.

108 Interview mit Klaus Eberhardt, Vorstandsvorsitzender Rheinmetall AG, *€URO* vom 18. Mai 2011.

109 GKKE-Rüstungsexportbericht 2010, S. 69.

110 »Wachstum. Bildung. Zusammenhalt. Koalitionsvertrag zwischen CDU, CSU und FDP«, 17. Legislaturperiode vom 26. Oktober 2009, S. 55 f. und S. 125.

111 Rüstungsexportbericht 2010, S. 45.

Kapitel 5

Konzerne als Kriegs-profiteure

Welche Großwaffensysteme und Rüstungsgüter von den Big Five produziert und exportiert werden

Zu Lande, zu Wasser und in der Luft: Deutsche Waffen und Rüstungsgüter erweisen sich als weltweite Verkaufsschlager. Kampfflugzeuge vom Typ Eurofighter Typhoon und alsbald auch Kampfpanzer vom Typ Leopard 2 A7+ für Saudi-Arabien, atomar bestückbare U-Boote der Dolphin-Klasse für Israel und Mercedes-Sattelzugmaschinen Actros u.a. für Libyen.

5.1 Die Big Five

Stabilisierung auf hohem Niveau

Der weltweite Waffenwahn wird spätestens dann greifbar, wenn man sich die globalen Militärausgaben vor Augen führt: Allein im Jahr 2011 investierte die Menschheit 1738 Mrd. US-Dollar, rund 1330 Mrd. Euro, in die Finanzierung von Armeen, in deren Bewaffnung, in die Landesverteidigung und in Auslandseinsätze bis hin zu Kriegen. Pro Kopf der Erdbevölkerung bedeutete dies nahezu 250 US-Dollar, die zur militärischen Abschreckung, für Waffengewalt und Gegengewalt, für Kriege und Bürgerkriege ausgegeben wurden. Ebendiese 1738 Mrd. US-Dollar würden dringend benötigt zur Lösung der wahren Menschheitsprobleme: für Frieden und Gerechtigkeit, für die Überwindung von Armut und Hunger, für Entwicklung und Ernährung, für medizinische Versorgung und Bildung, für die Erforschung und den Ausbau regenerativer Energien.[1]

Immerhin: Nach 13 Jahren steigender Militärbudgets pendelten sich die globalen Rüstungsausgaben 2011 erstmals auf dem Niveau des Vorjahres ein, so die Berechnungen des Stockholmer Friedensforschungsinstituts SIPRI. Der minimale Anstieg von 0,3 Prozent kam – die Inflationsrate einberechnet – gar einer geringen Senkung gleich. Kein Grund zur Freude und doch ein schmaler Silberstreif am Horizont des Hochrüstungshimmels. Schließlich waren die Militärausgaben seit 1998 stetig gesteigert worden, im Zeitraum von 2001 bis 2009 um den immens hohen Durchschnittswert von 4,5 Prozent pro Jahr.

Die aktuelle Stagnation ist keine gleichgewichtige, die Unterschiede sind eklatant. In der Folge der Finanzkrise in der westlichen Welt vermeldeten sechs der führenden Militärriesen – die USA, Frankreich, Deutschland, Großbritannien, Brasilien und Indien – Kürzungen ihrer Rüstungsetats, wenn auch in unterschiedlichem Umfang. Bedingt durch den Budgetstreit der Demokraten und Republikaner im Kongress, den Abzug der Truppen aus dem vormaligen Kriegsgebiet im Irak und der schwindenden Militärpräsenz in Afghanistan, verbuchten die USA endlich Minderungen im Militärhaushalt. Nichtsdestotrotz blieben die Vereinigten Staaten mit 41 Prozent der Weltwaffenausga-

216

ben auch 2011 die Militärmacht Nummer eins, und das mit beträchtlichem Abstand vor China.

Die drei führenden Staaten Westeuropas sahen sich zu Kürzungen ihrer sogenannten »Verteidigungs«-Ausgaben veranlasst: Frankreich um vier Prozent seit 2008, Deutschland um 1,4 Prozent und Großbritannien um 0,6 Prozent. Angesichts ihrer Finanzdebakel mussten auch Griechenland, Italien und Spanien ihre Militärausgaben senken.

Ganz anders die Situation in China und Russland. Die Ausgaben für Militär und Waffenbeschaffungen wurden im Reich der Mitte seit 1995 verfünffacht. Der russische Militäretat wurde seit 2008 um 16 Prozent gesteigert. Mit einem Vorjahreswachstum von 9,3 Prozent auf nunmehr 71,9 Mrd. Dollar legten die Russen im Jahr 2011 unter den Militärgiganten am meisten zu. China und Russland rangieren nunmehr – vor Deutschland, Frankreich und Großbritannien – auf den Plätzen 2 und 3 im Ranking der Militärmächte. Bis zum Jahr 2020 sollen Russlands überalterte Waffensysteme durch eine Generation neuer Hightech-Waffen ersetzt werden.

Sam Perlo-Freeman, Programmleiter des Stockholm International Peace Research Institute, begrüßte im Frühjahr 2012 die Tatsache, dass die Nachwirkungen der globalen Wirtschaftskrise den jahrzehntelangen Anstieg der Militärausgaben insgesamt »zumindest vorläufig zum Stillstand gebracht« hätten. Allerdings könne man zurzeit noch nicht sagen, ob die derzeitige Entwicklung in den westlichen Staaten eine langfristige Trendumkehr signalisiere.[2]

Wie sich die Zeiten wandeln. Während des Kalten Krieges standen sich in Mitteleuropa bis Ende der Achtzigerjahre zwei atomar und konventionell hochgerüstete Militärblöcke gegenüber. Mit der Auflösung des Warschauer Pakts und der deutschen Wiedervereinigung entschärfte sich die Sicherheitslage nicht nur in Europa nachhaltig. Der Wirtschaftskrieg beim Waffenhandel allerdings ging in veränderter Form weiter.

Heute konkurrieren amerikanische mit europäischen Rüstungsgiganten um die Vorherrschaft auf dem Weltwaffenmarkt: Mit Lockheed Martin, Boeing, General Dynamics, Raytheon, Northrop Grumman, L-3 Communications und United Technologies finden sich sieben US-

Konzerne in den Top Ten waffenverkaufender Großkonzerne. Ihnen stehen mit BAE Systems (Großbritannien), EADS (European Aeronautic Defence and Space Company; Deutschland, Frankreich und Spanien) sowie Finmeccanica (Italien) drei europäische Rüstungsriesen gegenüber.

Der britische Rüstungs-, Luftfahrt- und Informationssicherheitskonzern BAE Systems plc (Public Limited Company) mit Sitz in London wurde 1999 durch die Fusion von British Aerospace und Marconi Electronic Systems geschaffen und beschäftigte im Jahr 2010 98 200 Mitarbeiter. Beteiligt ist BAE Systems unter anderem an der Eurofighter GmbH, der MBDA (mit 37,5 %, wie die EADS), an Boeing, Lockheed Martin, Saab Military Aircraft, Rolls-Royce und Air Astana. In der Spitzengruppe der Weltwaffenproduzenten rangiert der britische Rüstungskonzern im Sektor der Kriegsschiffe (Flugzeugträger, Zerstörer und Atom-U-Boote) und Militärflugzeuge (Panavia Tornado, Eurofighter Typhoon, Harrier, Hawk, F/A-18, C130 Hercules u. v. a. m.). Laut SIPRI sanken die Waffenverkäufe von BAE Systems gegenüber dem Rekordjahr 2010 von 32,88 Mrd. US-Dollar auf 29,15 Mrd. US-Dollar 2011.[3]

Nach BAE Systems ist die EADS N. V. der zweitgrößte europäische Rüstungskonzern, gegründet am 10. Juli 2000 mit Verwaltungssitz im niederländischen Leiden. Von Anfang an galt das Prinzip gleicher Kräfte deutscher- und französischerseits: In der Gründungsphase hielt die DASA AG – Tochterunternehmen der Daimler AG – insgesamt 33,04 Prozent des Kapitals und der Stimmrechte, die französische Staatsholding SOGEADE (repräsentiert durch den französischen Staat und die Waffenschmiede Lagardère) 33,04 Prozent. Weiterer Großaktionär war mit 5,53 Prozent die spanische Staatsholdung SEPI, die restlichen Anteile entfielen auf die Öffentlichkeit.[4]

Bereits Anfang 2007 übertrug der Konzern 7,5 Prozent der EADS-Anteile an das Dedalus-Konsortium aus Bundesländern, privaten und öffentlichen Banken. Die Investorengruppe mit Allianz, Commerzbank, Deutscher Bank, Credit Suisse und Goldman Sachs sowie Förderinstituten bzw. Landesbanken von Baden-Württemberg, Bayern, Bremen, Hamburg und Niedersachen zahlte dafür 1,994 Mrd. Euro – wohlgemerkt unter Beibehaltung der EADS-Stimmrechte für die Daimler AG.[5] Im September 2012 nahm die seit Längerem angedachte weitere Anteilsreduzierung konkrete Züge an.[6] Peter Hinze, Luft- und Raumfahrtkoordinator der Bundesregierung, kündigte an, der Bund werde durch die Übernahme von 7,5 Prozent der Daimler-Anteile zum EADS-Großaktionär avancieren – was im Dezember 2012 auch geschah: Für 1,66 Mrd. Euro verkaufte Daimler 61,1 Millionen EADS-Aktien und damit die Hälfte seiner Anteile an die staatliche Kreditanstalt für Wiederaufbau (KfW).[7] Auch aufgrund mehrerer Übernahmen konnte die EADS bereits 2011 die Beschäftigtenzahl auf mehr als 133 000 erhöhen. Erfreulicherweise waren die guten Bilanzzahlen schwerpunktmäßig auf

Infokasten 5/1

Die Top Ten – Waffenverkäufe der zehn führenden Großwaffenproduzenten weltweit (2006–2011)

Rang 2011	Unternehmen	Land	Waffenverkäufe jeweils in Mio. US-$					
			2011	2010	2009	2008	2007	2006
1	Lockheed Martin	USA	36 270	35 730	33 430	29 880	29 400	28 120
2	Boeing	USA	31 830	31 360	32 300	29 200	30 480	30 690
3	BAE Systems	GB	29 150	32 880	32 540	32 420	29 850	24 060
4	General Dynamics	USA	23 760	23 940	23 380	22 780	21 520	18 770
5	Raytheon	USA	22 470	22 980	23 080	21 030	19 540	19 530
6	Northrop Grumman	USA	21 390	28 150	27 000	26 090	24 600	23 650
7	EADS	Westeuropa	16 390	16 360	15 930	17 900	13 100	12 600
8	Finmeccanica	Italien	14 560	14 410	13 280	13 240	9850	8990
9	L-3 Communications	USA	12 520	13 070	13 010	12 160	11 240	9980
10	United Technologies	USA	11 640	11 410	11 110	9980	8760	7650

Quellen:
http://www.sipri.org/research/armaments/production/Top100/data;
»The SIPRI Top 100 arms-producing and military services companies, 2010«,
siehe www.sipri.org vom März 2012 und vom Februar 2013;
SIPRI Yearbook 2011, Tab. 5A.4; *SIPRI Yearbook 2008*, Tab. 6A.2;

»eine starke Wachstumsdynamik im zivilen Geschäft« zurückzuführen. SIPRI meldete für 2010 und 2011 Rüstungsverkäufe der EADS im Umfang von 16,36 sowie 16,39 Mrd. US-Dollar.[8]

Die Aktiengesellschaft Finmeccanica S. p. A., Europas drittgrößter Rüstungskonzern, entstand in den Neunzigerjahren durch den Zusammenschluss nahezu sämtlicher Luft-, Raumfahrt- und Rüstungskonzerne Italiens. Das weltweit achtgrößte rüstungsexportierende Unternehmen mit Sitz in Rom beschäftigte im Jahr 2010 gut 75 000 Mitarbeiter, die einen Umsatz von 18,695 Mrd. Euro erwirtschafteten. Finmeccanica fertigt Flugzeuge und Hubschrauber, Satelliten und Raketen, Schiffsgeschütze und Torpedos sowie Panzerfahrzeuge. SIPRI verzeichnet für 2010 Waffenverkäufe des italienischen Rüstungsgiganten im Wert von 14,41 Mrd. US-Dollar.[9] Diese wurden 2011 mit 14,56 Mrd. US-Dollar noch übertroffen.[10]

SIPRI erfasst seit 1990 die hundert führenden waffenproduzierenden und -exportierenden Unternehmen weltweit. Unter Einbeziehung der European Aeronautic Defence and Space Company N. V. (EADS) mit ihrem führenden industriellen Anteilseigner Daimler AG fanden sich im Jahr 2011 fünf Unternehmen aus Deutschland in der Liste der »Top 100«: die EADS (Rang 7), die Rheinmetall AG (26), die ThyssenKrupp AG (49), die Krauss-Maffei Wegmann GmbH & Co. KG (54) und die Diehl Stiftung GmbH (60). Gegen den internationalen Trend – der nach zahlreichen Wachstumsjahren eine fünfprozentige Senkung des Umsatzes der weltweit führenden Rüstungskonzerne belegt – legten die Big Five 2011 mit Waffenverkäufen im Vergleich zu den beiden Vorjahren zu.

Maßgeblich prägen diese Big Five das Bild der »wehrtechnischen Industrie« der Bundesrepublik Deutschland. In den vergangenen Jahren konnten sie den Umfang ihrer Rüstungsexportgeschäfte von 18,07 auf 19,83 und 25,21 Mrd. US-Dollar deutlich steigern. Dem leichten Rückgang 2009 und 2010 mit 23,25 und 23,16 US-Dollar folgte die erneute Steigerung des Waffentransfervolumens auf 24,57 Mrd. US-Dollar – immerhin der zweithöchste Wert aller Zeiten.[11] Unangefochten rangiert Deutschland vor Frankreich und Großbritannien auf Platz 3 der Weltwaffenexporteure.

Infokasten 5/2

Die Big Five – Waffenverkäufe der fünf führenden Großwaffenproduzenten Deutschlands (2006-2011)

Als siebtgrößter Rüstungskonzern der Welt rangiert die EADS N. V. – mit den Hauptanteilseignern Daimler AG und der staatlichen KfW-Bank – deutlich vor den in Deutschland ansässigen Waffenschmieden. Die größten deutschen Rüstungsproduzenten sind die Rheinmetall AG, die ThyssenKrupp AG, die Krauss-Maffei Wegmann GmbH & Co. KG und die Diehl Stiftung GmbH. MTU Aero Engines Holding AG fand 2011 keine Erwähnung in den Top 100 von SIPRI. Das Stockholmer Friedensforschungsinstitut erfasst ausschließlich die Transfers von Großwaffensystemen. Die Werte sind nach aktuellen Preisen und Wechselkursen ermittelt.

Konzern	Ranking 2011	Waffenverkäufe (in Mio. US-Dollar)					
		2011	2010	2009	2008	2007	2006
EADS	7	16390	16360	15930	17900	13100	12600
Rheinmetall	26	2980	2660	2640	2660	2400	1810
ThyssenKrupp	49	2080	1340	1980	1760	1740	1620
KMW	54	1740	1590	1630	1950	1690	1190
Diehl	60	1380	1210	1070	940	900	850

Abkürzung:
KMW – Krauss-Maffei Wegmann

Anmerkungen:
1. Die Daimler AG verfügte bis Ende des Jahres 2012 über einen Anteil von 7,5 Prozent an der EADS N. V. Sie hatte 7,5 Prozent an die Bundesregierung verkauft. Wollte man einen rein deutschen Anteil berechnen, müsste man zusätzlich den Streubesitz auch privater deutscher Anteilseigner mit einbeziehen.
2. Die EADS ist ihrerseits mit 37,5 Prozent am europäischen Lenkflugkörperhersteller MBDA beteiligt, der auf Platz 20 (2011) der Weltwaffenproduzenten rangierte.
3. Mehrere chinesische Waffenproduzenten tätigten in ausreichendem Umfang Waffengeschäfte, um in die SIPRI-Liste der Top 100 aufgenommen zu werden. Laut SIPRI war ihre Berücksichtigung nicht möglich, da aktuelle Daten und damit die Grundlage für Vergleichbarkeit fehlten.

Quellen:
»The SIPRI Top 100 arms-producing and military service companies in the world«, 2011 (vom 18. Februar 2013);
www.sipri.org/research/armaments/production/Top100/data
SIPRI Yearbook 2011, Tab. 5A.4; SIPRI Yearbook 2008, Tab. 6A.2

Die Entwicklung aller fünf Rüstungsriesen der Republik zeigte sich in den letzten Jahren uneinheitlich, wobei insgesamt ein massiver Zuwachs an Waffenverkäufen verzeichnet werden konnte. Für die European Aeronautic Defence and Space Company liefen Ende des Jahrzehnts einige große Beschaffungsaufträge der in Afghanistan kriegführenden Herstellerstaaten von EADS-Waffen aus. Anfang dieses Jahrzehnts nahmen die Exitpläne nach dem zehn Jahre währenden Desaster in Afghanistan konkrete Formen an. Diese Entwicklung erhöhte – aus Unternehmenssicht – den Exportdruck. Dieser wurde weiter verstärkt durch die Tatsache, dass mit der Umstellung der Bundeswehr auf eine Berufsarmee und der damit verbundenen personellen Verringerung der Truppenstärke auch die Zahl kommender Waffenbeschaffungen gemindert wird. Im Jahr 2008 lief der Panzerbauer Krauss-Maffei Wegmann (KMW) dem Kriegsschiffproduzenten ThyssenKrupp AG den Rang ab, auch wenn die Schiffbauer in der Summe besagter Jahre noch vor KMW lagen.

An den Kampfeinsätzen im Irak und in Libyen hatte sich Deutschland aus gutem Grund nicht mit Bundeswehrsoldaten beteiligt. Neuerliche lang anhaltende Kriege mit weiteren lukrativen Waffengeschäften zeichnen sich erst einmal nicht ab. Die SIPRI-Zahlen für das Geschäftsjahr 2010 weisen auf Absatzprobleme bei EADS/Daimler, Krauss-Maffei Wegmann, ThyssenKrupp und MTU Aero Engines (damals auf Rang 100) hin. Lediglich Rheinmetall und Diehl konnten weitere Absatzmärkte erschließen und ihre Waffenverkäufe auf ein neuerliches Spitzenniveau steigern.[12]

Im Jahr 2010 erreichten die real erfolgenden Rüstungsexporte mit 2,119 Mrd. Euro eine neue Rekordmarke.[13] Noch dramatischer war das Volumen der Ausfuhrgenehmigungen. So gewährte die Bundesregierung Einzelgenehmigungen allen voran für Kriegsschiffe (1,02 Mrd. Euro), für militärische Ketten- und Radfahrzeuge (998,5 Mio. Euro) und für militärische Elektronik (453,6 Mio. Euro). Des Weiteren konnten militärische Luftfahrzeuge und -technik, Bomben, Torpedos und Flugkörper, Handfeuerwaffen und Munition in jeweils dreistelliger Millionenhöhe ausgeführt werden. Summa summarum lag der Gesamtgenehmigungswert im Jahr 2010 bei 4,754 Mrd. Euro.[14] Als sei das noch nicht genug, bewilligte die christlich-liberale Koalition beispielsweise für Kooperationsgeschäfte mit mehreren Staaten zusätzlich Sammelausfuhrgenehmigungen im Volumen von 737,3 Mio. Euro – macht Summa summarum einen Gesamtwert von rund 5,491 Mrd. Euro für die Einzel- und Sammelausfuhren.[15]

Zwar sanken im Jahr darauf die realen Kriegswaffenausfuhren auf rund 1,285 Mrd. Euro. Zugleich aber wurden 2011 die Einzelausfuhrgenehmigungen auf 5,414 Mrd. Euro und die Sammelausfuhrgenehmigungen auf 5,380 Mrd. Euro dramatisch gesteigert. Ausfuhrgenehmigungen für rund 10,79 Mrd. Euro sind ein in der bundesdeutschen Rüstungsexportgeschichte neuer Negativrekord.[16]

Darüber konnte auch der Hinweis der Bundesregierung nicht hinwegtäuschen, der erhöhte Wert beruhe »auf technischen Umstellungen«. Gemeint war die Umstellung der IT-Software im Bundesamt für Ausfuhrkontrolle und Wirtschaftsforderung (BAFA). Genau diese Behauptung wurde von der Gemeinsamen Konferenz Kirche und Entwicklung (GKKE) massiv in Zweifel gezogen. Die Steigerung der Sammelausfuhrgenehmigungen innerhalb nur eines Jahres um 630 Prozent könne »nur teilweise« auf die von der Bundesregierung erwähnte Umstellung zurückgeführt werden. »Eine umfassende Begründung bleibt die Bundesregierung in ihrem Rüstungsexportbericht schuldig«, monierten die Kirchen mit Recht.[17]

Deutschland befindet sich nach dem ersten Jahrzehnt des 21. Jahrhunderts in einer – historisch gesehen – einmaligen Situation der Sicherheit und Stabilität. Umzingelt von Freunden, ist der Gedanke schier unvorstellbar, dass ein exterritorialer Militärschlag gegen die Bundesrepublik geführt werden könnte.

Dennoch tobt der Kampf – jedoch nicht für eine bessere, ökologischere, gerechtere und friedlichere Welt. Sondern um Kriegsprofite, und er wird geführt von denen, die am Waffenverkauf verdienen und deren tödlichen Einsatz in anderen Ländern billigend in Kauf nehmen. SIPRI kommt bei seinen Berechnungen des deutschen Waffenhandels auf eine unglaubliche Zahl: Von 2005 bis 2010 – der Ära der christlich-sozialen und dem ersten Jahr der christlich-liberalen Koalition – lieferten allein die sechs führenden Rüstungskonzerne Deutschlands (mit MTU Aero Engines) Kriegswaffen im Gesamtwert von 127,71 Mrd. US-Dollar an NATO-Staaten, NATO-assoziierte Länder und Drittländer, darunter zahlreiche kriegführende und die Menschrechte missachtende Staaten. In diesem Sinne sind die Rüstungskonzerne – und mit ihnen zahlreiche weitere kleinere Zulieferbetriebe in ganz Deutschland – klassische Kriegsprofiteure.

Die folgenden Ausführungen über die Big Five und ihre Kooperationspartner geben exemplarische Einblicke in eine Industrie, die zu Lande, zu Wasser und in der Luft von Bedrohungsszenarien profitiert und am Geschäft mit dem Tod verdient. Und sie präsentieren die Topmanager, die die Geschäfte der Waffenschmieden maßgeblich bestimmen und dennoch – im Gegensatz zu führenden Politikern – einer breiten Öffentlichkeit meist unbekannt sind.

5.2 Kriegsprofiteur EADS

Schrempps Vermächtnis: das modernste Mehrzweck-Kampfflugzeug der Welt

Jürgen E. Schrempp. Längst scheinen sein Name Geschichte, seine Taten Makulatur, sein Image ramponiert zu sein. Mit der gänzlich gescheiterten Übernahme der Chrysler Corporation, offiziell als »Merger of Equals«, als Zusammenschluss unter Gleichen tituliert, sollte *der* führende Autokonzern geschaffen werden – die globale Nummer eins. Doch statt der versprochenen »Hochzeit im Himmel« erlebte die Finanz- und Wirtschaftswelt eine Bruchlandung auf Erden. Für viele der geschädigten Aktionäre und gefeuerten Mitarbeiter ist der gebürtige Freiburger bis heute eine Persona non grata. Denn die vermeintliche Jahrhundertfusion endete im Daimler-Desaster. Schrempp hinterließ einen Scherbenhaufen und trat zum 31. Dezember 2005 ab – nicht ohne langjährige und für ihn ungünstig verlaufende juristische Auseinandersetzungen.[18]

Der Europäische Gerichtshof stärkte im Juni 2012 die Rechte von Aktionären. Nach einem jahrelangen Rechtsstreit wegen des spektakulären Abgangs von Daimler-Chef Schrempp erweiterten die Luxemburger Richter das Recht der Anleger auf bessere Information. Konzerne müssten wichtige Personalentscheidungen nicht erst dann öffentlich machen, wenn sie bereits getroffen seien, sondern bereits in der Vorbereitungsphase.[19] Aus Sicht des *manager magazins,* um nur ein Beispiel unter vielen zu nennen, bleibt Schrempps Sturz »in nachhaltiger Erinnerung«.[20]

In Rüstungskreisen ist Schrempp dagegen bis heute gerne gesehen, was sich mit seinem – aus Konzernsicht erfolgreichen – Engagement nach der Gründung der Deutschen Aerospace AG (DASA) im Mai 1989 und dem wirtschaftlichen Aufstieg der Nachfolgeunternehmen erklärt. Mit der unter dem früheren Daimler-Vorsitzenden Werner Breitschwerdt initiierten und durch seinen Nachfolger Edzard Reuter vollendeten Übernahme der Mehrheit an der Motoren- und Turbinen-Union München GmbH in Friedrichshafen (MTU), der Dornier GmbH, Teilen der AEG AG sowie Messerschmitt-Bölkow-Blohm (MBB) diversifizierte der vormalige Autokonzern Daimler auch zum Rüstungsproduzenten. Das Ergebnis wurde hochtrabend als »integrierter Technologiekonzern« tituliert.

Bis 1987 im Management von Mercedes-Benz of South Africa tätig, avancierte Schrempp erst zum stellvertretenden Vorstandsmitglied der Daimler-Benz AG im Nutzfahrzeugbereich (1987–1989) und anschließend zum DASA-Vorstandsvorsitzenden (1989–1995).[21] Dem Freiburger fiel die Aufgabe zu, aus dem Konglomerat der Rüstungssparte mit militärischen und zivilen Satelliten, Helikoptern und Flugzeugen einen Konzern zu schmieden, der auf dem hart umkämpften Weltmarkt bestehen konnte.

Die DASA überstand die schwierigen Anfangsjahre auch aufgrund von Schrempps knallhartem Rationalisierungskurs mit massivem Arbeitsplatzabbau sowie staatlicher Unterstützung für die exorbitant teuren Rüstungsprojekte. Unter Schrempps Führung entstand Deutschlands größtes Luft- und Raumfahrtunternehmen, das neben Kriegswaffen vor allem eines mit Erfolg produzierte: Schuldenberge. Das 1995 ausgewiesene Verlustergebnis des Daimler-Konzerns in Höhe von 5,7 Mrd. DM ging zum Großteil auf Schrempps Konto und kostete einen anderen den Job: seinen Ziehvater Edzard Reuter.[22] Mit Reuters Abgang war der Weg geebnet für Schrempps Aufstieg an die Konzernspitze. Im Mai 1995 übernahm er das Amt des Vorstandsvorsitzenden der Daimler-Benz AG.

Bereits seit Januar 1995 trug die Deutsche Aerospace AG den

neuen Namen Daimler-Benz Aerospace AG.[23] Mit der Daimler-Chrysler-Fusion erfolgte im November 1998 die Umbenennung in DaimlerChrysler Aerospace AG unter Beibehaltung der Abkürzung DASA. Unter diesem Namen firmierte das mittlerweile zu einem führenden europäischen Rüstungsproduzenten und -exporteur aufgestiegene Unternehmen bis zur Gründung der trinationalen European Aeronautic Defence and Space Company (EADS) im Juli 2000, die wiederum durch den Zusammenschluss der DASA mit der französischen Aérospatiale-Matra-Gruppe und der spanischen CASA entstand.

Heute umfasst die EADS vier Divisionen: Airbus mit Airbus Military, Eurocopter, Astrium und Cassidian sowie die übrigen Aktivitäten. Neben dem Hauptsitz im niederländischen Leiden gibt es die drei Firmenzentralen in Paris, München und Madrid. Mit seinen »Flugzeugfamilien« verfügt Airbus über eine breite Palette ziviler wie militärischer Produkte. Das richtungsweisende Prinzip könnte lauten: Gefertigt wird, was fliegt, befördert und schießt. Bei Airbus Military werden die taktischen Transportflieger C212, CN235 und C295 produziert, das neue militärische Tankflugzeug A330 Multi-Role Tanker Transport (MRTT) sowie der kommende europäische Truppen- und Waffentransporter Airbus A400M.

Mit Eurocopter verfügt die EADS über den weltweit führenden Hersteller ziviler und militärischer Hubschrauber. Zu den zentralen Programmen zählen der Kampf- und Unterstützungshubschrauber Tiger sowie der Mehrzweck-Militärhubschrauber NH90. Auch hier gilt: Eurocopter verfügt »über ein stark wachsendes Verteidigungsgeschäft«. Grund dafür sind Kriegseinsätze. So habe der Militärhubschrauber Tiger »in Afghanistan beispiellose Zuverlässigkeit und eine hohe Einsatzquote bewiesen«.[24]

Gemäß dem selbst gesetzten Motto »All the space you need« stieg der Unternehmensbereich Astrium zum weltweit drittgrößten Raumfahrtkonzern auf. Heute ist Astrium Marktführer für Satelliten, Trägerraketen und Dienstleistungen der Raumfahrt.[25] Die Unternehmenstochter bietet ihre Dienste auch für die militärische Weltraumnutzung an. Erschaudern lässt noch ein anderes Produkt: Im Jahr 2008 absolvierte »die neue Generation der ballistischen M51-Rakete ihren letzten Testflug«.[26] Es war das neue Trägersystem für französische Nuklearsprengköpfe.

Auch Cassidian, die frühere Sparte »Verteidigung und Sicherheit«, offenbart eine breite Produktpalette in Unterschleißheim (Cassidian und Cassidian Systems), Manching (Cassidian Air Systems), Halbergmoos (Eurofighter) und Ulm (Cassidian Electronics). Cassidian ist mit einem lediglich achtprozentigen Zivilanteil die Rüstungssparte schlechthin im EADS-Konzern. Neben dem Eurofighter fertigt Cassidian Lenkflugkörpersysteme, Verteidigungselektronik und Unmanned Aerial Vehicles (UAVs), also unbemannte Luftfahrzeuge bzw. Drohnen.[27]

Schrempps Vermächtnis ist ein von ihm geschmiedeter und inzwischen höchst profitorientierter Luft- und Raumfahrtkonzern. Mehr noch: Die militärische Luftfahrtindustrie Deutschlands verdankt ihm ihren Fortbestand, war deren Existenz doch eng gekoppelt an das teuerste und zugleich unsinnigste Rüstungsprojekt in der Geschichte der Bundesrepublik. Der neu ins Amt berufene Verteidigungsminister Volker Rühe hatte nach Auflösung des Warschauer Pakts und im Anschluss an die deutsche Wiedervereinigung im August 1992 zu Recht verkündet: »Der Jäger 90 ist tot.«

Hätte DASA-Chef Schrempp nicht alle Hebel in Bewegung gesetzt, wäre der Eurofighter wohl nie gebaut worden. Nach zahlreichen Telefonaten und Treffen mit Politikern von CDU/CSU und SPD sowie DASA-Lobbygesprächen mit Vertretern des Verteidigungs- und Haushaltsausschusses im Deutschen Bundestag und Parteispenden in Millionenhöhe erklärte mir Schrempp in einem Vier-Augen-Gespräch: »Wir haben vernünftige Hintergrundgespräche geführt, die haben das gegenseitige Verständnis gefördert.« Gemeint war Rühes Meinungswandel und seine nunmehrige Befürwortung des Eurofighter-Projekts. Rühe habe »jetzt Entscheidungskompetenz bewiesen, nachdem er anfangs das Thema auf die leichte Schulter genommen« habe. Siegessicher verkündete Schrempp, auch die neue Regierung könne den Eurofighter nicht mehr verhindern.[28]

Wie recht Schrempp behalten sollte: Der als reines Jagdflugzeug gegen Angriffe des Warschauer Pakts konzipierte Jäger 90 mutierte über das European Fighter Aircraft (EFA) und den Eurofighter 2000 zum Multi-Role Combat Aircraft (MRCA) Eurofighter Typhoon. Als Mehrzweckkampfflugzeug kann der Eurofighter gleich mehrere Rollen übernehmen und gleichermaßen Ziele in der Luft wie am Boden bekämpfen. Keine der nachfolgenden Bundesregierungen konnte das bis dato teuerste und zugleich unsinnigste Rüstungsprojekt in der Geschichte der Bundesrepublik Deutschland stoppen. Im Frühjahr 1994 absolvierte der Kampfjet seinen Erstflug. Die Serienfertigung lief im Jahr 2003 an, die Indienststellung erfolgte im Sommer 2006.

Die Eurofighter Jagdflugzeug GmbH (siehe www.eurofighter.com) hat ihren Sitz im bayerischen Halbergmoos. Zu den zentralen Aufgaben des Unternehmens zählen die Konstruktion, Fertigung und Weiterentwicklung des Eurofighter Typhoon. Anteilseigner sind die EADS Deutschland und British Aerospace Systems (BAE) mit je 33 Prozent, die italienische Alenia Aeronautica mit 21 Prozent sowie die spanische CASA mit 13 Prozent. Im Jahr 2008 beschäftigte die Eurofighter-Gesellschaft mehr als 23 100 Mitarbeiter, der Umsatz lag bei knapp 3,3 Mrd. Euro.[29]

Vergleichbar der Airbus-Fertigung, wird auch der Eurofighter Typhoon in einem komplexen Zusammenspiel an sieben Standorten der vier Kooperationsländer hergestellt. Die EADS Deutschland baut in Lemwerder, Augsburg und Manching bei Ingolstadt das Rumpfmittelstück. BAE Systems produziert in den Werken Warton und Samlesbury Rumpfvorderteile und -rücken sowie einen Teil des Rumpfhecks, außerdem das Seitenleitwerk und das Cockpit. In Cassele bei Turin und in Foggia fertigt die italienische Alenia die linken Flügel und vervollständigt das BAE-Rumpfheck. Im spanischen Getafe werden die rechten Flügel und die Vorflügelklappen produziert. Die Endmontage der jeweiligen Eurofighter-Bestandteile erfolgt in den Werken Manching, Warton, Cassele und Getafe.

Anders bei den Typhoons, die ins Ausland geliefert werden: Alle für Österreich bestimmten Maschinen wurden in Manching, die Kampfflieger für die saudische Luftwaffe allesamt in Warton zusammengebaut. Für die jeweilige Ausfuhrstatistik zählt, dass die Endmontage in Großbritannien erfolgt. Somit tauchen Bestandteilexporte des Typhoons in den Rüstungsexportberichten als Lieferungen an Partnerländer auf, allen voran an Großbritannien – nicht aber als Lieferungen an den realen Endempfänger Saudi-Arabien.

Einen tiefen Einblick in Geschäftspraktiken des Unternehmens offenbart das Beispiel Österreich.

Das Täterprofil »Jürgen Erich Schrempp – der Herr der Kampfflugzeuge und Militärhelikopter« findet sich auf der Homepage www.juergen-graesslin.com > Buchautor > Schwarzbuch Waffenhandel.

Geschäfte wie geschmiert – Österreichs Eurofighter-Beschaffung

Österreich sei »Exportkunde der ersten Stunde« und habe mit der Wahl des Eurofighters »ein klares Votum für die Stärkung europäischer Sicherheitsstrukturen und den Ausbau europäischer Industrie-Kooperation abgegeben«. Derart überschwänglich lobten die beiden Chief Executive Officers (CEO) der EADS, Rainer Hertrich und Philippe Camus, den Verkaufsdeal. Zumal, so die frohe Botschaft, »das Exportpotenzial des Eurofighters und die Positionierung der Wehrtechnik-Sparte der EADS (…) nachhaltig gestärkt worden« seien.[30]

Damit war die erste Eurofighter-Lieferung außerhalb des Vier-Nationen-Konsortiums unter Dach und Fach. Die 18 Eurofighter Typhoon sollten die alten Saab J35 aus den Sechzigerjahren des vorigen Jahrhunderts ersetzen.

Und doch schlug der Beschaffungsvertrag für das österreichische Bundesheer nachträglich hohe Wellen. Der Deal ist – trotz der seit Langem erfolgten Auslieferung der Maschinen – noch immer grundsätzlich gefährdet. Im Sommer 2008 löste ein Rechtshilfeersuchen der britischen Strafverfolgungsbehörde Serious Fraud Office (SFO) die Eurofighter-Affäre aus.[31] Die sichergestellten Unterlagen ließen auf Schmiergeldzahlungen seitens des Waffenlobbyisten Alfons Mensdorff-Pouilly schließen. Die erste Ausschreibung, die an den Rüstungskonzern Britisch Aerospace Systems (BAE) gegangen war, wurde daraufhin storniert.

In Runde zwei konnte sich dann die EADS den Zuschlag sichern. Die Entscheidung zu ihren Gunsten fiel im Juli 2002 bei einem Kanzlerfrühstück des damaligen österreichischen Bundeskanzlers Wolfgang Schüssel. Und das, obwohl der damalige Verteidigungsminister Herbert Schreibner und der frühere Finanzminister Karl-Heinz Grasser angeblich gegen den Kauf der Eurofighter waren. Die britische SFO erhob schwere Vorwürfe: Das Geld sei im Anschluss »an die aggressive Zahlung von Erfolgsprämien« für relevante Entscheidungsträger geflossen.

Mit den neuen Mehrheitsverhältnissen seit Oktober 2006 beschlossen die Fraktionen der Sozialdemokratischen Partei Österreichs (SPÖ), der Grünen und der FPÖ die Einrichtung eines parlamentarischen Untersuchungsausschusses – gegen die Stimmen der ÖVP und des BZÖ. Das rechtspopulistische Bündnis Zukunft Österreich war im April 2005 von ÖVP-Mitgliedern um Jörg Haider gegründet worden. Der Untersuchungsausschuss prüfte unter Leitung des Vorsitzenden Peter Pilz (Grüne) die Umstände des Eurofighter-Kaufs und mögliche Ausstiegsoptionen. Die Nachforschungen erbrachten zahlreiche brisante Ergebnisse: beispielsweise eine Geldzuwendung des EADS-Rüstungslobbyisten Erhard Steininger an Anna Maria Frühstück-Wolf, die Ehefrau des Generalmajors Erich Wolf. Dieser war Mitglied der Kommission gewesen, welche die Eurofighter-Angebote bewertet hatte. Erich Deutsch, Leiter des Abwehramtes im österreichischen Verteidigungsministerium, hatte sich vom EADS-Lobbyisten Steiniger Hotelkosten begleichen lassen. Frühere Mitarbeiter der FPÖ, die dem Eurofighter-Kauf zugestimmt hatte, bekamen Geldzuwendungen der EADS und so weiter. Gerichtsakten belegten, dass die drei Rüstungslobbyisten Alfred Plattner, Walter Schön und Klaus-Dieter Bergner über rund 100 Mio. Euro verfügt haben sollen – Geld, mit dem der Entscheid zur Eurofighter-Beschaffung beeinflusst werden konnte.[32]

Bis heute ist die EADS tief in den Sumpf dieses Korruptionsskandals verstrickt. In der Folge könnte Österreich sogar aus dem Vertrag mit der deutsch-französischen Rüstungsschmiede aussteigen. Im sogenannten »Code of Business Conduct« des Vertragswerkes ist festgeschrieben, dass die Seite des Bieters keiner juristischen oder natürlichen Personen Vorteile gewähren darf, die in die Vergabe des Auftrags involviert war. Wie aber ist die Zahlung des EADS-Lobbyisten Steiniger an Wolfs Ehefrau aus dem Jahr 2002 – also vor Vertragsabschluss – zu bewerten? Im Falle ausreichender Verdachtsmomente käme die jetzige Bundesregierung Österreichs unter Bundeskanzler Werner Faymann, ohne Stornogelder aus dem Vertrag heraus. Faymanns SPÖ steht dem Eurofighter-Projekt kritisch gegenüber.

Im Sommer 2007 hatte Verteidigungsminister Norbert Darabos die Verdachtsmomente gegen die EADS noch nicht als ausreichend angesehen und stimmte damals einem Deal zu: der Minderung der Stückzahl von 18 auf 15 Typhoon, neun neue Maschinen plus sechs gebrauchte. Der Preis der Beschaffung minderte sich dementsprechend um rund ein Fünftel von 1,959 auf nunmehr 1,589 Mrd. Euro.[33] Im Oktober 2011 liefen weiterhin juristische Ermittlungen, die Sache wurde abermals brenzlig. Für den Fall einer gerichtlichen Verurteilung wegen Bestechung wollte Darabos einen Ausstieg Österreichs prüfen lassen. Im Vertrag sei »klar geregelt, dass wir nach einem gerichtlichen Urteil die Möglichkeit haben, aus dem Vertrag auszusteigen«.[34]

Knapp ein Jahr sollte vergehen, ehe Strafverfolger gleich in mehreren Ländern bei der EADS Razzien durchführten. »Im Rahmen des EADS-Konsortiums wurde eine kriminelle Vereinigung gegründet, um über Scheinverträge Gelder (…) für korrupte Zwecke verfügbar zu machen«, formulierte die Justiz in Österreich. De facto sollen für mindestens 70 Mio. Euro Schmiergelder geflossen sein.

Im November 2012 führte die Staatsanwaltschaft München unter dem Aktenzeichen 406 Js 139727/12 Hausdurchsuchungen an den EADS-Standorten in Ottobrunn, Hallbergmoss und Unterschleißheim durch. Zugleich fanden polizeiliche Durchsuchungen in Österreich und der Schweiz statt. »Es geht um Bestechung und Untreue, Geldwäsche und Betrug«, benannten Hans Leyendecker und Klaus Otto die möglichen Straftatbestände. Grenzüberschreitend wurde jetzt gegen mindestens 13 Beschuldigte ermittelt.

Unruhige Zeiten stehen auch dem EADS-Vorstandsvorsitzenden Thomas Enders ins Haus. Seit dem Jahr 2000 arbeitete der Reserve-Major der Bundeswehr als Leiter des Geschäftsbereichs »Verteidigungs- und Sicherheitssysteme« (heute Cassidian), wurde noch im selben Jahr Stellvertretender Vorstandsvorsitzender sowie Mitglied im Lenkungsausschuss und ab 2004 Vorsitzender der EADS Deutschland GmbH. Enders müsse sich »zumindest nach seiner Verantwortung fragen lassen. Hätte er davon wissen können?«, fragte die *Süddeutsche Zeitung.*[35]

Der Eurofighter-Einsatz im Libyen-Krieg als optimale Waffenwerbung

So sieht manch einer gerne seine EADS im Lichte der Öffentlichkeit: Auf Bitten des französischen Außenministeriums stellte Airbus ein Testflugzeug vom Typ A340 ab. Die Aufgabe: der Transport von neun Tonnen medizinischer Hilfsgüter für den Einsatz von Nichtregierungsorganisationen im Kriegsgebiet bei Bengasi. Drei Testpiloten von Airbus steuerten den Flieger in den Ostteil des Landes. Der zivile Hilfsflug galt als dringend, die Rettung von Menschenleben macht sich immer gut, auch medial.[36]

Soweit der schöne Schein. Denn in Libyen fand nahezu zeitgleich ein historischer Kriegseinsatz mit EADS-Kampfflugzeugen statt: sowohl mit dem Kampfjet Tornado GR4 als auch mit der Nachfolgegeneration, dem Eurofighter Typhoon. Kampfübungen und -einsätze gehören für Tornado-Piloten seit Jahrzehnten zum Pflichtprogramm.

Der Eurofighter gab bei der Operation Unified Protector im Libyen-Krieg »sein Debüt«, wie die *Flug Revue* nüchtern kommentierte. Die Kampfjets der britischen Royal Air Force starteten ihre Angriffe im April 2011 vom süditalienischen Gioia del Colle aus. »Es war kein Unterschied zum Training«, beschrieb ein britischer Pilot den Bombenabwurf, »nur dass ich noch viel mehr erleichtert war, die Bombe im Bild des Litening-III-Zielbehälters auf dem Display im Cockpit genau da zu sehen, wo sie einschlagen sollte.« Zufrieden bilanzierte der Bomberpilot den »Präzisionsangriff aus beträchtlicher Höhe«. Er glaubte, viele Leute seien zufrieden, »dass wir den ersten Abwurf erledigt haben«.[37]

Keine Frage: Man durfte in Militär- wie Rüstungskreisen gleichermaßen zufrieden sein über den Kriegseinsatz des mehrrollenfähigen Kampfflugzeugs der EADS. Die – aus militärischer Sicht erfolgreiche – Durchsetzung der Flugverbotszone über dem libyschen Luftraum durch die Royal Air Force gab auch der Rüstungsindustrie mächtig Auftrieb. Mit den Abwürfen der 500 Kilogramm schweren Paveway-II-Bomben wurden nicht nur Soldaten in den Kampfpanzern des Gaddafi-Regimes eliminiert, sondern auch Visitenkarten für kommende Rüstungsgeschäfte abgegeben. Kriegseinsätze gelten erfahrungsgemäß als bestmögliche Werbung für weitere Waffengeschäfte.

Die EADS wartet händeringend auf Kundschaft. Denn seit den Eurofighter-Verkäufen an die Luftwaffen Österreichs und Saudi-Arabiens ließen neue Großkunden erst einmal auf sich warten.

Dabei haben die Hersteller in Großbritannien, Deutschland, Spanien und Italien ein Menge zu bieten: Der Eurofighter gilt als »das modernste Mehrzweck-Kampfflugzeug der Welt« und in seiner Exportversion Typhoon als »konkurrenzlos«. Der Eurofighter werde »allen Herausforderungen der Zukunft gerecht«. Hervorzuheben sei auch die »Überlegenheit und Flexibilität« im Luftkrieg, so die Eurofighter-Gesellschaft in ihrer wenig bescheidenen Eigenwerbung.[38] Laut EADS ist der Mehrrollen-Kampfflieger »extrem wendig und netzwerkfähig und besitzt somit einzigartige Eigenschaften für komplexe Luft-Luft- und Luft-Boden-Operationen«. Das Militärflugzeug ist auf langfristige Anpassung und Modernisierung angelegt, mittels neuer Avionik- und Waffenkomponenten lässt sich die Nutzungsdauer weiter verlängern.[39]

Ab 2014 soll einerseits die bisherige Fähigkeit zur Bekämpfung fliegender Ziele aus der Luft (Luft/Luft-Rolle) durch den »Meteor«, ein Lenkflugkörpersystem mittlerer Reichweite, erweitert werden. Andererseits werden die Eurofighter-Flugzeuge der Luftwaffen der vier Herstellerländer seit dem Jahr 2012 mehrzweckfähig hochgerüstet. Neben dem klassischen Luftkampf können somit auch Luftangriffe auf Bodenziele (Luft/Boden-Rolle) geflogen werden. Ab 2015 ist unter anderem die Ausrüstung mit der allwetterfähigen Präzisionsbewaffnung vom Typ Guided Bomb Unit (GBU-48) geplant. Neben der bereits vorhandenen 27-mm-Bordkanone BK27 – die traditionell bei Rheinmetall Defence in Oberndorf in den früheren Mauser-Werken gefertigt wird – soll zukünftig die Penetrationsleistung erhöht werden. Gemeint ist die massive Steigerung der Durchschlagskraft zur Zerstörung feindlicher Waffen oder Anlagen mit dem Trojan Improved Penetrator (TIP).

Entsprechend hoffnungsvoll klingt der Zuspruch aus dem Führungsstab der Luftwaffe. Mit Einführung der GBU-48 und des TIP werde die Bundesluftwaffe erstmalig zum Luft-Boden-Kampfeinsatz befähigt. Sie könne ab dem Jahr 2016 im Rahmen der »Luftnahunterstützung Bodentruppen im Einsatz effektiv, präzise, effektorientiert und schnell auch über große Entfernungen« unterstützen. Mittelfristig werde der Eurofighter »damit zum Träger des Luftangriffs«, prognostiziert Oberstleutnant i. G. Frank Gräfe. Der Referent im Führungsstab der Luftwaffe misst dem mehrzweckfähigen Kampfflugzeug eine entscheidende Rolle in kommenden Kriegen zu. Der Eurofighter könne künftig »als einziges Waffensystem in allen Einsatzarten eingesetzt werden«.[40]

Die bisherige Bilanz ist aus EADS-Sicht durchaus positiv. Entsprechend bilanzierten die vier am Eurofighter-Programm beteiligten Staaten Deutschland, Großbritannien, Italien und Spanien 472 Festbestellungen im Kernprogramm, zu denen weitere 99 Exportflugzeuge hinzukommen. Am 21. Dezember 2012 meldete *Defense News* die Vereinbarung von Oman – nach Saudi-Arabien und Österreich der dritte Exportkunde – mit BAE Systems über den Kauf von Eurofightern. Der Wert der zwölf Eurofighter Typhoon für die »Royal Air Force of Oman« beläuft sich gemeinsam mit acht Hawk Jets auf 2,5 Mrd. Pfund, die Auslieferung soll ab 2017 erfolgen.[41]

Die Auslieferung der Eurofighter erfolgt in Kontingenten, in der Fachsprache »Tranchen« genannt. Die Auslieferung der ersten Tranche erfolgte bereits ab 2003, Tranche 2 befindet sich zurzeit in der Produktionsphase, Dank der in Warton (Großbritannien) angelaufenen und vielfach noch in Verhandlung befindlichen Tranche 3A gilt die Eurofighter-Produktion über das 2017 hinaus als gesichert.[42] Soll das Programm darüber hinaus fortgeführt werden, gilt es neue Kundenkreise zu erschließen: sei in Krisen- und Kriegsgebieten – oder in der Schweiz, einem Land bar jeglicher Bedrohungslage. Welch absurde Szenarien dabei durchgespielt werden, belegt ein Blick in die Waffenwelt der Eidgenossen und darüber hinaus.

Unsichtbare Kriegsprofiteure –
die Hersteller todbringender Militärelektronik

Die Liste der Entwickler und Produzenten von Militärelektronik bzw. deren Bestandteilen ist lang. Zahlreiche Unternehmen liefern elektronische Waffenbestandteile, ohne die kaum eine Kriegswaffe funktioniert, treffen und töten würde. Dennoch bleiben die allermeisten Herstellerfirmen dieser Militärgüter unerkannt und unsichtbar – zumal sie in der Regel auch zivil produzieren und ihre Produkte militärisch wie nichtmilitärisch einsetzbar sind (Dual Use). Öffentlich am Pranger stehen dagegen die ersichtlichen Systemführer, allen voran die Big Five mit ihren Kriegsschiffen und Kampfpanzern, Militärfahrzeugen, -helikoptern und -flugzeugen.

Einige wenige bekannte Namen mischen mit im Geschäft mit der Militärelektronik: so die Münchner EADS Deutschland GmbH mit der Carl Zeiss Optronics GmbH, die Diehl Aerospace GmbH des Nürnberger Diehl-Konzerns, die MTU Friedrichshafen AG, die in München ansässige Siemens AG und die ZF Friedrichshafen AG.

Dagegen kennt – abgesehen von Anwohnern, Beschäftigten, Kooperationspartnern und Rüstungskritikern – kaum jemand die folgenden, meist mittelständischen Firmen: 3M Deutschland GmbH in Neuss, AIM Infrarot-Module GmbH in Heilbronn, ATM ComputerSysteme GmbH in Konstanz, boger electronics GmbH in Aulendorf, Brugg Kabel AG ESG Elektroniksystem- und Logistik GmbH in Schwieberdingen, FIMAG Finsterwalder Maschinen- und Anlagenbau GmbH, FFG Flensburger Fahrzeugbau GmbH, Frequentis AG in Langen (Hauptquartier in der österreichischen Hauptstadt Wien), ICOS – Ges. f. Industrielle Communications Systeme mbH in Düsseldorf, Jenoptik Verteidigung & Zivile Systeme – ESW GmbH, LOG GmbH in Bonn, Logic Instrument GmbH in München, Peli Products S. L. U. in Düsseldorf, Raytheon Deutschland GmbH in Freising und Raytheon International Inc. in Bonn, Redfox AG im schweizerischen Fahrweid, Rockwell Collins Deutschland GmbH in Heidelberg, roda Computer GmbH in Lichtenau/Baden, SCHOTT AG in Mainz, SETOLITE Lichttechnik GmbH in Wermelskirchen und die SYKO Gesellschaft für Leistungselektronik in Mainhausen.[43]

Viele weitere Hersteller von Militärelektronik wären noch zu nennen, beispielsweise die Freiburger Northrop Grumman LITEF GmbH, die auch Navigationsgeräte fertigt. Als ehemaliger Lizenznehmer des F-104-Starfighter-Programms hat die frühere LITEF GmbH ihre Produktpalette längst diversifiziert. In der Folge fertigte LITEF wichtige Navigations- und Elektronikgeräte – explizit auch elektronische

Kriegführungssysteme (»electronic warfare systems«)[44] für den Kampfjet Tornado (Main Computer/zentraler Rechner, inertiale Messeinheit, Schleudersitz) und den Kampfpanzer Leopard 2 (Navigationsanlage NG LITE). Für letztere liegen Lieferaufträge bis zum Jahr 2020 vor.[45] Heute produziert LITEF faseroptische Navigationssysteme für Landfahrzeuge, Kriegsschiffe und Kampfflugzeuge. Unter anderem fertigt das Freiburger Unternehmen Bestandteile des Bordcomputers und Militärelektronik für das Kampfflugzeug Eurofighter Typhoon sowie Flugstabilisierungssysteme für den Lenkflugkörper Taurus.[46] Ausdrücklich weist Northrop Grumman für den Typhoon auf das Empfängerland Saudi-Arabien hin. Insgesamt wurden bisher mehr als 30 Staaten beliefert.[47] Neuerdings liegen sogar Hinweise darauf vor, dass LITEF an der Kampfdrohne Neuron beteiligt ist.[48] Das umfassende Rüstungsengagement – rund die Hälfte seines Umsatzes erwirtschaftet Freiburgs tödlichste Firma im Rüstungsbereich – wundert wenig: 2008 wurde LITEF von dem in Los Angeles ansässigen Rüstungskonzern Northrop Grumman Corporation geschluckt. Im Ranking der Top 100 von SIPRI lag der US-Rüstungsriese im Jahr 2010 mit Waffenexporten in Höhe von 28,15 Mrd. US-Dollar auf Platz 4.

Auch ein zweiter deutsch-amerikanischer Rüstungskonzern verdient massiv am Handel mit Militärelektronik: Rockwell Collins Deutschland (RCD), ehemals TELDIX, mit Sitz in Heidelberg ist ebenfalls ein eher unsichtbarer Mittäter. Der US-Mutterkonzern Rockwell Collins mit Sitz in Cedar Rapids (Iowa) rangiert mit Waffenverkäufen im Wert von 2,86 Mrd. US-Dollar in der SIPRI-Liste auf Platz 27 (2010) und damit noch vor der größten in Deutschland ansässigen Waffenschmiede Rheinmetall AG.[49]

Zu den zentralen Tätigkeitsfeldern von RCD zählen Vertrieb, Herstellung, Service und Unterstützung von Kommunikations- und Navigationsgeräten für Kampfflugzeuge und Raumfahrzeuge. Die Heidelberger Firma ist in die Entwicklung und Fertigung, den Vertrieb und die Wartung integrierter Kommunikationssysteme für Schiffe und bodengestützte Anwendungen involviert. Zu den weiteren Aufgaben der deutschen Unternehmenstochter zählen die Entwicklung und Fertigung von TELDIX Space Wheels, also Stabilisierungs- und Reaktionsrädern, für Satelliten.

Die Rockwell-Produktpalette ist sogar noch breiter gefächert: Sie reicht von Anzeigegeräten, Helm-Displays, Head-up Displays und Kartenanzeigegeräten für Kampfhubschrauber über Präzisionsmechanismen für Satelliten bis hin zu Avionik-Rechnern für das Cockpit Management, das Mission Management, die Missile Control – die Raketenkontrolle – und das Interface Management für Kampfflugzeuge. Wie LITEF fertigt auch Rockwell Collins Deutschland Militärelektronik für das Aufklärungs- und Kampfflugzeug Tornado und den Eurofighter Typhoon. Letzterer wird von RCD mit der Cockpit Interface Unit CIU, dem Attack Computer/Navigation Computer AC/NC, dem Interface Processor Unit IPU und dem Defensive Aids Computer DAC bestückt. Der Militär-Unterstützungs-Hubschrauber Tiger der EADS wird mit dem Doppler Velocity Sensor DVS (CMC) ausgerüstet. Der Tiger wird seitens der NATO im Afghanistan-Krieg eingesetzt, mit Tornado- und Eurofighter-Maschinen wurde im Libyen-Krieg gebombt.

Die Rockwell Deutschland GmbH sieht sich als »etablierte[n] Premium-Anbieter von kundenspezifischen, komplexen Elektronikprodukten«, zu denen neben dem Eurofighter und dem Militärhelikopter CH-53GA auch verschiedene Drohnen gehören.[50] In gewisser Hinsicht ist Rockwell Collins geradezu einzigartig: Auf der Website des US-Unternehmens, mit der per Mausklick Kontakt hergestellt werden kann, wird das Morden aus der Luft per Computeranimation simuliert.[51]

Das Geschäft mit militärischer Elektronik ist für die in Deutschland ansässigen Hersteller und Exporteure profitabel. Allein 2011 erteilte die Bundesregierung (unter Punkt A 0011) beachtliche 1095 Einzelgenehmigungen für Transfers von Militärelektronik im Gesamtwert von 301 Mio. Euro. Es ist der sechsthöchste Wert in der 22 Positionen umfassenden Ausfuhrliste (AL) gemäß Außenwirtschaftsgesetz.[52]

Zukünftige Kunden für den Eurofighter?

Die Schweiz – eine Wiege der Basisdemokratie, ein Hort hehrer Entscheidungen. So sieht manch ein Eidgenosse sein Heimatland, und seit langen Jahren werfen nicht nur Menschen in den Nachbarstaaten neidische Blicke gen Bern. Immerhin können dort Stimmberechtigte mittels Volksinitiative und Referendum eine Volksabstimmung als Instrument direkter Demokratie herbeiführen. Zuletzt aber ließ so manche Entscheidung und, mehr noch, manche Entscheidungsfindung Zweifel an den Vorzügen des Schweizer Modells aufkommen.

Die Volksinitiative für ein Verbot von Kriegsmaterial-Exporten vom 29. November 2009 trug in einem breiten Bündnis die wichtigsten Argumente vor. Zu dem Bündnis zählten neben vielen anderen die Gruppe für eine Schweiz ohne Armee (GSoA), zahlreiche Friedensorganisationen, terre des hommes Schweiz, ATTAC Schweiz, das International Peace Bureau (IPB), ein Parteienbündnis von den Grünen über die Humanistische Partei bis hin zur Christlich-Sozialen Partei, die Mediengewerkschaft comedia, zahlreiche Frauen- und auch Entwicklungshilfeorganisationen. Ihre Kritik klang durchaus überzeugend: Bereicherung durch den Verkauf von Kriegsmaterial in Konfliktregionen; Untergrabung der Schweizer Neutralität durch den Waffenhandel; Bruch mit der humanitären Tradition.

Gemessen an ihrer Fläche ist die Schweiz ein Waffengigant. Beachtliche Waffenimporte, gerade auch aus Deutschland, und juristisch bedenkliche Waffenausfuhren in Krisen- und Kriegsgebiete rufen immer wieder Proteste in der Alpenrepublik hervor.

Infokasten 5/4

Schweizer Kriegsmaterialien verbotenerweise für kriegführende Staaten

Die deutsch-schweizerische Waffenbrüderschaft ließ die Eidgenossen in die Top 20 der Empfängerländer deutscher Waffen aufsteigen. Allein in den Jahren 2009, 2010 und 2011 wurden seitens der Bundesregierung – mit steigender Tendenz – 2485, 2559 und 2853 Ausfuhrgenehmigungen erteilt. Das Volumen der Waffentransfers umfasste in diesen drei Jahren immense 110,2, 93,7 und 120,1 Mio. Euro. Gemäß den Politischen Grundsätzen vom Januar 2000 ist die Ausfuhr in die Schweiz »grundsätzlich nicht zu beschränken«, da das Nachbarland – wie Australien, Japan und Neuseeland – zu den NATO-gleichgestellten Ländern gezählt wird. Damit rangierte die Alpenrepublik auf Rang 12, 13 bzw. 14 der führenden Empfängerländer deutscher Waffen – noch vor Kanada und Indien sowie den skandinavischen Ländern Norwegen, Finnland und Schweden.

Die Rüstungsexportgenehmigungen umfassen alles, was das Herz eidgenössischer Militärs begehrt: gepanzerte Fahrzeuge, Teile für Panzer, amphibische Fahrzeuge, Landfahrzeuge, Zündstellvorrichtungen, Feuerleiteinrichtungen, Waffenzielgeräte, Zielerfassungs- und Bordwaffen-Steuersysteme, Reizstoffe, elektronische Ausrüstung, Kommunikations- und Navigationsausrüstung. Zudem konnte Munition zuhauf geliefert werden: für Kanonen, Mörser, Gewehre mit KWL-Nummer, Maschinen- und Scharfschützengewehre, Maschinenpistolen, Granatpistolen und Granatmaschinenwaffen, Jagd- und Sportwaffen, Flinten, Revolver und Pistolen sowie vielfach Teile für Munition von klein- bis großkalibrigen Waffensystemen. Und all das stellt nur eine Auswahl aus dem reichhaltigen Lieferarsenal dar.[53]

Ein Blick in die Übersicht direkter Beteiligungen bei Rüstungsmaterialbeschaffungen im Ausland verrät viel für das Jahr 2012. Deutschland ist die Nummer eins als Kooperationspartner bei Waffenlieferungen oder Werterhaltungsmaßnahmen: Die deutsch-französische Eurocopter leistet Werterhaltung bei Transporthelikoptern des Typs Super Puma und liefert Logistikausstattung für den Leichten Transport- und Schulungshubschrauber Log LTSH; Rheinmetall Landsysteme beteiligt sich an Minenräumpanzern; Krauss-Maffei Wegmann, Carl Zeiss Optronics und ESW-EXTEL SYSTEMS WEDEL leisten die Werterhaltung bei Leopard-Panzern; EADS Deutschland liefert das militärische Anflugleitsystem MALS. Zahlreiche weitere indirekte Beteiligungen wären zu nennen.[54]

Auf der Weltbühne des Waffenhandels erregt die Schweiz weniger Aufmerksamkeit durch die Einfuhr von Waffen als durch weitaus höhere Ausfuhren. In den Jahren 2007 bis 2011 lieferte das Alpenland konventionelle Waffen im Volumen von 1519 Mio. TIV in alle Welt und rangierte damit auf Platz 13 im Ranking der Rüstungsexporttriesen[55] – und das bei einer Fläche (41 285 km²), die gerade mal für Platz 132 unter den Staaten der Welt reicht.

Schweizer Waffen sind weltweit im Einsatz. »Ob Mowag-Panzer in Afghanistan, Ruag-Handgranaten im Irak oder Pilatus-Flugzeuge in Darfur: Schweizer Waffen töten weltweit unschuldige Menschen«, klagte das Bündnis für ein Verbot von Kriegsmaterial-Exporten an. Vehement verurteilten die Aktivisten Waffentransfers an den Großkunden Pakistan und den Folterstaat Saudi-Arabien.[56] Vehement kritisierte der Rüstungsgegner Heinrich Frei 2011, dass Panzerwagen von Mowag aus Kreuzlingen in Bahrain zur Niederschlagung der dortigen Demokratiebewegung eingesetzt würden. Freis Kritik richtete sich auch gegen Waffenlieferungen an kriegführenden Staaten wie Pakistan (Krieg gegen Indien) und die von der Schweiz ebenfalls belieferten USA (Krieg in Afghanistan), und er wies darauf hin, dass nach dem Kriegsmaterialgesetz und der Kriegsmaterialverordnung der Schweiz »Waffenlieferungen an Staaten die Krieg führen verboten« seien.[57]

Ungeachtet der breiten Kritik im Land zählten die Vereinigten Arabischen Emirate (VAE) 2012 zu den Topadressen Schweizer Rüstungsfirmen. In den ersten neun Monaten erhielten die VAE – nach dem Hauptempfängerland Deutschland – die zweitmeisten Ausfuhren im Wert von 132 Mio. Franken. Darunter befand sich die zweite Tranche der insgesamt 25 Pilatus-Flugzeuge. Dabei war die Regierung des Staates am Persischen Golf massiv mit Vorwürfen konfrontiert worden, weil von der Berner RUAG Holding AG an die Vereinigten Arabischen Emirate gelieferte Handgranaten im Syrien-Krieg aufgetaucht waren. Zwar hatte die Regierung der VAE zugesichert, diese nicht weiter zu exportieren, dennoch gelangten die Sprengkörper über Jordanien in die Hände syrischer Rebellen. Zwischenzeitlich stoppte die Schweizer Regierung die Waffengeschäfte mit dem zahlungskräftigen Golfstaat, im Jahr 2013 durften jedoch wieder Kriegswaffen in die VAE exportiert werden.[58]

Die Volksinitiative für ein Verbot von Kriegsmaterial-Exporten scheiterte, all die guten Argumente richteten nichts aus. Rund zwei Drittel der Schweizerinnen und Schweizer votierten für die Fortführung der bisherigen Exportpraxis. In keinem einzigen Kanton konnten die Rüstungsgegner eine Mehrheit hinter sich bringen. Dagegen fand die zweite Volksabstimmung dieses Tages, die auf ein Verbot des Baus von Minaretten in der Schweiz abzielte, eine Mehrheit – was im Ausland weithin kritisch kommentiert wurde.

Noch aber war nicht aller Tage Abend. In einer weiteren Frage von Krieg und Frieden schlugen die Wellen hoch in der Schweiz. Eidgenössische Militärs votierten dafür, die alten F-5-Bomber alsbald auszurangieren und durch neue Kampfflugzeuge zu ersetzen. Dennoch entschied sich die Berner Regierung im August 2010 erst einmal für die Aussetzung der Entscheidung. Über die Waffenbeschaffung soll erst im Jahr 2015 neu befunden werden. In nicht einmal zwölf Monaten hatte die GSoA mehr als 100 000 Unterschriften gesammelt und eine Volksinitiative eingebracht.

Das Ziel war klar: Neue Kampfflugzeuge waren angesichts des Fehlens jeglicher Bedrohungsszenarien gegenüber der Schweiz das Sinnloseste, was man sich vorstellen konnte. Das Alpenland liegt mitten in Europa und ist von fünf befreundeten Staaten umgeben. Zur Landesverteidigung sind Kriegsflieger schlichtweg überflüssig.

Angesichts dieser Situation sah sich selbst Ueli Maurer, seines Zeichens Bundesrat des Eidgenössischen Departements für Verteidigung, Bevölkerungsschutz und Sport (VBS), außerstande, ein schlagkräftiges Argument pro Fliegerbeschaffung vorzubringen. Erwartungsgemäß entschied sind die Regierung gegen den Waffenkauf, Verteidigungsminister Maurer gab klein bei. Die GSoA sah von der »Geisterabstimmung« ab, denn mit dem Kaufverzicht der Regierung sei, so GSoA-Sprecher Stefan Dietiker, »der Inhalt unserer Initiative ja erfüllt«.[59]

Wer jedoch geglaubt hatte, die Luftwaffe des Landes gäbe sich damit zufrieden, muss mittlerweile erkennen, wie sehr er sich geirrt hat. Wie in kaum einem anderen Land funktioniert in der Schweiz der Lobbyismus der Militärs, der die gesamte Gesellschaft durchdrungen hat. Und im Herbst 2011 geschah genau das, womit eigentlich kaum noch jemand gerechnet hatte: Gegen den erklärten Willen der Schweizer Regierung befürworteten beide Kammern des Parlaments mehrheitlich eine Erhöhung des Verteidigungsetats um eine weitere Milliarde auf nunmehr rund 5 Mrd. Franken.

Mit den zusätzlichen Finanzmitteln kann die Luftwaffe des Landes jetzt doch weitere Kampfbomber kaufen. Ein doppelter Skandal: Zum einen war die Volksinitiative der GSoA im Glauben um die klare Ablehnung des Kampffliegerkaufs eingestellt worden, zum anderen wurde das Votum des Volkes nunmehr völlig ausgehebelt. Denn aus dem Verteidigungsetat finanzierte Waffenbeschaffungen bedürfen keiner Zustimmung der Schweizer Bürgerschaft. Dennoch will sich die GSoA mit der Entscheidung nicht abfinden. »Das Volk muss das letzte Wort haben«, erklärte Stefan Dietiker kämpferisch.[60]

Die 22 Kampfjets, die ab 2014 bestellt werden sollten, versprachen gute Gewinne, entsprechend schnell handelte die europäische Rüstungsindustrie. Die Angebote für die französische Rafale, die schwedische Saab Gripen und den multinationalen Eurofighter lagen alsbald vor.

Gemäß dem Motto »Die beste Perspektive für die Schweiz« unterbreitete die EADS eine gezielte Offerte, die eine hohe Anzahl der neuesten Version des Eurofighter-Waffensystems, ein Zehn-Jahres-Logistik-Paket, den Aufbau der Wartungsfähigkeit im Land und einen garantierten Technologietransfer umfasste. Aus Sicht des von deutschen und französischen Anteilseignern dominierten Luft- und Raumfahrtriesen bietet der Eurofighter »weitreichende operationelle Fähigkeiten«, steht »für eine hohe Flotteneffizienz und ist mit Sicherheit die beste Perspektive für die Schweiz«. Das Gesamtpaket im gegebenen Budgetrahmen umfasst die EJ200-Triebwerke mit dem Ziel einer »effizienten Wahrung der Souveränität im Schweizer Luftraum«. Das »Kooperationsangebot à la Carte« beinhaltet ein attraktives Potenzial an industriellen Partizipationen mit einem Volumen von weit mehr als den geforderten 2,2 Mrd. Schweizer Franken und vieles weitere mehr – angesichts des starken Kurses der Schweizer Währung ein schönes Schnäppchenangebot. Zahlreiche Beobachter zweifelten dennoch am Sinn dieses milliardenschweren Waffenkaufs.

Im Parlament ging man derweil andere Wege. Kurzerhand wurde der Militäretat um eine Milliarde auf 5 Mrd. Franken aufgestockt. Mit einem Schlag hatte Verteidigungsminister Ueli Maurer genug Geld, um sich seinen Wunsch zu erfüllen. Entsprechend enttäuscht zeigte sich Roberto Zanetti über die parlamentarische Abstimmung zur Erhöhung des Schweizer Verteidigungsetats und zur Beschaffung weiterer Kampfflugzeuge. »Dass das Volk ausgebremst wurde, ist sehr zu bedauern«, kommentierte der sozialdemokratische Ständerat.[61]

Allerdings entschied sich der Schweizer Bundesrat im November 2011 für das schwedische Konkurrenzmodell von Saab: den Kampfflieger Gripen E/F, und damit gegen den Eurofighter. Für die Rüstungsmanager der EADS dennoch kein Grund, klein beizugeben. Auch wenn offiziell Stillschweigen gewahrt und damit der Konflikt mit dem Konkurrenten aus Schweden vermieden wurde, meldete *Der Sonntag,* dass sich das Blatt doch noch wenden könnte. Bislang war man in der Schweiz davon ausgegangen, dass angesichts der Eurofighter-Kosten weniger Kampfjets gekauft werden könnten, als gewünscht waren. Doch eine neue Offerte sieht vor, dass je nach Wunsch 22 oder 33 »Occasions-Eurofighter« für die nunmehr zur Verfügung stehenden 3,2 Mrd. Franken größtenteils sofort erwerbbar wären – also in etwa für die Summe, welche die noch zu produzierenden 22 Kampfjets von Saab kosten würden. Der ebenso schnelle wie kostengünstige Deal wäre durch teilweise gebrauchte Bundeswehrflugzeuge aus der ersten Tranche 1 möglich, die seit 2003 hergestellt wurden. Zum Teil würden auch neue Eurofighter aus der Tranche 3 geliefert. »EADS ist jederzeit in der Lage, solche Angebote im Budgetrahmen der Schweiz zu machen«, ließ die deutsche Seite gegenüber dem *Sonntag* durchblicken. Der große Vorteil aus militärischer Sicht: Armasuisse hatte dem Eurofighter Typhoon, nicht aber der Gripen E/F, nach Testflügen »vorbehaltlos« die Truppentauglichkeit attestiert.[62]

Angesichts der Tatsache, dass die Gripen im Sommer 2012 im Heimatland Schweden mit geminderten Bestellungen und in der Folge drohenden Kostensteigerungen kämpfte, reagierte der Schweizer FDP-Präsident Philipp Müller prompt auf das Dumpingangebot der EADS. Seine Partei stünde kurz davor, die Reißleine zu ziehen, erklärte Müller. Die »Offerte aus Deutschland hat das Potenzial, die Entscheidung zu Fall zu bringen«, bewertete das Internetportal *20 minuten ONLINE* den Sachstand.[63] Die Schweizer Finanzministerin Eveline Widmer-Schlumpf befürchtete dagegen, dass Geld für Kampfflugzeuge generell fehlinvestiert sei, und die Anschaffung am Ende zu Lasten der Bildungsausgaben ginge.[64] Der Einfluss der Bildungspolitik ist bekanntlich marginal gegenüber der Macht der Rüstungslobby.

Angesichts der angespannten Haushaltslage und geminderter Beschaffungsaufträge Deutschlands und seiner Verbündeter stellt sich für die Eurofighter GmbH schlichtweg die Existenzfrage. Lassen sich weitere Kunden für den Kampfflieger finden, oder läuft Europas größtes Gemeinschaftsprogramm in der Rüstungsindustrie Ende des Jahrzehnts endgültig aus, nachdem auch ein Eurofighter-Deal mit Indien vorerst gescheitert ist? Im Januar 2012 war die Entscheidung des indischen Militärs und der Regierungspolitik gegen den Eurofighter und für das französische Konkurrenzmodell Rafale gefallen. Diesmal half es auch wenig, dass Bundeskanzlerin Angela Merkel höchstpersönlich im Frühjahr 2011 bei Indiens Premier Manmohan Singh vorgesprochen hatte.

Trotz der Rückschläge machte der Stellvertretende Vorsitzende der CDU/CSU-Bundestagsfraktion für die Bereiche Außen-, Verteidigungs- und Europapolitik der EADS Mut. *The Times of India* berichtete über den Besuch des Christdemokraten Andreas Schockenhoff im August 2012. Bei seiner Indienreise verkündete der einflussreiche Ravensburger Wahlkreisabgeordnete, das letzte Wort über den Eurofighter-Deal sei noch nicht gesprochen.[65] Offenbar arbeitet die EADS an einem neuen Angebot, das in interne Verhandlungen mit der Regierung in Neu-Delhi einfließen soll.

Auf der Suche nach neuen Käufern schrecken die Eurofighter-Produzenten nicht einmal vor potenziellen Empfängerländern zurück, in denen eine desaströse Haushaltslage herrscht und knallharter Sozialabbau betrieben wird. Für 4,9 Mrd. Euro sollte das griechische Militär 60 Kampfflugzeuge erhalten. Im Januar 2010 erklärte Bundesaußenminister Guido Westerwelle in der griechischen Zeitung *Kathimerini*, man dränge Griechenlands Regierung nicht zum Kauf des Typhoon. »Wenn sie aber, wann auch immer, eine Entscheidung zum Kauf von Kampfflugzeugen trifft, wollen die Eurofighter-Länder, die hier durch Deutschland vertreten werden, bei der Entscheidung berücksichtigt werden.«[66] Doch dieser Deal lief doppelt schlecht: einerseits für die EADS und den Bundesaußenminister, andererseits für die notleidende Bevölkerung der hellenischen Republik. Denn diese benötigt alles andere dringender als mehrrollenfähige Militärflugzeuge zur Kriegführung. Doch die Regierung in Athen votierte trotz des drohenden Staatskonkurses für den Kauf von Kampfbombern – allerdings US-amerikanischer F-16-Jets.

Kein Wunder also, dass bei der EADS-Rüstungssparte Cassidian der Rotstift mitregiert: Im Frühjahr 2011 kündigte das Unternehmen den Abbau von 900 der rund 6000 Stellen in der Verwaltung an. Seit September 2011 läuft im führenden Eurofighter-Werk in Manching nahe Ingolstadt für mehr als 200 der rund 4000 Beschäftigten Kurzarbeit. Der Grund: die unzureichende Auslastung bei der Wartung für Militärflugzeuge, darunter auch der Eurofighter. Die *Frankfurter Allgemeine Zeitung* hat ein klares Urteil gefällt: »Für die Rüstungsindustrie geht ein goldenes Zeitalter zu Ende.«[67] Die Lage bei Cassidian manifestierte sich in den Bilanzzahlen: Der Umsatz sank von 5,803 Mrd. Euro (2011) auf 5,740 Mrd. Euro (2012). Das EBIT brach von 331 Mio. Euro (2011) auf 142 Mio. Euro (2012) ein.

Anders der Auftragseingang, der von 4,2 auf 5,0 Mrd. Euro stieg, hauptsächlich getragen durch das Exportgeschäft von Eurofightern und Lenkflugkörpern. Dabei ist der im Dezember 2012 unterzeichnete Vertrag über den Verkauf von 12 Eurofightern an den Oman noch nicht berücksichtigt. Auch Malaysia und Japan zeigen Interesse am Typhoon. Transportflugzeuge, Militärhubschrauber und Drohnen sollen neue Märkte erschließen.

Wie EADS und Lufthansa zukünftige Luftkriege unterstützen

Die Weichen für kommende Waffenlieferungen werden gestellt, auch im Bereich militärischer Großraumtransporter. Basierend auf dem Passagierflugzeug Airbus A330-200 fertigt die EADS-Sektion Airbus Military jetzt auch den Multi-Role Tanker Transport. Was dessen Qualitäten anbelangt, schwelgt man bei dem Luft- und Raumfahrtriesen in Superlativen: Der neue Airbus A330 MRTT sei »das weltweit führende Tank- und Transportflugzeug«. Aufgrund seiner Ausstattung mit »einem innovativen Betankungsausleger mittels ›Fly-by-Wire‹-Steuerung ist es in der Luftbetankungsleistung allen Wettbewerbern weit überlegen«.[68] Eine Überlegenheit, die der Transportflieger seinem enormen Basis-Tankvolumen ohne zusätzliche Tanks verdankt. Geflogen von drei Mann Besatzung, können bis zu 380 Soldaten oder 45 Tonnen Nutzlast ins Kriegsgebiet oder an die Front transportiert werden.[69] Denn zur Zuladung steht der gesamte Frachtraum zur Verfügung.

Derlei Vorzüge wecken Begehrlichkeiten bei Militärs in aller Welt. Auch bei der Militärmacht Nummer eins, den USA: Im Februar 2008 erhielten EADS und Northrop Grumman den Zuschlag für 179 Tankflugzeuge im Wert von 35 Milliarden US-Dollar. Doch die Freude währte nicht lange, denn bereits im März reichte der Hauptkonkurrent Boeing Beschwerde gegen diesen Entscheid ein – letztlich erfolgreich. Im September 2008 wurde der Zuschlag für den Anbieter aus Europa zurückgezogen, im Frühjahr 2009 verkündete Northrop Grumman seinen Ausstieg aus dem Projekt. Als rein europäisches Unternehmen hatte die EADS auf dem US-Markt keine Chance. Im Februar 2011 bekam Boeing, der weltgrößte Hersteller ziviler wie militärischer Flugzeuge, den Jahrhundertauftrag zugesprochen.[70]

Bei der EADS ging dennoch eine Order nach der anderen ein. Der MRTT-Auftrag der Royal Saudi Air Force läuft seit Januar 2008. Dem Erstflug im März 2011 sollten bis Ende des Jahres die ersten Auslieferungen der ersten drei Tank- und Transportflugzeuge folgen, für einen Kaufpreis von rund 1,8 Mrd. Euro. Die Fähigkeit zur Luftbetankung soll vor allem die Reichweite der F-15C/D Jagdbomber erhöhen.[71] Aber auch für die Betankung der Eurofighter Typhoon – wie die MRTT geliefert von der EADS – sind die neuen Militärtransporter bestens geeignet. Für zukünftige Luftkriege in den Spannungsgebieten des Nahen und Mittleren Osten zeigt sich das Königshaus in Riad damit vorzüglich gerüstet.

Die eigentliche Auftragswelle aber steht erst an. Im Oktober 2010 erteilte das spanische Instituto Nacional de Técnica Aeroespacial eine militärische Zulassung für das Tank- und Transportflugzeug. Damit war der Weg frei für die MRTT-Auslieferung an die Royal Australian Air Force, die 2011 die ersten vier Flugzeuge erhielt.[72] Bis 2016 sollen termingerecht 14 MRTT an die britische Royal Air Force ausgeliefert werden.[73] Inzwischen haben sich auch die Vereinigten Arabischen Emirate für den neuen A330 MRTT entschieden.[74]

Ende 2011 befanden sich weltweit 630 Tankflugzeuge in Betrieb, allerdings mit einem vergleichsweise hohen Durchschnittsalter von rund 44 Jahren. Laut Schätzungen bei Airbus beläuft sich der potenzielle Exportmarkt – wohlgemerkt ohne die USA – auf über hundert Tankflugzeuge. Entsprechend optimistisch lautet die Prognose der EADS: Als leistungsfähigste Luftbetankungsplattform am Markt sei die A330 MRTT »auch für den Export bestens aufgestellt«.[75]

Die Deutsche Lufthansa AG ist bekanntermaßen die führende zivile Fluggesellschaft Deutschlands. Mehr als 110 000 Mitarbeiter erwirtschafteten im Jahr 2010 mit der Beförderung ihrer Fluggäste einen Umsatz von 27,3 Mrd. Euro.

Weniger bekannt ist die Tatsache, dass der in Hamburg ansässige Unternehmensbereich Lufthansa Technik AG (LHT) eines der wenigen Unternehmen ist, die über die Zulassung als Instandhaltungs-, Entwicklungs- und Herstellerbetrieb verfügen. Entsprechend unverhohlen wirbt LHT – zu 100 Prozent im Besitz der Deutschen Lufthansa AG – in der militärischen Fachpresse mit seiner »einmaligen Kompetenz«: von Cockpitumbauten bis hin zur Umrüstung kommerzieller Airliner auf Vielzweck-Transporter. So gesehen ist die Lufthansa Technik AG der ideale Geschäftspartner des zweitgrößten europäischen Rüstungskonzerns. In einem weltweiten Netzwerk und mit Standorten in allen Regionen werde »ein auf jedes individuelle Anforderungsprofil zugeschnittenes Portfolio« angeboten, einschließlich des Engineerings und der Logistik. Kontinuierlich werde das Spektrum der technischen Unterstützung verbreitert, so das Versprechen des Bereichs Government & Special Mission Aircraft Services »for military derivatives«, also für militärische Ableitungen. Da die Lufthansa-Tochter den kompletten Lebenszyklus eines Flugzeugs betreut und zugleich neue Ideen für die Finanzierung entwickelt, hilft das Unternehmen den bewaffneten Streitkräften bei der Konzentration auf ihre Aufgabe – nämlich der Durchführung militärischer Missionen.[76]

In diesem Sinne bekommt der Lufthansa-Werbeslogan »More mobility for the world«, mehr Mobilität für die Welt, eine weitere Bedeutung: mehr militärische Mobilität für die Welt.

Für die weitere Gesamtentwicklung der EADS noch weitaus wichtiger als der MRTT-Transporter ist im Programm von Airbus Military ein mit modernster Technik ausgestatteter Hochgeschwindigkeitstransporter: Nach zahlreichen Verzögerungen verließ im Sommer 2008 der erste Airbus A400M die Endmontage. Mit dem »strategischen« Transportflugzeug A400M sollen sich Soldaten und Kriegsgerät noch schneller und in immens hoher Zahl flexibel in Kriegsgebiete verlegen lassen. Gegenüber den Vorgängerflugzeugen Hercules und Transall sollen Nutzlast und Reichweite verdoppelt werden, so die Zielvorgabe.

Im Dezember 2009 lag das A400M-Projekt – derzeit Europas mit Abstand größtes Rüstungsprojekt – bereits drei Jahre hinter dem vorgesehenen Zeitplan zurück. Die Plankosten explodierten, das Gesamtprojekt stand auf der Kippe. Da kam die Feier des Erstfluges in Sevilla gerade recht. Der A400M bedeute »einen wichtigen Fortschritt für die Streitkräfte in Europa«, jubilierte Spaniens König Juan Carlos. Alle Partnerstaaten und die Industrie müssten mit einem definitiven Abkommen dafür sorgen, dass der Transportflieger ein »totaler Erfolg« werde.[77]

In der EADS-Chefetage zeigte man sich im Jahr 2010 zufrieden mit den aufgrund der Verzögerungen notwendig gewordenen Nachverhandlungen zur Rettung des neuen Militärtransporters. Erhebliche Fortschritte seien erzielt worden, erklärte Bodo Uebber, seit April des Vorjahres Vorsitzender des Verwaltungsrates und damit der entscheidende Mann am Schalthebel der EADS. Das A400M-Programm stehe »wieder auf einem stabilen Fundament«.[78]

Vor allem aber steht das Airbus-Projekt für Militärlobbyismus ohnegleichen. Zwar wurde im November 2010 die Produktion des ersten Serienmodells gestartet, doch erst im April 2011 unterzeichneten der Flugzeugbauer Airbus und die europäische Beschaffungsagentur OCCAR in Sevilla ein neues Vertragswerk zur Finanzierung des A400M-Projektes. Darin wurde festgeschrieben, dass die Käuferstaaten 2 Mrd. Euro mehr zahlen müssen als ursprünglich vereinbart. Das Rüstungsprojekt war damit auf Kosten der Steuerzahler in den Käuferstaaten Belgien, Deutschland, Frankreich, Großbritannien, Luxemburg, Spanien und der Türkei vor dem finanziellen Kollaps bewahrt worden. Diese sieben Staaten strecken dem Rüstungsriesen Airbus/EADS zudem noch weitere 1,5 Mrd. Euro für geplante Verkäufe des

A400M auf dem Weltwaffenmarkt vor. Dieses Geld soll an die Kreditgeber zurückgezahlt werden, sobald das Flugzeug an andere Abnehmer verkauft werden konnte. Mit anderen Worten: Milliardenschwerer Waffenhandel ist Pflicht.

Zugleich kauften sich die sieben europäischen A400M-Kunden mit diesem Exportdeal von der Verpflichtung los, die ursprünglich vereinbarte, letztlich aber nicht finanzierbare Stückzahl kaufen zu müssen: Statt 180 müssen sie nunmehr 170 Maschinen abnehmen. Deutschland minderte seine Beteiligung um sieben auf 53 Flieger, wobei 40 Exemplare der A400M an die Bundesluftwaffe ausgeliefert werden. Den Freien Demokraten ist es zu »verdanken«, dass die verbleibenden 13 Militärtransporter zur Entlastung des Bundeshaushalts aus Kostengründen an andere Staaten verkauft – man könnte auch sagen: an Drittkunden verramscht – werden. Staatlich legitimierter Waffenhandel »auf Druck der FDP«, wie das Militärmagazin *loyal* treffend kommentierte.[79]

Vier Entwicklungsflugzeuge hatten zu diesem Zeitpunkt über 300 Flüge mit mehr als 1000 Testflugstunden absolviert. Im November 2011 startete die Endmontage des ersten Kundenfliegers. Die Erstauslieferung des A400M an die französische Luftwaffe ist für 2013 vorgesehen, die Bundeswehr soll die Nachfolgemaschinen der Transall C130 ab dem Jahr 2014 erhalten.[80] Ein erster außereuropäischer Rüstungsexport ist vorprogrammiert: Neben den europäischen Erstkundennationen bestellte Malaysia vier A400M-Transporter.[81] Ende 2011 lag der Auftragsbestand bei beachtlichen 174 Flugzeugen.[82]

Die Absatzprognosen aber liegen weitaus höher: In einer Markt- und Wettbewerbsanalyse schätzt die Wirtschaftsprüfungs- und Beratungsgesellschaft PricewaterhouseCoopers AG (PcW) das Marktpotenzial wie folgt ein: Nordamerika 13, Südamerika 17, Ozeanien 19 und Europa ohne die jetzigen Partnernationen 23 A400M. Gewaltig ist der Bedarf auf Kontinenten und in Regionen mit den meisten Konflikten und dem höchsten Bedrohungspotenzial: Afrika 66, Naher Osten 71 und Asien – ausgenommen die vier A400M für Malaysia – 89. Macht summa summarum 298 Truppen- und Materialtransporter für Einsätze bei kommenden kriegerischen Auseinandersetzungen.

Diese Waffenlieferungen in Krisen- und Kriegsgebiete werden in der deutschen Rüstungsexportstatistik nicht auftauchen, da die Bundesrepublik lediglich A400M-Bauteile an das EADS-Werk in Sevilla schickt, wo die Endmontage stattfindet. Diese Waffentransfers werden demnach als genehmigungsfreie Exporte von Flugzeugteilen an Spanien aufgelistet.

Geradezu verräterisch war die Auskunft des Bundesverteidigungsministeriums auf die Anfrage von Katja Keul, Parlamentarische Geschäftsführerin der Bundestagsfraktion von Bündnis 90/Die Grünen. Im Januar 2011 bestätigte das Ministerium die Tatsache, dass PcW bei der Markt- und Wettbewerbsanalyse zu A400M-Exporten bestehende Rüstungsexport-Restriktionen völlig außer Acht gelassen habe: Der »Gemeinsame Standpunkt 2008/944/GASP des Rates betreffend gemeinsamer Regeln für die Kontrolle der Ausfuhr von Militärtechnologie und Militärgütern« vom 8. Dezember 2008 und die seit Januar 2000 gültigen Politischen Grundsätze der Bundesregierung zum Kriegswaffenexport »wurden nicht zu Grunde gelegt«.[83] Entsprechend frohgemut gibt sich die EADS: Auf dem Exportmarkt sieht Airbus Military für die kommenden 30 Jahre sogar einen Bedarf von rund 400 Transportflugzeugen – zusätzlich zu den aktuellen Festbestellungen.[84]

Täterprofil

Bodo Uebber – der Daimler-EADS-Verbindungsmann

Geboren am 18. August 1959 in Solingen, schloss Bodo Knut Uebber sein Studium des Wirtschaftsingenieurwesens an der Technischen Universität Karlsruhe 1985 mit dem Diplom ab. Anschließend startete er seine Karriere beim Stuttgarter Produktions-Controlling, Unternehmensbereich Verteidigungstechnik, der Messerschmitt-Bölkow-Blohm GmbH (MBB) und avancierte 1988 zum Leiter der dortigen Kosten- und Ergebnisrechnung. Im Folgejahr wurde er Leiter der Betriebswirtschaft der DASA-Verteidigungstechnik in Ottobrunn bei München. 1992 übernahm er das Controlling der Dornier Luftfahrt GmbH in Oberpfaffenhofen, drei Jahre später wurde er DASA-Leiter für Controlling Raumfahrt/Verteidigung und Zivile Systeme.[85] Dank einer Ministererlaubnis konnte MBB Teil des deutschen Luft- und Raumfahrtriesen DASA werden, der seinerseits 1999 in der EADS aufging.[86]

Bereits im Vorjahr war Uebber zum Geschäftsführungsmitglied für Finanzen und Controlling sowie IT/Services beim Münchner Triebwerkshersteller MTU Aero Engines GmbH aufgestiegen. 2001 wurde er Vorstandsmitglied und Chief Financial Officer der DaimlerChrysler Services AG in Berlin, zwei Jahre darauf deren Vorstandsvorsitzender. Seit Dezember 2003 ist Uebber Mitglied im Vorstand der Daimler AG, seit Dezember 2004 als Vorstand für Finanzen und Controlling die Nummer zwei im Daimler-Konzern. Des Weiteren verantwortet er die Geschäfte von Daimler Financial Services sowie Mergers & Acquisitions.[87]

Ab Mai 2007 war Uebber Mitglied des Board of Directors[88] der EADS. Als Nachfolger von Rüdiger Grube, der an die Spitze der Bahn AG wechselte, verantwortete Uebber seit April 2009 die Rüstungsproduktions- und Waffenexportpolitik des zweitgrößten europäischen Rüstungskonzerns. Im Mai 2012 übergab er sein Amt an den französischen EADS-Anteilseigner und neuen Chairman des Board of Directors, Arnaud Lagardère. Uebber ist allerdings weiterhin Mitglied dieses Kontrollgremiums.

Neben den genannten Tätigkeiten schmückt sich der Solinger Finanzexperte mit zahlreichen Mandaten im monetären Bereich, wie der Mitgliedschaft im Aufsichtsrat der Mercedes-Benz Bank AG, im Beirat der Daimler Unterstützungskasse GmbH, im Beirat der Deutsche Bank AG in München und im Beirat der Landesbank Baden-Württemberg. Sowohl die Deutsche Bank AG als auch die Landesbank Baden-Württemberg finanzieren Rüstungsproduzenten (siehe Kap. 7).

Des Weiteren ist Uebber Mitglied des Aufsichtsrats der Stiftung Deutsche Sporthilfe, des Investitionsrates des Stifterverbandes der Deutschen Wissenschaft und des Aufsichtsrats der Bertelsmann AG. Gut fürs Image sind seine Mitgliedschaften in gesellschaftlich angesehenen Organisationen, wie dem Kuratorium der Museumsinsel Berlin, dem Spenderkreis des Jüdischen Museums Berlin und dem Kuratorium des Stuttgarter Galerievereins.[89] So kann sich der Rüstungsmanager den Mantel des Schöngeists umhängen.

Die nachfolgenden Rüstungsprodukte und Transfers von Waffen und Rüstungsgütern hat Bodo Uebber als vormaliger EADS-Verwaltungsratsvorsitzender und heutiges Verwaltungsratsmitglied sowie Daimler-Finanzchef maßgeblich mitzuverantworten:

- den Export von 72 Kampfflugzeugen des Typs Eurofighter Typhoon an die saudische Luftwaffe, der seit Jahren trotz der erwiesenermaßen desaströsen Menschenrechtslage in dem Königreich und der prekären Sicherheitslage in der Region erfolgt;
- die Errichtung eines mehr als 9000 Kilometer langen Grenzsicherungssystems rund um Saudi-Arabien. Dadurch können Flüchtlinge aus Nachbarländern, die Schutz suchen, ebenso abgefangen werden wie verfolgte Oppositionelle, die vor dem diktatorischen Regime und der angewandten Scharia fliehen wollen. Die EADS agiert als »Lead Systems Integrator« (LSI) bei dem noch Jahre laufenden Grenzsicherungsauftrag.[90] Weitere Grenzsicherungsanlagen sind geplant, beispielsweise in Algerien, wo die Demokratiebewegung unter Staatspräsident Abdelasis Bouteflika ebenfalls gewaltsam unterdrückt wird;
- die Lieferung von 25 Sattelzugmaschinen des Typs Actros 4860 für die libyschen Streitkräfte in den Jahren 2009 und 2010. Mit diesen Fahrzeugen wurden im Libyen-Krieg nachweislich Panzer des Regimes ins Kriegsgebiet gefahren;
- die Waffentransfers der MBDA in der Ära des EADS-Verwaltungsratsvorsitzenden Uebber. Die EADS hält bis heute 37,5 Prozent der MBDA, eines international führenden

Lenkflugkörperherstellers, der durch ebenso hemmungslo- se wie grenzenlose Rüstungsexportgeschäfte in Erscheinung trat. Exemplarisch genannt sei der Transfer von MILAN-Panzerabwehrraketen an das Gaddafi-Regime und an Katar, von wo aus Rebellen in Libyen beliefert wurden. Bis Anfang 2011 unterhielt die EADS eine Konzernrepräsentanz in der libyschen Hauptstadt Tripolis. Im Sommer 2011 konnten sich in Libyen alle drei Konfliktparteien mit zuvor gelieferten EADS/MBDA-Waffen bekriegen. Kriegsprofite par excellence unter der Ägide von Bodo Uebber;

- der mehrjährige persönliche Einsatz für den Bau des neuen Militärtransportflugzeugs A400M. »Besonders stolz« sei er auf die Rolle seines Board of Directors bei den A400M-Verhandlungen.[91] Gemeint waren die erfolgreichen Verhandlungen mit industriellen Kooperationspartnern und Regierungen aufgrund der zeitlichen Projektverzögerungen und Kostensteigerungen. Zu den Empfängerländern des A400M werden unter anderem die Türkei und Malaysia gehören, deren Menschenrechtslage katastrophal ist.

- die Entwicklung, Produktion und seit 2010 erfolgende frist- und qualitätsgerechte Auslieferung von M51-Trägersystemen durch die EADS-Division Astrium an die französische Force de Frappe – trotz der Völkerrechtswidrigkeit von Atomwaffen. Unter Uebber rühmt sich die EADS gar, der einzige Rüstungskonzern Europas zu sein, der Atomwaffenträger fertigen könne[92];

- die Entwicklung und Produktion unbemannter Flugsysteme (»Unmanned Aerial Systems«, UAS) verschiedener Reichweite, die bei Cassidian in der dreijährigen Amtszeit des Verwaltungsratsvorsitzenden Uebber große Fortschritte machte. Die Drohne Euro Hawk wurde in Zusammenarbeit mit Northrop Grumman entwickelt. Nach Ansicht der EADS sind UAS zunehmend relevant für die Überwachung und zukünftige Bekämpfung asymmetrischer Bedrohungen.[93]

- Mit der Aufgabe der Leitungsposition im EADS-Verwaltungsrat zog Uebber im Frühjahr 2012 eine positive Bilanz seiner dreijährigen Amtszeit [April 2009 bis Mai 2012] – auch für die rüstungsdominierten Divisionen und Großwaffenprojekte. Großprogramme wie das Großraumflugzeug A380, das Truppen- und Waffentransportflugzeug A400M und der militärische Mehrzweckhubschrauber NH90 »schreiten voran, und das Management hat die bevorstehenden Herausforderungen ins Visier genommen«.

- Das Board of Directors habe auch die ehrgeizige Innovationsstrategie von Eurocopter unterstützt, dem weltweit führenden Hersteller und Exporteur ziviler und militärischer Helikopter.[94]

- Als Board-Chairman hat Uebber bei Cassidian einen weitreichenden Transformationsprozess eingeleitet. Ziel war und ist es, die Rüstungsdivision mit einem Militäranteil von 92 Prozent »international stärker aufzustellen«. Was diese Vorgabe bedeutet, liegt auf der Hand: Zukünftig setzt Cassidian verstärkt auf Rüstungskooperationen, entsprechende Joint Ventures und forcierten Waffenhandel.[95]

Unter dem Verwaltungsratsvorsitzenden Bodo Uebber stabilisierte sich die EADS als siebtgrößter rüstungsproduzierender und -exportierender Konzern der Welt. Nach dem Krisenjahr 2009 konnte der Umsatz von 42,8 Mrd. Euro auf 45,8 Mrd. Euro (2010), 49,1 Mrd. Euro (2011) und 56,5 Mrd. Euro (2012) gesteigert werden. Desgleichen das EBIT, der unter Uebber von einem Verlust von 322 Mio. Euro (2009) auf Gewinne in Höhe von 1,2 auf 1,7 und 2,2 Mrd. Euro in den Jahren 2010 bis 2012 kletterte.[96] Bis zu seinem Rücktritt als Board-Chairman am 31. Mai 2012 verzeichnete die EADS weitere wirtschaftliche Erfolge mit einem Umsatzwachstum von 14 Prozent und einer Steigerung des EBIT um 89 Prozent im ersten Halbjahr 2012 gegenüber dem gleichen Zeitraum des Vorjahres.[97] Diese wirtschaftlichen Erfolge beruhen auch auf einer völlig enthemmten Rüstungsexportpolitik.

Maßgeblich dafür mitverantwortlich ist Bodo Uebber, einer der einflussreichsten Rüstungs- und Automanager Deutschlands. Als solcher trägt er auch Mitverantwortung für Fahrzeugexporte von Mercedes Military an menschenrechtsverletzende und kriegführende Staaten. In Persona war und ist er seit Jahren ein entscheidendes Bindeglied zwischen der Daimler AG und der EADS N. V. »Der Konzern«, so Uebber, »ist eine europäische Erfolgsgeschichte!«[98] Eine Aussage, die leider auch bei der Rüstungsproduktion und dem Waffenhandel zutrifft.

Eurocopters enorme Verkaufserfolge auf dem Exportmarkt

Die EADS-Division Eurocopter ist die Nummer eins der Hersteller militärischer und ziviler Hubschrauber weltweit. Der internationale Firmensitz des deutsch-französisch-spanischen Unternehmens liegt am Aéroport International de Marseille-Provence im südfranzösischen Marignane. Die Zentrale der Eurocopter Deutschland GmbH befindet sich in Donauwörth. Aus Firmensicht stellen der Tiger und der NH90 »die Prunkstücke der Militärpalette von Eurocopter« dar.[99] Der Helikopter wird, je nach Einsatzzweck, in verschiedenen Spezialversionen angeboten: für die bewaffnete Aufklärung (ARH), zur Panzerabwehr und Kampfunterstützung (UHT/HAC), zur Feuerunterstützung (HAP) und in der Kombinationsrolle Feuerunterstützung und Panzerabwehr (HAD).[100]

Schon im Jahr 2009 meldete die Eurocopter-Gruppe beachtliche Verkaufszahlen. Von dem Kampf- und Unterstützungshubschrauber Tiger wurden bis Ende des Jahres 55 Exemplare an Deutschland, Spanien, Australien und Frankreich ausgeliefert; verkauft sind bereits 206 Maschinen.

Am Hindukusch befinden sich bereits drei Tiger für die Luftwaffe Frankreichs im Kampfeinsatz. Seit August 2009 dienen sie der Unterstützung von Bodentruppen »gegen die Aufständischen«. Die EADS, Mutterkonzern von Eurocopter, preist die Vorzüge der Militärhelikopter: Bei den französischen Streitkräften, so das Loblied des Eurocopter-Mutterkonzerns EADS, habe der zweimotorige Tiger »in Afghanistan beispiellose Zuverlässigkeit und eine hohe Einsatzquote bewiesen«. Geeignet sei der Tiger »für eine breite Palette von Einsatzszenarien – von bewaffneten Aufklärungsflügen bis zur Kampfunterstützung«.[101] Französische Militärs sprechen ebenfalls von einem »zuverlässigen und ausdauernden Gerät«, dessen Bordkanone sehr zielgenau treffe.[102]

Einen weiteren Missionseinsatz feierte die EADS als »zweiten Erfolg unter französischer Flagge«: Mit dem Kampfhubschrauber Tiger beschossen französische Heeresflieger im Libyen-Krieg an »vorderster Front« zahlreiche Bodenziele. In einer »Reihe kühner Operationen« – so das Firmenmagazin *Rotor Journal* von Eurocopter überschwänglich – gingen die Hubschrauberbesatzungen mit Kanonen- und Raketenbeschuss gegen feindliche Stellungen vor. Da »Cockpit-Vollmacht« erteilt worden war, konnten die Militärs selbstbestimmt ihre Ziele eliminieren. Zwei Tiger und weitere Helikopter des Typs Gazelle Viviane und Puma vernichteten mit Bordkanonen ab dem 3. Juni 2011 unter anderem Fahrzeuge der Gaddafi-Truppen. In vierzig Luftangriffen mit mehreren hundert Flugstunden wurden bei massiven Luftangriffen etwa 600 Ziele durch die Einsatztruppen zerstört. Dabei wurden allein 425 HOT-Raketen und zahllose Granaten abgefeuert. Wie viele Menschen – Militärs und Zivilisten – bei den Helikoptereinsätzen ums Leben kamen, bleibt in dem *Rotor*-Bericht unerwähnt.[103]

Allein im Jahr 2011 wurden weitere 16 dieser Militärhubschrauber ausgeliefert. Damit stieg die Zahl der insgesamt ausgelieferten Maschinen auf 86.[104] Um den Marktanteil weiter zu steigern und die Profite zu mehren, kennt Eurocopter scheinbar keine ethischen Grenzen. Der Kampfhubschrauber Tiger steht pars pro toto für die Unternehmensstrategie. Unter den Stichworten »Success/The Tiger« wurde in der Jubiläumszeitschrift zum zehnjährigen Bestehen über »The Tiger in Action« berichtet. Blutrot leuchtet als eine Art Werbeslogan stempelartig über den Waffensystemen des Kampfhubschraubers: »combat proven« – kampferprobt. Seine »Feuertaufe« (»baptism by fire«) hat der Militärhelikopter im Afghanistan-Krieg bestanden.[105]

Für den Flugbetrieb in Deutschland erhielt der 6,6 Tonnen schwere Tiger vom Typ HCP die Zulassung im März 2011. Seit Herbst 2012 steht der Helikopter auch für die Bundeswehr kampfbereit – »combat ready«, so das Fachmagazin *loyal* – zur Verfügung. Gemeint ist der Kriegseinsatz in Afghanistan, wo er den US-amerikanischen Kampfhubschrauber Apache ablöst.[106] Die Fähigkeiten des allwetterfähigen Tiger UHT der Bundeswehr beschreibt Eurocopter mit der »reaktionsschnellen Projektion von Kampfkraft im Rahmen unterschiedlichster Missionen zur Krisenbewältigung und Konfliktbeherrschung«.[107] Noch deutlicher wird die englischsprachige Werbung für den Tiger HAD, die das »Battlefield Management« hervorhebt.

Als noch weit größerer Verkaufsschlager als der Tiger entpuppten sich die Hubschrauber vom Typ NH90, erhältlich in den Versionen Tactical Transport Helicopter (TTH) und NATO Frigate Helicopter (NFH) für die Marine. Gefertigt wird der NH90 als Gemeinschaftsprodukt eines Konsortiums aus Eurocopter, NATO Helicopter Industries (NHI), AugustaWestland und Fokker Aerostructures. Dabei ist Eurocopter mit 62,5 Prozent an NHI beteiligt. Bei der Entwicklung setzte die EADS auf eine uneingeschränkte Mehrzweckeignung. Die Verkaufszahlen sind exorbitant hoch. Insgesamt hat die Zahl der bisherigen Auslieferungen die Hundertermarke erreicht.[108]

Alles in allem sind die bei Eurocopter in Frankreich und Deutschland gefertigten Militärhubschrauber ein Global Seller, die Verkaufs- und Bilanzzahlen beeindruckend. Anfang 2012 bilanzierte die EADS, dass sich zurzeit 11 470 Hubschrauber bei fast 3000 Kunden in 149 Ländern im Einsatz befänden.[109] Ein Drittel der zivilen und halbstaatlichen Hubschrauberflotten der Welt stammt von Eurocopter. Der Umsatz konnte von 2011 auf 2012 um 16 Prozent auf die neue Rekordhöhe von 6,264 Mrd. Euro gesteigert werden. Der Gewinn vor Zinsen und Steuern (EBIT; Earnings Before Interests and Taxes) stieg sogar um 20 Prozent auf 311 Mio. Euro. Dabei trug der militärische Transporthubschrauber NH90 zur Bilanzverbesserung bei.[110]

Zu den Hauptabnehmern der EADS-Militärhelikopter zählen die in Afghanistan, im Mittleren Osten und in anderen Regionen der Welt kriegführenden Streitkräfte der Vereinigten Staaten von Amerika. Für das Light Utility Helicopter-Programm (LUH) der US Army stellte

EADS North America rund 198 Hubschrauber des Typs UH-72 Lakota her, eine Militärversion des EC145.[111]

Das Einsatzspektrum geht weit über die allzu gerne propagierten Such- und Rettungseinsätze hinaus. Dank der Kombination hervorragender Senkrechtstart- und Landefähigkeiten mit hoher Reisegeschwindigkeit eignet sich der Hubschrauber X^3 auch für militärische Einsatzszenarien wie Sonderkommandos, Truppentransporte sowie Such- und Rettungseinsätze im Kampfgebiet. X^3-Rüstungsexporte in alle Welt sind nur noch eine Frage der Zeit.[112]

EADS Astrium – Weltraumsysteme für weltweite Kriegseinsätze

EADS Astrium ist nicht irgendein Unternehmen. Hinter den US-Rüstungsriesen Boeing und Lockheed Martin ist die deutsch-französische Konzerntochter der EADS weltweit die Nummer drei in der Raumfahrt, in Europa die Nummer eins. Astrium hat seinen Sitz im französischen Suresnes. Das Kerngeschäft basiert auf drei Großbereichen: Astrium Satellites für Bodensegmente und Satelliten mit Sitz in Toulouse; Astrium Space Transportation für die Weltraum-Infrastruktur und für Trägerraketen mit einem breiten Spektrum bis hin zu Dienstleistungen in Les Mureaux und in Bremen; und seit Juli 2012 Astrium-Services in Suresnes. Damit deckt das Unternehmen die gesamte Wertschöpfungskette ab. Zugleich ist EADS Astrium ein enger Partner der in Paris ansässigen Europäischen Raumfahrtagentur (ESA).

Der Umsatz lag im Jahr 2012 bei 5,817 Mrd. Euro, das EBIT erhöhte sich um 17 Prozent auf 312 Mio. Euro.[113] Von den gut 15 000 Mitarbeitern sind über 4000 in Deutschland tätig. Allein am Standort Friedrichshafen am Bodensee beschäftigen EADS Astrium und Cassidian rund 2500 Mitarbeiter.[114] Etwa 11 000 Beschäftigte arbeiten an weiteren Standorten in Frankreich, Großbritannien, den Niederlanden und Spanien.

All das wäre gut, wenn da nicht eine zweite Komponente ins Spiel käme: die massive Rüstungsbeteiligung. Mit einem Anteil von 37 Prozent 2011 tragen zahlreiche militärische Güter zur Geschäftsbilanz bei. Beliefert werden die Streitkräfte Deutschlands, der NATO und auch von Nicht-NATO-Staaten. Ein von Astrium geleitetes Team stattete die

Bundeswehr mit einem sicheren Satellitenkommunikationsnetz aus, das im Jahr 2010 in Betrieb genommen wurde. Nach einer im selben Jahr unterzeichneten Vertragsverlängerung mit dem Verteidigungsministerium Großbritanniens wird die hundertprozentige Astrium-Tochter Paradigm zumindest bis 2022 satellitengestützte militärische Kommunikationsdienste bereitstellen.[115]

Die Gesamtverantwortung für Astrium obliegt François Auque. Sein Aufgabenbereich umfasst die Erschließung weitere Synergieeffekte durch Aktivitäten in den Bereichen Verteidigung und Sicherheit sowie Raumfahrt. In Deutschland ist Wolfgang Dürr einer der führenden Köpfe. Der aktive Reserveoffizier war bis Juli 2008 Generalstabsoffizier der Luftwaffe, bei Astrium Deutschland war er 2011 Vice President des Bereichs Sicherheit & Verteidigung.

Präzise beschrieb Dürr im Jahr 2011 die wichtigsten Produkte unter Führung der EADS Astrium GmbH für die Bundeswehr. Ihre Bezeichnungen klingen illuster, ihr Einsatz kann tödliche Folgen haben: SATCOM Bw Stufe 2, Connect-D, TerraSAR-X/TanDEM und SAR Lupe. Gemeinsam mit den Tochterunternehmen MilSatServices und ND SATCOM ist die EADS Astrium GmbH für das Gesamtsystem des Satellitenkommunikationssystems SATCOM Bw Stufe 2 zuständig – bis hin zur Anbindung unbemannter Systeme bei der Bundeswehr. Connect-D unterstützt die Kommunikation der Bundeswehr beim Kriegseinsatz in Afghanistan. Die TerraSAR-X-Datenprodukte des Astrium Tochterunternehmens Geo Informations Services / Infoterra GmbH mit Sitz in Friedrichshafen dienen auch militärischen Zwecken wie der »Generierung eines homogenen digitalen Höhenmodells in bisher einzigartiger Qualität«. Der Start entsprechender Services ist für 2013 terminiert. SAR Lupe verfügt über ein »umfangreiches operationelles Fähigkeitsspektrum«.

Was so kompliziert klingt, ist nichts anderes als der mitentscheidende Beitrag zur Optimierung der Kriegführung mittels Raumfahrtprojekten durch EADS Astrium. Auf den Punkt gebracht, beschreibt Dürr die Bedeutung der Raumfahrt für den Einsatz im Krieg. Für die weltweite Einsatzbereitschaft der Streitkräfte und den Einsatz moderner Waffensysteme sei die Raumfahrt von zunehmender Relevanz, die Abhängigkeiten seien hoch. Die Raumfahrtprojekte müssten »möglichst flexibel an die sich verändernden Zielvorgaben« angepasst werden. Da die Zeit nationaler Kriege weitgehend vorbei sei, müssten diese Systeme »international kooperationsfähig« sein. Dürr betont die gleichwertige Berücksichtigung deutscher und französischer Interessen und die Rolle der EADS »im globalen Wettbewerb«.[116]

Zweifellos ist der Weltraum einer der prosperierenden Zukunftsmärkte der EADS, weil er »für die Verteidigung und Sicherheit der Länder zunehmend an Bedeutung« gewinne, so Astrium. Kriege sollen vom Weltraum aus geführt und gewonnen werden. Im Afghanistan-Krieg komme der »Satellitenüberwachung eine zentrale Rolle« zu – bei der Koordination von Militäreinsätzen und Hilfsaktionen.[117]

Ein Waffensystem wurde im Geschäftsbericht 2011 jedoch verschwiegen und bei den Hauptversammlungen der Daimler AG – immerhin der größte industrielle Stimmrechtseigner des Rüstungsriesen – abgestritten: das französische Atomwaffenträgerprogramm M51.

M51-Atomwaffenträger – unter Vernachlässigung des Völkerrechts

10. Dezember 2001. In Les Mureaux, 40 Kilometer westlich von Paris, konnten französische Rüstungsmanager einen »erfolgreichen« Komponententest der U-Boot-gestützten Interkontinentalrakete M51 für die Marine des Landes melden.[118] Im Dezember 2004 unterzeichneten die EADS Space Transportation und die Délégation Générale pour l'Armement (DGA), die wehrtechnische Beschaffungsbehörde Frankreichs, einen Zehnjahresvertrag über die M51-Raketenentwicklung. Das Vertragsvolumen betrug beachtliche 3 Mrd. Euro und beinhaltete neben dem festgelegten Lieferkontingent [der Tranche] weitere Optionen.

Die ersten fünf Testflüge der neuen Generation dieser ballistischen Rakete erfolgten 2006, 2007, 2008 und 2010.[119] Mit der Umstrukturierung der EADS ist heute der Astrium-Geschäftsbereich Space Transportation für die M51 zuständig.[120] Erfreut kommentierte deren Leiter François Auque den experimentellen Abschuss des Atomraketensystems im Atlantik im November 2008 als »ein Markstein, der den Fortschritt des M51-Programms konsolidiert«.[121]

Auch das Jahr 2010 sollte als ein erfolgreiches in die Firmenge-schichte eingehen. Der EADS-Umsatz konnte um weitere vier Prozent auf über 5 Mrd. Euro gesteigert werden. Ausdrücklich erwähnt wurde der Beginn der Auslieferung des ballistischen Flugkörpers M51 an die französische Marine. Im Sommer absolvierte die M51 ihren erfolgrei-chen Abnahmeflug. Im Herbst meldete die EADS den Vertrag mit der DGA zur Weiterentwicklung der M51.[122] Fahrplangemäß wurde das Atom-U-Boot Le Terrible – »Der Schreckliche« – als Erstes mit M51-Atomwaffenträgern ausgerüstet. Nomen est Omen.[123]

Gegenüber dem Vorgängermodell M45 kann die M51 zahlrei-che technische Weiterentwicklungen vorweisen. So verfügt die neue, zwölf Meter lange und 50 Tonnen schwere M51 über eine Reichwei-te zwischen 6000 und 8000 Kilometern. Der Ammoniumperchlorat-Feststoffantrieb basiert auf dem des weithin bekannten Satellitenträ-gersystems Ariane 5, das ebenfalls bei Astrium Space Transportation gefertigt wird.[124]

Das Atomwaffenprogramm wird in Frankreich als geheim einge-stuft. Quellen zufolge werden die Gefechtsköpfe mit sechs bis zehn TN-75-Nuklearsprengköpfen mit einer Sprengkraft von 100 Kiloton-nen bestückt. Nach und nach sollen die U-Boote Le Terrible, Le Vi-gilant, Le Triomphant und Le Téméraire mit den M51-Trägerraketen ausgerüstet werden, die in Frankreich gefertigten Atomsprengköpfe folgen ab 2015. Der deutsch-französische Rüstungsriese rühmt sich, der einzige europäische Konzern zu sein, der über die Kapazitäten zur Entwicklung und Realisierung ballistischer Raketen verfügt.[125]

Von Marion Küpker, der Internationalen Koordinatorin gegen Atom- und Uranwaffen der Deutschen Friedensgesellschaft – Vereinigte KriegsdienstgegnerInnen (DFG-VK), auf der EADS-Hauptversamm-lung 2011 in Amsterdam befragt, mauerte der Vorstand. Das Projekt sei geheim, so CEO Louis Gallois. Die Atomwaffenträgersysteme von EADS Astrium seien ein Schlüsselelement der französischen Abschre-ckungspolitik.[126]

Bei den Berliner Jahreshauptversammlungen des Daimler-Konzerns von 2003 bis 2012 warnten die Kritischen AktionärInnen Daimler

(KAD) eindringlich vor den Atomwaffenträgersystemen der EADS und den Folgen eines Einsatzes von Nuklearwaffen. Wiederholt beantragten Paul Russmann und weitere Aktionärsvertreter seither die Nichtentlastung von Vorstand und Aufsichtsrat der Daimler AG als führendem EADS-Stimmrechtseigner. Nachdrücklich wiesen sie darauf hin, dass die Herstellung von Atomwaffenträgersystemen völkerrechtswidrig sei.[127]

Dessen ungeachtet zeigten sowohl die Geschäftsführung der Daimler AG als auch der EADS N. V. bis heute keinerlei Bereitschaft zum Ausstieg. Zweifelsfrei ist das Geschäft lukrativ. Immerhin belaufen sich die geschätzten Kosten des M51-Programms auf ca. 8,5 Mrd. Euro, der Stückpreis jeder der ca. 60 geplanten Raketen beträgt etwa 150 Mio. Euro. Dagegen steht ein vom Internationalen Gerichtshof (IGH) in Den Haag auf Ersuchen der UN-Generalversammlung erstelltes und im Juli 1996 publiziertes Gutachten, in dem unmissverständlich klargestellt wird, dass Androhung und Einsatz von Atomwaffen grundsätzlich gegen die Prinzipien und Regeln des humanitären Kriegs-Völkerrechts verstoßen. Atomwaffen sind laut IGH »generell völkerrechtswidrig«.

Bernd Hahnfeld von den Juristinnen und Juristen gegen atomare, biologische und chemische Waffen (IALANA) verweist auf das Gutachten des IGH. Darin habe »keiner der Staaten, die in dem Verfahren für die Rechtmäßigkeit des Atomwaffeneinsatzes eingetreten sind, Bedingungen dargelegt, unter denen ein Einsatz gerechtfertigt sein könnte«. Wenn also die Androhung mit dem Einsatz und der Einsatz rechtswidrig seien, dann seien auch »Herstellung, Transport und Stationierung dieser Atomwaffen nicht zu rechtfertigen«. Denn, so Hahnfeld, »all das dient der Vorbereitung des Einsatzes und der Drohung damit«. Seine Schlussfolgerung: »Atomwaffen sind nach dem Völkerrecht zu verbieten.«[128] Erfreulich ist der wachsende Widerstand in Frankreich. Dort hat sich ein breites Bündnis von Friedensaktivistinnen und -aktivisten formiert, das mit gewaltfreien Aktionen gegen das M51-Projekt und die Modernisierung der französischen Atomwaffen eintritt (siehe http://www.nonaumissilem51.org).
 Die maßgeblich verantwortliche Geschäftsführung der EADS und der – als Großaktionär mitverantwortliche – Daimler-Vorstand unter

Leitung des Vorsitzenden Dieter Zetsche und des EADS-Vorstands-mitglieds und Daimler-Finanzchefs Bodo Uebber ignorieren die Völkerrechtwidrigkeit von Atomwaffen und deren Trägersystemen bewusst. Im Falle des Einsatzes könnten sie sich mit einem Vorwurf konfroniert sehen: dem der Beihilfe zum Massenmord.

Wie Gewerkschafter, Rüstungsmanager, Militärs und Politiker für Drohnen kämpfen

Der Christdemokrat Thomas Kossendey aus Oldenburg ist ein engagierter Mann: in der Gartenarbeit, beim Tennisspielen und beim Studium von Landkarten.[129] Zuweilen geht der Hobbygärtner auch auf Reisen, zum Beispiel in die Türkei. Was nicht weiter überrascht, denn der bekennende Katholik Kossendey ist seit November 2006 Parlamentarischer Staatssekretär beim Bundesministerium der Verteidigung und als solcher dazu berufen, Vereinbarungen von Waffengeschäften bei Rüstungsmessen beizuwohnen. So geschehen auf der 10. International Defence Industry Fair in Istanbul Mitte Mai 2011. In einer feierlichen Zeremonie unterzeichneten dort Vertreter der EADS-Division Cassidian und der Turkish Aerospace Industries, Inc. (TAI) ein Memorandum of Understanding zur intensiven Zusammenarbeit beim Projekt der Drohne Talarion. Den entsprechenden Rahmen für den Vertragsabschluss auf der Rüstungsmesse schufen die Verteidigungsstaatssekretäre der Türkei und Deutschlands, Murad Bayer und Thomas Kossendey.

Diese Vereinbarung verschaffte der TAI größeres Gewicht im multinationalen Kooperationsprogramm für Unmanned Aerial Systems (UAS) bzw. Unmanned Aerial Vehicles (UAV). Gemeint sind unbemannte Flugsysteme und damit Drohnen. Mit der Vereinbarung ist gewährleistet, dass auch die türkische Armee künftig über modernste Drohnentechnik verfügt. Talarion ist ein europäisches Programm für eine unbemannte Plattform mittlerer Flughöhe bei großer Flugdauer, in der Fachsprache Medium Altitude Long Endurance, kurz MALE, genannt. MALE geht zurück auf das Interesse Deutschlands, Spaniens und Frankreichs – und jetzt auch der Türkei, militärische Aufklärungs- und Überwachungsmissionen aus der Luft von unbemannter Robotertechnik erledigen zu lassen.

Angesichts gewaltsamer Konflikte im Südosten des Landes und der Bedrohungslage in den Grenzgebieten zu Georgien, Armenien, Iran, Irak und Syrien steht die Türkei dieser Idee mehr als offen gegenüber. Dementsprechend bringt das Sekretariat für Verteidigungsindustrie im türkischen Verteidigungsministerium immense Investitionsmittel auf, um unter anderem auch die Drohnentechnik unter Führung der Turkish Aerospace Industries zu fördern.[130]

Bei der Drohnentechnik kann die EADS auf langjährige Erfahrung mit mehreren parallel verlaufenden Waffenentwicklungen verweisen. Bereits 2006 verkündete das Unternehmen, Military Air Systems arbeite an einem Technologie-Demonstrationsprojekt, um neue Technologien für zukünftige Unbemannte Luftflugkörper, die UAVs, zu entwickeln. Des Weiteren arbeite man an einem Forschungs- und Technologieprogramm zur Analyse und Verbesserung von Technologien und Konzepten Unbemannter Luftflugkörper für den Bereich der Aufklärung (URAV; Unmanned Reconnaissance Aerial Vehicle).

Bekanntlich benötigt die Bundesluftwaffe Drohnen zur weitreichenden Überwachung des Luftraums und zur Informationsbeschaffung. Um diesen Bedarf zu decken, offerierten Military Air Systems und deren US-Geschäftspartner Northrop Grumman über das gemeinsame Joint Venture der EuroHawk GmbH das Waffensystem Euro Hawk. Sitz des im November 2005 gegründeten deutsch-amerikanischen Gemeinschaftsunternehmens EuroHawk GmbH ist Friedrichshafen am Bodensee.[131] Beim Euro Hawk handelt es sich um ein unbemanntes Flugsystem zur Signalaufklärung in großen Höhen, basierend auf der von Northrop Grumman entwickelten Plattform für die Global Hawk RQ4-B.

Die NATO wollte mit der Bereitstellung eigener autonomer Ressourcen für luftgestützte Bodenüberwachung eine Lücke schließen. Auf Vorschlag der Industrie wurde ein sogenanntes »Lösungs-Konsortium« eingerichtet, dem neben der EADS Galileo Avionica, General Dynamics Canada, Indra Sistemas, Northrop Grumman und Thales angehörten. Diese Unternehmen wurden aufgefordert, »einen Vorschlag für die Schlachtfeldplanung« mit einer »gemischten« Flotte zu liefern. Der Vorschlag bestand aus einem »System einzelner Systeme«, zusammengesetzt aus einem bemannten Einsatzflugzeug Airbus A321 und Global Hawk UAVs.[132]

Drei Jahre später verwies die EADS bereits auf ihr breites Projektportfolio bei UAVs. So verkündete das Unternehmen im Jahr 2009, laufende Vorhaben seien »unter anderem der für die französischen Luftstreitkräfte entwickelte und seit 2009 in Afghanistan eingesetzte Harfang UAV«. Der gemeinsam mit dem US-amerikanischen Rüstungsriesen Northrop Grumman entwickelte Euro Hawk absolvierte seinen Erstflug im Jahr 2010 über der Wüste im kalifornischen Palmdale und den Transferflug nach Deutschland im Juli 2011.[133]

Die EADS-Rüstungssparte Cassidian legte einen der Schwerpunkte ihrer Entwicklungtätigkeit auf das Drohnenprojekt Talarion. Die militärischen wie zivilen Sicherheitsanwendungen machten diese Drohne zum einzigen rein europäischen UAS-Programm, verkündete das Unternehmen im Jahr 2010.[134] Auf Grundlage der Erfahrungen mit den Systemen Talarion, Harfang, Barracuda und DRAC strebe Cassidian »eine Führungsposition« bei unbemannten Plattformen an, verkündete das Unternehmen zunehmend selbstbewusst. Noch belieferte die EADS-Division gemeinsam mit Northrop Grumman die Bundeswehr mit UAS vom Typ Euro Hawk. Dabei zeichnete Cassidian für das gesamte Einsatzsystem verantwortlich, welches die Analyse und Darstellung der Lage, die Sensornutzlast und Systemanpassungen umfasst. Die Euro-Hawk-Drohne besitzt eine beachtliche Spannweite, größer als ein Verkehrsflugzeug. Bei einer Einsatzdauer von mehr als 30 Stunden kann sie eine maximale Flughöhe von rund 60 000 Fuß erzielen.[135]

Alles schien aufs Beste geregelt, der Drohnenmarkt bestellt, die Aufträge konnten kommen. Stattdessen erreichte die EADS im November 2011 eine Katastrophenmeldung: Im Rahmen der Bundeswehrreform plante Bundesverteidigungsminister Thomas der Maizière den Verzicht auf die kostenintensive Beschaffung der Talarion-Drohnen, zumal diese noch in der Entwicklungsphase steckten und offensichtlich erst nach 2016 einsatzfähig sein sollten.[136] Stattdessen erwog die Bundesregierung die Anschaffung bereits auf dem Markt befindlicher Drohnen, beispielsweise der israelischen Heron TP oder der US-amerikanischen Reaper. Seit März 2010 arbeitet die deutsche Rheinmetall

Defence mit der Israel Aerospace Industries Ltd. (IAI) im Rahmen eines Dienstleistungsvertrages zusammen. Dabei gilt die Drohne Heron 1 als Interimslösung für die Bundeswehr bei der Nachrichtengewinnung und Aufklärung in Afghanistan.[137]

In deutlichen Worten forderte Hans-Peter Ring, Chief Financial Officer der EADS, »dringend ein europäisches Programm« für Drohnen. Wenn die Ingenieurskapazitäten erst einmal reduziert werden müssten, werde »es für die Europäer schwierig«, auf dem Markt unbemannter militärischer Fluggeräte Schritt zu halten.[138]

Deutlicher noch in den Worten, drohte der EADS-Beauftragte der Industriegewerkschaft Metall (IG Metall) im Werk Manching, Bernhard Stiedl. Wenn die Streichliste des Verteidigungsministers umgesetzt und auf Talarion verzichtet werde, gebe es »in Deutschland zukünftig keine Produktion und keine Entwicklung« militärischer Fluggeräte mehr. Denn dies bedeute den Verlust von 25 000 Arbeitsplätzen. [139] Mit Blick auf lukrative Geschäfte in aller Welt kämpfte auch EADS-Finanzchef Hans-Peter Ring nach Kräften für die neue Drohnentechnik. Der Absatzmarkt reiche weit über die NATO-Staaten hinaus. Bei der EADS hoffe man auf Exporte in Länder wie Brasilien, Indien oder Staaten des Nahen Ostens. »Da gibt es viel Potenzial in den kommenden Jahrzehnten«, sagte Ring.[140]

IG-Metall-Mann Stiedl schrieb gar einen Brief an Bundeswirtschaftsminister Philipp Rösler. Wolle man »einen Zuwachs an hochqualifizierten Arbeitsplätzen in dieser Zukunftsindustrie« – gemeint war allen Ernstes die Drohnenproduktion bei der EADS –, »muss man die Risiken der Finanzierung technologischer Entwicklungssprünge angemessen teilen und dafür entsprechende Finanzierungsmodelle finden«.[141]

Stiedls Sicht und die der Manchinger IG Metall sind nicht repräsentativ für die Industriegewerkschaft insgesamt. Eindeutig positionierte sich Jürgen Bühl, Gewerkschaftssekretär beim IG-Metall-Vorstand, im Sommer 2012: »Wir gehören nicht zur Rüstungslobby.« Bühl, zugleich Leiter des gewerkschaftlichen Arbeitskreises »Wehrtechnik und Arbeitsplätze«, verwies darauf, dass die IG Metall »gegen eine Aufweichung oder Absenkung der deutschen Exportstandards« sei. Dringend sei es an der Zeit, »die Debatte über Diversifikation und auch Konversion – also die Auffächerung des Sortiments und die Umwandlung von militärisch Nutzbarem in zivil Nutzbares – wieder aufzunehmen«, so Bühl.[142]

Die Initiativen von Stiedl und Ring verhallten ungehört, die Projektfi-nanzierung über den Bundesetat scheiterte, der Prototyp der Talarion-Drohne wurde nicht produziert. Talarion-Exporte nach Brasilien, In-dien und in den Nahen Osten bleiben Wunschträume. Der von Stiedl angedrohte Zusammenbruch der militärischen Luftfahrtindustrie ist dennoch ein Hirngespinst.

Allerdings verspielte die EADS die Chance, mit dem Scheitern des Talarion-Projekts aus der Drohnentechnik auszusteigen. Vielmehr bleiben Drohnen einer der Schwerpunkte militärischer Entwicklun-gen. Im Januar 2012 meldeten Cassidian und Rheinmetall die Fort-führung ihrer Aktivitäten im Bereich unbemannter Flugsysteme in einem neu zu gründenden Gemeinschaftsunternehmen. Vertraglich vereinbart wurde, dass die EADS-Division Cassidian 51 Prozent und Rheinmetall 49 Prozent an dem Joint Venture halten.

Zukünftig gehe es, so die EADS, um die Sicherung einer langfris-tig tragfähigen Perspektive und um »internationale Marktzugänge« – letztlich also um Rüstungsexporte. Die Gründung des neuen Gemein-schaftsunternehmens stelle einen sinnvollen Schritt zur Erweiterung der UAV-Programme dar, sagte Dr. Stefan Zoller, Chief Executive Offi-cer von Cassidian. Das Unternehmen könne seinen »globalen Kun-den« eine komplette Produktpalette maßgeschneiderter Lösungen im Bereich taktischer UAS sowie UAS für mittlere und größere Höhen anbieten.

Bei der Rheinmetall Defence Electronics GmbH in Bremen soll der Produktionsbereich Flugsysteme mit dem Joint Venture gestärkt werden. In diesem Sinne gilt für den Rheinmetall-Vorsitzenden Klaus Eberhardt die Zielvorgabe, für den Flugsystembereich »dauerhaft neue Marktperspektiven zu erschließen«. Dafür sind in Bremen beste Vo-raussetzungen gegeben: Hier wird bereits eines der weltweit moderns-ten unbemannten Fluggeräte gefertigt: die KZO-Drohne, die von der Bundeswehr im Afghanistan-Krieg eingesetzt wird.[143]

Der EADS kommt der Ruf nach neuen Drohnen mehr als gelegen. Die Kriege der Zukunft werden maßgeblich mit unbemannten Fluggeräten geführt werden. Stefan Zoller bezog bereits 2009 klar Position. Es gehe »um die Weichenstellung, ob die Europäer im Zukunftsmarkt der unbemannten Flugzeuge künftig eine eigenständige Rolle spielen oder auf Modelle aus den USA und Israel angewiesen sind«.[144] Damals allerdings ging es um die Frage der Entwicklung von Überwachungs- und nicht von Kampfdrohnen.

Zwei Jahre später vertrat die EADS eine noch offensivere Linie. Die Erfahrungen aus den NATO-Einsätzen in Libyen und Afghanistan hätten gezeigt, dass Europa trotz knapper Rüstungsbudgets investieren müsse: in den Bereichen Interoperabilität, Luftbetankung und in neue Verteidigungstechnologien, wie die Drohnen. Denn »beim Überwachen und Bekämpfen asymmetrischer Bedrohungen« sei die wachsende Relevanz unbemannter Flugsysteme besonders deutlich geworden. Neben den Grenzsicherungsanlagen stellten die UAS den Zukunftsmarkt schlechthin dar. Laut einer Prognose der Teal Group von 2011 werden von 2011 bis zum Jahr 2020 schier unglaubliche 94 Mrd. US-Dollar für UAS-Plattformen ausgegeben.[145]

Im Wissen um das immense Wachstumspotenzial des globalen UAS-Marktes investiert Cassidian massiv in die Drohnentechnik – zunächst zur Deckung des Überwachungs- und Aufklärungsbedarfs europäischer Streitkräfte.[146] Es bleibt eine Frage der Zeit, wann EADS, Rheinmetall und Diehl der derzeitigen Erforschung, Entwicklung und Produktion von Aufklärungsdrohnen auch Kampfdrohnen folgen lassen.

Die politische Debatte in Deutschland ist längst eröffnet, Bundesverteidigungsminister Thomas de Maizière kämpft an vorderster Front. Es gehe darum, »ob wir das System für den Einsatz brauchen«. Ein bewaffnetes Flugzeug und eine bewaffnete Drohne seien »ethisch gleich zu beurteilen«.[147] Generell sei der Einsatz eine Kampfdrohne nichts anderes die die Betätigung des Abzugs einer Pistole oder das Abfeuern eines Torpedos.[148]

Das stimmt: Tötung bleibt Tötung, Mord bleibt Mord, gleich mit welcher Waffe die Tat verübt wird. Die eindrücklichste Antwort auf De Maizières Interessenspolitik allerdings könnten die Opfer von Drohnenangriffen geben – beispielsweise die Menschen, die die völ-

kerrechtswidrigen Angriffe der US Army mit Kampfdrohnen traumatisiert oder verstümmelt überlebt haben.

Da deutsche und französische Rüstungsfirmen für die Fertigung eigener Kampfdrohnen noch Jahre benötigen, erwägt der Verteidigungsminister eine Beschaffung im Ausland. Geeignet erscheinen entweder
Predator B aus den USA oder Heron TP aus Israel.[149]

EADS und Frontex forcieren Flüchtlingsabwehr

Nach Ablauf des Geschäftsjahres 2010 freute man sich bei EADS über
zivile Aufträge für den Airbus. Und auch beim Waffenexport wuchs der
Rüstungsriese. Vor allem der Nahe Osten sei »ein attraktiver Markt«.
Immerhin 13 Prozent des Konzernumsatzes machten die zivilen und
militärischen Geschäfte in Nahost mittlerweile aus – Tendenz steigend.
Genau hier sei »der Durchbruch« in den neuen Geschäftsfeldern der
Luftbetankungsflugzeuge und Grenzsicherung gelungen.[150]

Bei der Grenzabschottung kann die EADS längst auf langjährige
Erfahrung verweisen. Schon im Jahr 2004 hatte der Konzern einen
Auftrag zum Bau eines Grenzüberwachungssystems für Rumänien
bekommen.[151] Der Auftrag beinhaltete die Lieferung eines integ-
rierten Systems zur Grenzsicherung und -überwachung. Schon zwei
Jahre später frohlockte die EADS: Mit der Installation des Backup
IT Subsystems, der zentralen IT-Infrastruktur des gesamten Grenzüberwachungssystems, sei der erste Meilenstein mit Erfolg erreicht
worden.[152] Seither profitiert der Rüstungskonzern von Aufträgen wie
diesem.

Im Sommer 2009 hatte die EADS-Division Verteidigung und Sicherheit, heute Cassidian, abermals Grund zum Feiern: Ende Juni
hatte Saudi-Arabien einen Großauftrag für die Errichtung eines Systems zur Sicherung und Überwachung der Grenze im Rahmen des
Saudi Border Guard Development Program (SBGDP) vergeben, der
auch die Gebirgs-, Wüsten- sowie Küstenregionen der über 9000 Kilometer langen Landesgrenze mit einschloss. Die EADS fungiert als
Hauptauftragnehmer. Entsprechend stolz verkündete das Unternehmen, es handele sich dabei um das weltweit größte Projekt dieser
Art.[153]

Aus Sicht der saudischen Regierung dient das EADS-Grenzsicherungssystem zur Verbesserung der Sicherheitslage in der Region. Al-Qaida-Terroristen, illegalen Arbeitsemigranten und Schmugglern soll der Zugang ins Land verweigert werden. Die Bauleitung des SBGDP obliegt dem saudischen Innenministerium. Errichtet wird ein elektronisches Grenzsystem, das mit modernsten Bodenradargeräten, Lasersensoren und Nachtsichtkameras bestückt ist. Doppelte Stacheldrahtverhaue, Gräben und Wachtürme garantieren, dass keine unerwünschten Flüchtlinge ins Land kommen und keine Regierungskritiker das Land ungestraft verlassen können.

Der Bundestagsabgeordnete Jan van Aken, der Anfang Oktober 2011 gemeinsam mit dem *Zeit*-Journalisten Hauke Friederichs vor Ort einen Abschnitt der Grenzsicherungsanlage begutachten konnte, berichtete vom Northern Border Security Project, der 812 Kilometer langen Grenze zum Irak und im Nordosten zu Kuwait. Dort sei »eine massive Grenzanlage aufgebaut« worden. Direkt an der Grenze sei ein Erdwall von etwa zwei Metern Höhe errichtet worden, dahinter zwei Zäune mit Stacheldrahtkrone im Abstand von etwa zehn Metern. In etwas größerem Abstand folge ein Doppelzaun, der mit mehreren Rollen NATO-Draht gefüllt sei.

Im Abstand von zehn Kilometern gebe es die sogenannte »delaying zone« – ein zweiter Doppelzaun, zum Schluss ein weiterer Erdwall. An den vorderen Zaunanlagen befänden sich Türme, vergleichbar Strommasten, mit einer Radaranlage, optischen Kameras sowie Infrarotkameras obenauf. Bei den Türmen befinde sich jeweils eine lokale Einsatzzentrale, das »Rapid Response Team«. Über dortige Computerterminals würden Anweisungen von der Sektorzentrale empfangen. Für mehrere Rapid Response Teams gebe es eine Sektorzentrale mit einem »Command & Control Room«. Dort würden die Daten des Radars und der Kameras zusammenlaufen. Laut van Aken führte die EADS die Ausbildung an der Technik – gemeint waren die Command & Control-Zentralen – selbst durch. Auch deutsche Sicherheitskräfte waren im Einsatz, Polizisten bildeten vor allem die National Border Guard (NBG) für die Einsatzsituation aus: beispielsweise für das Anhalten von Fahrzeugen und die Ausweiskontrolle. Dabei gehe es »nicht um normale Grenzkontrollen, sondern ausschließlich um ›Störer‹, die unerlaubt die Grenzzäune überwinden« wollten. Die Paradoxie, so van Aken, liege darin, dass auf Festgenommene nach einer

269

möglichst rechtsstaatlichen und zivilen Verhaftung anschließend unter Umständen »Folter und Todesstrafe warten«.[154]

Ein in direktem Zusammenhang mit dem EADS-Rüstungsprojekt stehendes Ereignis sollte in Deutschland für beträchtliches Aufsehen sorgen: Im April 2011 deckten Redakteure des ARD-Magazins »Fakt« auf, dass das Bundesinnenministerium schon seit Jahren ohne ausreichende Rechtsgrundlage Bundespolizisten nach Saudi-Arabien schickte, wo sie arabische Grenzpolizisten im Umgang mit der EADS-Technik ausbilden sollten. Das Grundgehalt kam weiterhin vom Bundesinnenministerium, eine Zusatzfinanzierung erfolgte in Form von Trainerhonoraren aus Projektmitteln der EADS.

Knapp zwei Monate später legte »Fakt« nach. Aus internen Unterlagen gehe hervor, »dass die deutschen Beamten saudische Grenzpolizisten nicht nur im Umgang mit den modernen EADS-Geräten schulen, sondern auch für Demonstrationen und Unruhen«. Geübt würden auch Häuserdurchsuchungen und -besetzungen.[155] Optimale Anleitungen also für die spätere Niederschlagung von Aufständen der Demokratiebewegung im Lande – finanziert von deutschen Steuerzahlern und der EADS.

Mit einer weiteren Skandalmeldung wartete der *Stern* auf. Das Wochenmagazin konnte belegen, dass Bundesinnenminister Wolfgang Schäuble höchstpersönlich im Mai 2009 in Riad das »Abkommen zwischen der Regierung der Bundesrepublik Deutschland und der Regierung des Königreichs Saudi-Arabien über die Zusammenarbeit im Sicherheitsbereich« unterzeichnet hatte. Die Vorarbeit für das milliardenschwere Grenzsicherungsprojekt der EADS hatte Frank-Walter Steinmeier (SPD), Schäubles Ministerkollege in der Großen Koalition, bereits zuvor geleistet. Unter anderem indem der Bundesaußenminister den EADS-Rüstungsmanager Zoller im Mai 2006 im Regierungsflieger nach Saudi-Arabien mitnahm. Zoller freute sich anschließend über den erfolgreichen Rüstungsdeal: Die saudische Regierung habe »die Sicherheit des Landes zu einem großen Teil in unsere Hände gelegt«. Das Brisante daran: Zum Zeitpunkt der *Stern*-Publikation war der Staatsvertrag nicht durch den Bundestag abgesegnet.[156]

Im Sommer 2009 wurde ein Folgeauftrag mit fünfjähriger Laufzeit über bis zu 3 Mrd. Dollar abgeschlossen. Wenn alles planmäßig verläuft, dürfte das Projekt zur Grenzsicherung Saudi-Arabiens bis spätestens 2018 vollendet sein, womöglich früher. Geschätzte Gesamtkosten: 15 bis 20 Mrd. US-Dollar.[157]

Mit den Border Guard Development Program (BGDP) hat die EADS – neben den Drohnen – einen zweiten äußerst lukrativen Absatzmarkt der Zukunft entdeckt. Dieser soll und wird in den kommenden Jahren Abermilliarden in die Kasse des Konzerns spülen. Weltweit besteht beträchtlicher Bedarf an militärischer Grenzsicherung, den die EADS decken will.

Auch in Algerien, einem der fünf Maghrebstaaten, in denen sowohl Kriegs- als auch Klimaflüchtlinge aus der Sahara Schutz suchen, plant die EADS den Bau einer Grenzsicherungsanlage. Im Sommer 2011 gab der Bundessicherheitsrat unter Leitung von Bundeskanzlerin Angela Merkel Rüstungsprojekte im Gesamtwert von 10 Mrd. Euro frei. Cassidian, Rhode & Schwarz sowie Carl Zeiss dürfen Anlagen zum Schutz der Außengrenzen liefern.[158]

Von dem im baden-württembergischen Oberkochen ansässigen Carl-Zeiss-Konzern ist bekannt, dass er Nachtsicht- und Wärmebildgeräte produziert. Und im Fall der Sicherung von Landesgrenzen kommt Zeiss-Militärtechnik zum Einsatz. So fertigt Zeiss in Wetzlar und in Irene (Südafrika) optische, optronische sowie feinmechanische Präzisionsprodukte für militärische und zivile Anwendungen.[159] Noch. Denn im Juli 2012 vereinbarten Cassidian und die Carl Zeiss AG, die Aktivitäten der Carl Zeiss Optronics GmbH fortan gemeinsam zu betreiben. Die EADS-Division erwarb 75,1 Prozent der Anteile, sodass der Bereich Optronik und Optik weitgehend an den Münchener Rüstungskonzern übergeht. Von Interesse ist für die EADS die Erweiterung des bereits vorhandenen Produktportfolios im Sensorensektor. Cassidian-Chef Zoller verkündete den Aufbau eines »›Sensor House‹, (…) das den Kunden komplette Sensor-Lösungen aus einer Hand anbieten kann und sich auf den globalen Märkten durchsetzen wird«. Erklärtermaßen werden Systeme zur Grenzraumüberwachung auch zukünftig einer der Unternehmensschwerpunkte sein.[160]

Vom Fach kommt auch das Familienunternehmen Rohde & Schwarz. Die in München ansässige Firma ist in den Geschäftsfeldern Messtechnik, Rundfunk, sichere Kommunikation sowie Funkortung und -überwachung weltweit führend. Umfassend ist der Auftritt auf ausländischen Märkten: Bei einer Präsenz in mehr als 70 Ländern, in 57 davon mit eigenen Niederlassungen, beträgt der Exportanteil 90 Prozent. Rohde & Schwarz fertigt zahlreiche Produkte, welche die sichere Kommunikation für Behörden, Industrie und Militär gewährleisten. Zum effizienten Informationsaustausch militärischer Einsatzkräfte liefert das bayerische Unternehmen leistungsfähige, interoperable Kommunikationssysteme. Funkgeräte sind für den Einsatz bei der Marine, bei Heeresstreitkräften, Polizei- und Grenzsicherungskräften ausgelegt.[161]

Neben Algerien trifft auch das östlich angrenzende Nachbarland vergleichbare Vorkehrungen. Längst buhlen Rüstungskonzerne um milliardenschwere Grenzschutzaufträge für Libyen. So berichteten die *DefenseNews* im Jahr 2012 von Verhandlungen der Regierung in Tripolis mit mehreren europäischen und US-amerikanischen Rüstungskonzernen über die Lieferung hochgerüsteter Sicherungsanlagen für die mehr als 4000 Kilometer lange Landesgrenze. Unter den Anbietern befindet sich, wenig verwunderlich, auch die EADS.

Gewünscht wird ein sensorgestütztes Grenzsicherungssystem in einem Gesamtpaket mit Kameras und Radaranlagen, Fahrzeugen, Drohnen und Polizei- bzw. Militärhubschraubern, gesteuert von Hightech-Kommandozentralen aus. Ziel ist nicht allein, das Einsickern als solcher titulierter Terroristen zu verhindern. Vielmehr sollen die Sperranlagen »unerwünschte Migranten hindern, über Libyen in die EU einzureisen«, so das Internetportal *Telepolis*.[162]

Der Europäischen Union kommt diese Entwicklung im Norden Afrikas sehr gelegen. In den nächsten Jahren soll das neue Grenzsicherungssystem EUROSUR anlaufen. Peu à peu werden die Staaten Europas an den Verbund einer gemeinsamen Flüchtlingsabwehr herangeführt. Der Datenfluss wird in Warschau zusammengeführt, wo die Europäische Agentur für die operative Zusammenarbeit an den Außengrenzen, Frontex (Frontières extérieures), ihren Sitz hat.

Ursprünglich ins Leben gerufen, um die EU-Staaten beim Schutz ihrer See- und Landaußengrenzen zu unterstützen, führten die dramatischen Flüchtlingsszenarien im Mittelmeer zu erweiterten Handlungsoptionen. Nach Änderung der Frontex-Verordnung und der damit verbundenen Mandatserweiterung setzt die europäische Grenzschutzagentur auf Soforteinsatzteams. Seitdem können auf Ersuchen eines Mitgliedslandes Polizei- und Grenzschutzbeamten der Rapid Border Intervention Teams (RABIT) in kürzester Zeit dort eingesetzt werden, wo Flüchtlinge beobachtet werden. In diesem Sinne ist Frontex ein Schlüsselelement bei der Abschottung des Kontinents gegen Migranten – und damit entscheidend für die Sicherung der Festung Europa.[163]

Abgeschottet werden sollen der Land- und der Seeweg, wie der Fall Tunesien belegt. Angesichts der Flucht von mehr als 5000 Menschen aus dem nordafrikanischen Land verwies das *Marineforum* im Frühjahr 2011 auf ein »seit Langem bekanntes Problem« – gemeint war »die illegale Einwanderung nach Südeuropa über See«. Mehr noch: »Der dann folgende Zusammenbruch Libyens weckte schlimmste Befürchtungen«. Und: »Italien erwartete, dass gut 200 000 Flüchtlinge die gefährliche Überfahrt riskieren könnten.« Die EU-Agentur Frontex soll die Zusammenarbeit in der Staatengemeinschaft »koordinieren und wo notwendig aktiv unterstützen«.

Immerhin verweist das militärische Fachblatt darauf, dass Frontex »nicht unumstritten« sei. Der Vorwurf von Menschenrechtsorganisationen zielt auf Verstöße gegen die Genfer Flüchtlingskonvention. Vielfach würden Flüchtlinge abgeschoben, ohne überhaupt einen Asylantrag stellen zu können. Tatsächlich nennt der Frontex-Aufgabenkatalog auch die Hilfe bei der Organisation gemeinsamer Rückführungsaktionen der Mitgliedsstaaten – »also Abschiebungen«, wie es im *Marineforum* unmissverständlich heißt.[164]

In der Kampagne »Aktion Aufschrei – Stoppt den Waffenhandel!« wurde die Korrelation zwischen den Rüstungsexporten und der Flüchtlingsfrage am Schicksal der Flüchtlinge auf der italienischen Insel Lampedusa beschrieben. Wer die Flucht vor dem Regime Gaddafi in kleinen Booten überlebt hat, muss »unter menschenunwürdigen Bedingungen hausen«. Selten sei »der Zusammenhang zwischen Waffen-lieferungen und Flüchtlingsabwehr so eindeutig wie im Falle Gaddafis, an den auch Deutschland Rüstungsgüter geliefert hat«.

Wie wahr derlei Aussagen sind, belegt die Tatsache, dass alle drei Konfliktparteien im Libyen-Krieg mit EADS/MBDA-Waffen schie-ßen konnten: Die Regierungstruppen waren direkt und die Rebellen über Katar mit MILAN-Raketen beliefert worden, die NATO bomb-te mit EADS-Eurofightern und EADS-Tornados. Im Übrigen unter-hielt die EADS in der Gaddafi-Ära eigens eine Konzernrepräsentanz mit fünf Mitarbeitern in Tripolis. Allein dieser Umstand beweist, wie eng die Geschäftsbeziehungen mit dem diktatorischen Regime bereits vor Ausbruch des Krieges waren. Erst nach dem 23. Februar 2011 wur-de die Arbeit dort eingestellt.[165] Gaddafis Militärs nutzten zudem von Mercedes Military gelieferte Fahrzeuge für den Kriegseinsatz.

Die deutsche und die europäische Politik der Rüstungsexportförde-rung und zur Abschottung vor Flüchtlingen provoziert Fragen. Wie können die beiden Regierungsparteien CDU und CSU das »C« in ih-rem Namen tragen, obschon sie eine unchristliche Abschiebepolitik verantworten? Wie kann der Europäischen Union trotz deren Rüs-tungsexport-, Flüchtlings-, Außen- und Sicherheitspolitik der Frie-densnobelpreis 2012 verliehen werden?

Zweifelsfrei hat der Einigungsprozess der EU-Mitgliedsstaaten den Kontinent in eine weitgehend kriegsfreie Zone verwandelt. Aus Erb-feindschaft erwuchs vielfach vertrauensvolle Freundschaft. Anderer-seits unterstützten zahlreiche Mitgliedsstaaten die tödlichen Militär-interventionen im Irak-, Libyen- und Afghanistan-Krieg. Laut SIPRI rangierte Deutschland von 2007 bis 2011 auf Platz 3 der Weltwaffen-exporteure, die EU-Staaten belegten rund 33 Prozent der Waffentrans-fers noch vor den USA (30 Prozent) den ersten Platz.[166] Tausendfach ertrinken Menschen im Meer, die vor dem Einsatz der aus Europa ge-lieferten Waffen nach Europa fliehen wollen. Oder sie werden rück-sichtslos in ihr Heimatland abgeschoben, wo Folter und Tod sie erwar-ten. Durch das Schengen-Abkommen fielen zwar die Schlagbäume auf dem Kontinent, die Sicherungsanlagen an den Grenzen aber wachsen weiterhin.

Der EADS bietet sich unterdessen eine beispiellose Aussicht auf Profit. Die Grenzschutzanlagen um Libyen könnten rund 4000 Kilometer umfassen. Mit der Sicherung von Landesgrenzen und der Flüchtlingsabwehr lassen sich in Zukunft Abermilliarden verdienen.

Im Militärmagazin *Strategie & Technik* ließ der Rüstungskonzern die Katze endgültig aus dem Sack: Das Unternehmen verfüge über die »herausragenden Fähigkeiten bei landesweiten und grenzüberschreitenden Sicherheitslösungen«. Dabei geht es nicht um einige tausend Kilometer und ein paar Milliarden Euro, sondern um den Kontinent: »EUROPAS GRENZKILOMETER: 208 363«. Damit nicht genug, der Blick richtet sich weit über Europa hinaus. Das Satellitenfoto zeigt auch die Nordküste Afrikas und den Nahen Osten. »DEFENDING WORLD SECURITY«, »die Sicherheit der Welt verteidigen«, so lautet die lukrative Devise der EADS.[167]

Quo vadis, Herr Enders?

Die Unternehmenskrise schien Historie. Der Umsatz der EADS konnte von 42,82 (2009) und 45,75 (2010) auf 49,13 Mrd. Euro (2011) gesteigert werden. Noch deutlicher trat die wirtschaftliche Erholung beim EBIT zutage. Beim Gewinn vor Steuern und Zinsen legte die EADS nach dem Verlustjahr 2009 (minus 322 Mio. Euro) kräftig zu und steigerte den Profit 2010 auf 1,231 Mrd. und 2011 auf 1,696 Mrd. Euro. Geradezu sensationelle Höchstwerte konnten beim Auftragseingang mit 131,02 Mrd. Euro und beim Auftragsbestand mit 540,98 Mrd. Euro erzielt werden. Das starke Wachstum wirkte sich entsprechend positiv auf die Beschäftigtenzahlen aus: Ende 2011 hatte die EADS 133 115 Mitarbeiter – 13 609 mehr als zwei Jahre zuvor.[168]

Bodo Uebber, bis zur Hauptversammlung im Mai 2012 Chairman des Board of Directors, blickte zufrieden auf das Vorjahr zurück. Die EADS sei eine »europäische Erfolgsgeschichte«, alle Beteiligten könnten stolz sein.[169] Stolzer noch könnten sie sein, wenn diese Erfolge nicht auch durch hemmungslosen Waffenhandel und skrupellose Geschäfte mit menschenrechtsverletzenden Regimen erzielt worden wären und der Rüstungsanteil nicht noch weiter ausgebaut würde.

Zwar machte das zivile Flugzeuggeschäft im Jahr 2009 im Verhältnis zu den übrigen Aktivitäten – darunter der immense Rüstungsanteil –

noch rund zwei Drittel des Konzernumsatzes aus, doch Louis Gallois, langjähriger Chief Executive Officer, gab das Ziel aus, ein Verhältnis von 50 zu 50 zwischen ziviler und militärischer Produktion zu erreichen. Seine Begründung: Der zivile Flugzeugbau sei »kapitalintensiv und von Zyklen geprägt«.[170]

Das Jahr 2012 sorgte für immense Turbulenzen. Mit der Hauptversammlung am 31. Mai in Amsterdam und den Beschlüssen des anschließend tagenden Verwaltungsrats wurde ein bis dato selten gesehenes franko-alemannisches Personenkarussell in Gang gesetzt: Thomas Enders, bislang Chef der EADS-Division Airbus, folgte dem aus Altersgründen ausscheidenden 68-jährigen Louis Gallois als Chief Executive Officer an die Konzernspitze. Der zum neuen Chief Financial Officer (CFO) des EADS-Konzerns berufene Harald Wilhelm löste den bisherigen Finanzchef Hans Peter Ring ab. Zum neuen Verwaltungsratsvorsitzenden wurde Arnaud Lagardère – einer der führenden EADS-Aktionäre – gekürt. Der Nachfolger des bisherigen Chairman des Board of Directors Bodo Uebber sorgte sogleich für einen handfesten Skandal: Der neue Oberkontrolleur ließ sich entschuldigen und blieb der Sitzung fern.[171]

Ganz andere Dimensionen des Umbruchs ereilten die EADS im Frühherbst des Jahres. Am 12. September bestätigte die Konzernzentrale Gespräche »über einen möglichen Zusammenschluss der Geschäfte von BAE Systems plc und EADS NV« als einen Beitrag zur Konsolidierung.[172] Mit der Fusion des weltweit zweit- und siebtgrößten Rüstungskonzerns entstünde auf einen Schlag die Nummer eins der Branche. Den SIPRI-Zahlen zufolge würde der neue europäische Rüstungsriese deutlich vor den US-Giganten Lockheed Martin, Boeing oder Northrop Grumman rangieren.[173]

Treibende Kräfte des geplanten Zusammenschlusses waren die beiden Konzernchefs Thomas Enders und Ian King. Dank der langjährigen gemeinsamen Eurofighter-Fertigung und -Exporte kannten sich die beiden bestens.[174] Mit der Unternehmensverschmelzung würden Enders und King zu den größten industriellen Waffenhändlern der Welt aufsteigen. Enders gilt als Verfechter einer starken Rüstungssparte. Mit BAE Systems hätte sich die EADS nicht nur Europas führenden Rüstungskonzern an Bord geholt, sondern auch neue Exportzugänge zum US-Rüstungsmarkt nutzen können.

Am 10. Oktober, knapp ein Monat nach der ambitionierten An-kündigung, mussten die beiden Konzernchefs die Gespräche been-den. Über die Schuldigen an der geplatzten Megafusion gingen die Ansichten weit auseinander. Vertreter der drei beteiligten Regierun-gen äußerten Kritik am Machtpoker der jeweils anderen, der Streit um den Sitz der Konzernzentrale habe den Deal zum Platzen gebracht, die Gewerkschaften hätten nicht mitgemacht, Merkel sei schuld – mehr Meinungen als Kommentatoren. »Aus der Traum«, kommentierte die *Welt*. Enders habe zu hoch gepokert und sei in Berliner Regierungs-kreisen nicht mehr beliebt. Das Scheitern sei »die erste Niederlage des erfolgsverwöhnten Managers«.[175]

Letztlich erkläre sich Enders' Niederlage auch durch seine verfehlte Einschätzung, so die Sicht der *Financial Times Deutschland*. Mit den Briten habe der EADS-Chef ein weiteres ordnungspolitisch völlig an-ders gepoltes Land ins Boot holen wollen. »Was hat gerade ihn veran-lasst, mit einem politisch so heiklen Projekt scheinbar so unvorbereitet an die Öffentlichkeit zu preschen?«[176]

Wie lange die Erfolgsstory anhält, steht in den Sternen. Die EADS ist massiv von den Kürzungen der Verteidigungshaushalte betroffen. Die aktuelle Bundeswehrreform mit der Verkleinerung der Truppenstär-ke und der daraus resultierenden Reduktion der Waffenbeschaffun-gen zeigt Wirkung.

Bundesverteidigungsminister Thomas de Maizière will den Beschaf-fungsanteil weiterer Kampfflugzeuge vom Typ Eurofighter sowie der Transporthubschrauber NH90 und Kampfhubschrauber Tiger senken. So soll die Bundesluftwaffe statt der geplanten 177 nurmehr 140 Euro-fighter erhalten, auf die zweite Produktionsserie der geplanten dritten Tranche 3B soll verzichtet werden. Statt vormals 122 sollen nur noch 80 NH-90-Hubschrauber, statt der ursprünglich geplanten 80 Tiger soll lediglich die Hälfte angeschafft werden. Milliarden Euro fest ein-geplanter Einnahmen drohen wegzubrechen.[177]

Quo vadis, Thomas Enders, nach dem Fusionsdesaster? Erst einmal mussten beide Konzernchefs »die Trümmer beseitigen« *(FTD)*. Enders äußerste sich ungewohnt: »Wir müssen unsere Konzernstrategie und insbesondere unsere Verteidigungsaktivitäten auf den Prüfstand stellen«, schrieb der angeschlagene Konzernchef überraschend in einem Brief an die Beschäftigten des Unternehmens. Nunmehr gebe es »kein Zurück zum Ausgangspunkt – und das gilt nicht nur für die Strategie«. Vielmehr müsse man jetzt »an die Zukunft denken und diese planen«.[178]

Im September 2012 kündigte EADS den Umbau der Rüstungssparte Cassidian an, mit einer geänderten Verkaufsstruktur und einem fast vollständig erneuerten Vorstand. Um sinkende Einnahmen durch geminderte Militärbudgets in Europa auszugleichen, sollten die internationalen Verkäufe forciert werden. Zentral dabei: die Abschaffung der bislang für Deutschland und Frankreich getrennten Verkaufsorganisationen. Auf der Berliner Luftfahrtmesse ILA ließ der neue, für fünf Jahre gewählte Cassidian-Chef Bernd Gerwert wissen, das Unternehmen wolle »die Strukturen entpolitisieren«. Der Verkauf werde in Zukunft über eines statt der bisherigen zwei Vorstandsressorts gelenkt. Zum neuen Verkaufschef wurde der Airbus-Strategiechef Christian Scherer auserkoren. Alles in allem sollten fünf von sieben Vorstandsressorts neu besetzt werden.

Chefstratege Thomas Enders hat sich wiederholt für einen möglichst geringen Einfluss des Staates auf das Unternehmen ausgesprochen. Die Konfrontation scheint vorprogrammiert, denn der Verkauf des 7,5-prozentigen Daimler-Aktienpakets an die Förderbank KfW hat das Gegenteil bewirkt, nämlich verstärkten staatlichen Einfluss. Der Übernahme der Militärsparte von Carl Zeiss und dem neuen Gemeinschaftsunternehmen für den Drohnenbau mit Rheinmetall sollen weitere Aufkäufe, Mergers und Kooperationen folgen. Aus Gerwerts Sicht ist bei einer europäischen Drohne »ein gemeinsames Konsortium wie beim Eurofighter vorstellbar«.[179]

Während die europäischen Rüstungsbudgets zumeist stagnieren, werden die Verteidigungetats in Schwellenländern massiv ausgebaut. In Südamerika hat Brasilien seine Militärausgaben im vergangenen Jahrzehnt um mehr als ein Drittel erhöht. Allen voran aber haben Indien – die Nummer eins der Weltwaffenimporteure – und Saudi-Arabien ihre Verteidigungshaushalte in den letzten Jahren um beachtliche zwei Drittel gesteigert. Weitere Länder, wie die baltischen Staaten, die Türkei, Katar und die Vereinigten Arabischen Emirate sowie Singapur und Pakistan, durften sich über neue Hightech-Waffen aus EU-Staaten und den USA freuen.[180]

Ein weites Terrain also für eine in der Ära Enders – abgesehen vom US-Markt – international bestens aufgestellte Waffenschmiede mit Konzernrepräsentanzen in 29 Ländern der Erde.[181]

Täterprofil

Thomas Enders –
Nullnummer statt Nummer 1

Thomas Enders wurde am 21. Dezember 1958 in dem kleinen Ort Neuschlade im Westerwald geboren. Seine Kindheit war eher von Mithilfe bei der Betreuung der Schafherde seines Vaters geprägt als von Freizeit oder Ferien. Von 1978 bis 1983 studierte er Geschichte, Politologie und Volkswirtschaft, zunächst in Bonn und ab 1978 an der University of California in Los Angeles. Nach einer Tätigkeit als Assistent im Deutschen Bundestag (bis 1985) war er bis 1987 Wissenschaftlicher Mitarbeiter am Forschungsinstitut der CDU-nahen Konrad-Adenauer-Stiftung. Nach seiner Promotion über die »SPD und die äußere Sicherheit« (1987) arbeitete Enders am Forschungsinstitut der Deutschen Gesellschaft für Auswärtige Politik in Bonn und am Londoner International Institute for Strategic Studies.

Seinem Engagement im Planungsstab von Bundesverteidigungsminister Gerhard Stoltenberg (1989–1991) folgte der Wechsel in die Rüstungsindustrie. In der Ära Schrempp arbeitete Enders seit 1991 in der Marketing-Abteilung der Deutschen Aerospace bzw. (ab Januar 1995) der Daimler-Benz Aerospace (DASA), ehe er 1995 das Hauptsekretariat des DASA-Vorstandsvorsitzenden Manfred Bischoff leitete. Von 1996 bis 2000 war Enders DASA-Direktor der Abteilung für »Corporate Development and Technology«. In dieser Funktion war er in die Verhandlungen involviert, die zur Gründung der EADS führten.

Entsprechend setzte Enders seine Karriere bei der EADS fort: Mit deren Gründung im Jahr 2000 wurde Enders Leiter des Geschäftsbereichs »Verteidigungs- und Sicherheitssysteme« (heute Cassidian). Im selben Jahr wurde er Stellvertretender Vorstandsvorsitzender sowie Mitglied im Lenkungsausschuss. Seit 2004 war er Vorsitzender der EADS Deutschland GmbH. Gemeinsam mit Noël Forgeard führte Enders als Co-Vorstandschef die EADS von Juni 2005 bis Juli 2007. Ab August 2007 stand er als Chief Executive Officer der angeschlagenen Division Airbus vor. Im Januar 2012 gab das Board of Directors Enders seine erneute Nominierung zum CEO der EADS bekannt, die mit der Hauptversammlung am 31. Mai 2012 in Kraft trat. Seine Berufung zum EADS-Vorsitzenden währt bis 2017.

Thomas Enders war von 2005 bis 2009 Vorsitzender der Atlantik-Brücke e. V. und von 2005 bis 2012 Präsident des in Berlin ansässigen Bundesverbands der Deutschen Luft- und Raumfahrtindustrie (BDLI e. V.). Der am Tegernsee lebende Enders ist Aufsichtsratsvorsitzender der Dornier GmbH und Aufsichtsratsmitglied der Deutschen BP AG.[182]

Nicht länger Mitglied ist Enders dagegen in der CSU. Als im Frühjahr 2011 der Libyen-Krieg tobte, durfte die Bundeswehr nicht militärisch intervenieren; gemäß der Vorgabe der christlich-liberalen Bundesregierung hatte sich Deutschland im UN-Sicherheitsrat der Stimme enthalten. Enders, Major der Reserve, zog die Konsequenz und gab sein CSU-Parteibuch zurück.[183]

In die Zeit von Enders' Tätigkeit im Planungsstab des Bundesverteidigungsministeriums fielen legale Waffengeschäfte des Ministeriums mit Staaten wie Südafrika und Israel. Sein früherer Dienstherr Stoltenberg stürzte im April 1992 über illegale Lieferungen von Leopard-1-Kampfpanzern an das Bürgerkriegsland Türkei.

Im Folgenden finden sich einige der strategischen Entscheidungen im Zusammenhang mit Waffenproduktion und Rüstungsexporten, die Thomas Enders in Führungsfunktionen der DASA und der EADS maßgeblich mitzuverantworten hat.

- Mit der Übernahme des Hauptsekretariats des DASA-Vorstandsvorsitzenden Manfred Bischoff (1995) verantwortet auch Enders das Vorantreiben neuer Rüstungsprojekte (EJ200-Triebwerk für den Eurofighter, Erstflug des NH90, Kampfhubschrauber Tiger UHT u. a.) sowie das Streben nach Internationalisierung und nach Erschließung neuer Märkte.[184]
- Als Leiter der Sparte »Verteidigung und Sicherheitssysteme« trug Enders Verantwortung für laufende Rüstungsprojekte: die Wartung und Nachrüstung von Tornado-Kampfflugzeugen, die Produktion des Eurofighters, MBDA- und LFK-Lenkflugkörpersysteme (z. B. Meteor und Taurus) u. v. a. m.[185]
- In der Doppelspitze mit Louis Gallois war Enders von Sommer 2005 bis Sommer 2007 eine der beiden hauptverantwortlichen Führungskräfte der EADS. In dieser Zeit wurden neue Rekordergebnisse erzielt (z. B. Aufträge für Eurocopter »mit einem starken Anstieg der Aufträge im militärischen Bereich«) sowie zahlreiche folgenschwere Waffentransfers getätigt. Dazu zählen beispielsweise die Lieferungen von UH-72A-Mehrzweckhubschraubern an die US-Army. Das Atomwaffenträgersystem M51 absolvierte unter Enders den ersten erfolgreichen Testflug. Die MBDA festigte ihre Position als führender Hersteller von Lenkflugkörpern in aller Welt. Die laufenden Vertragsverhandlungen über den Verkauf von 72 Eurofighter Typhoon an Saudi-Arabien konnten im Herbst 2007 erfolgreich abgeschlossen werden.
- Der Rüstungsmanager Enders war maßgeblich beteiligt an Vertragsabschlüssen zum neuen Truppen- und Materialtransporter A400M. Dieses Flugzeug soll unter anderem

bei den Streitkräften der Türkei und Malaysias eingesetzt werden.

Enders ist kein Freund langer Entscheidungsprozesse oder vorsichtiger Formulierungen. Zuweilen stößt er Gegner wie Mitstreiter vor den Kopf.[186] Bei der von ihm vorangetriebenen Neuorientierung der EADS spielte er wiederholt den Rammbock. Wenig Freunde machte er sich in seiner Heimat mit der Forderung, der Luft- und Raumfahrtkonzern solle in Zukunft *eine* Zentrale haben. Was so logisch klang, störte das über ein Jahrzehnt mühsam austarierte Gleichgewicht zwischen Frankreich und Deutschland. »Wir müssen uns von der Zwangsjacke der deutsch-französischen Balance endlich befreien«, erklärte Enders. Die Konzernzentrale müsse zum Nachteil der bisherigen Schaltstellen in München, Paris und Madrid sowie mehrerer hundert Mitarbeiter nach Toulouse verlagert werden.[187] In seiner bayerischen Wahlheimat standen CSU wie FDP gleichermaßen Kopf.

Das Lob des bisherigen EADS-Vorsitzenden Louis Gallois war ihm gewiss: Enders sei »der beste Nachfolger, den man sich wünschen kann«. Enders werde mit seinem neuen Management-Team »den Wandel im Konzern weiter vorantreiben und diese europäische Erfolgsgeschichte fortschreiben«.[188] Letzteres soll erklärtermaßen über eine verstärkte Internationalisierung der EADS erfolgen. Was das bedeutet, liegt auf der Hand: weitere Waffentransfers, Rüstungskooperationen und Joint Ventures auf bestehenden und neuen Absatzmärkten. Um sein Ziel zu erreichen, geht Enders auf Konfrontationskurs mit der Bundesregierung: Dafür »brauchen wir nicht mehr, sondern weniger Staatsbeteiligung an EADS«. Der Verkauf von Daimler-Anteilen solle nicht dazu führen, »dass wir dann einen weiteren staatlichen Aktionär bekommen«.[189] Denn im internationalen Wettbewerb »würden wir einen erheblichen Nachteil haben, wenn wir Zug um Zug immer mehr zu einem deutsch-französischen Staats-Joint-Venture werden würden«.[190] Ein Affront aus Sicht

so manchen Regierungspolitikers, ein Vorteil für den Rüstungsmanager. Denn je weniger die Politik mitregiert, desto leichter
können Waffen exportiert werden.

Nach seiner zweiten, diesmal alleinigen Amtsübernahme als
Chief Executive Officer im Sommer 2012 forcierte Enders die
Fusion der EADS mit BAE Systems. Angesichts der nicht vorhandenen Staatsbeteiligung war BAE ein idealer Partner, denn
künftig könnten besonders brisante Rüstungsexporte an Unterdrücker und Diktatoren problemlos über Großbritannien abgewickelt werden. Kriegsprofite in bislang unerreichtem Maße
wären erreichbar.

Die Fusion scheiterte im Herbst 2012, nur einen Monat nach
der offiziellen Ankündigung. Einer der maßgeblichen Gründe
war auch Enders' forsches Vorgehen ohne entscheidende Ab-
sprachen. Selten zuvor ist ein deutscher Topmanager so schnell
an die Spitze eines Rüstungskonzerns katapultiert und so tief
gefallen.

5.3 Kriegsprofiteur MBDA

Lenkflugkörper für mehr als 90 Militärkunden weltweit

Wie weit die Unternehmensverflechtungen der EADS reichen, belegt
beispielsweise der Lenkflugkörperhersteller MBDA. Dieser rangierte
im Jahr 2010 im SIPRI-Rüstungsexportranking weltweit auf Platz 20 –
und damit deutlich vor der größten rein deutschen Waffenschmiede Rheinmetall (Rand 31).[191] Der europäische Rüstungsriese MBDA
entstand Anfang des Jahrtausends durch den Zusammenschluss des
französisch-britischen Joint Ventures Matra BAe Dynamics (MBD)
mit Alenia Marconi Systems und der LFK-Lenkflugkörpersysteme der
EADS. Die drei industriellen Anteilseigner EADS und BAE Systems
(mit je 37,5 %) sowie die italienischen Finmeccanica (25) rangieren in
den Top Ten der weltweit umsatzstärksten Waffenschmieden.[192]

Bereits im Jahr 2001 war die MBDA der weltweit zweitgrößte Hersteller im Bereich sogenannter Lenkflugkörpersysteme- und -technologien. Zehn Jahre später nahm der Konzern nach eigenen Angaben eine »Spitzenposition bei Lenkflugkörpersystemen« ein.[193] Im Gegensatz zu ungesteuerten Raketen werden Lenkflugkörper von einem Schützen gelenkt oder selbstständig im Ziel zur Detonation gebracht.[194] Dabei klingt der militärische Terminus technicus »Lenkflugkörper« genauso verharmlosend wie die weithin verwendeten Begriffe »Verteidigungsindustrie«, »humanitärer Kampfeinsatz«, »Kollateralschaden« oder »Weichziel«. Bezeichnungen wie »tödliche Granaten«, »Explosionsgeschosse«, »Kriegsindustrie«, »getarnter Kriegseinsatz«, »zerfetzte Menschen« oder »Zielobjekt Mensch« wären ehrlicher.

Die MBDA verfügt über Kompetenzen im Bereich sogenannter »Subsysteme« und bei Bestandteilen von Antriebs- und Wirksystemen, Führungs- und Feuerleitsystemen, Suchköpfen sowie im Waffensystemverbund. Das Einsatzspektrum dieser Waffen umfasst gegnerische Ziele am Boden, im Wasser und in der Luft.

Im Jahr 2006 hatte die MBDA die LFK-Lenkflugkörpersysteme GmbH mit ihren Unternehmenstöchtern Bayern-Chemie GmbH in Aschau am Inn und TDW Gesellschaft für verteidigungstechnische Wirksysteme mbH in Schrobenhausen übernommen. Allein in Deutschland arbeiten am Schrobenhausener Hauptsitz der MBDA Deutschland und an den weiteren Standorten in Aschau und in Ulm rund 1300 Beschäftigte. In Europa hält die MBDA eine Spitzenposition bei Flugabwehr- und Luftverteidigungssystemen. Intensiv sind die Verflechtungen mit der EADS: Als Joint Venture der EADS mit BAE Systems und Finmeccanica ist MBDA innerhalb der EADS-Rüstungssparte Cassidian für Lenkflugkörpersysteme verantwortlich.[195] Der Sitz der MBDA-Repräsentanz von Cassidian ist London.[196]

Alles in allem bietet der französisch-deutsch-italienische Rüstungskonzern 45 Flugkörpersysteme und Produkte »für Gegenmaßnahmen an, die bereits im operationellen Einsatz sind« (Hardthöhenkurier). Fünfzehn weitere befinden sich in der Entwicklungsphase. Somit gilt die MBDA als das einzige Unternehmen, das Lenkflugkörper und Lenkflugkörpersysteme entwickeln und fertigen kann, welche die ge-

genwärtigen und zukünftigen Anforderungen aller Teilstreitkräfte – Luftwaffe, Heer und Marine – erfüllen.[197]

Schon in der Gründungsphase rühmte sich das Unternehmen, »im Export [beispielsweise nach Griechenland und Südafrika] äußerst erfolgreich« zu sein.[198] Laut SIPRI rangierte die MBDA im Jahr 2010 auf Platz 20 der Weltwaffenexporteure und damit deutlich vor dem größten deutschen Rüstungskonzern Rheinmetall (31).[199]

Die immens hohe Zahl von »mehr als 90 Militärkunden in aller Welt« erklärt sich damit, dass zu den Abnehmern traditionell NATO- und Nicht-NATO-Länder zählen.[200] Auch Diktaturen wie das Regime von Muammar al-Gaddafi, das 2009 und 2010 Panzerabwehrraketen vom Typ MILAN 3 (Missile d'Infanterie Léger ANti-char) im Auftragswert von etwa 168 Mio. Euro erhielt. Hergestellt wurden die MILAN-Raketen bei MBDA-Systems in Schrobenhausen und in Frankreich. In ihrer Waffenwerbung bezeichnet die EADS, neben British Aerospace führender Anteilseigner, die Panzerabwehrrakete als eine besonders präzise Waffe. Ihr Kennzeichen: ein »verbessertes Tötungspotenzial«.[201] Abgewickelt wurden Geschäfte wie diese über die MBDA Frankreich, imageschädigende Diskussionen in Deutschland konnten weitgehend vermieden werden.

Auch das Emirat Katar erhielt 100 MILAN-Panzerabwehrraketen. Mit dem Weiterexport – nach Libyen – stärkte Katar die Widerstandskraft der Rebellen im Kampf gegen das Regime Gaddafi.[202] So konnten die MILAN-Panzerabwehrraketen von verfeindeten Parteien gegeneinander eingesetzt werden.

Gemessen an den Opferzahlen nimmt MBDA Deutschland nach Heckler & Koch hierzulande einen Spitzenplatz im Ranking der tödlichsten Unternehmen ein. Die maßgebliche Verantwortung dafür trägt der Mann, der 2006 zum Managing Director der MBDA Deutschland sowie zum Geschäftsführer der LFK-Lenkflugkörpersysteme GmbH aufstieg: Werner Kaltenegger.[203]

Der gebürtige Schrobenhausener lässt keine Zweifel an seiner Einstellung aufkommen: Der weltweit einzigartige Lenkflugkörper NG spiegele den technologischen Trend wider. Dieser gehe »einher mit den militärischen Forderungen, die im Wesentlichen durch die Fähigkeitsforderung ›Wirksamkeit im Einsatz‹ wie Präzisionsfähigkeit, Abstandsfähigkeit, Allwetterfähigkeit und Wirksamkeit gegen ein breites Zielspektrum bestimmt sind«. Der Mann setzte auf Waffenhandel. So prognostizierte er, dass sich das Lenkflugkörpersystem SysFla/LFK NG »zum Exportschlager entwickeln« könnte.[204] Konversionsbemühungen standen unter Kaltenegger nicht auf der Agenda. Laut SIPRI ist die MBDA zu hundert Prozent ein Rüstungskonzern.[205] Im Sommer 2012 ging Kaltenegger – wie es hieß, auf eigenen Wunsch – nach elf Jahren als Geschäftsführer der deutschen Sektion der MBDA in den Ruhestand.[206]

Kalteneggers Nachfolger verspricht einen nicht minder klaren Rüstungskurs. Der 46-jährige Thomas Homberg, der mit Wirkung zum 1. August 2012 die Position des Geschäftsführers der MBDA Deutschland übernommen hat, ist zugleich Vorstandsmitglied im trinationalen MBDA-Konzern. Dort trägt er als Executive Group Director Improvement konzernübergreifend die Verantwortung für sämtliche Verbesserungsprojekte.

Der 46-Jährige bekleidet Führungspositionen in einem Unternehmen, das im Jahr 2012 bestens aufgestellt war. Weltweit verfügt die MBDA über Werke und Niederlassungen in Frankreich, Großbritannien, Italien und den USA, die im Jahr 2011 einen Umsatz von rund 3 Mrd. Euro erwirtschafteten. Der gesamte Auftragsbestand der MBDA beträgt mit mehr als 10,8 Mrd. Euro gut das Dreieinhalbfache des Jahresumsatzes.[207]

5.4 Kriegsprofiteur Mercedes-Benz

Von der Militärmesse zum Massaker

Bei der Daimler AG ist alles aufs Beste geregelt. Auf der Homepage www.daimler.com wird die Konzernentwicklung entsprechend gewürdigt, die Fahrzeugfamilie bestmöglich präsentiert, werden geschickt Kaufgelüste geweckt. Im Vorfeld der in der Messe Berlin stattfindenden Jahreshauptversammlungen publiziert der Konzern den aktuellen Geschäftsbericht, in dem das Unternehmen verspricht, seine Aktionärinnen und Aktionäre umfassend über die Unternehmenspolitik zu informieren. Neben den Bilanzzahlen werden die neuesten Entwicklungen im Automobilbereich aufgezeigt, werden Smart-Mobile, A-, B- und C-Klasse-Fahrzeuge oder E- und S-Klasse-Limousinen verkaufsgerecht dargeboten, werden auch Vans und Transporter, Busse und Lastkraftwagen beworben.

Bei der Daimler AG ist alles so gut geregelt, dass die Käufer ziviler Fahrzeuge das Entscheidende gar nicht mitbekommen: Die Daimler AG war lange Jahre der größte industrielle Anteilseigner der European Aeronautic Defence and Space Company (EADS). Wer mehr über eine weitere dunkle Seite der Mercedes-Macht erfahren will, muss sich einer weithin unbekannten Website bedienen: Unter der Rubrik »Mercedes-Benz Military Vehicles« finden sich auf der englischsprachigen Homepage www.mb-military-vehicles.com (bzw. über den Zugang www.mercedes-benz.com/military-vehicles zur selben Homepage) genau jene Produktpräsentationen, die auf der deutschsprachigen Website für den Daimler-Konzern schlicht fehlen. Auf mb-military-vehicles präsentiert sich Mercedes als der weltweit führende Lastwagenhersteller und als Lieferant für bewaffnete Streitkräfte in aller Welt.

Auf der besagten Homepage finden sich all die Mercedes-Militärfahrzeuge, deren technische Fähigkeiten sich Armeechefs in Demokratien, Scheindemokratien und Diktaturen seit Jahrzehnten zunutze machen. Bei der Präsentation der umfassenden Kompetenz im Bereich der Militärfahrzeuge von 0,5 bis 110 Tonnen bedient sich Mercedes einer martialischen Sprache. Hier werden selbst Einsätze im Kriegsszenario zur Werbung benutzt. So wird das leicht gepanzerte Patrouillenfahrzeug (Light Armoured Patrol Vehicle) LAPV 5.4 vom Typ G-Wagon 280 CDI als »kampferprobt und einsatzvariabel« angepriesen.[208]

In der Firmenbroschüre offeriert Mercedes den G-Wagon – nicht zu verwechseln mit der zivilen G-Klasse – in verschiedenen Versionen. Die Kampfkonditionen hätten sich verändert, lautet die Erkenntnis der Daimler AG: »Symmetrische Kriegsszenarien wurden ersetzt durch asymmetrische Konflikte und neue Quellen der Gefahr.« Mercedes-Benz-Militärfahrzeuge leisteten tagtäglich zuverlässige Dienste, so die Daimler-Werbung, und das »in vielen der entlegensten Regionen der Welt«, unabhängig von Klima und Gelände.[209]

Dabei ist die schlachtfelderprobte G-Klasse nur eines von zahlreichen Mercedes-Militärfahrzeugen. Das gesamte Militärfahrzeugprogramm reicht von Patrouillenfahrzeugen über mittelschwere und schwere Lastkraftwagen bis hin zu Sattelzugmaschinen für den Panzertransport.[210]

Wer sich über die neuesten Entwicklungen im Bereich der Sturm- und Scharfschützengewehre, der Kampfjets, Militärhelikopter und Kampfpanzer oder über die breite Palette von Mercedes-Militärfahrzeugen informieren will, der kann sich vergleichsweise zeitintensiv über die Rüstungsmessen der Welt bewegen. Oder er kann, die englischsprachige militärische Website von Mercedes-Benz nutzen. Hier finden sich auch die Links zu den Treffen der internationalen Waffenhändlergemeinde: Rüstungsmessen in Tschechien, Großbritannien, Ungarn, den Niederlanden, in Kanada, der Türkei oder den Vereinigten Arabischen Emiraten.[211] Explizit wirbt das Unternehmen für Rüstungsmessen, so auch für die vom 19. bis 23. September 2012 in Südafrika stattfindende »Africa Aerospace & Defence 2012«, die größte Waffenverkaufsschau für Luft-, Wasser- und Landfähigkeiten auf dem afrikanischen Kontinent.[212] In ebendiesem Jahr 2012 stand Afrika mit 13 Kriegen bzw. bewaffneten Konflikten weltweit an der Spitze der von organisierten Kämpfen betroffenen Weltregionen, wie die Hamburger Arbeitsgemeinschaft Kriegsursachenforschung (AKUF) dokumentierte.[213]

Unbeeindruckt vom gleichzeitigen Massenmorden im Norden Afrikas wurde in Abu Dhabi vom 20. bis 24. Februar 2011 die »International Defence Exhibition and Conference« (IDEX) ausgerichtet. Die IDEX-Ausstellerliste 2011 wies sage und schreibe 74 deutsche Anbieter auf, darunter auch die Daimler AG. Bei diesem »größten und bedeutendsten Verteidigungs- und Sicherheitsevent im Mittleren Osten und in Nordafrika« präsentierte der Stuttgarter Konzern am Stand 03-B31 seine Daimler Trucks North America Nutzfahrzeuge, am Stand 09-B10 im Deutschen Pavillon die Mercedes-Benz Military Vehicles.

Seinen Kunden versprach Daimler, die Fahrzeuge würden für »die anspruchsvollsten militärischen Anforderungen« gefertigt, und dank langjähriger Erfahrung könnten auch entsprechende Spezialfahrzeuge (»special purpose vehicles«) geliefert werden.[214] Vier Fahrzeugtypen wurden exklusiv beworben: Der LAPV 6.X CONCEPT, gemeint ist der »kampferprobte« G-Wagon, der Special Chassis FGA 27, der Mercedes-Benz Zetros und – als »Weltpremiere« – der schwere Lastkraftwagen Actros 4151 in der Militärversion.

Actros – der wichtigste Militär-Lkw im Kriegseinsatz

Freitag, 30. September 2011, Werk Wörth. Ein guter Tag für Dieter Zetsche. Im weltweit größten Montagewerk für Lastkraftwagen, wenige Kilometer westlich von Karlsruhe auf der pfälzischen Rheinseite gelegen, begleitet der Daimler- und Mercedes-Chef den Serienstart des neuen Actros. Weil sich ein Produktanlauf dieser Größenordnung nur alle 15 Jahre ereignet, zeigt sich Zetsche äußerst erfreut. Mit Daimler Trucks wolle das Unternehmen »deutlich schneller wachsen als der Markt«, 2013 gar mehr als eine halbe Million Lkws verkaufen. Der neue Mercedes-Benz Actros sei in seinem Wettbewerbsumfeld »das Maß der Dinge und unser wichtigster Lkw für dieses Jahrzehnt«.

Die starke Marktposition hatte sich das Unternehmen in den letzten anderthalb Jahrzehnten aufgebaut. 1996 war der erste Mercedes-Benz Actros vom Band gerollt. Seither haben mehr als 700 000 Einheiten das Werk verlassen. Der Lkw macht mittlerweile zwei Drittel der Jahresproduktion im Wörther Werk aus, wo zurzeit rund 12 000 Mitarbeiter beschäftigt sind. In den vergangenen Jahren investierte der Konzern mehr als 2 Mrd. Euro in die Entwicklung des neuen Lastkraftwagens und das Mercedes-Werk.

Das neue »Flaggschiff« soll, so die Vorgabe, weniger Sprit verbrauchen als das Vorgängermodell, weniger Schadstoffe in die Luft ablassen und den Fahrkomfort erhöhen. Bei Mercedes Trucks schwelgt man in Superlativen, und nicht nur die Verkaufszahlen geben den Konzernoberen Recht. Die Association of Commercial Vehicle Editors (ACE) verlieh dem Actros die wichtigste internationale Branchenauszeichnung, den Titel »Truck of the Year 2012«.

Wer käme da auf die Idee, dass der »Lastwagen des Jahres« auch auf den Schlachtfeldern der Welt zum Maß aller Dinge und zum wichtigsten Lkw des Jahrzehnts avancieren könnte?

Der Liefervertrag sei unter Dach und Fach, meldete die Fachpresse: Die Bundeswehr bekäme zwölf schwere Bergefahrzeuge des Typs Actros, vorgesehen für den Kriegseinsatz in Afghanistan. Dort können die 510 PS starken pseudo-ökologischen BlueTec-Motoren Gerätschaften von über zwölf Tonnen Gewicht abschleppen.

Der Vorgang vom Sommer 2011 ist Normalität, allein in den vergangenen drei Jahren erhielten die deutschen Streitkräfte 650 Unimogs sowie mehr als 2000 Atego- und allradangetriebene Axor-Lastkraftwagen. Und auch andere Staaten setzen den Actros routinemäßig ein, beispielsweise die kanadische Armee, der die Sonderfahrzeuge bereits im März 2008 geliefert wurden.[215]

Einen Einblick in die vielfältigen Einsatzmöglichkeiten des Actros boten bereits die kriegerischen Auseinandersetzungen des Jahres 2008 am Kaukasus. Im Georgien-Russland-Krieg deckte der Friedensforscher Otfried Nassauer, Leiter des Berliner Informationszentrums Bits, einen illegalen Export des Actros 3341 auf. Das Brisante an diesem Actros-Deal war die Tatsache, dass man moderne Mehrfachraketenwerfer auf den geländegängigen Lkw montiert hatte. Die LAR-160-Raketenwerfer stammten aus Israel und waren technisch in der Lage, Streumunition zu verschießen.[216] Sowohl georgische als auch russische Streitkräfte setzten diesen völkerrechtswidrigen Waffentyp in dem Konflikt ein. Die für dieses illegale Geschäft Verantwortlichen wurden von der Bundesregierung und den nachgeordneten Behörden bisher weder genannt noch angeklagt.

Filmaufnahmen aus dem Libyen-Krieg belegen, dass beim Vormarsch von Regierungstruppen ins Kriegsgebiet der Hafenstadt Bengasi Militär-Lkw des Typs Actros 4860 die schweren Kampfpanzer zogen, die anschließend von den Streitkräften des libyschen Diktators Muammar al-Gaddafi gegen die Aufständischen und zum Massenmord an der Zivilbevölkerung eingesetzt wurden.[217]

Dank des energischen Nachhakens von Seiten der Kritischen AktionärInnen Daimler (KAD) kam das ganze Desaster der Mercedes-

Militärfahrzeug-Exporte bei der Hauptversammlung 2011 ans Licht. Daimler-Finanzvorstand und EADS-Verwaltungsratschef Bodo Uebber bestätigte die Lieferung von Militär-Unimogs für 2010 an Abu Dhabi, Ägypten, Argentinien, Frankreich, die Türkei und Ungarn. Notgedrungen musste der Daimler-Vorstand auch die Lieferung von 25 Sattelzugmaschinen – ganz offensichtlich der Actros 4860 – für die Jahre 2009 und 2010 an das Regime Gaddafis eingestehen. Unter den Empfängerländern weiterer militärischer Nutzfahrzeuge befanden sich auch Staaten wie Algerien, Israel, Kenia, Kuwait, Thailand und Saudi-Arabien.[218]

Der ungute Stern auf den Schlachtfeldern

Die Lieferung von zivil wie militärisch nutzbaren Militärfahrzeugen an Diktatoren und Staaten, in denen die Menschenrechte verletzt werden, hat eine lange Tradition bei Mercedes-Benz. Als klassisches Beispiel eines solchen Dual Use-Produkts gilt das Universal-Motor-Gerät, kurz Unimog genannt, ein allradgetriebener Lastwagen oder Geräteträger von eher geringer Größe.

Seit der Übernahme durch den Daimler-Konzern 1951 gilt »Unimog« als die Bezeichnung von Mercedes-Modellen. Diese leisten in zahlreichen Zivilversionen hervorragende Dienste in der Land- und Forstwirtschaft, bei kommunalen Aufgaben oder der Katastrophenhilfe. Bei internationalen Hilfseinsätzen können mit Unimogs Lebensmittel oder Medikamente zur Rettung von Menschenleben in Hunger- oder Kriegsgebiete gebracht werden. Entgegen landläufiger Auffassung wurde aber wenigstens die Hälfte der Unimogs (Kenner sprechen laut *Badischem Tagblatt* sogar von 60 %)[219] an militärische Empfänger ausgeliefert.

In einer der Militärversionen können Soldaten, Munition, Mörser oder Sturmgewehre an die Front transportiert werden. In der Regel lassen entweder der Empfänger oder die Ausstattung und das Erscheinungsbild der Fahrzeuge erkennen, ob der Endkunde eine zivile oder militärische Nutzung anstrebt. Die Rot-Kreuz-Kennzeichnung ist der Hinweis auf eine begrüßenswerte Nutzung als Kranken- und Rettungsfahrzeug – wobei in Kriegszeiten Täuschung und Missbrauch nicht ausgeschlossen sind. Die »saharagelbe«, »fleckgetarnte« oder »NATOolivgrüne« Lackierung, vergitterte Fenster, die schmale Bereifung gegen Landminen und die als Schießluke nutzbare Öffnung im Dach verweisen auf eine vornehmlich militärische Nutzung.

Ein halbes Jahrhundert lang wurde der Unimog im badischen Benz-Werk in Gaggenau produziert, ehe die Fertigung im Jahr 2002 ins Mercedes-Werk Wörth nach Rheinland-Pfalz verlegt wurde. Bestens in Erinnerung blieb Bewohnern vor Ort der Besuch eines afrikanischen Verteidigungsministers in Gaggenau, der in einem Hubschrauber der Bundeswehr landete und sich anschließend auf einem Übungsgelände Unimogs vorführen ließ. Sein Herkunftsland Burkina Faso – eines der ärmsten Länder der Welt – fehlt allerdings auf der offiziellen Mercedes-Lieferliste militärischer Unimogs.[220]

Der Export vermeintlicher ziviler Fahrzeuge für Sicherheitskräfte in Krisen- und Kriegsgebiete wirft viele Fragen auf. Wie restriktiv ist die Genehmigungspraxis? Wie streng wird das Außenwirtschaftsgesetz (AWG) ausgelegt, wenn es sich um Unimogs in einer militärischen Ausführung handelt? Wie scharf verfolgt und sanktioniert die deutsche Justiz den Transfer von Militär-Unimogs in ein Bürgerkriegsland?

Antworten auf Fragen wie diese erhofften sich die Kritischen AktionärInnen Daimler (KAD) von einem Strafverfahren im Anschluss an den Export von Mercedes-Unimogs in den Neunzigerjahren. Im Namen des Aktionärsverbandes stellte der Tübinger Rechtsanwalt Holger Rothbauer im April 1994 bei der Stuttgarter Staatsanwaltschaft Strafanzeige gegen den Daimler-Konzern. Der Verdacht lautete auf Verstoß gegen das Außenwirtschaftsgesetz (AWG) mittels illegaler Lieferung von Mercedes-Militär-Unimogs in den Sudan. Damals wie heute war Mercedes-Benz eine hundertprozentige Unternehmenstochter der Stuttgarter Automobil- und Rüstungsriesen Daimler, zum damaligen Zeitpunkt allerdings noch als Daimler-Benz AG.

In ihrer Strafanzeige verwiesen die KAD auf Vorgänge, die zweieinhalb Jahre zurücklagen. Am 22. Oktober 1991 hatte Mercedes-Benz im Werk Gaggenau einen äußerst brisanten Auftrag der ebenfalls in Gaggenau ansässigen Firma Merex GmbH erhalten. Demnach sollten 100 Unimogs des Typs 1750 L/38 in den Sudan geliefert werden, wo seit Langem ein blutiger Bürgerkrieg tobte. Bereits eine Woche später bestätigte die Mercedes-Benz AG (MBAG) im badischen Gaggenau die

Rechnungen über zweimal 50 Unimogs, die an Merex geschickt worden waren.

Die Mercedes-Merex-Connection entwickelte sich zu einem äußerst lukrativen Geschäft für den Konzern mit dem Stern. Laut Ausfuhrerklärungen für Januar und Februar 1992 erfolgte der Transfer über Bremerhaven via Schiff in die Hafenstadt Port Sudan am Roten Meer. Der Grenzübergangswert der beiden Unimog-Lieferungen betrug jeweils 7 746 750 DM, insgesamt also mehr als 15 Mio. DM.

Als Empfänger der Fahrzeuge fungierte die Firma Abdullaf Modh Salah Jamjoom & Brothers in Jeddah in Saudi-Arabien, und das, obwohl der Sudan als Bestimmungsland angegeben war. Aus keiner der Unterlagen ging hervor, dass die saudische Firma zur Finanzierung des Geschäfts beitrug. Die MBAG in Stuttgart hatte für die 100 Unimogs keinen Ausfuhrvertrag abgeschlossen, laut den Ausfuhrunterlagen und Rechnungen erfolgte der Verkauf der für den Sudan bestimmten Militärfahrzeuge an die Merex GmbH.

Über den Einsatz der – laut bundesdeutschen Genehmigungsbehörden – nicht »besonders für militärische Zwecke abgeänderten« Mercedes-Militär-Unimogs im Bürgerkrieg im Sudan ist nichts bekannt. Für welche Truppentransporte in welche Dörfer wurden die Mercedes-Fahrzeuge eingesetzt? Welche und wie viele Waffen wurden mit den zivilmilitärischen Unimogs tagtäglich in die entlegensten Winkel des Wüstenstaates verbracht? Verübten die Regierungssoldaten Massaker mit diesen Waffen?

Wie so oft weiß niemand davon zu berichten, wie so oft haben die Opfer keine Stimme und kein Gesicht. Lediglich die Berichte von Amnesty International lassen menschliche Schicksale erahnen. Im Jahr 1992, dem Jahr der Unimog-Transfers nach Port Sudan, wurden Zehntausende von Zivilistinnen und Zivilisten der Volksgruppe der Nuba im Sudan aus ihren Heimatdörfern vertrieben. Die der Regierung des Präsidenten Omar Hassan al-Bashir nahestehenden Milizen zerstörten vorsätzlich Ortschaften im Nuba-Gebirge.

Bei kriegerischen Auseinandersetzungen mit der oppositionellen Sudanesischen Volksbefreiungsarmee SPLA (Sudan People's Liberation Army) konnten die Regierungstruppen im Frühjahr 1992 mehrere Städte im Südsudan einnehmen, Zehntausende Menschen mussten fliehen. Eindrücklich verweist Amnesty International auf eine häufig angewandte Methode der Regierungstruppen: missliebige Menschen – unpolitische Dorfbewohner ebenso wie Widerstandkämpfer – einfach verschwinden zu lassen.[221] Müßig zu erwähnen, dass Mercedes-Unimogs mit ihrer viel gerühmten Qualität und Robustheit auch für derlei Einsatzzwecke bestens geeignet sind. Die Strafanzeige führte nicht zu einer Anklage.

Die Geschäfte mit den Mercedes-Militär-Unimogs sind lukrativ für den Daimler-Konzern, wie der Empfängerliste der Fahrzeuge noch im Sommer 2011 entnommen werden konnte. Unter den 46 offiziell ausgewiesenen Staaten tauchte der Sudan nicht auf. Dafür fanden sich zahlreiche andere Staaten, in denen Menschenrechte durch staatliche Sicherheitskräfte massiv verletzt werden oder kriegerische Auseinandersetzungen toben. Diese äußerst informative Länderliste sollte jedoch nicht unbegrenzt im Netz stehen: Im Frühjahr 2012 war sie verschwunden.

Infokasten 5/5

»Error!« – Vom Verschwinden einer brisanten Länderliste für Mercedes-Militär-Unimogs

Mitte Juni 2011 präsentierte der Daimler-Konzern auf seiner Unternehmens-Homepage www.mb-military-vehicles.com eine erstaunlich informative und äußerst brisante Übersicht der Empfängerstaaten militärischer Unimogs im Internet. Der Länderliste »Unimog Military Units Sold« konnte entnommen werden, dass Mercedes-Benz bislang weltweit mehr als 150 000 Einheiten an mehr als 80 Armeen verkauft hatte.

Neben der Bundesrepublik Deutschland fanden sich auf der Liste 45 weitere Staaten. Mit Brasilien, Nigeria, Pakistan, Saudi-Arabien, Thailand und den Vereinigten Arabischen Emiraten (VAE) – um nur einige zu nennen – tauchten dort auch äußerst problematische Empfängerländer auf. Den Sicherheitskräften dieser Staaten weist Amnesty International seit Jahren schwerste Menschenrechtsverletzungen nach. Zu den Empfängerländern zählen zudem Staaten im Norden Afrikas, in denen jahrzehntelang Demokratiebewegungen mit militärischen Mitteln niedergeschlagen wurden, wie Ägypten, Algerien, Libyen und Tunesien.

In Algerien regiert seit 1999 Präsident Abdelaziz Bouteflika, der die Bevölkerung seines Landes mit militärischen Mitteln unterdrückt und den Arabischen Frühling bis heute bekämpft. In Irak, Indonesien, Libyen und Syrien wurden Kriege bzw. Bürgerkriege geführt. Auch im 15 Jahre währenden Bürgerkrieg des türkischen Militärs gegen die kurdische Bevölkerung im Osten der Türkei wurden Fahrzeuge des Typs Unimog eingesetzt.[222] In der Sozialistischen Volksrepublik Syrien, ebenfalls Empfängerland von Mercedes-Militär-Unimogs, ließ der seit Juli 2000 regierende Staatspräsident Baschar al-Assad von der Baath-Partei in den Jahren 2011 und 2012 Abertausende Regierungskritiker foltern und ermorden, im Land wütete ein Bürgerkrieg.

In der offiziellen Firmenstatistik bleibt der Sudan als nachweislicher Empfänger militärischer Unimogs ungenannt. Auch dort tobte in den vergangenen Jahren ein brutaler Bürgerkrieg mit Hunderttausenden Toten und Millionen Binnenflüchtlingen.

Die im Sommer 2011 noch einsehbare Lieferliste von Militär-Unimogs wies folgende Empfängerländer aus[223]:

Afrika: Ägypten, Algerien, Angola, Marokko, Mozambique, Nigeria, Senegal, Südafrika, Tunesien
Amerika: Argentinien, Brasilien, Chile, Costa Rica, Ecuador, Mexiko, Peru, USA
Asien und Ozeanien: Australien, Hongkong, Indonesien, Irak, Kuwait, Libyen, Neuseeland, Pakistan, Saudi-Arabien, Singapur, Syrien, Thailand, VAE
Europa: Belgien, Dänemark, Deutschland, Finnland, Frankreich, Griechenland, Großbritannien, Litauen, Niederlande, Österreich, Portugal, Schweden, Schweiz, Slowenien, Türkei, Ungarn

Anzumerken ist, dass die Unimogs mit ihren Fahrgestellen nicht immer eindeutig kategorisierbar sind, wie es bei den gepanzerten Fahrzeugen vom Typ »Kaya« des türkischen Herstellers Otokar der Fall ist.[224]

Die Daimler AG gibt seit Jahren vor, nur staatliche Streitkräfte mit Fahrzeugen zu beliefern. Deshalb wundert die offizielle Zahl von 80 belieferten Armeen bei lediglich 46 aufgeführten Staaten. Allerdings reichen auch die genannten Länder aus, um das Saubermannimage des Daimler-Konzerns als Farce zu entlarven. Offiziell hat sich die Daimler AG in den Konzernrichtlinien (»Corporate Governance« und »Code of Ethics«) zu ethisch verantwortungsvollem Handeln verpflichtet. Ein gutes Image ist eine nicht unerhebliche Voraussetzung für den erfolgreichen Verkauf von Zivilfahrzeugen in aller Welt.

Wer jedoch Menschenrechtsbrecher und Diktatoren mit Mercedes-Militärfahrzeuge und EADS/Daimler-Waffen an der Macht hält, verspielt jegliche Glaubwürdigkeit auf der moralischen und ethischen Ebene. Kein Wunder also, dass die
hoch brisante Länderliste »Unimog Military Units Sold« im Frühjahr 2012 nicht
länger zur Verfügung stand.[225] An der Faktenlage ändert dies nichts.

Auf der Daimler-Hauptversammlung am 4. April 2012 versuchte ich
für die Kritischen AktionärInnen Daimler (KAD) Licht ins Dunkel der
Militärfahrzeugexporte von Mercedes zu bringen. Dieter Zetsche versprach in seiner Rede vor den Aktionärinnen und Aktionären: »Wir
achten die allgemeinen Grund- und Menschenrechte.« Es gebe »keinen nachhaltigen Geschäftserfolg, der auf unethischem Verhalten beruhen würde«.[226]

Immerhin bestätigte die Konzernführung bei ebendiesem Berliner Aktionärstreffen weitere Lieferungen von Militärfahrzeugen aus
den Werken Wörth, Bolsheim (Frankreich) und Portland (USA). Unter anderem waren im Vorjahr 31 Schwerlastzugmaschinen und 24
Nutzfahrzeuge nach Kuwait ausgeführt worden, in ein Land, in dem
die Menschenrechte 2011 wieder massiv verletzt wurden, staatliche Sicherheitskräfte Demonstrationen gewaltsam niederschlugen, die freie
Meinungsäußerung unterdrückt und Folter verübt wurde.[227] Weitere militärische Fahrzeuglieferungen erfolgten an die in Afghanistan
kriegführende US Army. Militär-Unimogs wurden 2011 an zehn Staaten verkauft, darunter die Türkei, Ägypten und Saudi-Arabien. Alles
in allem wurden 545 Militär-Lkw – mit eingerechnet Fahrzeuge des
vollständig in Besitz des Daimler-Konzerns befindlichen amerikani-
schen-kanadischen Nutzfahrzeugherstellers Freightliner – und 304
Unimogs geliefert.

Blieb noch die Frage, in welchen Jahren die auf der mittlerweile
gesperrten Internetseite »Unimog Military Units Sold« aufgeführten
Lieferungen an Syrien erfolgten. Seit März 2011 herrschen dort bürgerkriegsähnliche Zustände. Die Antwort: Nach Syrien habe man in
besagtem Jahr »keine Lkw verkauft«. Diese Lieferungen entstammten
einer Zeit, »als Syrien noch belieferfähig war«.

Aus Konzernsicht ergibt die Trennung ziviler von militärischer Produktpräsentation auf den Homepages und die Nichtaufführung von Mercedes Military im Daimler-Geschäftsbericht Sinn. Dank dieser Vorgehensweise bleibt den allermeisten Käufern ziviler Mercedes-Fahrzeuge verborgen, dass sie mit ihrer Kaufentscheidung auch einen weltweit führenden Exporteur militärischer Fahrzeuge unterstützen.

Ob im Irak-Krieg, im Georgien-Russland-Krieg, im Libyen-Krieg oder im Afghanistan-Krieg, allerorten waren bzw. sind Mercedes-Nutzfahrzeuge im militärischen Einsatz. Der gute Stern auf allen Straßen ist zugleich der ungute Stern auf zahlreichen Kriegsschauplätzen in aller Welt. Mit Mercedes-Militär-Unimogs oder Mercedes-Militärlastwagen wurden bzw. werden Soldaten und Waffen an die Front verfrachtet oder Gefangene in Folterkammern gebracht. Mit Daimler/EADS-Waffen werden Kriege geführt, werden in der Folge zahllose Menschen verstümmelt oder getötet. Anschließend werden die Leichen mit Mercedes-Military-Fahrzeugen weggekarrt.

Täterprofil

Dieter Zetsche – Mister Mercedes & Military

Da sein Vater als Bauingenieur ein Staudammprojekt in der Türkei betreute, wurde Dieter Zetsche am 5. Mai 1953 in Istanbul geboren. Zwei Jahre später kehrte die Familie nach Deutschland zurück. Nach dem Abitur studierte er von 1971 bis 1976 Elektrotechnik an der Universität Karlsruhe, die er mit einem Ingenieursdiplom verließ.

Im Jahr 1976 trat Zetsche in den Forschungsbereich der damaligen Daimler-Benz AG ein und wurde 1981 Assistent der Entwicklungsleitung für den Geschäftsbereich Nutzfahrzeuge. 1982 promovierte er an der Technischen Universität Paderborn, seit 1984 war er im Entwicklungsbereich Nutzfahrzeuge als Koordinator Entwicklung tätig. Im Jahr 1986 wurde er Hauptreferent Konstruktion Geländewagen und Entwicklungsverantwortung im Unternehmensbereich Geländewagen.

In den folgenden Jahren betätigte sich Zetsche auf dem amerikanischen Kontinent: Bei Mercedes-Benz do Brasil leitete er den Entwicklungsbereich (1987) und wurde Mitglied der Geschäftsleitung (1988), bei Mercedes-Benz Argentina (1989) und der US-amerikanischen Freightliner Corp. in Portland, Oregon, (1991) avancierte er zum Präsidenten. Als Stellvertretendes Mitglied im Vorstand der Mercedes-Benz AG betreute er das Ressort Entwicklung im Pkw-Bereich (1992).

Unter dem neuen Vorstandsvorsitzenden Jürgen E. Schrempp wurde Zetsche 1995 Vorstandsmitglied für den Vertrieb der Mercedes-Benz AG und 1997 im Gesamtkonzern. Mit der Fusion der Daimler-Benz AG mit der Chrysler Corporation wurde Zetsche zum Vorstand für das »Markenmanagement Mercedes-Benz und smart & Vertrieb Europa, Asien, Afrika, Australien/Pazifik« für alle Automobilmarken berufen. Im September 1999 wurde er Vorstandsmitglied Nutzfahrzeuge der DaimlerChrysler AG. Im November 2000 wurde er Mitglied des Vorstands, CEO und President im Geschäftsbereich der Chrysler Group. Im September 2005 übernahm Zetsche die Leitung der Mercedes Car Group. Zum 1. Januar 2006 trat er die Nachfolge von Jürgen E. Schrempp als Vorstandsvorsitzenden der Daimler-Chrysler AG an. Seine Amtszeit währte bis 2013 und wurde lediglich bis Ende 2016 verlängert.[228]

Dieter Zetsche ist als Vorstandsvorsitzender der Daimler AG, des größten industriellen Anteilseigners der EADS, sowie als Leiter der Mercedes Car Group maßgeblich mitverantwortlich für Entwicklung, Produktion, Werbung, Vertrieb und damit auch für den Export von EADS-Kriegswaffen und Mercedes-Militärfahrzeugen. Hier einige Beispiele:

- In der Ära Zetsche präsentiert sich Mercedes-Benz als weltweit größter Hersteller von Nutzfahrzeugen. Laut Selbstdarstellung in der militärischen Fachpresse verfügt der Autokonzern über »ein einzigartiges Portfolio von Fahrzeugen, die höchste militärische Anforderungen erfüllen«. Der Autokonzern mit dem Stern produziert Spezialfahrzeuge für den zivilen wie militärischen Einsatz auch in schwerstem Gelände. Weltweit werden mittels eines dichten internationalen Netzes die schnelle Versorgung mit Ersatzteilen sowie Servicedienstleistungen sichergestellt. Mercedes-Nutzfahrzeug-Kunden können mehr als 5000 Service-Stützpunkte in über 160 Ländern – und damit in den meisten Krisen- und Kriegsgebieten und bei jeweils verfeindeten Staaten – anfahren. Die innovativen Mobilitäts- und Schutzkonzepte beziehen sich auf Militärfahrzeuge von 0,5 bis 110 Tonnen Nutzlast.[229]

- Entsprechend aggressiv ist die Werbesprache, die in der Amtszeit Zetsches an Schärfe gewonnen hat. Die militärische G-Klasse beispielsweise wird als »combat proven« – kampferprobt – beworben.[230] Sie stehe »auch in Zukunft bei den Armeen dieser Welt hoch im Kurs«.[231]

- Moralische Grenzen existieren unter Dieter Zetsche augenscheinlich nicht: Während die Protestdemonstrationen der Demokratiebewegungen im Maghreb sowie im Nahen und Mittleren Osten blutig niedergeschlagen wurden, warb die Daimler AG im Februar 2011 auf der IDEX in Abu Dhabi mit einem Portfolio an Fahrzeugen für höchste militärische Ansprüche – teilweise sogar als »Weltpremiere«.[232]

- Nutzfahrzeuge von Mercedes Military landeten auch in der Ära Zetsche wiederholt in Kriegsgebieten – im Georgien-Russland-Krieg 2008 gar auf illegalem Weg. Ausgerüstet mit streumunitionsfähigen Raketenwerfern aus Israel, konnte der Actros 3341 zu völkerrechtswidrigem Waffeneinsatz genutzt werden.[233] In solchen Fällen beliebt der Daimler-Vorstand unter Zetsche sein Bedauern auszudrücken. Business as usual.

- Allein für 2010 mussten Zetsche und seine Vorstandskollegen Lieferungen von Militär-Unimogs an Abu Dhabi, Ägypten, die Türkei und weitere Länder einräumen. Militärische Nutzfahrzeuge fanden Abnehmer unter anderem in Algerien, Israel, Kenia, Kuwait, Thailand und Saudi-Arabien. Alle diese

Ausfuhren erfolgten legal, allerdings unter Missachtung jeglicher Menschenrechtsaspekte. Legal war auch der Export von
25 Actros-Sattelzugmaschinen nach Libyen (2009 und 2010),
die dort zum Panzertransport verwendet wurden.

- Keine direkte Schuld trifft Zetsche bei der Unterstützung des
  Apartheidregimes in Südafrika. Rund 65 000 Apartheidopfer
  hatten sich zusammengeschlossen, im April 2009 wurde die
  Klage gegen mehrere internationale Unternehmen, darunter Daimler, in New York zugelassen. Der Konzern hatte seinerzeit Fahrzeuge und Maschinen sowohl an die südafrika-
  nische Polizei als auch an das Militär verkauft. Der Vorstand
  wies jede Schuld von sich. Gegenüber den Opfern brachte
  Zetsche kein Wort der Entschuldigung über die Lippen. Anders General Motors: In einem Vergleich verpflichtete sich
  der US-Konzern zur Entschädigung südafrikanischer Apartheidopfer.[234]
- Dieter Zetsche warb aktiv für die Übernahme des Friedrichshafener Motorenbauers Tognum, der »ein attraktives Unternehmen« sei und »beste Aussichten auf steigende Marktan-
  teile« habe.[235] Wenige Monate später sah sich Zetsche am
  Ziel: Daimler verkündete den Abschluss der Übernahme der
  Tognum AG. Gemeinsam mit der Rolls-Royce Holdings plc
  sicherten sich die Stuttgarter etwa 99 Prozent der Tognum-
  Aktien. Zur Unternehmensgruppe gehört die 2006 einge-
  gliederte MTU Friedrichshafen GmbH. MTU zählt zu den
  weltweit führenden Produzenten militärischer und ziviler
  Dieselmotoren und Antriebssysteme für Schiffe, schwerer
  Land- und Schienenfahrzeuge sowie Industrieantriebe mit
  mehr als 60-jähriger Erfahrung in militärischen Anwendungen.[236] Nur allzu gerne propagiert Zetsche die Konzentration
  auf das automobile Kerngeschäft – die Tognum-Übernahme weist dagegen den Weg zu weiteren Rüstungsgeschäften.

Ende 2011 verfügte die Daimler AG noch immer über einen Anteil von 22,5 Prozent an der EADS N. V.[237] Die EADS-Produkt-

palette umfasst auch Kampfflieger, Militärhelikopter und -satelliten, Drohnen und Atomwaffenträgersysteme. Als treibende Kraft dabei hat Zetsche sich in der Vergangenheit wahrlich nicht präsentiert. Er wolle weiterhin am fünfzehnprozentigen Daimler-Anteil an der EADS festhalten, dieser Industriezweig biete beträchtliche Wachstumspotenziale. »Das wird nach vorne gebracht, und zuvor wäre es schon im Interesse unserer Shareholder unsinnig, eine weitere Veränderung dort anzustreben«, sagte Zetsche im März 2008.[238] Wenigstens sind Konzernvorstand und Aufsichtsrat längst weiter als der amtierende Vorstandsvorsitzende – die Anteile wurden auf 7,5 Prozent halbiert.

Die Amtszeit Zetsches ist geprägt von Widersprüchen. »Nicht alles, was legal ist, ist schon deshalb aber auch legitim«, verkündete er auf der Hauptversammlung 2011. Bei Daimler zähle »Integrität«, werde »Rendite anständig« erwirtschaftet und »eine ethische Grundhaltung« als »eine Art innerer Kompass« praktiziert, bekräftigte er ein Jahr später in einem Schreiben an die Aktionäre und auf der Hauptversammlung 2012.[239]

Den schönen Worten zum Trotz ist die Daimler AG bis heute Anteilseigner der EADS an weltweiten Waffen- und Rüstungsexporten – auch an menschenrechtsverletzende Regime und Diktatoren – beteiligt. Wie verkündete Zetsche in einem Interview vom Februar 2008: Als Führungskraft müsse »man kritisches Feedback einfordern und dann natürlich auch darauf reagieren«. Gerade für die Jugend sei es wichtig, »dass sie Vorbilder hat und dass diese Vorbilder Werte repräsentieren, an denen sie sich ausrichten kann«.[240] Auf Hauptversammlungen reagiert Zetsche hingegen vielfach abweisend auf kritisches Feedback, seine Geschäftspolitik bedeutet Fahrzeug- und Waffenexporte in alle Welt. Die geschaffenen Werte bestehen in Profiten – im Fall von Rüstungslieferungen in Kriegsprofiten. Vorbilder verhalten sich wahrlich anders.

5.5 Kriegsprofiteur MTU Aero Engines

Hightech der besonderen Art

Die MTU Aero Engines Holding AG, kurz MTU Aero, zählte bis 2010 zu den Top 100 im SIPRI Rüstungsranking. Deutschlands führender Hersteller ziviler und militärischer Triebwerke ist zugleich der größte unabhängige Anbieter auf dem Gebiet der Instandhaltung nichtmilitärischer Luftfahrtantriebe in aller Welt. Stammsitz von MTU Aero ist der Münchner Stadtteil Karlsfeld nahe Dachau. Ende 2011 hatte der Konzern insgesamt 8202 Mitarbeiter und ist mit Tochtergesellschaften, Unternehmensbeteiligungen und Joint Ventures auf allen Industriemärkten und in allen bedeutenden Wirtschaftsregionen vertreten.

Dabei darf die MTU Aero nicht mit der heutigen MTU in Friedrichshafen verwechselt werden, die seit 2006 zur Tognum-Gruppe gehört und sich auf den Bau ziviler und militärischer Fahrzeug- und Schiffsmotoren spezialisiert hat. Beide Firmen gehen allerdings auf die Motoren- und Turbinen-Union (MTU) zurück.

Die MTU Aero erfasst das gesamte Spektrum von der Entwicklung und Produktion bis hin zum Vertrieb und zur Instandhaltung. Somit werden die Flugzeugantriebe und Industriegasturbinen über den vollständigen Lebenszyklus hinweg betreut. In Deutschland und zahlreichen weiteren Staaten ist MTU Aero in die maßgeblichen Technologieprogramme involviert. Dabei kooperieren die Münchner mit weltweit führenden Triebwerksherstellern wie Rolls-Royce, Pratt & Whitney und General Electric.

Der Konzern hat seine Aktivitäten in zwei Segmente aufgeteilt: Der MRO-Bereich (Maintenance, Repair and Overhaul) ist für die zivile Instandhaltung zuständig. Im OEM (Original Equipment Manufacturing) werden sowohl das zivile als auch das militärische Geschäft der Neu- und Einzelteile sowie das gesamte Militärgeschäft gebündelt.[241]

Das breite Angebot militärischer Antriebe macht die MTU Aero nicht nur zu einem Ausrüster der Bundeswehr, sondern auch der Luftstreitkräfte vieler europäischer Staaten und der USA. MTU-Antriebe finden sich in den Kampfflugzeugen Panavia Tornado (RB199), Eurofighter (EJ200-Antrieb), Lockheed F-16 und Boeing F-15K (F110), Boeing F/A-18 Hornet (F404/F414), F-4 Phantom (J79), Alpha Jet (Larzac04), Sikorsky CH-53K (GE38), Sikorsky CH-53G (T64), Transall C-160, Breguet Atlantic (Tyne), PAH 1, BO 105, in weiteren Militärhubschraubern (RR250-MTU-C20B) und im Eurocopter Tiger (MTR390/MTR390 Enhanced).[242] Die Produktions- und Auslieferungszahlen der Triebwerke sind zuweilen exorbitant hoch. Allein vom Strahltriebwerk RB199, an dem MTU Aero über die Unternehmensgruppe Turbo-Union Ltd. zu 40 Prozent beteiligt war, wurden seit Ende der Siebzigerjahre des vorigen Jahrhunderts mehr als 2500 Stück ausgeliefert.

Aus der umfassenden Produktpalette erklärt sich die Tatsache, dass MTU-Antriebe in den Kampfflugzeugen, Militärhelikoptern sowie Truppen- und Materialtransportern verschiedener Nationen und damit in zahlreichen Kriegen in Asien und Afrika zum Einsatz kamen bzw. kommen, unter anderem im Irak-Krieg, im Afghanistan-Krieg und im Libyen-Krieg.

Allein am Beispiel des Mittleren Transporthubschraubers CH-53 wird das Beteiligungsszenario deutlich. Seit 1973 im Einsatz, wurde der Hubschrauber zu zivilen wie militärischen Zwecken eingesetzt, die Einsatzorte reichten vom Balkan über Irak und Afghanistan bis nach Pakistan und in den Kongo. Seit vier Jahrzehnten liefert der Konzern das entsprechende Triebwerk für eine »in allen Klimazonen und geografischen Regionen« aktive Bundeswehr.

Dabei haben die Münchner Triebwerksbauer den Weg in die Zukunft längst geebnet: Gemeinsam mit der US-Firma General Electric wird das GE38-Triebwerk für den schweren Transporthubschrauber CH-53K produziert, der ab 2014 Kampfeinsätze der US-Marines fliegen soll.[243]

Bei der MTU Aero Engines in München gibt man sich selbstbewusst. »In der Luftfahrt stehen drei Buchstaben für Hightech der besonderen Art.« So sorge die MTU »seit Jahrzehnten für Schub am Himmel – zivil und militärisch«. Dabei rühmt sich »Deutschlands führender Triebwerkshersteller« nicht nur seiner Verkäufe an die Bundeswehr. Deren Einsatzbereitschaft im Bereich der Luftwaffe garantiere MTU »immer und überall«. Auch international setzten »immer mehr fliegende Streitkräfte auf die deutsche Triebwerksexpertise«, wobei zwei Kunden mit besonderem Lob bedacht werden: die USA und Saudi-Arabien.[244]

Doch trotz des breiten Angebots militärischer Triebwerke leidet MTU Aero Engines unter schwindenden Aufträgen. Im Militärbereich befindet sich das Unternehmen momentan im Sinkflug. Bis 2010 führte das Stockholmer Friedensforschungsinstitut SIPRI den Münchner Triebwerkshersteller unter den 100 größten industriellen Rüstungsexporteuren. Mit einem 18-Prozent-Anteil von Waffenverkäufen am Gesamtverkauf erwirtschaftete das Unternehmen im Jahr 2010 knapp ein Fünftel seines Umsatzes mit Rüstungsgeschäften. Die sinkenden Einnahmen im Militärbereich machen der Münchner MTU zu schaffen. Im SIPRI-Ranking rutschte MTU Aero Engines von Platz 79 (2008) auf Platz 82 (2009) und Platz 100 (2010) ab, ehe es 2011 ganz aus der Liste verschwand. Zwar konnte der Konzern seine Waffenverkäufe von 2008 auf 2009 um 10 Mio. auf 740 Mio. US-Dollar steigern, doch nach den Berechnungen von SIPRI gab es im Jahr 2010 einen deutlichen Rückgang auf 640 Mio. US-Dollar.[245]

Eine aus friedenspolitischer Sicht erfreuliche Tendenz, die auch in den Bilanzzahlen 2011 ihren Niederschlag findet: Die Umsätze des Triebwerksgeschäfts stiegen insgesamt von 2,71 (2010) auf 2,93 Mrd. Euro (2011) und damit um 8,3 Prozent. Die Zahl der Mitarbeiter konnte um rund 300 oder 3,7 Prozent gesteigert werden. Grund dafür war der exorbitant hohe Umsatzzuwachs von 19,0 Prozent im zivilen Triebwerksgeschäft. Zugleich büßte der militärische Triebwerksbereich beim Umsatz 8,3 Prozent ein und sank von 485,9 (2010) auf 445,5 Mio. Euro (2011).

Konzernvorstand Egon Behle führt diesen Einbruch auf das schwindende Volumen der Waffenbeschaffungen auf dem deutschen und europäischen Markt zurück. Der Druck auf die Unternehmensführung wächst, zumal auch der Auftragsbestand Ende 2011 mit rund 1,03 Mrd. Euro um 159,4 Mio. Euro unter dem des Vorjahres lag.[246]

Doch anstatt diese Entwicklung als Chance zur schrittweisen Umstellung auf eine rein zivile Produktion zu erkennen und Rüstungskonversion einzuleiten, propagiert der Vorstand intensivierten Waffenhandel – allen voran beim Eurofighter. Ob Behle damit Erfolg haben wird, ist fraglich. Zwar läuft der Exportauftrag für die 72 Eurofighter Typhoon an Saudi-Arabien mit dem EJ200-Antrieb, gefertigt von MTU AE, Rolls-Royce (England), FiatAvio (Italien) und ITP (Spanien).[247] Doch sowohl Indien als auch die Schweiz haben sich vorerst gegen die Beschaffung von Eurofighter-Flugzeugen entschieden. Einzig aus dem Sultanat Oman kam der erhoffte Auftrag für zwölf Eurofighter.

Für die Zukunft der MTU-Militärsparte entscheidend werden die Verkäufe des Airbus A400M sein. Die neuen EADS-Militärtransporter verfügen über TP400-D6-Turboprop-Triebwerke des Herstellers Europrop International (EPI) mit MTU-Beteiligung. Behles Linie ist klar: Angesichts geschrumpfter Märkte in Europa strebt er die aktive Unterstützung von Exportkampagnen an.[248]

Täterprofil

Egon Behle – aktiver Unterstützer für Exportkampagnen

Der am 25. August 1955 in Nidda in der hessischen Wetterau geborene Egon W. Behle war nach seiner Schulzeit von 1974 bis 1976 beim Bundesgrenzschutz tätig. Sein Studium der Luft- und Raumfahrttechnik an der Stuttgarter Universität schloss er 1982 als Diplom-Ingenieur ab.

Sein Werdegang in der Industrie führte ihn zur Robert Bosch GmbH in Stuttgart (1982–1987), wo er zuletzt als Gruppenleiter Vertrieb der Diesel-Erstausrüstung arbeitete. 1987 wechselte er als Vertriebsleiter für Orbitalsysteme und Bodeninfrastruktur zur Dornier System GmbH in Friedrichshafen. Von 1991 bis 1994) arbeitete Behle in der Augsburger RENK AG als Bereichsleiter Regel- und Prüfsysteme. Zurück in Stuttgart war er von 1994 bis 1996 Alleingeschäftsführer der Fortuna Spezialmaschinen GmbH, ehe er 1997 zur ZF Friedrichshafen AG wechselte, wo er unter anderem als Leiter Sonderfahrzeuge-Antriebstechnik, Geschäftsführer ZF Maschinenantriebe GmbH und ZF Bahntechnik GmbH und Leiter des strategischen Geschäftsfeldes Sonderantriebstechnik tätig war. Im Jahr 2007 avancierte Behle zum Vorsitzenden der Geschäftsführung der ZF Lenksysteme GmbH in Schwäbisch Gmünd.

Seit Januar 2008 steht Egon Behle als Vorstandsvorsitzender der Münchener MTU Aero Engines Holding AG (MTU AE) vor. Er ist Leiter des zivilen und militärischen Marktbereichs.[249] Im Frühjahr 2011 wurde Behle in den Verwaltungsrat der RUAG Holding AG gewählt.[250]

Egon Behle erklomm die Karriereleiter über Tätigkeiten bei Firmen, die sowohl im Zivil- als auch im Militärbereich über starke Standbeine verfügen: Die Dornier-Werke sind ein zivil-militärisches Luftfahrtunternehmen, das in seiner wechselvollen Geschichte die unterschiedlichsten Rüstungsgüter produzierte (Militärflugzeuge, Drohnensysteme, Waffeneinsatzsysteme, mobile Brücken, Teleskopmasten, Lenkwaffen etc.). Behles Tätigkeit bei Dornier fiel in die Zeit der Übernahme durch MBB und die DASA. Die Renk AG mit Sitz in Augsburg ist Weltmarktführer bei Getrieben von Kettenfahrzeugen – unter anderem für den Kampfpanzer Leopard 2.

Die nachfolgenden Positionen und Aktivitäten im Zusammenhang mit der Produktion und Ausfuhr von Kriegswaffen zählen zu den problematischsten in der Ära des Rüstungsmanagers Egon Behle:

- Unter dem Vorsitzenden Behle vertreibt MTU Aero Engines zivile und militärische Luftantriebe. Das Unternehmen rangierte 2010 mit Waffenverkäufen im Wert von 640 Mio. US-Dollar auf Platz 100 im SIPRI-Ranking der Top 100. Im Militärbereich ist MTU AE Systempartner fast aller Luftfahrtantriebe für die Bundeswehr. Dazu zählen Militärhubschrauber und der Truppen- und Materialtransporter A400M sowie die multinationalen Militärjets Tornado und Eurofighter. Beide Kampfflugzeuge wurden im Libyen-Krieg eingesetzt.
- Zufrieden verkündete MTU Aero Engines unter Behles Führung die erfolgreiche Präsenz auf dem US-Militärmarkt, dem größten weltweit. Das Münchener Unternehmen ist Anteilspartner bei Antrieben verschiedener Militärflugzeuge und

-hubschrauber, allen voran des US-Konzerns General Electric (GE).[251] Ab 2014 will die US Army Kampfeinsätze mit dem CH-53K-Transporthubschrauber durchführen, dessen Antrieb ebenfalls von MTU AE stammt.[252]

- Der Eurofighter Typhoon wird seit Jahren in einer Stückzahl von 72 Maschinen an die Royal Saudi Air Force ausgeliefert. Das Kampfflugzeug verfügt über einen EJ200-Antrieb des Herstellerkonsortiums EUROJET, an dessen Produktion MTU AE maßgeblich beteiligt ist. Anstatt sich für einen Stopp von Waffenlieferungen in das Krisen- und Kriegsgebiet des Mittleren Ostens auszusprechen, hat Behle ebendiese Region verstärkt in den Fokus des Interesses gerückt.
Auch nach Abschluss der Eurofighter-Auslieferung soll das dortige MTU-Engagement unter Behle langfristig weitergeführt werden, trotz desaströser Menschenrechts- und Sicherheitslage auf der Arabischen Halbinsel. So beteiligt sich MTU AE bei der in Saudi-Arabien ansässigen Middle East Propulsion Company (MEPC), die sich auf die Wartung von Luftfahrtmotoren spezialisiert hat. Hauptkunde ist die Royal Saudi Air Force. Neben den F-15-Kampfjets von Boeing soll das MEPC-Portfolio zukünftig auch Module für das RB199-Triebwerk der Tornado-Kampflugzeuge und für die EJ200-Triebwerke des Eurofighters der EADS einschließen.[253]

- Der Kampf- und Unterstützungshubschrauber Tiger wird von zwei Rolls-Royce/Turboméca/MTU-MTR-390-Triebwerken angetrieben. Im Afghanistan-Krieg hat der Tiger sich bei den französischen Streitkräften bei einer hohen Einsatzquote als beispiellos zuverlässig erwiesen. Der mit einem MTU AE-Triebwerk ausgerüstete US-amerikanische mittelschwere Transporthubschrauber CH-53 ist weltweit im Militäreinsatz: im Irak, auf dem Balkan, in Afghanistan und Pakistan sowie im Kongo.

- Fest im Blick hat Behle die militärischen Entwicklungsaktivitäten des A400M mit dem MTU-Triebwerk TP400-D6. Die Erstauslieferung des Airbus-Militärtransporters an die französische Luftwaffe ist bis 2013 vorgesehen, ab dem Jahr 2014 soll der Ersatz der Transall C130 bei der Bundeswehr beginnen.[254] Neben den europäischen Erstkunden hat Malaysia vier A400M-Transporter geordert.[255] Laut Rüstungsexportbericht der GKKE herrscht in Malaysia eine sehr schlechte Menschenrechtslage.[256]

Alles in allem sollen 298 Truppen- und Materialtransporter verkauft werden, die bei zukünftigen Militäreinsätzen der Empfängerländer in Europa, Nord- und Südamerika, Afrika, im Nahen Osten und in weiteren Staaten Asiens zum Einsatz kommen werden.

- Als Verwaltungsrat der Berner RUAG Holding AG ist Behle mitverantwortlich für die Waffenproduktion und den Export der RUAG Defence. Der Schweizer Rüstungsproduzent (im Jahr 2010 auf Platz 77 der SIPRI Top 100) ist »führend in der Wartung und Aufrüstung von schweren Waffensystemen«. Die Produktpalette ist breit und umfasst auch zahlreiche gepanzerte Fahrzeuge. Bei RUAG Ammotec wird eine umfassende Munitionspalette gefertigt, unter anderem Kleinkalibermunition und Spezialmunition mit höchster Präzision für Armeen weltweit. Die Geschäftspolitik von RUAG Defence ist äußerst umstritten, da 53 Prozent der Waffen »auf der ganzen Welt« zu finden sind. RUAG Handgranaten werden »den höchsten Ansprüchen gerecht« – beispielsweise auch im Irak. RUAG-Munition, die nach Katar geliefert worden war, tauchte im Sommer 2011 in den Händen libyscher Rebellen auf.[257] RUAG bewirbt seine Waffen auf Rüstungsmessen, so auch bei der SOFEX 2012 im Nahen Osten – ungeachtet der gewaltsamen Niederschlagung der Demokratiebewegungen.[258] RUAG ist vernetzt mit zahlreichen rüstungsproduzierenden und -exportierenden Unternehmen, wie EADS-Astrium, Krauss-Maffei Wegmann, Rheinmetall, Boeing (USA).[259]

Insgesamt sieht Egon Behle den Militärbereich bei MTU Aero Engines »gut aufgestellt«, dementsprechend könne das Niveau in naher Zukunft gehalten werden, so seine Prognose. Behles wirtschaftliche Ziele sind klar definiert: Der Umsatz des Gesamtkonzerns soll sich bis 2020 auf 6 Mrd. Euro »mehr als verdoppeln«.[260] Von der Konzentration auf die Zivilfertigung, vom Ausstieg aus der militärischen Triebwerksproduktion und damit vom Verzicht auf Profite durch Rüstungsexporte ist nicht im Mindesten die Rede.

Im Gegenteil: Zwar wurde der Rüstungsanteil des Unternehmens in den vergangenen Jahrzehnten drastisch gesenkt. Gleichwohl sind der Eurofighter und der Militärtransporter A400M von EADS/Airbus weiterhin »für uns ein solides Geschäft«. Behle steht für das Bedürfnis nach einem intensivierten Engagement in der Rüstung: »Wir hätten gerne mehr, aber das gibt der Markt nicht her.«[261]

Da der deutsche wie der europäische Militärmarkt langfristig schrumpfen werden, unterstützt die MTU Aero Engines unter Behles Führung »aktiv Exportkampagnen«. Explizit nennt der Konzernvorsitzende die Eurofighter-Kampagnen mit dem EJ200-Power-Triebwerk und Exportangebote für den neuen EADS-Militärtransporter A400M mit den TP400-D6-Turboprops.[262] In Persona bleibt Behle ein Garant dafür, dass MTU Aero Engines der führende deutsche Triebwerkslieferant für Kampfflugzeuge, Militärhelikopter und Truppentransporter bleibt.

5.6 Kriegsprofiteur Rheinmetall

Arsenal tödlicher und nicht-tödlicher Waffen

Der 13. Januar 1889 bleibt ein bedeutendes Datum in der deutschen Rüstungsgeschichte: An diesem Tag gründete der Ingenieur Heinrich Ehrhardt die Rheinische Metallwaaren- und Maschinenfabrik Aktiengesellschaft, nur ein Jahr später wurde das Werk in Düsseldorf-Derendorf errichtet. Im Jahr 1898 wurde ein erstes Rohrrücklaufgeschütz vorgestellt. Drei Jahre später erwarb das Unternehmen die Munitions- und Waffenfabrik von Dreyse in Sömmerda.

Den ersten richtigen Rückschlag mussten die Rüstungsmanager vom Rhein mit dem Vertrag von Versailles nach dem Ersten Weltkrieg hinnehmen. Unter dem Zwang der vertraglichen Bestimmungen erfolgte 1919 die Umstellung auf Zivilprodukte: Das Unternehmen stellte fortan Dampfpflüge, Lokomotiven und Büromaschinen her. Nach Versorgungsengpässen und Streiks Anfang der Zwanzigerjahre stieg man 1921 wieder in die Waffenproduktion ein. 1925 übernahm das Deutsche Reich die Mehrheit der Aktien.

Mit der Übernahme des Lokomotivherstellers August Borsig GmbH wurde 1933 die Tür zur Waffenherstellung in Berlin aufgestoßen. Drei Jahre später fusionierten Rheinmetall und Borsig zur neuen Rheinmetall-Borsig AG, 1938 erfolgte die Verlegung des Firmensitzes in die Reichshauptstadt. Der Einfluss der Nationalsozialisten wurde immer stärker, und 1940 übernahm die Wehrmacht die Kontrolle über die Waffenherstellung.[263] Um den Luftangriffen der Alliierten zu entgehen, wurde beschlossen, die Produktion in den Osten Deutschlands und in Teile des heutigen Polen zu verlagern. Nichtsdestotrotz wurden in den letzten beiden Kriegsjahren Produktionsstätten bei alliierten Luftangriffen zerstört.

Das Ende des Zweiten Weltkriegs brachte für die deutsche Rüstungsindustrie das Aus, die Militärregierung verbot die Fertigung von Waffen. Anfang der Fünfzigerjahre versuchte sich das Unternehmen eher erfolglos an der Fertigung ziviler Produkte. Im Jahr 1956 erfolgte die Übernahme von Rheinmetall-Borsig durch die Röchling-Gruppe, die Borsig AG wurde an die Salzgitter AG verkauft. Die im gleichen Jahr erfolgte Wiederaufnahme der Rüstungsproduktion in Düsseldorf mit dem Maschinengewehr MG 42 erwies sich aufgrund zahlreicher Exporte als folgenschwer.[264]

Ebenfalls 1956 erfolgte die Umbenennung der Rheinmetall-Borsig AG in Rheinmetall Berlin AG, erste Diversifikationen der Produktpalette in den Bereichen Elektronik und Maschinenbau folgten. Mitte der Sechzigerjahre erhielt das Rüstungsgeschäft ein weiteres Standbein: 1964 wurde die Geschützrohr- und Lafettenproduktion wieder aufgenommen. Im darauf folgenden Jahr begann die Entwicklung der Glattrohrtechnologie für 120-mm-Geschosse. 1970 folgte dann die Ausweitung des Munitionsprogramms auf den pyrotechnischen Bereich. Der erste Kampfpanzer des Typs Leopard 2 mit der 120-mm-Kanone wurde 1979 ausgeliefert.

1988 wurde mit der Entwicklung der sogenannten »intelligenten« Munitionstechnologie SMArt begonnen. Die Suchzündermunition SMArt® 155 wurde gemeinsam mit Diehl Defence entwickelt.[265]

Mit dem Fall der Berliner Mauer, der Auflösung des Warschauer Paktes und der deutsch-deutschen Wiedervereinigung kam der Bundeswehr und mit ihr der deutschen Rüstungsindustrie der Feind abhanden, Deutschland sah sich plötzlich allseits umzingelt von Freunden. Schlimmer noch: Der deutsche Markt wurde überschwemmt mit Waffen der aufgelösten Nationalen Volksarmee (NVA) der vormaligen DDR.

Bei Rheinmetall reagierte die Unternehmensführung mit Bemühungen um Diversifikation, der Erweiterung der Produktpalette im Zivilbereich. Dass diese allenfalls bedingt ernst genommen werden konnten, offenbarte sich nur ein Jahr später. Schon 1990 kam es zur »Kompetenzerweiterung« militärischer Art: Rheinmetall erwarb die MaK Systemgesellschaft als Hersteller gepanzerter Fahrzeuge, gab in den kommenden beiden Jahren das Gelände in Düsseldorf-Derendorf auf und fokussierte sein Rüstungsgeschäft mit dem bestausgestatteten privaten Erprobungszentrum Europas im niedersächsischen Unterlüß.

Im Jahr 1996 erfolgte die Umbenennung der Rheinmetall Berlin AG in die bis heute gültige Bezeichnung Rheinmetall AG. Noch im selben Jahr baute das Unternehmen mit dem Erwerb der Mehrheit an der STN Atlas Elektronik GmbH seine Präsenz im Bereich der Militärelektronik aus. Im Jahr 1999 erwarb Rheinmetall DeTec eine Mehrheitsbeteiligung an der Züricher Oerlikon Contraves AG, »einem weltweit anerkannten Anbieter« kombinierter Kanonen- und Lenkwaffensysteme zur Flugabwehr.[266]

Mit dem neuen Jahrtausend begann die Ära des Vorstandsvorsitzenden Klaus Eberhardt. Unter der Ägide des gebürtigen Sulzers wurde ab Januar 2000 die »Strategie der klaren Linie« mit einer Konzentration auf die Kernkompetenzen Wehr- und Automobiltechnik sowie Elektronik verfolgt.

Unternehmensbereiche, die nicht in dieses Portfolio passten, wur-

den abgestoßen. Mit dem Ziel der Entwicklung eines neuen Schüt-
zenpanzers gründeten die Düsseldorfer Rheinmetall AG und Krauss-
Maffei Wegmann aus München 2002 das Gemeinschaftsunternehmen
PSM GmbH mit einer 50:50-Beteiligung. Vier Jahre später wurde der
Prototyp des neuen Schützenpanzers Puma zum ersten Mal der Öf-
fentlichkeit präsentiert.

Am Unternehmenskonglomerat Rheinmetall wird die ganze Absurdi-
tät des Waffengeschäfts augenfällig. Bekanntlich ist der Düsseldorfer
Rüstungsriese bei leichten und mittelschweren gepanzerten Rad- und
Kettenfahrzeugen sowie Schützenpanzern »ein führender europäischer Anbieter«. Das Unternehmen liefert das Artilleriegeschütz für
den Schützenpanzer Puma und die Waffenanlage »für den weltweit
leistungsfähigen Kampfpanzer« Leopard 2.[267]
  Die passende HE-Munition von Rheinmetall kann in allen eingeführten Glattrohrkanonen der Panzerfahrzeuge genutzt werden.[268]
Die Entwicklung der Munition des Typs HE DM11 erfolgte auf der
Grundlage internationaler Vereinbarungen für 120-mm-Geschütze,
die Hauptbewaffnung von Kampfpanzern. Mit entsprechender technischer Ausrüstung soll gewährleistet werden, dass alle Typen des Leopard 2 uneingeschränkt mit dieser Hightech-Munition schießen können.
  Entwickelt im Auftrag des Bundesverteidigungsministeriums, soll
die HE DM11 »vor allem dazu beitragen, das Einsatzspektrum von
Kampfpanzern mit Blick auf heutige Bedrohungslagen bedarfsge-
recht zu erweitern«, schreibt das Fachmagazin *Europäische Sicherheit*
im Sommer 2011. Um »die Verwendungsbreite optimal zu erfüllen«
kann die Rheinmetall-Munition in drei unterschiedlichen Versionen
eingesetzt werden: Bei der Aufschlagzündung »detoniert der Gefechts-
kopf im Zielmedium«, bei einprogrammierter Verzögerung erfolgt die
Explosion nach dem Durchschlagen der feindlichen Deckung, bei pro-
grammiertem Luftsprengpunkt können Menschen in Fahrzeugen oder
Stellungen in einer Reichweite von 5000 Metern beschossen werden.
  Die immense Reichweite, die hohe Präzision und die gewaltige
Durchschlagskraft der HE DM11 weiß man bereits heute beim Ma-
rinecorps der US-amerikanischen Streitkräfte zu nutzen. Eingesetzt

unter der Bezeichnung »Multi Purpose (MP) DM11«, dient die Munition »vor allem der Bekämpfung ungepanzerter und halbharter Ziele in asymmetrischen Auseinandersetzungen«, erklärt das Fachblatt *Europäische Sicherheit.*

Beim Einsatz der Rheinmetall-Munition geht es nicht nur um den Schutz der eigenen Einheiten in kriegerischen Konflikten, sondern auch um die aktive Bekämpfung feindlicher Gruppen. Die Einsatzziele der HE DM11 sind dementsprechend weit gefasst. Sie reichen von ungepanzerten – also weitgehend schutzlosen – Fahrzeugen über leicht gepanzerte Fahrzeuge und Panzerabwehrstellungen bis hin zu Feldbefestigungen. Geeignet ist die 120-mm-Munition von Rheinmetall »zum Durchschlagen von Deckungen und Bekämpfen von Zielen hinter Deckungen sowie zum Schaffen von Breschen und Durchgängen im bebauten Gelände«.

Panzer, Panzerbewaffnung, Panzermunition und Panzerschutz bilden die eine Produktionslinie. Eine andere umfasst die Munition zur Panzerzerstörung. So entwickelte Rheinmetall auch »panzerbrechende« APFSDS-Geschosse (Armor Piercing Fin Stabilized Discarding Sabot Tracer). Diese Geschosse verfügen über ein innenliegendes unterkalibriges Pfeilgeschoss, das von einem Treibkäfig umschlossen ist. Nach Verlassen des Schussrohres trennt sich der Treibkäfig ab, und der pfeilförmige Penetrator fliegt ins Ziel. Dank der Wolframlegierung »durchdringt diese Munition homogenen Panzerstahl oder Schottpanzerungen«. Sie kommt, so die Fachzeitschrift *wehrtechnik,* gegen harte Ziele, beispielsweise Panzer, zum Einsatz. In diesem Sinne profitieren Rheinmetall und seine Aktionäre sowohl vom Panzerverkauf als auch von der Panzerzerstörung. Krieg ist gut fürs Geschäft und die Dividende.

Wie es den Opfern ergeht, lassen die waffentechnischen Ausführungen in der *wehrtechnik* erahnen. Die Projektile der APFSDS-Geschosse sind so konstruiert, dass sich der Schwermetallkern in mehrere Teile zerlegt, wenn die Zieloberfläche durchdrungen wird. Die so entstandenen Fragmente dringen weiter ins Ziel ein »und verursachen durch kaskadenartige weitere Zerlegung und Sekundärsplitter Zerstörung und Vernichtung des Ziels«. Im Panzerinneren befinden sich bekanntlich Menschen.[269]

Wer glaubt, moralisch und ethisch derartig bedenkliche Rüstungsprojekte bildeten die Ausnahme, befindet sich im Irrtum. Kein Wunder also, dass sich die Presse interessiert zeigt. Und so lud die Sektion Defence im Sommer 2010 »eine handverlesene Schar internationaler, sicherheitspolitisch involvierter Journalisten und Korrespondenten« zu einer dreitätigen Veranstaltung nach Berlin. Für Oliver Hoffmann, den Chef der Presse- und Öffentlichkeitsarbeit von Rheinmetall Defence, war die Veranstaltung ein »echtes Highlight«.[270] Den Medienvertretern wurde als »Highlight« ein Waffentyp vorgestellt, bei dem der Schütze wählen kann, ob er sein Gegenüber gezielt verletzt oder doch tötet. Es handelte sich um PASKAL, »eine auf pneumatischem Energiefluss basierende Rohrwaffe, die wahlweise tödlichen wie nichtlethalen Verschuss zulässt«.[271] *Live or let die* – der Schütze als Richter über Leben und Tod.

Außerdem wurde den Journalisten und Korrespondenten im Zusammenhang mit dem Kampfpanzer Leopard 2 die sogenannte »MBT Revolution« erläutert. Das Kürzel steht für Main Battle Tank und meint Kampfpanzer. Gepriesen werden bei der »MBT Revolution« das digitale Turmsystem, das Feuerleitsystem für hochdynamische Situationen, das optronische 360° Kommandanten-Periskop, ferngelenkte Waffenstationen der neuesten Generation, temperaturunabhängige Munition und zahlreiche weitere technische Errungenschaften. Mit diesem einsatzorientierten »Upgrade« sollen Kampfpanzer »künftig auch in asymmetrischen Szenarien« eingesetzt werden können, wo zahlenmäßig überlegene Militäreinheiten mit Hightech-Waffen gegen einen vermeintlich schwächeren und notgedrungen aus der Deckung operierenden Gegner – Kämpfer der Taliban oder der al-Qaida – kämpfen. Der geplante Leopard 2 in der Version A7+ ist für den Straßenkampf »speziell bei Einsätzen in wärmeren Klimazonen« geeignet.

Klage gegen Rheinmetall und Daimler

Als führendes Systemhaus und Kompetenzzentrum im Bereich der Entwicklung und Fertigung gepanzerter Rad- und Kettenfahrzeuge sowie von Turmsystemen und Waffenstationen hat Rheinmetall Defence »bisher über 14 000 Fahrzeuge und Teilsysteme an Kunden aus 36 Nationen« geliefert.[272] Im Geschäftsjahr 2011 wurden neben der Bundeswehr Kunden – vornehmlich Militärs und Sicherheitskräfte – in aller Welt beliefert: beispielsweise in den USA (ferngesteuerte Waffenstationen, 120-mm-HE-Munition, Übungsmunition, atomare, biologische und chemische Baugruppen für die Radfahrzeuge Fox und Stryker), in Kanada (40-mm-Waffensystem CASW, Close Aera Supression Weapon), Großbritannien (Treibladungspulver für Artillerie- und Panzermunition sowie Übungsmunition), Schweden (Pionierpanzer und 81-mm-Mörsermunition), den Niederlanden (Pionierpanzer), Frankreich und der Türkei (jeweils Treibladungspulver für Artilleriemunition). Hinzu kamen asiatische Kunden (Bergepanzer). Im Sektor logistischer Fahrzeuge erfolgte die Abrechnung für Kunden in Ungarn, Großbritannien und Singapur. Des Weiteren wurden Systeme zur Flugabwehr nebst Munition für Großprojekte im Nahen und Mittleren Osten abgesetzt.[273] Gleich mehrere der genannten Staaten befanden sich zu diesem Zeitpunkt im Kriegseinsatz.

Auf der Hauptversammlung 2011 monierten Vertreter des Dachverbands der Kritischen Aktionärinnen und Aktionäre aus Köln insbesondere den Rüstungsexportschwerpunkt Nahost, beispielsweise die Lieferung von Fuchs-Spürpanzern an die Vereinigten Arabischen Emirate, einer der zahlreichen menschenrechtsverletzenden Staaten, die sich auf der Rheinmetall-Empfängerliste finden.[274]

Nur allzu gerne betont Klaus Eberhardt, sie seien »doch keine Waffenschieber«, sondern handelten legal im nationalen Interesse und mache streng kontrollierte Behördengeschäfte.[275] Zeitgleich zu Eberhardts Aussage saßen in New York gleich mehrere Unternehmen aus den USA, Deutschland, Großbritannien und anderen Staaten auf der Anklagebank, darunter auch internationale Ölfirmen, Bergbaufirmen und weitere Konzerne. Zu den beklagten Firmen gehörte auch die Daimler AG mit ihrem Militärfahrzeughersteller Mercedes und die Rüstungsfirma Rheinmetall einschließlich Oerlikon Contraves Defence. Der Vorwurf: Die Unternehmen hätten strategisch wichtige Technologiekomponenten an das frühere Apartheidregime in Südafrika geliefert oder den dortigen Sicherheitskräften Fahrzeuge zur Verfügung gestellt.

Bereits im November 2002 hatte der Rechtsanwalt Michael Hausfeld bei einem Gericht des Eastern District in New York Klage gegen 22 internationale Konzerne eingereicht. Einer der Vorwürfe gegen Rheinmetall, Oerlikon Contraves, Daimler und zahlreiche weitere Unternehmen lautete, die Firmen hätten Embargos gegen das Apartheidregime in Südafrika verletzt – in einer Zeit, da die weißen Machthaber am

Kap der Guten Hoffnung schwerste Menschenrechtsverletzungen gegen Farbige verübten. Hausfeld betonte, Apartheid sei vergleichbar mit Völkermord und Sklaverei und stelle eine Völkerrechtsverletzung dar. Fast drei Jahrzehnte zuvor hatte eine Konvention der Vereinten Nationen Apartheid als ein Verbrechen gegen die Menschheit eingestuft.[276]

Seither hatten sich 65 000 Opfer des Apartheidsregimes zusammengeschlossen und ihre Klage in New York eingebracht. Unterstützt von einer internationalen Kampagne – in Deutschland maßgeblich getragen von Einzelpersonen, kritischen Gewerkschaftern und den christlichen Kirchen –, forderte die Khulumani Support Group nunmehr Entschädigung für das Leid, das diesen Menschen zugefügt worden war. International rief bereits die Klagezulassung große Zustimmung hervor, war sie doch das Ergebnis einer jahrzehntelangen gewaltfreien Kampagne mit zahllosen Aktionen auf Hauptversammlungen und Kirchentagen.

Am 8. April 2009 geschah Denkwürdiges in New York. An diesem Abend ließ Richterin Shira Scheindlin die Klage in New York zu. Wie es der Zufall wollte, ergriff just an diesem Tag Dorothea Kerschgens das Wort auf der Hauptversammlung der Daimler AG in Berlin. Wie nahezu jedes Jahr thematisierten die Kritischen AktionärInnen Daimler (KAD) auch auf der Hauptversammlung 2009 das Vorgehen des Daimler-Konzerns, mit Unimog-Lieferungen an Südafrika in der Zeit des Apartheidregimes. Einmal mehr wollte die Unternehmensleitung die KAD-Sprecherin ins Leere laufen lassen. Doch spätestens an diesem Abend musste der Vorstandsvorsitzende Dieter Zetsche einräumen, »dass es für Daimler nicht gut läuft beim Prozess«.[277]

Auch auf Hauptversammlungen der Rheinmetall AG kritisierte Kerschgens wiederholt die Verwicklungen des Düsseldorfer Konzerns in Rüstungsgeschäfte mit dem rassistischen Regime am Kap. Sie hatte zahlreiche Apartheidopfer getroffen, die bis heute unter dem Trauma ihrer Behandlung durch die Sicherheitskräfte leiden, und zeigte sich bei ihrem Redebeitrag und den Fragen an den Vorstandsvorsitzenden Eberhardt im Mai 2010 zufrieden, dass die Beteiligung von Rheinmetall nicht länger ignoriert werden konnte.[278]

Auch Ingeborg Wick fand klare Worte bezüglich der beiden beklagten deutschen Unternehmen. »Daimler hatte Fahrzeuge und Maschinen an die Polizei und das Militär des Apartheidregimes verkauft. Rheinmetall hatte eine komplette Munitionsabfüllanlage nach Südafrika geliefert«, so die frühere Geschäftsführerin der Anti-Apartheid-Bewegung (AAB). Beiden Unternehmen wurde vorgeworfen, durch ihre Geschäfte während der Apartheid Beihilfe zu schweren Menschenrechtsverletzungen geleistet zu haben. Wick sieht den Prozess in den USA insgesamt positiv. Zwar werde erst im Frühjahr 2013 mit einer endgültigen Entscheidung gerechnet, einen ersten Teilerfolg aber habe Khulumani bereits erreicht: Im Februar 2012 bestätigte ein US-Gericht, dass General Motors als einer der beklagten Konzerne in einem Vergleich zugesagt habe, die südafrikanischen Apartheidopfer mit 1,5 Mio. US-Dollar zu entschädigen. »Ob dies ein Präzedenzfall für die restlichen beklagten Unternehmen – neben Daimler und Rheinmetall die US-Firmen IBM und Ford – sein wird, ist dahingestellt«, erklärte Wick im Sommer 2012.[279]

Auch wenn die Schandtaten der Vergangenheit den Konzern und seine mächtigen Manager zuweilen einholen, hat die Zukunft längst begonnen. Bei den Berliner Gesprächen 2011 präsentierte Rheinmetall der internationalen Fachpresse weitere waffentechnische Entwicklungen, die noch für Furore sorgen dürften. Bis 2015 plant der Rüstungskonzern die Vorstellung funktionstüchtiger »High Power Laser Weapons«.[280] Laserwaffen, tödliche und nicht-tödliche Waffen, Panzer und panzerbrechende Munition und vieles andere mehr – das Unternehmen zeigt sich bestens gerüstet für die Kriege der Zukunft. Allerdings setzt die Konkurrenz in den USA, mit ihren – angesichts der hohen Stückzahl vergleichsweise preisgünstigen – Waffensystemen dem Düsseldorfer Unternehmen zu.

In den Bilanzzahlen der Defence-Sparte schlägt sich dieser Marktdruck nur bedingt nieder. So sank das EBIT, der Gewinn vor Zinsen und Steuern, von 2010 auf 2011 von 234 auf 223 Mio. Euro. Zugleich übertraf der Rüstungsumsatz den des Vorjahres um sieben Prozent und stieg von 2,007 (2010) auf 2,141 Mrd. Euro (2011). Der Auftragseingang minderte sich von 2010 auf 2011 von 1,977 auf 1,831 Mrd. Euro, der Auftragsbestand im gleichen Zeitraum von 4,722 auf 4,541 Mrd. Euro. Damit überstieg der Auftragsbestand im Militärbereich den des Zivilsektors Automotive (409 Mio. Euro) noch immer um mehr als das Zehnfache. Bei Automotive waren 2011 55,4 Prozent der insgesamt

22 641 Mitarbeiter beschäftigt, im Defence-Bereich lediglich 44,0 Prozent. Erfreulicherweise sorgte der Zivilbereich im EBIT für ein deutlich gestiegenes Wachstum.

Der Auslandsanteil von Rheinmetall Defence lag 2011 – vor allem aufgrund von Rüstungsexporten und Kooperationsprojekten – bei beachtlichen 63 Prozent. Beim Umsatz entfielen 37 Prozent auf den deutschen Markt, 29 auf das europäische Ausland, 18 auf den Mittleren Osten und Asien, 11 auf Nordamerika und fünf Prozent auf sonstige Regionen.[281]

Im Sommer 2012 sah Eberhardt Rheinmetall »auf robustem Wachstumskurs«. Das Erreichen der Unternehmensziele stelle im Defence-Bereich »sicher eine besondere Herausforderung« dar.[282] Jammern auf höchstem Niveau. Für die Zukunft strebt man bei Rheinmetall höhere Ziele an: Im Zusammengehen mit dem Geschäftspartner Krauss-Maffei Wegmann soll der neue Superkonzern neue Absatzmärkte erschließen und Gewinnmargen erzielen. Beide Unternehmen rangieren im Mittelfeld der Top 100 der weltweit führenden Waffenschmieden Rheinmetall auf Rang 32, KMW auf Platz 50 (2010).[283] Beide kooperieren bei zahlreichen deutschen Heeresprogrammen, wie dem Transportfahrzeug Boxer oder dem neuen Schützenpanzer Puma, zudem fertigen sie maßgeblich den Leopard-2-Panzer. Und beide forcieren das Wartungs- und Reparaturgeschäft in den Einsatzländern. Eine Fusion läge »nahe, weil wir uns sehr gut ergänzen würden und wir vor einem weiteren Konsolidierungsschritt unserer Branche stehen«, erklärt Rheinmetall-Chef Eberhardt.[284]

Täterprofil

Klaus Eberhardt – Europas Frontmann forcierten Waffenhandels

Klaus Eberhardt wurde am 24. Februar 1948 in Sulz am Neckar geboren. Nach dem Abitur studierte er an der Universität Tübingen Physik und Mathematik, zudem drei Semester Wirtschaftswissenschaften. Von 1972 bis 1980 stieg er zum Arbeits direktor bei der Standard Elektrik Lorenz AG (SEL) in Stuttgart auf. Mit Beginn des Jahres 1985 trat er in den zivil-militärischen Luftfahrtkonzern Messerschmitt-Bölkow-Blohm GmbH (MBB) ein, wo er unter anderem zum Mitglied der Unternehmensbereichsleitung für Verteidigungssysteme avancierte.[285]

Im Jahr 1997 wurde Klaus Eberhardt in den Vorstand der Rheinmetall AG berufen und übernahm dabei den Vorstandsvorsitz der früheren Rheinmetall Elektronik AG. Dem Vorstand der Rheinmetall AG steht Eberhardt seit Januar 2000 vor, seit März 2004 ist er zudem Vorsitzender des Bereichsvorstands der Rüstungssparte Rheinmetall Defence.[286]

Eberhardt ist Vorsitzender des Aufsichtsrats der MTU Aero Engines, des größten Triebwerksherstellers in Deutschland.[287] Im Oktober 2011 übernahm er zudem das Amt des Präsidenten der AeroSpace and Defence Industries Association of Europe (ASD) mit Sitz in Brüssel.

Zum 31. Dezember 2011 trat Klaus Eberhardt vom Amt des Vorsitzenden der Rheinmetall Defence und zum Jahreswechsel 2012/2013 nach 13-jähriger Tätigkeit als Vorstandsvorsitzender des Rheinmetall-Konzerns zurück. Sein Nachfolger wurde der Chef der Rüstungssparte, Armin Papperger.[288] Eberhardt behielt vorerst den Vorsitz im Aufsichtsrat der KSPG AG, der Führungsgesellschaft des Unternehmensbereichs Automotive der Rheinmetall AG.[289]

Die nachfolgenden Positionen und Aktivitäten im Bereich der Produktion und des Exports von Kriegswaffen zählen zu den problematischsten in der Ära des Rüstungsmanagers und Verbandsvorsitzenden Klaus Eberhardt:

• In der Ära seiner Vorstandschaft bei der Rheinmetall AG und von Rheinmetall Defence war der Konzern *der* führende Rüstungsproduzent und -Exporteur mit Sitz in Deutschland und zugleich Europas größtes Systemhaus für Landstreitkräfte.[290] Mit Waffenverkäufen in Höhe von 2,66 Mrd. US-Dollar rangierte das Düsseldorfer Unternehmen 2010 auf Platz 31 der hundert größten waffenexportierenden Unternehmen weltweit.[291]

- Rheinmetall Defence bietet seinen Kunden ein vollständiges militärisches Fahrzeugprogramm sowie ein »einzigartiges Portfolio« von Führungs-, Feuerleit- und Aufklärungssystemen, Schutztechnologien und Wirkmitteln (Munition etc.), zudem ein breites Spektrum an Simulations- und Ausbildungssystemen bis hin zu Hightech-Gefechtsübungszentren.[292] Letztere würden eine »sehr wichtige« Rolle spielen, bestätigte Konzernchef Klaus Eberhardt, »weil wir durch Wartung, durch Service und das Betreiben von Gefechtsübungszentren die Hand am Puls des Kunden haben«. Immerhin macht dieses Geschäft zurzeit 15 Prozent des Rüstungsumsatzes bei Rheinmetall Defence aus. Die Wachstumsprognose im Bereich der Gefechtsübungszentren ist sogar noch besser: rund 20 Prozent jährlich bei noch besseren Margen als im Erstausrüstergeschäft.[293]

- Auf Hauptversammlungen der Rheinmetall AG kritisierten die Kritischen AktionärInnen vielfach die Verwicklungen des Düsseldorfer Konzerns in Rüstungsgeschäfte mit dem rassistischen Regime Südafrikas. Die Anti-Apartheid-Bewegung wirft Rheinmetall vor, eine komplette Munitionsabfüllanlage nach Südafrika geliefert zu haben. Seit 2002 ist eine vor einem New Yorker Gericht eingereichte Entschädigungsklage gegen zahlreiche internationale Konzerne, darunter Rheinmetall, anhängig.
Eberhardt versäumte es, als Vorstandsvorsitzender eine außergerichtliche Einigung durch ein Schuldeingeständnis, eine ernstzunehmende Entschuldigung und angemessene Regress- und Schmerzensgeldzahlungen für die Opferfamilien herbeizuführen.

- Eberhardt hat den Rüstungsmarkt der Vereinigten Staaten von Amerika fest im Blick, trotz zahlloser Waffeneinsätze in den Kriegen im Irak, in Pakistan und Afghanistan, an denen die US Army beteiligt war bzw. ist. Intensiv betätigte sich Rheinmetall im Munitionsgeschäft. Laut Eberhardt wurde das Infanteriemunitions-Geschäft mit den USA »konsequent mit dem Bau einer Munitionsfabrik« in Camden in Arkansas ausgebaut.[294] Munitionseinsatz ist vielfach tödlich.

- Als Vorsitzender des Aufsichtsrats der MTU Aero Engines, des führenden Herstellers militärischer Triebwerke in Deutschland, verantwortet Eberhardt unter anderem die Teilezulieferung für Triebwerke des Kampfflugzeugs Eurofighter sowie des Kampf- und Unterstützungshubschraubers Tiger und des neuen Militärtransporters A400M der EADS.[295] Der Tiger wird von französischen Streitkräften im Afghanistan-Krieg eingesetzt; der Airbus A400M soll nach Malaysia exportiert werden, wo durch das Militär massiv Menschenrechte verletzt werden.

- Unter Eberhardts Führung entwickelte die Rheinmetall Defence Electronics GmbH als Hauptauftragnehmer Waffensysteme für die Kriege der Zukunft. Mittels des Konzepts »Infanterist der Zukunft – Erweitertes Systems« (IdZ-ES) sollen alle infanteristischen Kräfte der Bundeswehr die technische Unterstützung zur »Befähigung zum Kampf« erhalten. Die mehrere Jahre dauernde Einführungsphase erfolgt ab 2013 für Auslandseinsätze der Bundeswehr, anfangs noch im Afghanistan-Krieg.[296]

- Die Kriege der Zukunft werden mit Drohnen geführt. Die bislang bei Rheinmetall Defence gefertigten UAVs dienen der Luftaufklärung, geschossen wird nach der Drohnen-Datenübertragung mit anderen Waffensystemen. Quasi über Nacht erlangte die Drohnentechnik in Deutschland einen beachtlichen Bekanntheitsgrad, wobei der Fokus sich weltweit auf die Bundeswehr und ihre Aktivitäten in Afghanistan richtete. Die Aufklärungsdrohne KZO von Rheinmetall lieferte die Daten für den Beschuss durch die US Air Force im nordafghanischen Kunduz. Bei dem Angriff am 4. September

2009 starben weit mehr als 100 Menschen. Unter den Opfern waren überwiegend Zivilisten, darunter auch Jugendliche.[297] Trotz des Kunduz-Massakers wurde die Entwicklung von UAVs unter Eberhardt weiter fortgeführt. Er ist verantwortlich für die Bündelung der Drohnenaktivitäten der Rheinmetall Defence Electronics GmbH in Bremen mit der EADS-Rüstungssparte Cassidian. Angesichts des neuen Joint Ventures würdigte der damalige Rheinmetall-Vorsitzende die Bedeutung unbemannter Fluggeräte, der Waffensysteme für die Kriege der Zukunft: Es gelte die Wettbewerbsfähigkeit »nachhaltig zu stärken« und »dauerhaft neue Marktperspektiven zu erschließen«.[298] Drohnenexporte und der Einstieg in die Technik der Kampfdrohnen sind für Rheinmetall nur eine Frage der Zeit.

- Eberhardt lehnt Waffenhandel mit China, dem Irak und dem Iran ab. Dorthin gebe es seitens der Rheinmetall Defence keine Rüstungsexporte. Das Unternehmen sei »derzeit in keinem Brandherd aktiver Lieferant«. Was nach moralisch und ethisch fundiertem Handeln klingt, entspricht schlichtweg der Rechtslage bestehender UN-Waffenembargos. Der Rüstungsmanager täuschte damit über die aktuellen Rheinmetall-Geschäfte mit menschenrechtsverletzenden Staaten wie Saudi-Arabien, Russland und anderen hinweg, die vielfach in Regionen liegen, in denen sehr wohl Brandherde lodern.[299]
- Rheinmetall fertigt die Glattrohrkanone des Kampfpanzers Leopard. Von den in Kooperation mit Krauss-Maffei Wegmann gefertigten 5000 Panzern wurde die überwiegende Anzahl in den vergangenen Jahrzehnten exportiert, seit dem Jahr 2000 in der Verantwortung Eberhardts.
  Realiter blühte unter Eberhardt auch der Waffenhandel mit einem repressiven Regime wie dem saudischen Königshaus. Natürlich sei es richtig, »dass unsere Produkte auch in harten Einsätzen genutzt werden können«, erklärte Eberhardt im Oktober 2012 bezüglich großkalibriger Kriegswaffen wie dem Leopard-Panzer oder Panzerhaubitzen. Die Kunden

aber seien »legitimierte Regierungen und deren Streitkräfte, die den enorm strengen deutschen Restriktionen für Waffenexporte entsprechen müssen«.[300]

- In die Produktion und den Export von Kampfflugzeugen des Typs Eurofighter war bzw. ist Rheinmetall in der Ära Eberhardt gleich zweifach verwickelt: Rheinmetall Defence in Oberndorf fertigt die Bordkanone BK27. Vom Eurofighter Typhoon werden 72 Maschinen an die Royal Saudi Air Force ausgeliefert, trotz der desaströsen Menschenrechtssituation im Land und der Instabilität im Nahen und Mittleren Osten.

- Ein »weiterer Zukunftsmarkt«, so Eberhardt, sei Russland. In der Wolga-Region errichtet Rheinmetall »auf Wunsch Russlands« zurzeit das weltweit modernste Trainingszentrum für Soldaten. »Wir freuen uns über den Auftrag«, so Eberhardt. Rheinmetall sei im Bereich simulationsgestützter Gefechtsübungszentren Weltspitze.[301] Kein Wort verlor der Rüstungsmanager im Herbst 2012 über die Massaker russischer Streitkräfte im Tschetschenien-Krieg oder die Waffenlieferungen Russlands an das kriegführende Assad-Regime in Syrien.

- Auf der Jahrestagung 2011 der AeroSpace and Defence Industries Association of Europe (ASD) trat Eberhardt die Nachfolge des CEO der Airbus Military, Domingo Ureña-Raso, an. Der ASD-Präsident wird jährlich aus der Runde der Mitglieder des Councils gewählt. Diesem gehören die Vorsitzenden der 15 führenden Firmen im Bereich der europäischen Luftfahrt und der Rüstungsindustrie an. Als ASD-Vorsitzender vertritt der Rüstungsmanager Eberhardt die Interessen der europäischen Luft- und Raumfahrt- sowie der Verteidigungs- und Sicherheitsindustrie. Zu seinen Zielen zählt nicht nur der Erhalt, sondern explizit auch der Ausbau der Wettbewerbsfähigkeit.
Für Eberhardt bedeutet die Berufung zum ASD-Präsidenten einen weiteren Zuwachs an Einfluss; seine Stimme hat international großes Gewicht. Immerhin zählen zur ASD 28 Mitgliedsverbände in 20 Ländern. In seiner Funktion ver-

tritt er über 2000 Unternehmen, sowohl kleine als auch mittelgroße Firmen. Von den Rüstungsgeschäften sollen rund 80 000 Firmen profitieren. Europaweit sollen nach ASD-Angaben mehr 700 000 Mitarbeiter beschäftigt sein. Insgesamt erwirtschaftet die Branche einen Jahresumsatz von rund 160 Mrd. Euro.

Klaus Eberhardt sieht seinen zentralen Arbeitsschwerpunkt bei der ASD darin, »die industrielle Konsolidierung in Europa mit allem Nachdruck zu fördern«, wie er bei seiner Antrittsrede in Istanbul betonte. Aus seiner Sicht gelte es, die »internationalen Wachstumsmärkte außerhalb von Europa gemeinsam und nicht als Wettbewerber anzugehen«. Dabei sei es »einfacher und effizienter für uns, den Konsolidierungsprozess selbst zu initiieren, um ihn vor allem aktiv zu gestalten, statt der Politik dieses Terrain gestalterisch komplett zu überlassen« so die klare Zielvorgabe angesichts sinkender Verteidigungsausgaben in den europäischen Schlüsselstaaten.

Auch wenn der neue ASD-Präsident europäisch denken und handeln muss, gilt es auch die deutschen Interessen zu stärken. Diese werden durch den Bundesverband der Deutschen Sicherheits- und Verteidigungsindustrie e. V. (BDSV) und den Bundesverband der Deutschen Luft- und Raumfahrtindustrie e. V. (BDLI) vertreten. Deren Vizepräsident heißt – Klaus Eberhardt.[302]

Klaus Eberhardt setzt auf Rüstung für kommende Kriege. Schweres Gerät werde »weiterhin wichtig sein, wenn es doch mal zu einem direkten Konflikt zwischen Armeen kommt«. Dann sei »ein solcher Panzer Ausdruck von Stärke, von Macht und durchaus geeignet zur Abschreckung« – und zum Einsatz.

Eberhardt war bzw. ist nicht selbst Händler tödlicher Kriegswaffen, sondern Europas einflussreiche Stimme für immens hohe Rüstungsausgaben der jeweiligen Staaten, für forcierte Rüstungsproduktion bei schier grenzenlosem Waffenhandel.

Als ASD-Präsident spricht er für mehr als 2000 Unternehmen, sein Einfluss auf die Politik ist immens.

Was von dem ASD-Chef auf europäischer Ebene zu erwarten ist, hat er bereits auf nationaler Ebene vorgemacht: In seiner Zeit als Vorstandsvorsitzender stieg der Anteil der Umsätze, die bei der Rüstungssparte Defence im Ausland erzielt wurden, auf 66 Prozent (2010).[303] Aus Sicht des Rheinmetall-Vorsitzenden erscheint eine Erhöhung des Rüstungsexportanteils auf 80 Prozent realistisch. Demnach werden zukünftig vier von fünf Waffen aus dem Systemhaus in den Export gehen. Die Welt schießt und rollt mit Rheinmetall.

Eberhardt weiß um die Kritik einer breiten Öffentlichkeit an Rüstungsexporten. Dieser Tatsache zum Trotz will er bei Debatten zum Waffenhandel »für mehr Akzeptanz werben«. Er sei »natürlich unzufrieden damit, dass es in der Bevölkerung extreme Vorbehalte« gebe. In England, Frankreich und den USA dagegen seien »die Menschen stolz auf ihre Verteidigungsbranche und auf deren Erfolge in den internationalen Märkten«.[304]

Noch mehr Waffenexporte bedeuten de facto noch mehr Opfer, verstümmelt oder getötet durch den Einsatz von Rheinmetall-Waffen. Auch wenn Klaus Eberhardt Ende 2011 als Defence-Vorstand ausschied und 2013 als Vorsitzender des Gesamtkonzerns Rheinmetall in Rente ging: Seine Mitschuld am Massenmorden mit Rheinmetall-Exportwaffen bleibt bestehen.

5.7 Kriegsprofiteur Krauss-Maffei Wegmann

Leoparden für das gesamte militärische Spektrum einschließlich urbaner Operationen

Die Krauss-Maffei Wegmann GmbH & Co. KG, kurz KMW, ist europäischer Marktführer im Bereich gepanzerter Rad- und Kettenfahrzeuge. Die Unternehmensstruktur ist international. In Deutschland ist

325

der Rüstungsriese außer am Hauptsitz in München an den Standorten Hamburg, Ingolstadt, Kassel, Kölleda, Konstanz und Mainz vertreten. In Hamburg bildet die KMW ein Kompetenzzentrum für Schweißtechnologien. Die ATM ComputerSysteme GmbH in Konstanz am Bodensee ist Marktführer bei der Rechnertechnik für Waffeneinsatz-, Aufklärungs- und Führungssysteme. International verfügt das Unternehmen mit den Hellenic Defence Vehicle Systems in Griechenland, den Dutch Defence Vehicle Systems in den Niederlanden und Wegmann USA über umfassende Fertigungsstrukturen. Die Präsenz auf den asiatischen Märkten sichern die KMW Savunma Teknolojileri San. Ve Tic A. S. und die KMW Asia Pacific. Die KMW do Brasil bedient den südamerikanischen Markt.[305] Des Weiteren verfügt KMW über Standorte in Mexiko und Singapur.[306]

Der Weg in die Top 100 der rüstungsproduzierenden und -exportierenden Unternehmen weltweit verweist auf eine 170-jährige Tradition, die zurückgeht auf die Standorte Kassel und München. Im Jahr 1838 als Münchener Lokomotivfabrik gegründet, hätte Joseph Anton von Maffei sich kaum träumen lassen, dass knapp einhundert Jahre später Rüstungsgüter gefertigt würden. Krauss & Co. übernahm die Firma 1931 und benannte sie um in Krauss-Maffei AG, die fortan auch Waffen herstellen sollte. Als Generalunternehmen nahm Krauss-Maffei in der ersten Hälfte der Sechzigerjahre des vorigen Jahrhunderts die Serienfertigung des Kampfpanzers Leopard 1 auf, in den Folgejahren auch die des Flakpanzers Gepard sowie des Leopard 2.

Im Jahr 1882, knapp ein halbes Jahrhundert nach Gründung der Münchener Lokomotivfabrik, gründeten Peter Wegmann und Richard Harkort die Firma Wegmann & Co, die anfangs noch unter dem Namen Casseler Wagonfabriken von Wegmann, Harkort & Co. firmierte. Im Jahr 1912 erfolgte die Übernahme durch August Bode und Conrad Köhler. Dem Bau des Henschel-Wegmann-Zuges folgte der Einstieg in die Rüstungsfertigung.

Im Zweiten Weltkrieg stiegen die Vorläuferunternehmen von KMW zu den führenden Panzerproduzenten des NS-Regimes auf. Die Profite in Millionenhöhe, die auch durch die Ausbeutung von Zwangsarbeitern und Kriegsgefangenen im Nationalsozialismus erzielt worden waren, ermöglichten nach dem Ende des Zweiten Weltkriegs den Wiederaufstieg der Unternehmen Wegmann und Krauss-Maffei. Das auch in der NS-Zeit erlangte technische Wissen konnte später für die Produktion von Kampfpanzern genutzt werden.[307] Ab den Sechzigerjahren erfolgte die Zusammenarbeit bei den Panzerprojekten Leopard 1 und 2 sowie Gepard, wobei Wegmann die Turmsysteme lieferte, sowie bei Aufklärungs- und Artilleriewaffen.

Im Jahr 1999 fusionierten die Rüstungsbereiche der Wegmann & Co. GmbH und der Krauss-Maffei AG zu Krauss-Maffei Wegmann.[308] Im Dezember 2010 übernahm die heutige Holding Krauss-Maffei Wegmann GmbH & Co. KG für geschätzte 400 Mio. Euro die 49-prozentige Beteiligung der Siemens AG in München, die anderen 51 Prozent hatten sich bereits in ihrem Besitz befunden.[309]

Die seither entstandenen Synergien, so KMW heute, würden dem Rüstungskonzern »eine Spitzenposition auf dem Weltmarkt« verschaffen.[310] Frank Haun, KMW-Vorsitzender, sah das Unternehmen »als nationale[n] und internationale[n] Champion für militärische Fahrzeuge« bestätigt. Bei Siemens bedankte sich Haun »für die hervorragende Zusammenarbeit« vergangener Jahre.[311]

Heute ist die Krauss-Maffei Wegmann GmbH & Co. KG mit ihrem Produktportfolio breit aufgestellt. Der Konzern fertigt unter anderem Aufklärungs-, Gefechtsstand-, Ambulanz-, ABC-Aufklärungs-, Logistik-, geschützte Transport- sowie Brückenlege- und Pioniersysteme. Dazu zählen Fennek, Dingo 2, GFF4, Mungo und Boxer in unterschiedlichen Versionen. Bekannter noch sind die Kampfsysteme, wie der Puma. An der Produktion des von KMW und Rheinmetall gemeinsam geplanten Schützenpanzers sind mehrere deutsche Rüstungsunternehmen beteiligt: ESW stellt die Waffenrichtanlage, MTU Friedrichshafen das Triebwerk, Carl Zeiss die Optik und Heckler & Koch das MG4 Koaxial-Maschinengewehr. KMW fertigt den Flugabwehrkanonenpanzer Gepard 1 A2 und den Panzerspähwagen Fennek sowie die Artilleriewaffen PzH 2000 (Panzerhaubitze 2000), AGM und Donar. Bekannteste KMW-Produkte sind die Kampfpanzer in den Bautypen Leopard 1 A5, Leopard 2 A4, Leopard 2 A5, Leopard 2 A6 und Leopard 2 A7+. Dieses tödliche Waffenarsenal wird ergänzt durch mechanische und fernbedienbare Bewaffnungssysteme, Mehrfachwurfanlagen und nichttödliche Schutzsysteme, Schieß- und Gefechtsfeldsimulatoren.[312] An den nationalen wie internationalen Standorten beschäftigt KMW rund 3500 Mitarbeiter mit der Entwicklung, Produktion und Betreuung einer breiten Palette fast ausschließlich militärischer Produkte.[313] Nach den Berechnungen des Stockholmer Friedensforschungsinstituts SIPRI macht der Anteil der Waffenverkäufe 94 Prozent der Gesamtverkäufe aus.[314]

Man sollte meinen, dass die Münchener und Kasseler Panzerbauer von einen Rekordergebnis zum nächsten eilen. Doch im Geschäftsjahr 2010 war das Gegenteil der Fall, und eine nicht unerhebliche Ursache ist in der Bundeswehrreform zu suchen. Mit dem vorrangigen Ziel höchst schlagkräftiger Streitkräfte forderte Verteidigungsminister Thomas de Maizière zwar eine »höhere Effizienz und Effektivität«. Das geplante Streichszenario umfasst laufende bzw. geplante Projekte und die Reduzierung bestehender Bestände bei 20 Hauptwaffensystemen der Teilstreitkräfte Heer, Luftwaffe und Marine. Die geplanten Kürzungen treffen Krauss-Maffei Wegmann und auch Rheinmetall Defence vergleichsweise hart: Statt der vormals geplanten 410 sollen jetzt nur noch 350 Schützenpanzer des Typs Puma angeschafft werden. Auch die Zahl der gemeinsam gefertigten Leopard-2-Panzer soll um fast ein Drittel von 350 auf 225 gemindert werden. Der Transportpanzer Fuchs soll allerdings von den Kürzungen ausgenommen werden.[315]

Mit der Verkleinerung der Bundeswehr scheinen die goldenen Zeiten der Waffenbeschaffungen deutscher Streitkräfte erst einmal vorbei zu sein. Im Jahr 2010 verzeichnete KMW einen Negativtrend: Der Umsatz sank um gut ein Viertel auf 898 Mio. Euro, der Gewinn des Unternehmens schrumpfte von 151 auf 64 Mio. Euro. Der Auftragseingang ging gar um beachtliche 76 Prozent zurück und lag im Jahr 2010 gerademal bei 456 Mio. Euro – vergleichsweise wenig für ein Unternehmen dieser Größenordnung.

Dass der KMW-Vorsitzende Frank Haun dennoch Zuversicht ausstrahlte, lag in Verkaufserfolgen begründet, beispielsweise mit Leopard-1-Panzern in Brasilien, einem der Topwachstumsmärkte weltweit. Heute »verlassen sich weltweit die Streitkräfte von über 30 Nationen« auf die Einsatzsysteme von KMW, verkündeten die Panzerbauer aus München und Kassel im April 2011 sichtlich stolz.[316] Wohin die Reise gehen soll, ist klar: Die Exportquote soll weiter gesteigert werden, erst einmal auf 70 Prozent. Dabei erregt ein Produkt mehr Aufsehen als alle anderen: der Kampfpanzer Leopard 2, Nachfolgemodell des Leopard 1.[317]

Mit rund 3000 produzierten Exemplaren ist der seit 1979 in Serie gefertigte Leopard 2 ein gewaltiger Verkaufserfolg. Im Laufe der Jahre wurde der Kampfpanzer in den verschiedensten Versionen gebaut und weiterentwickelt. Die Reichweite des 67,5 Tonnen schweren Panzers beträgt bei einer Motorleistung von 1500 PS und einer Geschwindigkeit von bis zu 72 km/h beachtliche 450 Kilometer.[318]

Die Erstpräsentation des Hightech-Kampfpanzers Leopard 2 A7+ erfolgte im Juni 2010 auf der Rüstungsmesse Eurosatory. Im Villepinte Exhibition Centre in Paris-Nord wurde dem Fachpublikum aus aller Welt die neueste Version, bewaffnet mit einer 120-mm-L-55-Glattrohrkanone von Rheinmetall Defence vorgestellt.

Entwickelt worden war diese Modifikation »für die neuen Aufgaben der Bundeswehr«. Zu den »Leistungsmerkmalen« zählen, so KMW, außerordentliche Ausstattungen wie ein Klimasystem und eine Außenbordsprechstelle. Selbst während des Einsatzes sind Soldaten in der Lage, sich durch die von außen zugängliche Kommunikationsanlage mit der Panzerbesatzung auszutauschen. Zudem verfügt der Kampfpanzer über einen passiven »Rundumschutz für die Besatzung« und eine »Schnittstelle zum Anbringen von Anbaugeräten«. Gemeint ist die Montage eines Pfluges oder Räumschildes, optimal geeignet zur Räumung von Barrikaden und sonstigen Hindernissen.

Längst können die Herstellerfirmen auf »erfolgreiche« Kriegseinsätze verweisen. Im Kosovo kam der Leopard ebenso zum Einsatz wie – auf Seiten kanadischer und dänischer Kampftruppen – am Hindukusch.

Inzwischen bemüht sich auch Saudi-Arabien um bis zu 800 Exemplare des Leopard 2 in der Version A7+. Dieser Typ wurde »für das gesamte militärische Spektrum einschließlich urbaner Operationen« – sogenannter MOUT-Missionen (Military Operations in Urban Terrain) – entwickelt.[319]

Anfang Oktober 2011 wurde der Bundestagsabgeordnete Jan van

Aken (Die Linke), begleitet von dem Journalisten Hauke Friederichs, im Verteidigungsministerium in Riad empfangen. Präzise beschreibt Friederichs die Zusammenkunft mit General Abdullah al-Saleh. Van Aken, vormals UN-Rüstungsinspekteur, gilt als erklärter Gegner des Panzerdeals. Was den saudischen General nicht im Mindesten davon abhielt, alle möglichen Argumente zur Legitimation des Leopard-2-Geschäfts ins Feld zu führen – allen voran die Notwendigkeit der Verteidigung angesichts gefährlicher Nachbarn. Von der Niederschlagung der Demokratiebewegung im eigenen Land war natürlich nicht die Rede.

Wer aber verantwortet bereits erfolgte Panzerdeals und drohende, wie im Fall Saudi-Arabiens oder Katars? Heutige KMW-Eigentümerin ist die in der Wilhelmshöher Allee 262 in Kassel ansässige Wegmann Unternehmens-Holding GmbH & Co. KG. Diese befindet sich (Stand: Mai 2012) im Besitz von 38 Personen, die ihrerseits Mitglieder der drei Familien Braunbehrens, Bode und Sethe sind. Viele von ihnen sind Erben. Die Kinder und Kindeskinder – meist in bürgerlichen Berufen tätig und als Mitverantwortliche für den Panzerexport vielfach unerkannt – halten sich, was die Produktion und den Transfer von Kriegswaffen betrifft, größtenteils bedeckt. Was kritisch zu sehen ist, denn ihr Stillschweigen ermöglicht und befördert Rüstungsexporte auch in Länder, in denen die Menschenrechte missachtet werden, während zugleich Millionenbeträge in die Taschen der stillen Teilhaber fließen.

Im Sommer 2012 erregte eine spektakuläre Protestaktion bundesweit Aufsehen. Das »Zentrum für politische Schönheit« (ZPS), eine Menschenrechts- und Künstlergruppe aus Berlin, lobte ein Kopfgeld von 25000 Euro für all jene aus, die mithelfen, Mitglieder einer bestimmten Familie hinter Gitter zu bringen. Sowohl auf ihrer Website als auch auf einem Großflächenplakat im Berliner Stadtzentrum publizierte die Gruppe Dossiers mit Namen, Fotos und Informationen zu den wichtigsten Eigentümern des Familienunternehmens KMW. Der Vorwurf: Die Genannten würden vom Geschäft mit schwerem Kriegsgerät an autoritäre Regime leben und müssten deshalb inhaftiert werden. Dafür werde die Zivilgesellschaft sorgen, so der Initiativensprecher Johannes Metzler.

Dank einer erfreulich breiten Medienresonanz gelang es den Berliner Rüstungsexportkritikern, den Verantwortlichen des geplanten Saudi-Arabien-Deals bundesweit Namen und Gesicht zu geben. Das Überraschende: Die Aktivisten deckten auf, dass sich unter den Eigentümern sowohl Anthroposophen als auch Fotografen, Künstler, Lehrer und Psychologen befanden. Also Vertreter von Berufsgruppen, unter denen man beileibe keine Verantwortlichen für das geplante Panzergeschäft mit Riad gesucht hätte. Zu den öffentlich bloßgestellten KMW-Eigentümern gehörten Menschen wie der Freiburger Volkmar von Braunbehrens, vormals geschätzt als Mozart-Biograf. Die Gesamtübersicht »Den Tätern Name und Gesicht geben: die profitierenden Panzerfamilien von KMW« zeigt die 38 Eigentümer mit ihren Einlagen. Sie findet sich auf meiner Homepage www.juergengraesslin. com > Buchautor > Schwarzbuch Waffenhandel. Die Kopfgeld-Aktion rief im Unternehmen gegensätzliche Reaktionen hervor. Rüdiger von Braunbehrens – mit Einlagen in Höhe von 793 013,71 Euro und damit einem Anteil von 11,25 Prozent führender Eigner – wählte den juristischen Weg. Durchaus ungewöhnlich für die ansonsten so zurückhaltende Familie. Der 1960 geborene Krankenpfleger im Ruhestand sah sich durch den Versuch, ihn aufgrund des geplanten Kampfpanzerexports nach Saudi-Arabien hinter Gitter zu bringen, »in seinem Erscheinungsbild in der Öffentlichkeit« verletzt. Rechtsanwalt Menold Bezler schoss in seinem Schreiben zum Persönlichkeitsrecht von Rüdiger von Braunbehrens scharf. Der Schutz der Menschenwürde bewahre seinen Mandanten insbesondere davor, »herabgewürdigt, erniedrigt, gebrandmarkt, verfolgt, geächtet oder dergleichen zu werden«.[320] Tatsächlich ist der Ruf des vermeintlichen Gutmenschen Braunbehrens nachhaltig angekratzt. Sein Name ist bundesweit zum Symbol für den Wunsch nach Waffenhandel mit einem Regime geworden, das allerschwerste Menschenverletzungen verantwortet.

Braunbehrens' Anwälte erwirkten eine Unterlassungserklärung gegen das 25 000-Euro-Kunstprojekt. Für sämtliche Eigentümer musste eine Unterlassungserklärung abgegeben werden. Der Freiburger, der KMW-Anteile im Wert von mehr als 90 Mio. Euro besitzt, forderte vom ZPS gar die Erstattung seiner Anwaltskosten.[321]

Ganz anders der Pfälzer Künstler Burkhart von Braunbehrens, mit einem Einlagevolumen von 216 276,46 Euro einer der Drei-Prozent-

Eigner. Das frühere Mitglied im Zentralkomitee des Kommunistischen Bundes Westdeutschlands und heutige Grünen-Mitglied, wetterte in einem *Stern*-Interview gegen die Berliner Rüstungsexportgegner. Offen bekannte er, die Firma Krauss-Maffei Wegmann könne »durchaus stolz« sein auf ihr Hochtechnologieprodukt. Er sei »für eine starke europäische Waffenindustrie«. Dürfe man dennoch Kampfpanzer an die Saudis liefern? »Nein«, sagte der Kunstschaffende aus der Pfalz. Aufgrund des dort herrschenden Regimes und dessen Politik dürfe man das nicht. Die arabische Revolution werde »als große Hoffnung begrüßt«. Deshalb wäre es ein »unmögliches Signal«, in dieser Situation Panzer nach Saudi-Arabien zu liefern. »Es wäre Wahnsinn«, so der KMW-Anteileigner, und verstieße aus seiner Sicht »eindeutig gegen die deutsche Exportrichtlinie«.[322] Ein Topanteilseigner als erklärter Gegner des milliardenschweren Panzergeschäfts – aus KMW-Sicht war der schlimmste anzunehmende Fall eingetreten. Die Reaktion der Panzerfamilien ließ nicht lange auf sich warten: Burkhart von Braunbehrens wurde am 16. Juni 2012 aus dem Gesellschaftrat von KMW abgewählt. Noch am Abend zuvor hatte er im *ZDF* verkündet, seine Familie fände das anstehende Waffengeschäft mit Saudi-Arabien »einhellig entsetzlich.[323]

Auch auf einer zweiten Ebene regte sich massiv Widerstand. Unterstützt von der »Aktion Aufschrei – Stoppt den Waffenhandel!« initiierten Peter Grottian, emeritierter Professor für Politikwissenschaft der FU Berlin, und Martin Singe vom Komitee für Grundrechte und Demokratie, eine Kampagne Zivilen Ungehorsams.

An den Standorten der Panzerbauer und ihrer wichtigsten Zulieferbetriebe in München (Produktion bei KWM), Kassel (Endmontage bei KMW), Friedrichshafen (Motoren von MTU und ZF), Konstanz (Bordelektronik von ATM), Remscheid (Panzerketten von Diehl Defence) und Freiburg (Militärelektronik mit Sensorenplattformen von Northrop Grumman LITEF) sowie in Berlin (KMW-Lobbybüro und politische Entscheidungsträger im Bundeskanzleramt) und an zahlreichen weiteren Orten wurden Proteste organisiert, um den Leopard-2-Export nach Saudi-Arabien zu verhindern. Das Motto lautete: »Legt den Leo an die Kette!«[324]

Täterprofil

Frank Haun – Kinderhilfe mit Kampfpanzern

Frank Haun wurde am 18. Januar 1959 in Marburg geboren. Nach dem Studium für allgemeinen Maschinenbau in Darmstadt war der Diplom-Ingenieur von 1986 bis 1989 bei der Carl Schenk AG als Projektingenieur für Sonderprüfstände tätig. Im Zwei-Jahres-Turnus erfolgten dort berufliche Beförderungen und Weiterentwicklungen zum Leiter der Gruppe Motorenprüfstände im Technischen Verkauf (1989), des Bereichs Antriebsprüftechnik (1991) und des Zentralbereichs Vertrieb und Marketing (1993). Als Direktor war Haun Leiter der Region Europa. In der zweiten Hälfte der Neunzigerjahre stieg der Marburger zum Vorsitzenden der Carl Schenk AG (bis 1999) und in die Geschäftsführung der Schenk Pegasus GmbH auf. Von 2000 bis 2003 war er Schenk-Vorstandsvorsitzender, außerdem Vorstandsmitglied der Dürr AG.

Wie der ThyssenKrupp-Vorstand Olaf Berlien oder der Heckler & Koch-Hauptgesellschafter Andreas Heeschen ist auch Frank Haun von Hause aus kein Karrierist der Rüstungsindustrie. Beim Panzerbauer Krauss-Maffei Wegmann GmbH & Co. KG (KMW) mit seinen zentralen Werken in München und Kassel wurde Haun im April 2003 stellvertretender Vorsitzender der Geschäftsführung und knapp drei Jahre später, im Januar 2006, Vorsitzender der Geschäftsführung.[325] Dabei kooperiert Haun eng mit dem führenden Vertreter der »Panzerfamilie« Manfred Bode, dem Aufsichtsratsvorsitzenden von KMW.

Haun ist Vorstandsmitglied des Bundesverbands der Deutschen Sicherheits- und Verteidigungsindustrie e. V. (BDSV).

Die nachfolgenden Positionen und Aktivitäten im Bereich der Produktion und Ausfuhr von Kriegswaffen zählen zu den problematischsten in der Ära des Rüstungsmanagers und BDSV-Vorstands Frank Haun:

- Wohl nur Heckler & Koch weist einen noch höheren Rüstungsanteil als die 94 Prozent von Krauss-Maffei Wegmann unter Frank Haun auf. Als Europas Marktführer im Bereich geschützter Rad- und Kettenfahrzeuge mit betrieblichen Standbeinen in München und Kassel ist Krauss-Maffei Wegmann – nach Rheinmetall – der zweitgrößte in Deutschland ansässige Rüstungsriese. Auf dem internationalen Parkett rangierte KMW nach Angaben von SIPRI im Jahr 2011 auf Platz 54 der rüstungsexportierenden Unternehmen. Gemäß den Stockholmer Friedensforschern verkauften die Münchener in diesem Jahr Waffen im Wert von 1,74 Mrd. US-Dollar. Tendenz wieder steigend, denn 2010 hatten sich Waffenverkäufe noch auf 1,59 Mrd. US-Dollar belaufen.[326]
- Die Abhängigkeit von Waffenbeschaffungen war, finanziell gesehen, lange ein Segen und ist zugleich ein Fluch. Da die Terroranschläge vom 11. September 2001 mehr als ein Jahrzehnt zurückliegen und die Bundeswehrreform mit der Verkleinerung der Truppe auch eine geringere Bewaffnung bedingt, sieht sich KMW in schwierigem Fahrwasser. Die Kürzungen im Beschaffungsbereich des Verteidigungshaushaltes, dem sogenannten Einzelplan 14, treffen das Unternehmen in seinem Kern. Wenig wunderlich, dass die Münchener einen Einbruch bei Umsatz und Gewinn auf dem heimischen Markt hinnehmen müssen.
Die Reaktion des KMW-Managements unter der Ägide von Frank Haun liegt ganz im Trend einer vollends versagenden Industrie: Statt vorausschauend Maßnahmen zur Umstellung auf eine nachhaltige zivile Produktion einzuleiten, setzt der KMW-Vorsitzende reflexartig auf die Intensivierung des internationalen Waffenhandels. Zwar stünde KMW »auf einem soliden Fundament«, man müsse »aber Sorge um die Zukunft haben, wenn einzelne Programme im Export nicht

kommen«, so Haun. Seine Schlussfolgerung: die Steigerung der Exportquote auf 70 Prozent.[327]

- Zu den aktuellen Investitionen in waffenexportsteigernde Rüstungsprojekte gehört die Gründung von Tochterunternehmen in Brasilien und der Türkei. Während der militärische Arm der PKK im Winter 2011/2012 im Südosten des Landes neuerliche Anschläge verübte und die türkische Armee mit Panzern völkerrechtswidrig in den Norden des Nachbarlandes Irak eindrang, plante KMW die zukünftige Zusammenarbeit mit den Militärs in Ankara. Obwohl man um Zehntausende im Bürgerkrieg getötete Kurden weiß, sollen bis zu 300 Leopard-2-Panzer für das türkische Militär umgerüstet und zusätzlich Brückenlegepanzer des Typs Leguan geliefert werden.[328]

- Mit dem neuen Produktionswerk KMW do Brasil wird nicht nur der brasilianische Militärmarkt mit Ketten- und Radfahrzeugen beliefert. Vielmehr gilt der Firmensitz in Santa Maria als strategischer Knotenpunkt für weitere Südamerikageschäfte. KMW will unter Hauns Führung außerdem mehr als 200 Leopard-1-Panzer für die geografischen und klimatischen Bedingungen in Brasilien umrüsten.[329] Das brasilianische Militär soll mit »bedarfsgerechten, militärischen Fahrzeuglösungen für den regionalen Bedarf« ausgerüstet werden.[330]
Dabei spielt die teilweise katastrophale Menschenrechtslage in dem südamerikanischen Staat ganz augenscheinlich keine Rolle. Gewalt seitens Krimineller und der Polizei, Folter bei Inhaftierungen und in Polizeizellen, Gefängnissen und Jugendgefängnissen, Überbelegungen in Gefängnissen mit entsprechenden Gewaltausbrüchen und der Einsatz von Todesschwadronen mit Polizeikräften in zahlreichen Bundesstaaten gehören in Brasilien zum Alltag. Ein Sonderberichterstatter der Vereinten Nationen stellte im Jahr 2010 »außergerichtliche, summarische oder willkürliche Hinrichtungen« fest.[331]

Frank Haun interessiert sich derweil für ganz andere Dinge: Das Waffenwerk in Santa Maria sieht er »als kontinentales Drehkreuz für KMWs Unternehmungen in Südamerika«, als strategischen Knotenpunkt für Geschäfte auf dem gesamten Kontinent.[332]

- Auch im Nahen Osten setzt KMW mit Frank Haun auf lukrative Geschäfte. Nach Aussagen von Insidern ist es denkbar, dass es nicht so gewesen sein muss, dass die saudische Regierung bei der Bundesregierung angeklopft und nach Leopard-2-Panzern verlangt hat. Vielmehr ist es auch möglich, dass die Panzerbauer KMW und Rheinmetall dem Königshaus in Riad eine entsprechende Offerte unterbreiteten. Als der Bundessicherheitsrat im Sommer 2011 in geheimer Sitzung die Genehmigung zur geplanten Lieferung von rund 270 Leopard-2-Kampfpanzern erteilte und diese Entscheidung publik wurde, beherrschte das Thema die bundesdeutschen Schlagzeilen. In den Monaten danach sahen sich die Kanzlerin und ihre Minister vehementer Kritik ausgesetzt. Repräsentative Umfragen ergaben, dass drei Viertel der bundesdeutschen Bevölkerung diesen Rüstungsexport ablehnten. In ihrer Not versteckte sich Angela Merkel hinter der Schutzbehauptung der unumgänglichen Geheimhaltung. Und Frank Haun, dem die Kanzlerin das Desaster mit zu verdanken hatte, produzierte Phrasen: »Wir haben keine geänderte Genehmigungslage«, so der KMW-Chef; Rüstungsexporte bedürften der Genehmigung durch den Bund, die für manche Staaten schwer erhältlich sei.[333] Laut German.CHINA. ORG.CN soll Saudi-Arabien sogar 800 Leopard-2-Panzer kaufen.[334] Auch Katar – ein weiteres Land mit katastrophaler Menschenrechts- und Sicherheitslage – und weitere Staaten haben Interesse an Lieferungen neuer Leopard-2-Kampfpanzer.

- Frank Haun ist weit mehr als ein Rüstungsmanager – er mischt aktiv mit im weltweiten Geschäft der sogenannten »Sicherheitspolitik«. Im Januar 2010 unterzeichnete KMW einen Vertrag mit den Veranstaltern der Münchner Sicherheitskonferenz (MSC), um diese fortan als offizieller Partner zu unterstützen. Ausdrücklich weist das Unternehmen darauf hin, dass der chinesische Außenminister Yang Jiechi – in dessen Heimat eine katastrophale Menschenrechts- und Sicherheitslage herrscht – die MSC als »eines der wichtigsten globalen Foren der Außen- und Sicherheitspolitik« ansieht. Als KMW-Vorsitzender begrüßte Frank Haun, dass die MSC »in München, einem unserer beiden bedeutendsten Standorte, stattfindet«. Als »international tätiges Unternehmen wissen wir um den Wert des transatlantischen Gedankenaustauschs«.[335] Und um den Wert transatlantischer Waffengeschäfte, ließe sich anfügen.

- Als Vorstandmitglied des Bundesverbands der Deutschen Sicherheits- und Verteidigungsindustrie mit seinen mehr als 100 Mitgliedsorganisationen vertritt Frank Haun die Interessen der gesamten deutschen Rüstungsindustrie. Aufgabe des BDSV ist unter anderem die »wirkungsvolle Darstellung der deutschen wehrtechnischen Industrie auf den bedeutenden internationalen Messen«. Zu den aktuellen BDSV-Themen zählen erklärtermaßen die Exportförderung und der Export von Rüstungsgütern und Kriegswaffen.[336]

- In der Ära des KMW-Vorsitzenden Frank Haun war und ist Europas größter Panzerbauer und -exporteur auf den weltweit bedeutendsten Rüstungsmessen vertreten: beispielsweise auf der IDEX in Abu Dhabi, auf der Eurosatory in Paris sowie auf der AUSA Annual Meeting & Exposition in Washington DC.[337]

Der Manager aus Marburg gibt sich gern als herzensguter Mensch. Sage und schreibe 44 500,- Euro standen auf dem Spendenscheck, den Harry Rogasch vom soldatischen Hilfsverein Lachen Helfen e. V. kurz vor Weihnachten 2010 von Haun entgegennehmen durfte. »Es sind gerade die Kinder, die in Kriegs-

und Krisengebieten am meisten zu leiden haben«, sagte Haun in seiner Funktion als Mitglied des BDSV-Vorstands, »mangelt es doch am für uns Selbstverständlichsten wie sauberes Wasser, zwei für das Überleben notwendige Mahlzeiten oder einfach nur Schreibutensilien für den Schulunterricht.«

Gutmensch Haun konnte aber noch zulegen, wie der soldatische Kinderhilfsverein zufrieden verkündete: »Eigentlich war die Freude bei Lachen Helfen e. V. kaum noch zu steigern, doch Frank Haun schaffte auch das noch spielend.« Hintergrund dieser euphorischen Worte war die Ankündigung einer Zusatzspende in Höhe von 10 000 Euro von Krauss-Maffei Wegmann, die Panzerbauer sind immerhin Fördermitglied von Lachen Helfen e. V. »Wahrlich fröhliche ›Vor-Weihnachten‹ für die Kinder in Not! Wir sagen in ihrem Namen: ›Tausend Dank!‹«, verkündete der Kinderhilfsverein.[338]

Keine Frage, ernsthafte Hilfe für notleidende Kinder ist immer eine unterstützenswerte Sache. Wie aber muss Frank Hauns Verhalten im Lichte seiner beruflichen Tätigkeit bewertet werden? Als Vorsitzender von Krauss-Maffei Wegmann betreibt er Geschäfte im Rahmen des gesetzlich Zulässigen, zuweilen jedoch unter Missachtung von Menschenrechtsfragen und damit von ethischen und moralischen Werten, Stichwort: Saudi-Arabien.

Bis zur Regierungsübernahme durch die Große Koalition von CDU/CSU und FDP unter Bundeskanzlerin Angela Merkel hatten sämtliche Bundesregierungen das Ansinnen von KWM und Rheinmetall abgelehnt: Leopard-Panzerlieferungen an Saudi-Arabien waren tabu. Was hingegen heute offenbar zählt, ist der Profit: Das Konzerngeschäft mit dem saudischen Königshaus soll nach Einschätzung eines Commerzbank-Analysten die immense Summe von rund 1,7 Mrd. Euro in die Kassen der beiden Rüstungskonzerne spülen.[339] Sollten nicht 200, sondern 800 Kampfpanzer geliefert werden, dann würde sich der Wert des Waffendeals auf 12,6 Mrd. US-Dollar beziffern.[340]

Dem Lockruf des Geldes folgend und dabei nicht wenige

westliche Werte über Bord werfend, will das KMW-Management unter Hauns Führung offenbar das Regime in Riad mit Leopard-2-Panzern in der Version 2A7+ hochrüsten. Genau diese Version ist bestens geeignet für den Einsatz in Städten – von der Räumung von Straßensperren bis hin zu Massakern unter der Zivilbevölkerung. Frank Haun und die Panzerfamilie Bode wären die maßgeblich Mitverantwortlichen, wenn sich ein dem Pekinger Tiananmen-Massaker von 1989 vergleichbares Blutbad wiederholen würde – in Riad oder Mekka, unter Einsatz deutscher Kampfpanzer.

Selten wirkte das Handeln eines Menschen heuchlerischer als das des KMW-Vorsitzenden und BDSV-Vorstandes Frank Haun. Einerseits gibt er den humanitären Helfer für Kinder in Not. Andererseits stützen Produkte seines Unternehmens zahlreiche Menschenrechtsbrecher und Unrechtsregime in aller Welt. Denn Haun ist kein Repräsentant von Brot für die Welt oder MISEREOR, sondern einer der führenden Waffenmanager der Republik – und damit einer der Top-Täter der Rüstungsindustrie.

Wie also soll man ein Verhalten nennen, bei dem millionenschwere Waffengeschäfte mit Scheindemokraten und Diktatoren Hand in Hand gehen mit der Unterstützung notleidender Kinder durch einige zehntausend Euro? Ambivalent oder zynisch oder einfach eiskalt?

5.8 Kriegsprofiteur MTU/Tognum

Motoren – Todesgeschäfte – Unternehmensprofite

Die MTU blickt auf eine bewegte und zugleich vielsagende Firmengeschichte zurück: von der Unternehmensgründung 1909 in Bissingen/Enz über den Umzug nach Friedrichshafen am Bodensee in den Folgejahren (1911/1912) und die Umbenennung in Maybach Motorenbau (1918) bis hin zur Umstellung der Produktion auf Militärfahrzeuge im Jahr 1933. Laut Fachmagazin *Strategie & Technik* galt Maybach mit seinen 100 bis 700 PS starken Motoren für Ketten- und Halbkettenfahrzeuge des Heeres als »kriegswichtig«. Bis 1945 lieferte das MTU-Vorläuferunternehmen Maybach Motorenbau fast 140 000 Hochleistungsmotoren für die nationalsozialistische Kriegführung.[341] 1969 wurde die MTU Friedrichshafen GmbH gegründet, 2006 erfolgte die Eingliederung in die Unternehmensgruppe Tognum mit der Kernmarke MTU, 2007 der Börsengang als Aktiengesellschaft.

Im Jahr 2010 begann die Lizenzfertigung vom MTU-Dieselmotoren bei Norinco, einem chinesischen Staatskonzern, der zu den führenden Waffenproduzenten im Reich der Mitte zählt. Die Norinco-Produktpalette reicht von Handfeuerwaffen und Sprengstoffen bis hin zu Panzern und Antriebskomponenten für strategische Atomwaffen.[342] Im dritten Quartal 2011 meldete die Daimler AG den erfolgreichen Abschluss der Tognum-Übernahme. Die Daimler AG und Rolls-Royce Holdings plc sicherten sich rund 99 Prozent der Tognum-Aktien.[343]

Heute zählt die Daimler/Rolls-Royce-Beteiligungsgesellschaft Tognum zu den weltweit führenden Herstellern von Dieselmotoren und Antriebssystemen für zivile wie militärische Schiffe, schwere Land- und Schienenfahrzeuge und Industrieantriebe. Entsprechend wirbt das Unternehmen offensiv in der militärischen Fachpresse: MTU liefere ein Antriebssystem, auf das sich die Kunden selbst »unter extremen Bedingungen« verlassen könnten. Mit »mehr als 60 Jahren Erfahrung in militärischen Anwendungen« sei die Motoren- und Turbinen-Union die erste Wahl, wenn es um den Antrieb gepanzerter Fahrzeuge gehe. Dabei erfülle man selbst »individuellste Antriebswünsche«.[344]

Ab den Fünfzigerjahren – seit 1953 wurden bei MTU Schiffsmotoren gefertigt – lieferte das Unternehmen mehr als 10 000 Antriebs- und Bordstromsysteme an Marineeinheiten rund um den Globus. Inzwischen sind die Friedrichshafener »Weltmarktführer« im Bereich konventioneller U-Boot-Motoren. Entsprechend lang ist die MTU/Tognum-Lieferliste; sie umfasst 43 Länder, dokumentiert in einer Studie von Ohne Rüstung Leben. Demnach werden MTU-Dieselmotoren der Tognum AG in Patrouillenbooten der Marine von Ägypten, Korvetten und Patrouillenbooten von Bahrain, U-Booten, Fregatten und Patrouillenbooten von Indonesien, Korvetten und Patrouillenbooten von

Saudi-Arabien, U-Booten, Fregatten, Patrouillenbooten und Zerstörern von Südkorea, einem Flugzeugträger, Fregatten und Korvetten von Thailand sowie in Korvetten und Patrouillenbooten der Vereinigten Arabischen Emirate eingesetzt.

Dabei erhielten selbst Marineeinheiten verfeindeter Staaten, wie die Indiens, Pakistans und Chinas, MTU-Dieselmotoren. Diese finden sich zudem in Patrouillenbooten Taiwans und Chinas, ebenfalls eine konfliktträchtige Konfrontation. Mit MTU-Dieselmotoren werden auch Kriegsschiffe Griechenlands und der Türkei angetrieben – Länder, die sich seit Jahrzehnten in ihrer Hochrüstung überbieten.[345] Besondere Brisanz kommt weiteren Rüstungsexporten mit MTU-Beteiligung zu: Laut einer Studie der Kritischen AktionärInnen Daimler finden sich MTU-Dieselmotoren verschiedenster Typen in den Saar-5-Korvetten, den Patrouillenbooten Saar 4, Saar 4.5, Saar 4.5 Aliya und Super Drova sowie den U-Booten der israelischen Marine. Die U-Boote der Dolphin-Klasse – deren Lieferung an Israel national wie international massive Kritik hervorrief und im Fall des sechsten Bootes aktuell hervorruft – werden allesamt von MTU-Dieselmotoren angetrieben.[346] Weitere Exporte sind nur eine Frage der Zeit.[347]

Eine noch längere Tradition als bei Kriegsschiffen kann das Friedrichshafener Unternehmen bei militärischen Landfahrzeugen vorweisen. Mobilität sei »ein ausschlaggebender Faktor für den Erfolg der Missionen« – eine Wortwahl, die Begriffe wie *Kriegseinsätze* oder *Angriffskriege* meidet. Für mobile und effizient gepanzerte Fahrzeuge würden kraftvolle, kompakte Antriebssysteme benötigt. Anforderungen, die MTU-Motoren der Baureihen 837, 870 und 880 laut Eigenwerbung »in beeindruckender Weise« erfüllen. Eingebaut in Kampfpanzer der Typen Leopard 1, Leopard 2 und Leclerc Tropicalisé hätten sich diese Panzermotoren »einen hervorragenden Ruf« erworben.[348]

Darüber lässt sich trefflich streiten. Trotz der bislang vier Kriege zwischen Indien und Pakistan wurde der in Indien produzierte Arjun-Panzer mit Dieselmotoren des Typs MTU-838 bestückt.[349] Auch Thailand erhielt MTU-Motoren. Eingebaut in Mannschaftstransportwagen des Typs BTR-4, gelangten sie über die Ukraine in das südostasiatische Land, in dem seit dem Militärputsch von 2006 eine katastrophale Sicherheits- und Menschenrechtslage herrschte. Mit vergleichbaren Panzerfahrzeugen war im Jahr 2010 ein Massaker an der Zivilbevölkerung verübt worden – geliefert wurde dennoch.[350]

In Israel ist Tognum in Natanya mit der MTU Israel Ltd., einer hundertprozentigen Unternehmenstochter, vertreten.[351] In den USA montierte und ab dem Jahr 2002 ausgelieferte MTU-883-Dieselmotoren wurden in israelische Merkava-4-Panzer (Mk4) eingebaut. Merkava-Panzer wurden 2006 im Libanon-Krieg eingesetzt. Im Zeitraum vom 27. Dezember 2008 bis zum 18. Januar 2009 intervenierten israelische Truppen im Gaza-Streifen. Bei der Operation Cast Lead (OCL; »Operation gegossenes Blei«) wurden Mk4-Panzer mit MTU-MB-873-Motoren eingesetzt.[352] Im Laufe der dreiwöchigen Militäroffensive starben mindestens 1380 Palästinenser, etwa 5000 wurden zum Teil schwer verletzt, mehr als 1800 Kinder erlitten Verwundungen. Ganze Stadtviertel in Gaza wurden bei dem OCL-Angriff in Schutt und Asche gelegt.[353]

Der folgenschwerste Transfer mit MTU-Motor steht aber erst noch an: der vom Bundessicherheitsrat im Sommer 2011 genehmigte Export von rund 270 Leopard 2 an das saudische Königshaus. In der Version A7+ ist dieser 1500-PS-starke Kampfpanzer mit einer Reichweite von 450 Kilometern für urbane Operationen ebenso geeignet wie für Interventionen in Nachbarländern.[354]

Beim Kriegsprofiteur Tognum zählen die nackten Zahlen, und die sprechen für sich. In den letzten drei Jahren konnte das Unternehmen seinen Umsatz stetig steigern: von 2,33 (2009) auf 2,83 (2010) und schließlich auf 2,972 Mrd. Euro (2011). Damit war der Gewinneinbruch von 2009 Vergangenheit. Tognum befindet sich auf einem soliden Finanzkurs und hat das Rekordjahr 2008 mit einem Umsatz von 3,23 Mrd. Euro fest im Blick. Eine Entwicklung, die sich auch in den Profiten niederschlägt. Während das EBIT, der Gewinn vor Zinsen und Steuern, von 198,6 (2009) auf 242,1 Mio. Euro (2910) stieg, lag er 2011 gar bei 345 Mio. Euro.[355]

Als Global Player profitiert Tognum mit seinen MTU-Antrieben von den zahlreichen Auseinandersetzungen zu Lande und zur See. Doch anders als die Big Five ist Tognum ein weithin unbekannter und unterschätzter Rüstungsriese. Der Grund liegt auf der Hand: Antriebe sind unsichtbar, dafür aber umso effizienter. Sie bringen Kriegsschiffe, Militärfahrzeuge und Kampfpanzer an den Ort des Geschehens. Mit jedem Krieg oder Bürgerkrieg, bei dem Großwaffensysteme mit MTU-Motoren eingesetzt werden, machen sich die Verantwortlichen bei Tognum mitschuldig.

5.9 Kriegsprofiteur ThyssenKrupp Marine Systems

Fregatten – nicht nur für Algeriens Kriegsmarine

Durch die Fusion der Friedrich Krupp AG Hoesch-Krupp mit der Thyssen AG entstand 1999 die ThyssenKrupp AG. Als Firmensitze fungieren Essen und Duisburg, die Hauptverwaltung befindet sich in Essen. Mit einem Jahresumsatz von 49,1 Mrd. Euro und 180 050 Mitarbeitern (30. 9. 2011) ist ThyssenKrupp Deutschlands größter Stahl- und Technologiekonzern. Neben dem Vorstandsvorsitzenden Heinrich Hiesinger gehört Olaf Berlien dem Vorstand von ThyssenKrupp an. Er verantwortet den militärischen Schiffbau der in Hamburg ansässigen ThyssenKrupp Marine Systems (TKMS) mit den beiden Unterdivisionen Naval und Shipyards and Services.[356]

Die Gründung der TKMS geht zurück auf den Zusammenschluss der ThyssenKrupp-Werften mit der Howaldtswerke-Deutsche Werft (HDW-Group) am 5. Januar 2005. Hans Christoph Atzpodien, seit März 2007 Vorstandsvorsitzender der TKMS AG, bewertet die Fusion als einen, historisch gesehen, gelungenen »Akt der Konsolidierung«.[357]

Kaum ein anderer Bereich der deutschen Rüstungsindustrie musste sich in jüngster Vergangenheit einem derart radikalen Wandel unterziehen wie der Marineschiffbau. Die gewandelte Struktur der TKMS ist ein Abbild dieses dramatischen Umstrukturierungsprozesses. Zahlreichen Verkäufen und Teilverkäufen folgte die Ausrichtung in drei operative Gesellschaften. Das Portfolio des größten deutschen Werftenverbundes umfasst

1. die Howaldtswerke-Deutsche Werft GmbH (HDW) in Kiel mit den U-Boot-Produzenten Hellenic Shipyards S. A. in Griechenland und Kockums AB in Schweden
2. die TKMS Blohm + Voss und Nordseewerke GmbH in Hamburg und Emden mit den im Überwasserschiffbau tätigen Hellenic Shipyards S. A. und Kockums
3. die Blohm + Voss Shipyards & Services GmbH in Hamburg mit der Blohm + Voss Shipyards GmbH, HDW-Gaarden, Blohm + Voss Industries GmbH, Blohm + Voss Repair GmbH und Hellenic Shipyards S. A. (Reparatur).[358]

Die starke Position beim Marineschiffbau verrät die sogenannte »Referenzliste«. Seit Anfang der Achtzigerjahre verkaufte die TKMS mit ihren Vorgängergesellschaften mehr als 160 Überwasser-Marineschiffe an zahlreiche Nationen, so die Übersicht vom September 2008: neben der Bundesmarine an Argentinien, Australien, Dänemark, Griechenland, Japan, Kolumbien, Liberia, Malaysia, Nigeria, Neuseeland, Oman, Polen, Portugal, Schweden, Singapur, Südafrika, die Türkei und die USA.[359] Nicht alle der genannten Staaten sind Mitglieder der NATO bzw. NATO-assoziierter Länder, mehrere liegen in Krisengebieten, einige führten bzw. führen Krieg unter Einsatz ihrer Marineeinheiten.

Nahezu 50 Schiffe fahren mit der innovativen MEKO®-Technologie. Gemeint ist die Mehrzweck-Kombination, also ein modulares Schiffbauprinzip mit auswechselbaren Komponenten. Längst wirbt das Unternehmen mit seiner starken Position im Marineschiffbau, vor allem bei Korvetten und Fregatten, also kleinen bzw. mittelgroßen Kampfschiffen. Diese würden für »Marinen aller Kontinente« gebaut. Korvetten der VISBY-Klasse von Kockums AB verfügen über Stealth-Eigenschaften, welche die Ortung erschweren oder unmöglich machen. Dazu kommen Spezialschiffe wie Patrouillen- und Minensuchboote sowie Marinehilfsschiffe.[360]

Für die Bundesmarine fertigen die Werften der ThyssenKrupp Marine Systems in Hamburg und die Fr. Lürssen Werft GmbH & Co. KG in Bremen seit Mai 2011 Fregatten des neuen Bautyps F125, auch als Baden-Württemberg-Klasse bezeichnet. Der Bauvertrag für vier der Kriegsschiffe war bereits im Juni 2007 zwischen dem Bundesamt für Wehrtechnik (BWB) und der Arbeitsgemeinschaft Fregatte 125 (ARGE 125) geschlossen worden. Der ARGE 125 gehört neben der TKMS mit einer 80-prozentigen Konsortialführerschaft auch die Lürssen-Werft an.[361]

Als Friedrich Lürßen Bundeskanzlerin Angela Merkel im Sommer 2011 auf ihrer Angola-Reise begleitete, sollte ein Vertrag zur Lieferung von sechs bis acht Patrouillenbooten abgeschlossen werden. Auch wenn dieser nicht sogleich zustande kam, wurde dennoch deutlich: Weder Lürßen noch Merkel schrecken vor Waffenlieferungen an die Machthaber aus der Zeit des Kalten Krieges zurück. Die Menschenrechtsfrage spielte auch bei dieser Reise allenfalls eine marginale Rolle.[362]

Währenddessen werden in Deutschland die Weichen für den Bau weiterer Kriegsschiffe für die Bundeswehr gestellt. Sukzessive werden alte Fregatten, wie die F122 der Bremen-Klasse, ersetzt. Um den erweiterten Einsatzbedingungen der Bundesmarine gerecht zu werden, gründete die zu 51 Prozent zu TKMS gehörende Atlas Elektronik GmbH mit Sitz in Bremen das Konsortium Joint Einsatzsystem Team F125 (JET). Dieses JET-Konsortium ist mit der Entwicklung des gesamten Einsatzsystems der neuen Fregatte beauftragt. Mit bislang 20 belieferten Marineeinheiten in aller Welt zählt Atlas Elektronik zu den erfahrenen Unternehmen im Bereich Rüstungsexport.

Die F125-Bauweise, -Ausrüstung und -Bewaffnung ist durch eine erweiterte Reichweite bei noch längerer Verweildauer im Einsatzgebiet sowie stärkere Bewaffnung mit größeren Geschützen an die neue Strategie der Bundesmarine angepasst. Zu den neuartigen Aufgabenfeldern zählen die Leitung und Durchführung maritimer Stabilisierungsoperationen, der Einsatz von Spezialkräften, die Abwehr asymmetrischer Bedrohungen sowie die Landzielbekämpfung. Noch aber muss die Bundeswehr warten, denn die ursprünglich für 2014 vorgesehene Indienststellung wurde um zwei Jahre verschoben. Was dagegen bleibt, ist der mit rund 650 Mio. Euro extrem hohe Stückpreis der F125-Fregatten.[363]

Lühr Henken, einer der Sprecher des Bundesausschusses Friedensratschlag und Mitglied im Beirat der Informationsstelle Militarisierung

(IMI), bringt im »Rüstungsatlas Bremen« die Bedeutung und Perspektive von Atlas Elektronik prägnant auf den Punkt: Das Unternehmen schaffe »die Voraussetzung für einen von Deutschland geführten europäischen Kriegsschiff-Werftenverbund«. Die Vorsitzende der Bremischen Stiftung für Rüstungskonversion und Friedensforschung, Andrea Kolling, bezieht ihre Kritik auf Bremen als Waffenstadt. Mehr als 20 Jahre nach Ende des Kalten Krieges gehöre die Stadt noch immer »zu den bedeutenden Rüstungszentren in Deutschland«. Sie leiste mit ihrer Förderung der Rüstungsproduktion »einen wichtigen Beitrag zur Militarisierung der deutschen Außenpolitik«.[364]

In den vergangenen Jahren stieg die Exportorientierung der deutschen Marine-Rüstungsindustrie auf ein exorbitant hohes Niveau. »Nicht nur in Deutschland, sondern europaweit sind die vorhandenen Produktionskapazitäten zu hoch«, weiß Armin Schmidt, Referatsleiter in der Hauptabteilung Rüstung im Bundesverteidigungsministerium. Maßgebliche Gründe seien zum einen der Nachfrageverlust im Bereich ziviler Containerschiffe deutscher Bauart, zum anderen der Verteidigungsetat Deutschlands, der allenfalls eine Auslastung von rund 30 Prozent der Schiffsbaukapazitäten gewährleiste.

Vorhandene Überkapazitäten sollen durch Auslandsaufträge für Kriegsschiffe ausgelastet werden. »Daher kommt dem Export für die deutschen Marinewerften auch weiterhin eine existentielle Bedeutung zu«, so Schmidt. »Die Auslastung der deutschen Marineschiffbauindustrie hängt also unverändert zu rund 70 Prozent vom Erfolg auf den Exportmärkten ab.«[365] Für ThyssenKrupp-Vorstand Olaf Berlien war und ist dies offenbar kein Problem. Bei einem Wirtschaftsforum über die Marktperspektiven im Nahen und Mittleren Osten im September 2012 erkannte der Vorsitzende der ThyssenKrupp Marine Systems »riesige Wachstumsmärkte«.[366]

Mittlerweile sieht sich TKMS in der Spitzengruppe der »global agierenden europäischen Systemanbieter im internationalen Schiffbau angekommen«. Der Unternehmensverbund verfüge über eine »besonders starke Marktposition im Bereich Marineschiffe«. Als Kernkompetenz des Marineschiffbaus werden in Deutschland die Bereiche konventionelle U-Boote, Korvetten und Fregatten definiert. Weltweit führend ist TKMS bei der Entwicklung und Produktion nicht-nuklearer U-Boote sowie bei Überwasserschiffen mit modernster Stealth-Technologie.[367]

Im September 2011 konnte Blohm + Voss mit einer aufsehenerregenden Vertragsunterzeichnung einen neuerlichen Coup landen. Zwei im Hamburg gebaute 3800-t-MEKO-Fregatten sollen nach Algerien geliefert werden. In dem nordafrikanischen Land ist ThyssenKrupp mit der hundertprozentigen Unternehmenstochter Blohm + Voss El Djazair S. a. r. l. direkt in Algier vertreten.[368] Der Gesamtwert des profitablen Waffengeschäfts soll rund 400 Mio. Euro betragen, die Ausbildung der algerischen Besatzung durch die Bundeswehr geleistet werden und die Auslieferung in den Jahren 2019/2020 erfolgen.[369]

Angesichts der beschämenden Menschenrechtslage in dem nordafrikanischen Land zogen sowohl TKMS als auch die Bundesregierung – die von Beginn an in die Verhandlungsrunden involviert war – vor, »keine Kommentare« abzugeben. Dies sei »typisch für deutsche Verhältnisse«, monierte Hans Jürgen Witthöft vom *Marineforum* im Oktober 2012: »Das Stichwort Rüstungsexporte weckt Emotionen, und die Politik schweigt dazu, meidet es, wie der Teufel das berühmte Weihwasser.« Dringend notwendig sei, »hier an Änderungen zu arbeiten, um zu versuchen, Einsichten zu wecken, damit der Komplex Rüstungsexporte aus der Schmuddelecke herauskommt«. Rüstungsexporte seien mit der eigenen Sicherheits- und Verteidigungspolitik verbunden und würden »zur Sicherung von Arbeitsplätzen beitragen«. Da die bestehenden Kapazitäten mit dem Bundeswehrbedarf allein nicht ausgelastet würden, »sind, um in deutschem Interesse den hohen technologischen Standard halten zu können, Exportaufträge nötig, wie der aus Algerien«.[370]

Selten zuvor hat ein Journalist derart offensiv für Waffenhandel mit einem menschenrechtsverletzenden Regime geworben. Für Witthöft zählen Arbeitsplätze in der Rüstungsindustrie augenscheinlich mehr als die körperliche Unversehrtheit und das Leben der Opfer einer Politik, die an die Schlächter der Welt Kriegswaffen transferiert.

Lieferungen von Kriegsschiffen an Staaten wie Algerien sind kein Zufall, sondern Ergebnis einer langfristig angelegten Strategie der Konzentration auf das Militärgeschäft. Setzte TKMS früher auf beide Standbeine, sprich: den zivilen wie den militärischen Schiffbau, so wurde das Unternehmen bereits unter dem früheren Vorstandsvorsitzenden Ekkehard D. Schulz neu ausgerichtet. Anlässlich der ThyssenKrupp-Hauptversammlung im Januar 2011 verkündete Schulz in Bochum den Verkauf von Hellenic Shipyards in Griechenland. Vorausschauend verwies der Konzernchef darauf, dass sich Marine Systems künftig auf den Marineschiffbau und dabei insbesondere auf den U-Boot-Bau konzentrieren werde – also maßgeblich auf die Fertigung militärischer Schiffe auf nationaler Ebene.[371]

Nach und nach wurden im Rahmen der Neuausrichtung neben Hellenic Shipyards auch die Gesellschaften Nordseewerke, Blohm + Voss Shipyards, Blohm + Voss Repair, Blohm + Voss Industries, Nobiskrug, HDW-Gaarden und ThyssenKrupp Fahrzeugtechnik verkauft. Zum 1. Oktober 2012 strukturierte TKMS seine Unternehmensaktivitäten erneut um. Damit sollte eine integrierte Angebotspalette sowohl für den Unterwasserbau (U-Boote) als auch für den Überwasser-Marineschiffbau (Fregatten, Korvetten etc.) geschaffen werden. Unter einem gemeinsamen Dach wurden die geschäftlichen Aktivitäten von Blohm + Voss Naval und Howaldtswerke-Deutsche Werft unter dem neuen Namen ThyssenKrupp Marine Shipyards GmbH zusammengefasst. Verblieben sind die Gesellschaften Emder Werft und Dockbetriebe sowie die in Schweden ansässige Kockums AB.[372]

Den Spekulationen über eine Kooperation oder die Gründung eines Gemeinschaftsunternehmens mit dem französischen Werftenverbund Direction des Constructions Navales, Systemes et Services (DCNS), hat die TKMS-Führung im Sommer 2011 eine unmissverständliche Absage erteilt. Weder bei Überwasserschiffen noch bei U-Booten sehe man erfolgversprechende Perspektiven. Dagegen besteht die Kooperation zwischen der Atlas Elektronik GmbH, einem Joint Venture von TKMS und EADS, und der DCNS bei einem anderen Bombengeschäft fort: der Entwicklung und Lieferung von Torpedos.[373]

Die Bestandsgarantie der Bundesmarine für neue Kriegsschiffe ist gewährleistet, der Fortbestand der Marine-Rüstungsindustrie im Eigeninteresse zumindest in den kommenden Jahren gesichert. Allerdings reicht der Eigenbedarf der Bundesmarine nicht im Mindesten zur Bestandssicherung aus, der Zwang zum Rüstungsexport ist immanent. Aktuelle Marktstudien beziffern den Bedarf an Marineschiffen in

Ländern wie Algerien, Brasilien, Indien, Israel, den Vereinigten Arabien Emiraten, Katar und Oman sowie in Staaten des südostasiatischen Raumes auf ca. 65 Einheiten bis zum Jahr 2022. Allerdings gelten die Absatzmärkte in Südamerika (Brasilien, Chile und Venezuela), Afrika (Algerien und Südafrika), Asien (Südkorea und Indien) sowie im Nahen und Mittleren Osten (Türkei, Saudi-Arabien u. v. a. m.) als »sehr wettbewerbsintensiv«, sprich: hart umkämpft.[374]

Einen Markt allerdings hat TKMS fest im Griff. Mehr noch als alle anderen wurden und werden Exporte von U-Booten an ein Empfängerland diskutiert: Israel.

Täterprofil

Friedrich Lürßen – Marineschiffe für Massenmörder

Friedrich Lürßen wurde 1851 in Lemwerder geboren, er starb 1916 in Bremen. Im Bremer Stadtteil Vegesack arbeitete er als Schiffbauer und gründete 1875 eine kleine Werft für Rettungs- und Arbeitsboote.

Die heutige Lürssen Werft GmbH & Co. KG wird in der vierten Generation von den Vettern Friedrich und Peter Lürßen sowie Carl-Otto Große-Lindemann geleitet.[375] Friedrich Lürßen wurde am 10. August 1949 in Bremen geboren, er gilt als Schiffbauer und Familienunternehmer. Im Jahr 1979 wurde er zum geschäftsführenden Gesellschafter der Lürssen Werft in Bremen-Vegesack und 1991 zum Vorsitzenden der Geschäftsleitung berufen. Im November 1994 erfolgte die Ernennung zum Honorarkonsul Indonesiens. Zehn Jahre später wurde der Diplom-Kaufmann Vorsitzender des Ausschusses Verteidigungswirtschaft im Bundesverband der Deutschen Industrie (BDI).[376] Friedrich Lürßen ist außerdem Präsident des Bundesverbands der Deutschen Sicherheits- und Verteidigungsindustrie e. V. (BDSV).

In Anerkennung ihres Engagements »für das Allgemeinwohl« erhielten Friedrich Lürßen und sein Vetter Peter im November 2006 im Auftrag von Bundespräsident Horst Köhler das Bundesverdienstkreuz Erster Klasse verliehen.[377] Bis Mai 2009 war Lürßen Mitglied des Aufsichtsrats der Commerzbank AG, deren Beteiligung an Rüstungsaufträgen bekannt ist. Zudem ist er Direktor der Sparkasse Bremen. Lürßen sitzt im 14-köpfigen Stiftungsrat der Deutschen Sporthilfe, in dem weitere Führungskräfte der deutschen Rüstungsindustrie bzw. deren Finanziers vertreten sind – beispielsweise Daimler-Chef Dieter Zetsche oder der Deutsche-Bank-Vorsitzende Josef Ackermann.[378]

Die von Friedrich Lürßen geleitete Lürssen Werft GmbH & Co. KG ist breit aufgestellt: Beliefert wird weltweit die High Society mit »Megayachten«. Rund 1400 Menschen sind bei der Lürssen-Werft mit dem Bau ziviler wie militärischer Schiffe beschäftigt. Wurden ab 1957 Kriegsschiffe für die Bundesmarine produziert, so exportierte die Lürssen-Werft in den folgenden Jahrzehnten in europäische, afrikanische, südamerikanische und arabische Staaten, aber auch in asiatische Länder. Teilweise erfolgte die Produktion in Lizenzfertigung im Ausland.[379]

Die nachfolgenden Positionen und Aktivitäten im Bereich der Produktion und Ausfuhr von Kriegswaffen zählen zu den problematischsten in der Ära des Marinemanagers Friedrich Lürßen:

- Auf der Bremer Werft erfolgt die Fertigung von Schnellfähren, Spezialschiffen, militärischen Schnellbooten, Minensuch- und Minenjagdbooten, Zoll- und Polizeischiffen, Korvetten und Patrouillenbooten. Gemeinsam mit anderen Werften werden unter Friedrich Lürßen auch Tender und Korvetten produziert. In den vergangenen Jahrzehnten exportierte die Lürssen-Werft mehr als 260 Kriegsschiffe in andere Staaten, zum Beispiel Bahrain, Israel, Kuwait, Nigeria, Thailand und Singapur.[380]

● Der Inselstaat Indonesien zählt traditionell zu den Kunden der Lürssen-Werft. In den Jahren 1988/89 wurden vier SAR 57-Patrouillenboote bei Lürssen für das Regime des indonesischen Generals Haji Mohamed Suharto gefertigt, weitere sechs SAR 57 nach Entwürfen der Bremer Werft in Indonesien für die dortige Marine produziert. Die 58 Meter langen Patrouillenboote können mit Geschützen und anderen Waffen ausgerüstet werden.[381]

Lürßens Ernennung zum Honorarkonsul Indonesien im Jahr 1994 fiel in die dunkle Zeit der Diktatur. General Suharto, der knapp drei Jahrzehnte zuvor durch einen Militärputsch an die Macht gelangt war, regierte mit äußerster Härte und unterdrückte jegliche Form von Opposition. Die Schätzungen der Zahl der unter Suhartos Herrschaft getöteten Kommunisten schwanken zwischen 400 000 und einer Million Menschen. Zugleich wurden Massaker an Chinesen verübt. Während Suhartos Amtszeit wurde 1975 die Insel Osttimor besetzt, die 24 Jahre unter der indonesischen Besatzung litt. Bei Massakern seitens der Streitkräfte Suhartos wurden bis zu 183 000 der Einwohner Osttimors ermordet.[382] In dieser Zeit konnten die Kriegsschiffe von Lürssen bestens zum Waffen- und Truppentransport und zur Überwachung des Seeraums eingesetzt werden.

Auch im Jahr der Ernennung Friedrich Lürßens zum Honorarkonsul Indonesiens waren »Folterungen an politischen Gefangenen und straftatverdächtigen Personen (…) an der Tagesordnung und hatten in einigen Fällen den Tod der Opfer zur Folge«, so Amnesty International.

»Der Sonderberichterstatter der Vereinten Nationen über extralegale, summarische oder willkürliche Hinrichtungen legte im Dezember 1994 einen Bericht über seine Reise nach Indonesien und Osttimor vor, in dem er Angehörige der indonesischen Sicherheitskräfte für das Massaker auf dem Friedhof von Santa Cruz in der

osttimoresischen Hauptstadt Dili im Jahr 1991 verantwortlich machte.«[383]

Dies als kleiner Einblick in die lange Liste schwerster Menschenrechtsverletzungen des Regimes Suharto im Jahr 1994.
Fünf Jahre später (1999) wurden weitere fünf Lürssen-
Schnellboote des Typs FPB 28 an die indonesische Zollbe-
hörde ausgeliefert, geeignet für die Seeraumüberwachung
»innerhalb und außerhalb des Territorialgewässers«.[384] Zu
diesem Zeitpunkt hielt das indonesische Militär noch immer
Osttimor völkerrechtswidrig besetzt. Über 250 000 Menschen
hatten 1999 Osttimor verlassen oder wurden vertrieben.[385]
Damals wie heute war Friedrich Lürßen Geschäftsführen-
der Gesellschafter der Lürssen-Werft und machte sich massiv mitschuldig.

- Das System der Unterstützung menschenrechtsverletzender
  Regierungen ist ungebrochen. Im Sommer 2011 begleitete
  Lürßen Bundeskanzlerin Angela Merkel auf einer offiziellen Reise nach Angola. Zu diesem Zeitpunkt liefen bereits
  internationale Ausschreibungen zum Kauf von Kriegsschiffen für die angolanische Marine. Die grundsätzliche Genehmigung für diesen Rüstungsexport war bereits zu Zeiten der
  von Merkel und Steinmeier geführten Großen Koalition erteilt worden.[386]
  Das von Armut, Kindersterblichkeit und Staatsverschuldung
  gezeichnete Land wird seit drei Jahrzehnten von José Eduardo dos Santos autokratisch regiert. Menschenrechte werden vom Santos-Regime massiv verletzt. Die Kriegsschiffe
  der Lürssen-Werft würden der angolanischen Marine bei der
  kriegerischen Austragung des Konflikts mit der Demokratischen Republik Kongo um die ungeklärten Besitzansprüche
  am Cabinda-Erdöl hilfreich sein. Für Lürßen dagegen zählt
  offenbar nur das Geschäft mit den sechs bis acht Patrouillenbooten, von denen jedes, je nach Größe, zwischen 10 und 25
  Mio. Euro kostet.[387] Das lukrative Waffengeschäft wurde bei

der Merkel-Reise besprochen, aber aus deutscher Sicht bedauerlicherweise noch nicht vertraglich fixiert.

- Die Frage der Wahrung von Menschenrechten spielt für Lürßen offenbar eine untergeordnete Rolle, wie die Auflistung auch scheindemokratischer und diktatorischer Empfängerländer in »Lürssen' World« verrät.[388] Ein weiterer unrühmlicher Tiefpunkt dieser Entwicklung war die Beteiligung der Lürssen-Werft an der Rüstungsmesse IDEX 2011 in Abu Dhabi während des Arabischen Frühlings mit den Protestaktionen der Demokratiebewegung. Lürßens Beitrag bestand im Bemühen um neue Aufträge, auch seitens arabischer Militärs.

- Einer der führenden BDI-Mitgliedsverbände ist der Bundesverband der Deutschen Sicherheits- und Verteidigungsindustrie e. V. (BDSV). Als dessen Präsident vertritt Friedrich Lürßen die Interessen von mehr als einhundert Unternehmen der deutschen Rüstungsindustrie. Vehement setzt er sich für die Interessen der deutschen Rüstungsindustrie insgesamt ein und moniert, der vorhandene nationale Bedarf reiche »für Auslastung und Technologieerhalt in den Unternehmen bei Weitem nicht aus«. Als Chef der Lürssen-Werft und als BDSV-Präsident übt Lürßen massiven Druck auf die Regierungspolitik aus. Die finanzielle Ausstattung der Bundeswehr für weltweite Einsätze müsse sich »an den sicherheitspolitischen Erfordernissen ausrichten«: »Wenn man das nicht tut, handelt man gegen die Interessen unseres Landes.«[389]

- Der Markt der Zukunft gehört der Fregatte 125, an der die Lürssen-Werft über die ARGE 125 gemeinsam mit ThyssenKrupp Marine Systems beteiligt ist. Das neue Kriegsschiff wird erst bei der Bundesmarine eingeführt werden, doch Exporte scheinen vorprogrammiert zu sein.

Friedrich Lürßen ist weit mehr als nur ein Waffenhändler im Dienste seines Unternehmens. Als BDSV-Präsident führt er einem der einflussreichsten Lobbyverbände für die Interessen der deutschen Rüstungsindustrie, der sich zur globalen Wettbewerbsfähigkeit der deutschen Sicherheits- und Verteidigungsindustrie, zu »Export und Exportförderung« von Waffen und Rüstungsgütern bekennt. Die dem BDSV zugeordnete Gruppe Wehrtechnische Messen (GWM) wirbt mit mehr als einhundert Mitgliedsunternehmen weltweit auf Rüstungsmessen für den Verkauf von Großwaffensystemen und Kleinwaffen – selbst an menschenrechtsverletzende Staaten, wie die Vereinigten Arabischen Emirate, China und Russland, oder an verfeindete Staaten, wie die Türkei und Griechenland sowie Indien und Pakistan.

Um seine Ziele zu erreichen, propagiert Lürßen Feindbilder und schürt Ängste: »Moderne Industrienationen wie Deutschland sehen sich immer mehr durch Terrorismus und organisierte Kriminalität bedroht.«

Laut Lürßen steht die Rüstungsindustrie Deutschlands im Wettbewerb mit den USA, Russland und weiteren Staaten, »die für ihre Exportaktivitäten massive politische und wirtschaftliche Unterstützung ihrer jeweiligen Regierung erhalten«. Deshalb drängt BDSV-Präsident Lürßen die Bundesregierung, den weltweiten Waffenhandel politisch zu flankieren, was »für den Rüstungsexport unerlässlich« sei.[390]

Warum sich auch ein Bundeskanzler Steinbrück mit einem Exportverbot für U-Boote an Israel schwertäte

Die Howaldtswerke-Deutsche Werft GmbH, ein hundertprozentiges Tochterunternehmen der ThyssenKrupp AG, zählt zu den weltweit erfahrensten Herstellern nichtnuklearer U-Boote. Am Standort in Kiel erfolgt die Koordination der Forschungs-, Entwicklungs-, Fertigungs- und Vertriebsaktivitäten sämtlicher Unternehmen, die bei TKMS im U-Boot-Bereich tätig sind.

TKMS kann mit seinen Unternehmenstöchtern auf eine lange Tradition im militärischen Schiffbau verweisen. Heute sieht sich ThyssenKrupp als Weltmarktführer mit mehr als 50-jähriger Erfahrung bei nicht-nuklearen U-Booten und Marine-Überwasserschiffen. Über die U-Boote der Klasse 209, die »auf allen Weltmeeren unterwegs« sind, verkündet das Unternehmen zufrieden: »Von keiner anderen U-Boot-Klasse wurden nach dem Zweiten Weltkrieg mehr Unterwasserboote gebaut.«[391] Damit ist die Klasse 209 der »weltweit erfolgreichste Typ konventioneller U-Boote nach dem Zweiten Weltkrieg«, ausgeliefert an die Seestreitkräfte zahlreicher Staaten rund um den Globus.[392]

In den Sechzigerjahren erhielten zunächst die skandinavischen Staaten Schweden und Norwegen U-Boote. In den Folgejahren wurden die Marineeinheiten der sechs südamerikanischen Staaten Argentinien, Peru, Kolumbien, Venezuela, Chile und Brasilien mit U-Booten der heutigen ThyssenKrupp Marine Systems ausgerüstet, desgleichen die Seestreitkräfte Australiens und Südafrikas. Besonders brisant sind die Transfers von Unterseebooten an die Seestreitkräfte von Indien und Südkorea, zwei Staaten, die bekanntlich in Krisengebieten liegen. Unternehmen der heutigen TKMS schreckten nicht einmal vor U-Boot-Lieferungen an verfeindete Staaten, wie Griechenland und die Türkei, zurück.[393] Alles in allem wurden von TKMS in den letzten 50 Jahren mehr als 160 U-Boote gefertigt.[394]

Geschickt werden profitable Geschäfte ökologisch verbrämt. Mit den U-Boot-Klassen 212A und 214 sollen neue Dimensionen erreicht werden. Grundlage dafür bieten die – weltweit von TKMS zuerst eingeführten – Brennstoffzellenantriebe, die »unabhängig von der Außenluft auf lange Tauchfahrten gingen«. Bereits 2009 jubelte man bei TKMS, dass mit der Türkei ein weiteres Land seine Kriegsmarine »mit dem derzeit mordernsten außenluftunabhängigen U-Boottyp« ausstatte.

Die U-Boot-Klasse 214 wurde eigens für den Export entwickelt. Bei der Vertragsunterzeichnung im Juli 2009 würdigte ThyssenKrupp-Vorstand Olaf Berlien den Verkauf von sechs Materialpaketen zum Bau dieser Boote an die Türkei. Durch den Großauftrag würden »sowohl die Arbeitsplätze bei HDW als auch mehrere hundert Arbeitsplätze bei Zulieferern in ganz Deutschland langfristig gesichert«. Gefertigt werden die Kriegsschiffe der Klasse 214, bei denen es sich um äußerst effiziente Jagd-U-Boote handelt, von der Howaldtswerke-Deutsche Werft GmbH in Kiel.

Was so schlüssig klang, war nichts anderes als die Absegnung eines

Waffengeschäfts mit einem NATO-Partner, der seit Jahrzehnten Völkerrecht brach – beispielsweise durch die Besetzung Nordzyperns mit massivem Marineeinsatz.[395]

Bei TKMS sieht man die Sache mehr von der monetären Seite: Im Geschäftsjahr 2010/2011 konnte der Auftragseingang gegenüber dem Vorjahr von 531 Mio. Euro auf knapp 3 Mrd. Euro exorbitant gesteigert werden. Der seitens der Türkei erteilte U-Boot-Auftrag war dabei das größte Einzelprojekt mit einem Volumen von rund 2,2 Mrd. Euro. Ein weiterer Auftragseingang aus Griechenland schlug mit 295 Mio. Euro zu Buche.

Die Geschäfte verlaufen unstet, die Bilanz der Kriegsschiffssparte Marine Systems ist Schwankungen unterworfen. Von 2009/2010 auf 2010/2011 konnte der Umsatz um 23 Prozent von 1,21 auf 1,49 Mrd. Euro und das EBIT von 145 auf 213 Mio. Euro gesteigert werden. Dagegen minderte sich die Bilanz 2011/2012: Der Umsatz sank um 20 Prozent auf 1,19 Mrd. Euro, das EBIT um 21 Prozent auf 169 Mio. Euro. Drastisch auch der Mitarbeiterabbau von 5295 (2010/2011) auf 3772 (2011/2012).[396] Rüstungsexporte, selbst in Krisen- und Kriegsgebiete, dienen deshalb nicht nur den Konzernprofiten, sondern auch der Sicherung der verbliebenen Arbeitsplätze. Auf die illustre Liste der TKMS-Empfängerländer von U-Booten gehört – ungenannt – auch ein Staat, dessen militärisch definierte Außenpolitik äußerst umstritten ist: Israel. Im ThyssenKrupp-Geschäftsbericht 2010/2011 tauchen das Land und die laufenden Waffendeals erst gar nicht auf. Einzig erwähnt wird die Tatsache, dass die Sparte Elevator (Aufzüge) mit einer Unternehmenstochter und dem Management vor Ort vertreten ist.[397]

In der Türkei, dem zurzeit führenden TKMS-Geschäftspartner, schlugen die Wogen zuletzt hoch: Israel stelle »eine Bedrohung für den Nahen Osten« dar, wetterte der türkische Regierungschef Recep Tayyip Erdoğan im September 2011 und warf dem Land wegen der Tötung radikaler Palästinenser »Staatsterror« vor.[398]

Im Mai 2012 eskalierte die Lage erneut. Türkische Kampfjets verjagten ein israelisches Flugzeug aus dem Nordteil Zyperns.[399] Das israelisch-türkische Verhältnis ist äußerst konflikträchtig, ein Seekrieg keinesfalls ausgeschlossen. Geführt werden könnte er vornehmlich mit U-Booten aus Kiel, zum Wohle der Konzernkasse von ThyssenKrupp.

Anschließende Reparaturen und neuerliche Bestellungen entsprächen der Kriegslogik.

21. März 2012. Nach fast dreijährigen Verhandlungen unterzeichnen Bundesverteidigungsminister Thomas de Maizière und sein israelischer Amtskollege Ehud Barak in Berlin einen Vertrag, der weltweit für Aufsehen sorgen wird: die Lieferung eines sechsten U-Bootes an Israel. Die israelische Marine besitzt bereits drei moderne U-Boote der Dolphin-Klasse, geliefert von deutschen Werften. Zwei weitere befinden sich in der finalen Bauphase; ihre Indienststellung ist für 2013 vorgesehen.

Die Rüstungszusammenarbeit mit Israel kann auf eine jahrzehntelange Tradition zurückblicken, und sie ist in nicht unerheblichem Maße begründbar mit deutschen Schuldkomplexen nach dem Völkermord an Millionen Juden. Zwar mühte sich die damalige Bundesregierung nach Ende des Zweiten Weltkriegs, einen öffentlichen Disput über die Verantwortung Deutschlands für die Verbrechen des Nationalsozialismus zu vermeiden. Andererseits verbanden beide Staaten bereits Mitte der Fünfzigerjahre vergleichbare Interessen: Beide planten den Aufbau starker Streitkräfte und die Schaffung einer eigenen Rüstungsindustrie. So entwickelte sich in diesem Bereich eine überraschende Zusammenarbeit. Nach Kräften setzte sich Verteidigungsminister Franz Josef Strauß (1956 bis 1962) für einen militärisch starken Staat Israel ein; die sich sukzessive entwickelnde Rüstungskooperation beider Staaten wurde auf verschiedensten Ebenen ausgebaut, allerdings weitgehend geheim gehalten.

Die aktuellen U-Boot-Lieferungen sind in vielerlei Hinsicht hanebüchen: Israel liegt im Pulverfass Nahost, führte wiederholt Kriege mit Nachbarstaaten und verletzt bis heute massiv Menschenrechte. Dennoch werden ganz legal Kriegsschiffe geliefert und die deutschen Steuerzahler zugleich zur Kasse gebeten. Die ersten beiden Dolphin-U-Boote des Typs 800 wurden 1991 geordert, ihre Auslieferung erfolgte laut SIPRI 1999. Der 570-Mio.-Dollar-Deal wurde zur Gänze aus Steuergeldern finanziert, sprich: die beiden U-Boote wurden unter Kanzler Kohl an Israel verschenkt.

Beim dritten U-Boot des Typs 800, geordert 1994, ausgeliefert im

Jahr 2000, wurde immerhin noch die Hälfte der Kosten in Höhe von 300 Mio. US-Dollar vom deutschen Steuerzahler beglichen. Diese ersten drei Kriegsschiffe für Israel verfügen über einen konventionellen diesel-elektrischen Antrieb.

Damit nicht genug, übernahm der deutsche Staat bei den im Jahr 2006 georderten Dolphin-U-Booten 4 und 5 weitere 135 Mio. Euro und damit ein Drittel der Kosten – pro Boot versteht sich.[400] Im Sommer 2012 befand sich das vierte U-Boot bereits in der Erprobung, das fünfte noch im Bau.

Die Einnahmen kommen der notleidenden Werftenindustrie Norddeutschlands zugute. Der Preis aber, den Deutschland auf der Ebene der Mitverantwortung für die atomare Bedrohung und gegebenenfalls den Einsatz der Nuklearwaffen zahlt, ist zu hoch.

Laut *Deutscher Militärzeitschrift* (DMZ) sind sich die Experten darin einig, dass U-Boote der Dolphin-Klasse aller Wahrscheinlichkeit nach auch mit Atomsprengköpfen bestückte Mittelstreckenraketen verschießen könnten. Deren Reichweite beziffert die DMZ mit bis zu 1500 Kilometern. »Israel wäre damit in der Lage, von See aus einen atomaren Zweitschlag zu führen«, so die Militärexperten, »sollte das Land selber mit Atomwaffen angegriffen werden.«[401] Auch das *Marineforum* schloss eine Modifizierung der Torpedoausstoßanlage nicht aus, sah aber »erhebliche technische Probleme« bei gleichzeitiger »politisch extrem brisanter« Verletzung bestehender Lizenzvereinbarungen.[402]

Was in der Militärfachpresse lebhaft erörtert wurde, blieb einer breiten Öffentlichkeit weitgehend verborgen – bis Holger Stark und sein Mitarbeiter Ronen Bergmann vom *Spiegel* Licht ins Dunkel der U-Boote und deren Bewaffnung brachten. Den beiden Reportern war sensationell Zugang zu einem der in Kiel für die israelische Marine gefertigten Boote gewährt worden. Veranschlagter Kaufpreis: 400 Mio. Euro, davon 135 Mio. Euro auf Kosten der deutschen Steuerzahler. Seither sind letzte Zweifel beseitigt: Israels Marine kann die Kieler U-Boote als Abschussrampen für nuklear bestückte Marschflugkörper nutzen: »Die Schiffe sind mit Atomsprengköpfen bewaffnet«, so der *Spiegel,* was Bundespolitiker in Berlin »seit Langem« wissen.

Gefertigt vom israelischen Rüstungsproduzenten Rafael, verfügen die Marschflugkörper des Typs Popeye Turbo SLCM über eine Reichweite von 1500 Kilometern. Weit genug, um mit einem der bis zu 200 Kilogramm schweren Gefechtsköpfe Iran bedrohen und gegebenenfalls beschießen zu können. Mittels eines Hydrauliksystems können entweder Torpedos oder Marschflugkörper über zehn Rohre im Kaliber 533- bzw. 650 mm fast lautlos aus dem U-Boot katapultiert werden.

Israels Verteidigungsminister Ehud Barak bedankte sich. »Die Deutschen können stolz darauf sein, die Existenz des Staates Israel für viele Jahre gesichert zu haben.«[403] Aus Sicht der israelischen Regierung dienen die seegestützten Marschflugkörper der atomaren Abschreckung. Sie werden als Bestandsgarantie des israelischen Staates angesehen, dessen Regierung sich die Option eines Zweitschlages im Falle eines Angriffs auf Israel offenhält.

Laut Otfried Nassauer, Friedensforscher und Leiter des Berliner Informationszentrums für Transatlantische Sicherheit (BITS), steckt die Bundesregierung in einer selbstgestellten Solidaritätsfalle: Faktisch stärkten die U-Boot-Lieferungen »das politische Eskalationspotenzial Israels in Krisenzeiten« und die militärischen Handlungsmöglichkeiten. Im Fall der militärischen Option bliebe »nur die Wahl zwischen bedingungsloser Solidarität, also militärischer Unterstützung Israels, oder dem Eingeständnis, letztlich nicht zu den eigenen Unterstützungsversprechen stehen zu wollen«, so Nassauer.[404]

Er sei »von vornherein davon ausgegangen, dass die U-Boote nuklearfähig sein sollen«, sagte der frühere Christdemokrat Hans Rühle, unter Kanzler Kohl von 1982 bis 1988 Leiter des Planungstabs im Bundesverteidigungsministerium. Lothar Rühl, nahezu zeitgleich (1982–1989) beamteter Staatssekretär im BMVg, erklärte, er habe niemals Zweifel daran gehabt, dass »Israel auf den Schiffen Nuklearwaffen stationiert«.[405] Seither haben sie sich alle mitschuldig gemacht: die Kanzler von CDU/CSU und SPD. Altkanzler Helmut Kohl (CDU) und sein Außenminister Hans-Dietrich Genscher (FDP) verantworten die Exportgenehmigung der ersten drei U-Boote an Israel, die Nachfolgeregierungen unter Bundeskanzler Gerhard Schröder (SPD) und Joschka Fischer (Grüne) sowie unter Bundeskanzlerin Angela Merkel (CDU) und Philipp Rösler (FDP) die Exportgenehmigungen bzw. Ausfuhren der folgenden Kriegsschiffe.

Rüstungsexportpolitik ist ein durch und durch heuchlerisches Politikfeld. So war die Lieferung schweren Geräts an Saudi-Arabien lange Jahrzehnte ein Tabu, ehe der Bundessicherheitsrat im Sommer 2011 dem Export von Leopard-2-Panzern an Riad zustimmte. Unisoni wetterten SPD, Grünen und Linken gegen den Deal.

Ganz anders die Auseinandersetzung über die Lieferung von U-Booten an die israelische Marine. Hier herrscht – abgesehen von der Linken – weitgehend Einmütigkeit. Trotz der Atomwaffenfähigkeit dieser Kriegsschiffe erhebt sich kaum ein kritisches Wort in der Führungsebene der großen CDU/CSU/FDP/SPD-Koalition. Über Jahre hinweg genehmigte Schwarz-Gelb wie Rot-Grün Kriegswaffenlieferungen an Israel. Das Wissen um die nationalsozialistischen Gräueltaten und damit verbundene Schuldgefühle setzten sich in diesem Fall über jegliche juristischen Begrenzungen und ethischen Bedenken hinweg.

Deutschlands größte Werft, HDW in Kiel, wird auch die U-Boote Nummer 5 und 6 der zweiten Generation der Dolphin-Klasse produzieren. Das mit 68 Metern längste U-Boot, das nach dem Zweiten Weltkrieg in Deutschland gefertigt wurde, führt das Antriebsprinzip der Klasse 214 fort. Dolphin-II-U-Boote, auch als Dolphin-AIP bezeichnet, können extrem lange und tief tauchen.[406]

Die Kieler Technik taugt als Trägersystem für Atomsprengköpfe. Ginge es nach den israelischen Militärs, würden weitere U-Boote bei HDW gefertigt. Auch wenn Israel die Atomsprengköpfe mit ausländischer Hilfe herstellt: Die Vorstände und Aufsichtsräte von ThyssenKrupp wären im Falle des Atomwaffeneinsatzes ebenso mitschuldig an tausendfachem Tod wie die beteiligten Bundesregierungen – die die U-Boot-Lieferungen an Israel entweder stillschweigend duldeten oder aktiv genehmigten. Der Publizist und Reserveoffizier Jürgen Rose sieht diese Gefahr als durchaus realistisch an. Laut Rose verfügen die israelischen Streitkräfte über ein breites Spektrum an land-, luft- und seegestützten Waffenplattformen. »Mindestens viermal hat die israelische Regierung ernsthaft den Einsatz dieser Waffen erwogen«, schreibt der Bundeswehroffizier.[407]

Mit ThyssenKrupp verbindet der am 1. Oktober 2012 zum SPD-Kanzlerkandidaten gekürte Peer Steinbrück eine ganze besondere Beziehung: Von 2010 bis Ende 2012 war Steinbrück Mitglied des Aufsichtsrats des Stahl- und Rüstungskonzerns. Zuvor war der gebürtige Hamburger von Herbst 2005 bis Herbst 2009 Bundesminister der Finanzen und damit qua Amtes Mitglied des Bundessicherheitsrates. Ein vehementer Einspruch, gar ein Veto Steinbrücks gegen Waffentransfers an die israelischen Streitkräfte ist indes nicht bekannt.

Bekannt hingegen ist, dass die deutsche Marineindustrie seit Jahren nicht nur verzweifelt um neue Aufträge, sondern – angesichts harter Konkurrenz aus Japan in den Siebziger- und China in den Neunzigerjahren – schlichtweg um ihren Fortbestand kämpft. Grund genug, sich einen erfahrenen Finanzexperten und einflussreichen SPD-Politiker in den Aufsichtsrat zu holen. Peer Steinbrück wird mit Rat und Tat gebraucht, um den Konzern auf Kurs zu bringen. Im Aufsichtsrat wurde 2010/2011 auch die Neuausrichtung der Business Aera Marine Systems erörtert.

Was aber darf von einem Peer Steinbrück im Falle der Kanzlerschaft erwartet werden? Eine Antwort gibt die Geschäftspolitik von Vorstand und Aufsichtsrat, letzterer bis zum 31. Dezember 2012 mit dem Mitglied Steinbrück. Der neue Konzernkurs wurde in den Jahren 2010 und 2011 mit dem SPD-Mann klarer als zuvor ausgerichtet: So erbrachten die Verhandlungen mit der Abu Dhabi MAR-Gruppe, dass die Transaktionen sich auf die Übernahme ziviler Teile der ehemaligen HDW-Gaarden beschränken. Und der geplante Verkauf der Zivilbereiche des Yachtenbaus sowie des Komponenten- und Reparaturgeschäfts von Blohm + Voss schwächt das zivile Standbein der TKMS spürbar.

Die friedenspolitische Botschaft an Peer Steinbrück ist klar: Im Wissen um die aggressive israelische Außenpolitik, die voraussichtliche Nachrüstung der Dolphin-Boote und die Gefahren im Pulverfass Nahost dürfen weder die israelischen noch die Seestreitkräfte anderer Staaten in der Region weitere U-Boote von HDW erhalten. Die Prognose ist hingegen eine ganz andere: Marine Systems werde sich auch »künftig auf den militärischen Schiffbau konzentrieren«, erklärte der Konzern.[408]

Wäre Peer Steinbrück Bundeskanzler, dann wäre er in Persona eher ein Befürworter weiterer Kriegsschiffslieferungen an Staaten wie Israel und die Türkei als ein Fürsprecher der Umstellung der TKMS-Rüstungsproduktion auf eine sinnvolle und nachhaltige zivile Fertigung. Und das entgegen den Vorgaben der unter Rot-Grün im Januar 2000 verabschiedeten Politischen Grundsätze, die Rüstungstransfers in eben solche Länder unterbinden sollen.

Zweierlei muss man Steinbrück jedoch zugutehalten: Zum einen kündigte er mit seiner Nominierung zum SPD-Kanzlerkandidaten die Aufgabe des Aufsichtsratsmandats bei ThyssenKrupp an. Ein Versprechen, das er hielt. Zum anderen bezog er im Dezember 2012 klar Position gegen Waffenlieferungen »in Spannungsgebiete und Regionen, die die Menschenrechte nicht achten«. Unter seiner Führung werde eine rot-grüne Regierung »den Hebel bei Waffenexporten umlegen«.[409]

Auf deutscher Seite profitiert allen voran ein Unternehmen von den Israel-Deals: der U-Boot-Bauer Howaldtswerke-Deutsche Werft GmbH, seit Januar 2005 zu ThyssenKrupp Marine Systems und damit zum ThyssenKrupp-Konzern gehörend. Aber auch in Iran – der selbsterklärte Todfeind Israels – sitzen Profiteure des Waffenhandels mit Israel. Zwar wurde die Beteiligungsquote der Iran Foreign Investment Company (IFIC), deren deutsche Tochter in Düsseldorf ansässig ist, von vormals 7,79 Prozent im Geschäftsjahr 2002/2003 gesenkt und das iranische Aufsichtsratsmitglied aus dem Gremium verbannt, auf der anderen Seite hält die IFIC Holding AG, die sich im Anteilsbesitz der Islamischen Republik befindet, bis heute nicht unerhebliche Anteile am Essener Stahlkonzern.[410]

Lapidar heißt es dazu auf der Konzern-Homepage: »Da die ThyssenKrupp AG Inhaberaktien ausgegeben hat, sind uns die Namen unserer Aktionäre und deren Besitzanteile grundsätzlich nicht bekannt.«[411] Auf der Hauptversammlung im Januar 2010 allerdings bestätigte der damalige Vorstandsvorsitzende Ekkehard D. Schulz auf Nachfrage der Organisation Stop the Bomb: Die iranische IFIC ist noch immer mit 4,5 Prozent an ThyssenKrupp beteiligt.[412] Das heißt im Klartext: Über die IFIC Holding AG profitiert auch die Islamische Republik von jedem U-Boot, das an die israelische Marine verkauft wird.

Täterprofil

Olaf Berlien –
U-Boote für die israelische Kriegsmarine

Olaf Berlien wurde 1962 in Berlin geboren. Von 1984 bis 1988 war er für die kaufmännische Leitung des Betriebs seiner Eltern zuständig. Doch Garten- und Landschaftsbau waren nicht seine Zielvorstellung: »Ich wollte in die Industrie.« Also studierte Berlien erst einmal Betriebswirtschaft in Berlin, bevor er bei IBM Deutschland Karriere machte. Ab 1993 stieg der promovierte Betriebswirt in leitende Funktionen bei der Buderus Heiztechnik GmbH in Wetzlar und in Ungarn auf. Drei Jahre später wurde Berlien zunächst Bereichsleiter, anschließend Vorsitzender der Geschäftsführung für Industrielle Messtechnik im Oberkochener Werk von Carl Zeiss, außerdem Präsident der CZ IMT Corporation in den USA. Von 1999 bis 2002 hatte er bei Carl Zeiss das Vorstandsressort für Finanzen und Controlling und weitere Bereiche inne.

Im April 2002 erfolgte Berliens Berufung in den Vorstand der ThyssenKrupp AG. Von 2004 bis September 2009 fungierte er als Vorstandsvorsitzender der ThyssenKrupp Technologies AG. Seit Oktober 2009 verantwortet Berlien die TK-Division Technologies mit der Rüstungssparte TKMS. Heute ist er Chairman der ThyssenKrupp Ltd./VR China und der ThyssenKrupp Elevator Americas Corp und bekleidet weiterhin den Vorsitz der ThyssenKrupp Marine Systems (TKMS). Unter seiner Führung ist TKMS der weltweit führende Hersteller militärischer U-Boote.[413]

Seit Frühjahr 2011 ist Berlien Vorsitzender der Nordafrika Mittelostinitiative der Deutschen Wirtschaft (NMI) mit den tragenden Verbänden Bundesverband der Deutschen Industrie e. V. (BDI), Deutscher Industrie- und Handelskammertag e. V. (DIHK), Bundesverband Großhandel, Außenhandel, Dienstleistungen e. V. (BGA), Afrika-Verein der Deutschen Wirtschaft

e. V. (AV) und Bundesverband deutscher Banken e. V. (Banken-verband). Als NMI-Vorsitzender verantwortet Berlien die Bündelung der branchenübergreifenden Interessen deutscher Unternehmen in der Region Middle East & North Africa (MENA), einem aus NMI-Sicht strategisch wichtigen Länderverbund. Zu diesen 21 Staaten zählen unter anderem Afghanistan, Ägypten, Algerien, Israel, Libyen, Pakistan, Saudi-Arabien und die Vereinigten Arabischen Emirate.[414]

Die nachfolgenden Positionen und Aktivitäten im Bereich der Produktion und Ausfuhr von Kriegsschiffen zählen zu den problematischsten in der Ära des Marinemanagers Olaf Berlien:

- Nachdem Berlien im März 2004 den Technologiebereich bei ThyssenKrupp übernommen hatte, verkaufte er innerhalb der ersten beiden Jahre ein gutes Dutzend Tochterunternehmen und erwirtschaftete einen Umsatz von rund 2 Mrd. Euro. Mit den Übernahmen der renommierten Hamburger und Kieler Werften sowie der in Bremen und Wedel ansässigen Atlas Elektronik GmbH (AE) avancierte Berlien zum globalen Manager der Kriegsschiffproduzenten.[415] Unter Berlien hat sich TKMS die Kernkompetenz beim Bau von Kampfschiffen gesichert und nach Einschätzung von Experten die Position im internationalen Markt nachhaltig ausgebaut. Mit der Atlas Elektronik, einer Joint Company von ThyssenKrupp und EADS, spezialisierte sich das Unternehmen auf U-Bootsysteme, Systeme für Überwasserschiffe, Minenjagdboote und maritime Sicherheitssysteme.[416]
- Seit seiner Tätigkeit als Mitglied im Vorstand der ThyssenKrupp AG 2002 verantwortet Berlien die Auslieferung zahlreicher Marineschiffe, auch von Blohm + Voss Naval, Kockums und Hellenic Shipyards (Letztere bis Herbst 2010). Die Referenzliste verzeichnet Auslieferungen von Korvetten nach Schweden, von Mehrzweck-Kombinations-Fregatten

(MEKO) nach Südafrika und Polen (und die geplante Auslieferung nach Malaysia), zudem Kanonenboote und weitere
Schiffe für die Marine bzw. Küstenwache Griechenlands. Die
Menschenrechts- und Sicherheitslage in Malaysia ist bekanntermaßen schlecht, die Lieferung immens teurer Großwaffensysteme an Griechenland hat zur Verschärfung der dortigen Finanzkrise beigetragen.[417]

- Trotz der völkerrechtswidrigen Besetzung des nordöstlichen
Teils der Mittelmeerinsel Zypern und der international nicht
anerkannten Ausrufung der Türkischen Republik Nordzy-
pern [TRNC] würdigte Berlin den Verkauf von U-Booten
an die Besatzungsmacht Türkei im Sommer 2009 als weiteren
Erfolg: »Die Position von HDW als Weltmarktführer im Segment der nicht-nuklearen U-Boote wird weiter gestärkt.«[418]
Jagd-U-Boote der Klasse 214 werden auch an Griechenland –
traditionell mit der Türkei verfeindet und wiederholt in kriegerische Auseinandersetzungen involviert – verkauft. Im
September 2012 wurde bekannt, dass Ägypten zwei U-Boote der Klasse 209 erhalten soll, was seitens der ägyptischen
Marine bestätigt wurde.[419]

- Als sei das maritime Wettrüsten nicht schlimm genug, stat-
tet TKMS unter Olaf Berlien auch noch Israel mit U-Booten
aus. 2011 und 2012 eskalierten die Spannungen mit der Türkei bedrohlich. Dessen ungeachtet stehen die Auslieferungen
weiterer U-Boote der Dolphin-Klasse an Israel an bzw. sind
bereits erfolgt. Das vierte U-Boot Tanin sollte noch Ende
2012 exportiert werden, ein fünftes folgen.[420] Danach ist die
Auslieferung eines weiteren Kriegsschiffes der neuen (zweiten) Generation der Dolphin-Klasse »mit höchster Feuerkraft« geplant. Israel ist damit in der Lage, von See aus eigene Atomwaffen abzufeuern.[421]

- Als bei einem Besuch von Philipp Rösler (FDP) im Sommer
2012 in Saudi-Arabien neue Aufträge für die deutsche Wirtschaft akquiriert werden konnten, war Berlin dabei. In einem Telefonat soll er dem Bundeswirtschaftsminister zuvor

klargemacht haben, dass dringend wieder ein hochrangiger Politiker aus Deutschland in Riad vorstellig werden müsse, so der *Spiegel*. Der ebenfalls mitgereiste wirtschaftspolitische Sprecher der CDU/CSU-Fraktion ließ keine Zweifel an einem der entscheidenden Reiseziele aufkommen: Saudi-Arabien sei seit Jahrzehnten ein verlässlicher Partner, Rüstungslieferungen dementsprechend »absolut vertretbar«, so Joachim Pfeiffer. Berliens Widerspruch unterblieb.[422]

- Bar jeglicher ethischer und moralischer Erwägungen zeigte sich Berliens Zielrichtung bei der Waffenmesse IDEX im Februar 2011 in Abu Dhabi. Während Vertreter der Demokratiebewegung in den Ländern Nordafrikas und des Nahen und Mittleren Ostens von Sicherheitskräften repressiver Regime erschossen wurden, warben Repräsentanten von HDW, Atlas Elektronik und Blohm + Voss Naval der ThyssenKrupp-Gruppe in Abu Dhabi für weitere Waffengeschäfte mit ebendiesen Regimen.[423]
Offensichtlich mit Erfolg: Das repressive Regime des algerischen Staatspräsidenten Abdelaziz Bouteflika orderte bei der TKMS-Tochter Blohm + Voss zwei Fregatten der MEKO-Baureihe.[424]

Olaf Berlien ist kein menschenverachtender Waffenverfechter. Vielmehr pflegt er sein positives Image: In Essen-Werden unterzeichnete er im Frühjahr 2005 im dortigen Gymnasium eine Kooperationsvereinbarung mit ThyssenKrupp. Schülerinnen und Schüler sollen Einblicke in Technik erhalten, Betriebe besuchen, Praktika absolvieren – wohl weniger im Rüstungsbereich.[425]

Aber Berlien trägt als Vorstandmitglied der ThyssenKrupp AG massiv Mitverantwortung für die Produktion und den Export von Kriegsschiffen und U-Booten seit Frühjahr 2002. In Interviews wählt er seine Worte mit Bedacht: »Wir rüsten heute keine Angriffsarmee mehr aus, die dann irgendein Nachbarland angreift.« Heutzutage gehe es »um die Sicherung der eigenen Küsten und um den Kampf gegen Piraten und Terroristen«, so Berlien gegenüber der *Financial Times Deutschland*. Derlei Formulierungen verdrängen die Tatsache, dass der Krupp-Konzern seinerzeit aus Profitinteresse sowohl die eigenen als auch die feindlichen britischen Streitkräfte hochgerüstet hatte. Im Ersten Weltkrieg wurden deutsche Soldaten von britischen Gegnern mit Granaten erschossen, die Krupp-Patent-Zeitzünder in sich trugen. Alles Historie? Erhalten verfeindete Armeen heutzutage keine Kriegsschiffe mehr von ThyssenKrupp? Werden keine U-Boote mehr an Streitkräfte verfeindeter Staaten in Krisengebieten geliefert?

Das Gegenteil ist der Fall. Unter Berliens Ägide wurden Marineschiffe und U-Boote in alle Welt exportiert, seit 2005 gar im großen TKMS-Firmenverbund. Kriegsschiffe werden hemmungslos an Staaten ausgeliefert, die in Krisengebieten liegen (z. B. Südkorea und Malaysia), traditionell verfeindet sind (wie Griechenland und die Türkei) oder aktuell massiv militärische Spannungen aufbauen (Türkei und Ägypten gegen Israel). Seeschlachten mit Kriegsschiffen von TKMS unter und über Wasser scheinen nur eine Frage der Zeit zu sein.

Mit einer derart ungehemmten Geschäftspolitik hat sich ThyssenKrupp unter Olaf Berliens Einfluss – nach Rheinmetall und Krauss-Maffei Wegmann – als drittgrößter deutscher Rüstungsriese etabliert und rangiert im Tableau der hundert größten Weltwaffenexporteure mit Waffenverkäufen in Höhe von 1,34 Mrd. US-Dollar auf Platz 56 (2010).[426] Mit Berlien an der Spitze sind die Perspektiven glänzend: Marine Systems »profitiert weiterhin von der gestiegenen Nachfrage nach Fregatten und U-Booten«, jubiliert das Unternehmen. Der EBIT erreichte im Berichtsjahr 2011/2012 »ein sehr erfreuliches Niveau«.[427]

Berlien selbst setzt sich persönlich offenbar noch höhere Ziele und lässt sich dabei auch von Rückschlägen nicht aus der Bahn werfen. Obschon er bereits 2006 in der Wirtschaftspresse als Nachfolger des langjährigen ThyssenKrupp-Chefs Ekkehard Schultz gehandelt wurde, musste er erst einmal Heinrich Hiesinger den Vortritt lassen. »Ich habe die Gunst der Stunde, jung zu sein«, sagte er damals. Berlien war bei ThyssenKrupp für den Hightech-Bereich zuständig: neben Zügen und Luxusyachten auch für Kriegsschiffe. Er »brauche Produkte, die man anfassen kann«. Das seien »hoch emotionale Produkte«, so der Rüstungsmanager.[428]

Berliens Bestellung in den ThyssenKrupp-Vorstand währte bis März 2017[429]. Doch Anfang Dezember 2012 kündigte Aufsichtsratschef Gerhard Cromme die Beendigung des Arbeitsverhältnisses an. Die TKMS wurde mittlerweile zur ThyssenKrupp Industrial Solutions AG umfirmiert. Vorsitzender ist Dr. Hans Christoph Atzpodien[430]

5.10 Kriegsprofiteur Diehl

Lenkflugkörper und Drohnen vom Bodensee, Raketen aus Röthenbach

ILA Berlin Air Show 2012, die größte zivil-militärische Messe auf dem Boden der Bundesrepublik Deutschland. Im Zwei-Jahres-Turnus präsentiert sich die Luft- und Raumfahrtindustrie hier von ihrer innovativsten Seite, gibt sich die Industrie-, Militär- und Politprominenz ein Stelldichein.

Am 10. September eröffnete Kanzlerin Angela Merkel gemeinsam mit dem brandenburgischen Ministerpräsidenten Matthias Platzeck die diesjährige ILA (Internationale Luft- und Raumfahrtausstellung). Zugegen waren nicht nur Bundesverteidigungsminister Lothar de Maizière, sondern fast das gesamte Bundeskabinett. »Laut und spektakulär« nannte die *wehrtechnik* die Flugshow der Bundeswehr, die zur reinen EADS-Werbung verkommt: Der Eurofighter donnerte über die Köpfe der Besucher hinweg, zwei Tornados wurden publikumswirksam von einem Airbus 310 MRTT in der Luft betankt.

Die Großen der Rüstungsbranche präsentierten Großes auf der ILA, allen voran die EADS mit Airbus Military und Eurocopter mit dem neuen Hybridhubschrauber X³. Einer breiten Öffentlichkeit wurde der neue Militärtransporter A400M schmackhaft gemacht: weniger als künftiger Waffen- und Truppentransporter für kommende Kriege von NATO-Staaten und deren Verbündeten denn als Imageträger: Die Airbus Foundation pries den Einsatz für Hilfstransporte in aller Welt an, beispielsweise für das Internationale Komitee vom Roten Kreuz.

Das EADS-Beteiligungsunternehmen MBDA präsentierte den Launcher, ein Abschussgerät für das kommende Medium Extended Air Defense System (MEADS) sowie einen Gefechtsstand. MEADS befindet sich zurzeit in der Entwicklungsphase und soll ab 2012/14 die bereits außer Dienst gestellten Flugabwehrsysteme Roland und Hawk sowie zum Teil auch Patriot ablösen. Nicht nur auf der ILA wurde die Verwendung der MEADS-Technologie für das neue Luftabwehrsystem der polnischen Streitkräfte erwogen.[431]

Unter den mehr als 1200 Ausstellern fand sich auch ein Unternehmen, das zu den Riesen der Rüstungsindustrie zählt und dennoch nicht so auffällig in Erscheinung tritt wie die EADS: die Diehl-Gruppe. Seit der Firmengründung 1902 befindet sich die Diehl-Gruppe in Familienbesitz, mittlerweile in der Rechtsform einer Stiftung. Heute gliedert sich die Gruppe in fünf Teilkonzerne: Diehl Metall, Diehl Controls, Diehl Aerosystems, Diehl Metering und dem Rüstungsbereich Diehl Defence. Der Defence-Bereich umfasst seinerseits die Diehl Defence Holding, AIM Infrarot-Module, Diehl Defence Land Systems, Diehl & Eagle-Picher, Diehl Iberia Sistemas, Diehl Raytheon Missile Systeme und Diehl BGT Defence in Überlingen.[432] Zum ersten Mal stellten die Raketenbauer vom Bodensee auf der ILA 2012 ein Modell ihres neuen Flugkörpers Sidewinder vor.

Ein Wunderwerk der Technik, jubelt man in Überlingen am Bodensee, wo die vom Chief Executive Officer Claus Günther geführte Diehl Defence ihren Sitz hat. Neben den deutschen Diehl-Büros in Bonn und Koblenz gibt es weitere Niederlassungen in Ankara (Türkei), Abu Dhabi (Vereinigte Arabische Emirate), Neu Delhi (Indien) und Bangkok (Thailand).[433] Günther ist der mächtige Rüstungsmanager der in

Nürnberg ansässigen Diehl-Gruppe, die sowohl zivile als auch militärische Produkte fertigt. Zugleich ist er Sprecher des gesamten Bereichs Diehl Defence. Was nach Verteidigung klingt, ist realiter Hightech-Rüstung, optimal geeignet zur Liquidierung von »Weichzielen«, wie in der Sprache von Militär und Rüstungsindustrie Menschen auch genannt werden.

Noch befindet sich die laser-gelenkte Sidewinder (LAGS) in der Entwicklungsphase. Dabei befähigt die LaGS zukünftig Kampfflugzeuge, Luft-Boden-Missionen durchzuführen, das heißt Angriffe aus der Luft gegen Ziele am Boden. Die LaGS basiert auf dem Luft-Luft-Lenkflugkörper kurzer Reichweite AIM-9L Sidewinder. Dieser wird gegen Luftziele eingesetzt, die sich in Sichtweite des Angreifers befinden. Die AIM-9L wurde bereits 1982 bei der Bundeswehr eingeführt und ermöglicht den Kampfjets Tornado und Eurofighter Luft-Luft-Attacken. Wie die AIM-9L ist auch der Luft-Luft-Lenkflugkörper AIM-2000 IRIS-T seit 2005 in die Tornado- und Eurofighter-Kampfflugzeuge integriert. Beide Flugkörper sind bei zahlreichen Streitkräften in hoher Zahl vorhanden.[434]

Anders als beispielsweise ballistische oder ungelenkte Raketen besitzen Lenkflugkörper eine eigene Antriebstechnik. Der Schütze wird in die Lage versetzt, den Lenkflugkörper ins Ziel zu steuern, was mittels eingebauter Sensoren auch selbstständig geschehen kann. Das Attraktive an der neuen Luft-Boden-Lenkwaffe von Diehl Defence ist ihr Preis: Sie gilt als »extrem kostengünstig« und verspricht dank der hohen Geschwindigkeit von 2,5 Mach eine optimale Zielbekämpfung. Das Gewicht des Sprengkopfes bleibt mit zehn Kilo gleich und erlaubt damit den Beschuss kleinerer Bodenziele. Diehl gibt sich optimistisch, dass schon bald erste Kunden gewonnen werden können. »Interesse sei in vielen Ländern vorhanden«, zitiert die *Flugrevue* Experten auf der ILA.[435]

Im Mai 2007 schlossen die Diehl BGT Defence und das Bundesamt für Wehrtechnik und Beschaffung (BWB) in Koblenz einen Vertrag über die Anpassentwicklung des Boden-Luft-Lenkflugkörpers IRIS-T SL für das Taktische Luftverteidigungssystem MEADS der Bundeswehr ab. Das Auftragsvolumen betrug 123 Mio. Euro. IRIS-T SL soll gegen bemannte und unbemannte Luftfahrzeuge, Hubschrauber und tieffliegende Marschflugkörper sowie Lenkwaffen, also »gelenkte Bomben«, eingesetzt werden.[436] Die Royal Saudi Air Force entschied sich im Jahr 2009 für den Kauf von IRIS-T-Lenkflugkörpern für die Eurofighter-Kampfflugzeuge. Insgesamt sollen die saudischen Militärs einen Bedarf von bis zu 1400 Flugkörpern geltend gemacht haben. Der Auftragswert liegt nach Schätzungen bei mehr als 1 Mrd. Euro.[437] Waffen vom Bodensee für die Repressoren in Riad.

Waffenhandel hat viele Gesichter, eines sind Kooperationsgeschäfte. Gemeinsam mit dem US-amerikanischen Hightech-Konzern General Atomics Aeronautical Systems (GA-ASI) bietet Diehl BGT Defence die Aufklärungsdrohne Predator B der Bundeswehr zum Kauf an. Beide Rüstungsfirmen rühmen die Vorzüge der bereits bei Kampfeinsätzen der US Army erprobten Drohne, die »regelmäßig an den Konfliktherden weltweit im Einsatz« sei. Predator B kann für Aufklärungsmissionen über See oder an Land eingesetzt werden, dank Infrarotgeräten bei Tag und Nacht. Damit kann der unbemannte Flugkörper entweder »unübertroffene Seeüberwachung« liefern oder Bodentruppen »beispiellose Unterstützung« anbieten.

Mit Blick auf den anvisierten Abnehmer Bundeswehr verkündete Diehl BGT Defence 2007, Predator B habe sich »im Einsatz als unentbehrlich erwiesen«.[438]

Im Oktober 2007 erfolgte in der Diehl-Gruppe eine grundlegende Neustrukturierung. Sämtliche Rüstungsaktivitäten wurden in der eigenständigen Diehl Defence zusammengefasst. Der neue Teilkonzern führt seither das Rüstungs- und Fahrzeuggeschäft des vormaligen Teilkonzerns Diehl VA Systeme fort.

Heute bündelt Diehl Defence die Geschäfte in den Bereichen Verteidigung und Innere Sicherheit als Teilkonzern der in Nürnberg ansässigen Diehl-Gruppe. Zugleich koordiniert die Defence-Sparte die jeweiligen Aktivitäten der verschiedenen Tochterunternehmen, Beteiligungs- und Programmgesellschaften. Die Produktionspalette ist weit gefächert: Sie umfasst Lenkflugkörper sowohl für das Heer als auch für Luftwaffe und Marine, des Weiteren sogenannte »intelligente« Munitionslösungen sowie Aufklärungs- und Schutzsysteme. Zu den führenden Anbietern in aller Welt zählt Diehl Defence außerdem im Bereich Ausrüstung, Instandsetzung und Modernisierung von Militärfahrzeugen.

Bekannt ist die Diehl BGT Defence GmbH & Co. KG in Überlingen, Röthenbach an der Pegnitz (östlich von Nürnberg) und Nonnweiler vor allem als eines der europaweit größten Systemhäuser für Lenkflugkörper. Diehl BGT Defence bietet Kunden in zahlreichen Staaten ein breites Portfolio luft-, land- und seegestützter Flugkörper sowie bodengestützte Luftverteidigungssysteme. Das Munitionskaliber reicht vom Mittel- bis zum Großkaliber. Sensoren und Sicherheitssysteme für die Aufklärung, die Überwachung und den Schutz sowie verschiedene Produkte und Dienstleistungen in den Feldern Training, Kundendienst und Verpackungssysteme werden ebenfalls angeboten.

Die heutige Diehl Defence Land Systems GmbH entstand aus den Industriewerken Saar (IWS) und Diehl Remscheid. Die IWS in Freisen westlich von Kaiserslautern gilt als größter ziviler Instandsetzer von Rad- und Kettenfahrzeugen der Bundeswehr und internationaler Streitkräfte. Beim European Service Center setzt die IWS Motoren, Turbinen und Getriebe für die US Army instand. Bei Diehl Remscheid im Bergischen Land werden unter anderem Panzerketten gefertigt, auch für den Leopard 2. Das Unternehmen rühmt sich seiner »Kunden in über 60 Ländern«.[439]

Längst ist das weit gefasste Fahrzeuggeschäft von Diehl bei Land Systems konzentriert. Hier werden Truppenfahrzeuge instandgesetzt und Systemketten gefertigt. Dieser Diehl-Bereich kooperiert mit der Bonner Heeresinstandsetzungslogistik GmbH (HIL). Hinzu kommen Dienstleistungen beim Umbau sowie bei der Modernisierung von Militärfahrzeugen.[440]

Zu den Beteiligungs- und Programmgesellschaften zählen unter anderem die AIM Infrarot-Module, Diehl Iberia und Diehl & Eagle-Picher. Die AIM Infrarot-Module GmbH in Heilbronn ist in der Entwicklung und Produktion hochwertiger Infrarotdetektoren, Wärmebildgeräte und Stirling-Kühlmaschinen tätig. Neu hinzugekommen sind weltraumgestützte Anwendungen. Damit werden nicht nur militärische

Güter und Sicherheitstechnik, sondern auch Produkte gefertigt, die im Umweltschutzbereich Verwendung finden.[441]

Die Diehl Iberia Sistemas S. A. im spanischen Sevilla wurde mit dem Ziel gegründet, spanische Panzerprojekte, wie den Leopard 2 (oder den Pizarro), möglichst optimal unterstützen zu können. Diehl Defence Land Systems versorgt die spanischen Streitkräfte mit Panzerketten und Komponenten, die in Lizenz und Koproduktion gefertigt werden.[442]

Mit Eagle-Picher Technologies hat die in Röthenbach an der Pegnitz ansässige Diehl & Eagle-Picher GmbH ein Joint Venture geschlossen. Das US-Unternehmen hat sich auf Batteriesysteme für den Rüstungssektor spezialisiert: aktivierbare Lithium-Thionychlorid-Batterien als Zünderbatterien, Thermalbatterien für Flugkörper und Munition sowie Batteriepacks für den Zivil- und Militärbereich.

Die Diehl-Gruppe ist an weiteren bedeutenden Unternehmen beteiligt. Zu diesen zählen die Diehl Raytheon Missile Systeme GmbH in Überlingen (mit einem Kapitalanteil von 50 %), die EuroSpike GmbH in Röthenbach an der Pegnitz (40 %), die GIWS Gesellschaft für Intelligente Wirksysteme mbH in Nürnberg (50 %) die LOG GmbH in Bonn (25 %), die PARSYS GmbH in Schrobenhausen (50 %), die RAM-System GmbH in Bremen (50 %) und die RTG Euromunition GmbH i. L. in Schrobenhausen (50 %).[443]

Bei der Diehl Raytheon Missile Systeme GmbH in Überlingen handelt es sich um ein Gemeinschaftsunternehmen mit dem US-Konzern Raytheon in Tucson, Arizona (USA), der die Flugkörper vom Typ Sidewinder AIM-9 vermarktet. Die Angebotspalette umfasst die Modifikation, Kampfwertsteigerung, logistische Unterstützung und Lebensdauerbetreuung, außerdem das Training, die Reparatur und Ersatzteilversorgung.[444]

Die Entwicklung der sogenannten »intelligenten« Munitionstechnologie SMArt geht auf das Jahr 1988 zurück. Die Artilleriemunition SMArt® 155 ist eine Suchzündermunition, entwickelt von der GIWS, einer Tochtergesellschaft von Diehl und Rheinmetall mit Sitz in Nürnberg. Die SMArt® 155 gilt als »Wirkmittel zur Punktzielbekämpfung stationärer und beweglicher Einzelziele«.[445] Die GIWS lobt die Fähigkeiten »überlegener Gefechtskopf-Technologie«. Neben der Bundeswehr schießen auch die Armeen der Schweiz, Griechenlands und

Australiens mit diesem Munitionstyp. Zurzeit laufen intensive Bemühungen zur Erschließung des US-Marktes, gemeinsam mit dem Partnerunternehmen ATK.[446]

Bei der PARSYS GmbH in Schrobenhausen handelt es sich um ein Joint Venture der Diehl BGT Defence GmbH und Co. KG mit der MBDA Deutschland. PARSYS fungiert als Generalunternehmer zur Fertigung und Integration sowie zum Vertrieb, zur Wartung und Betreuung des Flugkörpers und des Startrohres der PARS-3-LR-Munition. Dabei werden auch Anpassungs- und Weiterentwicklungen erfasst. PARS 3 ist die Hauptbewaffnung des EADS-Unterstützungshubschraubers Tiger der Bundeswehr.[447]

Diehl und die MBDA Deutschland haben mit der RAM-System GmbH, kurz RAMSys im bayerischen Ottobrunn ein Gemeinschaftsunternehmen gegründet. Dabei geht es um die Programmsteuerung des maritimen Flugabwehrsystems Rolling Airframe Missile (RAM). Das Unternehmen verantwortet in Europa die Vermarktung dieses Selbstverteidigungssystems für Schiffe. Kooperationsverträge regeln die Zusammenarbeit zwischen dem deutschen Gemeinschaftsunternehmen RAM-System GmbH, an der die Diehl Stiftung, Diehl BGT Defence und die Lenkflugkörper LFK GmbH beteiligt sind, mit der amerikanischen Firma Raytheon.[448]

Die PARSYS GmbH – ein 50:50-Joint Venture der Diehl BGT Defence GmbH mit der Lenkflugkörpersysteme GmbH im bayerischen Schrobenhausen – betreibt ein zerstörerisches Waffensystem: PARS 3 LR, das »Präsizions-Abstands-Raketen-System der dritten Generation Langer Reichweite«, die Hauptbewaffnung des Unterstützungshubschraubers Tiger. Die PARSYS GmbH ist Generalunternehmer für Fertigung, Integration, Vertrieb, Wartung und Betreuung des Flugkörpers.

Als wesentliches Merkmal der PARS-3-Raketen wird der sogenannte Fire-and-Forget-Modus angepriesen. Demnach verfügen die Lenkwaffen über die Fähigkeit, ihr Ziel ohne Unterstützung eines Schützen oder einer Feuerplattform zu finden. PARSYS verspricht, dass der Flugkörper über einen Suchkopf mit »einer hohen Wirkung im Ziel gegen vielzählige Zieltypen« verfügt.

Auch bei der EuroSpike GmbH, die ihren Hauptsitz in Röthenbach nahe Nürnberg hat, spielt die gesteuerte Raketentechnik eine entscheidende Rolle. Die Programmgesellschaft hat sich die Vermarktung der israelischen Panzerabwehrlenkwaffe Spike in europäischen Ländern zum Ziel gesetzt. Neben Diehl sind auch Rheinmetall (jeweils mit 40 %) und die israelische Waffenschmiede Rafael Armament Development Authority (20 %) Gesellschafter. Exportiert wurde die Panzerabwehrlenkwaffe unter anderem nach Finnland, in die Niederlande, nach Polen, Singapur und Spanien. Spike-Raketen wurden auch von der israelischen Armee im Gaza-Streifen verschossen.

Im Sommer 2011 präsentierten die deutsch-israelischen Kooperationspartner Diehl und Rafael auf der Paris Air Show erstmals ein neues Rüstungsprojekt mit beträchtlicher Zerstörungskraft: das allwetter- und mehrzweckfähige Gleitflugkörper-System PILUM. Bei einer Reichweite von rund 100 Kilometern baut die Gleitbombe auf der von Diehl entwickelten Hochleistungssprengbombe HOSBO auf.

Die volle Leistungsfähigkeit konnte 2008 bei einer Testkampagne des Bundesamtes für Wehrtechnik und Beschaffung bewiesen werden. »Nach einem erfolgreichen Marsch- und Ziel-Endanflug bewies der Gleitflugkörper mit einem Direkttreffer gegen ein Erdziel seine außerordentliche Zielpräzision«, erklärte Diehl danach. Mehrere Module werden mit dem Suchkopf des Spice-1000-Gleitflugkörpers des israelischen Rüstungsproduzenten Rafael zusammengefügt. Im Rahmen des PILUM-Programms unterzeichneten Diehl Defence und Rafael im Sommer 2010 ein Teaming Agreement. Der Einsatz des PILUM-Systems erfolgt im Bereich kurzer bis mittlerer Reichweiten, Letztere auf Distanzen von über 100 Kilometern. Auf der Grundlage der Nutzung bestehender Schnittstellen für die Paveway-Bewaffnung – gemeint sind Präzisionsbomben – erfolgt die Optimierung der Waffensystemontegration im Kampfflugzeug Eurofighter.[449]

Die intensive Diehl-Rafael-Rüstungskooperation ist umso erstaunlicher, als während des Zweiten Weltkriegs im deutschen Rüstungsbetrieb des damaligen Firmenchefs Karl Diehl jüdische Zwangsarbeiterinnen und KZ-Häftlinge rackern mussten. In der von zahlreichen Friedensorganisationen herausgegebenen Studie *Diehl – Porträt einer deutschen Waffenfabrik* wird auf beschönigende Porträts des Firmengründers hingewiesen, die das heute blendende Verhältnis des Unternehmens zu Israel mit »früh geleisteten Entschädigungszahlungen für die ehemaligen Zwangsarbeiterinnen« erklären. Solche Zahlungen erfolgten auch tatsächlich – aber erst auf öffentlichen Druck seitens des im Jahr 1998 gegründeten Entschädigungsfonds hin.

»Tatsächlich sind es aber gewohnt pragmatische Gründe, welche die bis heute gute Zusammenarbeit des Diehl-Konzerns mit Israel erklären«, heißt es dagegen in der Diehl-kritischen Studie. So kämen heute Komponenten aus der Diehl-Produktion in verschiedenen Waffensystemen der israelischen Streitkräfte zum Einsatz, beispielsweise der Zielerfassung dienende Infrarot-Module des Heilbronner Diehl-Tochterunternehmens AIM.[450]

Streumunitionsfähige Zünder aus dem Schwarzwald

Seedorf, ein Ortsteil von Dunningen, auf halber Strecke zwischen Schramberg und Oberndorf gelegen. Eine Urlaubsregion in den östlichen Ausläufern des Schwarzwalds. »Bedeutende Dunninger Persönlichkeiten sind Jacob Mayer, der als der Erfinder des Stahlformgusses gilt, der Demokrat Emil Maier und der klassizistische Bildhauer Landolin Ohnmacht«, verrät die Website der Gemeinde.

Auf der Wirtschaftsseite präsentiert sich die zur Diehl-Gruppe gehörende Junghans Microtec GmbH mit dem Motto »Höchste Präzision garantiert«. Das Unternehmen sei ein führender Hersteller mechanischer, elektronischer und optronischer Präzisionsteile aus Metall, Keramik und Kunststoff. Zudem würden modernste Geräte und Systeme für zivile und militärische Anwendungen gefertigt. Die Produktions- und Qualitätsstandards gewährleisteten, zusammen mit dem Know-how von 140 Jahren – so die Selbstdarstellung –, »die hohe Funktionszuverlässigkeit« der Junghans-Produkte. Auf modernsten Maschinen würden verschiedenste Werkzeuge sowie Vorrichtungen für die Montage und Qualitätskontrolle gefertigt.[451]

Potemkin lässt grüßen. Erst wer hinter die Kulissen blickt, wird fündig: Hier im Diehl-Werk in Dunningen-Seedorf werden tödlichste Waffenbestandteile entwickelt und gefertigt. Junghans Microtec, ein Joint Venture der beiden Rüstungskonzerne Diehl und Thales, ist Weltmarktführer im Bereich Sicherungseinrichtungen und Munitionszünder. Zu Junghans Microtec gehören zudem die Unternehmenstöchter Junghans T2M S. A. S. in La Ferté Saint Aubin in Frankreich und die DynITEC GmbH in Troisdorf. Diese sind mit der Entwicklung und

Produktion militärischer Zünd- und Anzündmittel, energetischer Materialien sowie elektronischer Zündsysteme befasst.[452]

Im Jahr 2009 beschäftigte die Junghans Microtec GmbH, die zu 55 Prozent zu Diehl und zu 45 Prozent zu Thales gehört, knapp 500 feste Mitarbeiter, dazu kamen weitere 100 Leiharbeiter. Damals war der Umsatz auf rund 90 Mio. Euro gestiegen. Die Jahresproduktion an Zündern für Mörsermunition, Bomben und Granaten belief sich im Werk Seedorf auf rund eine Million Stück. »Damit sind wir auf dem für uns erreichbaren Markt Weltmarktführer«, so der Sprecher der Geschäftsleitung, Gerhard Nowicki.

Vorbei die Zeiten, da die Bundeswehr die meisten Zünder abnahm. Längst ist die Bundeswehr allenfalls noch wegen der Zünderentwicklung von Bedeutung. Entscheidend dagegen ist mit 85 Prozent der Exportanteil. Junghans fertige alle Arten von Zündern, »nur keine für Streumunition, das ist ja verboten«, behauptete Nowicki gegenüber einer Besuchergruppe – damals noch unwidersprochen.[453]

Knapp drei Jahre später, im Juli 2012, produzierte das Unternehmen Negativschlagzeilen, die Nowickis vollmundige Versicherungen mehr als zweifelhaft erscheinen ließen: Das ZDF-Politikmagazin »Frontal 21« berichtete über die Präsentation von Zündern für Streumunitionsgeschosse auf der Junghans-Homepage. Ein Skandal mit juristischem Sprengpotenzial. Schließlich waren die Produktion und Weitergabe bestimmter konventioneller Typen von Streumunition seit knapp vier Jahren international verboten. Das Übereinkommen über Streumunition, vielfach auch als Streubombenkonvention tituliert, war am 1. August 2010 als völkerrechtlich bindender Vertrag in Kraft getreten. Mittlerweile waren mehr als 100 Staaten dem Abkommen von Oslo beigetreten. Deutschland, so die gute Nachricht, hatte das Verbot inzwischen in nationales Recht umgesetzt.

Dramatisch dagegen der »Frontal 21«-Beitrag über den Beschuss des Libanon mit Millionen von Streubomben durch israelische Kampfflugzeuge im Sommer 2006. Bis zum heutigen Tag töteten oder verletzten Hunderttausende von Blindgängern unschuldige Zivilisten, berichtete »Frontal 21«. Am bedrückenden Schicksal Betroffener wurde den deutschen Fernsehzuschauern vor Augen geführt, welche Zerstörungskraft die geächteten Waffen entwickeln: an Gebäuden und im menschlichen Körper.

377

Entsprechend hart der Vorwurf: »Doch deutsche Rüstungskonzerne machen weiter Geschäfte mit der geächteten Waffe.« Der sich erst einmal gegen eine Firma richtete: »So das Wehrtechnik-Unternehmen Junghans Microtec.« Anhand von Bildmaterial konnte »Frontal 21« belegen, dass die Firma aus dem Schwarzwald verschiedene Zünder anbot, »die auch für Streubomben verwendet werden können«. Zum Beweis präsentierte das ZDF den Doppelzünder DM 163, der von Junghans Microtec auf der Firmen-Website als mechanischer Doppelzünder beworben wurde und, so die Junghans-Beschreibung, »üblicherweise für Artillerie-Cargogeschosse wie Leucht-, Nebel- und Bombletmunition eingesetzt« werde. Bomblets sind Geschosse mit Splitterwirkung, nichts anderes als Streumunition.

Auf Nachfrage des TV-Senders musste das Seedorfer Unternehmen einräumen, dass besagte Zünder grundsätzlich für Streumunition verwendet werden können. Mit dem Bekanntwerden der Waffenwerbung reagierte das Unternehmen prompt: Nicht mit der erhofften Vorankündigung zur Einstellung der Zünderproduktion, sondern mit der Korrektur der Website. »Leider ist der von Ihnen in unserer Webseite entdeckte Hinweis auf mögliche Verwendung des Doppelzünders DM 163 auch für Bombletmunition bisher unverständlicherweise unserer Aufmerksamkeit entgangen«, so die Reaktion von Junghans Microtec. Man habe »diesen irreführenden Hinweis umgehend entfernt«. Bedeutete umgehend von der Website entfernt auch aus dem Produktionsprogramm genommen? »Frontal 21« ließ nicht locker: Laut aktueller Ausgabe von *Jane's Ammunition Handbook* biete Junghans den Zünder weiterhin für Streumunition sogenannter Cargo-Ladungen an – und das »ausschließlich sogar«. Dieser Vorwurf wog noch schwerer als die entlarvende Werbung auf der firmeneigenen Homepage.

Weiterreichende Folgen zeitigte die ZDF-Recherche offensichtlich nicht. Nach wie vor sitzen die Kunden des führenden Zünderherstellers in aller Welt. Der größte findet sich auf dem größten Waffenmarkt weltweit: Seit gut zwei Jahrzehnten ist das Pentagon der Hauptabnehmer von Mörserzeitzündern.[454]

Business as usual. Der streumunitionsfähige Zünder ist von der Homepage verschwunden, was aber heißt das schon? Das Entfernen des Verwendungszwecks der Bombletmunition von der Website bedeute »noch lange nicht, dass diese Munition nicht mehr mit Bomblets in Verbindung gebracht werden kann«, betont Thomas Küchenmeister, der frühere Sprecher der Anti-Streumunitionskampagne Landmine.de und heutige Vorsitzende von Facing Finance. »Im Gegenteil, sie ist ja dafür weiter nutzbar, und wenn man das aktiv bewirbt, wie es die Firma Junghans ganz offensichtlich getan hat, dann liegt hier meines Erachtens ein Verstoß gegen das Kriegswaffenkontrollgesetz vor.«[455]

Laut SIPRI beliefen sich die Waffenverkäufe im Jahr 2011 auf 34 Prozent der Gesamtverkäufe der Diehl-Gruppe. Die Nummer vier der Waffenfabrikanten mit Firmensitz in Deutschland konnte den Wert ihrer Waffenexporte von 940 Mio. (2008) auf 1,07 Mrd. US-Dollar (2009), 1,20 Mrd. US-Dollar (2010) und 1,38 Mrd. US-Dollar (2011) steigern und rückte damit auf Platz 60 im internationalen Ranking der Top 100 vor.[456]

Die Bilanzsumme der Diehl-Gruppe konnte zum 31. Dezember von rund 2,73 (2010) auf 2,93 Mio. Euro (2011) gesteigert werden. Entsprechend entwickelte sich auch die Zahl der Beschäftigten positiv: Sie war bereits in den vergangenen Jahren stetig gestiegen, zuletzt von 13 569 (2010) auf 13 974 (2011). Diese erfreulichen Zahlen konnten nicht darüber hinwegtäuschen, dass das Ergebnis gemindert wurde, das EBIT von 150,1 (2010) auf 143,7 Mio. Euro (2011) sank. Ein maßgeblicher Grund dafür war der Defence-Bereich, der »einen spürbaren Rückgang der Nachfrage in den klassischen Abnehmerländern« verzeichnete. Der Teilkonzern Defence schrieb rote Zahlen, der Umsatz sank von 726 Mio. Euro (2010) auf 643 Mio. Euro (2011). Dabei minderten sich sowohl die Inlands- als auch die Auslandserlöse. Erfreulicherweise übernahmen die zivilen Geschäftsfelder derweil »die Rolle als Wachstumstreiber«.

Die vermeintliche Lösung der Absatzprobleme sieht die Diehl-Führung unter Defence-Chef Claus Günther allem Anschein nach nicht in der Umstellung auf eine nachhaltige zivile Fertigung, sondern im Waffenhandel. Unumwunden bekennt das Unternehmen im Konzernlagebericht 2011, dass Wachstum beim Waffenhandel »nur noch im Export möglich« sei, wohlgemerkt »in Länder außerhalb des Bündnisses«. Dementsprechend konzentriert sich die Rüstungsindustrie auf neue Absatzmärkte: Asien, die Golfregion und Südamerika.[457]

In ihrem Arsenal weist die Diehl-Gruppe ein einzigartiges Konglomerat todbringender Kriegswaffen auf: Das Unternehmen produziert bzw. vertreibt beispielsweise in Röthenbach, Seedorf und am Bodensee Raketen-, Zünder-, Drohnen- bzw. Bombentechnik. Wer um den immens hohen Rüstungsexportanteil und um die dubiosen Empfängerländer von Diehl Defence weiß, der kann die Wahrheit nicht länger verdrängen und totschweigen: Diehl-Waffen und -Munition werden nicht fürs Museum gefertigt, sondern vielfach ins Ausland geliefert und von Militärs auf den Schlachtfelder der Welt todbringend eingesetzt.

Täterprofil

Claus Günther – zahllose Opfer durch Zünder, Raketen und Lenkflugkörper

Claus Günther wurde am 27. März 1954 in Gelsenkirchen geboren. Der Offiziersausbildung in Wetzlar und Hannover folgte von 1974 bis 1977 ein Studium der Wirtschafts- und Organisationswissenschaften an der Hamburger Hochschule der Bundeswehr. Als Reserveoffizier ging Günther 1985 in die Industrie, zunächst zur Buderus AG. Von 1989 bis 2001 war er Vorstandsmitglied der SMC Corporation in Tokio.

Bei der Diehl Stiftung & Co. KG war der Gelsenkirchener von 2002 bis 2007 als Bereichsvorstand für Operative Beteiligungen tätig, zudem Chief Executive Officer (CEO) der Hydrometergruppe in Ansbach. Anfang April 2007 berief der Aufsichtsrat der Diehl-Stiftung den Diplom-Kaufmann in den Stiftungsvorstand. Günther ist CEO der Diehl Defence Holding GmbH mit Sitz in Überlingen am Bodensee sowie Vorstandssprecher des Bereichs Diehl Defence.[458]

Die nachfolgenden Positionen und Aktivitäten im Bereich der Produktion und Ausfuhr von Kriegswaffen zählen zu den problematischsten in der Ära des Diehl-Managers Claus Günther:

- Als Mitglied des Diehl-Vorstands mit der Zuständigkeit für den Teilkonzern Defence verantwortet Günther die Rüstungsaktivitäten der Diehl-Gruppe. Das operative Geschäft umfasst die Bereiche »intelligente Munition«, Lenkflugkörper, Aufklärungs- und Überwachungssysteme, Instandsetzung von Militärfahrzeugen, Schutz von Landfahrzeugen und Logistik. Über die Beteiligungen an den Unternehmen Junghans Microtec, AIM Infrarot-Module und Diehl & Eagle-Picher ist Diehl Defence zudem an »strategischen Schlüsselkomponenten« im Bereich von Zündern, Infrarottechnik sowie Spezialbatterien aktiv. Der Erfolg der Restrukturierung zeigt sich auch im SIPRI-Rüstungsranking. Mit einem Waffenexportvolumen von 1,21 Mrd. US-Dollar rückte der Nürnberger Rüstungsriese unter dem Vorsitzenden Günther im Jahr 2010 auf Platz 63 vor.[459]

- Mit der EuroSpike GmbH verfügt Diehl unter Claus Günther über eine direkte Achse zwischen dem deutschen und dem israelischen Rüstungsmarkt. Diehl, Rheinmetall und der israelische Rüstungsproduzent Rafael Armament Development Authority sind Gesellschafter. Im Sommer 2009 orderte die Bundeswehr mehr als 300 Werfer des Typs MELLS für Spike-Raketen. Darüber hinaus vermarktet die Programmgesellschaft Spike-Lenkflugkörper aus Israel in ganz Europa. Spike-Raketen, die über eine Reichweite von bis zu acht Kilometern verfügen, wurden von der israelischen Armee im Gaza-Streifen verschossen.
Bei der neuen Gleitbombe PILUM werden mehrere Module mit dem Suchkopf des Spice-1000-Gleitflugkörpers von Rafael zusammengefügt. PILUM wird über eine Reichweite von gut 100 Kilometern verfügen. Die Präzisionsbombe soll auch in das Kampfflugzeug Eurofighter integriert werden.[460]
Bei einer Diskussionsveranstaltung im Rahmen des Bodensee-Kirchentages im Sommer 2012 wurde der Diehl-Defence-Vorsitzende Günther von einem Besucher auf die Israel-Connection seines Unternehmens angesprochen: Ob

der Konzern wisse, was die Waffen wo »angerichtet haben«. Günthers Antwort: Früher habe Israel »ziemlich dumme Waffen« besessen, diese hätten »irgendwo hingeschossen«. Heute habe Diehl ein Waffensystem, das zivile Opfer vermeide. »Zurück blieb bei vielen Besuchern Unbehagen«, kommentierte der *Südkurier*.[461] Beim Unternehmen wohl auch, denn die Israel-Deals von Diehl werden im Geschäftsbericht 2011 mit keinem Wort erwähnt.

Die Diehl-Rheinmetall-Rafael-Connection ist für alle Beteiligten ergiebig. Sie stärkt die nationale Rüstungsindustrie in Deutschland und Israel und erschließt lukrative Absatzmärkte. Dabei profitieren die beteiligten Unternehmen vom Rüstungswettlauf im Nahen Osten, denn Diehl liefert – wie andere deutsche Unternehmen auch – an verfeindete Staaten wie Israel und Saudi-Arabien. So verfügen die Eurofighter Typhoon für Riad über Diehl-Bewaffnung, und die Leopard-2-Kampfpanzer sind mit Diehl-Panzerketten ausgerüstet.

- Die Zielvorgaben für den weiteren Waffenhandel sind klar definiert. Dank der Einrichtung weltweiter Außenbüros zeige Diehl Defence »auf internationalen Märkten Präsenz in Kundennähe«. Verkaufserfolge bleiben nicht aus. Indien, bekanntermaßen im Dauerkonflikt mit dem Nachbarstaat Pakistan und laut GKKE durch eine »schlechte« Menschenrechtslage gekennzeichnet, hat jüngst Diehl-Panzerketten erhalten. Gerade den Panzerketten von Diehl in Remscheid bescheinigt der Defence-Vorsitzende »weltweiten Erfolg«.[462]

- Mehr als die meisten anderen deutschen Waffenschmieden setzt Diehl Defence seit vielen Jahren auf die Kooperation mit US-Rüstungskonzernen. Defence-Chef Günther sieht in der transatlantischen Zusammenarbeit »eine bewährte Tradition des Hauses Diehl«. Diese bilde neben dem nationalen, europäischen sowie internationalen Geschäft »eine tragende Säule unserer wehrtechnischen Aktivitäten«. Dabei gestaltet sich insbesondere die Kooperation im Marktsegment der Lenkflugkörper aus Günthers Sicht »außerordentlich erfolgreich«. Kooperationsverträge regeln die Zusammenarbeit zwischen dem deutschen Gemeinschaftsunternehmen RAM-System GmbH (RAMSys) mit Diehl und dem US-Rüstungskonzern Raytheon. Deren Aufgabe besteht in der Programmsteuerung des Schiffs-Selbstverteidigungssystems Rolling Airframe Missile (RAM) und dessen Vermarktung »in ausgewählten Ländern«.

RAM gilt als das derzeit modernste verfügbare Selbstverteidigungssystem für Marineeinheiten. Neben der Bundesmarine und der US Navy verfügen auch die Streitkräfte Ägyptens, Griechenlands, Südkoreas und der Vereinigten Arabischen Emirate über RAM. Laut Günther unterstreichen Abertausende exportierter Rolling Airframe Missiles die Bedeutung des erfolgreichen transatlantischen Flugkörperprogramms.[463]

- Beim weltweit führenden Hersteller von Zündern, der Diehl- und Thales-Tochter Junghans Microtec, werden jährlich rund eine Million Zünder für Mörsermunition, Bomben und Granaten gefertigt. Rund 85 Prozent der Zünder gegen in den Export.[464] Zu den »wichtigsten Kunden« beim Geschäft mit Zündern zählt das Pentagon. Die gewachsene Bedeutung der Schwarzwälder Zünderfabrikanten machte Günther klar, als er erklärte, die Lieferbeziehungen mit dem amerikanischen Verteidigungsministerium bestünden bereits seit zwei Jahrzehnten. Mit der Einführung mechanischer Zeitzünder bei den US-Marines sei Junghans Microtec bereits seit 1987 die »einzige Lieferquelle für alle Mörserzeitzünder«.[465] In welchen Kriegen der USA die Junghans-Zünder zum Einsatz kamen und kommen, verriet Günther nicht.

- Als der Journalist Stefan Aigner die Suchzünder-Munition SMArt 155 [SMArt® 155] im Sommer 2008 als »Streubombe« bezeichnete, verklagte ihn Diehl Defence erfolgreich vor dem Landgericht München. Laut Günther handelt es sich bei der SMArt 155 um »Präzisionsmunition«. Tatsächlich ist diese geeignet, sowohl stehende als auch fahrende Ziele zu liquidieren, unabhängig davon, ob diese getarnt oder nicht getarnt sind.

Treffender Kommentar der *Zeit* zur Auseinandersetzung um die Munition: »Mit Smart töten Soldaten also clever.« Ob dem Diehl-Defence-Chef da nicht mulmig werde, wollte die Wochenzeitung wissen. »Wir tun alles nur Mögliche, um zu verhindern, dass unsere Munition in die Hände von Verbrechern und Terroristen gelangt«, vermied Günther jegliches Eingeständnis der tödlichen Wirkung dieses Munitionstyps.[466]

- Zusammen mit dem US-Konzern GA-ASI bietet Diehl BGT Defence die Aufklärungsdrohne Predator B zum Kauf an. Schon vor Jahren erkannte Claus Günther die Marktchancen: Die Aufklärungsdrohne erfülle die Anforderungen der Bundesluftwaffe »an ein System für die abbildende Aufklärung in der Tiefe des Einsatzgebietes«. Angesichts der laufenden Serienfertigung sei die Beschaffung »zügig realisierbar bei zugleich niedrigem wirtschaftlichen und technischen Risiko«, warb der Diehl-Defence-Manager im November 2007.[467] Unbeirrt setzt Günther bis heute auf die Zukunftstechnik der Drohnen. So verfügt die Diehl Beteiligungsgesellschaft AIM Infrarot-Module über jahrzehntelange Erfahrung in der Entwicklung, Fertigung und im weltweiten Vertrieb von Infrarot-Detektoren und Stirling-Kühlern, die auch in Drohnen zur Anwendung kommen.[468]

- Laut Günther zählt der Lenkflugkörper IRIS-T als Standardbewaffnung moderner Kampfjets »zu den besten auf dem Weltmarkt«, denn er sichere die Durchsetzungsfähigkeit in der Luft. Eine neue Bewaffnung von Lenkflugkörpern stellt das Interactive Defence and Attack System (IDAS) dar. Erstmals können mit IDAS U-Boote Bedrohungen aus dem Luftraum abwehren, wobei das Waffensystem auch »gegen Schiffe und Landziele eingesetzt« werden kann, so Günther. Neben dem Flugkörper IRIS-T präsentiert der Rüstungskonzern schon jetzt die Weiterentwicklung: Ausgestattet mit einem leistungsstärkeren Raketenmotor und optimaler Schusstechnik, soll die IRIS-T SL zur Serienreife geführt werden. Das Luftverteidigungssystem IRIS-T SLM (Surface Launched Medium Range) setzt sich maßgeblich aus den Komponenten Sensor, Effektor und Feuerleitsystem zusammen. Im Endanflug wird der Lenkflugkörper mittels eines passiven Infrarotsuchers mit »höchster Präzision und herausragender Störresistenz gegen aktive und passive Gegenmaßnahmen ins Ziel gelenkt werden«, wie das Fachblatt *Europäische Sicherheit & Technik* ankündigt. Erste Testschüsse wurden in Südafrika durchgeführt; das Luftverteidigungssystem IRIS-T SLM soll ab 2014 zur Serienreife gebracht werden. Effektiv bekämpft werden können unter anderem auch Cruise Missiles, Großkaliberraketen, Präzisionsbomben und Drohnen.[469]

- Der Rüstungsmanager Claus Günther fördert »das hohe Engagement der Diehl-Gruppe in Wehrtechnik«.[470] Etwa 45 Prozent seines Umsatzes im Rüstungsgeschäft erzielt Diehl Defence mit der Bundeswehr – 55 Prozent demnach mit Sicherheitskräften und Armeen anderer Staaten.[471] Trotz zahlreicher Rüstungsexportgeschäfte warnt Günther vor Etatkürzungen bei der Bundeswehr. »Wenn hier weniger hergestellt wird und wir alles im Ausland kaufen, dann werden Milliarden Steuergelder im Ausland ausgegeben.« Diehl Defence benötige »die eigenen Streitkräfte als Referenzkunden«.[472] Zur Sicherung und zum Ausbau des Geschäfts mit der Bundeswehr sei das Unternehmen »weiterhin auf den Export angewiesen, um Wertschöpfung und wehrtechnische Kernfähigkeiten in Deutschland zu erhalten«.[473]

Verkäufe von Waffenbestandteilen an Israel und an das verfeindete Saudi-Arabien, Verkäufe von Drohnen und von Lenkflugkörpern zur effektiven Bekämpfung von Drohnen: Was gibt es Lukrativeres als Armeen verfeindeter Staaten mit Waffen beziehungsweise deren Teilen zu versorgen? Und was ist profitabler als ein neues Waffensystem auf dem Markt zu platzieren und dessen Vernichtungswaffe gleich mit anzubieten? Die Rüstungsdeals des Rüstungsriesen Diehl versorgen die Krieger beiderseits der Front mit tödlichen Waffensystemen. Moralische Bedenken oder gar Skrupel plagen den Diehl-Defence-Vorsitzenden Claus Günther nicht im Mindesten. Warum auch: Das Geschäft mit dem Tod ist das tagtägliche Geschäft der »Verteidigungs«-Sparte seines Unternehmens.

Gerade in Zeiten sinkender Verkäufe und eines schwindenden EBIT macht Diehl Defence Profite um jeden Preis – auf Kosten zahlloser Menschenleben. Konkrete Zahlen sind kaum zu bekommen: »Angesichts der breiten Palette an vielfältig einsetzbaren Waffen und Waffenkomponenten lässt sich nur schwer sagen, wo überall mit Diehl-Waffen geschossen und getötet wird.«[474]

Die geschäftlichen Vorgaben des Diehl-Defence-Vorsitzenden orientieren sich an den Bedürfnissen der Empfänger der Diehl-Waffen in aller Welt. Laut Günther gelte es Leistungen und Kompetenz »noch stärker und effizienter an den Bedürfnissen der Kunden« auszurichten. Das internationale Geschäft werde »in ausgewählten Märkten« fortentwickelt.[475] Auch wenn nicht alle Einsatzgebiete von Diehl-Waffen bzw. Kriegswaffen mit Diehl-Bestandteilen bekannt sind, gibt es vielfach deutliche Hinweise: Die Diehl-Büros im Nahen und Mittleren Osten sowie in Südostasien sowie die intensiven Geschäftsbeziehungen zu Indien, Israel, Saudi-Arabien und den USA erlauben in jedem Fall Rückschlüsse auf die Einsatzländer und -regionen.

Augenscheinlich ist die Diehl-Gruppe mit Diehl BGT Defence und Junghans Microtec – nach Heckler & Koch – das zweittödlichste Unternehmen Deutschlands. Denn angesichts Abertausender von Lenkflugkörpern und mehrerer Millionen ausgelieferter Zünder [Jahresproduktion: 1 Mio. Zünder] müssen die Opferzahlen exorbitant hoch sein. Gerade die Zünder wurden und werden vor allem an die US Army ausgeliefert und im Irak- und im Afghanistan-Krieg eingesetzt.

Für all dies ist Claus Günther seit seinem Amtsantritt maßgeblich mitverantwortlich.

1 *Badische Zeitung* vom 17. April 2012.

2 »World military spending levels out after 13 years of increases, says SIPRI«. Pressemitteilung vom 17. April 2012.

3 »The SIPRI Top 100 arms-producing and military services companies excluding China, 2011«, siehe www.sipri.org vom Februar 2013; http://de.wikipedia.org/wiki/BAE-Systems

4 Referenzdokument – Unternehmensinformationen 2000 der EADS N. V., S. 26.

5 Geschäftsbericht der Daimler AG 2009, S. 202; »EADS. Das Beteiligungsmodell im Einzelnen«, siehe www.focus.de vom 9. Februar 2007.

6 Geschäftsbericht der Daimler AG 2011, S. 9.

7 *Handelsblatt* vom 12. September 2012.

8 »The SIPRI Top 100 arms-producing and military services companies, 2010 and 2011«, a. a. O.

9 »The SIPRI Top 100 arms-producing and military services companies, 2010 and 2011«, a. a. O.; http://de.wikipedia.org/wiki/Finmeccanica

10 The SIPRI Top 100, 2011

11 http://www.sipri.org/research/armaments/production/Top100

12 »The SIPRI Top 100 arms-producing and military service companies 2011«, a. a. O.

13 Rüstungsexportbericht 2010, S. 45.

14 GKKE-Rüstungsexportbericht 2011, S. 27 f.

15 Ebda., S. 3 und 28.

16 Rüstungsexportbericht 2011, S. 6 und 33.

17 GKKE-Rüstungsexportbericht 2012, S. 6.

18 Jürgen Grässlin: *Abgewirtschaftet?! Das Daimler-Desaster geht weiter,* München 2007, S. 19 ff.

19 Rechtssache C-19/11, siehe »EU Europäischer Gerichtshof stärkt Rechte von Aktionären«, *news.de* (news.de/dpa) vom 28. Juni 2012.

20 *manager magazin* 8/2012, S. 121.

21 Jürgen Grässlin, *Der Herr der Sterne.*

22 Edzard Reuter: *Schein und Wirklichkeit. Erinnerungen,* Berlin 1998, S. 239, 412.

23 Jürgen Grässlin: *Daimler-Benz. Der Konzern und seine Republik,* München 1995, S. 132.

24 Geschäftsbericht EADS: *Welten verbinden. Das Unternehmen im Jahr 2009,* S. IV und XI.

25 EADS-Website »Unser Unternehmen«, siehe Astrium.

26 Geschäftsbericht EADS: *Wir haben, was zählt. Das Unternehmen im Jahr 2008,* S. 49.

27 Geschäftsbericht EADS: *Fortschritt, Innovation, Wandel. Das Unternehmen im Jahr 2011,* S. 51 und 67.

28 Jürgen Grässlin, *Herr der Sterne,* S. 230 ff.

29 www.wikipedia.org > Eurofighter & cforworld.de

30 *Mforum,* a. a. O.

31 »Brisante Gerichtsakten nähren neuen Schmiergeldverdacht«, siehe www.format.at vom 19. Juni 2012.

32 de.wikipedia.org/wiki/Eurofighter… > »Eurofighter-Affäre«.

33 Ebda.

34 »Bei Korruption Ausstieg aus Eurofighter-Deal möglich«, a. a. O.

35 »Razzien bei EADS wegen dubiosem Eurofighter-Deal«, www.welt.de vom 7. November 2012; »Europaweites Netz von Schmiergeldzahlungen«, www.sueddeutsche.de vom 10. November 2012; »Konzernchef Enders in Bedrängnis«, www.sueddeutsche.de vom 11. November 2012.

36 *Flug Revue,* Juni 2011, S. 74.

37 *Flug Revue,* Juni 2011, S. 59.

38 *Flug Revue,* August 2010, S. 5.

39 Geschäftsbericht EADS: *Flug in die Zukunft, Das Unternehmen im Jahr 2010,* S. XV.

40 *Europäische Sicherheit* 8/2011, S. 24 ff.

41 »Oman, BAE Reach Agreement on Typhoon and Hawk Deal« vom 21. Dezember 2012; siehe www.defensenews.com

42 Geschäftsbericht EADS: *Fortschritt, Innovation, Wandel. Das Unternehmen im Jahr 2011,* S. XV.

43 *Handbuch der Bundeswehr … 2011/2012,* S. 764 f.

44 »News Releases. Northrop Grumman to Supply High Accuracy Inertial Measurement Units for Eurofighter Typhoon Tranche 3A« vom 19. August 2010, siehe http://www.irconnect.com

45 »LLN-GY – INERTIALE NAVIGATIONSEINHEIT«, Stand: 7. Mai 2012, siehe http://www.northropgrumman.litef.com

46 http://www.northropgrumman.litef.com; *Handbuch der Bundeswehr … 2011/2012,* S. 822.

47 »News Releases. Northrop Grumman to Supply High Accuracy Inertial Measurement Units for Eurofighter Typhoon Tranche 3A«, a. a. O.

48 »Litef ist Freiburgs tödlichstes Unternehmen«. Interview mit Jürgen Grässlin, *Fudder.de* vom 4. März 2010.

49 »The SIPRI Top 100 arms-producing and military services companies, 2010«, siehe http://www.sipri.org/research/armaments/production/Top100

50 http://www.rockwellcollins.de/Worldwide/Europe/Germany.aspx

51 http://www.rockwellcollins.com/about/locations/deutschland/index.html

52 Rüstungsexportbericht 2011, S. 21.

53 Rüstungsexportbericht 2009, S. 22 f. und 105; Rüstungsexportbericht 2010, S. 3, 24 und 111; Rüstungsexportbericht 2011, S. 92, 79 ff.

54 *wehrtechnik* I/2012, S. 56, *wt*-Spezial Schweiz.

55 »The 50 largest suppliers of major conventional weapons, 2007–11«, in: *SIPRI Yearbook 2012*, S. 266.

56 »Volksinitiativen für ein Verbot von Kriegsmaterial-Exporten. Argumente für ein JA am 29. November 2009«, S. 1, 2, 12.

57 »Entführung in Pakistan, aber die CH-Kriegsmaterialexporte gehen weiter«, Rundmail vom 18. Juli 2011.

58 »Die Schweiz steigert Rüstungsexporte«, siehe www.handelszeitung.ch vom 25. Oktober 2012.

59 *Badische Zeitung* vom 30. September 2011.

60 Ebda.

61 Ebda.

62 www.sonntagonline.ch/ressort/aktuell/2479/ vom 25. August 2012.

63 www.20min.ch/schweiz/news/story/26237774

64 *Badische Zeitung* vom 30. September 2011.

65 *The Times of India* vom 23. August 2012.

66 *Stuttgarter Zeitung* vom 15. März 2010.

67 FAZ vom 28. September 2011.

68 Geschäftsbericht EADS: *Flug in die Zukunft. Das Unternehmen im Jahr 2010*, S. VIII.

69 Geschäftsbericht EADS: *Fortschritt, Innovation, Wandel. Das Unternehmen im Jahr 2011*, S. VIII.

70 *Stuttgarter Nachrichten* vom 25. Februar 2011; FAZ vom 26. Februar 2011.

71 Ohne Rüstung Leben (Hrsg.): *kompakt. Deutsche Rüstungsexporte nach Saudi-Arabien*, Stuttgart 2011.

72 Geschäftsbericht EADS: *Fortschritt, Innovation, Wandel. Das Unternehmen im Jahr 2011*, S. VIII.

73 Ebda., S. 45.

74 Geschäftsbericht EADS: *Flug in die Zukunft. Das Unternehmen im Jahr 2010*, S. IX.

75 Geschäftsbericht EADS: *Fortschritt, Innovation, Wandel. Das Unternehmen im Jahr 2011*, S. 45.

76 *Handbuch der Bundeswehr ... 2009/2010*, Bonn 2009, S. 812 und 894; *Handbuch der Bundeswehr ... 2007/2008*, S. 757.

77 *Augsburger Allgemeine* vom 11. Dezember 2009.

78 Zit. aus: Geschäftsbericht EADS: *Flug in die Zukunft. Das Unternehmen im Jahr 2010*, S. 8 f.

79 »A400M-Stückzahl auf 53 reduziert«, *loyal. Magazin für Sicherheitspolitik* 5/2011, S. 26 f.; *Frankfurter Allgemeine Zeitung* vom 8. April 2011.

80 »A400M-Stückzahl auf 53 reduziert«, *loyal. Magazin für Sicherheitspolitik,* a. a. O.

81 Geschäftsbericht EADS: *Flug in die Zukunft. Das Unternehmen im Jahr 2010,* Airbus Military, S. 42.

82 Geschäftsbericht EADS: *Fortschritt, Innovation, Wandel. Das Unternehmen im Jahr 2011,* S. IX.

83 »Bericht des Bundesministeriums der Verteidigung zu ergänzenden Fragen bezüglich der vorgesehenen Vertragsergänzung und des geplanten bedingt rückzahlbaren verzinslichen Darlehens (sogenannte Export Levy Facility) im Projekt A400M« vom 12. Januar 2011, S. 2 ff.

84 Geschäftsbericht EADS: *Fortschritt, Innovation, Wandel. Das Unternehmen im Jahr 2011,* S. 45.

85 http://www.daimler.com/dccom/0-5-78470-49-72269-1-0-0-0-0-1-8-7145-0-0-0-0-0-0-0.html

86 »Patriotische Aktionäre gesucht«, *FAZ.NET* vom 4. Februar 2011.

87 http://www.daimler.com/dccom/0-5-78470-49-72269-1-0-0-0-0-1-8-7145-0-0-0-0-0-0-0.html

88 Geschäftsbericht EADS 2007, S. 5; und Finanzbericht.

89 http://www.eads.com/eads/germany/de/unser-unternehmen/unternehmensfuehrung/board-of-directors/mitglieder/uebber.html, Stand 3. Oktober 2012, Status: Registierungsdokument 2011.

90 Geschäftsbericht EADS: *Flug in die Zukunft. Das Unternehmen im Jahr 2010,* S. V.

91 »Brief des Chairman des Board of Directors« der EADS, in: Ebda., S. 8 f.

92 Ebda., S. 15.

93 Geschäftsbericht EADS: *Fortschritt, Innovation, Wandel. Das Unternehmen im Jahr 2011,* S. XIV f. und 32.

94 Ebda., S. 8 f.: Brief des Chairman des Board of Directors, Bodo Uebber.

95 Ebda.

96 Ebda., S. III. EADS Pressemitteilung »Anhaltendes Wachstum: EADS veröffentlicht starke Ergebnisse für das Geschäftsjahr 2012«, Amsterdam vom 27. Februar 2013.

97 »Ad-hoc-Mitteilung – Anhaltende Dynamik: EADS veröffentlicht solide Halbjahresergebnisse (H1) 2012« vom 27. Juli 2012, siehe http://www.eads.com/eads/germany/de/presse/press.de_20120727_eads_hl_results…

98 Interview mit Bodo Uebber, *Frankfurter Allgemeine Zeitung* vom 22. Mai 2011.

99 www.eads.com > Eurocopter.

100 »Der Kampfhubschrauber Tiger – das Beste aus allen Welten«, siehe www.
eads.com > Tiger.

101 Geschäftsbericht EADS B 2009, S. XI und 23; *Handbuch der Bundeswehr ...
2009/2010*, S. 878.

102 »Er fliegt!«, *loyal. Magazin für Sicherheitspolitik* 5/2011, S. 21.

103 Der Tiger an vorderster Front«, *Rotor Journal* Nr. 93, April/Mai/Juni 2012, S. 28 f.

104 Geschäftsbericht EADS: *Fortschritt, Innovation, Wandel. Das Unternehmen
im Jahr 2011*, S. X.

105 *The Step Beyond: Ten Steps Beyond. Ten Years of Achievement,* München,
o. J., S. 36 f.

106 *loyal* 5/2011, S. 21.

107 »Der Kampfhubschrauber Tiger – Force Multiplier der Bundeswehr«, Waffenwerbung von Eurocopter.

108 Geschäftsbericht EADS: *Fortschritt, Innovation, Wandel. Das Unternehmen
im Jahr 2011*, S. X.

109 *Handbuch der Bundeswehr ... 2011/2012,* S. 876; www.eads.com > Eurocopter, Stand: 3. Oktober 2012.

110 EADS Pressemitteilung »Anhaltendes Wachstum: EADS veröffentlicht starke
Ergebnisse für das Geschäftsjahr 2012«, Amsterdam vom 27. Februar 2013.

111 www.eads.com > Eurocopter; *EADS Chronicle* vom 10. Januar 2012.

112 Europäische Sicherheit 7/2011, S.7 f.

113 EADS Pressemitteilung »Anhaltendes Wachstum: EADS veröffentlicht starke
Ergebnisse für das Geschäftsjahr 2012«, Amsterdam vom 27. Februar 2013.

114 »Heile Welt«, *Die Zeit* vom 4. November 2010.

115 Geschäftsbericht EADS: *Fortschritt, Innovation, Wandel. Das Unternehmen
im Jahr 2011*, S. XII.

116 Interview mit Wolfgang Dürr: »Astrium ist führend in der europäischen
Raumfahrt«, *wehrtechnik* IV/2011, S. 54.

117 Geschäftsbericht EADS: *Flug in die Zukunft. Das Unternehmen im Jahr 2010,*
S. 31.

118 »Successful Test ...« vom 10. Dezember 2011; www.eads.net

119 www.astrium.eads.net/en/programme/m-51.html

120 EADS-Geschäftsbericht 2008, S. 49.

121 http://www.astrium.eads.net/en/press_centre/successful-first-submarine-
launch-of-m51-.html

122 EADS-Pressemitteilung vom 12. November 2010.

123 EADS-Pressemitteilung »Astrium – Geschäftsergebnis 2010 ...« vom 12. Januar 2011.

124 Geschäftsbericht EADS: *Fortschritt, Innovation, Wandel. Das Unternehmen
im Jahr 2011*, S. XIII.

125 »Contract for Production …« vom 23. Dezember 2004; www.eads.net

126 Mitschrift von Marion Küpker auf der EADS-Hauptversammlung am 26. Mai 2011.

127 Gegenanträge der Aktionäre Paul Russmann und Jürgen Grässlin zur Nichtentlastung von Vorstand bzw. Aufsichtsrat bei den Hauptversammlungen 2003, 2005, 2006, 2007, 2012; siehe www.daimler.com > M51.

128 »Ein ausdrücklicher Atomwaffenverzicht im Grundgesetz hätte eine klarstellende Wirkung.« Von Bernd Hahnfeld, IALANA; http://www.ag-friedensforschung.de/themen/Atomwaffen/hahnfeld2.html

129 Siehe www.thomaskossendey.de

130 *Europäische Sicherheit* 7/2011, S. 7.

131 »UAV Unmanned Aerial Vehicles Unbemannte Luftfahrzeuge«, *Wehrtechnischer Report* 5/2007, S. 22.

132 Geschäftsbericht EADS: *Geschäftsverlauf, rechtliche Struktur und Unternehmensverantwortung 2006*, Registrierungsdokument Teil 2, S. 39 f.

133 Geschäftsbericht EADS: *Fortschritt, Innovation, Wandel. Das Unternehmen im Jahr 2011*, S. 50.

134 Geschäftsbericht EADS: *Flug in die Zukunft. Das Unternehmen im Jahr 2010*, S. 48 f.

135 Ebda., S. XIV und XV.

136 »IG Metall kämpft für Rüstungsprojekt« vom 24. November 2011, siehe http.//www.handelsblatt.com

137 »Unbemannte Flugsysteme im Einsatz«, Rheinmetall Pressebox vom 6. Juni 2011.

138 »EADS fordert Drohnen-Aufträge«, *Welt am Sonntag* vom 5. Februar 2012.

139 »Drohne Talarion: IG Metall kämpft für Rüstungsprojekt«, a. a. O.

140 »EADS fordert Drohnen-Aufträge«, a. a. O.

141 »Drohne Talarion: IG Metall kämpft für Rüstungsprojekt«, a. a. O.

142 »Wir müssen umsatteln«. Interview mit Jürgen Bühl in der *tageszeitung* vom 25. Juli 2012, http://www.taz.de/Gewerkschaften-und-Ruestungsindustrie/!97940/

143 www.cassidian.com, 20. Januar 2012.

144 jar/dpa/ddp; http://www.spiegel.de/wirtschaft/0,1518,629877,00.html

145 Geschäftsbericht EADS: *Fortschritt, Innovation, Wandel. Das Unternehmen im Jahr 2011*, S. 32.

146 Ebda., S. 50.

147 *FOCUS Online* vom 14. Oktober 2012.

148 »De Maizière wirbt für den Einsatz bewaffneter Drohnen«, siehe www.welt.de vom 3. August 2012.

149 *Süddeutsche Zeitung* vom 24. September 2012.

150 Geschäftsbericht EADS: *Flug in die Zukunft. Das Unternehmen im Jahr 2010,* S. XVII.

151 Geschäftsbericht der EADS 2004, S. 25 und 28.

152 Geschäftsbericht EADS 2006, S. 36.

153 Geschäftsbericht EADS: *Welten verbinden. Das Unternehmen im Jahr 2009,* S. XII und 37.

154 Reisebericht von Jan van Aken, MdB, »Saudi-Arabien (KSA) 3. – 6. Oktober 2011«.

155 »Fakt« vom 4. April 2011, www.mdr.de/fakt/artikel1108906.htlm; »Fakt« vom 30. Mai 2011, www.mdr.de/fakt/artikel116072.htlm

156 »Der Geheimpakt«, *stern* 29/2011, S. 39 ff.

157 Ohne Rüstung Leben (Hrsg.): *kompakt. Deutsche Rüstungsexporte nach Saudi-Arabien,* Stuttgart 2011.

158 *Handelsblatt.* Online-Ausgabe vom 3. Juli 2011.

159 www.ftd.de, 29. Juni 2012.

160 »Cassidian übernimmt Anteile der Optronik-Sparte von Carl Zeiss«. Unternehmensmitteilung vom 13. Juli 2012.

161 www.rohde-schwarz.de > Das Unternehmen im Überblick > Sichere Kommunikation > Pressemitteilungen.

162 www.heise.de/tp/blogs/8/152849

163 »Frontex und EUROSUR«; Die Linke im Europaparlament, ohne Datumsangabe, siehe www.dielinke-europa.eu/article/7206...

164 *Marineforum* 4/2011, S. 7.

165 Geschäftsbericht EADS: *Welten verbinden. Das Unternehmen im Jahr 2009,* S. 65; und die Antwort von CEO Louis Gallois auf die Frage der Aktionärin Marion Küpker bei der EADS-Hauptversammlung am 26. Mai 2011.

166 »The 50 largest suppliers of major conventional weapons, 2007–11«, *SIPRI Yearbook 2012,* S. 266.

167 *Strategie & Technik 1/2012,* S. 14 f.

168 Geschäftsbericht EADS: *Fortschritt, Innovation, Wandel. Das Unternehmen im Jahr 2011,* S. III.

169 »Brief des Chairman des Board of Directors«, a. a. O.

170 Strategie: »VISION 2010« von Louis Gallois, CEO, siehe www.eads.com > Investor Relations > Strategie.

171 *FOCUS Online* vom 31. Mai 2012.

172 EADS Statement »Reaktion auf Statement von BAE Systems plc« vom 12. September 2012.

173 »The SIPRI Top 100 arms-producing and military services companies, 2010«, a. a. O.

174 »Rüstungsdeals: Chefs von EADS und BAE Systems plädieren für Fusion«, siehe www.ftd.de vom 1. Oktober 2012.

175 »Erste Pleite für ›Major Tom‹«, www.welt.de vom 10. Oktober 2012.

176 http://www.ftd.de/finanzen/maerkte/marktberichte/:das-kapital-eads-opfer-oder-nutzniesser-der-politik/70102479.html, 10. Oktober 2012.

177 *Badische Zeitung* vom 19. Oktober 2011.

178 »Nach geplatzter Fusion: Enders stellt Rüstungssparte in Frage«, www.ftd.de vom 11. Oktober 2012.

179 »Cassidian: EADS baut Rüstungssparte um«, siehe www.ftd.de vom 11. September 2012.

180 Geschäftsbericht EADS: *Flug in die Zukunft. Das Unternehmen im Jahr 2010,* S. 30.

181 Geschäftsbericht EADS: *Fortschritt, Innovation, Wandel. Das Unternehmen im Jahr 2011,* S. 67.

182 www.munzinger.de; *EADS. Das Unternehmen im Jahr 2007,* S. 11; »Dr. Thomas Enders in www.eads.com, »Köpfe: Thomas Enders« in der *WirtschaftsWoche online;* www.wiwo.de/koepfe-der-wirtschaft/thomas-enders/5287486.htlm; *EADS Registierungsdokument 2009,* S. 166 und *EADS Registierungsdokument 2011,* S. 63 [und www.wikipedia.org > Enders>]

183 *Spiegel Online* vom 24. März 2011.

184 Daimler-Benz Aerospace: Das Geschäftsjahr 1995, S. 4 f.

185 Geschäftsbericht EADS: *Zu neuen Höhen. Beschreibung des Geschäftsverlaufs und der rechtlichen Struktur 2003,* S. 26.

186 Enders-Interview in der *Zeit* vom 17. November 2011.

187 *Spiegel Online* vom 10. Februar 2012.

188 Geschäftsbericht EADS: *Fortschritt, Innovation, Wandel. Das Unternehmen im Jahr 2011,* S. 15.

189 *Stuttgarter Zeitung* vom 14. Juni 2011.

190 Enders-Interview, a. a. O.

191 »The SIPRI Top 100 arms-producing and military services companies, 2010«, a. a. O.

192 *Strategie & Technik* 9/2011, S. 60.

193 *Handbuch der Bundeswehr … 2011/2012,* a. a. O.

194 EADS-Geschäftsbericht 2000, S. 48.

195 Geschäftsbericht EADS: *Flug in die Zukunft. Das Unternehmen im Jahr 2010,* S. 48.

196 Geschäftsbericht EADS: *Fortschritt, Innovation, Wandel. Das Unternehmen im Jahr 2011,* S. 67.

197 www.hardthoehenkurier.de, 1. August 2012.

198 EADS Geschäftsbericht 2000, S. 48.

199 »The SIPRI Top 100 arms-producing and military services companies, 2010«, a. a. O.

200 www.hardthoehenkurier.de, 1. August 2012; siehe auch *Handbuch der Bundeswehr ... 2011/2012*, S. 816.

201 *Zeit Online* vom 17. März 2011; Laut CEO Louis Gallois wurden auch im Jahr 2007 MILAN -3-Raketen an Libyen geliefert, siehe Mitschrieb von Marion Küpker auf der EADS-Hauptversammlung am 26. Mai 2011, a. a. O.

202 »Libyen. EADS an Rüstungs-Lieferungen beteiligt«, *FOCUS Online* vom 3. August 2007; *Handelsblatt* vom 15./16. April 2011.

203 *Handbuch der Bundeswehr ... 2011/2012*, S. 712.

204 »Deutschland mit SysFla / LFK NG in Vorreiterrolle« von Werner Kaltenegger, *InfoBrief Heer* – 2010, S. 7.

205 »The SIPRI Top 100 arms-producing and military services companies, 2010«, a. a. O.

206 www.hardthoehenkurier.de, 1. August 2012.

207 Ebda.; *Handbuch der Bundeswehr ... 2011/2012*, S. 816.

208 www.mb-military-vehicles.com/index.php?id=2276

209 Firmenbroschüre »G-Wagon Military Vehicles«, Daimler AG, Cross Country Vehicles Division PBG, S. 21 und 36.

210 »Full Line Military Vehicle Program«, siehe www.mb-military-vehicles.com

211 http://www.mb-military-vehicles.com/index.php?id=2685; http://www.mb-military-vehicles.com/en/events-news/events-2012.htlm

212 http://www.mb-military-vehicles.com/en/events-news/events-2012.htlm

213 »Zahl der kriegerischen Konflikte leicht zurückgegangen«. Pressemitteilung der Hamburger Arbeitsgemeinschaft Kriegsursachenforschung (AKUF) vom 18. Dezember 2012.

214 www.idexuae.ae, IDEX 20. – 24. 02. 2011, Daimler AG.

215 *Europäische Sicherheit* 7/2011, S. 5.

216 »Mercedes-Lkw für Georgiens Raketenwerfer«, *Der Tagesspiegel* vom 25. August 2008.

217 http://www.youtube.com/watch?v=865XpYeE86k und http://www.youtube.com/watch?v=7Kqxmjfq8bY

218 Fragen der KAD-Sprecher Paul Russmann und Jürgen Grässlin und Antworten des Daimler-Vorstands Bodo Uebber bei der Daimler-Hauptversammlung am 13. April 2011 in der Messe Berlin.

219 »Mercedes-Benz Unimog kommt künftig aus Wörth«, siehe www.motor-talk.de vom 26. August 2002.

220 »Universal, aber längst nicht nur zivil«, a. a. O.

221 *amnesty international Jahresbericht 1993*, Frankfurt a. M. 1993, S. 499 ff.

222 *Die Woche* vom 21. April 1994.

223 http://www.mb-military-vehicles.com/index.php?id=2453; Screenshot von Jürgen Grässlin vom 16. Juni 2011.

224 *Badisches Tagblatt* vom 13. Februar 2010.

225 Screenshot von Jürgen Grässlin vom 1. April 2012.

226 Rede des Vorstandsvorsitzenden Dr. Dieter Zetsche anlässlich der ordentlichen Hauptversammlung der Daimler AG, Berlin, vom 4. April 2012, S. 13.

227 *AMNESTY INTERNATIONAL REPORT 2012*, S. 296 f.

228 www.munzinger.de; www.daimler.com; und Geschäftsberichte Daimler-Benz und DaimlerChrysler; *Süddeutsche Zeitung* vom 24. September 2012.

229 *Handbuch der Bundeswehr und der Verteidigungsindustrie 2011/2012,* Bonn 2011, S. 786.

230 www.mb-military-vehicles.com

231 *wehrtechnik* IV/2010, S. 39.

232 www.idexua.ae

233 »Mercedes-Lkw für Georgiens Raketenwerfer«, *Tagesspiegel* vom 25. August 2008.

234 Morgenrath/Welmer, *Deutsches Kapital am Kap,* S. 140 ff.; Dorothea Kerschgens, Vorstandsmitglied im Dachverband der Kritischen Aktionärinnen und Aktionäre, April 2009, siehe www.kritischeaktionaere.de > Konzernkritik Daimler, HV 2009.

235 www.auto-motor-sport.de, 7. März 2011; *DAPD* vom 9. März 2011.

236 Geschäftsbericht 2011 der Daimler AG, S. 8; *Handbuch der Bundeswehr … 2011/2012,* S. 820.

237 Aufstellung des Anteilsbesitzes gem. §§ 285 und 313 HGB, ohne Seitenangabe.

238 *FAZ.NET* vom 19. März 2008.

239 »*Innovation und Wachstum*«. Geschäftsbericht 2011[0] der Daimler AG, S. 13.

240 »Das ist eine kritische Entwicklung«, Interview mit Dieter Zetsche in der *Sudwest Presse* vom 23. Februar 2008.

241 »Das Unternehmen MTU«, MTU Geschäftsbericht 2011.

242 »Triebwerke im Überblick«, MTU Geschäftsbericht 2011.

243 *InfoBrief Heer* 2 /2010, S. 8; *Handbuch der Bundeswehr … 2011/2012,* S. 737.

244 *Handbuch der Bundeswehr … 2009/2010,* S. 818; MTU-Werbung »Mission im Blick« auf der Rückseite von *Strategie & Technik* 8/2010.

245 *SIPRI Yearbook 2011,* S. 260; »The SIPRI Top 100 arms-producing and military services companies, 2010«, siehe www.sipri.org/research/armaments/production/Top100

246 »OEM-Segment«, Geschäftsbericht MTU Aero Engines 2011, S. 91.

247 »Saudi-Arabien bis zu 1 Mrd. GBP wert für Eurojet«, *ots* vom 7. Dezember 2007.

248 »An unsere Aktionäre«. Geschäftsbericht MTU Aero Engines 2011; *Wikipedia* > MTU AE.

249 Für biografische Daten zu Egon Behle siehe www.mtu.de/de/press/facts_and_figures/.../behle_deutsch_pdf.pdf; Geschäftsbericht MTU Aero Engines 2011, »Der Vorstand«; *Handbuch der Bundeswehr ... 2011/2012*, S. 681.

250 »RUAG: 20 Mio. CHF Dividende an Eidgenossenschaft«. Medienmitteilung vom 4. Mai 2011.

251 www.mtu.de/GB_2010_de/78.htlm

252 *InfoBrief Heer* 2/2010, S. 8.

253 *Handbuch der Bundeswehr ... 2011/2012*, S. 891.

254 »A400M-Stückzahl auf 53 reduziert«, *loyal. Magazin für Sicherheitspolitik* Nr. 5/2011, S. 26f.

255 Geschäftsbericht EADS: *Flug in die Zukunft. Das Unternehmen im Jahr 2010*, Airbus Military, S. 42.

256 GKKE-Bericht 2010, S. 62.

257 www.swissinfo.ch > »Ruag-Munition in Libyen« vom 27. Juli 2011.

258 www.sofexjordan.com

259 www.ruag.com > Über uns > RUAG Defence > RUAG Ammotec.

260 Geschäftsbericht MTU Aero Engines 2011, »An unsere Aktionäre«.

261 »Egon Behle: ›Fast ohne Blessuren‹«. Interview in der *WirtschaftsWoche*. Online-Ausgabe vom 1. Oktober 2011.

262 Geschäftsbericht MTU Aero Engines 2011, »An unsere Aktionäre«.

263 www.rheinmetall.de > Historie.

264 Ebda.

265 www.diehl.com/de/diehl-defence/produkte/munition/smartr-155.htlm

266 www.rheinmetall.de > Historie.

267 »Rheinmetall Defence. Partner für Sicherheit von heute und morgen«. Firmenprospekt o. J., S. 6 und 8.

268 Geschäftsbericht Rheinmetall AG 2011, S. 20.

269 »Moderne Munition und Zündertechnik«, *wehrtechnik* IV/2010, S. 104.

270 Zit. aus: Ebda., S. 74ff.

271 Ebda.

272 »Rheinmetall Defence. Partner für Sicherheit von heute und morgen«, a. a. O., S. 6.

273 Geschäftsbericht Rheinmetall AG 2011, S. 20.

274 Redebeitrag von Dorothea Kerschgens auf der Rheinmetall-Hauptversammlung in Berlin am 10. Mai 2011.

275 Interview mit Klaus Eberhardt, a. a. O.

276 Morgenrath/Welmer, *Deutsches Kapital am Kap*, S. 140ff.

277 So Dorothea Kerschgens, Vorstandsmitglied im Dachverband der Kritischen Aktionärinnen und Aktionäre, April 2009, siehe www.kritischeaktionaere. de > Konzernkritik Daimler, Hauptversammlung 2009.

278 Redebeitrag von Dorothea Kerschgens auf der Hauptversammlung von Rheinmetall am 11. Mai 2010 in Berlin.

279 »Südafrikas freie Wahlen als Glücksgefühl«. Interview mit Ingeborg Wick a. a. O.

280 *wehrtechnik* IV/2011, S. 96.

281 Geschäftsbericht Rheinmetall AG 2011, S. 14 f. und 20.

282 »Rheinmetall bleibt auf Wachstumskurs«. Presseinfo vom 10. August 2012.

283 »The SIPRI Top 100 arms-producing and military services companies, 2010«, a. a. O.

284 Interview mit Klaus Eberhardt, a. a. O.

285 *Munzinger*-Archiv: Biografie Klaus Eberhardt.

286 www.rheinmetall.de > Klaus Eberhardt.

287 MTU Aero Engines Geschäftsbericht 2011, »Bericht des Aufsichtsrats«.

288 »Armin Papperger übernimmt Chefsessel bei Rheinmetall«, siehe http:// www.derwesten.de vom 27. Dezember 2012.

289 Geschäftsbericht Rheinmetall AG 2011, S. 56; Presseinfo Rheinmetall vom 14. Mai 2012.

290 www.rheinmetall-defence.com > MBT Revolution.

291 »SIPRI Top 100 arms-producing and military services companies, 2010«, a. a. 0.

292 www.rheinmetall-defence.com > MBT Revolution.

293 Interview mit Klaus Eberhardt, a. a. O.

294 Ebda.

295 MTU Aero Engines Geschäftsbericht 2011, »Bericht des Aufsichtsrats«.

296 *Europäische Sicherheit & Technik* 7/2012, S. 58 ff.

297 Siehe *Handbuch der Bundeswehr ...* 2009/2010, S. 469; Hersteller: Rheinmetall Defence.

298 »CASSIDIAN und Rheinmetall bündeln ihre Aktivitäten im Bereich der unbemannten Flugsysteme«, www.cassidian.com (20. 1. 2012).

299 »Eine Welt ohne Waffen ist reine Utopie«. Interview mit Klaus Eberhardt in der *Rheinischen Post*. Online-Ausgabe vom 27. Oktober 2012.

300 Ebda.

301 Ebda.

302 Pressemitteilung BoxID 454172; www.pressebox.de/pressemeldungen/ rheinmetall-ag/boxid/454172 vom 10. Oktober 2011

303 Siehe Geschäftsbericht RHAG 2010, S.12.

304 Interview mit Klaus Eberhardt in €URO vom 18. Mai 2011, S. 15 ff.

305 http://www.kmweg.de/de/unternehmen/struktur.htlm

306 http://www.kmweg.de/de/unternehmen/kompetenzen.htlm

307 *Neue Rheinische Zeitung (NRhZ).* Online-Flyer Nr. 370 vom 5. September 2012.

308 http://www.kmweg.de/de/unternehmen/geschichte.htlm

309 http://cities.eurip.com/article/news/entry/164520.htlm und www.25000-euro.de/faq

310 http://www.kmweg.de/de/unternehmen/geschichte.htlm

311 http://cities.eurip.com/article/news/entry/164520.htlm

312 http://www.kmweg.de/de/nc/faehigkeitsprofil.htlm

313 http://www.kmweg.de/de/unternehmen/kompetenzen.htlm

314 »The SIPRI Top 100 arms producing and military services companies, 2010«, a. a. O.

315 *Badische Zeitung* vom 19. Oktober 2011.

316 »KMW gründet brasilianische Tochter in Santa Maria« vom 12. April 2011, siehe www.hardthoehenkurier.de

317 »Budgetkürzungen zwingen Rüstungsindustrie zum Sparen«, www20.wissen.de, 28. September 2011.

318 Website von Krauss-Maffei Wegmann, www.kmweg.de, LEOPARD_PSO

319 janes.com; Eurosatory 2010.

320 Schreiben von Menold Bezler, Rechtsanwalt, an Philipp Ruch vom 28. Juni 2012.

321 »Eigner von Krauss-Maffei Wegmann klagt gegen Kunstprojekt«. Pressemitteilung des ZPS vom 4. Juli 2012.

322 Interview mit Burkhart von Braunbehrens im *stern* 26/2012, S. 84 ff.

323 Zit. nach »Eigentümer fliegt per sofort aus dem Gesellschaftsrat! Machtkampf unter den beiden KMW-Eigentümerfamilien entbrannt«. Pressemitteilung des ZPS vom 18. Juni 2012.

324 Siehe www.aufschrei-waffenhandel.de

325 *Handbuch der Bundeswehr … 2009/2010,* S. 706, und *2011/2012,* S. 704.

326 »SIPRI Top 100 arms-producing and military services companies, 2011«, a. a. O.

327 »Budgetkürzungen zwingen Rüstungsindustrie zum Sparen«, *Financial Times Deutschland* vom 28. September 2011, siehe www20.wissen.de

328 *Handelsblatt* vom 7. Februar 2011.

329 Ebda.

330 »KMW gründet brasilianische Tochter in Santa Maria« vom 12. April 2011, www.hardthoehenkurier.de

331 *AMNESTY INTERNATIONAL REPORT 2011,* S. 116 ff.

332 »KMW gründet brasilianische Tochter in Santa Maria«, a. a. O.

333 »Budgetkürzungen zwingen Rüstungsindustrie zum Sparen« vom 28. September 2011, www20.wissen.de

334 http://german.china.org.cn/international/2012-07/23/content_25987734.htm

335 »KMW offizieller Partner der Münchner Sicherheitskonferenz« vom 29. Januar 2010, www.kmweg.de

336 www.bdsv.eu/Gremien/Ausschuss ...

337 www.idexuae.ae, Stand 08-C30; http://german.china.org.cn/international/2012-07/23/content_25987734.htm und http://www.ausa.org/meetings/2012/...

338 »Industrieverband hilft Kindern in Not mit einem Spendenscheck von 44 500 Euro« vom 19. Dezember 2010, www.lachen-helfen.de

339 »Regierung schweigt zu Panzer-Deal«, *stern.de* vom 4. Juli 2011; *Stuttgarter Zeitung* vom 6. Juli 2011.

340 http://german.china.org.cn/international/2012-07/23/content_25987734.htm

341 »100 Jahre MTU Friedrichshafen«, *Strategie & Technik* 5/2009, S. 12 f.

342 »Rüstungsatlas Bodensee« der Kampagne gegen Rüstungsexport bei Ohne Rüstung Leben (ORL) vom Oktober 2010, S. 16.

343 Geschäftsbericht 2011 der Daimler AG, S. 8.

344 *Handbuch der Bundeswehr ... 2011/2012*, S. 820.

345 »Rüstungsatlas Bodensee«, a. a. O., S. 18 ff.

346 Ebda., S. 19; und Recherchen des Berliner Friedensforschers Otfried Nassauer, BITS; Kritische AktionärInnen Daimler: Tognum AG, Stuttgart ohne Datumsangabe, S. 5.

347 *Strategie & Technik* 5/2009, S. 14.

348 http://www.mtu-online.com/mtu/anwendungen/militaerische-fahrzeuge/kampfpanzer/index.de.html?no_cache=1&sword_list%5B0%5D=leopard

349 www.sipri.org, Trade Register 1982–2011, Recipient India; http://www.waffenvombodensee.com/mtu-motoren-fur-chinesische-panzer/mtu-und-menschenrechte/panzer-fur-indien/

350 http://www.waffenvombodensee.com/mtu-motoren-fur-panzer/mtu-motoren-gegen-demonstranten-in-thailand/

351 »Anteilsbesitz der Tognum AG, Friedrichshafen«, in: *Motoren treiben uns an. Geschäftsbericht 2010 der Tognum AG*, S. 188.

352 www.sipri.org, Trade Register 1982–2011, Recipient Israel; http://www.waffenvombodensee.com/mtu-motoren-fur-panzer/

353 *AMNESTY INTERNATIONAL REPORT 2010*, S, 214 f.

354 *janes.com;* Rüstungsmesse Eurosatory 2010; www.kmweg.de, Leopard_PSO.

355 »Kennzahlen Tognum-Konzern«, Geschäftsbericht 2010 der Tognum AG; www.tognum.com/unternehmen/kennzahlen/index.de.htlm

356 Fact Sheet: ThyssenKrupp Konzern, Stand: Dezember 2011.

357 Hans Christoph Atzpodien: »ThyssenKrupp Marine Systems – Integriertes Kompetenzzentrum Marineschiffbau«, *Marineforum* 9/2012, S. 44 ff.

358 »Deutsche Marine-Schiffbauindustrie«, *Europäische Sicherheit* 4/2011, S. 46 ff.; www.thyssenkrupp-marinesystems.com; ThyssenKrupp Marine Systems, »Organisation« (ohne Datumsangabe).

359 ThyssenKrupp Marine Systems, »Referenzliste« für Überwasser-Marineschiffe; Stand 9/2008

360 www.thyssenkrupp-marinesystems.com, siehe »Portfolio von ThyssenKrupp Marine Systems«.

361 *Marineforum* 4/2011, S. 8 ff.

362 *Süddeutsche Zeitung* vom 14. Juli 2011.

363 *Marineforum* 10/2012, S. 19; www.rk-marine-kiel.de; *Wikipedia* > F125.

364 Bremische Stiftung für Rüstungskonversion und Friedensforschung u. a. (Hrsg.): *Rüstungsstandort Bremen: »Erlebnisland als Lieferant der Zutaten für Kriege«*, Bremen 2009, S. 5, 24 und 34.

365 »Deutsche Marine-Schiffbauindustrie«, a. a. O., S. 46.

366 *Westfalen-Blatt.* Online-Ausgabe vom 28. September 2012.

367 www.thyssenkrupp.com/.../fragen-business-areas…

368 ThyssenKrupp AG: *Im Zentrum der Innovationen. Geschäftsbericht 2010/2011,* S. 215.

369 »Millionenauftrag auf Blohm + Voss: Zwei Fregatten für Algerien«, www.abendblatt.de, 15. Juli 2012; »Rüstungsexport – zwei Fregatten für Algerien«, Marineforum 10/2012, S. 1.

370 »Rüstungsexport – zwei Fregatten für Algerien«, a. a. O.

371 Ausführungen von Dr.-Ing. Ekkehard D. Schulz auf der Hauptversammlung der ThyssenKrupp AG am 21. Januar 2011.

372 *Marineforum* 9/2012, S. 8.

373 *Strategie & Technik* 9/2011, S. 60.

374 *Marineforum* 10/2012, S. 7.

375 www.luerssen.de

376 siehe auch *Handbuch der Bundeswehr* … 2007/2008, S. 596.

377 *Rüstungsstandort Bremen,* a. a. O., S. 41.

378 www.sporthilfe.de/Stiftungsrat.dsh

379 *Rüstungsstandort Bremen,* a. a. O., S. 40 f.; *Wikipedia;* Flaggenübersicht »Lürssen' World« auf www.luerssen.de/de/13/1342.htlm

380 *Rüstungsstandort Bremen,* a. a. O., S. 40 f.

381 www.luerssen.de > Patrouillenboote > SAR 57.

382 *Wikipedia* > Indonesien > Osttimor.

383 *amnesty international Jahresbericht 1995*, S. 240 f.

384 www.luerssen.de > Schnellboote > FPB 28.

385 *amnesty international Jahresbericht 2000*, S. 233.

386 *Spiegel Online* vom 13. Juli 2011.

387 *Süddeutsche Zeitung* vom 14. Juli 2011.

388 Flaggenübersicht »Lürssen' World« auf www.luerssen.de/de/13/1342.htlm

389 »Zu Guttenbergs Kritik ist nicht immer unberechtigt«. Interview mit Friedrich Lürßen im *Handelsblatt*. Online-Ausgabe vom 6. September 2010.

390 »Bundeswehrreform: Herausforderung für Wirtschaft«. Interview mit Friedrich Lürßen in der *BDI Agenda* vom 24. Januar 2011.

391 www.thyssenkrupp-marinesystems.com > U-Boote.

392 Ebda., siehe »Portfolio von ThyssenKrupp Marine Systems«.

393 Ebda. > Verträge.

394 Ebda. > U-Boote.

395 www.thyssenkrupp-marinesystems.com

396 ThyssenKrupp AG, Geschäftsbericht 2011/2012, S. 70.

397 Ebda., S. 81, 209 und 218.

398 *Spiegel Online* vom 5. Oktober 2011.

399 www.tagesspiegel.de, 17. Mai 2012.

400 SIRPI Trade-Register 1982–2011, Supplier Germany (FRG), Recipient Israel; *Deutsche Militärzeitschrift* Nr. 87, 5–6/2012, S. 52 f.

401 *Deutsche Militärzeitschrift* Nr. 87, a. a. O., S. 53.

402 *Marineforum* 4/2012, S. 33.

403 Zit. aus: *Der Spiegel* 23/2012 vom 4. Juni 2012, S. 22.

404 »Made in Germany«, *Der Spiegel*, a. a. O., S. 3 und 20 ff.; Otfried Nassauer: »Das sechste U-Boot. Ein deutscher Rüstungsexport in der Solidaritätsfalle« vom 22. März 2012, siehe www.bits.de

405 »Made in Germany«, *Der Spiegel*, a. a. O.

406 *Deutsche Militärzeitschrift* Nr. 87, 5–6/ 2012, S. 53.

407 Jürgen Rose: »Die ›Tempelwaffen‹. Israel: fünftstärkste Nuklearmacht«, *Wissenschaft & Frieden* 4/2004-4.

408 ThyssenKrupp AG, *Im Zentrum der Innovationen*, S. 26 und 51.

409 »Steinbrück will deutsche Rüstungsexporte einschränken«, siehe *FAZ.NET* 22. Dezember 2012.

410 »Sitzung des Aufsichtsrats der ThyssenKrupp AG«. Pressemitteilung vom 19. Mai 2003; »Mullahs in der Königsallee«, *Der Spiegel* 5/2006, S. 102.

411 www.thyssenkrupp.com/de/investor/aklitionaersstruktur.htlm

412 Beantwortung der Fragen von Stop the Bomb« vom 21. Januar 2010, siehe http://de.stopthebomb.net/thyssenkrupp.htlm

413 www.thyssenkrupp-elevator.com/Lebenslauf ..., FTD.de vom 21. Mai 2006, *Handelsblatt*. Online-Ausgabe vom 31. Juli 2006; http://investing.business-week.com; www.thyssenkrupp.com mit Stand vom Oktober 2012.

414 www.bdi.eu/nordafrika-mittelost-initiative.htlm

415 FTD.de vom 21. Mai 2006.

416 Firmenwerbung in *Marineforum* 4/2011, S. 2, und *Europäische Sicherheit 4/2011*, S. 51.

417 ThyssenKrupp Marine Systems-Referenzliste mit Stand vom 19. Oktober 2012.

418 www.thyssenkrupp-marinesystems.com

419 NDR.de vom 2. September 2012.

420 *Marineforum* 4/2012, S. 32.

421 *Deutsche Militärzeitschrift* Nr. 87, 5–6/2012, S. 53.

422 »Hat da jemand was von Panzern gesagt?«, *Spiegel Online* vom 7. Juni 2012.

423 www.idexua.ae

424 »Millionenauftrag auf Blohm + Voss: Zwei Fregatten für Algerien«,www.abendblatt.de vom 15. Juli 2012.

425 www.gymnasium-essen-werden.de/schule/kooperationen/thyssenkrupp ...

426 »SIPRI Top 100 arms-producing and military services companies, 2010«, a. a. O.

427 »ThyssenKrupp in den ersten neun Monaten 2011/2012 mit robustem Industriegeschäft« vom 10. August 2012.

428 FTD.de vom 21. Mai 2006.

429 www.thyssenkrupp.com > Vorstand – Mitglieder.

430 »Crommes kalter Coup«, siehe *Spiegel Online* vom 6. Dezember 2012.

431 *wehrtechnik* V/2012, S. 24 f.

432 Diehl Geschäftsbericht 2011, S. 4 ff.

433 Ebda., S. 6.

434 *Handbuch der Bundeswehr ... 2011/2012*, S. 454.

435 *wehrtechnik* V/2012, S. 24 f.; *Flugrevue* 11/2012, S. 48.

436 »Diehl entwickelt Flugkörper für Luftverteidigungssystem MEADS«. Pressemitteilung von Diehl Defence vom 11. Mai 2007, siehe http://www.diehl.com/de/diehl-defence/presse-medien/details.html

437 Gerhard Piper/Niels Dubrow: »Deutsche Rüstungsexporte nach Saudi-Arabien« (ohne Datumsangabe).

438 Gemeinsame Waffenwerbung von GA-ASI und Diehl BGT Defence im *Wehrtechnischen Report* 5/2007, S. 23.

439 www.diehl.com > Diehl Defence Land Systems GmbH, Remscheid.

440 http://www.diehl.com/de/diehl-defence/unternehmen/organisation.html

441 Ebda.

442 http://www.diehl.com > Diehl Iberia Sistemas, S. A.

443 Diehl Geschäftsbericht 2011, S. 47.

444 http://www.diehl.com/de/diehl-defence/unternehmen/organisation.html

445 www.diehl.com/de/diehl-defence/produkte/munition/smartr-155.htlm

446 *Handbuch der Bundeswehr … 2009/2010*, S. 796.

447 http://www.diehl.com/de/diehl-defence/unternehmen/organisation.html

448 Interview mit Claus Günther, Sprecher Bereichsvorstand Diehl Defence, *Behörden Spiegel* 11/2007, siehe www.diehl.com/de/diehl-defence/presse-medien/… ; *Handbuch der Bundeswehr … 2011/2012*, S. 896; http://www.diehl.com/de/diehl-defence/unternehmen/organisation.html

449 »PILUM – Allwetter- und mehrzweckfähiges Gleitflugkörper-System« vom 7. September 2012, siehe www.diehl.com; Helmut-Michael-Vogel Bildungswerk u. a. (Hrsg.): *Diehl – Porträt einer deutschen Waffenfabrik*, München 2012, S. 27.

450 Ebda., S. 26 ff.

451 http://www.dunningen.de/de/Gemeinde/Ortsportrait; http://www.dunningen.de/de/Wirtschaft/Unternehmen-A--Z?view=publish&item=company&id=109

452 http://www.diehl.com/de/diehl-defence/unternehmen/organisation.html

453 *Neue Rottweiler Zeitung* vom 21. September 2009; siehe http://www.nrwz.de/v5/getBestArticles/00029007

454 Interview mit Claus Günther, Sprecher Bereichsvorstand Diehl Defence, *Behörden Spiegel* 11/2007, siehe www.diehl.com/de/diehl-defence/presse-medien/…

455 »Geschäfte mit geächteten Waffen – Deutsche Rüstungskonzerne unter Verdacht«, a. a. O.

456 *SIPRI Yearbook 2011*, S. 259; »The SIPRI Top 100 arms-producing and military services companies, 2010«, a. a. O. *SIPRI Yearbook 2011*, S. 259; »The SIPRI Top 100 armsproducing and military services companies, 2011« vom Februar 2013, a. a. O.

457 Diehl Geschäftsbericht 2011, S. 3, 9, 16 und 41.

458 *Handbuch der Bundeswehr … 2011/2012*, S. 701; http://www.dmkn.de/marine-ruestung/Claus-Guenther-zum-Mitglied-des-Diehl-Vorstands-bestellt

459 »The SIPRI Top 100 arms-producing and military services companies, 2010«, a. a. O.

460 »PILUM – Allwetter- und mehrzweckfähiges Gleitflugkörper-System« vom 7. September 2012, siehe www.diehl.com

461 »Unbehagen nach Debatte zur Rüstungsindustrie am Bodensee«, *Südkurier* vom 18. Juni 2012, siehe www.waffenvombodensee.com

462 GKKE-Bericht 2010, S. 62; *wehrtechnik* 1/2012, S. 65.

463 Interview mit Claus Günther, Sprecher Bereichsvorstand Diehl Defence, *Behörden Spiegel,* November 2007, siehe www.diehl.com/de/diehl-defence/presse-medien/…

464 *Neue Rottweiler Zeitung* vom 21. September 2009, siehe http://www.nrwz.de/v5/getBestArticles/00029007

465 Interview mit Claus Günther, a. a. O., siehe www.diehl.com/de/diehl-defence/presse-medien/…

466 »Heile Welt«, *Die Zeit* vom 4. November 2010.

467 Interview mit Claus Günther, a. a. O., siehe www.diehl.com/de/diehl-defence/presse-medien/…

468 »Infrarot-Module – Schlüsselkomponenten für Präzision im Einsatz«, siehe http://www.diehl.com/de/diehl-defence/produkte/komponentenverpackungen.html

469 *Europäische Sicherheit & Technik* 4/2012, S. 88.

470 www.diehl.com/de/diehl-defence/presse-medien/…

471 *wehrtechnik* 1/2012, S. 66.

472 *Die Zeit* vom 4. November 2010.

473 Interview mit Claus Günther, a. a. O.

474 Helmut-Michael-Vogel Bildungswerk der DFG-VK Bayern u. a. (Hrsg.), *Diehl – Porträt einer deutschen Waffenfabrik,* S. 33.

475 Interview mit Claus Günther, a. a. O., siehe www.diehl.com/de/diehl-defence/presse-medien/…

Kapitel 6

Europas tödlichstes Unternehmen

Wie Heckler & Koch mit
Kleinwaffenexporten und Lizenzvergaben
den Weltmarkt erobert

.

Bei einer Waffenpräsentation von H&K-Mitarbeitern für mexikanische Sicher-
heitskräfte übt bereits ein kleiner Junge den Gebrauch des todbringenden Sturm-
gewehrs G36.

6.1 Kleinwaffen – die Massenvernichtungswaffen der Neuzeit

Kunduz tagtäglich – zwei Millionen Tote durch H&K-Waffen

Kein anderer Bereich der Rüstungsexportpolitik ist sensibler, keiner problematischer, keiner folgenschwerer, keiner tödlicher als der der sogenannten »Klein- und Leichtwaffen«. Der Begriff erfasst »kleine Waffen«, wie Pistolen, Maschinenpistolen, Sturm- und bestimmte Maschinengewehre, und »leichte Waffen«, wie Granatwerfer, Panzerabwehrkanonen und Mörser.

Infokasten 6/1

Klein- und Leichtwaffen-Definitionen der Vereinten Nationen, der OSZE und der Europäischen Union

Die Geister scheiden sich an der Frage der Definition von »Klein- und Leichtwaffen«. Seitens der Vereinten Nationen, der Organisation für Sicherheit und Zusammenarbeit in Europa (OSZE) und der Europäischen Union (EU) werden unterschiedliche Ansätze und Hintergedanken zugrunde gelegt. Zwar besteht in zentralen Aspekten Einigkeit, teilweise treten jedoch in Einzelbereichen Divergenzen auf, sodass bislang kein einheitliches Verständnis besteht.

Nach der Definition der **Vereinten Nationen** umfasst der Begriff der »kleinen Waffen« Revolver und Pistolen, Maschinenpistolen, Gewehre und Karabiner, Sturmgewehre und leichte Maschinengewehre, die von einer Person getragen und eingesetzt werden können. Zu den »leichten Waffen« zählen schwere Maschinengewehre, Granatwerfer, tragbare Flug- und Panzerabwehrkanonen, Leichtgeschütze, tragbare Abschussgerätschaften für Panzerabwehrflugkörper und -raketen, für Flugkörper zur Flugabwehr sowie Mörser mit einem Kaliber kleiner als 100 mm. Diese Waffen werden gemäß UN von mehreren zusammenarbeitenden Personen eingesetzt.

Die **OSZE** definiert Kleinwaffen und leichte Waffen als tragbare Waffen, die gemäß militärischen Anforderungen mit dem Ziel des tödlichen Einsatzes produziert oder umgebaut wurden:

»Unter Kleinwaffen sind im weitesten Sinn Waffen zu verstehen, die für die Verwendung durch den einzelnen Angehörigen der Streitkräfte oder Sicherheitskräfte gedacht sind. Dazu gehören Revolver und Selbstladepistolen, Gewehre und Karabiner, Maschinenpistolen, Sturmgewehre und leichte Maschinengewehre. Leichte Waffen werden grob als Waffen definiert, die für die Verwendung durch mehrere Angehörige der Streitkräfte oder Sicherheitskräfte gedacht sind, die als Mannschaft zusammenarbeiten. Sie umfassen schwere Maschinengewehre, leichte, unter dem Lauf angebrachte sowie schwere Granatenabschussgeräte, tragbare Flugabwehrkanonen, tragbare Panzerabwehrkanonen, rückstoßfreie Waffen, tragbare Abschussgeräte für Panzerabwehrraketen und -raketensysteme, tragbare Abschussgeräte für Flugabwehrraketensysteme und Mörser mit einem Kaliber von unter 100 mm.«

Gemäß der »Gemeinsamen Aktion« der **Europäischen Union** werden Kategorien kleiner und leichter Waffen unterschieden:

a) Speziell zu militärischen Zwecken bestimmte Handfeuerwaffen und Zubehör: Maschinengewehre (einschließlich schwerer Maschinengewehre), Maschinenpistolen, einschließlich vollautomatischer Pistolen, vollautomatische Gewehre, halbautomatische Gewehre, wenn sie als Modell für die Streitkräfte entwickelt und/oder eingeführt werden, und Schalldämpfer;

b) Von einer Person oder Mannschaften tragbare leichte Waffen: Kanonen (einschließlich Maschinenkanonen), Haubitzen und Mörser unter 100 mm Kaliber, Granatabschussgeräte, Panzerabwehrwaffen, Leichtgeschütze (Schulterwaffen), Panzerabwehr-Raketensysteme und Abschussgeräte, Flugabwehr-Raketensysteme/tragbare Luftverteidigungssysteme (MANPADS).

Die Bundesregierung schreibt den Definitionen der OSZE und der EU eine »gewisse Vorbildfunktion« zu. Denn diese unterscheiden – entsprechend der international häufig gebrauchten Definition der »Small Arms and Light Weapons« (SALW) – zwischen Kleinwaffen und Leichtwaffen. Die Erstgenannten umfassen insbesondere militärische Handfeuerwaffen, die Zweitgenannten vor allem tragbare Raketen- und Artilleriesysteme. Zudem umfassen die OSZE- und EU-Definitionen nur besonders für militärische Einsatzzwecke bestimmte Waffen. Nicht erfasst werden Jagd- und Sportwaffen sowie zivile Waffen, womit nicht eigens für militärische Anforderungen konstruierte Selbstverteidigungswaffen wie Revolver und Pistolen gemeint sind. Eine der Folgen: Pistolen unterliegen erst gar nicht der Genehmigungspflicht.

Quelle:
Bericht der Bundesregierung über ihre Exportpolitik für konventionelle Rüstungsgüter im Jahr 2009 vom 15. Dezember 2010, S. 30 f. (Definitionen OSZE und EU).

Im Mai 2010 veröffentlichte das Entwicklungsprogramm der Vereinten Nationen (UNDP) in Genf eine Studie, wonach jeden Tag rund 2000 Menschen irgendwo auf der Welt durch Waffengewalt ihr Leben verlieren. Diese Menschen werden Opfer von gewaltsam ausgetragenen Konflikten oder krimineller Handlungen. Die allermeisten von ihnen sterben durch sogenannte »Kleinwaffen«.[1]

Keine Frage, diese Begrifflichkeit täuscht fundamental über den Wirkungsgrad der Waffen hinweg. Denn entgegen der verbreiteten Annahme geht die überwiegende Zahl der in Kriegen und Bürgerkriegen Getöteten nicht auf das Konto von Großwaffensystemen, wie Panzern, Militärhelikoptern, Kampfflugzeugen oder Kriegsschiffen. Im Schnitt kommen »nur« fünf von hundert Menschen durch den Beschuss mit Bomben, Granaten und anderen Geschossen aus Großwaffensystemen ums Leben.

Die Massenvernichtungswaffen des 20. und 21. Jahrhunderts sind Handgranaten, Landminen und Mörser, Faustfeuerwaffen, wie Pistolen und Revolver, und allen voran Sturm-, Scharfschützen- und Maschinenwehre – 95 von hundert Opfern gehen auf deren Einsatz zurück.

Dabei muss auch innerhalb der Kleinwaffen ein Waffentyp aufgrund seiner vernichtenden Wirkung negativ hervorgehoben werden: Zwei von drei Menschen, die in kriegerischen Auseinandersetzungen ihr Leben lassen, sterben durch Kugeln aus Gewehren. Gemessen an den Opferzahlen sind Gewehre damit die tödlichsten Waffen in der Menschheitsgeschichte.

Traditionellen Schätzungen zufolge sind weltweit 400 bis 900 Millionen Kleinwaffen in Umlauf.[2] Neuere Untersuchungen gehen von einem noch viel höheren Volumen aus. Diese Waffen werden bei Kampfeinsätzen genutzt, für gewöhnlich von allen Konflikt- oder Kriegsparteien. Ein erschreckender Einblick offenbarte sich Beobachtern im Libyen-Krieg. Im Sommer 2011 schossen die verfeindeten Konfliktgegner der Front mit Kalaschnikow- und Heckler & Koch-Gewehren aufeinander – zuweilen mit G3-, zuweilen mit G36-Sturmgewehren. Von dem letzteren, neuen Typ sollen weltweit bereits 400 000 Einheiten produziert worden sein. Viele Waffen wurden von Söldnern aus verschiedensten Staaten Afrikas nach Libyen mitgebracht und wanderten bei Kriegsende in den Händen ihrer Besitzer weiter zum nächsten Schlachtfeld irgendwo auf dem afrikanischen Kontinent.

Nach aktuellem Stand sollen neben den rund 100 Millionen Kalaschnikow-Gewehren etwa 15 Millionen G3-Schnellfeuergewehre von Heckler & Koch (H&K), zehn Millionen Maschinenpistolen des Typs Uzi der Israel Weapons Industries Ltd. (IWI) und acht Millionen M16-Gewehre der Colt Defence LLC aus Hartford, Connecticut weltweit im Einsatz sein. In der Regel werden all diese Gewehrtypen in zahlreichen Lizenzstätten rund um den Globus nachgebaut.

Mit 15 Millionen in Umlauf befindlichen Exemplaren ist das G3 die Nummer zwei auf dem Weltwaffenmarkt – im Einsatz in Händen von Soldaten und Kindersoldaten, Guerillaeinheiten und Terroristen.[3] Die internationale Kampagne Control Arms kommt sogar auf eine Zahl »zwischen 15 und 20 Millionen«.[4]

Opferzahlen sind und bleiben bis zu einem gewissen Grad Schätzungen. Schon der Versuch, bei Schusswechseln, Massenexekutionen oder gar Schlachten Opfer zahlenmäßig zu erfassen, ist lebensgefährlich – denn Täter wollen unerkannt und im Falle widerrechtlichen Handelns ungestraft bleiben.

Zählbar sind allerdings die sterblichen Überreste oder Leichen, die im Nachhinein gefunden werden. Auswertbar sind Statistiken, auch derjenigen Personen, die als verschwunden gelten müssen. Befragbar sind – wenn überhaupt – die Überlebenden von Kriegsgräueln, denn fast alle sind traumatisiert. Versuche, Licht ins Dunkel der Opfer von Kriegen und Bürgerkriegen zu bringen, sind für alle Beteiligten emotional belastend und doch notwendig, um den Opfern eine Stimme zu geben.

Dem Internationalen Komitee vom Roten Kreuz gebührt das Verdienst der Publikation einer Studie aus den Neunzigerjahren des vorigen Jahrhunderts, in der Opferzahlen prozentual nach Waffentypen erfasst wurden. Die Analyse von 41 Konfliktgebieten erbrachte, dass im Durchschnitt zwei von hundert Menschen durch den Einsatz von Handgranaten, fünf durch Großwaffensysteme, zehn durch Landminen, zehn durch Artillerie- und Mörsergeschosse und zehn durch Kugeln aus Revolvern und Pistolen starben. Die Erkenntnis, dass die restlichen 63 Prozent durch Gewehre ums Leben kamen, ist gerade für Deutschland bitter, ist doch das Oberndorfer Unternehmen Heckler & Koch der führende Hersteller von Pistolen und Gewehren in Europa.[5]

Der erste Bundeswehrauftrag an H&K datiert vom Mai 1958.[6] Seither wurden legal mindestens 88 Staaten mit Heckler & Koch-Waffen beliefert. Im Jahr 1961 wurde die erste Lizenz für das Sturmgewehr G3 vom Lizenzgeber, der damaligen Bundesregierung, an Portugal vergeben. Nachweislich erfolgten Lizenzvergaben zum Nachbau von H&K-Waffen an 18 Staaten. Gleich mehrere Lizenznehmer haben, teilweise widerrechtlich, Waffen an andere Länder weiterexportiert. Meine konservativen Berechnungen der Zahl der Menschen, die im Laufe des letzten Jahrhunderts bis zum heutigen Tag durch den Einsatz von H&K-Waffen ihr Leben verloren, basierend auf einem H&K-Weltmarktanteil von acht Prozent, ergaben im Jahr 2002 mehr als 1,5 Millionen Opfer.

Neue Recherchen im Rahmen dieses Buchprojektes führten zu neuen Erkenntnissen: Experten, und dazu dürften auch bestens informierte Mitarbeiter aus dem Hause Heckler & Koch gehören, sind übereinstimmend der Ansicht, dass der Weltmarktanteil zwischen zehn und zwölf Prozent liegt. Gründe dafür sind unter anderem

- die viele Jahrzehnte während Verwendung gebrauchter H&K- durch staatliche und nichtstaatliche Kombattanten nach erfolgten Direktexporten aus Oberndorf oder die Produktion und anschließende Weiterverbreitung, allen voran Lieferungen aus Lizenzstätten der G3-Gewehre und MP5-Maschinenpistolen;
- die in den vergangenen zehn Jahren erfolgten Exporte und die damit verbundene noch größere Verbreitung einer weitgehend neuen Generation von H&K-Waffen (MP7, UMP, G36, HK416 und HK417, MG4 u. v. a. m.), die sich weltweit gut bis sehr gut verkaufen;
- die Vergabe weiterer Lizenzen, beispielsweise für das Sturmgewehr G36 an Spanien und Saudi-Arabien.

Legt man einen Anteil von durchschnittlich elf Prozent am weltweiten Kleinwaffenmarkt zugrunde, so ergibt sich eine Gesamtzahl von geschätzten 15 Millionen in Umlauf befindlichen H&K-Waffen und eine entsprechend höhere Zahl von Opfern.

Seit 1961 sollen rund 30 Millionen Menschen bei kriegerischen Auseinandersetzungen ums Leben gekommen sein. Dennoch könnten bis zum heutigen Tag mindestens 2,079 Millionen Menschen durch Kugeln aus dem Lauf von H&K-Waffen getötet worden sein. Das ergibt für die letzten 50 Jahre durchschnittlich 114 H&K-Opfer pro Tag – die wenigsten in Europa, die meisten auf Schlachtfeldern in Afrika, Lateinamerika oder Asien – weit weg von unserem Kontinent und damit vergleichsweise leicht zu ignorieren.

Vergleichen wir die Opferzahl mit dem Massaker von Kunduz im Norden Afghanistans. In der Nacht des 4. September 2009 starben bei einem Angriff der US-Luftwaffe auf vermeintliche Aufständische zahlreiche Menschen. Und mit Oberst Georg Klein hatte erstmals seit dem Zweiten Weltkrieg ein Offizier der Bundeswehr den Befehl für einen derartigen Militäreinsatz gegeben. Karim Popal, in Bremen ansässiger Rechtsvertreter von Kunduz-Opfern, spricht von 134 Toten. Der *Stern*-Korrespondent Christoph Reuter und der Fotograf Marcel Mettelsiefen recherchierten vor Ort. »Die Frage, wer starb, ließ sich klären: ziemlich genau 90 Menschen, männlich, vom Kind bis zum Greis«, lautete die traurige Bilanz.[7] Der Mittelwert entspricht in etwa dem der tagtäglich durch Kugeln aus dem Lauf von H&K-Waffen getöteten Menschen. In diesem Sinne bekommt der Werbespruch des Oberndorfer Kleinwaffenproduzenten – »No compromise«, »keine Kompromisse« – eine ganz neue Bedeutung.[8] Denn das Massaker von Kunduz war ein Einzelfall, das Morden mit Heckler & Koch-Waffen ist ein Dauerzustand. Das Massaker von Kunduz aber füllte die Titelseiten der Zeitungen, beschäftigte den Deutschen Bundestag und die Öffentlichkeit. Die Millionen getöteter, verstümmelter oder traumatisierter Opfer des weltweiten Dauereinsatzes von Heckler & Koch-Waffen werden totgeschwiegen.

Mehr Kleinwaffenexporte, mörderische Feuerstöße

Liest man die Analyse der Bundesregierung im Rüstungsexportbericht, dann gewinnt man den Eindruck, die verantwortlichen Politikerinnen und Politiker in Berlin hätten die Brisanz und dieser zentralen Problematik des Waffenhandels verstanden: »In internen und grenzüberschreitenden Konflikten werden die weitaus meisten Opfer durch den Einsatz von Kleinwaffen und leichten Waffen und dazugehöriger Munition verursacht.« Diese Problematik konzentriere sich insbesondere auf Entwicklungsländer, wo Kleinwaffen über international operierende Waffenvermittler billig und illegal beschafft werden könnten. »Oft behindern Kleinwaffen die wirtschaftliche und soziale Entwicklung und tragen nicht selten zu einer gewaltsamen Eskalation von Konflikten bei«, so die klare Erkenntnis. Schlimmer noch: Von schultergestützten Flugabwehrsystemen gehe wegen »ihrer hohen Terrorismusrelevanz zunehmend eine Gefahr sowohl für die zivile als auch militärische Luftfahrt« aus. Diese sogenannten MANPADS (»Man Portable Air Defense System«) zählen zu den leichten Waffen.

Nicht selten würden gewaltsame Auseinandersetzungen die Entwicklungserfolge vieler Jahre zunichtemachen. Entsprechend klar die Maßgabe der Bundesregierung: Sie lege »zum Zwecke der Kohärenz zwischen Außen-, Sicherheits-, Außenwirtschafts- und Entwicklungspolitik strenge Maßstäbe an die Genehmigungserteilung für Exporte in Drittstaaten, speziell Entwicklungsländer, an«. Auf internationaler Ebene setze sich Berlin für eine effiziente Verhinderung der illegalen Verbreitung dieser Waffen und auch der Munition ein. Bezüglich der legal erfolgenden Ausfuhr von Kleinwaffen befürworte die Bundesregierung »strikte und effiziente Kontrollen«.

Ziel sei es, beispielsweise im Rahmen des im November 2000 verabschiedeten OSZE-Kleinwaffendokuments, des OSZE-Dokuments zu Lagerbeständen konventioneller Munition sowie des Kleinwaffenaktionsprogramms der Vereinten Nationen »konkrete Resultate mit möglichst verbindlichen Handlungsverpflichtungen für die beteiligten Staaten zu erwirken«. Jetzt gelte es, andere Staaten im Rahmen der EU und auch der bilateralen Entwicklungszusammenarbeit beim Aufbau effizienter nationaler und regionaler Systeme zur Kontrolle von Kleinwaffen zu unterstützen.

Derweil setzen Amnesty International, Oxfam und weitere Nichtregierungsorganisationen ihre Hoffnung auf den neuen Arms Trade Treaty (ATT), einen internationalen Vertrag zur Begrenzung des weltweiten Waffenhandels. Mit dem ATT (siehe http://www.un.org/disarmament/convarms/ATTPrepCom/index.htm) sollen zumindest mehr

Transparenz und Kontrolle im internationalen Waffengeschäft einziehen. Nach dem Scheitern der ATT-Verhandlungen in New York im Juli 2012 hofft die Bundesregierung auf die Zustimmung der UN-Vollversammlung für eine scharfe Reglementierung.[9]

Schon heute gelten vor allem bei Lizenzvergaben zum Nachbau deutscher Waffen strenge Maßgaben: Für den Export von Technologie und Herstellungsausrüstung sollen grundsätzlich keine Genehmigungen zur Eröffnung neuer Herstellungslinien in Drittländern erteilt werden – weder für Kleinwaffen noch für Munition. Und noch ein guter Vorsatz, den erstmals Rot-Grün auf den Weg gebracht hatte: Für ebendiese besonders bedenklichen Staaten finde der Grundsatz »Neu für Alt« Anwendung, wonach Altbestände bei Lieferung neuer Waffen verschrottet werden sollen.[10] Alles klare Zielvorgaben, doch die Realität sieht ganz anders aus.

Im entscheidenden Punkt stellten die Vereinten Nationen in Genf der Bundesregierung wegen ihrer Kleinwaffenpolitik im Sommer 2011 ein mangelhaftes Zeugnis aus. Die United Nations Commidity Trade Statistics Database, kurz Comtrade, wertete das Datenmaterial von mehr als 100 Staaten aus und publizierte diese in einem Ranking der Exporteure. Demnach lag die Bundesrepublik Deutschland bei Klein- und Leichtwaffen im Jahr 2008 auf einem unrühmlichen dritten Platz hinter den USA und Italien.

Die drei Staaten hatten Pistolen, Maschinenpistolen, Gewehre, Karabiner, Minenwerfer und leichte Raketen im Wert von 715, 562 bzw. 472 Mio. US-Dollar exportiert, so Comtrade. Vergleichsweise abgeschlagen folgten auf den Plätzen 4 bis 12 Brasilien (273 Mio.), die Schweiz (211 Mio.), Israel (179 Mio.), Österreich (173 Mio.), Südkorea (165 Mio.), Belgien (124 Mio.), Russland (119 Mio.), Spanien (116 Mio.) und die Türkei (111 Mio.). Die beiden letztgenannten Staaten zählen zu klassischen Empfängerländern von Heckler & Koch-Waffen und Lizenzvergaben.[11]

Ausdrücklich wiesen die Vereinten Nationen darauf hin, dass kleine und leichte Waffensysteme »immer wichtiger für Militäroperationen in lang andauernden Konflikten«, wie in Afghanistan und Irak, seien. Ihr unkontrollierter Handel gefährde die internationale Sicherheit.[12]

Immerhin ein Lob konnten die Kontrolleure der Bundesregierung aussprechen: Im Transparenz-Barometer rangierte Deutschland nach der Schweiz und Großbritannien daher auf einem erfreulichen dritten Platz, die Sündenböcke aus den USA und Italien landeten hingegen auf den Plätzen 10 und 12.[13]

Tatsächlich führt ein Blick in die regierungsamtliche Übersicht der Kleinwaffengenehmigungen zur ernüchternden Erkenntnis, dass die Schere zwischen dem friedenspolitischen Anspruch einer Restriktionspolitik und der kriegsunterstützenden Wirklichkeit einer Exportförderungspolitik seit Mitte der Neunzigerjahre weit auseinanderklafft.

Unter Angela Merkel und Frank-Walter Steinmeier steigerte die schwarz-rote Bundesregierung die Einzelgenehmigungen gegenüber der rot-grünen Vorgängerregierung Jahr für Jahr. Hatte ihr Volumen Ende 2005 noch 35,98 Mio. Euro umfasst, so wurde dieser Wert bis Ende 2009 auf 70,40 Mio. Euro verdoppelt – ein absoluter Rekordwert. Unter Schwarz-Gelb wurden mit 49,54 Mio. Euro (2010) und 37,90 Mio. Euro (2011) zu verzeichnen, noch immer der fünft- bzw. achthöchste Wert seit Bilanzveröffentlichung. Zum Vergleich: 1996 hatte der Gesamtwert der Einzelgenehmigungen noch bei überschaubaren 5,36 Mio. Euro gelegen[14]

Und auch das Argument, man beliefere nur befreundete demokratische Staaten, entfiel. Während Exporte in NATO-Länder, EU-Mitgliedstaaten und NATO-gleichgestellte Länder, zu denen Australien, Neuseeland, Japan und die Schweiz zählen, grundsätzlich nicht zu beschränken« sind, unterliegt der Waffenhandel mit den sonstigen Staaten, den sogenannten »Drittländern«, den Einschränkungen der Politischen Grundsätze der Bundesregierung zum Rüstungsexport.

Dabei sind Rüstungslieferungen gerade in diese Länder von großer Tragweite, da sich viele der dortigen Regierungen schwerster Menschenrechtsverletzungen schuldig machen. Der Export von Kriegswaffen und sonstigen Rüstungsgütern in diese Staaten soll »restriktiv gehandhabt« werden – die Bilanz spricht eine andere Sprache.

Infokasten 6/2

Einzelgenehmigungen für den Export von Kleinwaffen aus Deutschland (1996–2011)

(Werte in Mio. Euro)

Jahr	EU-Länder	NATO oder NATO-gleichgestellte Länder (ohne EU-Länder	Drittländer	Einzelgenehmigungen gesamt
1996	0,89	2,60	1,87	5,36
1997	5,60	4,11	6,24	15,95
1998	2,09	14,68	6,57	23,34
1999	10,14	6,38	4,74	21,26
2000	4,97	3,58	0,27	8,82
2001	24,57	6,62	7,43	38,62
2002	45,31	12,09	4,20	61,60
2003	35,56	8,76	8,59	52,90
2004	12,64	15,46	8,17	36,27
2005	17,97	5,44	12,57	35,98
2006	11,45	10,23	15,60	37,28
2007	9,35	9,38	30,2	48,93
2008	22,72	28,94	17,18	68,85
2009	35,97	20,10	14,32	70,40
2010	19,42	13,81	16,30	49,54
2011	10,03	9,95	17,92	37,90

Anmerkung:
Dieser Tabelle liegt die Kleinwaffen-Definition der EU zugrunde. Erfasst werden die Genehmigungswerte für Maschinenpistolen und -gewehre, voll- und halbautomatische Waffen, Waffen mit glattem Lauf für militärische Zwecke, Waffen für hülsenlose Munition und für Teile für diese Waffen.

Quelle:
Bericht der Bundesregierung über ihre Exportpolitik für konventionelle Rüstungsgüter im Jahr 2010 vom 7. Dezember 2011, S. 35; Bericht der Bundesregierung über ihre Exportpolitik für konventionelle Rüstungsgüter im Jahr 2011 vom 14. November 2012, S. 26.

Die Namen der Empfängerländer deutscher Kleinwaffen sprechen für sich. Im Jahr 2009 genehmigte der Bund die Ausfuhr von 34 401 Kleinwaffen, so die Berechnungen im Rüstungsexportbericht 2010 der Gemeinsamen Konferenz Kirche und Entwicklung (GKKE). Davon konnten 8363 Waffen an Abnehmer in Staaten exportiert werden, die nicht der NATO oder EU angehörten oder diesen gleichgestellt waren. Was harmlos klingt, ist schlimm genug, denn NATO-Staaten führten zu diesem Zeitpunkt Krieg, beispielsweise in Afghanistan und in Teilen Pakistans. Auch die wichtigsten »Drittländer« verrieten viel darüber, wie ernst es der Großen Koalition mit den Menschenrechten war: CDU/CSU und SPD genehmigten die Lieferung von 300 Maschinenpistolen für Kuwait, von 318 Maschinenpistolen für Indonesien, von 884 Sturmgewehren für Ägypten, von 307 Maschinenpistolen und 425 Sturmgewehren für Indien und sogar von 2500 Sturmgewehren für Saudi-Arabien.[15] Alle diese Staaten fanden sich auf der GKKE-Liste der als »kritisch« einzustufenden Empfängerländer wieder. Die Menschenrechtssituation in Indonesien und in Kuwait wurde seitens der beiden großen christlichen Kirchen 2009 als »schlecht«, die in Saudi-Arabien, Indien und Ägypten sogar als »sehr schlecht« beurteilt.[16]

Zugleich genehmigte die CDU/CSU-SPD-Bundesregierung den Export von 9174 leichten Waffen – 4177 davon in »Drittländer«. Zu den größten Abnehmern zählten Südkorea, Singapur, und Jordanien.[17] Alle vier Staaten liegen in Krisengebieten.

Auch in den Jahren 2010 und 2011, den ersten beiden der christlich-liberalen Bundesregierung unter Angela Merkel und ihren Stellvertretern, Bundesaußenminister Guido Westerwelle bzw. Philipp Rösler, wurde die Ausfuhr zahlreicher Klein- und Leichtwaffen in Krisengebiete und an menschenrechtsverletzende Staaten genehmigt.

Im Juni 2011 meldete die Bundesregierung dem UN-Waffenregister die aktuellen Genehmigungszahlen und dokumentierte damit eine Stabilisierung auf immens hohem Niveau: Alles in allem waren im Jahr 2010 Ausfuhrgenehmigungen für 41 537 Klein- und Leichtwaffen erteilt worden, gegenüber 43 252 Genehmigungen im Jahr 2009 und 42 419 im Jahr 2008.[18] Allein im Jahr 2010 wurden von der christlich-liberalen Bundesregierung für folgende Drittländer Einzelgenehmigungen zum Export von Kleinwaffen erteilt:

Andorra, Bahrain, Bermuda, Bhutan, Brasilien, Brunei, Chile, Hongkong, Indien, Indonesien, Irak, Israel, Jordanien, Kambodscha, Katar, Republik Korea (Südkorea), Kosovo, Kuwait, Libanon, Malaysia, Mexiko, Montenegro, Oman, Peru, Philippinen, Saudi-Arabien, Singapur, Südafrika, Thailand, Trinidad und Tobago und die Vereinigten Arabischen Emirate.

Ungebrochen setzte die christlich-liberale Bundesregierung 2011 ihre offensive Exportpolitik kleiner und leichter Waffen fort. Erneut wurden äußerst bedenkliche Empfängerländer mit Tausenden von Klein- und Leichtwaffen hochgerüstet und Folterregime stabilisiert.

Ganz anders stellt sich die Situation aus Sicht der Unternehmen dar. Lieferfirmen – im Fall von Heckler & Koch und Carl Walther mittelständische Unternehmen – profitieren massiv von Kleinwaffentransfers. Denn dank der Genehmigungspolitik der Bundesregierung konnten im Jahr 2010 Kleinwaffen – Pistolen und Maschinenpistolen, Sturm- und Maschinengewehre – im Wert von 16 303 423 Euro in Drittländer exportiert werden – immerhin das dritthöchste Volumen der seit 1996 publizierten Jahreswerte.

Gegenüber den Genehmigungen unter der Regierung Kohl/Kinkel in Höhe von 1,87 Mio. Euro (1996) wurde der Wert der Einzelgenehmigungen an Drittländer unter der Regierung Schröder/Fischer mehr als vervierfacht, auf 8,17 Mio. Euro (2004), und unter der Regierung Merkel/Westerwelle fast verneunfacht (16,3 Mio. Euro [2010]). Den unangefochtenen Rekord aber hält bis heute die Regierung Merkel/Steinmeier: Der Genehmigungswert an »Drittländer« wurde im Jahr 2007 gegenüber 1996 versechzehnfacht, auf 30,2 Mio. Euro.[19]

Angesichts der immens hohen Opferzahlen sind Exporte von Kleinwaffen und deren Munition der folgenschwerste Beitrag zum Waffenhandel. Im Falle der Genehmigung solcher Transfers an menschenrechtsverletzende Staaten macht sich die zustimmende Bundesregierung massiv mitschuldig an Gewaltandrohung und Gewaltausübung, an Exekutionen und Massakern in Kriegen und Bürgerkriegen. Betroffen sind zumeist unschuldige Zivilisten.

Genehmigte Ausfuhren kleiner und leichter Waffen an Drittstaaten (2011)

Kleinwaffenausfuhren			
Gewehre und Karabiner	2069	61	Indien (4), Indonesien (10), Philippinen (1), Saudi-Arabien (46)
Maschinenpistolen	5130	1982	Saudi-Arabien (1233), Indonesien (242), Argentinien (175), China (106), Singapur (68), Serbien (50), Indien (48),
Sturmgewehre	12765	6104	Saudi-Arabien (4213), Kosovo (900), Singapur (595), Philippinen (195), VAE (16), Indonesien (102), Oman (48)
Leichte Maschinengewehre	222	11	Oman (10), Brasilien (1)
Leichte Waffen			
Leichte, unter dem Lauf angebrachte sowie schwere Granatwerfer [sic!]	8564	51	Brasilien (1), Malaysia (1), Philippinen (25) Singapur (23) VAE (1)
Rückstoßfreie Waffen	6003	6000	Singapur

Abkürzung:
VAE – Vereinigte Arabische Emirate

Quelle:
GKKE-Rüstungsexportbericht 2012, Vorabdruck vom 10. Dezember 2012, S. 42.

Munition en masse zur Liquidierung von Weichzielen

Einer der wichtigsten Munitionsfabrikanten für Sturmgewehre von Heckler & Koch ist die MEN Metallwerk Elisenhütte GmbH. Der 1957 in Nassau an der Lahn gegründete Industriebetrieb hat sich mit seinen 250 Mitarbeitern auf die Entwicklung kleinkalibriger Munition spezialisiert. In diesem Segment nimmt MEN »eine international bedeutende Stellung« ein, so die Selbsteinschätzung.

Für Scharfschützen bietet MEN in der SniperLine »absolute Präzision«, »perfekte Munition« und ein Sortiment »von hochpräzisen und in der Wirkung optimierten Patronen«.[20] Ein Highlight im Sortiment ist die Leuchtspurmunition NATO Tracer M62 mit einem Hartkerngeschoss. Diese Munition »erleichtert das sichere Treffen auch bei Nacht«. Beim Kaliber 5.56 mm x 45 handelt es sich um eines der meistverwendeten Kaliber weltweit, auch beim Sturmgewehr G36 von Heckler & Koch. Das Kaliber 7.62 mm x 51 ist G3-tauglich und NATO-standardisiert. Laut MEN zeigen Patronen dieses Kalibers ein »breites Einsatz-Spektrum« – auch in Maschinengewehren –, beispielsweise »als NATO Ball DM41 gegen Weichziele«.[21] Die Munitionswerbung von MEN erinnert an die des G11-Gewehrprospekts. Darin warb H&K für hülsenlose Munition. Deren »Wirkung auf Weichziele« entspreche internationalen Abkommen. Auch bei kurzen Entfernungen trete »im weichen Zielmedium« keine Geschosszerlegung auf.[22] Gemeint sind Menschen, die durch die Geschosse verstümmelt, zerfetzt oder getötet werden.

MEN-Munition wird weltweit eingesetzt. Und seit dem Verkauf des Unternehmens an die brasilianische Waffenschmiede Companhia Brasileira de Cartuchos (CBC) konnten neue Kundenkreise erschlossen werden. Offiziell wird die MEN-Munition heute von Sicherheitskräften in mehr als 30 Nationen eingesetzt. Für den militärischen Gebrauch bei »härtesten Einsatzbedingungen« verspricht MEN hundertprozentige Funktionssicherheit.[23]

Dass auch Munition en masse von Deutschland aus in Krisen- und Kriegsgebiete gelangen kann, dafür haben seit 2005 die von Angela Merkel geführten Bundesregierungen gesorgt. Agierten die Vorgängerregierungen Kohl/Kinkel und Schröder/Fischer in ihrer Genehmigungspolitik bei Munitionslieferungen noch erfreulich zurückhaltend, so brachen unter Merkel alle Dämme. Besonders schwer wogen die Beschlüsse im Jahr des Wechsels von der christlich-sozialdemokratischen zur christlich-liberalen Koalition, 2008. Mit Einzelgenehmigungen im Umfang von 18,65 Mio. Euro wurde der Wert der Munitionslieferungen an Drittländer, zu denen auch Entwicklungsländer zählen, gegenüber 1996 um das 207-Fache gesteigert.

Auch die Liste der Empfängerländer war unglaublich. Unter anderem wurde der Export von 5 000 000 Stück Munition für Maschinenpistolen an Jordanien, von 7 500 000 bzw. 5 016 000 Stück Gewehrmunition an den Libanon bzw. Malaysia genehmigt. Saudi-Arabien konnte 2 000 000 Stück Munition für Maschinengewehre ordern und 20 000 000 Bestandteile für Gewehrmunition erwerben. Für Singapur wurden gar Einzelgenehmigungen zur Lieferung von 60 000 000 Stück Gewehrmunition erteilt.[24] Der GKKE-Rüstungsexportbericht für 2008 wies ausdrücklich auf die sehr schlechte Menschenrechtssituation in Malaysia, Saudi-Arabien und Singapur hin.[25]

Bis zum heutigen Tag werden ganz legal »Drittländer« mit Munition für Kleinwaffen beliefert. Deren Waffeneinsatz lässt mit an Sicherheit grenzender Wahrscheinlichkeit befürchten, dass zahllose Menschen Opfer des Beschusses mit ebendieser Munition werden. Allein für 2011 wurden unter der Regierung Merkel/Rösler Einzelgenehmigungen für Munition für Kleinwaffen beispielsweise an Staaten wie Ägypten (20 000 Stück), Afghanistan (190 000), Brunei (600 000), Südkorea (100 000), Namibia (1 114 700), Oman (5000), Russland (420 010) und die Vereinigten Arabischen Emirate (83 000) erteilt.[26]

Doch die christlich-liberale Bundesregierung genehmigte auch Munitionsexporte an NATO-Partner, die zu diesem Zeitpunkt Krieg führten. So erteilte sie allein in den Jahren 2010 und 2011 Einzelgenehmigungen für NATO- oder NATO-gleichgestellte Länder im Wert von insgesamt 34,76 Mio.[27]

Die USA erhielten im Jahr 2009 Einzelgenehmigungen zum Kauf von Munition für Revolver und Pistolen, Maschinenpistolen, Gewehre, Kanonen u. v. a. m. Alles in allem umfasste der Wert der Munitionslieferungen 11,1 Prozent der Einzelgenehmigungen an den Empfänger Nummer eins deutscher Waffen.[28] Im Folgejahr wurde der prozen-

Einzelgenehmigungen für Munition für Kleinwaffen 1996 – 2011

Die tabellarische Übersicht umfasst die Einzelgenehmigungen für Munition für Kleinwaffen einschließlich Munitionsteile ohne Jagd- und Sportwaffen.
(Werte in Mio. Euro)

Jahr	EU-Länder	NATO oder NATO-gleichgestellte Länder (ohne EU-Länder	Drittländer	Einzelgenehmigungen gesamt
1996	0,30	0,50	0,09	0,89
1997	4,60	5,00	0,74	10,34
1998	4,64	10,09	0,63	15,36
1999	2,83	14,95	0,15	17,93
2000	2,81	2,84	0,04	5,69
2001	2,20	12,46	1,80	16,46
2002	7,08	6,10	1,88	15,06
2003	1,83	8,53	1,61	11,96
2004	3,69	11,06	0,57	15,31
2005	6,13	11,50	0,24	17,87
2006	13,31	7,76	0,15	21,22
2007	16,77	13,59	1,40	31,76
2008	10,10	10,18	18,65	38,94
2009	41,18	17,53	2,63	61,35
2010	10,35	17,13	2,00	29,48
2011	15,15	17,63	1,77	34,55

Quellen:
Bericht der Bundesregierung über ihre Exportpolitik für konventionelle Rüstungsgüter im Jahr 2010 vom 7. Dezember 2011, S. 40; Bericht der Bundesregierung über ihre Exportpolitik für konventionelle Rüstungsgüter im Jahr 2011 vom 14. November 2012, S. 29.

tuale Anteil des Munitionshandels mit den USA auf 18,3 Prozent der Gesamtlieferungen gesteigert. Auch hier gilt das leidige Motto: Tendenz steigend: Für das Jahr 2011 dokumentierte der Rüstungsexportbericht den höchsten jemals erzielten Wert bei Einzelgenehmigungen für Kleinwaffenmunition für NATO- oder NATO-gleichgestellte Länder: 17,63 Mio. Euro.[29]

Kindersoldaten mit G3-Gewehren – wie Deutschland das Völkerrecht verletzt

Einhellig verurteilen Friedens- und Menschenrechtsorganisationen, Kirchen und Gewerkschaften, sämtliche politischen Parteien und die Bundesregierung den Export von Tötungsinstrumenten, die in Kinderhänden zum Einsatz kommen. Gemäß dem Zusatzprotokoll betreffend Kinder in bewaffneten Konflikten, das weltweit von über 140 Staaten ratifiziert wurde, ist der Einsatz von Kindern unter 18 Jahren in einem bewaffneten Konflikt verboten, desgleichen jede Zwangsrekrutierung von Kindern dieses Alters. Laut Kinderrechtskonvention der Vereinten Nationen gilt jede Rekrutierung von Kindern sogar vor Vollendung des 15. Lebensjahres als Kriegsverbrechen.

Paul Russmann, Geschäftsführer von Ohne Rüstung Leben in Stuttgart, zählt zu den vehementen Kritikern des »Massenvernichtungsmittels Kleinwaffe«. Diese vergleichsweise kleinen und leichten Waffen passten »perfekt in Kinderhände«. Je mehr Kleinwaffen es gebe, desto mehr Kindersoldaten würden damit schießen. Schätzungen zufolge gibt es zurzeit zwischen 250 000 und 300 000 Kindersoldaten weltweit. Viele werden entweder zwangsrekrutiert oder Soldaten aus purer Not. »Um nicht zu verhungern, kämpfen viele von ihnen für einen geringen Lohn«, berichtet Russmann.

Der *Schattenbericht Kindersoldaten 2013,* erstellt im Auftrag des Kinderhilfswerks terre des hommes, von Plan International Deutschland, der Kindernothilfe, UNICEF Deutschland und World Vision Deutschland, bestätigt Russmanns Analyse. Kinder beteiligten sich zwangsweise an Kampfhandlungen. Viele von ihnen werden sexuell missbraucht, gefoltert und auch ermordet. Die »Coalition to Stop the Use of Child Soldiers« fordert deshalb: Niemand, der das 18. Lebensjahr noch nicht vollendet hat, soll angeworben, zwangsweise oder freiwillig rekrutiert oder in Feindseligkeiten eingesetzt werden – egal, ob dies durch reguläre nationale Streitkräfte oder durch irreguläre nicht-staatliche bewaffnete Gruppen erfolge.«[30]

Immerhin gibt es Lichtblicke. Bereits im Jahr 1989 verabschiedeten die Vereinten Nationen ein Übereinkommen zu den Rechten des Kindes. Mittlerweile ist die Kinderrechtskonvention der meistratifizierte Menschenrechtsvertrag, beachtliche 193 Staaten haben sich zu seiner Umsetzung verpflichtet. Das »Zusatzprotokoll betreffend Kinder in bewaffneten Konflikten« trat am 12. Februar 2002 in Kraft. Sowohl Regierungen als auch Oppositionsgruppen, die Kinder für ihre militärischen Ziele missbrauchen, »stehen weltweit am Pranger«.[31]

Deutschland rühmt sich seiner aktiven Rolle im Einsatz gegen Kindersoldaten. Dabei gilt es auch hierzulande Missstände anzuprangern. »Kinder turnen auf Panzern herum, Schulklassen dürfen bei Kasernenbesuchen in den Schießsimulator«, weiß Ralf Willinger von terre des hommes Deutschland e. V. (tdh). Die Kinderhilfsorganisation unterstützt in mehr als 30 Ländern über 400 Projekte für Kinder in Not. »Die Bundeswehr wirbt systematisch um Kinder und Jugendliche – verstärkt auch in Schulen«, kritisiert Willinger.[32] Terre des hommes, die Deutsche Friedensgesellschaft – Vereinigte KriegsdienstgegnerInnen (DFG-VK) und viele weitere Organisationen setzen sich gegen die Bundeswehrwerbung bei Minderjährigen ein, beispielsweise mit der Kampagne »Schulfrei für die Bundeswehr« (www.schulfrei-fuer-die-bundeswehr.de).

»Die Rekrutierung Minderjähriger durch die Bundeswehr, Waffenexporte in Konfliktregionen und der Umgang mit Kindersoldaten sind drei Themen, die eine Schnittmenge haben«, sagt Willinger. Denn die Bundeswehr rekrutiert nicht nur mehrere hundert Unter-18-Jährige im Jahr, sie tritt auch als Exporteur gebrauchten Kriegsgeräts auf. Der Kreis schließt sich, »wenn Kindersoldaten als Flüchtlinge nach Deutschland kommen, die womöglich mit deutschen Waffen im Krieg gekämpft haben«, so Willinger.

Deutsche Kleinwaffen sind in Ländern mit Kindersoldaten weit verbreitet. Deutsche Unternehmen bzw. deren Vorgängerfirmen – allen voran Heckler & Koch – haben massiv zu dem weltweiten Desaster beigetragen. Aber auch die Dynamit Nobel Defence GmbH in Burbach, Wien und Graz, die Rheinmetall AG in Düsseldorf und die Carl Walther GmbH in Arnsberg und Ulm – um nur einige zu nennen – zählen zu den führenden Kleinwaffenproduzenten.,

Im Deutschen Bündnis Kindersoldaten machen sich terre des hommes, die Kindernothilfe, UNICEF Deutschland, missio, Amnesty International, World Vision, Aktion Weißes Friedensband, Plan, Deutsches Jugendrotkreuz, der Lutherische Weltbund und NAD dafür stark, dass kein Kind unter 18 Jahren in Armeen, bei bewaffneten Gruppen oder anderen militärischen Verbänden eingesetzt oder geschult werden darf – so die Hauptforderung »Straight 18«. Auch dürfe das Militär keine Werbung bei Minderjährigen machen. Geflohene Kindersoldaten sollen medizinisch und psychologisch versorgt werden, wenn sie als Flüchtlinge in andere Länder kommen. In Deutschland und anderen Ländern muss ehemaligen Kindersoldaten politisches Asyl gewährt werden.

Waffen – vor allem Kleinwaffen –, Waffenteile oder Munition »dürfen nicht mehr in Krisenregionen exportiert werden, in denen Kindersoldaten eingesetzt werden«, so eine weitere Forderung des Bündnisses. Zudem müsse ein Stopp der Vergabe von Waffenproduktionslizenzen ins außereuropäische Ausland und ein Stopp des Exports von Waffen in Drittländer verhängt werden, wenn Letztere die Waffen in Krisengebiete weiterleiten. Von der Bundesregierung verlangt das Bündnis den »Stopp aller deutschen Rüstungsexporte, insbesondere in Krisengebiete, in denen Kindersoldaten eingesetzt werden«.[33]

Sind somit Kleinwaffenexporte in all jene Staaten rechtswidrig, die entgegen der Kinderrechtskonvention Kindersoldaten rekrutieren und in gewaltsame Auseinandersetzungen entsenden? »Exporte von Waffen, insbesondere Kleinwaffen, in Konfliktregionen verletzen die in der Kinderrechtskonvention verbrieften Rechte und Schutzpflichten, wie das Recht auf Leben und auf Schutz vor Gewalt«, sagt Ralf Willinger. Seine Schlussfolgerung lässt an Klarheit nichts zu wünschen übrig: Solche Waffenexporte verursachten großes Leid bei Kindern und »verstoßen damit gegen das Völkerrecht«. Der Referent für Kinderrechte bei terre des hommes Deutschland fordert von der Bundesregierung: »Deutschland sollte solche Waffenexporte konsequent stoppen.« Insbesondere an den EU-Außengrenzen solle sich Deutschland »für eine menschliche Flüchtlingspolitik einsetzen«. Willinger weiß um die Tatsache, »dass Kinder, darunter viele Kindersoldaten, mit deutschen Waffen getötet werden«. Andere Kindersoldaten, welche die kriegerischen Auseinandersetzungen überleben, kämen oftmals bei der Flucht aus den Kriegsgebieten ums Leben oder würden »wegen der unmenschlichen europäischen Flüchtlingspolitik sterben«. Dass die deutsche und europäische Politik dies billigend in Kauf nimmt, ist für Willinger »ein Skandal«.[34]

Bislang sind Erfahrungsberichte und Bilder, die Kindersoldaten mit Sturmgewehren des Typs G3 zeigen, vergleichsweise selten. Nach wie vor sind aus Russland stammende und in zahlreichen Lizenzländern nachgebaute Kalaschnikows die Kindersoldaten-Waffe Nummer eins – was sich ändern wird.

Bereits heute befindet sich die neue H&K-Tötungsmaschine bei Sicherheitskräften aller Art hunderttausendfach im Einsatz – und das in rund 30 Staaten. Ende der Neunzigerjahre war die erste G36-Lizenz an Spanien vergeben worden, 2008 die zweite an Saudi-Arabien. Da der Endverbleib der Waffen im Empfänger- und im Produktionsland von deutschen Behörden vor Ort nicht kontrolliert wird, steht der grenzenlosen Weiterverbreitung der neuen Sturmgewehre – sei es von den Empfängerländern aus oder durch Weiterexporte der Lizenznehmer – nichts im Wege.

Bei einer Verwendungsdauer von bis zu 50 Jahren werden also Sturmgewehre, die beispielsweise im Jahr 2015 in Deutschland, Spanien oder Saudi-Arabien gefertigt werden, bis schätzungsweise 2065 im Kriegseinsatz sein. Dann allerdings verstärkt in Kinderhänden, denn das in der Standardversion G36 mit fester Schulterstütze nur 75,8 cm lange und in der Kompaktversion G36C gar nur 50,0 cm lange Sturmgewehr ist deutlich kürzer und damit handlicher als das G3 in der Standardversion mit 102,5 cm. Für Kindersoldaten, die anstrengende Märsche bewältigen müssen, ist aber vor allem das Gewicht ein entscheidendes Argument. Und auch das spricht zukünftig für das G36, das selbst in der Standardversion lediglich 3,6 kg und in der Ausführung G36C lediglich 2,8 kg schwer ist. Im Vergleich dazu handelt es sich beim G3 mit seinen 4,40 kg um ein erheblich schwereres Gerät, zumal bei allen genannten Waffen noch das Munitionsmagazin hinzugerechnet werden muss.[35]

Mit dem Sturmgewehr G36 sind geradezu optimale Voraussetzungen dafür gegeben, dass Kindersoldaten bei kriegerischen Konflikten künftig weit häufiger mit Kleinwaffen von Heckler & Koch oder deren Lizenznehmern schießen. Dabei werden sie Täter und Opfer zugleich sein.

6.2 Der Tod bleibt ein Meister aus Oberndorf

Wie das Schnellfeuergewehr G3 den Weltmarkt eroberte

Anlass zum Jubilieren gab und gibt es in Oberndorf immer wieder. Ein ganz besonderer bot sich im Laufe des Jahres 2011: der zweihundertste Jahrestag der Gründung der Königlich Württembergischen Gewehrfabrik. Am 31. Juli 1811 hatte König Friedrich von Württemberg durch einen Erlass angeordnet, dass das erst fünf Jahre zuvor säkularisierte Augustinerkloster fortan für die Rüstungsproduktion zur Verfügung stehen sollte. Mit einer Veranstaltungsreihe erinnerte die Stadt in der zweiten Jahreshälfte 2011 an die Gründung der ersten Waffenfabrik.

Den »Durchbruch zur Weltgeltung erreichte die Waffenindustrie in Oberndorf« allerdings erst 1874 mit der Übernahme der Königlich Württembergischen Gewehrfabrik durch die Brüder Wilhelm und Paul Mauser.[36]

Die Gründung von Heckler & Koch geht auf das Jahr 1949 zurück. Beide Unternehmen besitzen durch ihre grenzenlosen Waffenexporte Weltgeltung. Bei der 200-Jahr-Feier stand allerdings Mauser, heute Teil von Rheinmetall Defence, mit seinen rund 300 Mitarbeitern im Mittelpunkt. Weltweit bekannt ist dieses Unternehmen nicht zuletzt durch die hiesige Fertigung der Bordkanone BK27 für den Eurofighter. Dritter im Bunde der Oberndorfer Waffenproduktion ist die Firma Westinger & Altenburger, mit deren Waffen Sportschützen um Europa- und Weltmeistertitel und um olympische Ehren kämpfen.

Heckler & Koch – heute mit gut 700 Beschäftigen größter Arbeitgeber der Stadt[37] – wurde hingegen im Einladungsflyer der Stadt nicht einmal erwähnt. Was hätte man auch schreiben sollen? Dass die Opfer der Waffenentwicklungen beider Oberndorfer Rüstungsfirmen wohl in die Millionen gehen? Dass Heckler & Koch das wohl tödlichste Unternehmen auf dem Kontinent ist? Dass zahlreiche diktatorische Regime weltweit ihre Bevölkerung mit H&K-Waffen bis heute unterdrücken? Dass die von der Bundesregierung im Jahr 2008 genehmigte Lizenzvergabe zum Bau einer G36-Fabrik in Saudi-Arabien die folgenschwerste Fehlentscheidung in der Geschichte des Unternehmens werden dürfte?

Nein, das Stillschweigen verwundert kaum. Der Blick in die Firmengeschichte von Heckler & Koch belegt, dass bereits in den Anfangsjahren erste Kontakte zu Scheindemokraten und Diktatoren geknüpft wurden. Verbindungen, die in den folgenden Jahrzehnten mit Waffenlieferungen und Lizenzvergaben massiv ausgebaut wurden.

Vier Jahre nach dem Ende des Zweiten Weltkriegs begannen in den ehemaligen Luftschutzräumen des Magazins der Oberndorfer Feuerwehr fünf Arbeiter mit der Fertigung von Teilen für Nähmaschinen. Die Verwaltung befand sich noch in den Wohnräumen der Familie Heckler. In zwei angemieteten Baracken des früheren Reicharbeitsdienstlagers in der Adolf-Hitler-Siedlung, dem heutigen Lindenhof in der Oberstadt Oberndorfs, wurde der Betrieb hochgezogen.[38]

Der Gesellschaftsvertrag der heutigen H&K GmbH wurde Ende Dezember 1949 unterzeichnet. Gründungsväter waren Edmund Heckler, in der NS-Zeit tätig in der Mauser-Konstruktionsabteilung Kleinwaffen und Prokurist der Rüstungsfirma HASAG, Theodor Koch, ehemals Betriebsleiter bei den Mauser-Werken für den Werkzeug- und Vorrichtungsbau, und Alexius Wilhelm Seidel, der frühere Leiter der Mauser-Konstruktionsabteilung Kleinwaffen. Wegen des deutschlandweit geltenden Produktionsverbots für Rüstungsgüter fertigte man auf dem Lindenhof Büromaschinen- und Fahrradteile, Stanz- und Schnittwerkzeuge. Im Jahr 1950 arbeiteten bereits rund 150 Beschäftigte bei H&K, zwei Jahre danach wurde das erste eigene Firmengebäude errichtet. Prägend aber war das Jahr 1955, als die Rüstungsproduktion offiziell wieder aufgenommen werden konnte – andernorts war die Waffenentwicklung längst im Gange.

Denn bereits in den Kriegsjahren 1944 und 1945 war das sogenannte »Gerät 06H« in der Waffenforschungsanstalt von Mauser geschaffen worden. Schon im Jahr 1949 hatten Abgesandte des spanischen Diktators Franco den vormaligen Vorsitzenden des Hauptausschusses »Automatische Waffen« Werner Heynen besucht. Heynen war in der Zeit des Nationalsozialismus dem Reichsminister für Rüstung und Kriegsproduktion Albert Speer unterstellt gewesen. Der Ingenieur erhielt den Auftrag, eine Entwicklungsgruppe für das Centro des Estudios Tecnicos Materiales Especiales (CETME) in Spanien zusammenzustellen. Heynens Gruppe empfahl eine neue Waffenentwicklung in Anlehnung an das Sturmgewehr 44. Im Juli 1951 präsentierte der Heynen-Mitarbeiter Ludwig Vorgrimmler dem spanischen Diktator den ersten Prototyp des neuen Gewehrs.

Mit den bei Mauser gesammelten Erfahrungen konnte die Waffenproduktion bei Heckler & Koch alsbald anlaufen. Allerdings war auch die Oberndorfer Rüstungsindustrie im Zweiten Weltkrieg und durch die nachfolgende Demontage zerstört worden. Dementsprechend orderte das deutsche Beschaffungsamt hunderttausend Gewehre erst einmal im Ausland. Fabrique Nationale, belgischer Hersteller von Handfeuerwaffen, überzeugte mit dem G1-Gewehr. In geringer Stückzahl wurden bei der Swiss Industrial Company Sturmgewehre bestellt und als G2 tituliert.

Trotz erzwungener ziviler Fertigung war es bereits 1951 zu ersten Geschäftskontakten zwischen H&K und dem deutschen Grenzschutz gekommen. Mit der Gründung der Bundeswehr (1955) folgte dann »eine nahezu explosionsartige Erweiterung des Angebots durch wehrtechnisches Gerät«, wie Manfred Kersten und Walter Schmid als Autoren der offiziellen Firmenbiografie die anschließende Entwicklung treffend beschrieben. Bereits Anfang 1956 wurde ein Vertrag zur Produktion eines modernen Gewehrs in Zusammenarbeit mit CETME geschlossen. Im Folgejahr fanden bei der Bundeswehr erfolgreiche Truppenversuche statt, 1958 erwarb die Bundesregierung die Lizenz und damit das Recht zur Fertigung des nun als G3 bezeichneten Schnellfeuerwehrs. Anfang 1959 einigten sich Heckler & Koch und das Bundesverteidigungsministerium auf die Lieferung von 150 000 G3-Gewehren. Das G3 wurde in der Folge zur Standardwaffe der Bundeswehr und der Armeen zahlreicher anderer Staaten.

Von zentraler Bedeutung für die Entwicklung der kommenden Jahrzehnte war der Umstand, dass die Bundeswehr in den Jahren 1959 und 1962 von Spanien die Lizenzen zur Fertigung eines Vorläufers des G3 erworben hatte. Somit lagen die Rechte zur Weiterentwicklung bei der Bundesregierung. Bei allen folgenden Lizenzvergaben – dem Recht zum Nachbau des G3 in aller Welt – war der Bund Lizenzgeber. Zu Recht verwies Heckler & Koch darauf, dass »im Rahmen von Militärhilfeabkommen mit Genehmigung des Bundes und teilweise auf Betreiben der Bundesregierung G3-Lizenzen an staatliche Firmen anderer Länder vergeben« worden seien.

Mit anderen Worten: Für die G3-Lizenzvergaben trug die jeweilige Bundesregierung die Verantwortung – für die Vergabe von Lizenzen für andere Waffentypen dagegen Heckler & Koch. Eine Tatsache, die das Unternehmen nicht selten verschweigt.

Keine andere Rüstungsexportentscheidung in der Geschichte der Bundesrepublik Deutschland war derart folgenschwer wie die der Vergabe der Nachbaurechte für das Schnellfeuergewehr G3 an andere NATO-Staaten und befreundete Diktaturen. Militärs rund um den Globus interessierten sich für die äußerst robuste und treffgenaue Waffe aus Oberndorf. In den beiden Jahrzehnten von 1961 bis 1981 vergaben die von CDU/CSU, SPD und FDP geführten Bundesregierungen offenbar fünfzehn Lizenzen für das G3.

So bot das von Franz Josef Strauß geführte Verteidigungsministerium dem Diktator António de Oliveira Salazar die Nachbaurechte zu günstigen Konditionen an. Als erster Vertragspartner erwarb Portugal im Jahr 1961 die Lizenz für das Oberndorfer Schnellfeuergewehr. Der portugiesische Diktator konnte eine eigene G3-Fertigung bestens gebrauchen, seine Truppen setzten die Waffe bei Massakern in Kolonialkriegen in Angola, Guinea-Bissau und Mosambik ein. Zudem exportierte Portugal Abertausende G3-Gewehre an andere menschenrechtsverletzende Staaten, beispielsweise das Apartheidregime in Südafrika.Heckler & Koch war bei den G3-Lizenzvergaben längst nicht so unbeteiligt wie gerne dargestellt. So gab das Unternehmen beim Portugal-Deal beispielsweise »Blaupausen« – gemeint sind Baupläne und Fertigungsunterlagen – heraus.

Was folgte, war eine Entwicklung, wie sie weltweit allenfalls mit der Verbreitung der Kalaschnikow verglichen werden kann: Auf die G3-Lizenzvergabe an Portugal folgten Lizenzen für Pakistan (1963), Schweden (1964), Norwegen, Iran und die Türkei (alle 1967), Saudi-Arabien (1969), Frankreich (1970), Thailand (1971), Brasilien (ca. 1976), Griechenland (1977), Mexiko (1979) und Myanmar (ehemals Birma 1981). Zudem sollen die Philippinen und Malaysia G3-Lizenzen erhalten haben.[39]

Die Folgen dieser hemmungslosen Lizenzvergabepolitik sind bekannt. Seit mehr als einem halben Jahrhundert sterben Tag für Tag schätzungsweise durchschnittlich 114 Menschen durch Kugeln aus G3-Gewehren. Und ein Ende dieser desaströsen Entwicklung ist noch lange nicht absehbar. Nicht nur, dass die Waffen jahrzehntelang im Einsatz sind, werden sie vielfach noch bis heute neu produziert. Als das Regime des iranischen Machthabers Mahmud Ahmadinedschad im Januar 2012 drohte, die Ölzufuhr der internationalen Staatengemeinschaft durch die Straße von Hormus zu unterbinden, brachte der britische *Guardian Weekly* ein vielsagendes Titelfoto, das drei iranische Soldaten bei einer Militärübung mit ihren G3-Gewehren im Anschlag zeigte.[40]

Neben der türkischen ist die iranische G3-Lizenzvergabe eine der folgenschwersten, weil tödlichsten. Das Regime des westlich orientierten Schah Reza Pahlewi hatte die Nachbaurechte 1967 in der Amtszeit von Bundeskanzler Kurt Georg Kiesinger und Verteidigungsminister Gerhard Schröder, beide CDU, erhalten. Die Fertigungsunterlagen wurden von dem damals bundeseigenen Unternehmen Fritz Werner Industrie-Ausrüstungen GmbH in Geisenheim geliefert. Nach vergleichsweise kurzer Bauzeit konnte die G3-Produktion bei der Mosalsalsasi Weapons Factory anlaufen. Seither wurden pro Jahr bis zu 100 000 G3 in Iran gefertigt. Entsprechend hoch ist die Zahl der Opfer. Der Schah regierte mit äußerster Härte. Im September 1978 verübten seine Soldaten mit G3-Gewehren ein Massaker unter Demonstranten, rund 4000 Menschen wurden erschossen. Nach dem Machtwechsel im Frühjahr 1979 exekutierte das Regime des Ayatollah Chomeini mit G3-Gewehren Gegner im Schnellverfahren ohne Gerichtsverhandlung. Wieder wurden Tausende von Menschen getötet, darunter Kinder und Schwangere. Im Ersten Golfkrieg (1980–1988)waren G3-

Gewehre die Standardwaffe der iranischen Streitkräfte. Die Zahl der Toten dieses Krieges gegen Irak wird mit 1,0 bis 1,5 Millionen Menschen angegeben. Der iranische Journalist Bahman Nirumand erklärte, dass »Hunderttausende Kinder und Jugendliche mit dem G3-Gewehr an die Front und in den Tod geschickt« wurden. Die Zahl der zeitlebens Behinderten und Schwerstbehinderten auch dieses Krieges bleibt unbekannt.[41]

Laut Recherchen von *Jane's Infantry Weapons 2011–2012* stellt Iran das G3 noch immer in Eigenregie in den beiden Versionen G3A1 mit fester und G3A1-1 mit einklappbarer Schulterstütze her und verkauft die Waffen an andere Staaten oder an Terrororganisationen.[42]

Die zahllosen Menschenrechtsverletzungen und die unzähligen Opfer des Einsatzes der in Oberndorf entwickelten und produzierten und von hier aus exportierten Waffen oder der in Lizenz gefertigten H&K-Waffen werden weithin verdrängt. Nach außen hin präsentiert sich die Waffenstadt als verschworene Gemeinschaft. Niemand könnte diese Tatsache besser auf den Punkt bringen als der Bürgermeister der Stadt. Im offiziellen Geschichtsbuch der Stadt – im Übrigen finanziell unterstützt von der Rheinmetall-Waffe-Munition GmbH – lässt Hermann Acker die Leser wissen, dass die Heimat, »sich erst ganz aus dem Verständnis der Vergangenheit unserer Stadt« erschließe. Daraus bezögen »die Menschen dieser Stadt ihre Identität, ihre Unverwechselbarkeit, aber auch ihr Geborgensein und ihre Vertrautheit«.[43]

Angesichts der mittlerweile zwei Jahrhunderte währenden Kriegsgeschichte in *der* Waffenstadt Deutschlands klingen derlei Darstellungen des Stadtoberhaupts für Außenstehende absurd. Als absurdeste Ehrung aller Zeiten aber kann die Verleihung des Deutschen Arbeitsplatzinvestor-Preises in der Kategorie Schwerbehinderte im Jahr 2000 bewertet werden. Den Zuschlag zur Preisgestaltung erhielt der Offenbacher Künstler Bernd Fischer. Verliehen wurde der Preis »als Auszeichnung für die meisten, für Menschen mit schweren Behinderungen geschaffenen Arbeitsplätze«. Die Bildtafel, ein Siebdruck auf Aluminium, zeigt gut sichtbar die Auslober, den Wirtschaftsclub Rhein-Main und die Bundesanstalt für Arbeit, sowie den Namen des Preisträgers: »Heckler & Koch GmbH«.[44] Den unzähligen schwerbehinderten Opfern ebendieses Unternehmens muss die Ehrung für die Waffenbauer wie blanker Hohn erscheinen.

Der schier unaufhaltsame Siegeszug des Sturmgewehrs G36

Mehr als bei jedem anderen Waffentyp entscheiden beim Sturmgewehr Feuerkraft und Treffgenauigkeit über die erfolgreiche Kriegsführung. Spätestens Ende der Achtzigerjahre war erkennbar, dass Umsatz und Profit bei Heckler & Koch nur dann weiterhin erwirtschaftet werden könnten, wenn mittels neuer Waffentechnik noch treffgenauere und durchschlagskräftigere Gewehre entwickelt und zur Serienreife gebracht würden.

Bereits im Frühjahr 1995 hatte ein General der Heeresrüstung die Einführungsgenehmigung für das H&K-Gewehr HK50 erteilt, dem das Materialamt der Bundeswehr den Namen »G36« gab. Der damalige Geschäftsführer Rolf Gminder, der als Reserveoffizier gute Verbindungen zur Bundeswehr hatte, trieb das Projekt energisch voran.

Einmal mehr konnte sich die H&K-Geschäftsführung auch auf einen Christdemokraten verlassen: »Wie ein Löwe« habe er für das Sturmgewehr G36 gekämpft, brüstete sich Volker Kauder seiner Taten. Seit 2005 Vorsitzender der CDU/CSU-Bundestagsfraktion gilt er als »rechte Hand« der Bundeskanzlerin und einer der einflussreichsten Männer der Republik.

Das von Kauder erkämpfte G36 verfügt über Vorzüge, die es für den Weltwaffenmarkt äußerst attraktiv erscheinen lassen. Gegenüber dem G3 mit seinem als veraltet geltenden Kaliber 7.62 mm x 51 schießen Schützen beim G36 mit dem weithin verwendeten NATO-Kaliber 5.56 mm x 45. Das neue G36-Gewehr ist kürzer (999 mm statt 1020 mm mit fester Schulterstütze) und leichter (zwischen 2,8 und 3,6 kg statt 4,4 kg) als das G3. Bei deutlich erhöhter Mündungsgeschwindigkeit ist zugleich die Kadenz aller G36-Versionen mit 750 Schuss pro Minute weitaus höher als die des G3 mit 600 Schuss pro Minute.

Weiterhin mit dem Kaliber 7.62 mm x 51 schießend, erreicht das Sturmgewehr HK417 lediglich eine Kadenz von 500 bis 600 Schuss pro Minute. Ganz anders das dritte Sturmgewehr im Bunde: Bestückt mit der NATO-Munition 5.56 mm x 45, weist es in der kompakten, für den Häuserkampf geeigneten Version HK416C eine Kadenz von 700 Schuss pro Minute auf. Die Grundversion HK416 verfügt gar über die beachtliche Kadenz von rund 850 Schuss pro Minute.[45] Auch wenn diese Schussfolge aufgrund des nötigen Magazinwechsels eine theoretische Größe bleibt, wird deutlich, über welch immense Vernichtungskraft die neue Waffengeneration von Heckler & Koch verfügt.

Aus Firmensicht kann die technologische Entwicklung der letzten beiden Jahrzehnte als erfolgreich bilanziert werden. Heckler & Koch bietet mit dem G36, dem HK416 und dem HK417 gleich drei den Wünschen der Kunden entsprechende Sturmgewehre an. Für die Oberndorfer Waffenbauer gilt das HK416 als zuverlässige Option für den Einsatz bei Polizei, Militär und Sondereinsatzkräften »rund um den Globus«.[46] Bereits heute ist es nicht nur bei US-Polizei- und Militäreinheiten, sondern auch bei Sicherheitskräften in Indonesien, den Niederlanden, Norwegen und Polen eingeführt, und Frankreich will die Kleinwaffen vom Typ FAMAS durch HK416 ersetzen.[47]

Trotz seiner geringeren Kadenz gilt das HK417 im Vergleich zum HK416 als der stärkere Waffentyp. Herkömmliche Stahlmagazine wurden durch leichtere und sehr widerstandsfähige Polymermagazine ersetzt. Norwegen hat bereits Sturmgewehre vom Typ HK417 erworben, und auch die US Army schießt mit diesen Waffen.[48] Im Irak-Krieg haben britische SAS-Einheiten HK417 eingesetzt. Die Bundeswehr hat alte G3 durch HK417 ersetzt und die neuen Waffen im Afghanistan-Krieg verwendet.[49]

Heckler & Koch lobt die waffentechnischen Qualitäten dieser Sturmgewehre in den höchsten Tönen. Es handele sich um Waffen »für schwierige Einsätze unter widrigsten Bedingungen«. Das HK417 verfüge selbst »auf Kampfentfernungen jenseits der 500 m über eine effektive zielballistische Wirkung«.[50] Mit anderen Worten: Kopftreffer sind selbst auf eine Distanz von mehr als einem halben Kilometer äußerst wahrscheinlich. Auch wenn die Kadenz des HK417 vergleichsweise gering ist, rühmen Schützen die hohe Durchschlagskraft der 7.62-mm-Munition.

Während mit dem HK416 und dem HK417 erste Absatzmärkte erschlossen werden, nimmt der weltweite Siegeszug des G36 seinen Lauf.

Auch wenn die Ausgangslage heute eine ganz andere ist, werden Erinnerungen an die Situation Jahrzehnte zuvor geweckt. Damals wurde zuerst die Bundeswehr mit den neuen H&K-Gewehren ausgerüstet, dann wurden Direktexporte genehmigt und sukzessive Lizenzen an politisch genehme Kunden vergeben.

Die Auslieferung eines ersten G36-Fertigungsloses war unter der Regierung Kohl im Frühherbst 1996 an die Krisenreaktionskräfte (KRK) erfolgt. Noch vor dem Wechsel von Schwarz-Gelb zu Rot-Grün erfolgte die erste Lizenzvergabe. Im Juli 1998 meldete die militärische Fachpresse, dass das G36E – das »E« steht für Export – die neue Standardwaffe in Spanien werde. Die offizielle Bekanntgabe des Siegers der Waffentests für die Streitkräfte des NATO-Partners erfolgte im Februar 1999. Auf eine Übergangsphase mit der Lieferung von rund 15 000 G36E aus Oberndorfer Fertigung folgte die Produktion im galizischen La Coruña. In enger Kooperation und unter Federführung von Heckler & Koch wurde eine neue G36-Produktionslinie bei der Empresa Nacional Santa Barbara aufgebaut, wo zunächst etwa 100 000 Sturmgewehre gefertigt wurden. Die spanische Marine benötigt die treffgenauen Waffen zur Abschreckung von und zum Einsatz gegen Flüchtlinge, die in Booten vom afrikanischen Festland aus nach Europa fliehen wollen. Auch als der Konflikt mit Marokko um die von Spanien beanspruchte Mittelmeerinsel Perejil eskalierte, sollen bereits im Sommer 2002 G36-Gewehre zum Einsatz gekommen sein.[51]

Unter Rot-Grün wurde die gesamte Bundeswehr mit den neuen Sturmgewehren ausgerüstet. Die Bundesregierungen Schröder/Fischer, Merkel/Steinmeier sowie Merkel/Westerwelle bzw. Rösler genehmigten in einer Art Allparteienkoalition zahlreiche Direktexporte in andere Staaten, darunter vielfach menschenrechtsverletzende Regierungen.

Wie Heckler & Koch in der Ära Heeschen zur Nummer eins avancierte

Heckler & Koch ist heute einer der führenden Kleinwaffenproduzenten und -exporteure weltweit. Dabei stand das Unternehmen Anfang der Neunzigerjahre vor dem Konkurs. Zum einen saß man in der Lizenzfalle: Wer sich auf dem Weltwaffenmarkt mit MP5-Maschinenpistolen oder G3-Schnellfeuergewehren versorgen wollte, musste nicht im Oberndorfer Stammwerk zu deutschen Preisen kaufen. Vielmehr konnten sich Despoten in aller Welt an einen der zahlreichen Lizenznehmer – beispielsweise in Teheran, Islamabad oder Riad – wenden. Außerdem kam der NATO mit der Auflösung des Warschauer Pakts der Feind abhanden. Angesichts der deutsch-deutschen Wiedervereinigung bei gleichzeitiger Waffenschwemme durch überschüssige NVA-Bestände stellte sich für den schwäbischen Kleinwaffenproduzenten schlichtweg die Existenzfrage.

Rettung versprach sich H&K von den neuartigen Waffenentwicklungen des langjährigen Technischen Geschäftsführers Ernst Alois Mauch – heute einer der schärfsten Kritiker der enthemmten Unternehmenspolitik. Der gebürtige Dunninger war bereits 1978 in die Entwicklungsabteilung des Unternehmens eingetreten und sollte nun den Retter in höchster Not geben. Das von ihm mitentwickelte G11-Gewehr mit hülsenloser Munition sollte neue Absatzmärkte erschließen, was die nationale wie internationale Entspannungspolitik jedoch verhinderte. Trotz der beim Truppenversuch unter Beweis gestellten doppelt so guten Trefferquoten gegenüber dem G3 ging das G11 mit dem in Form gepressten Pulver ohne Metallhülse nie in Serie. Auf Empfehlung des Bundesrechnungshofs vom Januar 1991 wurde auf die Beschaffung der »präzisesten Tötungsmaschine der Welt«, so die *Times,* verzichtet. Ein Sprecher des Bundesverteidigungsministeriums begründete den Verzicht auf die G11-Technologie mit der mangelnden Möglichkeit zur Standardisierung innerhalb der NATO.[52]

Dass der damit drohende Konkurs verhindert werden konnte, verdanken die schwäbischen Kleinwaffenproduzenten vor allem dem Engagement des damaligen baden-württembergischen Wirtschaftsministers Hermann Schaufler, CDU. Schaufler empfing im Februar 1991 eine hochrangige Delegation des britischen Rüstungskonzerns Royal Ordnance (RO) – ein Tochterunternehmen des Rüstungsgiganten British Aerospace plc, der heutigen BAE Systems –, dem von dem Christdemokraten zahlreiche Vergünstigungen für den Fall angeboten wurden, dass die Briten Heckler & Koch übernähmen. Dank der monetären Zusagen der Deutschen Bank, der Dresdner Bank, der Commerzbank, der Bayerischen Vereinsbank und der Kreissparkasse Rottweil wurde H&K gerettet.[53]

Mehr als ein Jahrzehnt verging, ehe Royal Ordnance Heckler & Koch im Dezember 2002 an eine private Investorengruppe verkaufte. Neben den beiden H&K-Geschäftsführern Ernst Alois Mauch und Dirk Holzknecht führten auch der Londoner Waffenhändler Keith Halsey sowie Andreas Heeschen die neu gegründete H&K Beteiligungs-GmbH.

Dabei war der gebürtige Nordhorner Heeschen in der Vergangenheit ganz und gar nicht als Waffenhändler in Erscheinung getreten. Vielmehr hatte er unter anderem als Geschäftsführer der Wuppertaler Luhns GmbH, eines Waschmittelproduzenten, amtiert. Die wahren Gründe des Verkaufs lagen im Dunkeln. Offiziell wollte sich British Aerospace auf das Kerngeschäft der Großwaffensysteme zurückziehen. Hinter vorgehaltener Hand wurde jedoch vermutet, man habe in Farnborough millionenschwere Schadensersatzklagen aus den USA gefürchtet, beispielsweise nach Schulmassakern oder Amokläufen mit H&K-Waffen.

Nach wirtschaftlich schwierigen Anfangsjahren konnte Heckler & Koch unter den Hauptgesellschaftern Heeschen und Halsey ab 2006 einen rasanten Aufstieg verbuchen. Grund dafür waren und sind neben Waffenverkäufen an die Bundeswehr vor allem hemmungslose Rüstungsexportdeals mit Geschäftspartnern in aller Welt. Die Produktpalette reicht von modernsten Pistolen über Maschinenpistolen bis hin zu Sturm-, Maschinen- und Scharfschützengewehren. Die offensive Geschäftspolitik eines grenzenlosen Waffenhandels zeigte Wirkung: Laut Berechnungen der Wirtschaftszeitschrift *Capital* und Angaben von Heckler & Koch konnte der Umsatz von 123,7 (2006) auf 147,9 (2007) und 201,0 Mio. Euro (2008) gesteigert werden. Der EBITDA, der Gewinn vor Steuern, Zinsen und Abschreibungen auf Sachanlagen und immaterielle Vermögensgegenstände *(earnings before interest, taxes, depreciation and amortization)*, stieg im gleichen Zeitraum um 14,4 (2006), 13,7 (2007) und 22,6 (2008) Prozent.[54]

Das Jahr 2008 ließ Heckler & Koch nicht nur der aktuellen Bilanzen wegen jubeln. Mit der G36-Lizenzvergabe an Saudi-Arabien war ein weiterer Großauftrag an Land gezogen worden, der in den kommenden Jahren einen dreistelligen Millionenbetrag in die Unternehmenskasse spülen und den Fortbestand der Firma auf Jahre hinaus sichern sollte.

Mit dem dritten Quartal 2008 zeigte sich H&K weltweit bestens aufgestellt. Die Krise Anfang der Neunzigerjahre mit der folgenden Umbruchphase galt als überwunden, die Geschäftsführung gab sich ausgesprochen optimistisch, wie eine interne Firmendokumentation belegt. Darin feierte das Unternehmen seine Rüstungsexporterfolge und die massive Präsenz auf den Weltwaffenmärkten. Der Oberndorfer Kleinwaffenproduzent sei der führende Vertragspartner für Kleinwaffen der europäischen NATO-Staaten.[55] Neben dem zweiten Platz bei Maschinenpistolen brüstete sich das Unternehmen seiner absoluten Führungspositionen in den wichtigsten Produktkategorien. So sei Heckler & Koch

- die **Nummer zwei bei den Maschinenpistolen** neben FN Herstal SA aus Belgien, den Israel Military Industries (IMI), der China North Industries Corp (Norinco) und dem KBP Instrument Design Bureau aus Russland,
- die **Nummer eins bei Gewehren,** vor den Mitkonkurrenten FN Herstal, Norinco, Colt Defence LLC in den USA und dem Kalaschnikow-Hersteller Izhmash in Russland,
- die **Nummer eins bei Granatwerfern,** vor SACO, Santa Barbara aus Spanien, CIS und Denel (Pty) Ltd aus Südafrika
- und die **Nummer eins bei militärischen Pistolen,** vor FN Herstal, der Smith & Wesson Inc und der Colt Defence LLC aus den USA, der österreichischen Glock GmbH, der Beretta USA Corporation und der Schweizerischen Industrie-Gesellschaft (SIG), heute SWISS ARMS.[56]

Zu den H&K-Geschäftspartnern in Nicht-NATO-Staaten zählten im Jahr 2008 Australien mit einer Anfrage für Granatwerfer und Kanada, an dessen Streitkräfte in den Folgejahren über 300 Stück der Granatmaschinenwaffen (GMW) ausgeliefert wurden – mit konkreter Option auf zukünftige Bestellungen. H&K fungierte hier als Unterauftragnehmer der Rheinmetall Canada Inc.[57] Des Weiteren ging die Maschinenpistole MP5 nach Südasien und die neue Maschinenpistole MP7 in den Mittleren Osten; die mexikanische Polizei erhielt Gewehre.[58]

Auch die Prognosen für die nahe Zukunft waren rosig. Der Umsatz wuchs im Jahr 2009 auf 234,7 und im Jahr 2010 auf 247,2 Mio. Euro, der Gewinn auf 21,0 (2009) und 30,4 Mio. Euro (2010).[59]

Dennoch erreichte den H&K-Hauptgesellschafter Heeschen – der Anfang 2011 51 Prozent der Anteile an der Heckler & Koch Beteiligungs-GmbH (HKB) hielt – im Februar 2012 eine für ihn mehr als unerfreuliche Meldung. Die Ratingagentur Moody's hatte die Bonitätsnote des Unternehmens erneut gesenkt, da sie »die Kapitalstruktur von Heckler & Koch durch den hohen Verschuldungsgrad für unhaltbar« hielt. Sowohl der Cashflow als auch die Liquiditätsreserven »seien nicht ausreichend, um mittelfristig die operativen Erfordernisse zu erfüllen und die Anleihe zu bedienen«. Besagte Anleihe in Höhe von 295 Mio. Euro hatte Heckler & Koch mit einer Laufzeit bis 2018 aufgenommen. Doch ohne Kapitalspritze oder Langzeitkredit blieb laut Moody's »nur noch wenig Zeit, um die jährliche Zinslast von 28 Millionen Euro zu bedienen«.[60]

Ist der finanzielle Druck derart hoch, dass H&K selbst den letzten Winkel der Welt mit Waffen beliefern muss, um an frisches Geld zu gelangen? Man fragt sich, wie G36-Gewehre nach Georgien, in einzelne Regionen von Mexiko und nach Libyen gelangen konnten. Dabei funktioniert das System Heckler & Koch auch ohne illegale Geschäfte nach wie vor reibungslos – mit Unterstützung der jeweiligen Bundesregierung und der Gunst der beiden Wahlkreisabgeordneten Volker Kauder und Ernst Burgbacher.

Heeschens Geschäftspolitik, mag sie auch legal sein, spricht eine klare Sprache: die der Kriegsprofite jenseits von Moral und Ethik. Unter seiner Führung ist Heckler & Koch die Nummer eins der Kleinwaffenproduzenten und -exporteure in Europa.

Das Oberndorfer Unternehmen ist national wie international bestens aufgestellt: mit den Tochterunternehmen Heckler & Koch Defense in Ashburn im US-Bundesstaat Virginia, der NSAF Ltd in Nottingham in Großbritannien und mit Heckler & Koch France SAS im französischen Saint-Nom-La-Bretèche.[61] Regionalbüros unterhält das Unternehmen in Saudi-Arabien (Liaison Office Riyadh) und in Thailand (Liaison Office Bangkok).

Deren Geschäftskontakte führten und führen zu immer neuen Vertragsabschlüssen. Längst schießen Armeen und militärische Spezialeinheiten, Bundespolizisten und Präsidentenwachen mit dem Sturmgewehr G3, wie auch mit der neuen Wunderwaffe G36. Der *Kleinwaffen-Newsletter* des Deutschen Aktionsnetzes Kleinwaffen Stoppen (DAKS) listete schon 2011 neben Deutschland mehr als 30 Staaten auf, in denen Sicherheitskräfte bereits über G36-Gewehre verfügen oder in denen sie demnächst eingesetzt werden sollen: Australien, Belgien, Brasilien, Chile, Dänemark, Finnland, Frankreich, Georgien, Großbritannien, Indonesien, Jordanien, Kosovo, Kroatien, Lettland, Libanon, Litauen, Malaysia, Mexiko, Montenegro, Nepal, Niederlande, Norwegen, Philippinen, Polen, Portugal, Saudi-Arabien, Serbien, Singapur, Spanien, Thailand und die USA.[62] Mit dem Arabischen Frühling wurden weitere legale Waffentransfers an das diktatorische Regime von Hosni Mubarak in Ägypten und illegale Weiterexporte an den libyschen Diktator Muammar al-Gaddafi publik.

Die G36-Produktions-, Export- und Lizenzvergabemaschine gegen den Willen des militärisch-industriell-politischen Komplexes stoppen zu wollen, gleicht einer Herkulesaufgabe. Keine der Berliner Koalitionen aus CDU/CSU, SPD, Grünen und FDP hat in ihrer Regierungszeit ernstzunehmend gegen Heckler & Koch und G36-Exporte in alle Welt interveniert, ganz im Gegenteil. Aus Sicht des schwäbischen Rüstungsproduzenten besteht nicht der geringste Anlass zur Sorge.

Der Tod bleibt ein Meister aus Oberndorf.

6.3 Mexiko – illegale G36-Lieferungen in Unruheprovinzen

Vorbemerkung

Im April 2010 habe ich über meinen Rechtsanwalt Holger Rothbauer in Tübingen Strafanzeige gegen Verantwortliche der Firma Heckler & Koch gestellt. Vorausgegangen waren monatelange intensive Recherchen meinerseits auf der Basis umfassender Aussagen eines in den Fall direkt involvierten H&K-Mitarbeiters.

Nach der Anzeigeerstattung ermitteln die Staatsanwaltschaft Stuttgart unter Leitung des Ersten Staatsanwalts Peter Vobiller, des Landeskriminalamtes Baden-Württemberg und des Zollkriminalamts in Köln. Die staatsanwaltschaftlichen Ermittlungen tragen das Aktenzeichen Az 143 Js 38100/10. Die Beweislage reicht über den zur Anklageerhebung notwendigen Anfangsverdacht gegenüber der Firma Heckler & Koch GmbH hinaus. Hier besteht dringender Tatverdacht, so Rothbauers juristische Bewertung.

Der Wahrheitsgehalt der Geschehnisse sowie die Fragen bezüglich der jeweiligen Mitverantwortung der H&K-Führungsebene können letztlich erst durch die zum Zeitpunkt der Drucklegung dieses Buches noch nicht erfolgte Anklageerhebung seitens der Staatsanwaltschaft Stuttgart und das eventuell folgende Gerichtsverfahren geklärt werden. Im Mai 2013 räumte H&K erstmals ein, dass zwei Mitarbeiter im Verdacht illegaler Handlungen stünden: ein Mitarbeiter des H&K-Vorführteams und eine Sachbearbeiterin. Jegliche Verwicklung der Führungsebene wurde bestritten.

Jürgen Grässlin, im Februar, ergänzt im Mai 2013

La Paz – Frieden schaffen mit immer mehr H&K-Waffen

Die Geschäftskontakte von Heckler & Koch mit den Militärs und Machthabern in Mexiko weisen den Weg zu dubiosen Deals. Bereits in den späten Siebzigern des letzten Jahrhunderts traf sich der H&K-Handlungsreisende Armin Lothar Bähr – in Rüstungskreisen bekannt unter dem Decknamen »Vincente« – mit Militärs, Polizisten und Politikern in aller Welt. Noch heute denken einige in der Firma vermutlich gerne an den Waffenhändler zurück. Denn Vincente verstand das Geschäft mit den »Geräten«, so die szeneübliche Bezeichnung für Kriegswaffen.

Bähr »kannte alle notwendigen Tricks, alle Wege«, weiß einer, der sich noch heute allzu gut erinnert. Ein Blick in die »Lista de referencia« für die Maschinenpistole MP5 von Heckler & Koch verrät vieles über Vincentes Geschäftspartner in Europa und Afrika, im Mittleren und Fernen Osten – darunter gestandene Diktatoren oder Scheindemokraten, wie beispielsweise die Machthaber in Uganda, Nigeria, im Sudan, in Iran, Saudi-Arabien, Pakistan, auf den Philippinen, in Indo-

nesien, Malaysia und Thailand. Im Februar 1979 betrieb Bähr seinen
»Gerätehandel« auch mit Behördenvertretern in Lateinamerika: von
Chile an der Südspitze des Kontinents über Uruguay, Brasilien, Peru,
Kolumbien, Venezuela, El Salvador bis hinauf nach Mexiko.[63]

Bei dem Kontakt mit seinem Handels- und Vermittlungspartner in
Mexiko, Horst Zimmermann, bediente sich Armin Lothar Bähr bereits
im August 1977 eines verräterischen Codes: »Bleistift« für die MP5
mit Schalldämpfer, »Nagel« in der Kurzversion MP5K, »Alfa« für das
G3-Gewehr in der Ausführung A3, »Banane« für das Scharfschützen-
gewehr G3/SG1, »Orange« für das HK33-Gewehr und »Traktor« für
das leichte Maschinengewehr HK21A1. Die Empfängerliste umfasst
neben Sicherheitskräften auch führende Repräsentanten aus der Politik. »Hase«, »Vogel« und »Storch« standen für Heer, Marine und Polizei,
»Paul« für den Verteidigungsminister und »Dichter« für den Staatspräsidenten von Mexiko.

Dass die Geschäftsführung in Oberndorf über derlei Geschäftspraktiken bestens im Bilde war, dafür spricht der eindeutige Hinweis »Kopie« am Ende der langen Liste codierter Waffen und Geschäftspartner:
»Kopie: Herr Seidel z. I. Herr Lamp z. I.«[64]

Die Waffenbrüderschaft zwischen Heckler & Koch und Militärs in
Mexiko sank zwischenzeitlich auf ein vergleichsweise niedriges Ge-
schäftsniveau ab, ehe man nach der Jahrtausendwende ein neuerli-
cher Anlauf nahm.

Vincente ging in Rente, andere folgten, so Axel Haas, Sachbearbeiter für
den Vertrieb von H&K-Waffen in Lateinamerika. Mit dem Jahr 2002
wurde das Unternehmen erneut auf dem attraktiven Absatzmarkt in
Mexiko aktiv, suchte nach neuen Kunden bei dortigen Sicherheitskräften, Polizei wie Militär. Diese benötigten ihrerseits neue Waffen, auch
zur Bekämpfung der Drogenmafia. Anfang des Jahres 2006 startete die
Oberndorfer Firma in Mexiko-Stadt eine Marketingoffensive. Diesmal
sollten die treffsichersten und damit tödlichsten Sturmgewehre bei mexikanischen Sicherheitskräften abgesetzt werden. Um dieses Ziel zu erreichen, schickte H&K die internationale Vorführgruppe nach Mexiko-Stadt, zur Werbevorführung der Secretaria Defensa Nacional, des
mexikanischen Verteidigungsministeriums, und der D. C. A. M., der

Dirección de Comercialisación de Armamento y Municiónes, unter General Aguilar. Diese »staatliche Direktion zum Vertrieb von Waffen und Munition« untersteht dem Verteidigungsministerium.

In einem Saal in Mexiko-Stadt, den ein »La Paz« betiteltes Gemälde und ein *Bienvenidos*-Transparent schmücken, begrüßt der leitende General am 8. und 9. März 2006 im Namen der D. C. A. M. die Anwesenden, Vertreter sämtlicher Länderpolizeien und auch des Militärs – alles in allem rund 150 Personen. Die H&K-Vorführgruppe mit Robert Hirt und Josef Klausmann präsentiert die neueste Waffentechnik. Mit von der Partie sind auch der Vertriebsmitarbeiter Axel Haas als Sachbearbeiter für die Großregion Mittel- und Südamerika sowie Markus Bantle, Leiter der Firma LAMAR, der Vertretung von Heckler & Koch in Mexiko. Die Voraussetzungen sind günstig. Denn bereits im Jahr zuvor ist ein Rahmenvertrag abgeschlossen worden, der das gewaltige Kontingent von vier- bis sechstausend »Assault Rifles« vom Typ G36 umfasst. H&K hat bei der bundesdeutschen Rüstungsexportbehörde bereits eine Genehmigung beantragt; die Gewehre sollen schnell geliefert werden.

Mit Laptop und Beamer werden Waffenbilder an die Wand projiziert, während einer der Gewehrexperten in grauem Poloshirt mit dem knallroten H&K-Emblem auf der Brust ein Originalgewehr präsentiert, es mit wenigen Handgriffen auseinander- und wieder zusammenbaut, kenntnisreich die Funktionsweise erklärt, die Vorzüge anpreist. An der Vorderfront leuchtet in großen Lettern das vielsagende Motto auf: *Por Mexico nos superamos,* »für Mexiko übertreffen wir uns selbst«, mit den besten Waffen, ob im Dschungel, in der Wüste, im Wasser. Fotos werden gemacht, ein Film wird gedreht.

Bewegung im bis auf den letzten Platz gefüllten Saal. Was der Leiter des H&K-Teams auf der Bühne vorführt, wird von Militärs und Polizisten nachgeahmt. Waffen werden angelegt, Ziele weit oben anvisiert, prüfende Blicke durchs Zielfernrohr geworfen. Den Heckler-Männern am Extratisch steht die Anspannung im Gesicht geschrieben. Ihre Vorführung muss gelingen, entsprechend gezwungen wirkt ihr Lächeln.

Später, auf den Schießbahnen, kehrt die Souveränität zurück. Die ersten Schützen versammeln sich hinter den Tischen, darauf die Gewehre, gefüllte Magazine, Schutzbrillen. In einiger Entfernung die Zielscheiben: menschliche Oberkörper, Silhouetten dunkler Typen mit fast schwarzen Uniformen. Wieder werden erst die Abläufe simuliert, fiktive Waffen in Anschlag gebracht.

Die aus der Oberndorfer Produktion stammenden Sturmgewehre des Typs G36V (das »V« steht in bestimmten Fällen für Exportwaffen), die sich mit dem Rahmenvertrag bereits in Mexiko-Stadt befinden, vereinen modernste Materialien. Wesentliche Bauteile bestehen aus glasfaserverstärktem Kunststoff mit Einlagen aus rostfreiem Stahl.[65] Allerdings tragen Waffen dieser Serie Nummern wie »83–003845« und den Hinweis auf die NATO-Munition im Kaliber 5,56 mm x 45, zudem die Gravur »MEXICO«. Den Gewehren sieht man an, dass sie vielfach benutzt wurden. Ohrschützer werden aufgesetzt, jetzt darf geschossen werden, soviel das Magazin hergibt. Die Kadenz liegt bei 750 Schuss in der Minute, theoretisch, denn nach 30 Schuss müssen die Magazine gewechselt werden.

Szenenwechsel. Die klassischen Beschusstests auf den Bahnen reichen den kritischen Kriegern in Mexiko noch lange nicht. Waffen müssen im Kampfeinsatz widrigsten Klimaverhältnissen standhalten. Um zu testen, fahren mexikanische Militärs in Tarnuniform ans Meer, an weiße Sandstrände. Dort werden die Waffen geschultert, Munition und Ausrüstung kistenweise herbeigeschleppt. Was folgt, sind Schießübungen am Strand, stehend, liegend. Heute weht ein heftiger Wind, feinster Sand dringt in die Ritzen der Waffen, ein Schütze hält den Haltegriff weit vorne in Richtung des Laufs.

Dann folgt der finale Härtetest mit dieser Nahkampfwaffe, bestens geeignet für den Kampf Mann gegen Mann. Die Wellen wogen wild, als einer der H&K-Waffenexperten ins Wasser steigt. In der Hand hält er eine der tödlichsten Maschinenpistolen weltweit, die MP7, Kaliber 4,6 mm x 30, mit einer theoretischen Kadenz von 950 Schuss in der Minute.

Der Firmenvertreter steigt zügig in das Salzwasser, immer tiefer, einen imaginären Feind verfolgend. Die ultimative Belastungsprobe: Der Schütze taucht unter, auch die Maschinenpistole wird bewusst unter der Wasseroberfläche gehalten. Gift für jedes Gewehr wegen der Schwebstoffe des sandhaltigen Wassers. Umgekehrt ist die Resistenz gegen Salzwasser ein weiteres wichtiges Kaufargument.

Die Bemühungen des H&K-Vorführteams sind von Erfolg gekrönt.

445

Am Ende von Waffenschau und Schießtests zeigen sich die Vertreter der mexikanischen Länderpolizeien beeindruckt von den G36-Gewehren und MP7-Maschinenpistolen. Unumwunden bekunden sie Kaufinteresse.

Jetzt schlug die Stunde des Mannes, der im Hause Heckler & Koch an führender Stelle für rechtliche Fragen der Waffengeschäfte zuständig war: In Nachfolge von Jürgen Beckmann ab 2006 als Geschäftsführer tätig, verantwortet der Jurist die Zuständigkeitsbereiche Recht, Behördenkontakte, Öffentlichkeitsarbeit und Exportkontrolle. Bereits im Frühjahr 2006 sprach Beyerle mit Vertretern der Bundesregierung. Der Exportantrag umfasste anfangs sämtliche mexikanischen Bundesstaaten. Das Auswärtige Amt signalisierte Zustimmung, allerdings war der Waffentransfer an eine unabänderliche Bedingung geknüpft: Die Exportgenehmigung würde nur dann erteilt, wenn Chiapas, Chihuahua, Guerrero und Jalisco aus dem Antrag gestrichen würden. Wegen schwerer Menschenrechtsverletzungen in diesen vier Unruheprovinzen müsse der Endverbleib in den anderen Bundesstaaten gewährleistet werden. Damit war die Tür für den Waffenhandel mit Mexiko aufgestoßen, aber mit einer unmissverständlichen Einschränkung.

Peter Beyerle leitete die notwendigen Schritte in die Wege. In Mexiko setzte er sich mit Markus Bantle, dem Vor-Ort-Vertreter von Heckler & Koch, in Verbindung, damit die vier Bundesstaaten wegen der staatlich auferlegten Endverbleibserklärung gestrichen wurden. Erneut konnte die Ausfuhrgenehmigung beim Bundeausfuhramt (BAFA) in Eschborn beantragt werden. Letztlich landete der G36-Exportantrag bei der Bundesregierung – und damit offenbar im Bundessicherheitsrat.

Wohl nicht zuletzt aufgrund der Tatsache, dass mit dem ehemaligen Landgerichtspräsidenten Beyerle ein vormaliger Vertreter der deutschen Justiz das Unternehmen Heckler & Koch vertrat, schenkte man dem Antragsteller Glauben: Der Exportantrag für die G36-Gewehre wurde mit dem vereinbarten Endverbleib genehmigt, der millionenschwere Auftrag war unter Dach unter Fach. Im Übrigen auch die Lieferung Abertausender Maschinenpistolen.

Der Transfer der Waffen von Oberndorf nach Mexiko erfolgte in mehreren Tranchen, die in den offiziellen Rüstungsexportberichten der Bundesregierung dokumentiert sind. Wurden im Jahr 2005 lediglich 18 Einzelgenehmigungen für Gewehre erteilt, so stiegen Genehmigungen in den Folgejahren exorbitant an. Im Jahr 2006 erteilte die Bundesregierung bereits für 2025 Gewehre Einzelgenehmigungen, im Folgejahr sogar für 6667.

Dass sich diese Waffengeschäfte in der H&K-Bilanz positiv niederschlugen, kann ebenfalls den regierungsamtlichen Rüstungsexportberichten entnommen werden: So lag der Wert der 8710 Gewehre, deren Export in diesen drei Jahren genehmigt wurde, bei beachtlichen 7 783 352 Euro.[66]

So lukrativ die Geschäfte, so dramatisch die Vorgänge: Bereits ab 2006 gelangten G36-Gewehre auch in mexikanische Bundesstaaten, deren Belieferung in der Exportgenehmigung ausdrücklich untersagt worden war. So wurde das H&K-Vorführteam im Herbst 2006 nach Chilpancingo geschickt, der Hauptstadt des Bundesstaates Guerrero. Dort, im Südwesten Mexikos, sollten Polizeikräfte an den bereits vorhandenen Sturmgewehren ausgebildet werden. Die Anweisung für diesen Auftrag sei angeblich von ganz oben gekommen, direkt von der H&K-Geschäftsführung. Anders als dem H&K-Management war den Mitarbeitern in Guerrero zu diesem Zeitpunkt nicht bewusst, dass dieser Bundesstaat ausdrücklich von der Exportgenehmigung der Bundesregierung ausgenommen war.

Kaum vorstellbar, es sollte noch schlimmer kommen.

Zu einem Zeitpunkt, da die H&K-Gewehrexporte in das mittelamerikanische Land längst auf Hochtouren liefen, erbaten Länderpolizeien mexikanischer Bundesstaaten bereits Folgeaufträge. Benötigt wurden Ersatzteile für die G36-Sturmgewehre, üblicherweise Tragebügel mit optischem Visier und vieles andere mehr. Das Pikante an diesen Vorgängen: Unter den Bestellern der Waffenersatzteile befanden sich auch Bundesstaaten, die widerrechtlich in den Besitz von G36-Gewehren gelangt waren.

Der Grund für die hohe Nachfrage gerade aus den Unruheprovinzen lag auf der Hand: Angesichts der häufigen Einsätze zeigten die

Waffen Verschleißerscheinungen. Für die Herstellerfirma sind auch Ersatzteilgeschäfte lohnend. Dies verrät ein Blick in die Zahlen der Bundesregierung zu Einzelgenehmigungen für Kleinwaffen an Drittländer: Allein für das Jahr 2007 genehmigte der Bund Bestandteillieferungen für Gewehre nach Mexiko im Wert von 1 363 934 Euro.[67]

Insider halten den folgenden Vorgang für einen der entscheidendsten und in gewissem Sinne auch verräterischsten. Wieder schlug Beyerles Stunde. Unterstützt vom Sachbearbeiter Vertrieb Mexiko, Axel Haas, wurde die Genehmigung für den Export der geforderten G36-Ersatzteile beantragt. Allerdings unterlief den Antragstellern wohl ein eklatanter Fehler: Im Exportantrag von Heckler & Koch für die G36-Ersatzteillieferungen tauchten erneut alle Bundesstaaten Mexikos auf. Also auch die Unruheprovinzen Chiapas, Chihuahua, Guerrero und Jalisco, die nicht auf der Positivliste der belieferbaren Staaten standen.

Endlich wurde man bei den Kontrolleuren des Bundes hellhörig. Wie es sein könne, dass aus Provinzen Ersatzteile für Gewehre angefordert wurden, deren Polizisten wegen des vorgeschriebenen Endverbleibs gar nicht im Besitz der Kriegswaffen sein dürften, wollten die staatlichen Kontrolleure wissen. Beyerle musste reagieren. Man habe die ursprüngliche Endverbleibserklärung versehentlich vorgelegt, versuchte die Abteilung Recht, Behördenkontakte und Exportkontrolle bei H&K die Wogen zu glätten. Durchaus erfolgreich, denn die zuständige Genehmigungsbehörde erteilte erneut die gewünschte Ausfuhrgenehmigung.

Mit der Endverbleibsklausel hatten sich die Waffenbauer aus Oberndorf rechtlich bindend verbürgt, dass weder G36-Gewehre noch deren Ersatzteile in die vier mexikanischen Bundesstaaten gelangen würden, in denen damals wie heute regional bürgerkriegsähnliche Zustände herrschen. Dagegen liest sich ein der Staatsanwaltschaft Stuttgart vorliegendes detailliertes Schreiben von Robert Hirt, Leiter der H&K-Vorführtruppe in Mexiko, ganz anders: Die Aussage, es habe sich um ein Versehen gehandelt, entspreche »nicht der Wahrheit«, der Bundesregierung sei »eine Falschaussage mitgeteilt« worden. Dabei sei es darum gegangen, »die anstehenden Exporte nicht zu gefährden« und »die verbotenen Lieferungen zu verschleiern«.

1. Januar 2008. Strahlend blauer Himmel, sichtlich interessierte Menschen auf der weiträumig gestalteten Schießanlage. Angesichts der erdrückenden Hitze suchen einige der uniformierten Polizisten in hellgeflecktem Tarnanzug Schutz unter einer Zeltplane. Manche tragen dunkle Sonnenbrillen und Mützen von Heckler & Koch – Werbegeschenke, die gerne angenommen werden. An den Betonwänden weit hinten hängen gewaltige Transparente von Sicherheitskräften mit Gewehren im Anschlag. Wir befinden uns im Trainings- und Ausbildungszentrum für die Polizei von Puebla.

An diesem Donnerstag setzt die H&K-Vorführgruppe ihre Arbeit in Mexiko fort. Einmal mehr geht es dabei nicht nur um blanke Theorie, sondern um die praktische Handhabung verschiedener Waffentypen für kommende Kampfeinsätze der Polizei gegen die Drogenmafia, gegen die indigene Bevölkerung, gegen unerwünschte Flüchtlinge im Land und auch gegen missliebige Kritiker in der eigenen Bevölkerung. Das Vorgehen von Polizeikräften in Mexiko ist nicht im Mindesten vergleichbar mit dem in demokratischen Staaten.

Höchst konzentriert folgen die Polizisten den Ausführungen der beiden H&K-Mitarbeiter. Ein Dritter, Axel Haas, steht am Rande und beobachtet das Geschehen. Einige der Polizisten kommen von der Länderpolizei in Puebla. Die Millionenstadt, die viertgrößte des Landes, liegt südöstlich von Mexiko-Stadt; der gleichnamige Bundesstaat grenzt direkt an die Unruheprovinz Guerrero.

Teil 1 der Übung Anfang des Jahres 2008 ist das Schießen mit Pistolen des Typs USP. Am Präsentationstisch wird die Funktionsweise erklärt, werden die Vorzüge angepriesen: eine schmale, kompakte Pistole, sicher und zuverlässig und vor allem präzise. Die USP ist erhältlich in den beiden Kalibern .40 S&W, .45 AUTO und 9 mm x 19. Die Waffe ist sehr handlich und auch gut verdeckt zu tragen. Der Sicherungs- und Entspannhebel kann zum Vorteil von Linksschützen anders gestaltet werden.[68]

Danach folgt das eigentlich Spannende: erste Zielübungen in korrekter Körperhaltung auf insgesamt zehn Schießbahnen. Die auf zehn Klapptischen liegenden Ohrenschützer werden aufgesetzt. Einer der Deutschen spricht über die praktischen Erfordernisse eines Schützen, die besonderen Anforderungen von Polizei und Militär, welche die USP Compact in vorzüglicher Weise erfülle. Der modulare Aufbau

449

ermöglicht die Wahl zwischen unterschiedlichen Abzugsvarianten.[69] Der H&K-Experte macht alles vor, endlich dürfen auch die Mexikaner zur Waffe greifen. Fotos werden geknipst, für die Kollegen, fürs Familienalbum. Während die ersten zehn Polizisten, darunter eine Frau, auf die menschlichen Silhouetten schießen, warten die nächsten zehn direkt hinter ihnen erwartungsvoll auf ihren Einsatz. An diesem Tag wird eine Unmenge von Magazinen leergeschossen.

1. Februar 2008. Erfahrungsaustauch, Auswertungsgespräch, Schulung in kleiner Runde. In einem nüchtern eingerichteten Raum liegen die Waffenkoffer offen auf dem mit Firmenlogos ausgelegten Tisch, die Pistolen und Magazine sind sichtbar. Wieder tragen Polizisten wie Militärs Kappen mit H&K-Emblemen. Anhand der vom Unternehmen gestellten Waffenbücher lernen die Teilnehmer den technischen Aufbau und die Funktionsweise der USP Compact kennen. Das Vorführteam von Heckler & Koch geht von Tisch zu Tisch und beantwortet ruhig und sachlich alle Fragen. Vor einem großen Instruktionsplan an der Wand werden, unterstützt durch Bildprojektionen, letzte Probleme gelöst. Nach der Theorie werden die Waffen auseinandergenommen, zusammenmontiert und durchgeladen. Diesmal ist die Runde bester Laune, die Anspannung längst vertrauter Gemeinsamkeit gewichen.

Zurück auf die Schießbahn, so geht das den ganzen Tag lang. Wieder erklärt der »Instructor« von Heckler & Koch den Verlauf der nächsten Übung. Schießen aus dem Stand, Schießen im Knien, Schießen aus der Deckung, stets auf menschliche Zielscheiben, deren Kopf- und Halspartien in kräftigem Gelb unterlegt sind.

2. Februar 2008. Das Finale. An diesem Samstag ist es so weit, endlich werden die Gewehre ausgepackt, noch ohne Magazin. Die Spannung ist in die Gesichter zurückgekehrt, als der H&K-Vertreter eines der weltweit treffsichersten Gewehre vorführt: das G36 in der Version mit einklappbarer Schulterstütze. Anfangs sieht man den Schützen an, dass nicht jeder mit einem Sturmgewehr dieses Bautyps umgehen kann, zu ungelenk wirkt so manche Bewegung beim scharfen Schuss. Anderen liegt die Waffe perfekt in der Hand. Aber alle wirken höchst zufrieden mit dem Meisterstück made in Germany.

Jetzt darf auch die kommende Generation an die Waffe – noch unter fachmännischer Anleitung eines erwachsenen Polizeibeamten, der sich sichtlich Mühe gibt. Der Junge wird sich zeitlebens daran erinnern: die erste Schießübung mit einem echten Gewehr, einem G36 von Heckler & Koch aus Europa, aus Deutschland. Waffen gehören in Mexiko zum Alltag, gemordet wird tagtäglich auf den Straßen. Aber ein Sturmgewehr in Händen zu halten ist für Kinder selbst in Mexiko nichts Alltägliches.

Der Junge lernt: Der Feuermodus kann auf Sicher, Einzelfeuer oder Dauerfeuer eingestellt werden. Das Kaliber heißt 5,56 mm x 45 NATO. Die Kadenz, die Schussfolge, beträgt 750 Schuss in der Minute. Theoretisch zumindest, denn der Kleine muss erst einmal mit der rund dreieinhalb Kilogramm schweren Waffe zurechtkommen. Eines darf er nicht vergessen: das Trommelfell zu schützen. Beide Beine auf den Boden gestemmt, die Augen zusammengekniffen, den Mund vor Anspannung offen, den Zeigefinger der rechten Hand am Abzug, hält er die Waffe mit der Linken im Anschlag. Noch in leicht überhöhtem Winkel, aber auch das lässt sich lernen: das genaue Zielen und treffsichere Töten. Auch wenn ihm der Erwachsene mit der einen Hand den Oberarm stützt und mit der anderen den Lauf der Waffe: Er weiß nun, wie man ein Sturmgewehr des Typs G36 bedient. Und er ist um eine Erfahrung reicher: Konflikte kann man lösen, indem man Waffen sprechen lässt.

Vorführungen mit Beschusstests gehören für einen Waffenhersteller zum Geschäft. Abgesehen davon, dass Kinder keinesfalls das Schießen mit Kriegswaffen üben dürfen, ist juristisch nichts auszusetzen an dem Waffenseminar von Heckler & Koch.

Ganz anders jedoch müsste der Verkauf Tausender G36-Gewehre und deren illegaler Weiterexport von Mexiko-Stadt in verbotene Unruheprovinzen bewertet werden, ließe sich dieser nachweisen. Falls ja, dann wurden in diesem Fall Endverbleibserklärungen missachtet, dann wurde Vertragsrecht verletzt. Wie aber gelangten die hochpräzisen Tötungsinstrumente in die vier Unruheprovinzen, wenn H&K angeblich nur an die D. C. A. M. in der mexikanischen Hauptstadt geliefert haben will?

Eine mögliche Antwort gibt ein Mann, der für das Unternehmen vor Ort tätig war und im Auftrag von Heckler & Koch selbst zwei der vier Unruheprovinzen – Jalisco und Guerrero – bereiste. Wie kein zweiter weiß er, welche Wege die Waffen und die Ersatzteile nach Chiapas, Chihuahua, Guerrero und Jalisco nahmen. Er sei bereits gegen Ende des Jahres 2006 in den mexikanischen Bundesstaat Guerrero gesandt worden, erklärt Robert Hirt, der Leiter der H&K-Vorführgruppe für das G36. Auch Axel Haas und Josef Klausmann sollten dort – ungeachtet der desaströsen Menschenrechtslage – »eine Präsentation und Geräteausbildung« am G36 durchführen. Damals sei »der Sachverhalt der verbotenen Waffenlieferungen nicht bekannt« gewesen.

Erst bei seinem Besuch in Mexiko vom 27. Januar bis 9. Februar 2008 seien ihnen die Zusammenhänge teilweise mitgeteilt worden. Nicht jeder in der H&K-Vorführgruppe nahm an den Deals teil, Transaktionen vor Ort soll stattdessen General Aguilar von der D. C. A. M. übernommen haben. Gegen Geld.

Rechtlich gesehen besteht der dringende Tatverdacht mehrerer illegaler Handlungen. Warum die widerrechtliche Weiterlieferung von Mexiko-Stadt in die vier in unterschiedlichen Landesteilen gelegenen Provinzen auch unter Menschenrechtsaspekten äußerst bedenklich ist, belegt die Tatsache, dass in Mexiko ein brutaler Drogenkrieg tobt, zu dessen Waffen die Korruption zählt.

In einem von der mexikanischen Regierung in Auftrag gegebenen Report wurde von rund 55 000 untersuchten Polizisten fast die Hälfte als »unzuverlässig« eingestuft. Im Dezember 2008 erklärte Mexikos Präsident Felipe Calderón Hinojosa, die Polizei selbst stelle im Kampf gegen das organisierte Verbrechen ein schweres Hindernis dar. Calderón ließ Gegenmaßnahmen zur Bekämpfung von Verbrechen und Korruption entwickeln – wohlgemerkt bezogen auf die Polizei. Diese Maßnahmen waren breit gefächert und reichten bis hin zur Überwachung von Polizisten via Satellit, so geschehen in der Industriestadt Querétaro nordwestlich von Mexiko-Stadt.[70]

Die Folgen von Waffenlieferungen an mexikanische Polizeikräfte beschrieb auch Amnesty International. Im Jahr 2006 – die Bundesregierung genehmigte damals den Export von 2025 Gewehren nach Mexiko – monierte die Menschenrechtsorganisation Fälle des Waffengebrauchs seitens der Polizei gegen missliebige Oppositionelle. Als ein Beispiel nannte AI einen Polizeieinsatz im Bundesstaat Oaxaca, wohlgemerkt einer der Bundesstaaten, die ganz legal Sturmgewehre vom Typ G36 erhielten. Dort seien Polizeieinheiten »mit exzessiver Gewalt gegen streikende Lehrer« vorgegangen. Polizeikräfte in Zivilkleidung hätten nach Recherchen von AI Unterstützer der oppositionellen Organisation APPO durch den Einsatz von Schusswaffen getötet. In Chihuahua – eine der vier offiziellen Unruheprovinzen – verübten Angehörige der Justizpolizei Folter.

Dass Rechtsbrüche auch durch Polizeieinheiten und nicht nur durch Mitglieder von Drogenbanden System haben, lässt sich an zahlreichen Fällen aufzeigen. Auch 2007 wurde laut AI »in Mexiko erneut eine Vielzahl von Menschenrechtsverletzungen begangen«. In seinem Jahresbericht stellte Amnesty International fest: Mehrfach seien Polizeikräfte »bei der Auflösung von Demonstrationen mit exzessiver Gewalt« vorgegangen. Und wieder warfen die Menschenrechtler Polizisten vor, widerrechtlich Foltermaßnahmen angewendet zu haben. Im selben Jahr 2007 genehmigte die Bundesregierung den Transfer von 6667 Gewehren nach Mexiko – so viele wie in keinem anderen Jahr zuvor und danach. Auch die Exporte von Maschinenpistolen nach Mexiko erreichten in diesem Jahr ihren Höhepunkt: Waren von 2003 bis 2006 Ausfuhrgenehmigungen für gerademal 115 MPs erteilt worden, so konnte 2007 die beachtliche Zahl von 3336 dieser Nahkampfwaffen ausgeführt werden.[71]

Waffen werden in Mexiko sowohl in Auseinandersetzungen zwischen verfeindeten Drogendealern als auch seitens der Polizei eingesetzt. Daran änderte sich auch 2008 nichts, einem Jahr, in dem laut AI sowohl Militärs als auch Polizisten erneut »schwere Menschenrechtsverletzungen wie exzessive Gewaltanwendung, willkürliche Inhaftierung, Folter und ungesetzliche Tötungen« verübten. Im Oktober wurden beispielsweise sechs Ureinwohner von Polizeikräften erschossen – und zwar in Chiapas, einer der vier nicht auf der Positivliste stehenden Bundesstaaten.

In diesem Jahr genehmigte die Bundesregierung die Lieferung von mehr als 27 000 Bestandteilen für Gewehre mit Kriegslisten-Nummer im Wert von fast 50 000 Euro an Mexiko.[72]

Auch 2009 ließ Amnesty International für Mexiko keine Zweifel daran aufkommen, dass »die Polizeikräfte des Bundes, der Bundesstaaten und der Kommunen (…) in schwere Menschenrechtsverletzungen« verwickelt waren. Ausdrücklich erwähnt AI die »exzessive Gewaltanwendung« seitens staatlicher Sicherheitskräfte. Bei einem Verhör in Chihuahua seien von Polizisten Todesdrohungen als Foltermaßnahme angewendet worden. Im Bundesstaat Chiapas seien drei Migranten von Polizisten erschossen worden.[73] Dass die Heckler & Koch-Gewehre im Jahr 2009 in Mexiko massiv zum Einsatz kamen, lässt sich aus dem mehr als versechsfachten Finanzvolumen von 337 182 Euro schließen. Diese Genehmigungen betrafen gut 142 000 Gewehrbestandteile für das zentralamerikanische Land.[74]

All diese Fakten belegen zweierlei: Zum einen schwerste Menschenrechtsverletzungen über Jahre hinweg begangen auch durch staatliche Sicherheitskräfte. Zum anderen skrupellose Gewehr- und Ersatzteillieferungen aus Deutschland an ebendiese Sicherheitskräfte, genehmigt von der Bundesregierung unter Angela Merkel und ihrem Vize Frank-Walter Steinmeier. Geschehen im Wissen um die katastrophale Menschenrechtslage, die Korruption vor Ort auf allen Ebenen und das gewaltsames Vorgehen nicht nur gegen die Drogenmafia, sondern auch gegen Minderheiten in der eigenen Bevölkerung.

Wie aber suchte man in Oberndorf angesichts des Verwurfs illegalen Waffenhandels den Hals aus der Schlinge zu ziehen? Dem Bundeswirtschaftsministerium seien als zuständiger Genehmigungsbehörde »immer alle Unterlagen im Rahmen der Exportkontrolle vorgelegt« worden, ließ das Unternehmen verlauten. An deren Richtigkeit bestünde »bei Heckler & Koch kein Zweifel«. So zeigten sich Unternehmen und Geschäftsleitung »davon überzeugt, dass die Vorwürfe einer genauen juristischen Prüfung nicht standhalten« würden: »Heckler & Koch hält sich an Recht und Gesetz der Bundesrepublik Deutschland.« Das Unternehmen habe »zu keinem Zeitpunkt an irgendwelche mexikanischen Bundesstaaten geliefert«. Stattdessen liefere man »vertragsgemäß und allen deutschen Behörden bekannt ausschließlich an die dafür gesetzlich vorgesehene zentrale Waffeneinkaufsbehörde«, das heißt an die dem mexikanischen Verteidigungsministerium unterstehende D. C. A. M.

Der alles entscheidende Punkt ist die Frage des Endverbleibs der Waffen. Dieser sei, so das Unternehmen in einer Stellungnahme, mit Sicherheit gewährleistet: Die zur Belieferung freigegebenen Bundesstaaten seien »in den Endverbleibserklärungen Mexikos positiv aufgeführt«. Außerdem habe es »in der Zeit vor dem Aufkommen politischer Bedenken in Deutschland bezüglich einzelner mexikanischer Bundesstaaten ferner genehmigte Lieferungen ohne eine Beschränkung der Weiterlieferung innerhalb Mexikos« gegeben. Wohin dann »aus solchen Partien am Ende geliefert wurde, kann Heckler & Koch nicht wissen«.[75]

Die Strafanzeige zeigt Wirkung

März 2010. Wir waren vorgewarnt worden: keinesfalls Rottweil, keinesfalls Stuttgart. Zu beiden Staatsanwaltschaften bestünden bis dato enge Drähte des langjährigen Rottweiler Landgerichtspräsidenten Peter Beyerle, jetzt Kriegswaffenkontrollbeauftragter bei H&K und qua Amt einer der Hauptverdächtigen des Mexiko-Deals. Ein Ermittlungsverfahren werde – so die Prognose eines Kenners der dortigen Justizszene – formal durchgeführt, jedoch mit an Sicherheit grenzender Wahrscheinlichkeit eingestellt, selbst bei bester Beweislage. Wir sollten unsere Strafanzeige sachbezogen bei der Staatsanwaltschaft Frankfurt stellen, wegen deren Zuständigkeit für Rechtsfälle im Bereich des Bundesausfuhramtes im nahe gelegenen Eschborn.

Gesagt getan: Am 26. März 2010 bekam die Wirtschaftsabteilung – AL 15, Helberger Haus, Große Friedberger-Straße 23–27, 60313 Frankfurt am Main, die Strafanzeige zugestellt. Im telefonischen Vorgespräch hatte der zuständige Staatsanwalt zugesichert, den Fall tatsächlich in seinem Hause zu bearbeiten und nicht an die Staatsanwaltschaft in Rottweil oder Stuttgart abzugeben. Doch entgegen jeglicher Absprache erklärte die Frankfurter Staatsanwaltschaft die Rottweiler Ermittlungsbehörde für zuständig. Mit Datum vom 19. April 2010 reichte Rechtsanwalt Holger Rothbauer als Vertretungsbevollmächtigter meine Strafanzeige ein. Bei der Rottweiler Staatsanwaltschaft erkannte man die Brisanz des Vorwurfes gegen Heckler & Koch, die andere Rüstungsexportfälle weit übertraf, zumal der Bundessicherheitsrat getäuscht worden sein sollte.

Die Rottweiler Staatsanwaltschaft leitete meine Strafanzeige zuständigkeitshalber just an die Staatsanwaltschaft weiter, die sich aufgrund meiner Strafanzeige vom 18. Dezember 2006 bereits im Ermittlungsverfahren gegen Daimler-Chef Dieter Zetsche den ganz und gar unrühmlichen Ruf erworben hatte, selbst bei klarer Faktenlage im Sinne der Unternehmensführung zu verfahren: die Wirtschaftsabteilung der Staatsanwaltschaft Stuttgart. Daimler-Boss Zetsche hatte als Zeuge im Verfahren gegen einen Heilbronner Spediteur und Graumarkthändler vor Gericht *objektiv betrachtet* – so die Staatsanwaltschaft Stuttgart selbst – die Unwahrheit gesagt.

In der Folge der Aussagen der Daimler-Zeugen wurden der Spediteur und ein Mitarbeiter durch die Stuttgarter Justiz zu Haftstrafen verurteilt, die sie unter anderem in der Justizvollzugsanstalt Stammheim verbüßten. Erst durch ein Urteil des Bundesgerichtshofs in Leipzig wurden sie teilweise freigesprochen. Obwohl sich mein Vorwurf – Zetsche habe vor Gericht die Unwahrheit gesagt – objektiv bestätigte, stellte ebendiese Staatsanwaltschaft Stuttgart das Ermittlungsverfahren ein.

Zetsche sei nicht nachzuweisen gewesen, dass er in seiner mehr als vierjährigen Amtszeit als Daimler-Vertriebsvorstand die – wohlgemerkt monatlich erstellten – Graumarktberichte gelesen habe. Somit soll er subjektiv nicht gewusst haben, dass er bei seiner Zeugenvernehmung objektiv falsche Angaben machte. Demnach habe der vormals zuständige Vertriebsvorstand aus Unwissenheit die Unwahrheit vor Gericht gesagt. So die hanebüchene Begründung der Stuttgarter Staatsanwaltschaft, die sich schützend vor einen der mächtigsten Manager Deutschlands stellte.

Genau diese Staatsanwaltschaft sollte nunmehr mit der gebotenen Ernsthaftigkeit gegen Mitarbeiter und führendes Management von Heckler & Koch ermitteln?

Die Strafanzeige richtete sich nicht nur gegen die beiden amtierenden H&K-Geschäftsführer Peter Beyerle und Martin Lemperle, sondern auch gegen Mitglieder im Beirat, vormalige Mitglieder der Geschäftsführung und Beschäftigte auf der Führungsebene. Zu ihnen zählten Hans-Peter Miller, Uwe Kaltenbach, Hans-Hennig Offen, Keith Halsey,

Martin Newton und John G. Meyer, Jr. Letzterer hatte zum 1. Juli 2007 seine Position als Vorsitzender der Geschäftsleitung abgegeben und das Unternehmen verlassen. In seiner Nachfolge stieg Martin Newton, seit April 2003 Geschäftsführer Finanzen, zum Chief Executive Officer der HK-Gruppe auf. Angezeigt habe ich zudem Hauptgesellschafter Andreas Heeschen sowie andere Führungskräfte der Heckler & Koch GmbH, Heckler & Koch-Straße 1, in Oberndorf am Neckar.

Gestellt wurde die Strafanzeige wegen des »Verstoßes gegen das Außenwirtschaftsgesetz, das Kriegswaffenkontrollgesetz, sowie aller anderer in Betracht kommender Straf- und Ordnungswidrigkeitsvorschriften«. Zugleich stellte Rechtsanwalt Rothbauer Strafantrag gemäß § 77 des Strafgesetzbuches (StGB) hinsichtlich aller in Betracht kommenden Antragsstrafdelikte.

In der Sachverhaltsanalyse zeigte Rothbauer die Rolle von Heckler & Koch als Kleinwaffenproduzent und Hersteller des Sturmgewehrs G36 auf, führte die Rechtslage gemäß Artikel 26 des Grundgesetzes, den Vorschriften des Kriegswaffenkontrollgesetzes (KWKG), des Außenwirtschaftsgesetzes (AWG) und der Außenwirtschaftsverordnung (AWV) auf. Zudem verwies er auf die geltenden Politischen Grundsätze der Bundesregierung zur Ausfuhr von Rüstungsgütern vom Januar 2000. Demnach »dürfen keine Ausfuhrgenehmigungen in Länder erfolgen, die sich im Krieg oder in kriegsähnlichen Zuständen befinden bzw. die die Menschenrechte missachten«.

Den rechtlichen Ausführungen folgte die ausführliche Darstellung der unterstellten Rechtsbrüche, basierend auf den differenzierten Darstellungen des Informanten, der das Unternehmen mittlerweile verlassen hatte. Dieser hatte differenziert dargelegt, wie es Ende 2005 zum Abschluss einer Rahmenvereinbarung zwischen H&K und der D. C. A. M. kam, wie die Präsentationsveranstaltung im Frühjahr 2006 verlief und an wen H&K die G36-Gewehre lieferte.

Deutlich wurde dabei die Rolle des Beschuldigten Peter Beyerle und dessen Bemühen, die Exportgenehmigung für die Sturmgewehre zu erlangen. So liegen Erkenntnisse vor, wonach Beyerle selbst nach Rücksprache mit dem Auswärtigen Amt die vier definitiv nicht belieferbaren mexikanischen Bundesstaaten aus dem Genehmigungsantrag strich – was zur Zustimmung seitens des Bundesausfuhramtes (BAFA) und zur Lieferung Tausender G36 führte.

Rothbauer führte in der Strafanzeige aus, dass die Waffen allem Anschein nach »tatsächlich auch in die Bundesstaaten geliefert« wurden, die »ausdrücklich von der Genehmigung« seitens Bundesregierung und BAFA ausgenommen wurden. »Für diese Lieferung in die vier oben genannten Bundesstaaten gab es keine Genehmigung der Bundesregierung bzw. des BAFA in Eschborn.« Die tatsächliche Lieferung in die vier nicht erlaubten Bundesstaaten sei gegenüber drei H&K-Mitarbeitern mehrfach, ausdrücklich jedoch beim letzten Mexikobesuch des Informanten Ende 2008, bestätigt worden, so Rothbauer.

Der Tübinger Rechtsanwalt ging auch auf die Bestellungen von Ersatzteilen und weiteren H&K-Waffen ein: »Unter anderem wurden auch von den Länderpolizeien der Bundesstaaten Ersatzteile bestellt, welche [seinen Schlussfolgerungen nach] unerlaubterweise die G36-Gewehre geliefert bekommen hatten.« Im Folgenden wies Rothbauer darauf hin, dass Beyerle und einer seiner Mitarbeiter beim BAFA den Export der gewünschten Ersatzteile beantragt hatten, »allerdings wurden auf der im Antragsformular vorgegebenen Endverbleibserklärung durch Unachtsamkeit die verbotenen mexikanischen Bundesländer als Empfänger und Lieferanschrift für die Ersatzteile angegeben«. Dieses Vorgehen hatte H&K mit einem Versehen begründet, eine Belieferung sei weder beabsichtigt gewesen noch erfolgt.

»Diese Aussagen und Angaben von H&K entsprechen nicht der Wahrheit, denn sowohl die G36-Gewehre als auch die dazugehörigen Ersatzteile sind wissentlich, gezielt und geplant in genau auch die vier mexikanischen Bundesstaaten geliefert worden, die ausdrücklich von der Exportgenehmigung ausgenommen waren«, so Rechtsanwalt Rothbauer. Heckler & Koch habe sich »verbürgt, dass weder die G36 noch diesbezügliche Ersatzteile in die vier in bürgerkriegsähnlichen Zuständen befindlichen Bundesstaaten gelangen geschweige denn geliefert werden«. Rothbauers Schlussfolgerung, wonach ein Versehen nicht glaubhaft sei: Das Unternehmen »hat die Bundesregierung/BAFA bewusst getäuscht, den Eindruck erweckt, dass der Export genehmigungsgetreu abgelaufen sei, und gezielt die verbotenen Lieferungen in die vier Bundesstaaten verschleiert«. Von diesen gesamten Zusammenhängen und Abläufen erfuhren Robert Hirt und Josef Klausmann erst beim letzten Besuch in Mexiko Ende 2008.

Darüber hinaus, so Rothbauer, lägen Erkenntnisse vor, denen zufolge der damalige Chef der D. C. A. M., General Aguilar, »ein Bestechungsgeld in Höhe von 25 US-$ pro verkauftes G36 und 20 US-$ für jede verkaufte HK-Kurzwaffe gefordert haben soll, was über Umwege von HK letztlich auch bezahlt wurde«. Diese Gelder seien bar in Umschlägen durch einen Boten an General Aguilar überbracht worden. Solche Zahlungen seien nach den H&K-internen »Business Ethic Principles« untersagt.

Zahlreiche Zeugen wurden benannt, der Gesamtvorgang rechtlich bewertet. Folgende Tatbestände dürften »voll umfänglich und schuldhaft erfüllt sein«, in jedem Fall aber bestehe »ein klarer Anfangsverdacht, wenn nicht sogar dringender Tatverdacht gegen die Beschuldigten«.

14. August 2010. Mitten im Hochsommer berichtete der *Spiegel* über »Tödliche Exporte« und möglicherweise illegale Waffenlieferungen von Heckler & Koch nach Mexiko. »In Oberndorf am Neckar gibt es bis Freitag keine Waffen zu kaufen. Selbst Geschäftsführer Peter Beyerle hat sich für eine Fahrradtour am Bodensee abgemeldet«, schrieb der Schweizer Wirtschaftsjournalist Beat Balzli in dem Hamburger Politikmagazin. »Das schwäbische Rüstungsunternehmen gönnt sich Betriebsferien, obwohl zu Hause ein besonders heikler Fall auf Klärung wartet.« Balzli schreckte die Oberndorfer Führungsriege mit seinem Beitrag auf, der die Strafanzeige, die darauf folgenden Ermittlungen der Stuttgarter Staatsanwälte und des Kölner Zollkriminalamtes wegen möglicher Verstöße gegen das Außenwirtschafts- und das Kriegswaffenkontrollgesetz national wie international bekannt machte.

Balzli hatte die Brisanz der Tatsache erfasst, dass Berlin »nach Rücksprache mit dem Bundeswirtschaftsministerium und in Konsultation mit dem Bundessicherheitsrat … grünes Licht für die Lieferung von mehreren Tausend Gewehren« gegeben hatte. Dass die G36-Sturmgewehre längst – auf welchem Weg auch immer – in den verbotenen Unruheprovinzen angekommen und dort im tödlichen Einsatz waren, konnte und kann niemand bestreiten.

Wie schon zuvor wies H&K jede Schuld von sich. »Der Vorwurf ist absurd«, wetterte Peter Beyerle im *Spiegel,* »wir können die gesperrten Bundesstaaten gar nicht direkt beliefern.« Die G36-Gewehre seien an eine zentrale Einkaufsstelle in Mexiko gegangen, die Mexikaner würden mit sogenannten Endverbleibserklärungen die rechtmäßige Verwendung der Waffen versichern. Falls ein Verstoß vorliege, müsse man diesen auf Seiten der Mexikaner suchen. »Wir haben auf die Verteilung der Waffen innerhalb Mexikos keinen Einfluss«, so Beyerle weiter. Und überhaupt: Von Reiseunterlagen, welche die Anwesenheit von H&K-Mitarbeitern in gesperrten Regionen belegen, wisse er »gar nichts«. Zwar sei sein Vertriebsmitarbeiter ab und zu in dem mittelamerikanischen Land, »aber sicher nicht in den gesperrten Bundesstaaten«. Die Wahrheit sieht nach Informationen des Verfassers anders aus: Die H&K-Vorführgruppe tauchte auch in verbotenen Provinzen auf – wohlgemerkt zur Präsentation mit Schulung der Empfänger an G36-Gewehren, so deren Selbstdarstellung.[76]

Heckler & Koch: Schießtraining in Unruheprovinzen

Bei Heckler & Koch hatte man, wie seit Jahren gewohnt, mit einer vergleichsweise dilettantischen Medienarbeit auf die Strafanzeige reagiert. Mit der internationalen Public Relations-Agentur APCO worldwide wurde externe Hilfe eingekauft. Die Beantwortung von Anfragen zu den G36-Exporten nach Mexiko übernahm fortan Martina Tydecks. Die Deutschland-Chefin der Agentur schien die Bestbesetzung zu sein, denn einer der erklärten APCO-Arbeitsschwerpunkte ist genau das, was Heckler & Koch so dringend brauchte: Krisenmanagement.

Tydecks legte ein rasantes Tempo an den Tag. Im Informationsaustausch mit der *Neuen Rottweiler Zeitung* (NRWZ) erklärte sie für den Waffenhersteller: »Bis 2006 gab es keinerlei Einschränkungen in Bezug auf Lieferungen nach Mexiko, diese erfolgten in Bezug auf die Unruheprovinzen erst im Frühjahr 2007.« Dabei gestand sie ein, dass noch im Juni 2006 eine »Schulung der Polizeikräfte im Bundesstaat Guerrero durchgeführt« worden sei. Die Aussage lässt tief blicken, denn Guerrero zählt zu den vier Unruheprovinzen, die in den vergangenen Monaten für so viele Schlagzeilen gesorgt hatten. Entsprechend suchte Tydecks die dortigen Geschehnisse mit dem Hinweis herunterzuspielen, die verwendeten Waffen seien »von Mexiko gestellt« worden. Zum damaligen Zeitpunkt hätten »keinerlei Anhaltspunkte« dafür vorgelegen,

»dass hinsichtlich dieses Bundeslands seitens der Behörden Bedenken für eine Belieferung oder Schulung bestehen könnten«.

Was womöglich sogar als Schritt zu mehr Offenheit gedacht war, geriet zum klassischen Eigentor: Mit dieser Stellungnahme bestätigte Tydecks, dass seit Frühjahr 2007 rechtlich verbindliche Exportrestriktionen existierten. Zu diesem Zeitpunkt waren die G36-Lieferungen längst im Gange. Doch es sollte noch schlimmer kommen, denn Tydecks verstieg sich gegenüber dem NRWZ-Journalisten Martin Himmelheber zu der Aussage: »Es gab in diesen vier Provinzen bestimmt keine weiteren Schulungen nach 2006.«[77]

Behauptungen wie diese nährten neue Zweifel an der Glaubwürdigkeit des Unternehmens, das sich durch die katastrophale Menschenrechtslage in den besagten vier mexikanischen Bundesstaaten nicht im Mindesten davon abhalten ließ, Polizisten in Jaliscos Hauptstadt Guadalajara ebenfalls G36-Gewehre zu präsentieren und sie bei Schussübungen zu unterweisen. Für die dreitägige G36-Waffenpräsentation wurde dem Chefdemonstrator von Heckler & Koch anschließend von Mtra. Carolina Valdez Rizo, der Leiterin der Polizeiakademie, ein *Reconocimiento*, eine »Anerkennung« in Form einer Urkunde, ausgehändigt. Stattgefunden hatte die Waffenschau mit Schussübungen in den Räumen der Polizeiakademie des Bundesstaates, und zwar am 24., 25. und 26. November 2008. Damit wurde Martina Tydecks Behauptung, wonach es »in diesen vier Provinzen bestimmt keine weiteren Schulungen nach 2006« gegeben habe, Lügen gestraft.

Wie regierte man angesichts der erdrückenden Faktenlage bei Heckler & Koch? In der argumentativen Not gestand man die Waffendemonstration im November 2008 ein, um die Aussage sogleich zu relativieren: Zwar habe die Geschäftsleitung dem »Vorführteam« eine Reisegenehmigung erteilt, die H&K-Waffenexperten hätten den mexikanischen Polizisten in Jalisco jedoch lediglich Sicherheitsunterweisungen an den G36-Gewehren durchgeführt.

Stimmt nicht, sagt einer aus dem H&K-Waffenvorführteam. In Jalisco habe es sich keinesfalls um eine reine Präsentation gehandelt, was angesichts der Dauer und der realen Umstände auch wenig glaubhaft wäre. Denn welcher Polizist der Welt lässt sich über drei Tage hinweg mehrere Gewehre vorführen, die er dabei ausschließlich optisch in Augenschein nimmt? Einer der Beteiligten am G36-Schießen in Jalisco gab darauf die passende Antwort: »Wir haben Polizisten auch schießen lassen und somit an der Waffe ausgebildet.«

Was die Dankesurkunde der Polizeibehörde für den H&K-Vertreter in Guadalajara vom November 2008 betrifft, meinte die Presseverantwortliche Martina Tydecks: »Ein angeblicher Dankesbrief – wie er in der Veröffentlichung von Herrn Grässlin erwähnt wurde – lässt sich in den Akten von Heckler & Koch nicht auffinden.«[78] Von einem Dankesbrief war nie die Rede, sehr wohl von folgender Urkunde.

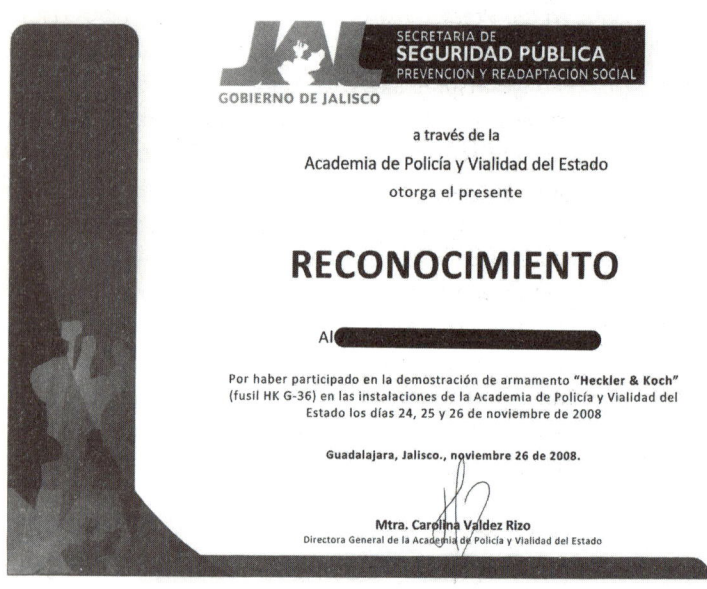

H&K-Mitarbeiter schulten im November 2008 mexikanische Polizisten in Jalisco, der Hauptstadt der Provinz Guadalajara, im Umgang und Schießen mit G36-Gewehren. Zum Dank erhielten die H&K-Schießexperten eine Anerkennungsurkunde (»Reconocimiento«).

Peter Beyerle – vom Landgerichtspräsidenten zum Waffenhändler

Peter Beyerle galt als Ehrenmann, in liberal-konservativen Kreisen hochgelobt und vielgerühmt. Nach gut siebenjähriger Amtszeit trat der Präsident des Landgerichts Rottweil zum 30. November 2005 in den Ruhestand.

Mit der Inauguration von Beyerles Nachfolger Bernhard Keihl würdigte der damalige Justizminister des Landes Baden-Württemberg, Ulrich Goll (FDP), Beyerle als einen einsatzbereiten und engagierten, offenen und menschlich immer geradlinigen Richter. Das Amt sei ihm wie auf den Leib geschneidert gewesen. Der bisherige Landgerichtspräsident habe, so die Pressemitteilung des Ministeriums, mit seiner »weit überdurchschnittlich ausgeprägten juristischen Begabung, genauer Kenntnis der Rechtsprechung und hervorragendem Judiz« jede der Herausforderungen seines Amtes mit Bravour bewältigt.[79]

Nach seiner Pensionierung fungierte Peter Beyerle in den Jahren 2008 und 2009 als Präsident des Rotary Clubs Rottweil[80], der den überwiegenden Teil seiner Tätigkeit der Unterstützung der Aktivitäten von Josef Neuenhofer widmete. Der langjährige Kaplan von Rottweil und spätere Dunninger Pfarrer engagierte sich in bewundernswerter Weise für notleidende Menschen in Südamerika, unter ihnen Straßenkinder in Bolivien, wo Armut und Menschenrechtsverletzungen alltäglich sind.

Im Jahr 2003 waren in Bolivien während des »Schwarzen Oktobers« bei Auseinandersetzungen zwischen Sicherheitskräften und Demonstranten mindestens 67 Menschen getötet und mehr als 400 verletzt worden. Zur Zeit von Beyerles Rotary-Präsidentschaft töteten staatliche Eliteeinheiten gezielt missliebige Bürger.[81] Das Schnellfeuergewehr G3 von Heckler & Koch ist in Bolivien nachweislich seit 1976 und bis heute im Einsatz.[82]

Eigentlich hätte sich Peter Beyerle fortan seinen gesellschaftlich geachteten Aktivitäten hingeben, seinen guten Ruf pflegen und seinen Hobbys frönen können. Womöglich gab es aus Beyerles Sicht mehrere Beweggründe, im Jahr 2006 in die H&K-Geschäftsführung einzutreten. Das Gehaltsgefüge in der Rüstungsindustrie spielt in einer anderen Liga als der eines Landgerichtspräsidenten. Laut Geschäftsbericht 2009 verdienten die zeitweise drei bzw. vier Geschäftsführer bei Heckler & Koch insgesamt 3,3 Mio. Euro.[83] Aus Sicht des Unternehmens dürfte er höchst willkommen gewesen sein. Man wird nicht ganz falsch liegen, wenn man vermutet, der vormalige Landgerichtspräsident sei geholt worden, um mit seinem guten Ruf Türen zu öffnen: in Eschborn, beim Bundesamt für Wirtschaft und Ausfuhrkontrolle, und in Berlin, beim Bundesministerium für Wirtschaft und im Bundessicherheitsrat.

Bei Heckler & Koch hatte Beyerle ein weit gefasstes Aufgabenspektrum. Zu seinen Zuständigkeitsbereichen zählten neben der Öffentlichkeitsarbeit insbesondere die Bereiche Recht, Behördenkontakte und Exportkontrolle. Demensprechend arbeiteten ihm Niels Ihloff für internationales Recht und Marc Roth für nationales Recht und Patentwesen im Gesamtbereich Vertragswesen, Wirtschafts- und Gesellschaftsrecht zu. Der für Recht, Sicherheit und Versicherungen zuständige Hans-Peter Miller hatte die entscheidende Funktion der Zentralen Exportkontrolle unter sich. Diese umfasste ihrerseits die Unteraufgabenbereiche waffenrechtlicher Genehmigungen, die Waffenbuchhaltung für Kriegs- und Zivilwaffen sowie Ausfuhranträge.

Des Weiteren verantwortete H&K-Geschäftsführer Peter Beyerle den Unterbereich Regierungsbeziehungen, Behördenkontakte, Öffentlichkeits- und Pressearbeit. Im Oktober 2009 waren ihm alles in allem rund 15 Mitarbeiter und direkte Ansprechpartner zugeordnet. Mit anderen Worten: Die Prüfung der Legalität von Waffenexporten auf nationaler wie internationaler Ebene, die juristisch korrekte Abwicklung der Waffengeschäfte, die direkten Kontakte mit Vertretern der Genehmigungsbehörden und die öffentliche Vermarktung all der erfolgreichen Waffendeals hatte bei Heckler & Koch Peter Beyerle zu verantworten.[84]

Beyerle kam gerade zur rechten Zeit in das Unternehmen. Waren die G36-Gewehrexporte 2005 und 2006 vergleichsweise zaghaft angelaufen, so konnten die Genehmigungszahlen für 2007 mit einem Schlag auf den Rekordwert von 6667 Sturmgewehren gesteigert werden. Mehr noch: Im Laufe des Jahres erteilten Länderpolizeien mexikanischer

Bundesstaaten Folgeaufträge für die Lieferung von G36-Ersatzteilen – darunter auch angeblich versehentlich zur Ausfuhrgenehmigung vorgelegte Aufträge von Bundesstaaten, die illegal in den Besitz der H&K-Waffen gekommen waren. Allein im Jahr 2007 betrugen die von der Bundesregierung genehmigten Bestandteilelieferungen für Gewehre das Achtzehnfache des Vorjahres.[85]

Die Beantragung der Exportgenehmigungen beim Bundesausfuhramt in Eschborn verantwortete Peter Beyerle, unterstützt von Axel Haas, dem H&K-Sachbearbeiter Vertrieb Mexiko. In Kenntnis dieser Schlüsselfunktion erscheint der Vorwurf, der Kriegswaffenkontrollbeauftragte Peter Beyerle habe nicht nur vom Waffenhandel mit Mexiko gewusst, sondern sei direkt in den Fall verstrickt, durchaus nachvollziehbar. Bekanntermaßen wurden Dienstreiseanträge leitender Mitarbeiter immer von der Geschäftsleitung in Oberndorf genehmigt, also vermutlich auch von Beyerle persönlich. Zuweilen war auch der Internationale Vertriebschef zuständig. Als Beyerle am 11. November 2010 – gut ein halbes Jahr nachdem gegen ihn und andere Repräsentanten der Heckler & Koch GmbH Anzeige erstattet worden war – seinen 70. Geburtstag feierte, dürfte angesichts der Faktenlage kaum Grund zum Feiern bestanden haben.

Nur einen Monat später meldete die *Financial Times Deutschland*, Peter Beyerle werde aus der dreiköpfigen H&K-Geschäftsführung ausscheiden. Pressekontaktfrau Martina Tydecks verwies zur Begründung auf Beyerles »persönliche Lebensplanung«. Selbstverständlich stünde sein Abschied in keinem Zusammenhang mit Vorwürfen illegaler Waffenlieferungen in mexikanische Unruheregionen.[86]

Diese Darstellung wirkte in zweierlei Hinsicht wenig glaubhaft: Beyerle war im Herbst 2010 ins Präsidium vom Förderkreis Deutsches Heer (FDH) gewählt worden, und sein Fünfjahresvertrag bei Heckler & Koch war im Dezember 2010 noch längst nicht erfüllt. Angesichts dessen erschienen Tydecks Erklärungsversuche fadenscheinig. Beyerles Rücktritt war vielmehr allem Anschein nach auch eine logische Konsequenz aus seiner maßgeblichen Mitverantwortung beim G36-Deal mit Mexiko.[87]

Die bei H&K viel früher erwartete Hausdurchsuchung

Mitte Dezember 2010. »Wieder neigt sich ein arbeitsreiches Jahr dem Ende zu«, resümierten die drei H&K-Geschäftsführer in ihren Weihnachtsgrüßen an die Mitarbeiter. Und es sei »für uns ein erfolgreiches Jahr« gewesen. Darauf »können wir stolz sein!« Dann aber folgte eine böse Botschaft zum Fest des Friedens: Trotz der weitestgehend überwundenen Finanz- und Wirtschaftskrise habe man »mit anderen Widrigkeiten zu kämpfen«. Fast täglich sei der H&K-Geschäftsführung »Neid, Missgunst und erklärte Feindschaft« entgegengeschlagen: »Medien werden instrumentalisiert, eine finanzielle Schieflage wird genauso erfunden wie die Vorwürfe, gesetzliche Regeln nicht eingehalten zu haben.« Und doch bestehe Grund zur Freude, denn trotz all dieser negativen Einflüsse registrierten die drei Geschäftsführer »mit besonderer Genugtuung«, dass das Unternehmen »ein überaus positives Jahresergebnis erzielt« habe.

Was die hohen Herren von Heckler & Koch in ihrer Weihnachtsbotschaft einmal mehr nicht thematisierten, war die Art und Weise, wie dieses überaus *positive* Jahresergebnis auch zustande gekommen war: durch weitere Waffenverkäufe an kriegführende Staaten, an menschenrechtsverletzende Regime und durch die Einnahmen aus der G36-Lizenz für Saudi-Arabien. Stattdessen schwelgte das Trio Ihloff, Lemperle und – formal noch im Amt – Beyerle in frohen Erwartungen für ein erfolgreiches Geschäftsjahr 2011 dank guter Auftragslage und gesicherter Arbeitsauslastung.[88]

Das Präsent zum Weihnachtsfest sah anders aus als geplant. Am 13. Dezember 2010 berichtete das ARD-Magazin »Report Mainz« zur besten Sendezeit über den skandalösen G36-Deal mit Mexiko. Die »Report«-Redakteure Thomas Reutter und Achim Reinhardt informierten ein Millionenpublikum über den Verdacht, »dass Heckler & Koch ausgerechnet in eine Krisenregion Waffen geliefert hat. Illegal.« Die Zustände in der Unruheprovinz Chihuahua wurden ebenso geschildert wie die Gewalttaten der Drogenkartelle und der Polizei: »Jeder kämpft hier gegen jeden. Kaum einer kann die Opfer noch zählen. Folter, Entführungen, Auftragsmorde – selbst die Polizei gehört zu den Tätern.« Und »Report Mainz« präsentierte aktuelle Aufnahmen von Polizisten mit G36-Sturmgewehren in Chihuahua. »Diese Bilder dürfte es eigentlich gar nicht geben. Denn die Bundesregierung hat 2007 strikt verboten, hierhin Waffen zu liefern.«

In dem TV-Bericht wurden brisante Dokumente des Aussteigers von Heckler & Koch zitiert, wonach die mexikanischen Unruhestaaten verbotenerweise erst mit Sturmgewehren und anschließend mit Ersatzteilen beliefert worden seien und das Unternehmen den leitenden General der D. C. A. M. bestochen habe. Unisono kritisierten Monika Lüke, Generalsekretärin von Amnesty International, Hans-Christian Ströbele, MdB von Bündnis 90 / Die Grünen, Heidemarie Wieczorek-Zeul, Bundesentwicklungshilfeministerin a. D. (SPD) und Markus Löning, Beauftragter der Bundesregierung für Menschenrechtspolitik und Humanitäre Hilfe (FDP), die offenbar illegalen Waffenlieferungen: »Nicht ohne Grund sind Verstöße gegen das Kriegswaffenkontrollgesetz mit Freiheitsstrafen bis zu fünf Jahren bewehrt, das sind schwere Vergehen, und die müssen entsprechend geahndet werden.«[89]

21. Dezember 2010. Gut eine Woche nach dem Bericht in »Report Mainz« geschah das kaum mehr für möglich Gehaltene: Etwa 20 Beamte der Stuttgarter Staatsanwaltschaft und des Kölner Zollkriminalamtes begehrten Einlass im H&K-Stammwerk auf dem Oberndorfer Lindenhof. Bei der Hausdurchsuchung wurden umfassend Dokumente beschlagnahmt. Zusätzlich sollen in Köln lagernde Akten aus einer früheren Hausdurchsuchung bei H&K sichergestellt worden sein.

Nach der langen Vorbereitungszeit reagierte das Unternehmen prompt und erklärte noch am selben Tag in einer Pressemitteilung: »Heckler & Koch hat seit langem und wird weiterhin in vollem Umfang mit der Staatsanwaltschaft kooperieren.« Die Geschäftsleitung sei »davon überzeugt, dass die Vorwürfe einer genauen juristischen Prüfung nicht standhalten«. H&K halte sich an Recht und Gesetz. Vor diesem Hintergrund begrüße man »die Maßnahmen der Staatsanwaltschaft, da vom Anzeigenerstatter bisher nur einseitige Informationen über mediale Kanäle verbreitet wurden«. H&K habe »zu keinem Zeitpunkt an irgendwelche mexikanischen Bundesstaaten geliefert«, stattdessen vertragsgemäß an die dem mexikanischen Verteidigungsministerium unterstehende Waffeneinkaufsbehörde D. C. A. M. »Dem Bundesministerium der Wirtschaft als zuständiger Genehmigungsbehörde wurden immer alle Unterlagen im Rahmen der Exportkontrolle vorgelegt«, so Heckler & Koch.[90]

Die Nachricht von der Hausdurchsuchung schlug bundesweit hohe Wellen, kurz vor Weihnachten berichteten mehr als fünfzig deutsche Zeitungen und Internetplattformen. Selbst in Spanien und in Lateinamerika publizieren zahlreiche Zeitungen Artikel zum Waffendeal mit Mexiko.

Wurde Heckler & Koch von der Hausdurchsuchung am 21. Dezember 2010 überrascht? Eine rhetorische Frage angesichts der Antwort des Unternehmens: »Mit Durchsuchungsmaßnahmen muss im Rahmen eines staatsanwaltschaftlichen Ermittlungsverfahrens immer gerechnet werden.«[91]

Das Vorgehen der Staatsanwaltschaft sprach für sich: Meine Strafanzeige datiert auf den 19. April 2010, exakt 245 Tage später erfolgte die Hausdurchsuchung. Keine schlechte Leistung für eine staatliche Ermittlungsbehörde, zu deren Geschäft Geschwindigkeit gehört – falls Straftaten tatsächlich aufgedeckt und Täter letztlich dingfest gemacht werden sollen.

Bei der Hausdurchsuchung werde man längst nicht mehr alles Wichtige finden, intern sei vieles geregelt, erklärte mir ein Mitarbeiter von Heckler & Koch auf Nachfrage. Bei einer Informationsveranstaltung für die Mitarbeiter wurde die Duldsamkeit der Stuttgarter Ermittlungsbehörde denn auch entsprechend gewürdigt.

13. Januar 2011, ca. 14.30 Uhr. Kurz nach Schichtwechsel kann sich die Unternehmensleitung sicher sein, möglichst viele Mitarbeiter zu erreichen. Als Personalchef Niels Ihloff rund 650 Beschäftigte von Heckler & Koch begrüßt, stimmt er freundliche Töne an. Den guten Wünschen zum Neuen Jahr folgt der Hinweis auf den Charakter der Veranstaltung: Es handele sich nicht um eine Betriebsversammlung, sondern um eine Informationsveranstaltung über das, was in den letzten Tagen zur Kenntnis der Unternehmensführung gelangt sei, auch bezüglich der Hausdurchsuchung. Jetzt gelte es, »auch ein bisschen die Sorge zu nehmen«.

Die Taktik ist leicht durchschaubar: Zunächst lobt der H&K-Geschäftsführer das eigene Unternehmen, weckt den Stolz der Mitarbeiter und definiert anschließend den gemeinsamen Feind, gegen den man sich solidarisieren solle. Entsprechend wohlig wirken Ihloffs Worte: »Sie dürfen stolz auf Heckler & Koch sein, wir sind stolz auf Heckler & Koch. Wir können zurückblicken auf tolle Geschäftsjahre 2007, 2008, 2009 und auch 2010.« In dieser Zeit habe sich das Unternehmen »hervorragend entwickelt«. In der Geschäftsführung sei man »auch stolz darauf, hoch motivierte Mitarbeiter und Mitarbeiterinnen« zu haben, »dankbar für Ihren Einsatz«, der die Firma vorangebracht habe. Das Ergebnis liege auf der Hand: »Wir haben einen guten Ruf bei unseren Kunden«, und »unsere Kunden verlassen sich auf unsere Produkte«.

Ihloff lässt keine Zweifel aufkommen, dass der Feind aus Freiburg kommt. Wie der Berichtserstattung entnommen werden konnte, habe es »wiederholt Angriffe« gegen das Unternehmen durch Herrn Grässlin gegeben, einen langjährigen Kritiker »nicht nur von Heckler & Koch, aber der gesamten Rüstung«. Dann kommt der Personal-Geschäftsführer zum Kern der Problems, den rechtlichen Schritten gegen das Unternehmen: »Herr Grässlin ist Autor dieser Anzeige« gegen Heckler & Koch »mit der Behauptung ungenehmigter Waffenlieferung«.

Bislang »haben wir es immer noch über uns ergehen lassen, weil es irgendwo letztendlich dann auch als Meldung verpufft«, wenn der Autor Artikel veröffentliche. Nach ein paar Tagen sei jedes Mal wieder Ruhe eingekehrt. Das habe sich nun geändert – im letzten Jahr mit den beiden Ermittlungsverfahren gegen Heckler & Koch, beginnend mit dem Besuch des Bundeskartellamts. Gemeint war eine andere Hausdurchsuchung Mitte März 2010. »Jetzt aktuell für Sie alle«, womit Ihloff auf die Ermittlungen der Staatsanwaltschaft anspielt.

Bereits in den Tagen nach der Hausdurchsuchung habe Heckler & Koch erstmalig Akteneinsicht in die rund tausend Seiten umfassenden Unterlagen des Strafverfahrens erhalten. Ihloff nutzt die Gunst der Stunde, und nun steht nicht nur der Autor im Fadenkreuz des Heckler-Managements, sondern es geht auch gegen ehemalige Mitarbeiter, die, so der Personal-Geschäftsführer, »rigoros gegen Heckler & Koch Stimmung machen«. Der eine stünde hinter dem Kartellverfahren, der andere hinter dem zweiten Ermittlungsverfahren im Fall Mexiko.

Die Namen der beiden werden wiederholt genannt, ihre vormalige Funktion wird im Unternehmen geschildert. Beide seien aus eigenen Stücken auf mich zugegangen und hätten mich »mit falschen Informationen versorgt, um letztendlich Herrn Grässlin dann zu ermöglichen, eine ja zunächst sehr reißerisch geschriebene Strafanzeige zu stellen«. Zukünftig werde man »gegen diese Anzeigeerstatter mit allen juristischen Mitteln vorgehen«. Im Folgenden zitiert Ihloff – wieder mit Namensnennung des früheren H&K-Mitarbeiters – sogar aus dem Protokoll der Zeugenaussage. Einblick in das Zeugenprotokoll hatte der H&K-Geschäftsführer durch die Akteneinsicht erhalten – ein juristischer Fauxpas, der seitens der Staatsanwaltschaft hätte massiv gerügt werden müssen. Detailliert beschreibt Ihloff vor Hunderten von H&K-Mitarbeitern die Kontaktaufnahme der beiden früheren H&K-Beschäftigten mit mir und nennt die Zahl der Treffen.

Sodann übergibt Ihloff das Wort an Andreas Heeschen, der die Stimmung unter der Belegschaft weiter anheizt. Er sei fassungslos über die Person, die mit dem Unternehmen sehr stark verbunden gewesen sei, so der H&K-Hauptgesellschafter. Das Vorgehen des langjährigen Ex-Mitarbeiters sei unfassbar, »weil man sich mit dem Erzfeind des Unternehmens, Herrn Grässlin, verbündet« habe. Das habe »schon eher krankhafte Züge, würde ich sagen«, polemisiert der führende Anteilseigner von Heckler & Koch.

Laut Heeschen seien die Probleme erkannt, gemeinsam werde man mit ihnen fertig. H&K habe nicht in irgendwelche Staaten Mexikos Waffen geliefert, stattdessen an eine zentrale Stelle in Mexiko-Stadt. Der Vorwurf, H&K hätte mit einem General in Mexiko gesprochen, sei »so ein Irrsinn«, dies sei aufgrund bestehender Systeme schon gar nicht möglich. Nachdrücklich versichert Heeschen, dass man so etwas nicht getan habe. Wer immer dem Unternehmen schaden wolle, der werde »rigoros mit den uns allen vor Gott und dem Rechtsstaat zur Verfügung stehenden Mitteln« verfolgt. Jetzt gelte es, sich auf die eigene Aufgabe zu konzentrieren, »nämlich die Produkte herzustellen, die unsere Soldaten im Einsatz brauchen, und bei dem Qualitätsniveau zu bleiben, das wir haben«. Man verfüge über gute Mitarbeiter, das Geschäftsjahr 2010 sei ein sehr gutes Jahr gewesen und so weiter und so fort.

Das Auftreten der beiden Topmanager bei der Informationsveranstaltung weckte Zweifel. Einer der Teilnehmer erinnerte sich an den aufgeregten Geschäftsführer, ein anderer an den vergleichsweise selbstsicheren Habitus des Hauptgesellschafters. Beide Beobachter aber waren im Nachhinein über die Strategie der Unternehmensführung überrascht: Warum entschied man sich für die Vorwärtsverteidigung, obwohl so viele Fakten gegen das Unternehmen sprachen? Warum wurden die Konzernkritiker vielfach beleidigt, statt deren sachlichen Ausführungen selbstkritisch zu hinterfragen?

Ein Eindruck aber blieb haften: Wer weiß, wie rüde die Rüstungsindustrie gerade gegen Kritiker aus den eigenen Reihen vorgehen kann, der kann sich vorstellen, welche Gefährdung die Namensnennung vor mehr als 600 H&K-Mitarbeitern für die Genannten bedeuten kann. Sollten die ehemaligen H&K-Mitarbeiter an den Pranger gestellt und massiv eingeschüchtert werden?

Und wieso duldete die Stuttgarter Staatsanwaltschaft, dass Geschäftsführer Niels Ihloff vor Hunderten von Beschäftigten aus dem Protokoll einer Zeugenaussage – und damit aus den Unterlagen eines laufenden Ermittlungsverfahrens – zitiert und dabei den Informanten für die Strafanzeige namentlich nennt?

Endverbleib garantiert nicht garantiert

Blicken wir zurück: Schon im Juli 2010 hatte Peter Beyerle erklärt, mit den Endverbleibserklärungen habe die mexikanische Seite versichert, dass die Waffen gemäß den deutschen Ausfuhrbestimmungen verwendet würden. »Auf das müssen wir uns verlassen«, so der H&K-Kriegswaffenkontrollbeauftragte.[92] Gut einen Monat später beschwichtigte Andreas Heeschen, Hauptgesellschafter von Heckler & Koch: Alle Waffen, die an Mexiko geliefert wurden, seien an eine zentrale Beschaffungsstelle gegangen. »Die Mexikaner versichern mit Endverbleibserklärung, dass die Waffen gemäß den deutschen Ausfuhrgenehmigungen verwendet werden«, so Heeschen. »Eine direkte Lieferung in bestimmte mexikanische Bundesstaaten ist somit gar nicht möglich.«[93] Würde man dieser Aussage Glauben schenken, dann war alles in Ordnung in der Oberndorfer Waffenwelt.

Im Februar 2011 präzisierte das Unternehmen auf Nachfrage von

»Report Mainz«, dass Bundesstaaten mit Liefererlaubnis »in den Endverbleibserklärungen Mexikos positiv aufgeführt« seien. Heckler &
Koch wisse aber nicht, wohin »aus solchen Partien am Ende geliefert
wurde«.[94] Bei H&K bestand man darauf, dass es »niemals ›verbotene‹
Bundesstaaten« gegeben habe, und »es gibt keine sogenannte Nega-
tivliste hinsichtlich einzelner mexikanischer Bundesstaaten«. Heckler
& Koch habe den Bedenken der Politik dadurch Rechnung getragen,
»dass die mexikanischen Behörden über solche Bedenken informiert
wurden«. TV-Redakteur Thomas Reutter hakte nach: Wie H&K üblicherweise sicherstelle, dass der Endverbleib gelieferter Waffen eingehalten werde? Die Antwort war eindeutig: »Heckler & Koch stellt
sicher, dass mit zuverlässigen Vertragspartnern, wie mit einem Ministerium eines befreundeten Staates, eindeutige Verträge geschlossen werden.«[95]

Erfreulich klare Antworten, die keinerlei Zweifel am korrekten Vorgehen des Unternehmens zulassen. Denn wenn die H&K-Verantwort-
lichen das mexikanische Verteidigungsministerium über die Positivliste aller belieferbaren Bundesstaaten in Kenntnis gesetzt, auf den
Endverbleib gemäß der Positivliste hingewiesen, über bestehende Bedenken informiert und eindeutige Verträge geschlossen haben, dann
wäre Heckler & Koch wahrlich kein Vorwurf zu machen.

Es sei richtig, »dass es keine ›verbotenen‹ Bundesstaaten bzw. sog. Ne-
gativlisten« gebe, bestätigte Claudia Krauth von der Pressestelle der
Staatsanwaltschaft Stuttgart. Dennoch äußerte die Staatsanwältin massive Bedenken. Die Ermittlungen »stützen sich darauf, dass für eine
Ausfuhrgenehmigung, die beantragt wird, immer auch eine Endverbleibserklärung abgegeben werden« müsse. Dabei seien die Angaben,
die der Antragssteller darin mache, »inhaltlicher Bestandteil der erteilten oder zu erteilenden Genehmigung«. Der Verdacht bestehe, dass
die Bundesstaaten in Mexiko, in die ein Teil der Waffen gelangt seien,
»nicht mit den Ländern übereinstimmen, die in der Endverbleibserklärung genannt wurden«.

Die erste Botschaft lautete: Die Staatsanwaltschaft Stuttgart zweifel-
te im Februar 2011 nicht daran, dass G36-Sturmgewehre in Bundesstaaten Mexikos gelangt waren, die ausdrücklich nicht beliefert werden

durften. Die zweite Botschaft lautete, dass die rechtlich verbindlichen Endverbleibserklärungen nicht beachtet worden waren. Genau diese Erklärungen sollten verhindern, dass Sicherheitskräfte der Bundesstaaten Chiapas, Chihuahua, Jalisco und Guerrero mit den tödlichen H&K-Waffen ausgerüstet wurden. Da sich die G36-Gewehre zu diesem Zeitpunkt aber unstrittig bei Polizeieinheiten in den besagten Provinzen im Einsatz befanden, handelte es sich gegebenenfalls »um eine ungenehmigte« und damit eventuell »auch strafbare Ausfuhr«.[96]

In dieser Phase war es wichtig, dass Thomas Reutter und Achim Reinhardt nicht locker ließen. Die Redakteure von »Report Mainz« gaben sich mit der beschwichtigenden Erklärung der Oberndorfer Gewehrexporteure nicht zufrieden. Ihre Recherchen erbrachten eine ebenso sensationelle wie erhellende Auskunft seitens des mexikanischen Verteidigungsministeriums: »In allen diesen Jahren, in denen Heckler & Koch Handel mit Mexiko treibt, wissen wir nichts von Auflagen«, erklärte Raúl Manzano Vélez vor laufender Kamera. »Weder seitens der Firma noch seitens der Regierung oder der deutschen Botschaft in Mexiko« seien Auflagen mitgeteilt worden. »Deshalb ist das Thema in Mexiko überraschend, da wir weder offiziell noch inoffiziell darüber Kenntnis haben, dass es Auflagen gibt«, so der Direktor der staatlichen D. C. A. M. in Mexiko.

Demnach hatte es – ganz anders als von Heckler & Koch im Februar 2011 behauptet – eben *keine* Mitteilung an die mexikanische Rüstungsbeschaffungsbehörde gegeben, des Inhalts, dass bestimmte Bundesstaaten *nicht* mit den H&K-Waffen beliefert dürften. Davon habe das Verteidigungsministerium in Mexiko-Stadt erst aus Medien erfahren. Was aber macht die zentrale Beschaffungs- und Verteilungsstelle eines Verteidigungsministeriums, wenn keine einschränkenden Auflagen hinsichtlich der Weiterlieferung in bestimmte Provinzen des Landes mitgeteilt werden? »Wir haben das Material an viele Staaten der Republik geschickt«, so Raúl Manzano Vélez, der damit ausdrücklich bestätigte, dass die H&K-Waffen grenzenlos weitergeliefert worden waren – auch »an die Staaten, die von den Medien erwähnt wurden«. Gemeint waren die vier verbotenen Unruhestaaten.

Erneut hakten Reutter und Reinhardt nach, diesmal beim Bundesministerium für Wirtschaft und Technologie, das für die Genehmigung und für Rüstungsexporte verantwortlich zeichnet. Durften die vier mexikanischen Bundesstaaten Chiapas, Chihuahua, Guerrero und Jalisco G36 Sturmgewehre erhalten? Waren die Weiterlieferungen von Mexiko-Stadt aus nicht doch zulässig? »Eine Belieferung von Polizeieinheiten in diesen Bundesstaaten mit den Waffen ist ... nicht zulässig«, stellte ein Sprecher des Bundeswirtschaftsministeriums im März 2011 unmissverständlich klar.[97]

Damit war der Rechtsbruch amtlicherseits bestätigt – sowohl seitens des in Deutschland zuständigen Bundeswirtschaftsministeriums als auch seitens des in Mexiko verantwortlichen Verteidigungsministeriums. Mangels Information und Inkenntnissetzung, so die Darstellung der mexikanischen Seite, waren Polizeikräfte im ganzen Land mit G36-Gewehren ausgerüstet worden.

Feuer frei auf ganzer Front. Selbst in Unruheprovinzen kann seither mit den Sturmgewehren von Heckler & Koch geschossen, getötet und gemordet werden – heute, morgen, auf Jahrzehnte hinaus.

Die Bilanz der Menschenrechtsverletzungen des Jahres 2011 für Mexiko spricht einmal mehr für sich. Drogenkartelle und andere kriminelle Banden entführten und töteten Tausende von Menschen – »oft mit dem stillschweigenden Einverständnis von Polizisten und anderen Staatsbediensteten«. In seinem REPORT 2012 (für 2011) dokumentierte Amnesty International die Tatsache, dass die mexikanische Regierung unter Staats- und Regierungschef Felipe Calderón Hinojosa keine wirksamen Maßnahmen zur Verhinderung oder auch nur zur Untersuchung »der weit verbreiteten schweren Menschenrechtsverletzungen durch Militär und Polizei« ergriffen hatte. Nicht nur Drogenkartelle, auch staatliche Sicherheitskräfte ließen Personen verschwinden, exekutierten außergerichtlich oder folterten missliebige Menschen.

Besonders dramatisch war die Sicherheits- und Menschenrechtslage in den Bundesstaaten Neuvo León, Veracruz, Coahuila, Tamaulipas, Chihuahua und Guerrero. Allein im Jahr 2011 kamen dort mehr als 12 000 Menschen gewaltsam ums Leben.[98] Lediglich die beiden letztgenannten zählen zu den vier Provinzen, die nicht mit deutschen Waffen versorgt werden dürfen, die anderen dagegen sind – aus Sicht der Bundesregierung – ganz legal belieferbar. Ein weiterer Beweis dafür, wie absurd regional begrenzte Rüstungsexportverbote sind.

Im Dezember 2011 eröffneten Bundes- und bundesstaatliche Polizeibeamte in der Stadt Chilpancingo im Bundesstaat Guerrero das Feuer auf Demonstranten. Zwei Studenten wurden erschossen.[99] Wenige Monate danach, im März 2012, konnte anhand von Fotodokumenten der Einsatz von G36-Gewehren durch Polizeikräfte belegt werden. Auch wenn diese den in Mexiko gefertigten Gewehren des Typs FX-05 Xiuhcoatl ähnlich sehen, kamen bei dem Polizeieinsatz in Chilpancingo definitiv auch G36-Sturmgewehre von Heckler & Koch zum Einsatz.[100] Erinnern wir uns: Im Herbst 2006 war das H&K-Vorführteam zur Ausbildung am G36 nach Chilpancingo geschickt worden.

Wer aber ist für das Desaster des Mexiko-Waffendeals verantwortlich? Verbal vertritt Markus Löning, der Menschenrechtsbeauftragte der Bundesregierung, eine eindeutige Position: Bei der Prüfung von Rüstungsexportanträgen werde »der Menschenrechtslage in dem betreffenden Land besonderes Gewicht beigemessen«, erklärte der FDP-Politiker Anfang 2011. Exporte würden »nicht genehmigt, wenn ein hinreichender Verdacht von Menschenrechtsverletzungen« vorliege. Derlei Verdachtsmomente gab und gibt es in Mexiko zuhauf, wie Löning qua Amtes weiß.

Ebenso weiß der FDP-Politiker, dass sich die Menschenrechtslage in Mexiko »in den letzten zwei Jahren weiter verschlechtert« hat. Der Menschenrechtsbeauftragte der Bundesregierung räumte unumwunden ein: »Polizei und Militär sind immer wieder in Menschenrechtsverletzungen verwickelt.« Eine interessante Aussage, waren doch gerade Polizeikräfte die offiziellen Empfänger Abertausender von G36-Sturmgewehren aus Oberndorf gewesen. Und das trotz der Vorwürfe gegen zahlreiche Politiker, »sie würden mit den Drogenkartellen kooperieren«. Die logische Schlussfolgerung Lönings: »Angesichts dieser Lage sollten wir derzeit überhaupt keine Waffen mehr nach Mexiko verkaufen.«[101]

Eine Forderung, die von der *Coordinación alemana por los derechos humanos en México*, der in Stuttgart ansässigen Deutschen Menschenrechtskoordination Mexiko, nicht nur nachdrücklich unterstützt, sondern ausgeweitet wird. Bezugnehmend auf den »Verhaltenskodex der Europäischen Union für Waffenausfuhren« mit der Verabschiedung des »Gemeinsamen Standpunktes des Rates« (2008/944/GASP) fordern die Menschenrechtsaktivisten die Bundesregierung zum Handeln auf: Die Löning'sche Forderung nach einem generellen Exportstopp für Kriegswaffen müsse auch auf sonstige Rüstungsgüter ausgedehnt werden.[102]

Ein Blick in die Rüstungsexportpraxis zeigt die Dringlichkeit der Forderung nach einem generellen Rüstungsexportverbot an das mittelamerikanische Land. So wurden in den vergangenen Jahren folgende Waffentransfers nach Mexiko von der Bundesregierung genehmigt: im Jahr 2008 unter anderem der Export militärischer Geländewagen, von Teilen für gepanzerte Fahrzeuge (sogenannte Rüstungsgüter), von Pistolen und von Teilen für Gewehre im Gesamtwert von 922 486 Euro; im Folgejahr 2009 der Export beispielsweise von Teilen für Transportflugzeuge, von Panzerplatten, Revolvern, Pistolen, Maschinenpistolen, Teilen für Maschinenpistolen und von weiteren Gewehren im Wert von 5 381 325 Euro. Für das Jahre 2010 erteilte die Bundesregierung Genehmigungen zur Ausfuhr von Teilen für Transportflugzeuge, von Panzerplatten, Pistolen, Maschinenpistolen, Teilen für Gewehre und – neu – sogar von Maschinengewehren und Waffenzielgeräten. Der Gesamtwert belief sich auf 2 643 267 Euro. Die Anzahl der Genehmigungen stieg von 15 (2008) auf 38 (2009) und 42 (2010).[103] 2011 wurden zwar mit 18 Genehmigungen wieder deutlich weniger Genehmigungen erteilt, doch ihr Gesamtwert wurde auf 3 333 804 Euro gesteigert. Die Lieferungen umfassten Teile für Transport- und Aufklärungsflugzeuge, Bordausrüstung, Panzerplatten, Schutzhelme und Teile für Körperpanzer.[104]

Erste Zwischenerfolge konnten verbucht werden. Auf meine Strafanzeige vom April 2010 hin erfolgte eine erste Hausdurchsuchung bei Heckler & Koch, eine weitere sollte folgen. Mitte Dezember 2010 verkündete der H&K-Kriegswaffenkontrollbeauftragte Peter Beyerle seinen Rücktritt. Anfang 2011 erklärte die Bundesregierung, dass der Export weiterer G36-Gewehre nach Mexiko vorerst untersagt werde – so das hoffnungsfroh stimmende Ergebnis einer Anfrage des Linken-Abgeordneten Jan van Aken im Deutschen Bundestag.[105]

Weitere Kleinwaffenexporte an Mexiko wurden 2011 nicht genehmigt. Zum Leidwesen eines Unternehmens, an dessen Werkstor just zum zweiten Mal ungern gesehener Besuch vorsprach.

Anklage erheben, Straftäter verurteilen

10. November 2011. Jetzt endlich macht die Staatsanwaltschaft Stuttgart ernst, genauer gesagt, die inzwischen eingeschaltete Korruptionsabteilung. An diesem nebligen Donnerstagmorgen im Herbst erlebte der Oberndorfer Stadtteil Lindenhof etwas, das zumindest in diesem Umfang bislang einmalig war: Etwa 300 Beamte in rund 40 Bussen – Ermittler des Landeskriminalamtes Baden-Württemberg und Einsatzkräfte der Bereitschaftspolizei – durchsuchten im Auftrag der Stuttgarter Staatsanwaltschaft Geschäftsräume des Waffenherstellers Heckler & Koch sowie mehrere Privatwohnungen, darunter auch die des vormaligen H&K-Geschäftsführers und früheren Landgerichtspräsidenten Peter Beyerle.

Grund für die Großrazzia war der Vorwurf gegen die Verantwortlichen des Unternehmens, mexikanische Amtsträger seit Jahren mit Bargeldzahlungen bestochen zu haben, mit dem Ziel, so der Verdacht, Lieferaufträge für Waffen zu erhalten. Des Weiteren bestand erklärtermaßen ein Anfangsverdacht der Bestechung auch deutscher Amtsträger im Zusammenhang mit den von 2005 bis 2010 erfolgten Lieferungen von Waffen und Waffenteilen seitens Heckler & Koch an Mexiko.[106]

Das Unternehmen reagierte wie in den gut anderthalb Jahren zuvor: mit Unschuldsbeteuerungen. Bei H&K kooperiere man »wie immer in vollem Umfang« mit der Staatsanwaltschaft. Der Vorwurf der Bestechung werde sich als unbegründet herausstellen. Niemals seien seitens Heckler & Koch Bestechungsgelder »in Mexiko« gezahlt worden. Zudem sei ein Zeuge im Verfahren gegen das Unternehmen »heute für ein Konkurrenzunternehmen in den USA tätig«.[107]

Die medialen Wellen schlugen in den kommenden Wochen und Monaten höher denn je. Immerhin stand der Verdacht im Raum, Volker Kauder oder Ernst Burgbacher – beide Wahlkreisabgeordnete mit immensem Einfluss auf die Regierungspolitik von CDU/CSU und

FDP – könnten aufgrund geflossener Parteispenden als Lobbyisten gewirkt haben. Vor allem die Liberalen wurden der Korruption verdächtigt (siehe hierzu Kap. 4.4: »Schützende Hände über Heckler & Koch«).

Immerhin kamen die Staatsanwaltschaft Stuttgart und das Zollkriminalamt Köln mit den beiden Hausdurchsuchungen im Dezember 2010 und im November 2011 in Geschäftsräumen von Heckler & Koch bzw. den Privaträumen von Führungskräften in den Besitz weiterer zur Klageerhebung benötigter Unterlagen: Exportanträge in ursprünglichen und aktuellen Fassungen, E-Mail-Korrespondenzen u. v. a. m. Auch wenn die Razzien um Monate zu spät kamen und Zeit genug zum Aussortieren blieb.

Vorhanden waren Reisekostenabrechnungen der Aufenthalte von H&K-Mitarbeitern in mexikanischen Unruheprovinzen. Bekannt ist, dass zumindest zwei der drei Beteiligten Flüge und Übernachtungen ordnungsgemäß mit der Oberndorfer Zentrale abgerechnet haben. Wer allerdings glaubt, Heckler & Koch habe nach der dokumentierten Schulung von Polizisten an G36-Gewehren in Guadalajara in der Unruheprovinz Jalisco sämtliche Kontakte in den Bundesstaaten, in denen Menschenrechte verletzt werden, abgebrochen, der muss sich eines Besseren belehren lassen.

Noch im Juli 2009 erhielt ich die interne Auskunft, dass sich einer der Mitarbeiter der H&K-Vorführgruppe offenbar erneut in Mexiko aufhalte, und zwar in der Unruheprovinz Chihuahua. Seine Aufgabe sei, so wurde behauptet, die Schulung mexikanischer Sicherheitskräfte am Gerät G36. Auch dieser Mitarbeiter bestand darauf, die Reise- und Hotelkosten mit Oberndorf abzurechnen. Auch diese Belege der Reisen nach Guerrero und Jalisco sollten von den deutschen Ermittlungsbehörden beschlagnahmt worden sein.

Die direkte Verwicklung der oberen Unternehmensebene dürfte an einem weiteren Punkt augenscheinlich werden: Auslandsreisen von H&K-Mitarbeitern müssen üblicherweise von einem Führungsmitglied abgezeichnet werden. Kein Beschäftigter von Heckler & Koch kann nach Gutdünken in ferne Länder fliegen, um dort auf Firmenkosten eigene Ziele zu verfolgen. Normalerweise unterzeichnet ein Geschäftsführungsmitglied – so auch im Fall Mexiko.

Kritisch zu prüfen ist auch die Rolle der Deutschen Botschaft in Mexiko-Stadt, die angeblich bereits bei den Voranfragen von Markus Bantle, dem Heckler & Koch-Vertreter der Firma LAMAR, konsultiert wurde. Ein Vertreter der Botschaft soll für Fragen im Rüstungsexportbereich zuständig gewesen sein und H&K beim G36-Geschäft intensiv beraten haben. Ein weiterer Vorwurf, der seitens der ermittelnden Beamten zu prüfen sein wird. Träfe er zu, würde dieser Exportskandal weitere Kreise ziehen.

Nach der unmissverständlichen Aussage von Raúl Manzano Vélez, Direktor der staatlichen mexikanischen Rüstungsbeschaffungsbehörde, hatten weder Heckler & Koch noch die Bundesregierung oder die Deutsche Botschaft in Mexiko diese Behörde über die juristisch verbindlichen Auflagen des Endverbleibs der G36-Gewehre in Kenntnis gesetzt. Für den Fortgang des Ermittlungsverfahrens und die Einleitung eines Strafverfahrens steht eine Frage im Mittelpunkt: Welcher der drei Beteiligten – das Unternehmen, die Deutsche Botschaft oder die staatliche Behörde – war rechtlich verpflichtet, die Rüstungsbeschaffungsbehörde in Mexiko-Stadt über die Positivliste und damit den Endverbleib der Waffen zu informieren?

Die Rechtslage war und ist eindeutig: Dem Antrag auf Genehmigung der Ausfuhr von Gütern sind »Dokumente zum Nachweis des Endempfängers, des Endverbleibs und des Verwendungszwecks beizufügen«, heißt es in § 17 der Außenwirtschaftsverordnung (AWV), der Verordnung zur Durchführung des Außenwirtschaftsgesetzes. Die Dokumente zum Endverbleib sind also vom Ausführenden, gemeint ist die Exportfirma, beizufügen. Hier war also Heckler & Koch in der Pflicht.

Und was passiert, wenn die Waffen ausgeführt werden und ein Endverbleib im Empfängerland zu gewährleisten ist? Die Antwort auf diese Frage lässt sich in § 17a zu den Informations- und Buchführungspflichten der AWV nachlesen. Dort heißt es unter Punkt 1: »Ausführer der in Teil I Abschnitt A der Ausfuhrliste (Anlage AL) genannten Güter sind verpflichtet, den Empfänger spätestens bei der Ausfuhr über die in der erteilten Ausfuhrgenehmigung enthaltenen Beschränkungen hinsichtlich einer Ausfuhr aus dem Bestimmungsland zu informie-

ren.«[108] Genau diesen Sachverhalt brachte der Menschenrechtsbeauftragte der Bundesregierung, Markus Löning, kurz und knapp auf den
Punkt: »Allein Heckler & Koch ist für den Endverbleib der Waffen verantwortlich.«[109] Auch der Grünen-Abgeordnete Hans-Christian Ströbele sieht H&K in der Pflicht, verweist zugleich aber auf eine Mitschuld
des Bundes: Auch die Bundesregierung stehe »als Verantwortliche für
die Genehmigungserteilung der Exporte in der Pflicht«. Sie hätte, so
Ströbele, »alle vorhandenen Informationen über den Endverbleib der
Waffen prüfen und gegenüber der mexikanischen Regierung deutlich
machen müssen, dass die Genehmigung Lieferungen in die genannten
vier Bundesstaaten nicht umfasst«.[110]

Ungeachtet der Rolle der Bundesregierung scheint eines unstrittig: Die Rechtsabteilung von Heckler & Koch war de jure verpflichtet,
der D. C. A. M. die Ausfuhrbeschränkungen bezüglich der vier Bundesstaaten Chiapas, Chihuahua, Guerrero und Jalisco, die in der Positivliste nicht auftauchen, mitzuteilen. Dem vormaligen Vorsitzenden
Richter am Landgericht Rottweil und späteren Geschäftsführer mit
dem Aufgabenbereich Leiter der Abteilung Recht, Behördenkontakte,
Öffentlichkeitsarbeit, Exportkontrolle bei Heckler & Koch, Peter Beyerle, muss diese Rechtslage bekannt gewesen sein – ebenso seinen juristischen Mitarbeitern.

Bereits 2010 war aufgrund der Eingeständnisse von H&K-Mitarbeitern
offensichtlich, dass G36-Gewehre und in nachfolgenden Lieferungen
noch Ersatzteile auf widerrechtlichem Wege auch in die vier besagten
Unruheprovinzen Mexikos gelangt waren. Wie viele Kriegswaffen aber
befinden sich seither in Mexiko, wie viele auf verbotenem Terrain?

Den Weg zu dieser – im Ergebnis äußerst vielsagenden – Antwort
wies der Berliner Journalist Wolf-Dieter Vogel im Herbst 2012 auf
Grundlage einer Quelle, die aussagekräftiger nicht sein könnte: Bereits
eineinhalb Jahre zuvor, so Vogels Fund im Internet Mexikos, hatte das
dortige Verteidigungsministerium die Lieferzahlen und Empfänger-
regionen akribisch genau erfasst – was in Europa bislang nicht publik
geworden war[111]

Laut Auskunft der *Secretaria de la Defensa National* vom 15. März
2011 wurden an 27 der 32 Bundesstaaten Mexikos insgesamt 8674

G36-Gewehre der Typen G36V (kompakte Standardversion) und G36KV (Kurzversion) im Wert von 11 445 429,74 Euro geliefert. Der Stückpreis dieser Sturmgewehre betrug 1319,51 Euro. Dazu kamen 978 G36-Gewehre in der äußerst handlichen Kompaktversion G36C für 1 630 824,78 Euro zum Stückpreis von 1667,51 Euro. Insgesamt also hatte Mexiko demnach 9652 G36-Gewehre (inklusive 25 G36 für die *Secretaria de Seguridad Publica Federal*) zu einem Preis von 13 076 254,52 Euro erhalten und in nahezu alle Bundesstaaten weitergeleitet.[112]

Die detaillierte Zusammenstellung des mexikanischen Verteidigungsministeriums verweist auf eine weitere überraschende und rechtlich relevante Diskrepanz. Laut Rüstungsexportberichten der Bundesregierung wurden 2003 für 24 Gewehre, 2004 für 35 Gewehre, 2005 für 18 Gewehre, 2006 für 2025 Gewehre und 2007 für 6667 Gewehre – alle mit KWL-Nummer – Ausfuhrgenehmigungen erteilt. In den Folgejahren 2008, 2009 und 2010 wurden lediglich Bestandteilelieferungen – offensichtlich Ersatzteile – für Gewehre mit KWL-Nummern (Kriegswaffenliste) an Mexiko gestattet. 2011 durften – auch ein erfreulicher Erfolg der Strafanzeige – an Mexiko keinerlei Kleinwaffenexporte mehr erfolgen. Macht summa summarum 8769 genehmigte Gewehrausfuhren, wohlgemerkt für den weit gefassten Zeitraum von 2003 bis 2011. Laut Bundesregierung durften also maximal 8769 Gewehre ausgeführt werden. Realiter aber kamen 9652 G36 nach Bilanz des mexikanischen Verteidigungsministeriums in den Bundesstaaten an.

Verschweigt die Bundesregierung demnach die wahre Zahl der genehmigten G36-Ausfuhren, oder hat Heckler & Koch 883 mehr Kriegswaffen exportiert als genehmigt waren? Oder fertigt Mexiko erste G36-Gewehre selbst? Eine Vermutung, die als sehr unwahrscheinlich bewertet werden muss, auch wenn 2005 die Ausfuhr von Herstellungsausrüstung für Handfeuerwaffen – üblicherweise die Formulierung für eine Lizenzvergabe mit nachfolgender Maschinenlieferung – genehmigt wurde. Welcher Waffentyp ist unklar, eine G36-Lizenzvergabe an Mexiko aber nahezu ausschließbar.[113]

Damit noch immer nicht genug: Der H&K-Mexiko-Deal birgt einen weiteren Skandal: Wer gutgläubig darauf gehofft hat, dass die Gewehrlieferungen primär an – zumindest aus Sicht der Bundesregierung – weniger bedenkliche Bundesstaaten gegangen sein mögen, sieht sich gründlich getäuscht. Laut Auskunft des mexikanischen Verteidigungs-ministeriums erfolgten die Kriegswaffentransfers zwar fast flächende-ckend, allen voran jedoch in drei der vier verbotenen Provinzen! Auf Platz 1 der belieferten Bundesstaaten rangiert Chihuahua mit 2113 G36-Gewehren (erhalten im Zeitraum 2007–2009), auf Platz 2 Guer-rero mit 1924 G36 und auf Platz 3 Chiapas mit 561 G36 (in beiden Fäl-len beliefert von 2006–2009). Weitere 198 G36-Sturmgewehre wurden 2006, 2008 und 2009 an Jalisco ausgeliefert.[114]

Kurz: Von den laut mexikanischem Verteidigungsministerium in die 27 Bundesstaaten 9652 gelieferten G36-Gewehren erreichten sage und schreibe 4796 die vier verbotenen Provinzen – nahezu die Hälf-te all dieser Kriegswaffen. Auch die Anzahl ist ein Skandal, die Folgen sind fatal. Dass sie dorthin gelangten, war definitiv ein Verstoß gegen die Endverbleibsbestimmungen der Exportverträge und damit gegen geltendes Recht der Bundesrepublik Deutschland.

Seither nimmt das G36-Drama seinen Lauf. Eine im Oktober 2012 von Amnesty International veröffentlichte umfassende Studie zur Menschenrechtssituation in Mexiko belegt nachdrücklich, dass in der Amtszeit des rechtsgerichteten Präsidenten Felipe Calderón Hinojosa die Zahl der vorliegenden Berichte über Folter und andere Misshand-lungen »stark angestiegen« war. In bis dato nie gekanntem Ausmaß hatte die Regierung »das Militär und die Polizei zur stärkeren Bekämp-fung der Drogenkartelle und anderer organisierter, krimineller Netz-werke eingesetzt«. Die Zwischenbilanz: 60 000 Tote und über 160 000 Vertriebene im Land. Dabei resultierten diese Verbrechen nicht nur aus Auseinandersetzungen zwischen Drogenkartellen bei Revierstrei-tigkeiten, sondern »auch aus Operationen der Sicherheitskräfte«. Be-richte über deren Foltermaßnahmen und Misshandlungen erreichten alarmierende Höhen. Demnach agieren nicht nur Drogenkartelle mit unerbittlicher Härte. Auch das Vorgehen der staatlichen Sicherheits-kräfte führte zu einem »starken Anstieg an schweren Menschenrechts-verletzungen, wie z. B. ungesetzliche Tötungen, Verschwindenlassen, willkürliche Verhaftungen, exzessive Gewaltanwendungen und Folter durch Bundes-, Landes- oder kommunaler Bediensteter«, dokumen-tierte Amnesty International.[115]

Gemeint sind auch Bundes- und Landespolizisten, ausgerüstet mit Sturmgewehren aus Oberndorf. Dem Polizeieinsatz mit G36-Gewehren im Dezember 2011 in Chilpancingo im Bundesstaat Guerrero, bei dem zwei Studenten erschossen wurden, werden weitere folgen. Mitte Dezember 2012 eröffneten mexikanische Polizisten im Stadtzentrum von Acapulco, ebenfalls in der Unruheprovinz Guerrero gelegen, das Feuer auf eine religiöse Prozession. Drei Personen wurden verletzt, wieder soll mit G36 geschossen worden sein. Die Polizisten wollten verhindern, dass aus Anlass der Feierlichkeiten zum Jahrestag der Jungfrau Guadalupe, der Schutzheiligen Mexikos, wie üblich Feuerwerk abgebrannt wurde.[116]

Angesichts des massiven Waffeneinsatzes gegen die eigene Bevölkerung meldete sich Bischof Raúl Vera López Ende 2012 öffentlich zu Wort. Der Bischof leitet die Diözese Saltillo im Norden Mexikos, er ist zudem für seinen Einsatz für die Menschenrechte in zahlreichen Organisationen bekannt. Massiv kritisierte der Geistliche die Gewehrexporte von Heckler & Koch: »Das Einzige, was zählt, ist das Geschäft«, empörte sich Raúl Vera López beim gemeinsam von der Menschenrechtskoordination Mexiko und der Grünen-nahen Heinrich-Böll-Stiftung in Berlin ausgerichteten Kongress »Rechtsstaat Mexiko?«. »In dem Zustand, in dem sich Mexiko befindet, ist es moralisch nicht zu verantworten, dass die deutsche Regierung solche Waffenexporte genehmigt hat.«[117]

Die Ausfuhrgenehmigungen sind erteilt, die G36-Gewehre längst vor Ort, deren Einsatz ist Tagesgeschäft zumindest in den allermeisten Provinzen. Dass unter der neuen Regierung des Präsidenten Enrique Peña Nieto von der linksgerichteten Partei der Institutionellen Revolution (PRI) derlei Menschenrechtsverletzungen bei Polizeiübergriffen verhindert oder wenigstens aufgeklärt und die Verantwortlichen rechtsstaatlich verurteilt werden, muss bezweifelt werden. Die Negativerfahrungen der Vergangenheit – die PRI hielt in den Jahren nach 2000 schon einmal die Macht inne – sind unvergessen. Und es droht noch mehr Ungemach: So scheint es nur eine Frage der Zeit zu sein, bis auch die Drogenmafia in den Besitz von G36-Sturmgewehren kommt und deren Killertrupps mit den hochpräzisen Waffen morden werden.

Dieser folgenschwere G36-Rüstungsexportskandal mit Mexiko wirft weitreichende Fragen auf:

- Hat die Rechtsabteilung von Heckler & Koch bundesdeutsche Exportgenehmigungsbehörden mit Ausfuhranträgen für die Gewehr- und Ersatzteilexporte getäuscht oder irrtümlich gehandelt?
- Haben H&K-Beschäftigte General Aguilar, den damaligen Leiter der mexikanischen Rüstungsbeschaffungsbehörde D. C. A. M. bestochen, damit die Kriegswaffen in Unruheprovinzen transferiert werden konnten? Wie konnten im weiteren Verlauf des Exportskandals sogar noch Ersatzteile für die im Einsatz befindlichen und unter Verschleißerscheinungen leidenden Sturmgewehre entgegen den Endverbleibserklärungen in gesperrte Bundesstaaten Mexikos gelangen?
- Haben Mitarbeiter des H&K-Waffenvorführteams widerrechtlich Polizisten sogar in Unruheprovinzen an G36-Gewehren ausgebildet oder diese Waffen lediglich drei Tage lang vorgeführt?
- Haben Mitglieder der H&K-Geschäftsführung die verschiedenen Reisen von Mitgliedern des Vorführteams in mexikanische Unruheprovinzen genehmigt, obwohl die G36-Gewehre dort nicht sein und Polizisten nicht an den Waffen geschult werden durften?
- Wer verantwortet – die augenscheinlich illegale – Lieferung weiterer 883 G36 aus dem Gesamtpaket der 9652 nach Mexiko transferierten Gewehre, die *nicht* in den Rüstungsexportberichten der Bundesregierung verzeichnet sind?
- Hat weder die Firma noch die Bundesregierung noch die Deutsche Botschaft in Mexiko-Stadt die D. C. A. M. über die rechtlich verbindlichen Endverbleibserklärungen für die Kriegswaffen aus Oberndorf informiert?
- Ist Heckler & Koch als Waffenausführer seiner rechtlichen Verpflichtung gemäß § 17 AWV nachgekommen, die D. C. A. M. als Waffenempfänger über die in den erteilten Ausfuhrgenehmigungen enthaltenen Beschränkungen des Endverbleibs zu informieren?
- Hat Heckler & Koch Vertreter politischer Parteien in Deutschland bestochen, um an Beschaffungsaufträge für Waffen zu gelangen?
- Welche Rolle spielten die Wahlkreisabgeordneten – Volker Kauder, Vorsitzender der CDU/CSU-Bundestagsfraktion, und Ernst Burgbacher, Parlamentarischer Staatssekretär im Bundesministe-

rium für Wirtschaft und Technologie – als Lobbyisten von Heckler & Koch?

- Wann endlich wird das Gewerbeaufsichtsamt Rottweil tätig und überprüft eine Gewerbeuntersagung aufgrund der im Fall »Mexiko« gezeigten Unzuverlässigkeit bei Waffenexporten von Heckler & Koch?
- Hat sich der geheim tagende Bundessicherheitsrat unter Führung von Bundeskanzlerin Angela Merkel mit Anträgen zu Gewehr- und Ersatzteillieferungen nach Mexiko befasst und diesen stattgegeben?
- Wurde das Kabinettsgremium in seiner Entscheidung beeinflusst oder gar über den Endverbleib der Waffen in Mexiko getäuscht?
- Welche Konsequenzen zieht die Bundesregierung für den Fall, dass an Vertreter des mexikanischen Verteidigungsministeriums Bestechungsgelder geflossen sind bzw. seitens mexikanischer Militärvertreter gegen den vorgeschriebenen Endverbleib der G36-Sturmgewehre verstoßen wurde?
- Wann endlich wendet die Bundesregierung in diesem Fall illegaler Handlungen von Beteiligten in Mexiko die eigenen Politischen Grundsätze zum Rüstungsexport von Kriegswaffen an, wonach ein Empfängerland, das entgegen einer abgegebenen Endverbleibserklärung die Weiterlieferung von Kriegswaffen nicht verhindert oder nicht sanktioniert, bis zur Beseitigung dieser Umstände grundsätzlich von einer Ausrüstung mit weiteren Kriegswaffen ausgeschlossen wird?
- Hat die Bundesregierung erkannt, dass das »Experiment Mexiko« der Kriegswaffenbelieferung einzelner Bundesländer eines Staates bei gleichzeitigem Exportverbot in andere Bundesländer völlig gescheitert ist und nie mehr wiederholt werden darf?
- Und wann endlich verhängt die Bundesregierung und mit ihr die internationale Staatengemeinschaft ein Waffenembargo gegen Mexiko, dessen Sicherheitskräfte seit Jahren – nunmehr auch mit deutschen G36-Gewehren – Menschenrechte verletzen?

Die Kenntnisse der damals in Mexiko tätigen H&K-Mitarbeiter Robert Hirt, Josef Klausmann und Axel Haas sowie des LAMAR-Leiters Markus Bantle sind umfassend. Sie haben die beschriebenen Vorgänge hautnah miterlebt. Die Staatsanwaltschaft Stuttgart, das Landeskriminalamt Baden-Württemberg und das Zollkriminalamt in Köln haben zahlreiche Beteiligte vernommen.

Rechtsanwalt Holger Rothbauer bilanziert unsere Bemühungen um Klärung der Tatbestände wie folgt:

»Wir haben Strafanzeige gestellt. Wir haben das Dankesdokument der Polizeibehörde für die G36-Vorführung in der Unruheprovinz Jalisco der Staatsanwaltschaft Stuttgart zukommen lassen. Wir haben umfassende Aussagen des vormaligen Leiters der H&K-Vorführgruppe in Mexiko zu den Gewehrlieferungen und zur Polizeiausbildung – auch in verbotenen Unruheprovinzen – vorgelegt. Auch haben wir die Staatsanwaltschaft über die Tatsache in Kenntnis gesetzt, dass nahezu die Hälfte der von Heckler & Koch in Oberndorf gelieferten G36-Gewehre in verbotenen Provinzen Mexikos verbracht wurden. (…) Zusammen mit den nunmehr hoffentlich seitens der Staatsanwaltschaft beschlagnahmten Reisekosten- und Hotelabrechnungen der H&K-Mitarbeiter und des H&K-Vertreters von LAMAR vor Ort lässt sich der hinreichende Tatverdacht des Verstoßes gegen das KWKG und das AWG so belegen.«

Rothbauers Schlussfolgerung: »Jetzt ist die Zeit gekommen, dass die Staatsanwaltschaft Anklage gegen die Verantwortlichen bei Heckler & Koch erheben sollte.« Die Vorgänge um einen der brisantesten Rüstungsexportskandale der Bundesrepublik Deutschland im 21. Jahrhundert müssen gerichtlich geklärt werden.

Zum Zeitpunkt der Drucklegung dieses Buches dauern die Ermittlungen immer noch an.

6.4 Saudi-Arabien – G36-Lizenz für die Repressoren in Riad

Fataler Fehler der G3-Lizenzvergabe

Das Jahr 1969 sollte den Militärs in Saudi-Arabien eine äußerst erfreuliche Nachricht bringen. Mit der Genehmigung des Lizenzgebers – der christlich-sozialdemokratischen Bundesregierung – gelangte Riad in den Besitz der Nachbaurechte für G3-Schnellfeuergewehre von Heckler & Koch. Vergleichbar anderen Lizenzvergaben, lieferte damals das bundeseigene Unternehmen Fritz Werner aus dem hessischen Geisenheim Ausrüstungsgegenstände und Werkzeuge. Im Zeitraum zwischen 1973 und 1977 wurde das G3-Produktionswerk im Al-Kharj-Arsenal, einem Teil des Prince Sultan Military Camps südwestlich von Riad, errichtet. Hier werden die vier Typen G3A2, G3A3, G3 Zeremoniengewehr und das GR7 Sniper als Scharfschützenversion gefertigt.[118]

Dennoch hielt sich die Freude bei Heckler & Koch in Grenzen. »Wir haben selbst kein Interesse an der Weitergabe von Lizenzen an Drittländer«, erklärte Andrea Franke. »Im Falle Saudi-Arabiens haben wir nur die Manpower geliefert«, bestätigte die vormalige H&K-Pressesprecherin die Beteiligung des Unternehmens. Sie hatte insofern Recht, als dem Kleinwaffenproduzenten profitable Direktexporte aus dem Oberndorfer Stammwerk weitaus gelegener kamen. Mit dem Nachbau der H&K-Waffen durch andere drohte die Minimierung des eigenen Absatzmarktes durch die Konkurrenz der Lizenznehmer. Doch die Rechte am G3 – nicht an den anderen Waffen der H&K-»Waffenfamilie« – lagen beim Bund, der die Entwicklung des Gewehrs in den Fünfzigerjahren des vergangenen Jahrhunderts finanziert hatte.

Zudem fanden die Lizenznehmer in Riad einen Weg, die mit den deutschen Vertragspartnern geschlossene Endverbleibserklärung elegant zu umgehen. Jahre später erklärte Michael Lehman, ehemaliger Heckler & Koch-Firmenbeauftragter mit dem Zuständigkeitsbereich Naher und Mittlerer Osten, wie der Deal de facto gelaufen war: »Von Saudi-Arabien her weiß ich, dass man nicht gewillt ist, eine Endverbleibsklausel in Arabisch zu unterzeichnen. In Englisch wird das akzeptiert.« Lehmanns Erklärung war ebenso schlüssig wie verblüffend: Das englischsprachige Dokument ist »in Saudi-Arabien rechtlich nicht gültig«.[119]

Was belanglos klang, zeitigte dramatische Folgen. Laut Lehmann lieferte Saudi-Arabien die im Al-Kharj-Arsenal gefertigten G3-Gewehre gleich an mehrere Bürgerkriegsländer, zum Beispiel in den Sudan, wo sich seit 1983 wechselnde sudanesische Regierungen, welche die Scharia im Land eingeführt hatten, und die Sudanese People's Liberation Army (SPLA) bekriegten.

Über Weiterexporte gelangten saudische G3-Gewehre auch nach Uganda. In diesem zentralafrikanischen Staat verübten die Schergen des Diktators Idi Amin von Januar 1971 bis April 1979 Massaker an der Zivilbevölkerung. Nach Schätzungen von Menschenrechtsorganisationen fielen Amins achtjähriger Gewaltherrschaft zwischen 300 000 bis 400 000 Menschen zum Opfer.

Der Waffenexperte Roman Deckert vom Berliner Informationszentrum für Transatlantische Sicherheit (BITS) und Freiburger Rüstungs-InformationsBüro (RIB e. V.) verwies darauf, dass sich Idi Amin gleich nach der Machtergreifung »von Heckler-Vertretern G3, MP5-Maschinenpistolen und HK21-Maschinengewehre vorführen« ließ. Da die sozial-liberale Bundesregierung eine Ausfuhrgenehmigung verweigert hatte, sprangen die französischen Lizenznehmer der Manufacture Nationale d'Armes de St. Etienne in die Bresche und lieferten noch 1971 – dem Jahr von Idi Amins Machtübernahme – rund 10 000 G3-Schnellfeuergewehre an den Kriegsherrn in Kampala. »Das Bonner Außenamt wies seine Botschaft in Kampala an, den Deal geflissentlich zu ignorieren«, erklärte Deckert das Schweigen des Bundes, der als G3-Lizenzgeber durchaus in der Lage gewesen wäre, Schritte gegen die französischen Lizenznehmer einzuleiten.[120] Bis heute sind die G3-Gewehre in Uganda weit verbreitet.[121]

Laut Michael Lehmann erhielt auch der Jemen, wiederholt Schauplatz kriegerischer Auseinandersetzungen, dank der exportorientierten Geschäftspolitik der saudischen Machthaber G3-Gewehre. Lehman, der Heckler & Koch im Unfrieden verließ, kritisierte derlei Deals vehement, vor allem die Tatsache, dass die Geschäfte trotz Kenntnis seitens der Deutschen weitergelaufen seien.

Die Bundesregierungen wechselten, die Rüstungsexportpolitik blieb die Gleiche. Gut anderthalb Jahrzehnte später genehmigte die christlich-liberale Bundesregierung eine Lizenz zum Nachbau der Maschinenpistole MP5 für Saudi-Arabien. Anders als beim G3 befand und befindet sich diese Lizenz im Besitz von Heckler & Koch. Damit erhielten die saudischen Militärs 1985 eine weitere äußerst treffgenaue Nahkampfwaffe.

Ein Vierteljahrhundert später wird die MP5 noch immer von der Military Industries Corporation (MIC) auf den Prince Sultan Military Camps produziert und beworben. Wie Heckler & Koch 1949 gegründet, deckt das Waffen- und Artilleriewerk mit den Maschinenpistolen MP5A1, MP5A3 und der Kurzversion MP5K das gesamte Einsatzspektrum ab: von Schutzfunktionen über Wachdienste bis zum Nah-kampf.[122] Die 2 bis 2,88 kg leichten Waffen mit den 15- oder 30-Schuss-Magazinen verfügen mit 800 bzw. 900 Schuss pro Minute über eine immens hohe Kadenz.[123] Mit den Maschinenpistolen von Heckler & Koch lässt sich die politische und religiöse Opposition im Lande bis heute erfolgreich mundtot machen.

Von Regierungsseite wurde die Vergabe von Nachbaurechten an men-schenrechtsverletzende Regime dagegen schlichtweg verharmlost. So erklärte der frühere deutsche Außenminister und Vizekanzler zur Ver-gabe von Nachbaurechten. »Die Bundesregierung hat in der Vergan-genheit keine Ausfuhren im Zusammenhang mit Lizenzvergaben und Lieferungen von Waffen genehmigt, wenn die Menschenrechtssituati-on des betreffenden Landes dem entgegenstand«, beschönigte Hans-Dietrich Genscher die christlich-liberale Regierungspolitik.[124] Nicht minder wirklichkeitsfremd wirkte die Aussage von Niels Ihloff und Martin Lemperle Jahrzehnte später. »Hinsichtlich der Frage, ob in Sau-di-Arabien der Weiterverkauf von G3 oder MP5 Gewehren an Dritt-staaten erfolgt, können wir nur betonen, dass dieser Fall in mehr als 40 Jahren nie eingetreten ist«, so die beiden H&K-Geschäftsführer in einem Schreiben vom September 2011 an die Bundestagsabgeordnete Ulla Jelpke. Daher gebe es »keinen Zweifel an der Zuverlässigkeit die-ses Landes«.[125] Die Realität sieht ganz anders aus.

Daran hat sich bis heute nichts geändert. Auf ihrer Website preist die MIC noch immer das G3 in den Versionen mit fester und einziehba-rer Schulterstütze und mit den Feuermodi halbautomatisch und Dau-erfeuer an. Bis heute lobt das saudische Staatsunternehmen den Ein-satz der Waffe »sogar unter den härtesten klimatischen Bedingungen«. Bis heute wird das G3 bei MIC mit einer »speziellen Herstellerlizenz« gefertigt«. Bis heute kann diese Kriegswaffe bei MIC bestellt werden, verpackt in einer Holzkiste mit je zwei Kartons zu je fünf Gewehren.[126]

Bis heute hat sich an der Exportpraxis nichts geändert. Es besteht kein Zweifel daran, dass die G3-Gewehre im Al-Kharj Arsenal nicht nur für den Heimatmarkt Saudi-Arabien gefertigt werden, sondern ausdrücklich auch für den Export in Länder »wie beispielsweise den Jemen«.[127]

Wie Heeschen die G36-Gewehrfabrik für einen Folterstaat rechtfertigt

Der christlich-liberalen Regierung von Bundeskanzler Kohl und Außenminister Genscher folgte 1998 Rot-Grün mit Kanzler Gerhard Schröder und Außenminister Joschka Fischer. Die Regierungen in Berlin wechselten, die Rüstungsexporte an Saudi-Arabien nahmen zu. Rot-Grün erteilte Exportgenehmigungen für Waffen und Rüstungsgüter im Umfang von 72,8 Mio. DM (2000), 74,8 Mio. DM (2001), 26,5 Mio. Euro (2002), 43,7 Mio. Euro (2003), 58,8 Mio. Euro (2004) und 29,9 Mio. Euro (2005).[128]

Der Waffenhandel mit den muslimischen Repressoren in Riad war weder rechtlich noch moralisch zu rechtfertigen. Damals wie heute war und ist die Sicherheitslage im Nahen und Mittleren Osten äußerst instabil, die Menschenrechtslage im Land selbst ausgesprochen problematisch. Verschärfend wirken religiöse Spannungen. Im Königreich Saudi-Arabien sind 98 Prozent der Bevölkerung muslimischen Glaubens, die meisten davon Sunniten. Das Herrscherhaus gehört zur sunnitisch-wahhabitischen Richtung. Im Osten des Landes leben Schiiten, die, ebenso wie Christen und Hindus, klar in der Minderheit sind.

Muslimische Sicherheitskräfte verübten in den sieben Jahren rot-grüner Regierung schwerste Menschenrechtsverletzungen gegen Frauen und Oppositionelle. Im sogenannten »Krieg gegen den Terror« wurden bei Hausdurchsuchungen und Verfolgungsjagden missliebige Kritiker getötet und vermeintliche Rechtsbrecher exekutiert. Auch Christen wurden Opfer der Gewalt saudischer Sicherheitskräfte.

Mit Übernahme der Regierungsverantwortung durch CDU/CSU und FDP unter Bundeskanzlerin Angela Merkel im Jahr 2005 wuchs der Waffenhandel mit Saudi-Arabien weiter. Die Bundesregierung genehmigte Rüstungsexporte an Riad im Wert von 56,9 (2006), 45,5 (2007), 170,4 (2008) und 167,9 Mio. Euro (2009).

Alles in allem genehmigten die von wechselnden Parteienkoalitionen geführten Bundesregierungen im ersten Jahrzehnt des 21. Jahrhunderts den Export von Waffen und Rüstungsgütern im Wert von mehr als 670 Mio. Euro nach Saudi-Arabien.[129]

So schamlos der Waffenhandel mit Saudi-Arabien über Jahre hinweg auch betrieben wurde – an ein letztes Tabu wurde nicht gerührt: Neuerliche Lizenzvergaben sollten weiterhin unterbleiben. Für diesen Lizenzvergabestopp gebührt allen Bundesregierungen der Zehnerjahre des 21. Jahrhunderts ein ebenso aufrichtiges wie anerkennendes Lob. Sie alle hatten erkannt, dass gerade die Vergabe von Nachbaurechten im Bereich von Gewehren – vor allem für das G3 von Heckler & Koch – der folgenschwerste und tödlichste Fehler war, den ihre Vorgängerregierungen begangen hatten. Die von Rot-Grün, Schwarz-Rot und Schwarz-Gelb geführten Koalitionen wussten um die Millionen Opfer der H&K-Schnellfeuergewehre.

Und sie zogen die richtige Konsequenz. Namentlich gilt der Dank dem früheren Bundeskanzler Gerhard Schröder (SPD) und Vizekanzler Joschka Fischer (Grüne), die im Bericht der Bundesregierung über ihre Exportpolitik für konventionelle Rüstungsgüter im Jahr 2003 erstmals festschrieben, dass bei der Ausfuhr von Technologie und Herstellungsausrüstung »grundsätzlich keine Genehmigungen im Zusammenhang mit der Eröffnung neuer Herstellungslinien für Kleinwaffen und Munition in Drittländern erteilt« würden. Das Erfreuliche daran: Auch die Nachfolgeregierungen unter Führung der christdemokratischen Bundeskanzlerin Angela Merkel und ihrer wechselnden SPD- und FDP-Vizekanzler übernahmen die Vorgabe, die sich wortgleich auch in den Rüstungsexportberichten der Jahre 2004, 2005, 2006, 2007, 2008, 2009, 2010 und 2011 findet. Endlich ein starkes Signal – nach all den desaströsen Entscheidungen und Entwicklungen im Bereich des Waffenhandels.

Ein erster Hinweis auf das reale Geschehen fand sich im Rüstungsexportbericht 2007. In der Liste der für Drittländer genehmigten Waffentransfers wurde bei Saudi-Arabien aufgeführt: »Herstellungsausrüstung für Gewehre, Maschinenpistolen, Kleinkalibermunition und Teile für Munitionsprüfgeräte«.[130] Im Jahr 2008 umfasste die Liste für Saudi-Arabien »Herstellungsausrüstung für Handfeuerwaffen, Herstellungsteile für Munition und Prüfgeräte für Maschinenkanonen«.[131] Im selben Jahr erteilte die Bundesregierung Genehmigungen zur Lieferung von Technologieunterlagen und Herstellungsausrüstung für die Fertigung bestimmter Bestandteile des G36-Gewehrs an den staatlichen Lizenznehmer in Saudi-Arabien.[132] Für 2009 meldete die MIC die Einführung des G36 in der Basis- und der Kurzversion im G36-Gewehrwerk.[133]

Was so nüchtern klingt, war von großer finanzieller Bedeutung für Heckler & Koch nach einer Krisenphase, die der H&K-Hauptgesellschafter im Nachhinein als »echte Horrorzeit« bezeichnete. Heeschens Eingeständnis klang nachvollziehbar, immerhin waren sowohl der Umsatz als auch das EBITDA, der Gewinn vor Steuern, Zinsen und Abschreibungen auf Sachanlagen und immaterielle Vermögensgegenstände, in den Jahren 2006 und 2007 gegenüber den Vorjahren eingebrochen.[134]

Entsprechend zufrieden zeigte sich der Topmanager mit dem lukrativen Geschäft: »Wir bauen gerade für Saudi-Arabien eine komplette Produktionsanlage für das G36 auf.« H&K lieferte die notwendigen Maschinen und schickte die Techniker. Wie bereits beim G3 wischte die Geschäftsführung auch beim G36-Deal mit Riad alle Bedenken hinsichtlich eines künftigen Missbrauchs beiseite. Die Gefahr eines verbotenen Weiterexports bestehe nicht, da die Saudis »trotz der Fabrik nicht in der Lage« seien, komplette Waffen zu produzieren. »Das Land würde sonst die Produktionslizenz verlieren.« Ohne Produktionslizenz könne »niemand technologisch vergleichbar Produkte wie Heckler & Koch herstellen«, so Heeschen im Sommer 2010. Es gebe Komponenten, die Technologieträger seien und die ausschließlich in Deutschland hergestellt und »bei Lizenzentzug dann nicht mehr geliefert« würden.[135]

Zu einem anderen Ergebnis kommt Hauke Friederichs aufgrund seiner Vor-Ort-Recherche. Zwar kämen Gewehrteile noch aus Deutschland, aber die Fabrik in Al-Kharj strebe eine autonome Produktion an, zitiert der Hamburger Journalist den MIC-Direktor Abdulassis bin Ibrahim al-Hudaithy.

Was aber muss geschehen, damit einem Land wie Saudi-Arabien eine Lizenz entzogen und Technologieträger nicht mehr geliefert werden? Im Jahr 2010, dem Jahr des Heeschen-Interviews, wurden in Saudi-Arabien Tausende Menschen »aus Sicherheitsgründen« festgenommen, darunter gewaltlose politische Gefangene. Im Jahr 2010 wurden missliebige Menschen misshandelt und gefoltert, verhängten Gerichte grausame Strafen, vor allem Auspeitschungen. Im Jahr 2010 wurden sowohl Christen als auch Muslime »wegen der Ausübung ihres Glaubens festgenommen«, so Amnesty International. Im Jahr 2010 wurden schiitische Muslime festgenommen, weil sie religiöse Feste gefeiert und gemeinschaftlich gebetet hatten. Im Jahr 2010 verhaftete die saudische Religionspolizei bei einer Razzia zwölf Personen mit philippinischer Staatsbürgerschaft sowie einen Geistlichen katholischen Glaubens, die im Geheimen einen Gottesdienst abgehalten hatten. Als Grund für die Festnahmen wurde »Missionieren« angeführt. Im Jahr 2010 wurden in Saudi-Arabien mindestens 27 Gefangene hingerichtet.[136] Trotz all dieser Geschehnisse wurde die G36-Lizenz nicht entzogen und das Werk zur Produktion der Sturmgewehre weitergebaut.

Ob denn einem Land schon einmal die Lizenz entzogen worden sei und die Waffen tatsächlich nicht länger hätten produziert werden können, wollte die *WirtschaftsWoche* wissen. Die Frage war rhetorisch, Heeschens Antwort wohlfeil. Das könne dann passieren, »wenn ein Land zu einem Krisengebiet wird«, entgegnete der H&K-Manager.[137]

Saudi-Arabien liegt im Krisengebiet des Nahen und Mittleren Ostens. Auch Israel und Syrien auf der einen Seite, Irak und Iran auf der anderen untergraben die Sicherheit mit der Drohung und dem vielfachen Einsatz von Waffengewalt. Im Jahr 2010 griffen saudische Streitkräfte im Jemen ein, die Angriffe erschienen AI als, »willkürlich und unangemessen«. Unter der Zivilbevölkerung gab es Tote und Verletzte, das humanitäre Völkerrecht wurde gebrochen.[138] Im März 2011 – gut ein halbes Jahr nach Heeschens Ankündigung des theoretisch möglichen Lizenzentzugs – entwickelte sich das Nachbarland Bahrain zum Krisengebiet. Saudi-Arabien unterstützte dort die militärische Niederschlagung der Demokratiebewegung mit einem massiven Panzereinsatz und 1000 Soldaten.

Wenn dies keine Krisengebiete sind, welche Regionen sind es dann? Und warum hat Heeschen nicht die Rücknahme der von Heckler & Koch erteilten G36-Lizenz an Saudi-Arabien verfügt? Vor diesem Hintergrund waren Heeschens Rechtfertigungsversuche nichts als Augenwischerei.

15. Januar 2011. Präsentation der neuen Wunderwaffe durch führende Rüstungs- und Militärvertreter Saudi-Arabiens. Seine Königliche Hoheit Prinz Khalid bin Sultan hat es sich nicht nehmen lassen, der Inauguration des Sturmgewehrs höchstpersönlich beizuwohnen. Bei dieser Gelegenheit gilt es den Repräsentanten der MIC zugleich zum Kampfflugzeug Eurofighter Typhoon »als eine starke Unterstützung der Luftwaffe«, zu gratulieren. Zu Beginn dieses Jahres werde die Produktion von 48 Kampfflugzeugen anlaufen. Als Repräsentant des Ministers für Verteidigung und Luftfahrt und Generalinspekteur für Militärische Angelegenheiten vertritt Prinz Khalid bin Sultan die Interessen der Streitkräfte des Königreichs insgesamt und setzt dabei auf die intensive Zusammenarbeit mit dem Kleiwaffenproduzenten Heckler & Koch wie mit dem Luftfahrtgiganten EADS gleichermaßen. Auf die Ehrung von Mitarbeitern zum 25-jährigen Dienstjubiläum folgt der Höhepunkt der Veranstaltung und der eigentliche Grund für die Anwesenheit des Prinzen: der Start der Produktionslinie des Gewehrs G36 im Rahmen einer Industrieausstellung.[139]

Zweieinhalb Monate später erklärte Prinz Khalid, das Ziel der saudischen Regierung sei das konsequente Einwirken »auf die Kampffähigkeit unserer bewaffneten Streitkräfte«. Klare Worte, zu deren Verwirklichung es wirkungsvoller Waffen bedarf. Und genau die fertigt die MIC: Die Produktpalette umfasst die Maschinenpistole MP5, die automatischen Gewehre G3 und G36 – allesamt Entwicklungen von Heckler & Koch –, Mörser, Bomben und ein entsprechend breit gefächertes Spektrum dazugehöriger Munition. Zudem fertigt MIC in Dammam Militärfahrzeuge, verschiedentlich mit montierten Maschinengewehren, erklärtermaßen auch für den Export in einige Golfstaaten. Das Ziel ist definiert: die Führerschaft im Bereich der Rüstungsindustrie mit höchsten Qualitätsstandards.[140]

Die neueste Errungenschaft bei den Eigenproduktionen, das Sturmgewehr G36 im Kaliber 5.56 x 45 mm, soll das G3 ersetzen. Gefertigt wird das G36 in zwei Versionen, der bis zu 758 mm bzw. 1000 mm langen Standardversion mit einer Kadenz von 750 bis 900 Schuss pro Minute und der Kurzversion G36 Short mit einer Länge von 615 mm bzw. 860 mm und einer Kadenz von 750 Schuss pro Minute.[141]

Auch für den Munitionsnachschub bei kommenden Kampfeinsätzen ist gesorgt. In der 1951 gegründeten Munitionsfabrik bestehen bereits eigene Produktionslinien der 7,62 x 51-mm-Munition für G3-Schnellfeuergewehre und der 9 x 19-mm-Munition für MP5-Maschinenpistolen – beide NATO-kompatibel.[142]

In Berlin und Oberndorf spielt man augenscheinlich das Spiel von den drei dummen Affen: nicht sehen, nicht hören, alles verdrängen: Nicht sehen, dass gleich mehrere afrikanische Staaten mit G3 aus saudischer Lizenzfabrikation hochgerüstet wurden. Nicht hören, dass Michael Lehmann als früherer Firmenverantwortlicher für den arabischen Raum nach seinem Ausstieg bei Heckler & Koch wiederholte Verstöße gegen die Endverbleibserklärung feststellte. Alles verdrängen, was von heute an und zukünftig passieren wird: nämlich der abermalige Verstoß gegen die Endverbleibserklärung durch die saudische Staatsfirma MIC. Die ersten Signale sind eindeutig: Bei der IDEX, die vom 20. bis 24. Februar 2011 in Abu Dhabi stattfand, präsentierte die MIC nagelneue G36-Gewehre.

Das für Rüstungsexportgenehmigungen zuständige Bundesministerium für Wirtschaft und Technologie übte sich einmal mehr im Beschwichtigen: »Entsprechende Endverbleibserklärungen für den Export von in Saudi-Arabien in Lizenz gefertigten G36-Sturmgewehren sind abgegeben worden«, bestätigte Jochen Homann, Staatssekretär im Bundeswirtschaftsministerium, auf Anfrage des Bundestagsabgeordneten Stefan Liebich von der Fraktion Die Linke. Aus Sicht der Bundesregierung sei alles bestens geregelt; auch ein halbes Jahr nach der G36-Waffenwerbung auf der IDEX lägen der Bundesregierung »keine Erkenntnisse vor, die einen Verstoß gegen Exportvorbehalte belegen«. Eine »Präsentation von Rüstungsgütern im Internet oder auf einer inländischen Messe« stelle im Übrigen keinen zustimmungspflichtigen Export dar.[143] Aber die IDEX fand eben nicht in Saudi-Arabien statt, sondern in Abu Dhabi in den Vereinigten Arabischen Emiraten – es war somit keine inländische Rüstungsmesse.

Die Menschenrechtslage in Saudi-Arabien blieb derweil dramatisch schlecht. Für 2011 publizierte AI Meldungen, wonach geplante Demonstrationen der Protestbewegung in Saudi-Arabien »rücksichtslos unterdrückt« würden. Schwerste Folter und unfaire Gerichtsverfahren waren weiter an der Tagesordnung. Angehörige religiöser Minderheiten und demokratische Reformer wurden ohne Anklage und Gerichtsverfahren inhaftiert und ohne Rechtsbeistand verurteilt. Im Jahr 2011 wurden in Saudi-Arabien mindestens 82 Menschen hingerichtet, so viele wie seit Langem nicht mehr.[144]

Gleichzeitig vermeldete das Königreich die Serienfertigung des Sturmgewehrs G36. Belohnt wurde das saudische Folterregime zudem mit einer weiteren Zusage von allerhöchster Ebene: In geheimer Sitzung befürwortete der Bundessicherheitsrat Ende Juni 2011 eine Voranfrage zur Lieferung von 270 Kampfpanzern des Typs Leopard-2A7+ an Riad.

Im *Schwarzwälder Boten* verkündete Produktions-Geschäftsführer Martin Lemperle wenige Tage später, man könne die G36-Produktion in Saudi-Arabien jederzeit stoppen. Schließlich könnten »die Saudis dort keine einzige Waffe ohne die Komponenten, die wir von HK in Oberndorf ihnen liefern, bauen«. Noch mag das stimmen, der Rest ist reine Theorie. »Wenn die Bundesregierung also einmal zu der Ansicht kommen sollte«, führte der H&K-Geschäftsführer aus, »dass in Saudi-Arabien keine Waffen mit deutscher Unterstützung gebaut werden dürfen, dann reicht es, uns aufzufordern, keine Komponenten mehr zu liefern. Damit wäre den Saudis der Hahn zugedreht.«[145]

Soweit der schöne Schein. Die Realität steht hart dagegen: Die illegalen Weiterexporte von G3-Gewehren in den Sudan und nach Uganda sind Fakt. Noch nie ist ein Fall bekannt geworden, bei dem eine Bundesregierung gleich welcher parteipolitischen Couleur einem Lizenznehmer für den Nachbau von H&K-Waffen den Hahn zugedreht hätte.

Sicher ist, dass den Jahren der Umrüstung der saudischen Streitkräfte vom G3 auf das neue G36 eine Phase der Exporte folgen wird, allen wolkigen Worte der jetzigen und künftiger Bundesregierungen zum Trotz. Kontrolliert wird der Weiterverkauf der Waffen nicht im Mindesten. Alle Bundesregierungen haben bislang vor der Problematik gebrochener Endverbleibserklärungen kapituliert. Sehr zum Wohle des Unternehmens: Allein die Errichtung des Produktionswerkes für das Sturmgewehr G36 soll, so ein Beteiligter beim Bau, 200 bis 250 Mio. Euro in die Kasse des Oberndorfer Unternehmens gespült haben – in etwa der H&K-Jahresumsatz. Bezüglich des autokratischen Regimes in Riad bleibt nur eine Schlussfolgerung. Aufgrund der in der Vergangenheit vielfach gebrochenen und aktuell erneut verletzten Endverbleibserklärung müssen sämtliche Lizenzen – MP5, G3 und G36 – zurückgenommen werden. H&K muss Saudi-Arabien sofort jegliche logistische Unterstützung entziehen. Ansonsten machen sich die Bundesregierung und das Unternehmen mitschuldig an den tagtäglichen schweren Menschenrechtsverletzungen im Land sowie an zukünftigen illegalen G36-Exporten.

Heiße Geschäfte mit gekühlten Gewehren?

Beschusstests inmitten einer kargen Wüstenlandschaft, Brauntöne bestimmen das monotone Landschaftsbild unter einem hitzeflimmernden Himmel. Der wenig einladende Eindruck wird verstärkt durch die Weiträumigkeit der Schießanlage, die Metallzäune mit dem dreifach gespannten Stacheldraht, hinter dem sich quaderförmige Zweckbauten nebst Strommasten verlieren. Kaum auffälliger wirken die Waffentester der Royal Saudi Army in ihren Fleckentarnanzügen und die H&K-Gewehrexperten mit ihren dunklen, blaugrauen Firmenshirts. Einzig die leuchtend roten Embleme des deutschen Rüstungslieferanten stechen ins Auge.

Mit der Ruhe allerdings ist es nicht weit her, denn die Schüsse knallen derart laut, dass die Beteiligten Ohrstöpsel oder Kopfhörer tragen. Mit ausgestrecktem Arm, einhändig, den Mundwinkel vor Konzentration verkniffen, schießt einer der saudischen Soldaten mit einer der modernsten Maschinenpistolen. Die Nahbereichswaffe mit dem neuen Kaliber 4,6 mm x 30 gilt laut Heckler & Koch als »Meilenstein im Bereich der Handfeuerwaffen«, nicht nur des geringen Rückstoßes wegen. Heckler & Koch schreibt der MP7 A1 die Feuerkraft einer Maschinenpistole mit der Reichweite eines Sturmgewehrs zu; dennoch kann sie auf kurze Entfernungen eingesetzt werden. Die, wenn auch theoretische, Kadenz liegt bei 950 Schuss pro Minute. Die Durchschlagskraft übertrifft die NATO-Anforderungen um das Vierfache.[146]

Ein zweiter, weiter links stehender Kamerad nutzt beide Hände zum Zielen mit der Universalen Maschinenpistole, kurz UMP, einer, so das Unternehmen, »perfekten Waffe« für militärische und polizeiliche Zwecke. Die UMP gilt als extrem zuverlässig und robust und verfügt dank der Munition im Kaliber .45 AUTO über eine immens hohe Präzision.[147]

Ein weiterer, kräftig gewachsener Soldat mit schwarzem Kinn- und Backenbart schießt mit der derzeit bekanntesten Waffe des Oberndorfer Unternehmens: dem Sturmgewehr G36 in der Langversion. Die zuerst bei den vormaligen Krisenreaktionskräften (KRK) der Bundeswehr eingeführte Infanteriewaffe gilt als äußerst zuverlässig und erfordert laut Hersteller ein Minimum an Wartungsaufwand.[148] Das Besondere bei diesem Waffentest: Der Krieger mit dem Vollbart setzt zudem die unter dem Gehäuse des G36 montierte Granatwaffe ein. Der Anbaugranatwerfer AG36 verschießt Granaten beliebiger Länge im Kaliber 40 mm x 46. Je nach Munition können nicht oder leicht gepanzerte sogenannte »Flächen- und Punktziele« auf bis zu 350 Meter zerstört werden. Auch Granaten der US-amerikanischen Granatwerfer M203 und MM1 können verschossen werden.[149] Das große Interesse an Splittergranaten erklärt sich mit deren vernichtender Wirkung auf Weichziele: Im 30-Meter-Umkreis des Einschlags werden Menschen schwer verletzt, im Zehn-Meter-Bereich getötet.

Und noch eine Waffe weckt das Kaufinteresse der saudischen Militärs: das neue Maschinengewehr MG4. Entwickelt für asymmetrische Bedrohungslagen, bietet H&K seinen Kunden in aller Welt ein leichtes und kompaktes Maschinengewehr. Ausgerichtet auf die militärischen Aufgabenspektren des 21. Jahrhunderts, verfügt das MG4 über eine immense Feuerkraft. Auch diese Kleinwaffe ist optimal auf die Bedürfnisse der Saudis zugeschnitten: Laut H&K kann das MG4 gleichermaßen in schwer zugänglichen Regionen wie »in urbaner Umgebung volle Mobilität gewährleisten«. Gemäß der Gewehrwerbung bietet das neue Maschinengewehr »selbst unter widrigsten Gefechtsbedingungen eine unerreichte Zuverlässigkeit«.[150] Eine Waffe also, gleichermaßen geeignet zum Wüstenkampf wie zur gewaltsamen Niederschlagung von Straßenprotesten.

Die Militärs sind begeistert. Bis zu 14 Stahlplatten können selbst von den kleinkalibrigen Kugeln – beispielsweise des Sturmgewehrs G36 – durchschlagen werden. Dies belegt der in die Durchschusslöcher eingeführte Metallstab. Auch die zahlreichen Einschusslöcher im Brustbereich der humanoiden Zielscheiben sprechen eine klare

Sprache: Die H&K-Waffen taugen zum Kampfeinsatz unter Wüstenbedingungen.

Die Gesandten aus Oberndorf sind zufrieden. Ihnen ist ein Coup gelungen, der nicht nur ein beachtliches Maß an Gerissenheit und Gewieftheit, sondern auch eine gewisse Hemmungslosigkeit erfordert.

Ein früherer Mitarbeiter des Unternehmens berichtet, dass bereits in der frühen Erprobungsphase des Sturmgewehrs G36 in Saudi-Arabien nicht alles mit rechten Dingen zugegangen sein soll. Der Mann sollte wissen, wovon er spricht – zeitweilig war er selbst vor Ort und erinnert sich sehr genau an frühere Vorgänge. Andere Belege gibt es nicht. Eine Rückfrage an Heckler & Koch zur Klärung der nachfolgenden Vorwürfe erübrigt sich: Außer einem Dementi war hier nichts zu erwarten. Deshalb sind die nachfolgenden Ausführungen bis auf Weiteres als plausibel, aber nicht bewiesen zu betrachten.

Man habe gewusst, was komme, so der Waffenexperte: *Eine unglaubliche Hitze, die nicht ohne Auswirkung auf die Waffen blieb.* Teile der H&K-Gewehre, so seine Erkenntnis, hätten sich unter vielstündiger Hitzeeinwirkung punktuell verformt.

Was aber, wenn die saudischen Militärs bereits in der Testphase feststellen sollten, dass sich die Trefferlage der G36-Gewehre unter Hitzeeinfluss verändert? Dass die saudischen Streitkräfte mit womöglich nur bedingt wüstentauglichen G36 ausgerüstet würden? Das G36-Projekt Saudi-Arabien schien in Gefahr, Abermillionen an Einnahmen könnten Heckler & Koch entgehen. Die Lösung des Problems dagegen war ebenso einfach wie genial.

Die Präzisionsbeschusswaffe wurde unter Wüstenbeschuss ausgetauscht. Eine kalte Waffe sei *aus dem airgekühlten Auto herausgeholt* worden. Dabei waren jederzeit gleich mehrere Soldaten der Royal Saudi Army vor Ort, die jede Handbewegung des Heckler & Koch-Waffenteams mit Argusaugen beobachteten. Genau deshalb galt es einen Moment abzuwarten, der den Austausch der Waffen ermöglichen sollte.

Man habe sich kurzerhand die religiösen Gewohnheiten der Muslime zunutze gemacht, so der Insider. *Das Gebet erfolgte gegen 18.00 Uhr.* In dieser Zeit wurde die Waffe *ausgetauscht gegen eine aus dem klimatisierten Auto.* Als die Militärs aus der Gebetspause zurückkamen, war offenbar alles geregelt. *Die Saudis dachten, das sei eine heiße Waffe, denn die Waffen waren den ganzen Tag der Wüste ausgesetzt.* Kein Wunder also, dass *dieser Belastungstest dann ein Präzisionstest* war. Im Laufe der Beschussversuche machte sich Zufriedenheit breit, denn durch diesen Trick wurden *tolle Testergebnisse* erzielt.

Vorwürfen, die Funktionsfähigkeit des G36 habe unter Hitzeeinfluss gelitten, ist das Oberndorfer Unternehmen immer wieder entgegengetreten. *H&K hat dementiert und andere Fehler vorgeschoben,* kritisiert der frühere Mitarbeiter den Kleinwaffenproduzenten. Auf diese Weise habe *Heckler & Koch den Auftrag der G36 für Saudi-Arabien bekommen,* der zum damaligen Zeitpunkt noch ein Auftragsvolumen von 88 Mio. Euro gehabt habe. Über die Jahre hinweg sind die Einnahmen aus dem Saudi-Arabien-Deal deutlich gestiegen.

In den kommenden Jahren würden, so der Informant, in saudischer Eigenproduktion insgesamt rund 200 000 bis 220 000 G36-Gewehre in verschiedenen Varianten gefertigt. Er vergleicht den Deal mit einem anderen, der mehr als ein Jahrzehnt zurückliegt. Saudi-Arabien habe lange zuvor eine G36-Lizenz erhalten, die Situation sei vergleichbar mit der früheren in Spanien nach 1998: *Zuerst wird geliefert, danach werden fertige Teilesätze von Heckler unten assembliert.* Dabei habe es sich um Teilesätze für bis zu 40 000 G36-Gewehre gehandelt, die einfach nur zusammengebaut würden. *Die Konfiguration der Teilesätze geht vorher runter nach Saudi-Arabien. Das Gesamtpaket umfasst die Teilesätze und Maschinen.* Zu diesem Zeitpunkt hatte Heckler & Koch schon die Maschinen zur Produktion bestimmter G36-Komponenten geliefert.

Sollten die Darstellungen des früheren H&K-Mitarbeiters zutreffen, so verantwortet das Oberndorfer Unternehmen womöglich einen Skandal. Denn eines ist klar: Kein Kunde, der Kriegswaffen kauft, darf über deren Schießtauglichkeit im Unklaren gelassen werden. Schickt ein Staat seine Soldaten in kriegerische Konflikte, so muss jede einzelne Waffe funktionstüchtig sein – unter allen klimatischen Bedingungen. Träfe dies nicht zu, wären die Folgen tödlich – ganz gleich, ob Soldaten der Royal Saudi Army im Nahen und Mittleren Osten oder Angehörige der Bundeswehr in Afghanistan kämpfen, wo im Sommer Temperaturen von über 40 Grad Celsius erreicht werden.

Zweifel an der Funktionstüchtigkeit des Sturmgewehrs G36

Das Unternehmen wollte und will keinerlei Zweifel an der herausragenden Qualität des G36 aufkommen lassen, vielmehr preist Heckler & Koch die Vorzüge des automatischen Gewehrs über alle Maßen. In diesem vollkommen neuen modularen Waffensystem kämen modernste Materialien zum Einsatz. Wesentliche Waffenbauteile bestünden aus glasfaserverstärktem Kunststoff mit Einlagen aus Edelstahl. Trotz des niedrigen Gewichts müssten keine Einbußen bezüglich der Robustheit hingenommen werden – und so weiter und so fort.[151]

Als im Frühjahr 2012 dennoch bundesweit Vorwürfe öffentlich die Runde machten, dass die Treffgenauigkeit der G36-Gewehre unter Hitzeeinwirkung leide, schoss Heckler & Koch scharf zurück und argumentierte hierbei streng juristisch. Zwar würden die Technischen Lieferbedingungen (TL) für das G36-Gewehr, welche Bestandteil des Liefervertrages zwischen dem Unternehmen und dem Bundesamt für Wehrtechnik und Beschaffung (BWB) seien, einen Präzisionsbeschuss vorsehen, den die G36 auch nachweislich erfüllt hätten, doch enthielten diese TL kein Abnahme- und Prüfkriterium, das »eine spezifizierte Treffleistung in extrem heißgeschossenem Zustand« – beispielsweise nach mehreren hundert Schuss – vorsehe. In diesem Sinne sei das Gewehr »auch insofern vertragsgemäß geliefert«, es liege auch »kein Mangel im Rechtssinne« vor. Dementsprechend sei die Aufstellung oder Verbreitung der Behauptung, dass das Sturmgewehr G36 hinsichtlich der Treffleistung einen »Mangel« aufweise, »folglich rechtswidrig«. Eine solche Behauptung werde durch die Heckler & Koch GmbH »zivil- und strafrechtlich vorbehaltlos verfolgt werden«.

Welche Stimmungslage im Frühjahr 2012 auf dem Oberndorfer Lindenhof herrschte, lässt sich weiteren Aussagen in der offiziellen Stellungnahme zu den Vorwürfen entnehmen. So sah H&K »diese jüngsten medialen Publikationen als Teil einer mittlerweile über zwei Jahre andauernden und äußerst vielschichtigen Kampagne gegen das Unternehmen«. Diese habe bisher »primär die Instrumentalisierung verschiedener Ermittlungsbehörden insbesondere mit Bezug auf wettbewerbs- und exportrechtliche Vorwürfe zum Gegenstand« gehabt. Angesichts der Tatsache, dass sowohl Soldatinnen und Soldaten der

Bundeswehr als auch solche verbündeter Staaten »täglich Leib und Leben in Afghanistan und anderen gefährlichen Orten riskieren, ist eine inhaltlich derart unsachliche und in vielen Details falsche Darstellung zynisch und geschmacklos«.[152]

Starker Tobak für ein Unternehmen, das über Jahrzehnte hinweg kaum ans Licht der Öffentlichkeit getreten war und sich lieber in Stillschweigen als in offener Kommunikation übte. Was aber hatte die H&K-Führung zu dieser äußerst scharfen Stellungnahme veranlasst? Auslöser waren die am 1. April 2012 vorab in *Spiegel Online* (»Bitte nicht so viel schießen«) und tags darauf in der Printausgabe des Magazins (»Gewehr mit Schwächen«) erhobenen Vorwürfe. Laut Bericht des *Spiegel* sei das G36 »in langen Feuergefechten nicht voll einsatzfähig«. Nach mehreren hundert Schuss werde »der Lauf der Waffe so heiß, dass auf 300 Meter Entfernung die Trefferwahrscheinlichkeit auf ein Drittel« sinke. Der *Spiegel* berief sich dabei auf Untersuchungen der Bundeswehr. Auch wenn es im Einsatz, vor allem in Afghanistan, auch nach stundenlangen Schusswechseln mit Taliban-Kämpfern bisher noch keine solchen Erfahrungen mit dem Sturmgewehr gegeben habe, wies das Einsatzführungskommando die ISAF-Einheiten dennoch vorsorglich auf die amtliche Gebrauchsanweisung für das G36 hin. Demnach müsse »nach dem Verschießen von Patronen im schnellen Einzelfeuer oder in kurzen Feuerstößen bei starker Rohrerhitzung das Rohr auf Handwärme abkühlen, bevor weitergeschossen werden« dürfe. Das G36 werde überwiegend aus leichtem Kunststoff gefertigt, für anhaltendes Dauerfeuer sei die Waffe nie vorgesehen gewesen.[153]

Keine Frage: Durch die Enthüllung zahlreicher Exportskandale, bei denen es um Waffenlieferungen an Kriegstreiber, Menschenrechtsbrecher und Diktatoren ging, war Heckler & Koch für Viele längst zum Inbegriff eines Unternehmens scheinbar ohne Moral und Ethik geworden. Sollten sich jetzt auch noch die Vorwürfe schwerwiegender technischer Mängel bewahrheiten, so stünde mehr als nur die Reputation des führenden europäischen Gewehr- und Pistolenherstellers auf dem Spiel. Erstmals, so Heckler & Koch in seiner auf der Firmen-Homepage publizierten Stellungnahme vom 3. April 2012, würden »auch die technische Reputation und die Qualität« der H&K-Waffen angegriffen, und es werde suggeriert, das Unternehmen vertreibe Produkte, die »für den Gefechtseinsatz nur bedingt oder gar nicht tauglich seien«.

Von interessierten Kreisen werde »offensichtlich ganz bewusst ein Zusammenhang mit kämpfenden Truppenteilen der Bundeswehr in Afghanistan hergestellt«.

Heckler & Koch betonte, dass bis dato keinerlei formale Reklamation der Bundeswehr bezüglich der Treffleistung des G36 in heißgeschossenem Zustand vorliege. Ebenso wenig seien in den mehr als zehn Jahren Kampfeinsatz der Bundeswehr in Afghanistan auch aus der kämpfenden Truppe diesbezüglichen Beschwerden gekommen. Dass die Technischen Lieferbedingungen kein Abnahmekriterium zur Treffleistung im heißgeschossenen Zustand vorsehen, sei in mehrfacher Hinsicht schlüssig. Schließlich sei es eine waffentechnische »Binsenweisheit«, dass sich die Treffleistung einer jeden Waffen aus physikalischen Gründen und damit herstellerunabhängig bei entsprechend hoher Schusszahl oder extremen Beschusszyklen verändere. In der Regel nehme die Streuung zu.

Als Sturmgewehr sei das G36 mit den Feuerwahlmöglichkeiten Einzel- und Dauerfeuer zu nutzen. Die Anweisung an die Soldaten, Dauerfeuer, also längere Feuerstöße, weitgehend zu vermeiden, diene nicht der Schonung des G36. Vielmehr sei, bedingt durch den Waffenrückstoß, im Dauerfeuer kein präziser Waffeneinsatz mehr möglich. Die Folge sei eine Munitionsverschwendung, die nach einem mehrstündigen Feuergefecht mit Taliban-Kräften tödlich enden könne, wie das Schicksal mehrerer französischer Soldaten im August 2008 belege.

Das G36 sei ein Sturmgewehr und eben kein Präzisionsgewehr, weise jedoch für ein Sturmgewehr eine sehr gute Treffleistung auf. Für Einsatzentfernungen über 300 Meter habe die Bundeswehr in den vergangenen beiden Jahren besondere H&K-Präzisionsgewehre vom Typ G3ZF-DMR und G28 im leistungsstärkeren Kaliber 7.62 mm NATO beschafft. Inzwischen sei es gängige Einsatzpraxis bei der Bundeswehr, Waffen in Kaliber 5,56 mm NATO – wie das G36 – bis maximal 300 Meter Kampfentfernung einzusetzen.

Fast pathetisch beendete H&K die Ausführungen zum G36 mit dem Hinweis darauf, »dass zahlreiche deutsche und alliierte Soldaten dem Gewehr G36 und vielen anderen eingesetzten Handwaffensystemen aus dem Hause Heckler & Koch ihr Leben verdanken«. Bei der Truppe bestehe »ein sehr großes Vertrauen in die Zuverlässigkeit und Präzision von Heckler & Koch-Produkten auch unter widrigsten Bedingungen«. H&K stelle Produkte zur Verfügung, die im Rahmen des technisch Machbaren unter allen Gefechtsfeldbedingungen maximale Zuverlässigkeit und Präzision gewährleisten«.[154]

Mit 180 000 verkauften G36-Gewehren allein an die Bundeswehr und dem Einsatz der Kriegswaffe bei den Streitkräften von inzwischen mehr als 30 weiteren Staaten ging und geht es für die Heckler & Koch GmbH auch um ein Millionengeschäft: von Reparaturen über Folgeaufträge mit weiteren Bestellungen bis hin zur Erschließung neuer Absatzmärkte.[155] Mit keiner anderen Waffe verdiente H&K im 21. Jahrhundert derart viel Geld wie mit dem Sturmgewehr G36. Eine Tendenz, die – geht es nach den Oberndorfer Rüstungsmanagern – möglichst lange andauern soll. Die ausführliche Stellungnahme des Waffenproduzenten schien für Ruhe zu sorgen.

Umso schmerzhafter waren die Pressedarstellungen gut drei Wochen nach der H&K-Stellungnahme, ausgelöst durch einen Bericht in der Online-Ausgabe der *Bild*-Zeitung. Der Journalist Paul Ronzheimer verwies in seinem Beitrag »Bundeswehr schlägt Alarm. Versagt das deutsche Sturm-Gewehr im Kampfeinsatz?« auf Geheimdokumente, »die zeigen, wie brisant die Bundeswehr die Probleme mit dem G36 wirklich einschätzt«. So habe die Wehrtechnische Dienststelle insgesamt 89 G36-Gewehre geprüft. Laut Prüfbericht hätten sich bei »JEDER Waffe« Probleme im heißgeschossenen Zustand ergeben. *Bild.de* zitierte eine interne Vorlage an den Bundesverteidigungsminister, wonach alle bisher untersuchten G36 »im heiß geschossenen Zustand eine Veränderung des mittleren Treffpunkts« zeigten. In der Folge könne »ein Gegner in einer Entfernung von 200 Metern nicht mehr sicher bekämpft werden«. Die Probleme, so die Vorlage, stellten aus militärischer Sicht einen erheblichen Mangel dar, sie seien von erheblicher Einsatzrelevanz.

Auch wenn laut Bundeswehr aus der kämpfenden Truppe bislang keine Beschwerden über das Gewehr vorlagen, warnte das Einsatzführungskommando in einem vertraulichen Schreiben die Soldaten am Hindukusch. Bevor weitergeschossen werden könne, müsse das Gewehr bei starker Rohrerhitzung auf Handwärme abkühlen. Zugleich sei festgestellt worden, dass die zuverlässige Bekämpfung von Zielen bei über 100 Metern mit zunehmender Entfernung deutlich erschwert werde. Laut *Bild.de* schrieb das Einsatzführungskommando an die Bundeswehrsoldaten in Afghanistan: »Ist in einer taktischen Situation das Abkühlen des Gewehrs nicht möglich, und muss weitergeschossen werden, ist zu berücksichtigen, dass bei weiterem Feuerkampf Waffen komplett ausfallen können und/oder dauerhaft beschädigt werden.«[156] Der *Bild*-Bericht schlug bundesweit hohe Wellen, andere Zeitungen berichteten ebenfalls. Das Politikmagazin *Focus* forderte, es müsse »festgestellt werden, ob die Waffen tatsächlich für die Einsatzrealität in Afghanistan geeignet sind«.[157]

Soweit die massiven Vorwürfe bezüglich der Qualität des G36-Gewehrs und die forsche Verteidigungslinie der Heckler & Koch GmbH. Was aber, wenn die offenbar dramatischen Probleme der durch Dauereinsatz erhitzten Sturmgewehre durch eine zweite Komponente noch verschärft würden? Wenn nicht allein die Erhitzung durch Dauerfeuer zur Streukreisvergrößerung führte, sondern ein weiteres Problem die Sicherheit der Kombattanten im Gefecht zusätzlich gefährdete?

Im Sommer 2009 – mehr als zweieinhalb Jahre vor den Medienmeldungen zu den Vorwürfen überhitzter G36-Gewehre bei der Bundeswehr in Afghanistan – berichtete mir ein Waffenexperte aus seiner Sicht über Vorgänge bei Heckler & Koch. Auch hier gilt, dass bislang außer der Mitteilung des Insiders keine weiteren Belege vorliegen. Insoweit können die nachfolgenden Ausführungen nur als plausibel, nicht jedoch als nachgewiesen gelten. Demnach sei unter dem damaligen Geschäftsführer Martin Newton *ein Urgent Secret Meeting einberufen worden, da aus Afghanistan immer öfters Reklamationen kamen. Wenn die G36 der Hitze ausgesetzt und die Waffen unter erhöhter Umgebungstemperatur stehen, kommt es ab 100 Metern schon zu einer erheblichen Treffpunktabweichung. Wenn das die Öffentlichkeit erfährt,* so die Aussage des H&K-Topmanagers Newton, *dann kommt auf H&K ein geschätzter Schaden von 200 Millionen Euro an Regressforderungen zu.*

Heckler & Koch habe intern versucht, das Polymergehäuse mit einem Metalleinlegeteil, vergleichbar einem Skelett, auszustatten. Das habe aber nur teilweise funktioniert. *Die Waffen wurden in Deutschland bei Normaltemperatur angeschossen. Aber in der Wüste, zum Beispiel in Afghanistan, wird die Waffe einseitig von der Sonne bestrahlt, was zu deren Ausdehnung führt. Die Konsequenz: Unter Einfluss der*

Hitze in der Wüste krümmt sich das G36 wie eine Banane. Auch wenn dieser Vorgang für das menschliche Auge nicht sichtbar sei, so seien die Folgen dramatisch: *Selbst auf 100 Meter wird dann das Mannziel, auf das die Waffe angehalten wird, verfehlt.* Soldaten, gemeint sind Einheiten der Bundeswehr, seien nicht in der Lage, den Gegner zu treffen, *wenn die Waffe nicht nachjustiert wird.* Hat Heckler & Koch versucht, Geld zu sparen? Nein, verteidigte der Mitarbeiter sein Unternehmen an diesem Punkt, *HK hat nicht gespart.* Aber das Konstruktionsprinzip basiere eben auf einem Polymergehäuse. Originalberichte seien vorhanden.

Wie aber ging das Unternehmen mit den offenbar schwerwiegenden technischen Problemen um? *Heute wird über den Vorgang der Mantel des Schweigens gelegt,* sagte der Informant Mitte des Jahres 2009. *Man hätte die Waffe im Prinzip anders aufbauen müssen. Man hätte einen Käfig aus Metall schaffen sollen, also eine andere Struktur der Waffe.* Und wie konnte es gelingen, der Bundeswehr die technischen Probleme vorzuenthalten? *Bei der Abnahme des G36 durch die Bundeswehr im Hause Heckler & Koch hat die Qualitätssicherung die Mängel überspielt. Bei der Wärmeabnahme hat man die Fehler, wie den Verzug des Gehäuses, gekannt.* Das Gewehr sei vom Haltepunkt her anders eingerichtet worden, *damit hat man die Treffgenauigkeit vorgetäuscht.* Bei der Bundeswehr konnte der Versuch nachvollzogen werden, schließlich sei das eine technische Sache. *Aber die Bundeswehr traut Heckler & Koch.* Und wie erklärte das Unternehmen die technischen Defizite? Das Statement von Heckler soll gelautet haben: *Die Mängel lägen an der Optik und am einfachen Einschießen der Waffe – was Blödsinn ist. Das waren nur Ausflüchte.*

Sollten die Auskünfte des Insiders zutreffen, blieben am Ende eine Menge unangenehmer Fragen, die allenfalls das Unternehmen selbst oder Juristen klären können. Techniker und frühere wie heutige Geschäftsführer von Heckler & Koch müssen dann befragt werden und Auskunft erteilen, und letztlich müssen Gerichte urteilen. Denn hinter technischen Fragen verbergen sich menschliche Schicksale auf den Schlachtfeldern weltweit.

Hat der Oberndorfer Gewehrproduzent und -exporteur sowohl Militärs der Royal Saudi Army als auch die Bundeswehr über die Funktionsfähigkeit von G36-Gewehren unter dem Einfluss von Hitze getäuscht? Konnte die – angesichts der angespannten Finanzlage des Unternehmens – wohl unternehmensrettende G36-Lizenz an Saudi-Arabien nur durch einen massiven Täuschungsversuch erlangt werden? Schossen Bundeswehrsoldaten – mit Wissen von Heckler & Koch – in den vergangenen Jahren mit hitzeuntauglichen Sturmgewehren und gefährdeten in Schusswechseln mit Taliban-Kriegern ihr Leben? Die vorstehend beschriebenen Indizien begründen nach Auffassung des Verfassers einen Anfangsverdacht.

All diese Fragen müssen deshalb in einem staatsanwaltschaftlichen Ermittlungsverfahren mittels umfassender Zeugenbefragungen aufgearbeitet und, sollten sich die Verdachtsmomente bestätigen, wohl in einem gerichtlichen Strafverfahren geklärt werden. Sollten die Behauptungen zutreffen, dann hätten Verantwortliche bei Heckler & Koch in einer finanziell angespannten Lage jegliche moralische und ethische Rücksichtnahme vermissen lassen.

6.6 Die Waffe der Zukunft

Die Granatwaffe XM25 – tödlichste Waffe kommender Kriege

Noch bevor sie überhaupt in Serie gegangen und auf den Schlachtfeldern in aller Welt zum Einsatz gekommen ist, überschlagen sich Militärexperten in den USA und in Deutschland ob des bislang unerreichten Tötungspotenzials der neuen Wunderwaffe: »Die XM25 ist die tödlichste Handfeuerwaffe im Arsenal der Army«, jubiliert die Heckler&Koch-Fangemeinde. Auf der nichtoffiziellen Firmenwebsite *www.hkpro.com* liefern die H&K-Anhänger die Begründung gleich mit: »Weil sie 25-mm-Granaten abfeuern kann, die auf jede vom Soldaten festgelegte Entfernung explodieren und dabei Menschen töten, die von Mauern oder Gräben geschützt werden.«[158] Der kommende Renner auf dem Rüstungsmarkt im Bereich Kleinwaffen ist eine Tötungsmaschine, die »unsere Art Krieg zu führen kom-

plett verändern« wird, weiß Chris Lehner. Laut Aussage des Oberst-
leutnants der US Army ist das »XM25 Individual Airburst Weapon
System«, so die vollständige Bezeichnung, eine Waffe, die derart revo-
lutionär ist, dass sie allenfalls mit der neuen Panzertechnik im Ersten
Weltkrieg vergleichbar ist. Fakt ist, dass das neue Waffensystem aus
militärischer Sicht die technischen »Vorzüge« eines Gewehrs und eines
Granatwerfers mit hochmoderner Elektronik in sich vereint.

Die programmierbare XM25-Munition stammt aus der Entwicklungsabteilung der H&K-Partnerfirma Alliant TechSystems (ATK).
Das US-Rüstungsunternehmen mit Sitz in Edina im Bundesstaat Min-
nesota ist bekannt als führender Hersteller von Uranmunition (De-
pleted Uranium, DU). Ausgestattet mit einem Mikrochip, kann die
Munition der XM25 direkt über dem Gegner zur Explosion gebracht
werden. »Angenommen, eine US-Patrouille wird von einem Taliban
beschossen, der sich hinter einer Mauer versteckt«, zitiert der Rottweiler Journalist Himmelheber US-Oberstleutnant Lehner, »dann zielt der
XM-25-Schütze auf die Mauer. Der Laser misst 450 Meter, der Soldat
gibt einen Meter dazu, weil der Talibankämpfer sich ja hinter der Mauer versteckt.« Der eingebaute Mikrochip wird die Granate nach einem
Flug von exakt 451 Metern zur Explosion bringen.[159] Das Feuerleit-
gerät oberhalb des Laufs stammt von L-3 Communications/Brashear.
Der in New York City ansässige Mutterkonzern L-3 Communications
Corporation produziert u. a. Kommunikations- und Navigationsgeräte für die US-Army und steht im Verdacht, Projektile und Zünder für
Streumunition zu fertigen. Für das XM25 liefert der amerikanische
Konzern eine Vielzahl technischer Neuerungen vom optischen Visier
und dem Infrarotvisier über den Laserzielentfernungsmesser bis hin
zum ballistischen Computer, der den optimalen Zielpunkt errechnet.

Doch bei der XM25 handelt es sich um ein deutsch-amerikanisches
Kooperationsprojekt, denn der Granatwerfer selbst stammt von Heckler & Koch. Von der Form her erinnert die Waffe an das wuchtige
G11-Gewehr, das Anfang der Neunzigerjahre mit hülsenloser Munition den Weltwaffenmarkt revolutionieren sollte, jedoch nie zur Serienreife gelangte. Das auswechselbare Magazin fasst vier Granaten vom
Kaliber 25 x 40 mm. Die Drehung der Granaten durch den Gewehrlauf
garantiert eine äußerst genaue Flugbahn. Punktziele, wie eine Men-
schengruppe, können bei einer effektiven Reichweite von 500 Metern

getroffen werden, Arealziele bis 700 Meter. Der Einsatz ist selbst bei widrigsten Wetterbedingungen möglich, sogar in regnerischer Nacht.

Keine zwei Jahre später ist das Probeschießen auf Pappkameraden passé. Wer die Beschaffung neu entwickelter Waffensysteme plant, der will wissen, wie treffgenau diese sind und der «Feind» durch eine möglichst hohe Zahl verwundeter und getöteter Kombattanten entscheidend geschwächt wird. Das Testen von in der Erprobung befindlichen Waffen direkt in Kriegseinsätzen gehört gemeinhin zum Geschäft.

Im November 2010 reisten Programm-Manager Major Christopher Conley und Sergeant First Class Carlos Smith mit fünf Prototypen nach Afghanistan, wo sie Soldaten zweier US-Infanteriegruppen im Gebrauch der XM25 unterwiesen. Die – militärisch gesehen – erfolgreiche Einsatzerprobung fand im Dezember 2010 und Januar 2011 statt. Alsbald konnten Soldaten beider Infanteriegruppen die Granatwaffe »auf ihren routinemäßigen Einsätzen« mit sich führen, wie Sidney E. Dean, Präsident der Transatlantic-Euro-American Multimedia LCC berichtet.

Dieser sachlichen Aussage lässt sich entnehmen, dass in diesen Wintermonaten die ersten Menschen mit der XM25 getötet wurden. Als Conley die fünf Prototypen wieder mit zurück in die USA mitnehmen wollte, sah er sich mit einer Bitte konfrontiert, der er entsprach: Die Waffen sollten bleiben, sie würden vor Ort gebraucht.

Nach Angaben der US Army funktionierte die Granatwaffe erfreulich fehlerfrei, die beteiligten Soldaten und ihre Kommandeure zeigten sich »von der Leistung begeistert«. Major Shawn Murray, stellvertretender Programm-Manager der verantwortlichen US-Behörde Programm Executive Office-Soldier (PEO Soldier), lobte das »wahrlich revolutionäre« der XM25: »die Fähigkeit, den Feind anzuvisieren, die Zieldaten an die Sensoren und an die Mikrochips in der 25-mm-Granate weiterzuleiten und zu gewährleisten, dass die Granate in der Luft genau oberhalb des Ziels detoniert.«[160]

Mit der XM25 sehen sich US-Militärs bei sogenannten asymmetrischen Auseinandersetzungen ungleich operierender Gegner zukünftig im Vorteil. Richard Audette, stellvertretender Projektmanager PEO Soldier für Projekte im Bereich Infanteriewaffen, erinnert sich eher ungern an Kampfsituationen im Irak-Krieg. Dort mussten Infanteristen Luftunterstützung mit Bombenabwürfen anfordern. In Afghanistan befinden sich amerikanische Soldaten häufig in Gefechten mit verschanzten und damit schwer abzuschießenden Gegnern. Das wird sich ändern, sicherlich nicht nur in Afghanistan. Bisher habe sich der Feind dort versteckt, »wo wir mit unseren Waffen schlecht an ihn rankommen. Die XM25 hätte unseren Job viel leichter gemacht.«

Von der Wirkung her mit einer Handgranate vergleichbar, ist auch eine 25-mm-Granate absolut tödlich. »Sowohl die Schockwelle der Detonation als auch die Splitter der Geschosshülse verwunden oder töten den Feind«, garantiert Major Murray. Derlei doppelte Angriffswirkung garantiert hohe Opferzahlen. Was auf neutrale Betrachter eher abschreckend wirkt, ist aus Sicht von Militärs ein zentrales Beschaffungsargument. »Gemäß unserer Studien dürfte die XM25 beim Einsatz mit luftdetonierenden Sprenggranaten bis zu 300 Prozent wirksamer bei der Feindbekämpfung sein«, so Murray, »als unsere gegenwärtig auf Gruppenebene eingesetzten Waffen.«[161]

Die nächsten Schritte sind vorgezeichnet. Den fünf Prototypen sollen 36 weitere für ein Bataillon folgen. Die Serienfertigung soll frühestmöglich beginnen. Noch sind die Kosten immens, pro Granate in Einzelfertigung rund 1000 US-Dollar, noch ist das Gewicht der Waffe zu hoch, noch die gewünschte Reichweite von einem Kilometer nicht erzielt.[162]

Läuft die Vorserienproduktion der Munition 2013 an, dann lassen sich die Kosten auf 35 US-Dollar pro Stück senken. Geplant ist die Beschaffung von 12 500 der neuen Granatwerfer. In Oberndorf wird vor allem an den Granatwerfern verdient. Bei einem Stückpreis von rund 25 000 Euro verspricht der neue Großauftrag Heckler & Koch hohe Profite.[163] Dieses Waffensystem wird in den nächsten Jahren nicht nur in Afghanistan, sondern auch in den weiteren Kriegen der USA zum Dauereinsatz kommen.

Zynisch klingt, wenn Major Murray davon spricht, dass der Erfolg der US-amerikanischen Kriegsstrategie auch davon abhänge, »dass wir Kollateralschäden minimieren und die Zivilbevölkerung schützen«. Die XM25 garantiert das genaue Gegenteil: eine hohe Tötungsquote bei sogenannten »Weichzielen« – so ein deutschsprachiger H&K-Waffenprospekt. Beim XM25-Einsatz ist die Gefahr immens, dass Zivilisten, die im Krieg hinter Mauern und in Gebäuden Schutz suchen, in noch größerer Zahl als bisher verstümmelt, zerfetzt und getötet werden. Der amerikanische Projektpartner von Heckler & Koch, ATK, äußert sich unverblümter, wenn er die XM25 als »airburst assault weapon« – als Angriffswaffe -- einstuft. Es geht eben vorrangig nicht um die Minderung der Opferzahlen und um Verteidigung, sondern um Angriff, Sieg und Vernichtung.

Im sogenannten »Krieg gegen den Terror« ist jede Waffe recht. Je tödlicher, desto besser. Ist das XM25-System erst einmal auf dem Markt eingeführt, so wird es nur eine Frage der Zeit sein, wann Terroristen über Beutewaffen auch in den Besitz der neuen Wunderwaffe gelangen. Die Gewaltspirale wird sich weiter drehen, waffentechnisch auf immer höherem Niveau.

Der Hauptanteilseigner von Heckler & Koch sieht das erwartungsgemäß ganz anders. Andreas Heeschen lobt die Vorzüge der XM25: Mit dem »intelligenten Granatwerfer« könne man »auch Gegner in ihren Stellungen angreifen«. Heckler & Koch sei eben »im Bereich Handfeuerwaffen anerkanntermaßen das innovativste Unternehmen überhaupt«, das Produktportfolio »weitet sich ständig aus«.[164]

Schon heute setzt die US Army das XM25 Counter Defilade Target Engagement System (CDTE) nach eigenen Aussagen mit immensem Erfolg am Hindukusch ein. Laut Recherchen des Blogs »Kit up!« sollen mit dem »Punisher«, dem Bestrafer, wie die XM25 in Soldatenkreisen genannt wird, in neun Gefechten im Dezember 2011 und Januar 2012 mehr als 50 Schuss abgefeuert worden sein. Der Erfolg aus militärischer Sicht: Längere Feuergefechte von vormals 20 bis 25 Minuten Dauer würden auf nunmehr fünf bis zehn Minuten reduziert.[165]

»Dann springen auch hartgesottene Taliban in Deckung«, jubilierte das Fachblatt *Visier* Ende 2012 ob des Einsatzes des 40-mm-Granatwerfers. Der gegnerische Schutz nutze wenig, wenn »Air Burst«, also Gefechtsköpfe mit Luftsprengpunkttechnologie, angeflogen kämen. Längst machten die US-Soldaten mit dem Granatgewehr (XM25) »bei ersten Feldversuchen« am Hindukusch »derart positive Erfahrungen« – gemeint sind hohe Trefferquoten mit vielen Opfern –, dass sie jüngst beim Generalunternehmer ATK vorsprachen. Weitere XM25-Systeme wurden geordert, um die Serienfertigung des »Punishers« anlaufen zu lassen.[166]

Wer also kann den Siegeszug der XM25 noch stoppen? Allenfalls die US-Regierung selbst, denn die endgültige Beschaffungsentscheidung wird wohl erst um das Jahr 2014 fallen. Aufgrund der teuren Feuerleitanlage soll das »XM 25 Individual Airburst Weapon System« etwa das Drei- bis Vierfache des Sturmgewehrs G36 kosten. Demnach geht es für die Projektpartner H&K und Alliant TechSystems um richtig viel Geld.

Die Entwicklung des Granatwerfersystems XM25 steht symbolisch für technisch innovative Waffenentwicklungen bei Heckler & Koch. Die Unternehmensführung hat sich zum Ziel gesetzt, das Oberndorfer Unternehmen in der Weltspitze der Kleinwaffenproduzenten und -exporteure zu etablieren. Mit seiner »Waffenfamilie«, welche die Pistolen P30, USP und P8 die Maschinenpistolen MP7 und UMP, die Sturmgewehre G36, HK416 und HK417, das Maschinengewehr MG4 und MG4E, die Präzisions- bzw. Scharfschützengewehre G28, PSG1 und MSG90, die 40-mm-Systeme AG36, GLM und HK169 sowie die Granatmaschinenwaffe GWM umfasst, erobert das Unternehmen Absatzmärkte in aller Welt.

Weltweite Aufmerksamkeit erzielten gleich mehrere der H&K-Waffen, als US-amerikanische Elitesoldaten der Navy Seals Anfang Mai 2011 den Topterroristen Bin Laden im pakistanischen Abbottabad erschossen. Detailliert beschreibt der Sael-Soldat Matt Bissonnette unter seinem Pseudonym Mark Owen dessen Tötung. Neben der MP7 zählten der 40-mm-Granatwerfer M79 und das Sturmgewehr HK416 zu Bissonnettes Ausrüstung[*].

Ungeachtet der neuen Waffengeneration und deren weltweiten Einsatzes ist die Zukunft des Unternehmens auf dem Oberndorfer Lindenhof unter der Führung von Andreas Heeschen noch immer ungewiss.

---

[*] Owen, Mark: *No easy Day. The Autobiography of a Navy Seal,* New York 2012, Bildteil S. 112 ff. und S. 233 ff.

Denn trotz umfassender Rückendeckung der Bundesregierung können technische Probleme dem Unternehmen ebenso schwer zu schaffen machen wie die finanzielle Lage.

Täterprofil

Andreas Heeschen – Manager der Mortalität

Im Jahr 1960 in Nordhorn geboren, besuchte Andreas Heeschen die Internatsschule im Schloss Neubeuern nahe dem Chiemsee. Seine Jugend verbrachte er zeitweise in Libyen und Iran. Heeschens Vater verdingte sich als Erdölunternehmer.

Sowohl sein Betriebswirtschafts- als auch sein Jurastudium beendete er ohne Abschluss.[167] Anschließend arbeitete er bei diversen Investmentbanken. Mit der Beratungs- und Beteiligungsgesellschaft Pall Mall Capital wagte er in den Neunzigerjahren den Schritt in die Selbstständigkeit und tätigte Finanzgeschäfte im Immobilien- und Flugzeugbereich.[168]

Heeschens Erfolge als Manager schienen in der Folge eher durchschnittlich zu sein. Das Vorhaben, den von Pall Mall 1993 erworbenen Wuppertaler Seifen- und Waschmittelhersteller Luhns, der u. a. die Aldi-Kette belieferte, zu einem dauerhaft gewinnträchtigen Unternehmen umzubauen, endete im Dezember 2008 mit dem Verkauf an einen iranischstämmigen Unternehmer.[169] Zuvor hatte das Bundeskartellamt 1999 den Zusammenschluss mit der Düsseldorfer Henkel KGaA untersagt.

Heeschens 2004 vollzogenes Investment in den deutschen Gartengerätehersteller Wolf-Garten GmbH & Co. KG im rheinland-pfälzischen Betzdorf endete Anfang 2009 mit der Insolvenz und der Übernahme durch einen US-Konzern.[170] »Allein mit Wolf-Garten habe ich 50 Mio. Euro verloren«, musste Heeschen im Nachhinein eingestehen, »das war ein harter Schlag.« Danach erwarb er gemeinsam mit Leonard Blavatnik, einem aus Russland stammenden Milliardär, inmitten des Insolvenzverfahrens die Hälfte an Lyondell Basell, dem heute drittgrößten Chemiekonzern der Welt mit Sitz in Rotterdam. Die 2009 gegründete Holding verschaffte den Managern die Kontrolle über einen Konzern mit einem Jahresumsatz von mehr als 50 Mrd. US-Dollar. Doch wie vieles andere beendete Heeschen auch diese Investition, und Mitte 2010 verabschiedete er sich auch aus diesem Geschäft.

Heeschens Lebensstil gilt als exzentrisch. Zuweilen fliegt er per Hubschrauber zum Heckler&Koch-Stammwerk in Oberndorf oder jettet im Privatflieger vom Flughafen Donaueschingen aus rund um die Welt. Heeschen ist ausgebildeter Pilot und begeisterter Flieger. In der Londoner High Society sind er und seine Frau, eine amerikanische Schmuckdesignerin, gern gesehen; zwischenzeitlich schafften sie es sogar in die Top 100 der meistgeladenen Gäste. Im Jahr 2010 begab sich der Nordhorner auf Verkaufstour: Einzelne Immobilien und der Privatjet wurden verkauft, Liquiditätsprobleme bestritt Heeschen allerdings vehement.

Im Jahr 2002 stand die Welt unter dem Eindruck der Terroranschläge des 11. September 2001. Ein idealer Zeitpunkt also, finanziell bei Heckler & Koch einzusteigen. Gemeinsam mit dem Briten Keith Halsey erwarb Heeschen H&K zu vergleichsweise günstigen Konditionen von British Aerospace. Der »Krieg gegen den Terror« und die Kampfeinsätze der US Army und ihrer Alliierten in Irak und Afghanistan – samt dem erhöhten Waffenbedarf – sollten Heeschen recht geben.[171]

Nach ökonomisch schwierigen Jahren stellten sich unter Heeschens Ägide wirtschaftliche Erfolge ein. Dahinter steckte eine Verkaufsstrategie, die sich am besten mit »Rüstungsexporte ohne Grenzen« umschreiben lässt. Die technisch anspruchsvolle Produktpalette im Kleinwaffenbereich (Pistolen und Maschinenpistolen, Schnellfeuer-, Maschinen- und Scharfschützengewehre sowie Granatwaffen) ermöglichte eine Steigerung von Umsatz und EBITDA. Im Jahr 2010 wurden neue Rekorde verzeichnet, sehr zur Freude des Hauptanteilseigners Andreas Heeschen, der beachtliche 51 Prozent an der H&K Beteiligungs-GmbH hielt.[172]

Im Februar 2011 ereilte Heeschen dennoch eine aus seiner Sicht unerquickliche Nachricht: Die Ratingagentur Moody's senkte die Bonitätsnote des Unternehmens aufgrund der Bewertung einer Anleihe in Höhe von 295 Mio. Euro.[173] Auffallend sind zeitgleiche Vorwürfe, G36-Gewehre aus der Oberndorfer Fertigung seien illegal in Georgien, Mexiko und Libyen aufgetaucht. Immerhin stärkten ihm Politiker für neue Bundeswehr-Beschaffungsaufträge den Rücken – allen voran die Wahlkreis-abgeordneten Volker Kauder und Ernst Burgbacher.

In Andreas Heeschens zehnjährige H&K-Amtszeit seit 2002 fallen Rüstungstransfers der schlimmsten Art, und ein Waffenexportskandal jagte den nächsten.

- Heckler & Koch stabilisierte während Heeschens Herrschaft selbst Diktaturen. Sind Gewehre erst einmal exportiert, dann ist der illegale Export in einen anderen Staat de facto nicht mehr kontrollierbar, wie das Beispiel der 2011 im Libyen-Krieg eingesetzten G36-Gewehre nachdrücklich belegt. Das Schutzargument lautete in diesem Fall, man habe die Sturmgewehre ganz legal an die Machthaber in Ägypten geliefert – angesichts des dortigen diktatorischen Regimes von Hosni Mubarak eine zynische Ausrede.
- Zwar wurden die Nachbaurechte für das G3-Gewehr durch den Bund als Lizenzgeber erteilt, aber die Lizenzvergaben ab den Achtzigerjahren für die Maschinenpistole MP5, die HK33, das G36 und weitere Waffen verantwortete H&K. Die G36-Lizenzvergabe an Spanien erfolgte vor Heeschens Engagement bei H&K, die G36-Lizenzvergabe an Saudi-Arabien verantwortete Heeschen maßgeblich.

Nach 2002 wurde kein einziger Fall publik, bei dem Heckler & Koch eine der an menschenrechtsverletzende Staaten wie die Türkei, Mexiko oder Pakistan vergebenen Lizenzen zurückgefordert, geschweige denn zurückgezogen hätte.[174]

- Seit 2002 töteten Soldaten und Spezialeinheiten der US Army mit Heckler & Koch-Waffen beim Kriegseinsatz in Irak eine unbekannte Zahl von Menschen – allen voran Zivilisten. Nicht anders im Afghanistan-Krieg, wo von der Bundeswehr unter anderem Sturmgewehre des Typs G36 als Standardwaffe eingesetzt wurden. Rund ein Drittel der zivilen Opfer am Hindukusch gehen auf das Konto von NATO-Einheiten.

- Nach den zwischen 2005 und 2007 legal erfolgten G36-Lieferungen an die zentrale mexikanische Waffenbeschaffungsbehörde D. C. A.M und der offenbar widerrechtlich erfolgten Weitertransfers der Sturmgewehre in vier Unruheprovinzen galt Heeschens öffentliche Sorge nicht den Opfern des G36-Einsatzes durch nachweislich korrupte und in Gewaltverbrechen verwickelte Polizisten in Chiapas, Chihuahua, Guerrero und Jalisco. »Heckler & Koch verfügt über schärfste interne Compliance- und Sicherheitsregeln«, wiegelte er im Sommer 2010 ab.[175] Laut Staatsanwaltschaft Stuttgart gab es dagegen starke Hinweise auf einen Verstoß gegen das Kriegswaffenkontrollgesetz.[176] Aus unternehmerischer Sicht umso erfreulicher waren die Einnahmen aus dem rechtlich fragwürdigen Mexiko-Geschäft: Allein die 8710 Gewehre, deren Export allein in den besagten drei Jahren genehmigt wurde, hatten laut Rüstungsexportberichten einen Wert von 7 783 352 Euro.[177] Das mexikanische Verteidigungsministerium nennt für die ausgewiesenen 9652 G36-Gewehre gar eine Gesamtsumme von 13 076 254,52 Euro.[178]

- Die im Sommer 2008 im Georgien-Russland-Krieg aufgetauchten G36-Sturmgewehre gelangten definitiv auf illegalem Weg an die Sicherheitskräfte von Staatspräsident Micheil Saakaschwili. Warum bemüht sich Heckler & Koch bis heute nicht, die Gewehrnummern vor Ort zu ermitteln und damit zur Aufklärung beizutragen? Erfolgte der widerrechtliche Waffentransfer über den NATO-Partner USA, wie ein H&K-Mitarbeiter vermutet?

- Unter Heeschens Führung schreckte das Unternehmen nicht einmal vor der Zusammenarbeit mit der weltweit umstrittenen Söldnerorganisation »Blackwater« aus den USA zurück. Im Februar 2008 enthüllten Aktivisten des RüstungsInformationsBüros (RIB e. V.) und des Berliner Informationszentrums für Transatlantische Sicherheit (BITS) eine bereits seit Jahren bestehende strategische Zusammenarbeit zwischen H&K und Blackwater. Das ARD-Politikmagazin »Report Mainz« machte publik, dass »eine Spezialanfertigung von Heckler & Koch- und Blackwater-Waffen« entwickelt werden sollte. Gemeinsam mit Blackwater bot H&K sogar Lehrgänge an. Dabei war bekannt, dass Blackwater-Scharfschützen in Irak auch Zivilisten töteten, »als ob sie Tontauben wären«, so »Report«-Redakteur Thomas Reutter.[179] Erst nach Ausstrahlung des TV-Beitrags entschied sich die H&K-Führung, jegliche Verbindung zu Blackwater abzubrechen. Nicht aber zur Söldnerszene per se: Auch nach dem offiziellen Ende der Blackwater-Zusammenarbeit inseriert H&K USA im weltbekannten Söldner- und Soldatenmagazin *Soldier of Fortune* (SoF). Im Gegenzug würdigt SoF die technischen Vorzüge von H&K-Waffen.[180]

- Mit einer völlig neuen Waffengeneration – zu der das von US-Soldaten im Afghanistan-Krieg getestete Granatwerfersystem XM25 zählt – will Heckler & Koch unter Heeschen den Weltmarkt im Kleinwaffenbereich erobern. Mit dem »intelligenten« Granatwerfer können Gegner in ihren Stellungen angegriffen werden.
Setzt sich die revolutionäre neue Waffentechnik auf dem Weltmarkt durch, dann könnte Heckler & Koch tatsächlich zum weltweit tödlichsten Unternehmen avancieren. Schon heute sieht sich das Unternehmen als weltweite Nummer eins bei Kleinwaffensystemen.[181]

Fazit mortale: Wie kein anderer Manager Deutschlands und selbst Europas trägt Andreas Heeschen moralische Mitschuld am weltweiten Morden: durch die Erforschung, Entwicklung, Fertigung und den Export der tödlichsten aller Waffensysteme sowie durch entsprechende Lizenzvergaben. Rund 63 Prozent aller Kriegstoten sind nach Schätzungen des Internationalen Komitees vom Roten Kreuz Opfer von Gewehr-, weitere zehn Prozent Opfer von Pistolenkugeln.[182] Heeschen ist demnach der absolute Topakteur in der deutschen Rüstungsindustrie und selber ein Kriegsprofiteur und legaler Zulieferer von Massenmördern, nach Tucholskys Satz »Soldaten sind Mörder«.

Kein Wunder also, dass Heeschen in den vergangenen Jahren die Öffentlichkeit scheute wie der sprichwörtliche Teufel das Weihwasser; nur wenigen sind seine Geschäftspraktiken in allen Details bekannt. Doch von ihm geäußerte Wunschvorstellungen wie »Ich möchte als Person nicht in Erscheinung treten« und »Mich gibt es gar nicht« gehören der Vergangenheit an.[183] Als H&K-Hauptgesellschafter muss Heeschen sich seiner moralischen Verantwortung für das weltweite Massenmorden mit Heckler & Koch-Waffen stellen.

Das Finanzmagazin *Capital* sieht in Heeschen einen Mann, »der um seine Ehre kämpft«.[184] Welche Ehre aber kann ein Mann für sich beanspruchen, der einem Unternehmen vorsteht, mit dessen todbringenden Erzeugnissen auf den Schlachtfeldern in aller Welt getötet wird und der diesen Tatbestand stillschweigend duldet bzw. durch neuerliche Exporte gar mitverantwortet? Wo bleiben die weltweiten Verschrottungsprogramme für H&K-Waffen, initiiert vom H&K-Topmanager Andreas Heeschen? Wann endlich sorgt eben dieser Rüstungsmanager dafür, dass mit Firmengeldern ein Opferfonds eingerichtet wird, mit dem zumindest die nächsten Angehörigen der Überlebenden des Kriegseinsatzes von H&K-Waffen finanziell entschädigt werden? Wo bleiben die monetären Hilfen zum Kauf von Prothesen und Rollstühlen, zur Finanzierung von Arztbehandlungen, Therapien und Kuren zeitlebens verstümmelter und traumatisierter Opfer?

Unstrittig ist, dass die Millionen Opfer des Einsatzes von H&K-Waffen mit keinem Geld der Welt angemessen entschädigt werden könnten. Und doch wäre zumindest die medizinische Grundversorgung möglich, wenn der Wille zum humanitärem Handeln bestünde. Doch Heeschen lebt in einer anderen Welt: »Allein Heckler & Koch ist derzeit 400 bis 450 Millionen Euro wert«, jubilierte der Oberndorfer Rüstungsmanager, für den H&K eine »echte Erfolgsstory« ist.[185]

1 *Stuttgarter Zeitung* vom 12. Mai 2010.

2 »Fünf oder sechs Patronen sind ein paar Schuhe«. Interview mit dem Friedensforscher Michael Ashkenazi vom Bonn International Center for Conversion (BICC), *evangelisch.de* vom 10. November 2009; »Kontrolle von Kleinwaffen und leichten Waffen«, siehe www.auswaertiges-amt.de

3 *Der Spiegel* 36/2011, S. 73; *Jane's Infantry Weapons 2011–2012.*

4 »The AK-47: the world's favourite killing machine«, *Control Arms Briefing Note* vom 26. Juni 2006.

5 Jürgen Grässlin: *Versteck dich, wenn sie schießen. Die wahre Geschichte von Samiira, Hayrettin und einem deutschen Gewehr,* München 2003, S. 353 ff.

6 Manfred Kersten/Walter Schmid: *Die offizielle Geschichte der Oberndorfer Firma Heckler & Koch. Einblicke in die Historie, Beschreibung der Waffenmodelle, Darstellung der Technik,* Wuppertal 1999, S. 24.

7 Marcel Mettelsiefen/Christoph Reuter: *Kunduz, 4. September 2009. Eine Spurensuche,* Berlin 2010, S. 4.

8 www.heckler-koch.com/de/militaer/unternehmen.htlm

9 Rüstungsexportbericht 2010, S. 12.

10 »8. Internationale Diskussion über Kleinwaffen und leichte Waffen«, in: Rüstungsexportbericht 2009, S. 10 f.

11 »Exporter rankings for 2008«, in: *Small Arms Survey 2011,* S. 11.

12 *Handelsblatt,* Online-Ausgabe vom 7. Juli 2011.

13 »Small Arms Trade Transparency Barometer 2011«, in: Small Arms Survey 2011, S. 16.

14 Rüstungsexportbericht 2009, S. 32.

15 GKKE-Rüstungsexportbericht 2010, S. 7.

16 Ebda., S. 62.

17 Ebda., S. 7.

18 GKKE-Rüstungsexportbericht 2011, S. 37.

19 Rüstungsexportbericht 2010, S. 35; Rüstungsexportbericht 2012, S. 26.

20 www.men-defencetec.de/mediathek/news-detail

21 www.men-defencetec.de/produkte/militaer

22 »Das Gewehr G11 mit hülsenloser Munition setzt Maßstäbe«. Werbeprospekt von Heckler & Koch.

23 www.men-defencetec.de/produkte/militaer

24 Rüstungsexportbericht 2008, S. 35 f.

25 GKKE-Rüstungsexportbericht 2009, S. 42; Rüstungsexportbericht 2011, S. 31.

26 Rüstungsexportbericht 2011, S. 31.

27 Rüstungsexportbericht 2011, S. 29.

28 Rüstungsexportbericht 2009, S. 17 f.; Rüstungsexportbericht 2012, S. 29.

29 Rüstungsexportbericht 2012, S. 29.

30 Cremer, Dr. Hendrik: *Schattenbericht Kindersoldaten 2013*, S. 6

31 Hendrik Cremer: *Schattenbericht Kindersoldaten 2011, Schattenbericht im Rahmen des Staatsberichtsverfahrens zum Übereinkommen über die Rechte des Kindes und zum Fakultativprotokoll betreffend die Beteiligung von Kindern an bewaffneten Konflikten.* Deutsches Bündnis Kindersoldaten. Im Auftrag von terre des hommes, Hilfe für Kinder in Not …, hrsg. von der Kindernothilfe e. V. …, Duisburg 2011, S. 4.

32 terre des hommes/GEW: *die zeitung*, II/ 2011, S. 23, 28.

33 Deutsches Bündnis Kindersoldaten: »Die Forderungen des deutschen Bündnisses Kindersoldaten«.

34 Originalzitate, keine Quellenangabe.

35 Waffenprospekt »HK Waffensystem Gruppe I G3«; *Jane's Infantry Weapons 2011–2012*, S. 157.

36 *Geschichte der Stadt Oberndorf*, Bd. 2, S. 445.

37 »König gibt Startschuss zur Waffenproduktion«, *Schwarzwälder Bote*, Online-Ausgabe vom 31. Juli 2011.

38 *Geschichte der Stadt Oberndorf*, Bd. 2, S. 441.

39 Jürgen Grässlin: *Den Tod bringen Waffen aus Deutschland. Von einem, der auszog, die Rüstungsindustrie das Fürchten zu lehren*, München 1994, S. 361 ff.; Kersten / Schmid, *Die offizielle Geschichte der Oberndorfer Firma Heckler & Koch*, S. 136 ff.

40 *The Guardian Weekly* vom 13.-19. Januar 2012.

41 Jürgen Grässlin, *Den Tod bringen Waffen aus Deutschland*, S. 370 ff.

42 *Jane's Infantry Weapons 2011–2012*, S. 155.

43 *Geschichte der Stadt Oberndorf am Neckar*, Bd. 2, S. 4 und 8.

44 www.fischerkuenstler.de; www.wirtschaftsclub-rhein-main.de

45 Jürgen Grässlin, *Versteck dich, wenn sie schießen*, S. 405 f.; *Jane's Infantry Weapons 2011–2012*, S. 157.

46 http://www.heckler-koch.com/Sturmgewehre > HK416.

47 *Jane's Infantry Weapons 2011–2012*, S. 159.

48 Ebda., S. 160.

49 *DAKS-Kleinwaffen-Newsletter* Nr. 67, April 2011; *Lizenzlexikon Heckler & Koch*: HK416/HK417.

50 http://www.heckler-koch.com/Sturmgewehre

51 Jürgen Grässlin, *Versteck dich, wenn sie schießen*, S. 409 f.

52 Jürgen Grässlin, *Versteck dich, wenn sie schießen*, S. 399 ff.

53 Jürgen Grässlin, *Den Tod bringen Waffen aus Deutschland*, S. 206 ff.

54 *Capital* 10/2010, S. 127.

55 *Heckler and Koch,* englischsprachige Firmenpräsentation, undatiert, aktuellste Datumsangabe im Text ist der 30. September 2008, »Key Credit Strengths«.

56 *Heckler and Koch,* a. a. O., »Dominant European Market Position«.

57 *HK Das Magazin,* März 2011, S. 3.

58 *Heckler and Koch,* a. a. O., »Current sales«.

59 *Capital* 10/2010, S. 127; *Financial Times Deutschland* vom 5. April 2011.

60 »Moody's senkt Bonitätsnote von Heckler & Koch« vom 8. Februar 2012; siehe http://m.finance-magazin.de/geld-liquiditaet/kredite-und-anleihen/moodys-senkt-bonitaetsnote-von-heckler-amp-koch/

61 www.heckler-koch.com/de/militaer/kontakt.htlm

62 *DAKS-Kleinwaffen-Newsletter* 65/2011, S. 6.

63 Bundeskongress entwicklungspolitischer Aktionsgruppen (BUKO) / Junge Europäische Föderalisten (JEF) (Hrsg.): *Südfrüchte aus Oberndorf. Der Reader zum Film,* Bonn 1986, S. 48 f.

64 Ebda., S. 73 ff.

65 www.hecklerkoch.com > G36 + G36V.

66 Berichte der Bundesregierung über ihre Exportpolitik für konventionelle Rüstungsgüter in den Jahren 2005 (S. 41), 2006 (S. 42) und 2007 (S. 49).

67 Rüstungsexportbericht der Bundesregierung 2007, S. 49.

68 www.heckler-koch.de > Produkte > USP.

69 Ebda.

70 »Mexikos Polizisten werden überwacht«, *Neue Zürcher Zeitung.* Online-Ausgabe vom 3. Januar 2010; www.quetzal-leipzig.de/nachrichten/mexiko

71 Rüstungsexportbericht 2007, S. 49.

72 Rüstungsexportbericht 2008, S. 34.

73 *amnesty international Jahresbericht 2007,* S. 292 ff.; *AMNESTY INTERNATIONAL REPORT 2008,* S. 280 ff.; *AMNESTY INTERNATIONAL REPORT 2009,* S. 311 ff.; *AMNESTY INTERNATIONAL> REPORT 2010,* S. 314 ff.

74 Rüstungsexportbericht 2009, S. 35.

75 »Stellungnahme der Heckler & Koch GmbH zu den am 5. Februar 2011 von Thomas Reutter, »Report Mainz«, übermittelten Interviewfragen« vom 10. Februar 2011.

76 http://www.spiegel.de/spiegel/print/d-73290098.html; *Der Spiegel* 33/2010 vom 14. August 2010, S. 73.

77 Ebda.

78 Ebda.

79 Ebda.

80 www.rotary-club-rottweil.de/seiten/frameset.html

81 *AMNESTY INTERNATIONAL REPORT 2010,* S. 110.

82 *Jane's Infantry Weapons 2011–2012*, S. 698; Bundeskongress entwicklungspolitischer Aktionsgruppen u. a. (Hrsg.), *Südfrüchte aus Oberndorf,* S. 40.

83 *Stuttgarter Zeitung.* Online-Ausgabe vom 17. Dezember 2011.

84 Organigramm Heckler & Koch, Gesamtstand 21. März 2010. S. 8 »Recht …«, Stand vom 15. Oktober 2009.

85 Rüstungsexportbericht 2007, S. 49.

86 *Financial Times Deutschland* vom 15. Dezember 2010.

87 »Heckler & Koch zieht Konsequenzen aus Mexiko-Deal. Rüstungsexportbeauftragter Beyerle tritt zurück. Beachtlicher Erfolg der Friedensbewegung«. Gemeinsame Pressemitteilung Deutsche Friedensgesellschaft – Vereinigte Kriegsdienstgegner/innen (DFG-VK), RüstungsInformationsBüro (RIB e. V.) und Deutsches Aktionsnetz Kleinwaffen Stoppen (DAKS) vom 17. Dezember 2010.

88 HK *Das Magazin,* Nr. 4, 12/2010, Brief der Geschäftsführung.

89 »Illegale Waffenlieferungen? Wie Gewehre von Heckler & Koch in Krisengebiete gelangen«, »Report Mainz« vom 13. Dezember 2010; siehe auch http://www.swr.de/nachrichten/-/id=396/nid=396/did=7124626/mp-did=7296020/guh953/

90 »Durchsuchung bei der Heckler & Koch GmbH«. Presseerklärung vom 21. Dezember 2010.

91 Stellungnahme von H&K gegenüber »Report Mainz« vom 10. Februar 2011.

92 »Heckler & Koch: Illegale Lieferungen«, *Schwarzwälder Bote* vom 17. August 2010.

93 »Eine echte Horrorzeit«. Interview mit Andreas Heeschen, *WirtschaftsWoche* Nr. 34 vom 23. August 2010, S. 44.

94 »Stellungnahme zu den Vorwürfen von unerlaubten Waffenlieferungen nach Mexiko«, a. a. O.

95 »Stellungnahme der Heckler & Koch GmbH zu den am 5. Februar 2011 von Thomas Reutter, Report Mainz, übermittelten Interviewfragen« vom 10. Februar 2011.

96 Schreiben von Claudia Krauth, Staatsanwaltschaft Stuttgart, Pressestelle, an Achim Reinhardt, »Report Mainz«, vom 18. Februar 2011.

97 »Report Mainz« vom 2. März 2011, Nachgefragt, siehe http://www.swr.de/report/nachgefragt/-/id=7783506/1rac8pk/index.html

98 *AMNESTY INTERNATIONAL REPORT 2012,* S. 337.

99 Ebda., S. 339.

100 »Tote in Mexiko, Profite in Oberndorf«, *taz* vom 23. März 2012, und Sichtung vorliegender Fotodokumente durch Jürgen Grässlin.

101 Stellungnahme von Markus Löning gegenüber »Report Mainz« vom 2. März 2011.

102 »Ist der Export von Rüstungsgütern nach Mexiko mit den geltenden Richtlinien vereinbar?« Deutsche Menschenrechtskoordination Mexiko, ohne Datumsangabe, S. 9; siehe www.mexiko-koordination.de

103 Rüstungsexportbericht 2008, S. 118; Rüstungsexportbericht 2009, S. 124 f.; Rüstungsexportbericht 2010, S. 126.

104 Rüstungsexportbericht 2011, S. 102.

105 Anfrage von Jan van Aken, MdB, und Antwort der Bundesregierung vom Januar 2011; siehe »Bundesregierung stoppt G36-Verkäufe nach Mexiko«, www.heise.de/tp/blogs/8/149077

106 »Durchsuchungen bei einem Waffenhersteller wegen Verdachts der Bestechung inländischer und ausländischer Amtsträger«. Gemeinsame Pressemitteilung der Staatsanwaltschaft Stuttgart und des Landeskriminalamts Baden-Württemberg vom 10. November 2011.

107 »Durchsuchung bei Heckler & Koch durch die Staatsanwaltschaft Stuttgart« vom 10. November 2011; siehe www.heckler-koch.de/HKWebNews/byItemID///74/3/1

108 §17 und 17a Außenwirtschaftsverordnung, Volltext siehe www.juris.de

109 »Tote: Mexiko. Profite: Oberndorf«, *taz* vom 23. Dezember 2012.

110 http://www.stroebele-online.de/erklaerungen/6493495.htlm vom 22. November 2012.

111 »Waffenexport außer Kontrolle« und »Zielsicher in die Krisenregion«, *taz* vom 22. November 2012, S. 1 und 3.

112 Secretaria de la Defensa Nacional, Unidad de Enlace, Acceso a la Información, Oficio Nr. AI / 1187, Mexiko, D. F., 15. März 2011.

113 Rüstungsexportbericht 2003, S. 42; Rüstungsexportbericht 2004, S. 44; Rüstungsexportbericht 2005, S. 41 und 137; Rüstungsexportbericht 2006, S. 42; Rüstungsexportbericht 2007, S. 49; Rüstungsexportbericht 2008, S. 36; Rüstungsexportbericht 2009, S. 35; Rüstungsexportbericht 2010, S. 38; Rüstungsexportbericht 2011, S. 102.

114 Secretaria de la Defensa Nacional, Unidad de Enlace, Acceso a la Información, a. a. O.

115 »Bekannte Schuldige, unbeachtete Opfer. Folter und Misshandlung in Mexiko«. Amnesty International-Bericht vom Oktober 2012, S. 4 f.

116 https://amerika21.de/meldung/2012/12/72289/guerrero-deutsche-gewehre

117 Wolf-Dieter Vogel: »Mexikanischer Bischof gegen deutsche Waffenhersteller. Polizisten setzen Sturmgewehre aus dem Schwarzwald gegen Bevölkerung ein«, siehe http://www.dradio.de/dkultur/sendungen/religionen/1950404/ vom 15. Dezember 2012.

118 http://en.mawaqef.net/factories/weapons-factory (vom 12.8.2011).

119 Jürgen Grässlin, *Versteck dich, wenn sie schießen*, S. 374 f.

120 Roman Deckert: »Der letzte König von Schottland und die Braut des deutschen Soldaten«, DAKS *Kleinwaffen Newsletter* März 2007.

121 *Jane's Infantry Weapons 2011–2012,* S. 711.

122 http://en.mawaqef.net/aboutUs

123 http://en.mawaqef.net/our-products/light-weapon/mp5-submachine-gun-cal-9x19-mm (vom 12.8.2011).

124 Jürgen Grässlin, *Versteck dich, wenn sie schießen,* S. 374 f.

125 Schreiben von Niels Ihloff und Martin Lemperle, Geschäftsführer von Heckler & Koch, an Ursula Jelpke, MdB, Die Linke, vom 16. September 2011.

126 http://en.mawaqef.net/our-products/light-weapon/g3-automatic-rifle-cal-7-62x51mm (vom 12.8.2011).

127 *Jane's Infantry Weapons 2011–2012,* S. 156.

128 Rüstungsexportberichte für die Jahre 2000 bis 2005.

129 Rüstungsexportberichte für die Jahre 2006 bis 2009.

130 Rüstungsexportbericht 2007, S. 147.

131 Rüstungsexportbericht 2008, S. 19.

132 Schreiben von Jochen Homann, Staatssekretär im Bundesministerium für Wirtschaft und Technologie, an Jan van Aken, MdB, vom 22. August 2011.

133 http://en.mawaqef.net/factories/weapons-factory (vom 12.8.2011).

134 »Das Phantom«, *Capital* 10/2010, S. 127.

135 »Bei Handfeuerwaffen sind wir die Innovativsten«. Interview mit Andreas Heeschen in der *WirtschaftsWoche* vom 24. August 2010.

136 *AMNESTY INTERNATIONAL REPORT 2011,* S. 399 ff. Friederichs, Hauke: »Total Global« in *AMNESTY JOURNAL* 02-03-/2013, S. 41

137 »Eine echte Horrorzeit«. Interview mit Andreas Heeschen in der *Wirtschafts-Woche* vom 23. August 2010.

138 *AMNESTY INTERNATIONAL REPORT 2011,* S. 400.

139 http://en.mawaqef.net/our-news/latest.news/his-royal-highness-prince-khalid-inaugurates-the-gun-g-36 (vom 12.8.2011).

140 http://www.avf.com.sa/index-en.htlm (vom 12.8.2011).

141 http://en.mawaqef.net/our-products/light-weapon/g36-automatic-rifle-cal-5-56x45-mm (vom 12.8.2011).

142 http://en.mawaqef.net/aboutUs und http://en.mawaqef.net/our-products/ammunition-category (vom 12.8.2011).

143 Schreiben von Jochen Homann, Staatssekretär im Bundesministerium für Wirtschaft und Technologie, an Stefan Liebich, MdB, vom 29. August 2011.

144 *AMNESTY INTERNATIONAL REPORT 2012,* S. 414 ff.

145 *Schwarzwälder Bote* vom 9. Juli 2011.

146 www.heckler-koch.com/HKWebText/detailProd/1926/92/4/20

147 www.heckler-koch.com/HKWebText/detailProd/1926/91/4/20

148 www.heckler-koch.com/HKWebText/detailProd/1926/88/4/19

149 www.heckler-koch.com/de/produkte/40-mm-systeme/ag36/ag36/produkt-beschreibung.htlm

150 www.heckler-koch.com/Maschinengewehre

151 www.heckler-koch.de/HKWebText/detailProd/1928/88/4/19

152 »Stellungnahme: Aktuelle Medienberichte zum Gewehr G36«, a. a. O.

153 *Spiegel Online* vom 1. April 2012; siehe http://www.spiegel.de/politik/deutschland/bundeswehr-gewehr-g36-waffe-zu-heiss-treffwahrscheinlich-keit-sinkt-a-825030.html; *Der Spiegel* 14/2012 vom 2. April 2012.

154 »Stellungnahme: Aktuelle Medienberichte zum Gewehr G36«, a. a. O.; D:\AKTUELL\HK+DAKS\H&K--2012\21-04-03--HK-Stellungnahme-Akt-Medienberichte-G36.mht

155 Ebda.

156 »Bundeswehr schlägt Alarm. Versagt das deutsche Sturm-Gewehr im Kampfeinsatz?«, *Bild.de* vom 25. April 2012; siehe http://www.bild.de/politik/inland/bundeswehr/schiesst-mit-kaputten-gewehren-23833380.bild.html

157 »Soldaten kämpfen mit Mängeln bei G36-Gewehr«, *FOCUS Online* vom 25. April 2012.

158 Siehe www.hkpro.com vom 29. Januar 2011. »The most lethal army gun ever« bejubelt ein Waffenfreak die tödliche Wirkung des Granatwerfers XM25 auf der Website *www.gizmodo.com*. Siehe http://gizmodo.com/5055602/first-look-and-full-details-on-the-xm25-the-most-lethal-army-gun-ever

159 *Neue Rottweiler Zeitung* vom 11. August 2009.

160 Dean, »Granatwaffe XM25«, a. a. O., S. 88.

161 Ebda., S. 88 f.

162 Ebda.

163 *Neue Rottweiler Zeitung* vom 11. August 2009.

164 »Bei Handfeuerwaffen sind wir die Innovativsten«. Interview mit Andreas Heeschen, a. a. O.

165 Jan-Phillipp Weisswange: »Wirkmittel der Wahl«, *Europäische Sicherheit & Technik* 6/2012, S. 73 f.

166 »Infanterie heute und morgen«, *Visier Spezial* 67/2012, S. 56 ff.

167 »Das Phantom«, *Capital* 10/2010, S. 127 f.

168 Ebda., S. 124 ff.

169 *Wikipedia* > Luhns.

170 *Wikipedia* > Wolf-Garten.

171 Jürgen Grässlin, *Versteck dich, wenn sie schießen,* S. 423 f.

172 *Capital* 10/2010, S. 126; *Financial Times Deutschland* vom 5. April 2011.

173 »Moody's senkt Bonitätsnote von Heckler & Koch«, siehe www.peopleand-deals.de vom 8. Februar 2012; Quellen: Moody's und FINANCE-Magazin

174 Jürgen Grässlin, *Versteck dich, wenn sie schießen*, S. 395.

175 »Bei Handfeuerwaffen sind wir die Innovativsten«. Interview mit Andreas Heeschen, a. a. O.

176 *Die Zeit* vom 9. Februar 2012.

177 Rüstungsexportbericht 2005, S. 41; Rüstungsexportbericht 2006, S. 42; Rüstungsexportbericht 2007, S. 49.

178 Secretaria de la Defensa Naciónal, Unidad de Enlace, Acceso a la Información, a. a. O.

179 »Fragwürdige Zusammenarbeit: US-Privatarmee Blackwater schießt mit deutschen Waffen«, »Report Mainz« vom 18. Februar 2008, siehe http://www.reportmainz.de

180 *Soldier of Fortune*, Mai 2011, S. 31; *Soldier of Fortune*, März 2012, S. 72 f.

181 www.heckler-koch.de/HKWeb/show/frameStart

182 Jürgen Grässlin, *Versteck dich, wenn sie schießen*, S. 353 f.

183 »Das Phantom«, *Capital* 10/2010, S. 125.

184 Ebda., S. 124.

185 »Bei Handfeuerwaffen sind wir die Innovativsten«. Interview mit Andreas Heeschen, a. a. O.

Kapitel 7

Deutsche Waffen, deutsches Geld

*Wie Banken und Bundesregierungen
Waffenhandel finanziell absichern*

*Ex-Deutsche-Bank-Chef Josef Ackermann ist berüchtigt wegen seines
Victory-Zeichens vor Beginn des Mannesmann-Prozesses.
Die Kritik am größten deutschen Bankhaus aufgrund der Finanzgeschäfte
mit Streumunitionsproduzenten ist massiv.*

7.1 Investment und Profit deutscher Banken in Rüstungskonzerne

Das Beispiel Streumunition

»Deutsche Waffen, deutsches Geld, morden mit in aller Welt!« Kaum eine Kundgebung oder Demonstration von Banken- und Rüstungskritikern, bei der dieser Slogan nicht lautstark auf den Straßen und Plätzen deutscher Innenstädte ertönt. Entspricht dieser ruinöse Ruf tatsächlich der Wahrheit? Ist es nicht vielmehr so, dass sich private Großbanken, Landesbanken und Investoren – wie die Deutsche Bank AG, die Commerzbank AG, Union Investment oder Allianz Global Investors – längst verbindliche Ethikcodes für eine verantwortungsvolle Geschäftspolitik gegeben haben?

Immerhin erklärt die Deutsche Bank, Deutschlands Bankenprimus, seit 2009 in einer Serienantwort als Reaktion auf Protestbriefe, man wolle »in keine Transaktionen im Zusammenhang mit speziellen Waffen – wie z. B. Personen-Landminen, Streubomben oder ABC-Waffen – involviert sein«.[1] Eine offizielle Ausstiegserklärung aus dem Streubombengeschäft erfolgte im November 2011.

»Gefährlich ist Streumunition, weil ein erheblicher Prozentsatz [...] beim Einsatz nicht direkt explodiert«, weiß Barbara Happe, »sondern als tickende Zeitbombe verbleibt.« Rund 100 000 Opfer hat Streumunition bis heute weltweit gefordert. Etwa 98 Prozent der registrierten Opfer sind Zivilisten, jedes vierte ist ein Kind. In mehr als 30 Ländern wurden bisher über 200 verschiedene Typen von Streumunition gefertigt. Dies erläutert die Finanzreferentin der Umwelt- und Menschenrechtsorganisation urgewald e. V., die auch dem Vorstand des Dachverbands der Kritischen AktionärInnen und Aktionäre in Köln angehört und sich aktiv gegen Finanzgeschäfte mit Streumunitionsherstellern engagiert. Zum Einsatz gekommen ist diese Munitionsart unter anderem in den Kriegen in Vietnam, im Kosovo und in Afghanistan sowie in den Golfkriegen. Am 1. August 2010 trat das völkerrechtliche Verbot von Streumunition in Kraft.

Ähnlich wie die Deutsche Bank agiert auch die Commerzbank. Dort erklärte man, das Unternehmen beteilige sich grundsätzlich nicht an Finanztransaktionen, die einen Bezug zu sogenannten »kontroversen

Waffen« hätten.[2] Union Investment wiederum, einer der größten Anbieter von »Riester-Sparverträgen«, der in Zusammenarbeit mit größeren kirchlichen Investoren zudem viele ethisch-nachhaltige Fonds auflegt, bekennt sich immerhin zu den »Grundsätzen für verantwortungsbewusstes Investment«. Hierbei handelt es sich allerdings um eine unverbindliche Initiative der Vereinten Nationen für ein Investment mit mehr sozialer Verantwortung. Auch die Allianz-Tochter Allianz Global Investors Europe (AGI) beteuert, dass ihre Publikumsfonds nicht in Unternehmen investieren würden, die Streumunition oder Antipersonenminen produzieren.[3] Weltweit und konzernumfassend gilt dieses Ausschlusskriterium allerdings noch immer nicht.

Die Fondsgesellschaft der Sparkassen, Deka, legt zumindest auch nachhaltige Aktienfonds auf, die Unternehmen ausschließen, die gegen fest definierte Nachhaltigkeitskriterien verstoßen. Dazu gehören unter anderem die Produktion von Waffen oder auch gravierende Menschenrechtsverstöße sowie Korruption. Sie hat inzwischen die Hersteller von Streumunition oder Antipersonenminen für ihre Publikumsfonds technisch gesperrt.

Man könnte also meinen, deutsche Banken und Versicherungen gingen verantwortungsbewusst und nachhaltig mit ihrem beziehungsweise dem Geld ihrer Anleger und Kunden um – zumindest was den Rüstungssektor betrifft. Doch dieser Eindruck trügt leider, wie ein Blick hinter die scheinbar heile Bankenfassade belegt.

Thomas Küchenmeister ist einer der renommiertesten Experten für Einblicke in dubiose Finanzgeschäfte. Seine Recherchen sind differenziert und gerade deshalb besonders belastend. Nicht überall auf der Welt töten Waffen, sagt der Initiator und hauptamtliche Koordinator der in Berlin ansässigen Kampagne Facing Finance, wohl aber in zahlreichen Konfliktgebieten.

Die international tätigen Finanzaktivisten wollen Investoren davon überzeugen, nicht in Unternehmen zu investieren, die von Verletzungen der Menschenrechte, Umweltverschmutzung, Korruption und der Herstellung völkerrechtswidriger Waffen profitieren. Zu den Mitgliedsorganisationen gehören die deutschen Nichtregierungsorganisationen urgewald, earthlink, sodi e. V., FairFin aus Belgien, Justiça Ambiental aus Mosambik und Centrum CSR aus Polen. Facing Finance ist seinerseits Mitglied der internationalen Kampagnen zum Verbot von Streumunition (Cluster Munition Coalition, CMC) und Antipersonenminen (International Campaign to Ban Landmines, CBL). Zusammen mit urgewald, foodwatch und dem Dachverband der Kritischen Aktionärinnen und Aktionäre ist Facing Finance zudem Gründungsmitglied der Kampagne »Andere Banken braucht das Land«.

Küchenmeister verweist auf den tödlichen Einsatz deutscher Waffen in bewaffneten Konflikten. Das Problem sei, »dass bisher alle Bundesregierungen intransparent agieren und dazu tendieren, bestimmte Waffenlieferungen geheim zu halten«. Das Beispiel möglicher Leopard-2-Lieferungen an Saudi-Arabien, Indonesien und Katar gibt ihm Recht.[4]

An Geschäften wie diesen verdienten nicht nur Rüstungskonzerne. »Solange dies so bleibt, solange profitieren natürlich auch Investoren und Kreditgeber von wenig restriktiven Rahmenbedingungen in Bezug auf den Waffenhandel«, sagt Küchenmeister. Verantwortlich für diese Geschäfte sei aber letztlich die Bundesregierung. Der Bundestag müsse an rüstungsexportpolitischen Entscheidungen beteiligt werden, um bestimmte Waffenlieferungen verhindern oder zumindest eindämmen zu können.

Doch trifft der Vorwurf zu, dass Geld für Rüstungsproduktion und -exporte blutiges Geld ist? »Der Vorwurf trifft zu«, bejaht Küchenmeister und verweist auf den Einsatz der Waffen. Werden »Menschen verletzt oder getötet, dann klebt natürlich Blut an den Profiten und Krediten«. Küchenmeister erinnert an den Einsatz spanischer Streubomben gegen Zivilisten im libyschen Bürgerkrieg. Hauptfinanzier des Herstellers und Lieferanten der spanischen Streubomben, der Instalaza S. A., war seinerzeit die Deutsche Bank.[5]

Doch der arabische Frühling ist nicht nur mit Hilfe deutscher Kredite, sondern auch mit deutschen Waffen bekämpft worden. Eine Entwicklung, die sich eher noch verschärfen dürfte, so die düstere Prognose Küchenmeisters. Die Wahrscheinlichkeit des Einsatzes aus Deutschland gelieferter Waffen dürfte eher wachsen, ebenso wie die Gewinnerwartungen der Investoren. Erwartungen, die ein Beispiel wie das der Rheinmetall AG weckt, deren Dividende seit 2004 um fast 300

Prozent stieg, vergleichbar dem Aktienkurs, der sich in den letzten zwölf Jahren schier vervierfachte.

Bei der Produktion von und dem Handel mit Waffen und Rüstungsgütern spielen Banken fraglos eine mehr als bedenkliche Rolle – auf dem internationalen wie auf dem nationalen Parkett. Denn Finanzinstitute versorgen Waffenschmieden mit dem benötigten Kapital und schaffen damit die Basis für deren Rüstungsgeschäfte – unabhängig davon, ob die Waffen an die Bundeswehr oder an Länder in Krisen- und Kriegsregionen geliefert werden, oder ob die Regierungen der Empfängerländer Menschenrechte achten oder missachten. Investoren profitieren ihrerseits vom Waffengeschäft, sei es in Form von Dienstleistungen, über Anleihen und Kredite an die Hersteller oder über Beteiligungen, beispielsweise in Aktien.

In die Schlagzeilen sind in den letzten Jahren vor allem die Deutsche Bank und die Commerzbank geraten, auch wegen der Unterstützung von Unternehmen wie Alliant TechSystems (ATK) – dem Kooperationspartner von Heckler & Koch bei der Entwicklung der neuen Granatmaschine XM25 – oder dem Streumunitionshersteller Textron aus den USA.

Allein zu den fünf weltweit führenden Waffenherstellern – den US-Konzernen Lockheed Martin, Boeing, Northrop Grumman und General Dynamics sowie BAE Systems in Großbritannien – unterhält die Deutsche Bank Geschäftsbeziehungen in einer Größenordnung von mindestens 3 Mrd. Euro. Die in Frankfurt ansässige Großbank hält Anteile an den Unternehmen selbst, finanziert aber auch mittels Krediten und Anleihen verschiedene Geschäfte. Seit Jahren schon profitiert die Deutsche Bank so von den geradezu explodierenden Verkaufszahlen besagter Unternehmen, deren Exporte in den letzten fünf Jahren teilweise um mehr als 35 Prozent gestiegen sind[6]

Viele der Unternehmen stellen nicht nur konventionelle Waffen aller Art her, zu denen vielfach auch völkerrechtlich verbotene Streumunition zählt. Verschiedentlich sind sie auch an der Produktion bzw. Weiterentwicklung von Atomwaffen und Uranmunition beteiligt, wie beispielsweise das US-Unternehmen ATK.[7] Mehr noch: Besagte Rüstungsfirmen beliefern teils in großem Umfang auch die Streitkräfte in den asiatischen Konfliktregionen, wie zum Beispiel in Afghanistan und Indien, sowie die Golfstaaten Irak, Saudi-Arabien und die Vereinigten Arabischen Emirate.[8]

Entsprechend klar kommentiert Küchenmeister das Geschäftsgebaren der Deutschen Bank. Aus seiner Sicht ist es »schon zynisch, sich einerseits im Nachhaltigkeitsbericht zu rühmen, 83 Mio. Euro für Bildung und Soziales zu zahlen, und andererseits die Top 5 der internationalen Rüstungsindustrie mit Milliardenkrediten zu versorgen«.[9] Darüber hinaus unterhalten fast alle großen Banken in Deutschland Geschäftsbeziehungen zum Luft- und Raumfahrtriesen EADS.

Jahrzehntelang kümmerten sich nur wenige Kunden darum, ob ihre Hausbank in Rüstungsgeschäfte verwickelt ist. Diese Zeiten sind allerdings passé. Nicht ohne Grund haben sich Banken mehr oder weniger umfassende Ethikcodes, Corporate Governance- und Compliance-Regeln sowie Environment-Social-Governance-Richtlinien gegeben. Diese Entwicklung kennzeichnet nicht nur Alternativbanken, wie die GLS (Gemeinschaftsbank für Leihen und Schenken eG) oder die Ethikbank, sondern auch die klassischen Geschäftsbanken.

Diese Selbstverpflichtungen sind allerdings kaum aus Überzeugung zustande gekommen. Vielmehr üben Nichtregierungsorganisationen sowie zahlreiche Friedens- und christliche Basisorganisationen seit Jahren massiven Druck auf das Management der Geldhäuser aus.

Bislang mit begrenztem Erfolg. »Leider halten sich Banken häufig nicht daran, oder sie setzen ihre eigenen Regeln nicht vollständig um«, sagt Thomas Küchenmeister. Beispiel Streumunition: Zwar hatte die Deutsche Bank bereits 2009 erklärt, Investments in Streumunition und Landminen seien tabu. Schöne Worte, hohle Phrasen. Denn die Wahrheit kam dank Facing Finance und urgewald e. V. ans Licht. Nachweislich pflegte das größte deutsche Geldinstitut noch Ende des Jahres 2010 Geschäftsbeziehungen zu Herstellern dieser völkerrechtswidrigen Waffen. Und das in einer gewaltigen Größenordnung von mindestens 1,3 Mrd. US-Dollar.

Wenige Wochen vor der offiziellen Ausstiegserklärung schließlich beteiligte sich die Deutsche Bank an einem lukrativen Anleihegeschäft mit dem im US-amerikanischen Streumunitionshersteller Textron. Die in Wilmington, Massachusetts, ansässige Firma hatte in den vergangenen beiden Jahren ihren Verkaufsschlager, die Streubombe CBU 105/D (Sensor-Fuzed Weapon), unter anderem an Indien, Saudi-Arabien und die Vereinigten Arabischen Emirate geliefert.[10]

Die Deutsche-Bank-Tochter Postbank investierte über ihren Fonds »Global Player« in die Waffenschmiede L-3 Communications. Mit Waffenverkäufen in Höhe von 13 Mrd. US-Dollar (2009) ist L-3 weltweit der neuntgrößte Rüstungsexporteur. Die Rüstungsverkäufe machen beachtliche 83 Prozent des Gesamtverkaufs aus.[11] All das waren Gründe genug, die Führungsspitze des Frankfurter Bankhauses bei der Jahreshauptversammlung mit dieser unbequemen Tatsache zu konfrontieren. Die Reaktion ließ nicht allzu lange auf sich warten: Im November 2011 erklärte die Deutsche Bank erstmals öffentlich, sie werde vollends aus dem Geschäft mit Streumunition aussteigen. Doch diente auch diese Erklärung offenbar lediglich der Beruhigung der eigenen Kundschaft, einer zunehmend kritischen Öffentlichkeit und immer wachsamerer Medien.

Denn die Realität sah einmal mehr anders aus: Noch im Februar 2012 versorgte die Deutsche Bank Fabrikanten von Streumunition mit Krediten und Anleihen in einer Größenordnung von fast 1 Mrd. Euro, so neuerliche Recherchen von Facing Finance. Die damaligen Beteiligungen der Deutschen Bank an Streumunitionsherstellern beliefen sich auf über 400 Mio. Euro, inklusive der 1,86 Mio. Euro in Aktienanteilen am US-Streumunitionsproduzenten Lockheed Martin. Und selbst nach der Ausstiegserklärung schloss die Deutsche Bank neue Anleihe- und Kreditgeschäfte mit unterschiedlichen Herstellern von Streumunition in Höhe von mindestens 126 Mio. Euro ab.[12]

Vielsagend ist die Tatsache, dass die Deutsche Bank im Februar 2012, nur einen Tag nach der wiederholten Ausstiegserklärung ihres Vorstandsvorsitzenden Josef Ackermann, auf ihrer Bilanzpressekonferenz einen Kredit in Höhe von 47,5 Mio. Euro vergab. Diesmal an den US-amerikanischen Streumunitionshersteller L3-Communications, so die Recherchen von Facing Finance.[13] Barbara Happe kommt zu einer eindeutigen Bewertung. Unter den großen deutschen Banken sei »die Deutsche Bank am stärksten mit der Rüstungsindustrie verstrickt«. Die Ergebnisse diverser Untersuchungen von Facing Finance und urgewald e. V. seien ernüchternd: In fast allen Sparten schrecke die

Deutsche Bank »auch vor der Finanzierung der ›schwärzesten Scha-
fe‹ nicht zurück«. Das Kreditinstitut unterhalte Geschäftsbeziehungen
auch zu Unternehmen, die bei anderen Finanzdienstleistern längst auf
dem Index stünden.[14]

Wie glaubwürdig sind also all die vollmundigen Ankündigungen zukünftigen ethischen Handels? Wer eine Antwort auf diese Frage sucht,
muss weiter ausholen. Noch Ende 2010 hatte die DWS in vorbildlicher
Manier erklärt, keine Anteile mehr von Herstellern der fraglichen Waffensysteme zu halten. Für in Deutschland verkaufte Publikumsfonds
traf dies auch zu. Erfreulich war diesbezüglich auch die damalige Feststellung seitens der DWS, wonach »langfristig keinem Fonds etwas verloren geht, wenn er auf solche Investments verzichtet«.

Doch mittlerweile plant die DWS, ein Tochterunternehmen der
Deutschen Bank, augenscheinlich den Ausstieg aus dem Ausstieg,
denn sie hat ihre Regeln längst aufgeweicht. Man werde »sich zukünftig bemühen, Unternehmen, die Streumunition oder Landminen herstellen, zu identifizieren und [wird] generell nicht in solche Unternehmen investieren, es sei denn, zwingende Gründe sprechen für ein
Investment«.[15] Gemeinhin schweigt der DWS-Mutterkonzern auch
über die Tatsache, dass seine US-Investmenttöchter im Geschäftsbereich Vermögensverwaltung an die »Ausstiegserklärung« nicht zwin-
gend gebunden sind, sie sollen die Ethik-Richtlinien der Bank bei In-
vestmententscheidungen, wenn möglich, beachten.

Auf die Frage, was geschähe, wenn unternehmensnahe Investmentfonds Anteile an solchen Unternehmen – gemeint waren Streumunitionshersteller – hielten, antwortete Andrew Procter von der Deutschen
Bank im Nachhaltigkeitsbericht 2011: Die eigenen Asset Manager, also
die Vermögensverwalter, »würden darauf antworten, dass sie den Wert
für ihre Anleger maximieren müssen. Wenn wir in ein Unternehmen
investiert haben, das zur Herstellung von Streubomben in der Lage ist,
können wir unsere Vermögensverwaltung nicht anweisen, diese Anteile zu verkaufen.«[16] Schwammig äußerte sich Sabine Miltner, Group
Sustainability Officer der Deutschen Bank und damit die verantwortliche Führungskraft für die Nachhaltigkeitsstrategie des Frankfurter
Bankhauses: »In manchen Portfolios« (gemeint waren die des eige-

nen Unternehmens) fänden sich »keinerlei Anteile von Unternehmen, die an der Herstellung von Streubomben beteiligt sind«.[17] Ein ernstzunehmender Ausstieg aus dem Geschäft mit dem Tod hört sich anders an. Dementsprechend wundert es wenig, dass die *Financial Times Deutschland* den Nachhaltigkeitsbericht als »unsägliche Augenwischerei der Deutschen Bank« bezeichnete.[18] Wenigstens ehrlich war die Feststellung von Josef Ackermann, der im Vorwort des Nachhaltigkeitsberichts Tacheles redete: »Als wichtigste soziale Verantwortung betrachten wir es, international wettbewerbsfähig zu sein und entsprechende Gewinne zu erwirtschaften«, so die Worte des Noch-Vorstandsvorsitzenden.[19] Ernüchtert beklagt Thomas Küchenmeister sowohl die mangelnde Kontrolle als auch die fehlenden Nachfragen nach dem Verwendungszweck von Krediten. Sein Fazit: Wenn ein Streubombenhersteller einen Kredit wollte, »bekam er ihn, einfach, ungefragt und auf jeden Fall von der Deutschen Bank«. Genau das müsse sich grundlegend ändern. Vor diesem Hintergrund fordert Facing Finance endlich konkrete staatliche Maßnahmen statt leerer Versprechungen.

Die Spitze des Eisbergs

Längst stoßen nicht nur Rüstungsgeschäfte mit völkerrechtswidrigen Waffen auf Kritik. Angesichts der erschreckenden Folgen zahlloser Rüstungsexporte in Krisen- und Kriegsgebiete begründen Bankkunden wie Investoren ihre Unzufriedenheit immer häufiger mit ethischen und moralischen Erwägungen.

Derart in die Defensive gedrängt, rechtfertigen Geschäftsbanken ihr Engagement in konventionelle Rüstung explizit mit dem Recht von Staaten auf Selbstverteidigung gegen äußere Angreifer. Genau dieses Argument aber hat mit dem Ende des Kalten Krieges weitgehend an Bedeutung verloren, viele Bürgerkriege und vereinzelt Kriege bestimmen inzwischen die Szenerie. Der wahre Grund für Waffenhandel ist ein anderer: Rüstungsproduktion und -exporte sind für alle Geschäftspartner – auch für die beteiligten Banken – äußerst lukrativ. Die Analyse monetärer Verbindungen deutscher Finanzdienstleister und Investoren mit führenden Rüstungsriesen offenbart den immensen Umfang der Finanzgeschäfte.

Infokasten 7/1

Volumen der Geschäftsbeziehungen ausgewählter deutscher Finanzdienstleister mit den Rüstungsunternehmen Rheinmetall, EADS, ThyssenKrupp und MTU Aero Engines

Finanzinstitution	Beteiligungen in Euro	Anleihe- und Aktienausgabe in Euro	Kredite in Euro	Summe in Euro
Commerzbank AG	174 467 403	1 356 000 000	442 000 000	1 972 467 403
Landesbanken (Helaba Invest KAG, LBB-Invest, LBBW Asset Management Investmentgesellschaft mbH, WestLB AG)	39 192 146	763 500 000	1 027 000 000	1 829 692 146
Deutsche Bank (DWS Investment GmbH, Deutsche Asset Management Investmentgesellschaft mbH, Deutsche Bank AG, Deutsche Postbank Financial Services GmbH, Oppenheim KAG)	228 911 776	1 407 500 000	192 000 000	1 828 411 776
Allianz (Allianz Global Investors KAGmbH)	191 907 297			191 907 297
Deka (Deka Investment GmbH, ETFlab Investment GmbH)	130 856 875			130 856 875
Union Investment Group	81 311 110			81 311 110
Insgesamt	846 646 607	3 527 000 000	1 661 000 000	6 034 646 607

Quelle:
Thomson ONE Database, Abfrage August 2012, Untersuchungszeitraum Juli 2011 bis August 2012.

Insgesamt erreichten die Geschäftsbeziehungen (Investment und Kreditvergabe) der großen deutschen Banken und Investmentfonds im Erfassungszeitraum von Juli 2011 bis August 2012 einen Umfang von mehr als 6 Mrd. Euro. Mit diesem Geld können neue milliardenschwere Rüstungsprojekte vorfinanziert und Rüstungsexporte abgesichert werden. Zum Vergleich: Im Jahr 2011 betrug das Gesamtvolumen der bundesdeutschen Kriegswaffenausfuhren etwa 1,3 Mrd. Euro.[20]

De facto liegt die Gesamtsumme der Finanzzuwendungen deutscher Kreditinstitute an die hiesige Rüstungsindustrie noch weitaus höher. Facing Finance hat lediglich die führenden deutschen Waffenproduzenten in der SIPRI-Liste der Top 100 der Waffenexporteure genauer untersucht und deren größte deutsche Investoren und Geldgeber identifiziert. Nicht erfasst wurden die Unternehmen Diehl und Krauss-Maffei Wegmann, weil beide Konzerne keine Aktiengesellschaften und daher nicht börsenorientiert sind. MTU Aero Engines wurde in dieses Kapitel aufgenommen, da der Luftfahrtkonzern bis 2010 unter den SIPRI Top 100 gelistet war.

Für viele Beobachter überraschend mag die Platzierung der Commerzbank sein, die im Erfassungszeitraum 2011/2012 mit einer Gesamtsumme von 1,972 Mrd. Euro die Spitzenposition einnimmt. Sie rangiert damit noch vor den Landesbanken und fast gleichauf der Deutschen Bank und deren Beteiligungen.

Die Tatsache, dass die Union Investment Group, die Deka mit der Deka Investment GmbH, die ETFlab Investment GmbH sowie die Allianz Global Investors KAGmbH mit ihren Beteiligungen Rüstungsgeschäfte in zwei- bzw. dreistelliger Millionenhöhe finanziell unterstützen bzw. ermöglichen muss ebenfalls betont werden.

Diese Übersicht bietet einen ersten Einblick in ein weit umfassenderes Finanzgeschäft, in dem vor allem eines zählt: Profit. Zivil wie militärisch nutzbare Dual-Use-Güter und indirekte Beteiligungen können kaum erfasst werden. Die Gesamtzahl der Investoren und Kreditgeber der bundesdeutschen Rüstungsindustrie ist viel größer. Die analysierten Waffenschmieden bilden gerade mal die Spitze eines Eisbergs von weit mehr als einhundert rüstungsproduzierenden Unternehmen und zahllosen Zulieferbetrieben.

Rüstungsbanken – führende Financiers börsennotierter Rüstungsriesen

Zusammen exportierten die Big Five 2011 laut SIPRI Waffen im Wert von 24,57 Mrd. US-Dollar. Mit ihren Rüstungsexporten rangierten die EADS (Platz 7), Rheinmetall (26), ThyssenKrupp (49), Krauss-Maffei Wegmann (54) und die Diehl-Stiftung (60) in der List der Top 100 des Stockholmer Friedensforschungsinstituts.[21] Einzig MTU Aero Engines hielt seinen Platz nicht und fiel aus dem Ranking.

An den vier börsennotierten Rüstungsunternehmen (EADS, Rheinmetall, ThyssenKrupp und MTU Aero Engines) jeweils beteiligt sind die DWS Investment GmbH, BlackRock Asset Management Deutschland AG, Allianz Global Investors Kapitalanlagegesellschaft mbH, Deka Investment GmbH, Union Investment Group und Assenagon Asset Management S. A. Im August 2012 belief sich die direkte Beteiligung der großen deutschen Banken und Finanzdienstleister auf mindestens 850 Mio. Euro. Damit nicht genug, versorgten die deutschen Finanzdienstleister die vier führenden börsennotierten Rüstungsfirmen im Zeitraum von Januar 2011 bis Dezember 2012 mit Krediten und Anleihen in Höhe von knapp 5,2 Mrd. Euro. Dieses Kreditvolumen bedeutet bei einer angenommenen fünfprozentigen Zinsrate allein 260 Mio. Euro Einnahmen pro Jahr für die Geldgeber.

Größter deutscher Kreditnehmer ist EADS. Internationale. Bankenkonsortien versorgten das Unternehmen zwischen 2008 und 2011 mit über 7 Mrd. Euro Kapital.

Als einziger Konzern mit massiver deutscher Beteiligung rangiert EADS in den Top Ten der Rüstungsexportgiganten. Zurzeit erzielt EADS rund ein Viertel seines Umsatzes außerhalb von Europa, dieser Anteil soll sich laut EADS alsbald auf 40 Prozent erhöhen, weil man in den kommenden Jahren sowohl im Inland als auch auf den internationalen Märkten bedeutende Bestellungen erwartet. Diese Prognosen erscheinen gewagt, denn gerade die Auslandsaufträge für den Eurofighter blieben bislang hinter den Erwartungen zurück.

Allerdings hat eine ganz andere Rüstungssparte der EADS den staatlichen norwegischen Pensionsfonds und die norwegische Kommunal Landespensjonskasse[22] dazu bewogen, EADS von seinem Investment auszuschließen: die Atomwaffenträgersysteme vom Typ M51.[23]

Die Deutsche Bank und die Commerzbank haben unisono erklärt, keine Geschäfte mit »kontroversen Waffen« machen zu wollen. Eine Vorgabe, die offensichtlich nicht für die M51-Systeme der EADS gilt. Auch viele andere deutsche Kreditinstitute und Investmentfonds schließen EADS als Produzenten von Atomwaffenträgersystemen bis heute noch immer nicht aus. Zu ihnen zählen unter anderem die Deutsche-Bank-Tochter DWS, Allianz Global Investors, Deka, Union Investment und die Landesbank Baden-Württemberg (LBBW).

Wie einträglich dieses Geschäft für EADS – und damit auch für die Investoren – ist, belegen die Bilanzzahlen für 2011 und 2012. Diese überträfen die Erwartungen, ließ Louis Gallois, CEO der EADS, bereits im März 2012 verlauten. Trotz eines unsicheren gesamtwirtschaftlichen Umfelds hatte Europas Nummer eins im Luft- und Verteidigungsbereich das Wachstum fortgesetzt und dabei sowohl die Finanz- als auch die Ertragslage weiter verbessert. Der Umsatz stieg gegenüber dem Vorjahr um 15 Prozent auf 56,5 Mrd. Euro. Das EBIT von Einmaleffekten wuchs gar um 68 Prozent auf 3,0 Mrd. Euro.[24] Aufgrund des Gewinns je Aktie wurde die Dividende in den letzten drei Jahren von 0,22 Euro (2010) auf 0,45 Euro (2011) und nunmehr 0,60 Euro (2012) pro Aktie fast verdreifacht.[25]

Der Aktienanteil der Daimler AG an der EADS betrug Ende des Jahres 2011 22,5 Prozent.[26] Mit dem Verkauf von 7,5 Prozent der Aktienanteile an ein Konsortium aus Bundesländern, privaten und öffentlichen Banken (Dedalus-Konsortium) reduzierte Daimler seinen Anteil auf 15 Prozent. In Vertretung des Konsortiums behielt der Stuttgarter Konzern jedoch dessen Stimmrecht und verfügte somit weiterhin über 22,5 Prozent der Stimmrechte.

Der Daimler-Vorstand setzte den Prozess der Konzentration auf das Kerngeschäft automobiler Mobilität fort und verkaufte zum Jahreswechsel 2012/2013 weitere 7,5 Prozent der EADS-Anteile an die Kreditanstalt für Wiederaufbau (Förderbank KfW). Der deutsche Steuerzahler wurde dafür mit 1,66 Mrd. Euro zur Kasse gebeten und durch diesen Deal – neben Daimler – zugleich größter EADS-Investor in Deutschland. Die KfW ist ebenfalls ein regelmäßiger Kreditgeber für

EADS. Der Daimler-Anteil am deutsch-französischen Rüstungsriesen betrug somit Anfang 2013 noch 7,5 Prozent.[27]

Neben der Daimler AG profitieren zahlreiche weitere Anteilseigner mit geringeren Beteiligungen von den zivilen wie militärischen Geschäften der EADS.

Führende Anteilseigner der EADS N. V.

Investor	Gegenwärtige Beteiligung (Stückzahl)	Gesamtwert der Beteiligung (in Euro)
DaimlerChrysler Aerospace AG	184 202 812	5 526 084 360
DWS Investment GmbH	3 191 695	89 367 460
BlackRock Asset Management Deutschland AG*	2 954 922	82 737 816
Allianz Global Investors Kapitalanlagegesellschaft mbH	2 558 306	66 515 956
Deka Investment GmbH	1 372 573	32 941 752
Commerzbank AG	1 241 445	32 277 570
Union Investment Group	473 470	14 204 100
Assenagon Asset Management S.A.*	391 386	8 610 492
Veritas Investment Trust GmbH	211 000	5 908 000
Signal Iduna Asset Management GmbH	160 000	4 480 000
Insgesamt		5 863 127 506

Quelle:
Thomson ONE database, Stand: August 2012.
* Investor mit ausländischem Mutterkonzern

Im Jahr 2008 vergab eine Gruppe von 21 Banken an die EADS-Tochter AirTanker Ltd. einen Kredit in Höhe von 2,48 Mrd. Pfund, rund 3,37 Mrd. Euro, für das Projekt des militärischen Tankflugzeuges KC-45. Von deutscher Seite beteiligt waren, so die Rechercheergebnisse von Facing Finance, die Bayerische Landesbank Giro (Bookrunner und Mandated Arranger).*

---

* Der Bookrunner erstellt ein Emissions- und Platzierungskonzept und koordiniert die Festlegung der Zeichnungsfrist, innerhalb derer eine Übernahme der Emission durch Investoren erfolgen muss. Im Einvernehmen mit dem Emittenten und den Konsortialbanken entscheidet der Bookrunner, welche bieten-

Zu den weiteren Beteiligten zählten die Commerzbank (Mandated Arranger), die Landesbank Baden-Württemberg (Mandated Arranger), die WestLB AG (Mandated Arranger), die IKB Deutsche Industriebank (Mandated Arranger) und die staatliche KfW International Finance (Mandated Arranger).[28]

Im Mai 2009 gab die EADS Finance BV eine Anleihe im Wert von 1 Mrd. Euro mit Laufzeit bis 2016 aus. Insgesamt profitieren 13 Banken von diesem Geschäft und versorgen EADS auf diese Weise mit frischem Kapital. Zu diesen Banken gehören die Deutsche Bank (Bookrunner), die Bayerische Landesbank Giro und die Commerzbank AG als deutsche Co-Manager. Und das, obwohl die Ethikcodes der Commerzbank und der Deutschen Bank Kooperationen mit Atomwaffenherstellern ausschließen.

Im Jahr 2011 schließlich versorgte ein Konsortium von 39 Banken EADS mit weiteren 3 Mrd. Euro zur Unterstützung ihrer Geschäftstätigkeit.[29] Involviert sind die Bayerische Landesbank Giro (Mandated Arranger), die DZ Bank (Mandated Arranger), die Helaba (Mandated Arranger) und die KfW International Finance (Mandated Arranger). Abermals ihre ethischen Grundsätze außer Acht lassend, tauchten erneut die Commerzbank (Bookrunner und Mandated Arranger) und die Deutsche Bank (Bookrunner und Mandated Arranger) in der Liste auf. Bei derartigen pauschal gewährten Finanzierungen haben die Banken in der Regel keinen Einfluss darauf, wofür die Finanzmittel verwendet werden – oder sie wollen es überhaupt nicht wissen, wie das Beispiel der Deutschen Bank belegt.

Die Rheinmetall AG, auf Platz 26 des SIPRI-Rankings (2011) ist das höchstplatzierte Unternehmen mit Stammsitz in Deutschland. Laut SIPRI steigerte der Rüstungsriese seine Waffenverkäufe 2011 auf das Rekordvolumen von 2980 Mio. US-Dollar.

---

den Investoren den Zuschlag erhalten. Mandated Arranger-Konsortialbanken lassen sich – je nach Größe des Konsortiums – unterteilen in Lead Arrangers, Arrangers, Managers, Co-Lead Managers und bloße Participants. Diese hierarchische Gliederung ergibt sich aus den jeweiligen Anteilen am Konsortialgeschäft, beispielsweise bei Ausgabe einer Anleihe oder neuer Aktien.

Ungefähr 66 Prozent der Verkäufe gingen ins Ausland, rund 20 Prozent davon nach Asien und den Mittleren Osten. Davon profitieren unter anderem auch die Deutsche-Bank-Tochter DWS und die Allianz Global Investors. Sie gehören zu den größten deutschen Investoren bei Rheinmetall und halten zusammen mehr als 1,5 Millionen Aktien im Wert von über 56 Mio. Euro. Insgesamt besitzen die deutschen Top-Investoren direkte Anteile in Höhe von mehr als 158 Mio. Euro, wobei indirekte Beteiligungen, zum Beispiel über Beteiligungsgesellschaften, noch nicht einmal berücksichtigt sind.

Interessanterweise schließt der niederländische Investor Delta Lloyd Asset Management Rheinmetall aus seinem Portfolio aus. Begründung: die Produktion von Munition zum Einsatz von weißem Phosphor.[30] Deutsche Investoren folgen diesem Beispiel allerdings nicht.

Führende Anteilseigner der Rheinmetall AG

Investor	Gegenwärtige Beteiligung (Stückzahl)	Gesamtwert der Beteiligung (in Euro)
BlackRock Asset Management Deutschland AG*	1 198 814	39 560 862
DWS Investment GmbH	1 173 000	43 401 000
Allianz Global Investors Kapitalanlagegesellschaft mbH	382 004	12 606 132
Lampe Asset Management GmbH	352 302	11 625 966
Union Investment Group	329 600	14 832 000
LBB-Invest	322 392	12 250 896
Assenagon Asset Management S.A.*	185 538	6 493 830
Deka Investment GmbH	167 543	5 696 462
FPM Frankfurt Performance Management AG	160 000	6 080 000
Veritas Investment Trust GmbH	144 000	5 472 000
Insgesamt		158 019 148

Quelle:
Thomson ONE database, Stand: August 2012.
* Investor mit ausländischem Mutterkonzern

Im Jahr 2009 gab Rheinmetall 3 599 000 neue Aktien im Wert von 104 Mio. Euro aus. Involviert waren zwei Banken, darunter auch die Commerzbank. Im Folgejahr versorgte sich Rheinmetall ein weiteres Mal in

Form einer Anleihe im Wert von 500 Mio. Euro mit frischem Kapital. Insgesamt waren drei Banken an diesem Geschäft beteiligt, darunter auch die Deutsche Bank (Bookrunner).[31]

Durch ihr finanzielles Engagement ermöglichten deutsche Kreditinstitute der Rheinmetall AG die Entwicklung und Produktion neuer Waffensysteme sowie den forcierten Export. Noch vor einem Jahrzehnt belieferte die Düsseldorfer Waffenschmiede schwerpunktmäßig die Bundeswehr, inzwischen verkauft Rheinmetall rund zwei Drittel seiner Produktion ins Ausland – Tendenz steigend.

Bekanntermaßen ist Rheinmetall ein Unternehmen, dessen Geschäftspolitik für schier grenzenlosen Waffenhandel steht – von der Vergangenheit über laufende Rüstungsexportprojekte bis hin zu zukünftigen Waffengeschäften.Der aufgrund der Voranfrage im Bundessicherheitsrat seit Sommer 2011 drohende und weithin äußerst kritisch beobachtete Export von 200 bis 800 Leopard-2-Kampfpanzern nach Saudi-Arabien ist symptomatisch für die Ignoranz der Unternehmensführungen sowohl von Rheinmetall und Krauss-Maffei Wegmann als auch von deren Investoren in der Frage der Menschenrechte. Dieser Panzerexport – von allen Bundesregierungen in den vergangenen Jahrzehnten abschlägig beschieden – darf keinesfalls genehmigt werden.

Ermöglicht werden würde er durch weitgehend schweigende Aktionäre, vor allem aber durch Investoren und Banken, ohne deren Kredite und Dienstleistungen der Leopard gar nicht erst hätte produziert werden können. Die in der Tabelle »Führende Anteilseigner der Rheinmetall AG« aufgelisteten Investoren werden zu den Gewinnern des Geschäfts zählen, ebenso wie all diejenigen, die Zinsen und Dividenden von den Rüstungsproduzenten erhalten. Die arabische Demokratiebewegung wird zu den Verlierern – genauer gesagt: zu den Opfern – zählen.

Die Krauss-Maffei Wegmann GmbH & Co KG (KMW), auf Rang 54 (2010 und 2011) der SIPRI-Top 100, sieht sich in Europa als Marktführer für hochgeschützte Rad- und Kettenfahrzeuge. Im Gegensatz zu EADS, Rheinmetall, ThyssenKrupp und MTU Aero Engines ist KMW nicht börsennotiert. Eigentümerin von KMW ist die Wegmann & Co. Unternehmens-Holding KG in Kassel. Diese gehört 38 stillen Teilhabern, allesamt Angehörige der Familien Bode, Von Braunbehrens, Von Maydell und Sethe. Zu den Gesellschaftern der Kommanditgesellschaft gehören Schauspieler, Ärzte, Philologen, Anwälte, Lehrer, Landwirte und Psychologen. Einer von ihnen, Burkhart Braunbehrens, gilt als einer der Köpfe der 68er-Bewegung in Heidelberg.[32]

Der Auftragsbestand von Krauss-Maffei Wegmann lag 2010 bei 2,7 Mrd. Euro und generierte sich laut Unternehmen zu mehr als 70 Prozent aus Exportaufträgen aus dem europäischen, dem NATO- und dem NATO-assoziierten-Raum. Das in München und Kassel ansässige Unternehmen hängt weitgehend vom Waffengeschäft ab. Als KMW-Hausbank tritt die HypoVereinsbank/UniCredit in Erscheinung.[33] Detaillierte Informationen zur KMW-Kapitalbeschaffung liegen nicht vor.

Während Rheinmetall schwerpunktmäßig die Bewaffnung der Leopard-Panzer beisteuert, ist KMW der Panzerproduzent und damit das maßgeblich verantwortliche Unternehmen für die zahlreichen, von der jeweiligen Bundesregierung genehmigten Exporte an kriegführende Staaten und menschenrechtsverletzende Regime. Als KMW neben Rheinmetall im Juli 2011 wegen der geplanten Ausfuhr des Leopard 2 A7+ an Saudi-Arabien massiv in die Kritik geriet, stellte der Fraktionsgeschäftsführer von Bündnis 90/Die Grünen, Volker Beck, Strafanzeige gegen KMW wegen illegalen Rüstungsexports. Die Bundesregierung schweigt sich über das mindestens 1,7 Mrd. Euro umfassende Geschäft aus.

ThyssenKrupp mit ThyssenKrupp Marine Systems (TKMS) rangiert auf Platz 49 der SIPRI-Top 100 (2011). Das Unternehmen bezeichnet sich als Weltmarktführer mit mehr als 50-jähriger Erfahrung bei nicht-nuklearen U-Booten und Marine-Überwasserschiffen. Zu Letzteren zählt die Fregatte F123 der Brandenburg-Klasse. Ihre Hauptaufgabe ist die U-Boot-Bekämpfung, vornehmlich mit Hilfe des Bordhubschraubers Sea Lynx.

Im Geschäftsjahr 2009/2010 machte der Bereich U-Boote 43 Prozent des Umsatzes aus, der Bereich Marineschiffe sieben Prozent. Der Umsatz von ThyssenKrupp Marine Systems belief sich 2009/2010 auf 1,2 Mrd. Euro und wurde zu 40 Prozent in Südamerika und Asien generiert.[34] Die ThyssenKrupp AG ist zu 63 Prozent in Streubesitz.

Zu den größten ausländischen Investoren gehören BlackRock und die deutsche Commerzbank AG. Andere Anteilseigner, wie Deka Investment, Allianz Global Investors und Union Investment, halten zusammen knapp 10 Mio. Aktien von ThyssenKrupp. Die Dividende der Investoren für 2010 lag bei 0,45 Euro.

Führende Anteilseigner der ThyssenKrupp AG

Investor	Gegenwärtige Beteiligung (Stückzahl)	Gesamtwert der Beteiligung (in Euro)
Alfried Krupp von Bohlen und Halbach-Stiftung	130 320 064	1 694 160 832
BlackRock Asset Management Deutschland AG*	28 502 693	370 535 009
Commerzbank AG	11 128 671	144 672 723
Deka Investment GmbH	3 749 184	71 234 496
ETFlab Investment GmbH	451 499	5 869 487
Allianz Global Investors Kapitalanlagegesellschaft mbH	3 586 991	68 152 829
Union Investment Group	2 026 040	38 494 760
Frankfurt-Trust Investment-Gesellschaft mbH	1 000 000	13 000 000
Assenagon Asset Management S.A.*	570 333	10 836 327
LBBW Asset Management Investmentgesellschaft mbH	251 000	3 263 000
DWS Investment GmbH	241 600	3 140 800
Insgesamt		2 423 360 263

Quelle:
Thomson ONE database, Stand: August 2012.
* Investor mit ausländischem Mutterkonzern

Bereits im Jahr 2007 hatte ThyssenKrupp einen Kredit in Höhe von 2,5 Mrd. Euro erhalten. Geldgeber waren die Bayerische Landesbank Giro (Bookrunner) und die Dresdner Bank (Bookrunner). Beteiligt waren außerdem die Commerzbank, die WestLB, die DZ Bank, HVB Capital, die staatliche KfW International Finance, die Deutsche Bank, die Landesbank Baden-Württemberg, die Deutsche Postbank, die Helaba und die NordLB. Mittels dreier Anleihen beschaffte sich der Thyssen-Krupp-Konzern zwei Jahre später zusätzliche 3 Mrd. Euro auf dem Kapitalmarkt. Geldgeber bzw. jeweils beteiligt – sei es als Bookrunner oder Co-Manager – waren die Bayerische Landesbank Giro, die Deutsche Bank und die Commerzbank. Aber auch Landesbanken, wie die Landesbank Baden-Württemberg, die WestLB und die NordLB, waren mit von der Partie. Solche Co-Manager stellen dem Unternehmen das Geld zur Verfügung und helfen beispielsweise bei der Platzierung einer Anleihe.

Im Jahr 2011 schließlich wurden im Zuge einer weiteren Kaitalbeschaffung 49 484 842 neue ThyssenKrupp-Aktien ausgegeben und damit weitere 1,63 Mrd. Euro eingesammelt. Beteiligt an dieser Transaktion waren als deutsche Bookrunner die Deutsche Bank und die Commerzbank.[35]

Die Diehl-Gruppe, auf Platz 60 im SIPRI-Ranking für 2011, erzielte in diesem Geschäftsjahr einen Umsatz von 2,93 Mrd. Euro, was einer deutlichen Steigerung gegenüber dem Vorjahr entspricht. Die Diehl-Gruppe ist nicht börsennotiert, das Unternehmen befindet sich im Privatbesitz der Familie Diehl. Zu den Hausbanken der Diehl Stiftung GmbH gehören die BayernLB, die Commerzbank, die Deutsche Bank, die zu 52 Prozent zur Deutschen Bank gehörende Deutsche Postbank und die HypoVereinsbank / UniCredit. Obwohl keine Angaben in Bezug auf die Finanzierung der Diehl-Gruppe vorliegen, kann vermutet werden, dass das Unternehmen sich bei seinen Hausbanken mit frischem Kapital versorgt.

Bei Diehl hat der Rüstungsbereich mit einem Umsatz von 643 Mio. Euro nur bedingt für die Stabilisierung des gesamten Konzernumsatzes gesorgt. Dazu trug allerdings auch der erfolgreiche Abschluss der Entwicklung der von Kritikern als eine Art alternativer Streumunition bezeichnete SMArt 155 für die gelenkte Artillerierakete GMLRS bei. Der Exportanteil beim Waffenbereich Diehl Defence lag im Jahr 2011 bei 214 Mio. Euro, das Inlandsgeschäft belief sich auf 429 Mio. Euro. Neben anderen Staaten Europas wird der Auslandsumsatz überwiegend in Asien und Nordamerika erwirtschaftet.

Diehl VA Systeme ist ein führendes europäisches Unternehmen auf dem Verteidigungs- und Luftfahrtausrüstungsmarkt. Das Leistungs- und Produktspektrum umfasst Systemlösungen für Flugkörper, Munition, Aufklärung und Schutz, Avionik-Ausrüstung sowie Kernkompetenzen auf dem Gebiet gepanzerter Fahrzeuge. Diehl Remscheid stellt unter anderem die Panzerketten für den Leopard 2 her und wäre somit auch am umstrittenen Export dieses Waffensystems nach Saudi-Arabien beteiligt.[36]

Diehl war in der Vergangenheit an der Produktion und dem Export der mittlerweile völkerrechtlich verbotenen Streumunition beteiligt. Beispielsweise bot Diehl den Raketenwerfer RM-70 mit Streumunitionsraketen auf Messen speziell in Osteuropa an. Die mitgelieferte Streumunition M77 kann eine Fehlerquote von bis zu 40 Prozent haben.[37] Darüber hinaus hatten die Diehl Stiftung & Co. in Nürnberg und das US-Unternehmen Raytheon Missile Systems im Jahr 2004 ein Gemeinschaftsunternehmen zur Modernisierung und Vermarktung des Kurzstrecken-Lenkflugkörpers Sidewinder gegründet. In die Kritik geriet zuletzt das Diehl-Tochterunternehmen Junghans Microtec durch einen Bericht des ZDF-Politmagazins »Frontal 21«, der Zweifel am Ausstieg des Unternehmens aus der Produktion von völkerrechtswidriger Streumunition bzw. Zündern dafür aufkommen ließ.[38]

MTU Aero Engines Holding AG, 2010 noch Nummer 100 im SIPRI-Ranking, ist ein führender Hersteller ziviler und militärischer Triebwerksmodule und -komponenten bis hin zu kompletten Flugzeugtriebwerken. Der militärische Anteil machte im Jahr 2010 mit etwa 485 Mio. Euro rund 18 Prozent des Gesamtumsatzes von 2,7 Mrd. Euro aus. MTU Aero Engines ist zu 66 Prozent im Streubesitz. Größte ausländische Investoren sind die Capital Research and Management Company mit 10,2 Prozent und FIL Holdings Limited mit fünf Prozent. Zu den größten deutschen Anteilseignern gehören die Deutsche-Bank-Tochter DWS, Allianz Global Investors sowie Union und Deka Investment. Die MTU-Anteilseigner strichen 2010 eine Dividende von 1,10 Euro ein.

Vor dem Hintergrund sinkender Rüstungsbudgets in Europa engagiert sich MTU nicht nur auf dem US-Markt und in Asien, sondern auch im Nahen Osten. Auftakt war eine Beteiligung an der Middle East Propulsion Company (MEPC) in Saudi-Arabien. Das Unternehmen ist auf die Wartung militärischer Triebwerke spezialisiert und betreut als Hauptkunden die Royal Saudi Air Force (RSAF) mit ihren Boeing-Kampfjets F-15, die von F100-Triebwerken angetrieben werden, sowie die T56-Triebwerke der Hercules C-130.[39]

Führende Anteilseigner der MTU Aero Engines Holding AG

Investor	Gegenwärtige Beteiligung (Stückzahl)	Gesamtwert der Beteiligung (in Euro)
DWS Investment GmbH	1 688 424	97 928 592
Deutsche Asset Management Investmentgesellschaft mbH	72 626	4 212 308
BlackRock Asset Management Deutschland AG*	1 555 009	76 195 441
UBS Global Asset Management (Deutschland) GmbH*	724 844	42 765 796
Allianz Global Investors Kapitalanlagegesellschaft mbH	561 577	33 133 043
DJE Kapital AG	470 000	27 260 000
Deka Investment GmbH	322 300	16 115 000
Union Investment Group	297 057	17 823 420
LBB-Invest	261 967	15 194 086
Pioneer Investments Kapitalanlagegesellschaft mbH*	105 932	6 673 716
Assenagon Asset Management S.A.*	33 440	1 571 680
Insgesamt		338 873 082

Quelle:
Thomson ONE database, Stand: August 2012.
* Investor mit ausländischem Mutterkonzern

In den Jahren 2009 und 2010 wurden an MTU Aero Engines zwei Kredite in Höhe von insgesamt 200 Mio. Euro vergeben. Von deutscher Seite war die Commerzbank als Geldgeber und Bookrunner beteiligt. Zwei Jahre zuvor hatte MTU Aero Engines Finance BV mit Hilfe der Deutschen Bank (Bookrunner) und der Commerzbank (Co-Manager) eine Anleihe in Höhe von 180 Mio. Euro platziert.[40]

Infokasten 7/2

Schwäbischer Exkurs:
Daimler AG und Heckler & Koch GmbH

Weder die Daimler AG noch die Heckler & Koch GmbH tauchen in der Top-100-Liste von SIPRI auf. Dabei ist der Mercedes-Hersteller Daimler der führende industrielle Stimmrechtseigner bei der EADS, ein Konzern, der das Atomwaffenträgersystem M51 produziert und darüber hinaus Bestandteile für kontroverse konventionelle Waffensysteme zuliefert. Zum Beispiel für den ASTROS-II-Rake-

tenwerfer (Artillery SaTuration ROcket System) des brasilianischen Unternehmens Avibras. Der Raketenwerfer wird auf den »Mercedes-Benz 6x6 high mobility
truck« montiert und verschießt mit seinen SS-40-, SS-60- und SS-80-Raketen
auch völkerrechtlich verbotene Waffen wie Landminen und Streumunition.

Fast 80 Prozent der Daimler-Aktien befinden sich in Streubesitz, fast alle
großen deutschen privaten und institutionellen Finanzdienstleister sind an der
Daimler AG beteiligt.[41] Zu ihnen gehören neben dem Allianz-Konzern auch die
Deutsche Bank, deren Tochter DWS, die Commerzbank und Union Investment.[42]
Auch die Heckler & Koch GmbH mit Stammsitz in Oberndorf am Neckar ist nicht
bei SIPRI gelistet. Aus zwei Gründen: Zum einen erfasst das Stockholmer Friedensforschungsinstitut Großwaffensysteme, zum anderen beschäftigt Europas
führender Gewehr- und Pistolenproduzent bei einem Jahresumsatz weit unter
der Milliarden-Marke gerade mal rund 750 Mitarbeiter. Nach eigenen Angaben
konnte Heckler & Koch Umsatz und Gewinn im Jahr 2010 steigern. Der Umsatz stieg auf 247 Mio. Euro beziehungsweise fünf Prozent gegenüber 2009.
Der operative Gewinn von 51,8 Mio. Euro lag um rund 30 Prozent über dem
Vorjahresniveau.[43]

Trotz weltweit gewinnbringender Geschäfte – vor allem mit der neuen Produktionslinie des Sturmgewehrs G36 in Saudi-Arabien – bekam das Unternehmen
aufgrund alter Schulden in jüngster Zeit finanzielle Probleme, die dank zahlreicher Investoren vergleichsweise rasch gelöst werden konnten. Diese Anleger
zeichneten eine Hochzinsanleihe über 295 Mio. Euro mit 9,5 Prozent Verzinsung.
Die Rückzahlung ist für 2018 terminiert. Offensichtlich vertrauen die Investoren
auf die zukünftigen Waffengeschäfte von H&K.[44]

Ein Blick in die Liste der Investoren ist äußerst aufschlussreich. Zu ihnen gehören nicht nur internationale, sondern auch deutsche Finanzdienstleister, beispielsweise die Deutsche-Bank-Tochter DWS mit 2 Mio. Euro und Deka Investment mit 250 000 Euro. Indirekt beteiligt sind zudem auch Union Investment, die
Deutsche Apotheker- und Ärztebank sowie DWS, Allianz Global Investors, Commerzbank und abermals Deka Investment über Beteiligungen an der Aberdeen
Asset Management PLC.[45] Diese Geldgeber haben mit ihren Investitionen dafür
gesorgt, dass Heckler & Koch seine Waffen weiter produzieren und exportieren
kann, auch in die Krisenregionen dieser Welt.[46]

Deutsche Kreditinstitute investierten in den vergangenen Jahren massiv in eine wachsende und zugleich profitable deutsche Rüstungsindustrie. Besonders die Deutsche Bank, die Commerzbank, Union und

Deka Investment tauchen immer wieder als Anteilseigner oder Kreditgeber auf, desgleichen viele Landesbanken und die Staatsbank KfW. Zum Teil verstoßen deutsche Investoren mit ihrem Engagement gegen eigene Ethik-Richtlinien. Das Argument, die Waffenproduktion sei zur Selbstverteidigung notwendig und der Waffenhandel diene der Friedenssicherung auf nationaler wie internationaler Ebene, entbehrt im Deutschland des 21. Jahrhunderts jeglicher Grundlage.

Das Mindeste, was Banken tun könnten, um ihre Position als Investoren und Kreditgeber zu nutzen, wäre das Werben für internationale Menschenrechtsstandards. Sie müssen auf Unternehmen einwirken, verantwortungslose Lieferungen konventioneller Waffen und strittige Geschäfte in Krisenregionen zu unterlassen.

All dies setzt allerdings ein Höchstmaß an Transparenz des Finanzsektors voraus. Kunden müssen vorab über etwaige Waffeninvestments informiert werden. Die Zertifizierung von Riester-Produkten muss novelliert werden, Riester-Sparer müssen darüber informiert werden, dass sie gegebenenfalls in Kriegswaffen investieren, in Landminen und Streu- bzw. Uranmunition. Gleichzeitig muss die steuerliche Förderung solcher Investments sofort beendet werden. Wer den Profit über Menschenleben stellt, macht sich moralisch und ethisch mitschuldig am massenhaften Tod unschuldiger Menschen.

Wie unterschiedlich deutsche Banken mit Waffenschmieden umgehen

Zu den lukrativsten Finanzdeals zählen aus Sicht von Investoren und Kreditgebern Großwaffengeschäfte, weil sie Milliardengewinne abwerfen. Allerdings bergen Investitionen in Rüstungsunternehmen und damit die Mitfinanzierung von Waffengeschäften ein beträchtliches Reputationsrisiko. Finanzieren Banken und Investoren Rüstungsfirmen und deren Geschäfte, laufen sie Gefahr, sich zu Komplizen von Kriminellen, Waffenhändlern und Menschenschlächtern zu machen.

Die Situation auf dem Waffenhandelsmarkt ist desaströs. So lange nicht einmal die Kontrollinstrumente zur Regulierung des internationalen Waffenhandels funktionieren – ein Waffenhandelsstopp liegt in weiter Ferne –, werden Menschen in Krisen- und Kriegsgebieten oftmals Opfer importierter, auch aus Deutschland gelieferter Waffen.

Weder das UN Register of Conventional Arms, das Waffenregister der Vereinten Nationen, noch das Wassenaar Arrangement von 1996 zur Förderung von Transparenz, Meinungs- und Informationsaustausch und auch nicht die Konventionen zur Ächtung kontroverser Waffen haben bisher ihre Ziele erreicht. Auch eine völkerrechtlich bindende Kontrolle und Restriktion internationaler Rüstungstransfers durch einen von der Weltgemeinschaft getragenen Arms Trade Treaty (ATT) ist im Sommer 2012 gescheitert. Seit 2013 laufen neuerliche Verhandlungen auf UN-Ebene.

Mit dem Global Investor Statement on Arms Trade (»Erklärung globaler Investoren zum Waffenhandel«) beklagt jetzt erstmals eine internationale Gruppe mit 39 Investoren – darunter die Schwedische Kirche, die ASN Bank und die Danske Bank sowie diverse Pensionsfonds – das Fehlen eines weltweit anwendbaren Waffenkontrollsystems, welches aus ihrer Sicht unverantwortliche Waffenlieferungen verhindern könnte.[47] Die verantwortungslose Lieferung konventioneller Waffen könne zu Verstößen gegen Menschenrechte und das humanitäre Völkerrecht führen. Nationale und internationale Konflikte würden gefördert, das Ergebnis seien politische Instabilität und Unsicherheit. Und letztlich leide das wirtschaftliche Wachstum.

Allein der afrikanische Kontinent verliert pro Jahr schätzungsweise 18 Mrd. US-Dollar durch militärische Konflikte, Bürgerkriege und Aufstände. Bewaffnete Auseinandersetzungen lassen die Wirtschaft eines afrikanischen Landes um bis zu 15 Prozent schrumpfen, wie die unabhängige Hilfs- und Entwicklungsorganisation Oxfam bereits 2007 berechnete.[48]

Angesichts ihrer tiefgreifenden Verstrickung in die Produktion und den Export von Waffen und Rüstungsgütern beginnen mittlerweile auch deutsche Investoren, Banken und Investmentfonds, sich eingehender mit der Thematik fragwürdiger Waffengeschäfte zu beschäftigen.

Dabei müssen Banken bedenken, dass selbst umfassende Selbstverpflichtungserklärungen, Ethikcodes sowie ökologische und soziale Richtlinien noch lange nicht vor Missbrauch schützen. Nachdrücklich verweist SIPRI auch darauf, dass die Hälfte der weltweit gezahlten Bestechungsgelder in den Waffensektor fließt. Fast sämtliche von der Europäischen Union, den Vereinten Nationen und der OSZE verhängten Waffenembargos werden unterlaufen.[49]

Zudem wollen die klassischen deutschen Geschäftsbanken sich nicht auf ein umfassendes »Nein« zu jeder Art von Waffengeschäften festnageln lassen. Immerhin haben einige deutsche Banken, wie die Commerzbank und die zur UniCredit Group gehörende HypoVereinsbank (HVB), inzwischen sogenannte »Waffenrichtlinien« verabschiedet und veröffentlicht, in denen sie die Lieferung von Waffen- und Rüstungsgütern in Spannungs- und Krisengebiete ablehnen.

Mit der Verabschiedung einer eigenen, fortschrittlichen Waffenrichtlinie im Jahr 2008 war die UnicreditGroup in der Rüstungsproblematik einst ein Vorreiter bei privaten Großbanken. Doch mittlerweile hat das Unternehmen seine Waffenrichtlinie wieder aufgeweicht. Nicht anders als bei anderen Großbanken beschränken sich die Verbote lediglich noch auf konkrete Transaktionen mit kontroversen Waffen, wie atomare, biologische und chemische Waffen. Jedoch fühlt sich Pioneer Investment, der Investmentarm der Unicredit Group, an diese Vorgabe der Konzernmutter nicht gebunden und investiert auch aktuell weiterhin in Produzenten von Streumunition, wie General Dynamics, L-3 Communications und Alliant Techsystems (ATK).

Als Reaktion auf die massive Kritik verweigern in den letzten Jahren viele Banken und Versicherungen insbesondere die Finanzierung von Streumunition.

Das sich bietende Bild bleibt aber uneinheitlich und ist allenfalls bei oberflächlicher Betrachtung ansprechend. Denn selbst führende Banken, die sich scheinbar sinnvolle Richtlinien gegeben haben, zeigen gravierende Schwächen bei deren Verwirklichung. Sieht man sich beispielsweise die Umsetzung der Waffenrichtlinien von Commerzbank und UniCredit Group/HVB genauer an, kommt man zu der erschreckenden Erkenntnis, dass Geschäfte mit Großkunden wie EADS »Ausnahmen« von der Verbotsregel zulassen. Und zwar dann, wenn die gewährte finanzielle Unterstützung nicht direkt für die Herstellung von oder den Handel mit kontroversen Waffen bzw. deren Komponenten genutzt wird. Und für das tödliche Arsenal konventioneller Waffen –

bei der EADS beispielsweise Kampflugzeuge, Militärhubschrauber und Drohnen, sprich: das Gros der Waffensysteme – gelten die Ethikcodes gar nicht erst. Letztlich handelt es sich damit um eine Form der Schönfärberei finanzieller Transaktionen zum Wohle von Geldgebern wie Geldnehmern unter Missachtung der Opfer dieser Politik.

Begrüßenswert, weil konsequenter, erscheint in diesem Kontext das Vorgehen der belgischen Bank KBC im Bereich der Vermögensverwaltung und des norwegischen Pensionsfonds. Beide Finanzdienstleister haben eine Liste von etwa 20 Rüstungsfirmen veröffentlicht, für die sie monetäre Zuwendungen kategorisch ablehnen. Die Begründung: Diese Waffenschmieden produzieren bzw. exportieren kontroverse Waffensysteme oder deren Teile. Auf dieser Liste finden sich führende Rüstungsunternehmen – unter anderem auch EADS.

Erfreulicherweise gibt es mittlerweile zahlreiche kleinere Geschäftsbanken, deren ethische Grundlagen Transaktionen mit rüstungsproduzierenden bzw. -exportierenden Unternehmen ausschließen. In Deutschland sind dies beispielsweise die Triodos Bank, die GLS Gemeinschaftsbank, die Ethikbank und diverse Kirchenbanken. Das Ausschlusskriterium bezieht sich sinnvollerweise vielfach auch auf zivil wie militärisch nutzbare Dual-Use-Güter. »Der Leitfaden für ethisch nachhaltige Geldanlage in der evangelischen Kirche« setzt Unternehmen auf den Index, die an der Entwicklung oder Herstellung von Rüstungsgütern im Sinne der Anlage zum Kriegswaffenkontrollgesetz beteiligt sind. Er schließt zudem Unternehmen, die unabhängig von ihrem Umsatzanteil an der Entwicklung oder Herstellung geächteter Waffen beteiligt sind, vom »Anlageuniversum« aus.[50] Ein derart umfassendes Nein zu Geschäften mit jeder Art von Waffen klassifiziert nicht nur Landminen, Streu- und Uranmunition oder Atomwaffen mit deren Trägersystemen als tödliche Gefahr für Mensch und Umwelt. Ethisch orientierte Banken haben erkannt, dass gerade Kleinwaffen die Massenvernichtungswaffen des 21. Jahrhunderts sind. Namentlich die Triodos Bank geht noch weiter: Sie schließt die Zusammenarbeit mit anderen Finanzinstituten aus, sofern diese Dienstleistungen für kontroverse Waffensysteme anbieten. Das Spektrum ist breit gefächert. Jede Bankkundin, jeder Bankkunde kann für sich entscheiden, bei welcher Bank und damit für welche Geschäfte das eigene Geld angelegt wird.

Nachhaltig ökologisch tötende Maschinenpistolen

In Deutschland klassifizieren sich rund 300 der zugelassenen Investmentfonds als sogenannte Ethik-, Umwelt-, Öko- oder Nachhaltigkeitsfonds, weiß Eduard Belotti, Fachmann für ethische Geldanlagen. Diese Fonds hätten den Anspruch, »außer der Rendite einen ›ethischen Mehrwert‹ zu erwirtschaften«. Sie würden gezielt Aktien und Anleihen von Firmen und Staaten erwerben, die ökologisch und sozial vorbildlich oder deren Produkte in ihren Bereichen innovativ seien.

Entscheidend sei deshalb die Auswahl der Wertpapiere. Wobei die Anlagekriterien zahlreicher Fonds keine Branche von vornherein ausschlössen – »und damit auch nicht die Hersteller von Waffen«. So stünden beim katholisch orientierten Fonds LIGA Pax Cattolico Union zwar Empfängnisverhütung und Pornographie auf dem Index, allerdings nicht Rüstung und Waffenhandel.[51] Nicht anders als Küchenmeister kommt auch Belotti zu dem Schluss, dass Rüstung vielfach nur bedingt ein Ausschlusskriterium sei. Es komme darauf an, welche Produkte als »Rüstung« klassifiziert werden. Zudem ließen verschiedene Fonds auch einen bestimmten Anteil an Rüstung zu. So würden die Wertpapiere von Firmen, deren Umsatz einen Rüstungsanteil von maximal drei bzw. fünf Prozent aufweist, »in den einschlägigen Fonds zugelassen«, kritisiert Belotti.[52]

Im Auftrag der Bundestagsfraktion von Bündnis 90/Die Grünen untersuchte der Journalist Jochen Bettzieche in seiner 2012 veröffentlichten Kurzstudie »Von ethischen Maschinenpistolen und ökologischem Uranabbau« zehn sogenannte »Öko-Fonds«. Dabei ging es um die Frage, inwiefern diese Fonds Titel der Branchen Rüstung, Atomkraft, Öl & Gas und Kraftfahrzeuge enthalten. Bei sage und schreibe neun von zehn Fonds wurde Bettzieche im Bereich Rüstung fündig.

Immerhin 49 der 731 in diesen Fonds enthaltenen Unternehmen waren auf unterschiedliche Art an Rüstungsgeschäften beteiligt. Zu ihnen zählen unter anderem Nutzfahrzeughersteller und IT-Firmen, die Armeen ausrüsten. Ein Tiefpunkt der besonderen Art ist die Tatsache, dass der Fonds Dexia Sustainable World den Konzern Minebea aufführt. »Der japanische Mischkonzern produziert unter anderem Maschinenpistolen für den Einsatz bei militärischen Einheiten«, belegt Bettzieche.

Mit zwei, fünf beziehungsweise sechs Unternehmen aus dem Bereich Rüstung in den Fonds-Portfolios bewegten sich DNB Global SRI, Sarasin Oekosar Equity – Global A und Liga Pax Cattolico Union sowie Triodos Sustainable Equity Funds im unteren Bereich. Von allen zehn untersuchen Fonds war einzig Ökoworld Ökovision Classic definitiv rüstungsfrei. Einsamer negativer Spitzenreiter war der Fonds Postbank Dynamic Vision mit 25 Titeln im Rüstungsbereich.

Bettzieches Urteil fällt differenziert aus: Nachhaltigkeitsfonds versprächen ethische, soziale und ökologische Kriterien als Basis für die Titelauswahl. Doch die Analyse der tatsächlichen Portfolios ergebe, dass sich neben den Betreibern von Uranminen, Atomkraftwerken und Ölbohrungen auch Produzenten von Kampfhubschraubern und Maschinenpistolen in den Fonds befänden. Jeder Anbieter lege ethische, ökologische und soziale Kriterien offenbar anders aus. Der Begriff »nachhaltige Geldanlage« verspreche viel, biete jedoch nicht einmal ein produktübergreifendes Mindestmaß an Ethik, Ökologie und Sozialem. Sein Resümee: »Es fehlt ein klar definierter Mindeststandard für Nachhaltigkeitsfonds.«[53]

Barbara Happe sieht einen guten Ansatzpunkt zur Einflussnahme: »Bankkunden haben als Kontoinhaber und Sparer eine große Macht.« Im Jahr 2008 seien in Deutschland auf 4,4 Bio. Euro privat angelegt gewesen, immerhin das rund Sechzehnfache des Bundeshaushalts für dieses Jahr. Banken, so die Finanzreferentin von urgewald e. V., wetteiferten um die Zahl ihrer Kunden. Ihr Tipp: das Kreditinstitut wechseln, weg von den Banken, die mehr oder minder mit der Rüstungsindustrie verstrickt seien, hin zu Banken, die eine wirkliche Alternative zu den klassischen Geschäftsbanken darstellten.

7.2 Hermes-Bürgschaften der Bundes-regierungen

Kredite für Kriegswaffenexporte

Mittels der sogenannten »Hermes-Bürgschaften« werden Rüstungs-geschäfte deutscher Unternehmen mit den Regierungen anderer Staaten finanziell vom Bund abgesichert. Damit werden verspätete oder schlimmstenfalls nicht erfolgte Zahlungen des Empfängerlandes vom deutschen Steuerzahler aufgefangen. Diese Form monetärer Hilfeleistung stellt eine äußerst konzernkonforme Art der Exportabsicherung für Unternehmen dar, die ihrerseits vom Waffenhandel mit unsicheren Kantonisten profitieren wollen.

Unverhohlen formulierte Firmenchef Friedrich Lürßen die Interessen nicht nur seines Unternehmens. Es sei »wichtig, dass wir Hermes-Bürgschaften kriegen«.[54] Mit einer freien Marktwirtschaft hat das nichts zu tun, die jeweiligen Bundesregierungen machen sich die Industrieinteressen zu eigen. Denn laut Auskunft der Bundesregierung ist es bislang zu keinem Antrag auf Entschädigung aufgrund von Zahlungsausfällen gekommen.[55]

Allerdings liegen in verschiedenen Fällen unterschiedliche Auskünfte über Empfängerländer und das Deckungsvolumen vor: So erhielt die Grünen-Abgeordnete Ute Koczy von der Bundesregierung die Auskunft, im Jahr 2008 seien keine Hermes-Bürgschaften gewährt worden. Paul Schäfer von der Fraktion Die Linke wurde hingegen mitgeteilt, Algerien, Kolumbien und Russland hätten in eben diesem Jahr Ausfallbürgschaften in Höhe von 21 Mio. Euro für Rüstungsexportgeschäfte erhalten.[56] Laut Auskunft von Staatssekretär Bernhard Heitzer vom August 2012 wurden im Jahr 2008 keine staatlichen Exportkreditgarantien für Rüstungsexportgeschäfte erteilt.[57] Weitere Widersprüche bestehen bezüglich einer Zusage an Abu Dhabi, sodass die offiziellen Zahlen insgesamt kritisch hinterfragt werden müssen.[58]

Auf eine Anfrage des Grünen-Abgeordneten Hans-Christian Ströbele erklärte Heitzer, dass seit 2005 Exportkreditgarantien des Bundes für 55 ausfuhrgenehmigungspflichtige Lieferungen von Kriegswaffen, anderen Rüstungsgütern oder Rüstungstechnologie übernommen worden seien. Addiert man die staatlichen Bürgschaften für Rüstungsausfuhren unter den Regierungen von SPD, Grünen, CDU/CSU und FDP, dann übernahm der Bund von 2000 bis 2011 Exportkreditgarantien im Gesamtwert von mehr als 8,9 Mrd. Euro.[59]

Vielfach herrscht bis heute Unklarheit in der Frage, inwiefern Hermes-Bürgschaften tatsächlich auch in Anspruch genommen und zurückgezahlt wurden. Im Oktober 2010 stritt die schwarz-rote Regierungskoalition lautstark über die geplante Lieferung dreier moderner U-Boote an die pakistanische Marine. SPD-Außenpolitiker Ralf Mützenich warnte die »eigene« Regierungskoalition vor der Zustimmung zu diesem Waffengeschäft. Als Land, das von Terrorismus geplagt werde und sich zurzeit in einer schweren Finanzkrise befinde, brauche Pakistan »am wenigsten zum jetzigen Zeitpunkt U-Boote«. Die Bundesregierung soll dem U-Boot-Verkauf an Pakistan bereits nach einer Voranfrage dreieinhalb Jahre früher, im April 2007, zugestimmt und das Geschäft mit einer Hermes-Bürgschaft in Volumen von 1,3 Mrd. Euro abgesichert haben. Das Bundeswirtschaftsministerium bestätigte diese Bürgschaft im Oktober 2010. In den Hermes-Listen taucht die Kreditgewährung nicht auf, eine Schenkung ist somit nicht auszuschließen. Dabei hatte es sich lediglich um eine Voranfrage seitens des Herstellerkonsortiums gehandelt. Die Vorgenehmigung wurde mit dem Hinweis begründet, Pakistan befinde sich nicht im Kriegszustand mit einem anderen Land. Die U-Boote könnten nicht eingesetzt werden, um Konflikte im eigenen Land militärisch zu lösen. Und auch die Gefahr, der Atomwaffenstaat könne die Boote für sein Nuklearprogramm nutzen, verneinte die Bundesregierung unter Angela Merkel.[60]

Unter der Ägide von Bundeskanzlerin Angela Merkel und den Bundeswirtschaftsministern Rainer Brüderle bzw. ab Mai 2011 Philipp Rösler wurden 2011 und 2012 die höchsten aller bisher publizierten Jahreswerte verzeichnet, wofür maßgeblich die Kreditabsicherung für den Export von U-Booten verantwortlich ist.[61] Das Spitzenjahr 2011 mit Hermes-Bürgschaften im Volumen von 2 505 000 000 Euro sollte sogar noch übertroffen werden: 2012 wurden weitere Exportbürgschaften in

Infokasten 7/3

Exportkreditgarantien des Bundes für ausfuhrgenehmigungspflichtige Rüstungsexporte (2000 –2012)

Jahr	Empfängerland	Auftragswert (in Mio. Euro)	Jahressumme (in Mio. Euro)
2000	Südafrika	1458	
	Türkei	379	1837
2001	Griechenland	8	
	Südkorea	788	796
2002	Rumänien	20	
	Türkei	168	188
2003	Griechenland	23	
	Indonesien	11	34
2004	Brasilien	9	
	Kuwait	6	
	Saudi-Arabien	5	20
2005	Brasilien	14	
	Bulgarien	1	
	Ekuador	0,2	
	Kasachstan	1	
	Oman	220	
	Pakistan	30	
	Russland	24	
	Tunesien	17	307,2
2006	Israel	1000	
	Pakistan	35	
	VAE	160	1195
2007	Algerien	2	
	Ekuador	5	
	Indien	12	
	Libyen	2	
	Pakistan	88	
	Saudi-Arabien	6	
	VAE	4	119
2008*			
2009	Abu Dhabi	156	
	Bangladesch	9	
	Indien	2	
	Irak	300	
	Südkorea	1400	

Jahr	Empfängerland	Auftragswert (in Mio. Euro)	Jahressumme (in Mio. Euro)
	Libyen	8	
	Pakistan	18	
	Saudi-Arabien	23	1916
2010	Pakistan	30	
	Kanada	2	32
2011	Pakistan	11	
	Peru	6	
	Türkei	2488	2505
2012**	Ägypten	700	
	Algerien	2127,5	
	Indonesien	49,9	
	Irak	9,8	
	Israel	405	
	Pakistan	0,5	3292,7
Insgesamt			**12 241,9 Mio. Euro**

* Für 2008 liegen unterschiedliche Informationen vor. Gemäß Auskunft von Staatssekretär Bernhard Heitzer wurden 2008 keine staatlichen Exportkreditgarantien für Rüstungsgeschäfte erteilt. Im GKKE-Rüstungsexportbericht 2010 heißt es dagegen auf Seite 39, dass 2008 für insgesamt 21 Mio. Euro Hermesbürgschaften an Algerien, Russland und Kolumbien (ohne Einzelangaben) erteilt worden seien.
** Stand vom 21. November 2012

Abkürzung:
VAE – Vereinigte Arabische Emirate

Quellen:
GKKE-Rüstungsexportbericht 2010, S. 8 und 39 f. Die tabellarische Übersicht basiert auf Bundestagsdrucksache 16/9832 vom 23. Juni 2008, Frage 33; Bundestagsdrucksache 17/82 vom 15. Dezember 2009, Antwort der Bundesregierung auf die Kleine Anfrage der Abgeordneten Paul Schäfer u. a. (Die Linke) »Transparenz und Aufklärung über deutsche Rüstungsexporte«; Antwort des Staatssekretärs Dr. Bernhard Heitzer vom 15. Juni 2010 auf die Frage 6/33 des Abgeordneten Paul Schäfer (Die Linke); Bundestagsdrucksache 17/2693 vom 3. August 2010, Antwort der Bundesregierung auf die Kleine Anfrage der Abgeordneten Ute Koczy u. a. (Bündnis 90 / Die Grünen) »Außenwirtschaftsförderung und Menschenrechte«, Frage 19; Antwort von Dr. Bernhard Heitzer, Staatssekretär im Bundesministerium für Wirtschaft und Technologie, vom 3. August 2012, auf die Schriftliche Frage an die Bundesregierung im Monat Juli 2012, Frage Nr. 235, von Hans-Christian Ströbele, MdB; Antwort von Hans-Joachim Otto, Parlamentarischer Staatssekretär im Bundesministerium für Wirtschaft und Technologie, vom 21. November 2012, auf die Schriftliche Anfrage an die Bundesregierung im Monat November 2012, Frage 135, von Jan van Aken, MdB.

Höhe von rund 3 292 700 000. Euro erteilt. Ein neuer Rekord in der Geschichte der bislang publizierten Rüstungsexportberichte.[62]

Die Tendenz ist mehr als eindeutig: Die ersten beiden Jahre der CDU/CSU/FDP-Koalition unter Angela Merkel stellen auch die beiden bisherigen Spitzenjahre bei den Hermes-Bürgschaften dar, mit einem Gesamtvolumenvon 5 797 700 000 Euro.[63] Für staatlicherseits garantierten Waffenhandel scheint also genug Geld da zu sein. Hier öffnet die Bundesregierung großzügig den Finanzsäckel – den der Steuerzahlerinnen und Steuerzahler.

27 Empfängerländer wurden von 2000 bis 2012 durch Hermes-Bürgschaften abgesichert. Staaten wie Algerien, Indonesien, Libyen, Pakistan und Saudi-Arabien erhielten trotz bis heute katastrophaler Menschenrechtslage Hermes-Bürgschaften – allein Pakistan siebenmal. Eine Vielzahl von Empfängerländern liegt in Spannungsgebieten. Einige sind untereinander verfeindet, gleich mehrere waren oder sind in Kriege beziehungsweise Bürgerkriege verwickelt.

Dennoch erhielt Irak Hermes-Bürgschaften für Mehrzweckhubschrauber, Oman für Komponenten für Transporthubschrauber, die Vereinigten Arabischen Emirate für Spürpanzer und Videoüberwachungsanlagen, Saudi-Arabien für Funknetz- und Funk- und Ortungssysteme und Libyen für Sattelzugauflieger und Sattelzugmaschinen – um nur einige Beispiele zu nennen. Ägypten, Algerien, Israel, Südafrika, Südkorea und die Türkei erhielten Exportkreditgarantien für Kriegsschiffe, was sich in der Statistik mit den höchsten Werten niederschlägt.

Mit Abstand stünden die Türkei und Israel in der Spitzenposition der Empfängerländer deutscher Hermes-Bürgschaften, hätten sie die erhaltenen Kriegswaffen wie andere Empfängerländer bezahlt. Doch die Militärs in Ankara erhielten vor allem in der Ära Kohl Waffen in Milliardenhöhe geschenkt. Die israelische Marine bekommt bis heute ihre atomar bestückbaren U-Boote in Teilen bzw. zur Gänze geschenkt. Diese Form der Exportsubventionierung, die von Bündnis 90/Die Grünen, CDU/CSU, FDP und SPD in Regierungsverantwortung praktiziert wurde, ist in ihrer Hemmungslosigkeit nicht zu übertreffen.

Von Bündnis 90/Die Grünen und der Linken im Deutschen Bundestag werden Hermesbürgschaften heute kritisch betrachtet. Jan van Aken, Stellvertretender Vorsitzender der Fraktion Die Linke, fordert unmissverständlich: »Die Bundesregierung muss aufhören, Rüstungsexporte mit staatlichen Bürgschaften zu subventionieren.«[64] Seit Jahren wiederholen die beiden großen christlichen Kirchen ihren dringlichen Appell, Rüstungsgeschäfte mit Drittstaaten nicht durch staatliche Ausfallbürgschaften abzusichern. Der Vorwurf der GKKE: Mit Hermes-Krediten mindere die staatliche Seite unternehmerische Risiken und fördere indirekt den Handel mit Rüstungsgütern.[65]

In deutlichen Worten kritisiert Paul Russmann: »Rüstungsexporte können Konflikte mit unübersehbaren Folgen verschärfen«, so der Referent für Friedensarbeit der Ökumenischen Aktion Ohne Rüstung Leben (ORL). Trotzdem würden deutsche Rüstungsexporte immer wieder mit staatlichen Hermes-Bürgschaften abgesichert, womit zusätzlich Öl ins Feuer bestehender Konflikte gegossen werde. Genau deshalb fordert ORL von der Bundesregierung ein generelles Verbot von Hermes-Bürgschaften für Rüstungsexporte.[66]

Staatlicherseits legitimierter und finanziell abgesicherter Waffenhandel ist vielfach ein tödliches Geschäft. In diesem Sinne hat der Slogan »Deutsche Waffen, deutsches Geld, morden mit in aller Welt!« seine Berechtigung.

1 http://urgewald.org/artikel/redebeitrag-deutsche-bank-2010-barbara-happe

2 www.nachhaltigkeit.commerzbank.de/de/internetportal/governance/internerichtlinien/rstungsgeschfte/rstungsgeschfte.html

3 www.allianzglobalinvestors.de/web/main?page=/cms-out/ueber-uns/presse/mitteilungen/2011/PM20110124_01.html

4 www.spiegel.de/politik/deutschland/katar-will-200-leopard-2-panzer-von-deutschland-kaufen-a-846966.html

5 www.facing-finance.org/de/2011/05/deutsche-bank-finanziert-gaddafis-streubomben/

6 www.facing-finance.org/wp-content/blogs.dir/16/files/2012/05/Mit-den-Waffen-einer-Bank.pdf

7 www.atk.com/capabilities_defense/cs_ms_w_tgs_120ammo.asp

8 SIPRI 2012: »Global transfers of major conventional weapons sorted by supplier (exporter), 2011«.

9 www.facing-finance.org/de/2012/05/ausgeackert-nichtregierungsorganisationen-ziehen-duestere-bilanz-der-aera-josef-ackermann/

10 »Global transfers of major conventional weapons sorted by supplier (exporter), 2011«, *SIPRI Yearbook 2012;* www.textrondefense.com/assets/pdfs/datasheets/sfw_datasheet.pdf; www.facing-finance.org/wp-content/blogs.dir/16/files/2012/05/Mit-den-Waffen-einer-Bank.pdf

11 »The SIPRI Top 100 arms-producing companies in the world excluding China, 2009«, *SIPRI YEARBOOK 2011,* S. 257.

12 »Profundo 2012: Recent financing of producers of cluster munitions by Deutsche Bank«, siehe http://www.facing-finance.org/pt/publikationen/profundo-2012-recent-financing-of-producers-of-cluster-munitions-by-deutsche-bank/

13 www.facing-finance.org/wp-content/blogs.dir/16/files/2012/03/Geschäftsbeziehungen-deutscher-Banken-zu-Herstellern-von-Streumunition-03-2012.pdf

14 Interview Jürgen Grässlin mit Babara Happe vom Dezember 2011.

15 www.banking-on-green.com/de/content/nachhaltigkeit_in_unserem_kerngeschaeft/docs/DWS_ESG_Policy_dt_Final.pdf?dbiquery=null%3AESG+DWS

16 http://banking-on-green.de/de/content/unser_ansatz_zur_nachhaltigkeit/Stakeholderdialog_Streubomben.html; http://www.db.com/csr/de/docs/CSR_Bericht_2011.pdf

17 Ebda.

18 »Nachhaltigkeitsbericht: Die unsägliche Augenwischerei der Deutschen Bank«, *Financial Times Deutschland.* Online-Ausgabe vom 20. März 2012.

19 »Soziales Kapital schaffen«, Gesellschaftliche Verantwortung Bericht 2011 der Deutschen Bank (Nachhaltigkeitsbericht), S. 2

20 Rüstungsexportbericht 2010, S. 45, Rüstungsexportbericht 2011, S. 33.

21 »The SIPRI Top 100 arms-producing companies in the world«, http://www.sipri.org/research/armaments/production/Top100

22 https://www.klp.no/polopoly_fs/1.14039.1340966980!/menu/standard/file/KLP%20annual%20report%202011.pdf

23 www.regjeringen.no/en/dep/fin/Selected-topics/the-government-pension-fund/responsible-investments/companies-excluded-from-the-investment-u.html?id=447122

24 EADS Pressemitteilung »Anhaltendes Wachstum: EADS veröffentlicht starke Ergebnisse für das Geschäftsjahr 2012«, Amsterdam vom 27. Februar 2013

25 »Zunehmend dynamisches Wachstum: EADS veröffentlicht Ergebnisse für das Geschäftsjahr 2011«, a. a. O.; EADS Pressemitteilung »Anhaltendes Wachstum…«

26 Daimler. Aufstellung des Anteilbesitzes gem. §§ 285 und 313 HGB; Stand 31. Dezember 2011; Anhangangabe der Daimler AG für den Einzel- und Konzernabschluss; siehe http://www.daimler.de/Projects/c2c/channel/documents/2125320_Daimler_2011_Aufstellung_Anteilsbesitz_285_313.pdf

27 www.ftd.de/unternehmen/industrie/:beteiligung-der-kf-w-eads-einstieg-ist-kostspielige-notloesung/60127913.html; *Stuttgarter Zeitung* vom 8. Dezember 2012.

28 Thomson One Banker-Datenbank, Stand: November 2011.

29 Ebda.

30 www.nbim.no/Global/Documents/Holdings/2011%20FI_holdings_SPU.pdf

31 Thomson One Banker-Datenbank, Stand: November 2011.

32 »Der Panzer-Clan von Krauss-Maffei«, *Capital* vom 22. Juni 2010.

33 www.facing-finance.org/wp-content/uploads/German-banks-and-weapon-exports-FF-110722.pdf

34 www.thyssenkrupp.com/documents/factsheets/2011_02/Factsheet_Marine_Systems_09_10_de.pdf

35 Thomson One Banker-Datenbank, Stand: November 2011.

36 www.facing-finance.org/wp-content/uploads/Leo2.pdf

37 http://www.landmine.de/fileadmin/user_upload/pdf/Publi/brennpunkt.pdf

38 »Geschäfte mit geächteten Waffen – Deutsche Rüstungskonzerne unter Verdacht«, a. a. O.

39 www.mtu.de/de/investorrelations/financial_reports/2010/1004_MTU_annual_report_2010/MTU_GB2010_Deutsch.pdf

40 Thomson One Banker-Datenbank, Stand: November 2011.

41 www.finanzen.net/fonds/fonds_suchergebnis.asp?AktieNr=727

42 http://investors.morningstar.com/ownership/shareholders-major.html?t=DDAIF&region=USA&culture=en-us

43 www.heckler-koch.com/de/militaer/unternehmen/news/detail/article/erfolgreiches-geschaeftsjahr-2010.html

44 www.ftd.de/unternehmen/industrie/:waffenhersteller-heckler-koch-geht-finanzprobleme-an/60049895.html

45 Nach Thomson One Banker-Datenbank, Stand: August 2012.

46 www.facing-finance.org/wp-content/blogs.dir/16/files/2012/08/Heckler-Koch--–-Großes-Geld-für-kleine-Waffen.pdf

47 Global Investor Statement on Arms Trade, siehe http://www.unpri.org/files/2011-07-13_ATT_second_investor_statement_final.pdf

48 »Africa's Missing Billions. International arms flows and the cost of conflict«. Oxfam International, 11. Oktober 2007.

49 www.sipri.org/research/armaments/transfers/databases/embargoes

50 »Der Leitfaden für ethisch nachhaltige Geldanlage in der evangelischen Kirche«. EKD-Texte 113, 2011.

51 Zu Hintergrundinformationen siehe die vom Sustainable Business Institute in Oestrich-Winkel betriebene Online-Datenbank www.nachhaltiges-investment.org (Stand: 4.9.2012).

52 Eduard Belotti a. a. O. und »Innehalten – wobei und wozu«. Gastkommentar in Öko-Invest Nr. 474/11 vom 28. März 2011, S. 2.

53 Bettzieche, »Von ethischen Maschinenpistolen …«, S. 2 und 23 ff.

54 Zit. nach Süddeutsche Zeitung vom 19. Mai 2011; siehe auch GKKE-Rüstungsexportbericht 2011, S. 29.

55 Ebda., S. 38.

56 GKKE-Rüstungsexportbericht 2010, Punkt 3.06: Bundestagsdrucksache 17/2693 vom 3. August 2010. Antwort der Bundesregierung auf die Kleine Anfrage der Abgeordneten Ute Koczy u. a. (Bündnis 90/Die Grünen): »Außenwirtschaftsförderung und Menschenrechte«, Frage 19, und Antwort des Staatssekretärs Dr. Bernhard Heitzer vom 15. Juni 2010 auf die Frage 6/33 des Abgeordneten Paul Schäfer (Die Linke)]

57 Schreiben von Bernhard Heitzer, Staatssekretär im Bundesministerium für Wirtschaft und Technologie, vom 3. August 2012.

58 GKKE-Rüstungsexportbericht 2010, Punkt 3.06.

59 GKKE-Rüstungsexportbericht 2010, S. 6 und 62.

60 Frankfurter Rundschau. Online-Ausgabe vom 31. Oktober 2008, zit. aus einem »Regierungspapier«.

61 Antwort von Dr. Bernhard Heitzer, Staatssekretär im Bundesministerium für Wirtschaft und Technologie, vom 3. August 2012, auf die Schriftliche Frage an die Bundesregierung im Monat Juli 2012, Frage Nr. 235, von Hans-Christian Ströbele, MdB.

62 Antwort von Hans-Joachim Otto, Parlamentarischer Staatssekretär im Bundesministerium für Wirtschaft und Technologie, vom 21. November 2012, auf die Schriftliche Anfrage an die Bundesregierung im Monat November 2012, Frage 135, von Jan van Aken, MdB.

63 GKKE-Rüstungsexportbericht 2010, S. 6 und 62.

64 Schreiben von Jan van Aken an Jürgen Grässlin vom 19. August 2011.

65 GKKE-Rüstungsexportbericht 2011, S. 7.

66 Stellungnahme von Paul Russmann, a. a. O.

Die doppelte Top Ten
der Täter

*Wer Deutschlands Rüstungsproduktion
und -exporte maßgeblich verantwortet*

*Besuch des CDU/CSU-Fraktionsvorsitzenden Volker Kauder (Mitte)
und des CDU-Verteidigungsministers Franz Josef Jung (links) 2009
im H&K-Werk in Oberndorf. H&K-Hauptgesellschafter Andreas Heeschen (r.)
verantwortet die Geschäftspolitik von Europas tödlichstem Unternehmen.*

Die beiden folgenden Ranglisten enthalten jeweils die zehn bedeutendsten Rüstungsexportbeteiligten bzw. -verantwortlichen in Deutschland. Die entsprechenden Täterprofile finden sich an adäquater Stelle in diesem Buch.

Die hier präsentierten Rankings erfassen den Status Ende 2012. Sie sind ständigen Wandlungen unterworfen. **Die Top Ten der Täter in der Politik** wird im Falle eines Regierungswechsels bei der Bundestagswahl im Herbst 2013 anders aussehen. Mitentscheidend werden die Kanzlerschaft und die personelle Besetzung des Bundessicherheitsrates (BSR) sein. Mit zukünftigen Ausfuhrgenehmigungen für Kriegswaffen und Rüstungsgüter sowie Kanzler- und Ministerreisen im Dienste der Rüstungsindustrie werden neue Rüstungsaufträge akquiriert, werden neue Vertragsabschlüsse erfolgen.

Die **Top Ten der Täter in der Rüstungsindustrie** gilt gleichermaßen für die Situation Ende 2012. Nicht anders als in zivil produzierenden Unternehmen endet zuweilen der Beschäftigungsvertrag im Topmanagement von Rüstungskonzernen. Zum 31. Dezember schieden Olaf Berlien bei ThyssenKrupp und Klaus Eberhardt bei Rheinmetall aus dem Vorstand aus.

Diese Ranglisten sind weiteren Wandlungen unterworfen, die von Lieferungen von Kriegswaffen und Rüstungsgütern an menschenrechtsverletzende Staaten sowie an Armeen, die sich im Krieg bzw. Bürgerkrieg befinden, abhängen werden. Maßgeblichen Einfluss auf kommende Rankings werden auch neue Waffenentwicklungen und in der Folge weitere Exporte haben, beispielsweise im Bereich von Überwachungs- und Kampfdrohnen sowie bei Grenzsicherungsanlagen.

Die Top Ten der Täter in der Politik (2012)

Erfasst werden in diesem Ranking ausschließlich Politiker aus Deutschland, die den Export von Kriegswaffen, in Kooperation gefertigten Waffensystemen, Rüstungsgütern oder Maschinen zur Lizenzfabrikation betrieben, gefördert oder genehmigt haben bzw. dies weiterhin tun.

Die Top Ten der Verantwortlichen des Rüstungsexports in der Politik

- Platz 10: Volker Kauder – Abwickler von Exportanfragen
- Platz 9: Ludwig-Holger Pfahls – vom Staatssekretär zum Steuerhinterzieher
- Platz 8: Gerhard Stoltenberg – illegale Panzerlieferungen in das Bürgerkriegsland Türkei
- Platz 7: Franz Josef Strauß – Wegbereiter des deutschen Waffenhandels
- Platz 6: Joschka Fischer – vom Steinewerfer zum Genehmiger von Waffenexporten
- Platz 5: Guido Westerwelle – Türöffner auch für die deutsche Rüstungswirtschaft
- Platz 4: Frank-Walter Steinmeier – Rekordhalter bei Kleinwaffenexporten
- Platz 3: Gerhard Schröder – Kanzler der Rüstungskonzerne
- Platz 2: Helmut Kohl – Unfrieden schaffen mit immer mehr Exportwaffen
- Platz 1: Angela Merkel – Marketenderin der Todeswaffen

Die Top Ten der Täter in der Rüstungs-industrie (2012)

Erfasst werden ausschließlich Manager aus Deutschland, welche die Erforschung, Entwicklung und Produktion von Kriegswaffen, in Kooperation gefertigten Waffensystemen, Rüstungsgütern oder Maschinen zur Lizenzfabrikation betrieben, gefördert oder deren Ausfuhr gutgeheißen bzw. beantragt haben oder es weiterhin tun.

Die Top Ten der Verantwortlichen des Rüstungsexports in der Rüstungsindustrie

- Platz 10: Egon Behle – aktiver Unterstützer für Exportkampagnen
- Platz 9: Dieter Zetsche – Mister Mercedes & Military
- Platz 8: Friedrich Lürßen – Marineschiffe für Massenmörder
- Platz 7: Bodo Uebber – der Daimler-EADS-Verbindungsmann
- Platz 6: Thomas Enders – Nullnummer statt Nummer 1
- Platz 5: Olaf Berlien – U-Boote für die israelische Kriegsmarine
- Platz 4: Klaus Eberhardt – Europas Frontmann forcierten Waffenhandels
- Platz 3: Frank Haun – Kinderhilfe mit Kampfpanzern
- Platz 2: Claus Günther – zahllose Opfer durch Zünder, Raketen und Lenkflugkörper
- Platz 1: Andreas Heeschen – Manager der Mortalität

Eine ausführlichere Darstellung der beiden Ranglisten mit einer differenzierteren Begründung siehe

www.juergengraesslin.com > Buchautor > Schwarzbuch Waffenhandel

AUFSCHREI!

Wie die Zivilgesellschaft den notwendigen
Druck gegen Waffenhandel erzeugen kann

Unbequemste Wahrheiten

… Irak, Afghanistan, Libyen, Syrien, Mali …

Neuerliche Kriege und Bürgerkriege, neuerliche Schlachten und
Massaker, Exekutionen und weitere Menschenrechtsverletzungen
schlimmster Art werden folgen, wenn die Weltgemeinschaft nicht endlich handelt. Handeln aber wird fast ausnahmslos definiert als Gewalt
gegen Gewalt, als Entsendung von Armeen demokratischer Länder
gegen Streitkräfte, Guerillaeinheiten und Milizen undemokratischer
Mächte, als Kampf Gut gegen Böse unter Einsatz militärischer Mittel
als Ultima Ratio und damit als vermeintlich einzig probates Mittel zur
Verhinderung von Massenmorden. Nichtmilitärische Konfliktmoderation oder gar -lösung gilt vielfach als Zeichen der Schwäche in einer
Zeit, in der unter dem Deckmantel humanitären Eingreifens politische,
militärische und wirtschaftliche Interessen zum maßgeblichen Kriterium militärischer Intervention geworden sind.

Dass auch diese Kriege wie Hunderte davor und – wenn wir nicht
umdenken – Hunderte danach erst durch den schier grenzenlosen
Handel mit den Mordwerkzeugen ermöglicht wurden und werden,
blenden wir nur allzu gerne aus. Denn de facto leisten die Soldaten –
sei es unter dem Helm der Vereinten Nationen, der NATO oder von
Nationalstaaten – in den Kriegsgebieten vielfach nichts anderes als das
Einsammeln zuvor gelieferter Kriegswaffen, seien es legal ausgeführte
oder in Lizenz gefertigte und dann illegal weiterexportierte Gewehre,
um nur einige Beispiele zu nennen.

Zwei regierungsamtliche Dokumentationen untermauern diesen
Tatbestand: Zum einen publizierte die Europäische Union im Dezem-

ber 2012 im 14. Rüstungsexportbericht die Daten des von ihr verantworteten Waffenhandels. Demnach haben die EU-Mitgliedsländer im Jahr 2011 ganz legal Waffen und sonstige Rüstungsgüter im Wert von 37,52 Mrd. Euro ausgeführt. Hauptabsatzgebiet war eine der schlimmsten Krisenregionen schlechthin: der Mittlere Osten mit einem Anteil von 21,2 Prozent an den Verkäufen. Größter Exporteur war Frankreich (mit Waffenausfuhren im Wert von 9,99 Mrd. Euro), gefolgt von Großbritannien (7 Mrd. Euro) und Deutschland (5,41 Mrd. Euro).

Die Bundesrepublik rangiert »nur« auf Platz 3 in Europa, weil die Sammelausfuhren im Wert von 5,38 Mrd. Euro nicht einbezogen wurden.[1] Eine Entwicklung, die der neue Vorsitzende der GKKE-Fachgruppe Rüstungsexport kritisch beäugt. »So wie sich die Zahlen bisher darstellen, verhält sich die Bundesregierung keineswegs verantwortungsvoll«, urteilte Jan Grebe Ende 2012. Schlimmer noch. Angesichts der deutlich gestiegenen Genehmigungswerte sei »davon auszugehen, dass darum die Rüstungsausfuhren zunehmen werden«.[2]

Alles in allem hat das Volumen der europäischen Rüstungstransfers »in der Summe das Niveau der USA als des größten einzelstaatlichen Rüstungsexporteurs« erreicht, bilanzierte Dr. Bernhard Moltmann, Gastforscher der Hessischen Stiftung Friedens- und Konfliktforschung (HSFK).[3]

Zum anderen belegt der Rüstungsexportbericht 2012 des Stockholm International Peace Research Institute (SIPRI), dass allein die fünf Ständigen Mitglieder des UN-Sicherheitsrates für den Zeitraum von 2007 bis 2011 genau 70 Prozent der Weltwaffenexporte verantworten. Mit anderen Worten: Von den an andere Länder – darunter zahlreiche Krisen- und Kriegsgebiete – gelieferten Kriegswaffen stammten deutlich mehr als zwei Drittel aus den USA, Russland, Frankreich, Großbritannien und China.

Auch Deutschland spielt eine exponierte Rolle im Rüstungskonzert der Großen. Die Bundesrepublik verantwortet im besagten Fünfjahreszeitraum neun Prozent der Weltwaffenausfuhren. Laut Berechnungen des schwedischen Friedensforschungsinstituts liegt Deutschland weiterhin auf Platz 3 der Rangliste und ist damit einer der Global Player im Geschäft mit dem Tod.[4] In seiner umfassenden »Argumentationshilfe Stoppt den Waffenhandel« kommt Andreas Zumach zu dem ernüchternden Schluss: »Der Tod ist wieder ein Meister aus Deutschland.« Eine Erkenntnis, die der renommierte Journalist und Publizist eben auch auf die Tatsache zurückführt, dass die Bundesrepublik nach den USA und Russland seit 2006 drittgrößter Rüstungsexporteur ist. Mit Recht kritisiert Zumach todbringende Transfers von Kleinwaffen, »die weltweit legal und illegal an zahlreiche Diktaturen und in Konfliktregionen geliefert werden«.[5]

Wie weit die selbst gesetzten Standards für den Rüstungsexport mittlerweile ausgehebelt werden, belegt nicht zuletzt die Kritik von Soldatenseite. Neben den NATO-Partnern fänden sich, so das vom Reservistenverband der Bundeswehr herausgegebene Magazin für Sicherheitspolitik *loyal* im Dezember 2012, »unter den Abnehmern zunehmend Drittländer, die sich in instabilen Regionen befinden oder bei denen nicht auszuschließen ist, dass sie Kriegswaffen repressiv gegen die eigene Bevölkerung einsetzen«.[6] Dass mit Genehmigung der jeweiligen Bundesregierung seit Jahrzehnten Kriegswaffen an notleidende Entwicklungsländer, menschenrechtsverletzende Regime und kriegführende Staaten – unter ihnen zahlreiche NATO-Partner – verkauft werden, wird im vorliegenden *Schwarzbuch Waffenhandel* umfassend dokumentiert.

Diese Faktenlage verweist auf eine der unbequemsten Wahrheiten des 20. und 21. Jahrhunderts: Die Mitgliedsstaaten der Europäischen Union – des Friedensnobelpreisträgers 2012 – und der UNO – der sogenannten »Weltfriedensorganisation« – haben mit ihrer Lieferung von Kriegswaffen und Rüstungsgütern an Aggressoren und Kriegstreiber, Despoten und Diktatoren weltweit Kriege und Bürgerkriege ermöglicht. Angesichts dessen stellen sich Fragen, deren Beantwortung wegweisend für das friedliche Zusammenleben der Völker sein wird: Wie kann der Teufelskreislauf von Waffenproduktion, -export und -einsatz durchbrochen werden? Welche Rolle kann Deutschland als Vorreiter einer Politik der Abrüstung und Entmilitarisierung spielen?

Was die Rolle der Bundesrepublik betrifft, so fällt die erste Erkenntnis des Schwarzbuchs eher ernüchternd aus: Die Bundesregierung ist, vergleichbar der Situation in anderen großen rüstungsexportierenden Ländern, gefangen im Netz mächtiger Lobbyisten. Schlimmer noch: Sie ist im wahrsten Sinne des Wortes der *entscheidende* Teil eines militärisch-industriell-politischen Komplexes. Dessen Einfluss erlag selbst die rot-grüne Regierung unter Gerhard Schröder und Joschka Fischer, der man die Umkehr am ehesten zugetraut hätte. Noch unverblümter agierten die beiden nachfolgenden Regierungen unter Bundeskanzlerin Angela Merkel.

Wie aber denkt die Mehrheit der deutschen Bevölkerung über die Rüstungsexportpolitik der Bundesregierung? Klarheit verschafften gleich zwei Meinungsforschungsinstitute. Zu der Aussage »Dass Deutschland Leopard-Panzer an Saudi-Arabien liefern will, finden …« publizierte das Wochenmagazin *Stern* im Juli 2011 das Ergebnis einer Befragung von mehr als tausend Bundesbürgern. Die Antworten sprachen für sich: Gerade mal 22 Prozent der Befragten fanden die Lieferungen »richtig«, während 73 Prozent meinten, sie seien »nicht richtig«; lediglich fünf Prozent antworteten mit »weiß nicht«. Dass die Anhänger der Oppositionsparteien einhellig gegen den Deal votierten – die der Linken zu 76, der SPD zu 77 und der Grünen zu 86 Prozent –, wundert wenig. Wohl eher die Tatsache, dass auch bei den Anhängern der christlich-liberalen Regierungskoalition das Meinungsbild eindeutig war: 59 Prozent der Befragten CDU/CSU-Anhänger und 69 Prozent der FDP-Klientel lehnten die Lieferung von Kampfpanzern an Riad als »nicht richtig« ab. Lediglich 35 bzw. 27 Prozent der Anhänger des Regierungsbündnisses bewerteten den Export als »richtig«.

Das Resultat dieser Forsa-Umfrage erbrachte also erfreulich klare Zahlen: Selbst bei der eigenen Anhängerschaft hatte die christlich-liberale Bundesregierung ihre Glaubwürdigkeit in der Waffenhandelsfrage verloren. Rüstungslieferungen, zumal an ein diktatorisches Regime, werden vom weit überwiegenden Teil der Bevölkerung abgelehnt.[7] Dies erklärt auch, warum bislang noch jede Bundesregierung über solche brisanten Kriegswaffentransfers in geheimer Sitzung des Bundessicherheitsrates befindet und sie frühestens nach fast einem Jahr im regierungsamtlichen Rüstungsexportbericht eingesteht. Der Argumentation von Verteidigungsminister Thomas de Maizière, wonach internationale Sicherheitsinteressen bei Waffenlieferungen überwiegen würden, folgte gerade mal ein Fünftel der befragten Bürger. Auch wenn Kanzlerin Merkel wohlwissend schwieg, hatte ihr Image immensen Schaden genommen.

Im Oktober 2011 erkundigte sich TNS Emnid in einer repräsentativen Umfrage bei tausend Bundesbürgern: »Sollte Deutschland Ihrer Meinung nach Waffen und andere Rüstungsgüter in andere Länder verkaufen oder nicht?« Das Ergebnis fiel noch eindeutiger aus: Die Fraktion der Waffenhandelsbefürworter war weiter zusammengeschmolzen. Lediglich 20 Prozent der bundesweit Befragten stimmten für den Waffenexport in andere Länder, mit unterschiedlichen Anteilen in den alten und neuen Bundesländern: 22 Prozent der befragten Westdeutschen und nur elf Prozent der Ostdeutschen votierten pro Waffenhandel. Und auch nach Geschlechtern getrennt war das Bild mehr als eindeutig: 27 Prozent der Männer und nur 13 Prozent der Frauen in Deutschland befürworteten Waffenverkäufe ans Ausland.

Was aber bedeutet die Tatsache, dass sich 78 Prozent der Bundesbürger – 72 Prozent der Männer und 84 Prozent der Frauen – in der Emnid-Umfrage definitiv gegen Waffenlieferungen in andere Länder aussprachen?[8] Auf der politischen Ebene womöglich weniger, als sich Befürworter eines Rüstungsexportverbots spontan erhoffen. Denn der Wille des Volkes ist noch lange nicht identisch mit dem Willen einer Bundesregierung bzw. der Stimmenmehrheit im Deutschen Bundestag. Auch während des mehr als zehnjährigen Afghanistan-Kampfeinsatzes der Bundeswehr sprach sich ein prozentual vergleichbar hoher Anteil von Bundesbürgern in repräsentativen Umfragen für einen Abzug der Bundeswehr aus dem Kriegsland am Hindukusch aus. Erst zwölf Jahre nach Beginn des seit Januar 2002 laufenden ISAF-Einsatzes soll mit dem für 2014 terminierten Truppenrückzug der erklärte Wunsch einer klaren Mehrheit der Bundesbürger Wirklichkeit werden.

Die Erfahrung des Bundeswehreinsatzes im Afghanistan-Krieg lehrt, dass mehr notwendig ist als Volkes Wille, und sei er noch so eindeutig, um eine andere Politik durchzusetzen. Einzelpersonen, einzelne Gruppen, Initiativen oder Verbände haben nicht den Hauch einer Chance, grundlegenden Einfluss auf politische und wirtschaftliche Entscheidungsprozesse zu nehmen, wenn ihre Ziele der bislang praktizierten Regierungspolitik diametral entgegenstehen.

Wie also müssen diejenigen vorgehen, die nicht länger bereit sind, die menschenverachtende Rüstungsexportpolitik stillschweigend hinzunehmen? Die einer profit- und interessenorientierten Politik auf Kosten von Menschenleben in Ländern fernab der öffentlichen Wahrnehmung ein Ende bereiten wollen? Die den Opfern eine Stimme geben wollen?

Schritt für Schritt zu einem Stopp des Waffenhandels

Im Wissen um die fatalen Folgen des Waffenhandels und mit dem Ziel, gesellschaftliche Mehrheiten gegen die wirtschaftlichen und politischen Nutznießer der Rüstungsexporte zu organisieren, schlossen sich in den vergangenen Jahrzehnten immer wieder Menschen und Organisationen aus der Friedens-, Frauen-, Menschenrechts- und Entwicklungsarbeit, aus Kirchen und Gewerkschaften zusammen und organisierten gemeinsame Kampagnen. Ihre Aktivitäten richteten sich entweder gegen die Produktion und den Export besonders verwerflicher Waffensysteme – wie Landminen oder Streumunition – oder gegen den Waffenhandel als solchen.

Gerade Bündniskampagnen können zahlreiche Erfolge vorweisen. Impulsgebend war in Deutschland die 1984 gegründete Kampagne »Rüstungsexporte stoppen, produzieren für das Leben« aus dem Spektrum der christlichen Friedensbewegung, unter anderem getragen von Pax Christi, Ohne Rüstung Leben und dem deutschen Zweig des Versöhnungsbundes.

Nahezu zeitgleich gründete der Bundeskongress entwicklungspolitischer Aktionsgruppen (BUKO) die in Bremen ansässige »BUKO-Kampagne gegen Rüstungsexporte«. Dieser Zusammenschluss entwicklungspolitisch arbeitender Initiativen, Solidaritäts- und »Dritte-Welt-Gruppen« versuchte den Stopp aller Rüstungsexporte durch Aktionen, politischen Druck und Aufklärung sowie die Herstellung von Gegenöffentlichkeit zu erreichen.

Um der dramatischen Fehlentwicklung im Rüstungsexportbereich aktiv entgegenzutreten, trafen sich im Sommer 2007 auf Einladung eines regen SPD-Ortsverbands Vertreter/innen des DGB Südbaden, der GKKE, der DFG-VK, des RüstungsInformationsBüros (RIB e. V.), des Deutschen Aktionsnetzes Kleinwaffen Stoppen, der Kampagne gegen Rüstungsexport bei Ohne Rüstung Leben, der deutschen Sektion von Pax Christi, der Katholischen Arbeiterbewegung, der Partei Die Linke sowie Interessierte in Waldkirch bei Freiburg.

In der gemeinsam verabschiedeten »Waldkircher Erklärung gegen Rüstungsexporte« forderten die Unterzeichnerinnen und Unterzeichner die Mitglieder der Bundesregierung, des geheim tagenden Bundessicherheitsrates und des Bundestages nachdrücklich auf, sich auf ihre friedensethische Verantwortung zu besinnen, den Export von Waffen und Munition äußerst restriktiv zu handhaben, bei Rüstungsexporten mehr Transparenz einzuführen und vollständig auf staatliche Absicherungen von Rüstungsgeschäften durch Hermes-Bürgschaften zu verzichten. Prof. Wolfram Wette (SPD), Paul Russmann (Ohne Rüstung Leben) und der Autor (für die DFG-VK und das RIB) übergaben fast 15 000 Unterschriften der Unterzeichner der Waldkircher Erklärung an Gernot Erler, Staatsminister im Auswärtigen Amt. Der stellvertretende Vorsitzende der SPD-Bundestagsfraktion versprach, sich insbesondere für einen Stopp des Transfers von Kleinwaffen und Lizenzvergaben stark zu machen.

Diese ausgewählten Beispiele belegen einerseits die langjährige Tradition der Kampagnenarbeit. Andererseits stehen sie exemplarisch für aktionsorientierten Widerstand, der durch Unterschriftenlisten, Informationsveranstaltungen und Podiumsdiskussionen mit politisch Verantwortlichen sowie gewaltfreie Aktionen in Hautversammlungen oder vor Werkstoren auf die Problematik der Rüstungsexporte und die Sinnhaftigkeit der Rüstungskonversion aufmerksam gemacht hat. Durch nachhaltigen Druck auf die Politik und die Rüstungsindustrie konnten durchaus Fortschritte erzielt werden.

Zu den Erfolgen der deutschen Friedensbewegung, die vielfach im Bündnis mit den beiden großen christlichen Kirchen, mit Menschenrechtsorganisationen sowie mit den Kritischen AktionärInnen und Gewerkschaftern erzielt worden sind, zählen beispielsweise:

- die Aufdeckung widerrechtlicher Waffengeschäfte mit menschenrechtsverletzenden Staaten wie der Türkei, die deutsche NVA-Panzer im Bürgerkrieg gegen die kurdische Bevölkerung im Osten des Landes einsetzte;
- der Verzicht der DASA (heute EADS) auf die Fertigung der Panzerabwehrrichtmine 2 (PARM 2) nach einer bundesweiten Postkartenaktion »Wir kaufen keinen Mercedes« gegen den führenden Anteilseigner Daimler AG;
- der schrittweise begonnene Rückzug der Daimler AG aus dem Rüstungsriesen EADS aufgrund des vehementen Drucks friedensbewegter Kritischer AktionärInnen bei Hauptversammlungen;
- die Verhinderung einzelner Waffentransfers an menschenrechtsver-

letzende Militärs, beispielsweise der Stopp der geplanten Lieferung von 63 000 G36-Gewehren der Firma Heckler & Koch nach Nepal;

- die lange Jahre geforderte Aufnahme einer Menschenrechtsklausel in die Politischen Grundsätze der Bundesregierung zum Rüstungsexport, umgesetzt von SPD und Bündnis 90/Die Grünen;
- der von der Bundesregierung zumindest zeitweilig verkündete Stopp deutscher Rüstungslieferungen 2011 an Ägypten aufgrund der Beweise, dass deutsche Waffen gegen die Demokratiebewegung eingesetzt wurden;

Fortschritte wie diese wurden und werden begünstigt durch die seit 1997 erfolgende alljährliche Publikation fundierter Rüstungsexportberichte der Gemeinsamen Konferenz Kirche und Entwicklung. Anders als die Bundesregierung legt die GKKE ihrer Kritik auch ethische Fragen zugrunde.

Nichtsdestotrotz hatten bislang alle Aktionen und Kampagnen nicht den beabsichtigten Erfolg: die drastische Reduktion und letztendlich die Abschaffung des Waffenhandels. Vielmehr wurde das Volumen der Rüstungsexporte durch die verschiedenen Bundesregierungen in den vergangenen Jahrzehnten gesteigert bzw. auf exorbitant hohem Niveau gehalten. Aus dieser Erkenntnis heraus gilt es einen weitaus breiteren Ansatz zu verfolgen als die Vernetzung und Kooperation einzelner Organisationen. Hierzu bedarf es des nachhaltigen Drucks weiter Teile der Bevölkerung, gestützt von einem Netzwerk, das den traditionellen Rahmen weit überschreitet.

Mit einer Pressekonferenz in Berlin startete im Frühjahr 2011 die bundesweite Kampagne »Aktion Aufschrei – Stoppt den Waffenhandel!«. Mit der »Aufschrei«-Kampagne wurde ein in dieser Breite beispielloses Bündnis ins Leben gerufen, in dem seither Organisationen der Friedens- und Menschenrechtsbewegung, der christlichen Kirchen, humanitäre Hilfswerke und zahlreiche Einzelpersonen lautstark gegen die menschenverachtende Praxis des Waffenhandels protestieren. Wöchentlich schließen sich seither weitere Gruppen und Initiativen dem Bündnis an. Mit den Mitgliedsorganisationen der beteiligten Bündnisse sind längst weit mehr als einhundert Organisationen Mitglied im

Kampagnenrat bzw. dem Aktionsbündnis. Als Schirmherrin konnte die Theologin Margot Käßmann gewonnen werden.

Die Kampagne gibt den Tätern in der Rüstungsindustrie, bei den Lobbyverbänden und in der Politik Namen und Gesicht. Sie unterstützt gewaltfreie Aktionen, Friedensfahrradtouren (DFG-VK Bayern und Baden-Württemberg) und – in individueller Entscheidung einzelner Mitglieder – Aktionen des zivilen Ungehorsams vor Rüstungsfirmen und Lobbybüros (Kampagne »Legt den Leo an die Kette« gegen Leopard-2-Exporte nach Saudi-Arabien).

Mit Kunstaktionen in Form raketengleicher Ballons (2012) und einer Riesenpistole (2013) wurde am Kampagnentag – dem 26. Februar, in Anlehnung an die geforderte Ergänzung des Grundgesetz-Artikels 26 (2) – vor dem Deutschen Bundestag bzw. vor dem Kanzleramt protestiert. Der Stopp des Waffenhandels wird in weiteren Aktionen auch vor dem BMWi und dem Bundesausfuhramt BAFA eingefordert werden.

Die »Aufschrei«-Kampagne will Opfern eine Stimme geben. Organisiert von Connection e. V. und unterstützt von der »Aufschrei«-Kampagne, fanden und finden bundesweit Rundreisen des Kriegsdienstverweigerers Emanuel Matondo statt, der als Augenzeuge über die tödlichen Folgen von Waffentransfers in das südliche Afrika berichtet. Die Vorträge waren schnell ausgebucht und bestens besucht. Wegweisend auch der internationale Kongress zu den sozialen und gesundheitlichen Folgen des globalen Kleinwaffenhandels im Mai und Juni 2013, veranstaltet von der deutschen Sektion der Ärzteorganisation IPPNW in Zusammenarbeit mit der »Aufschrei«-Kampagne in Villingen-Schwenningen – nahe der Waffenstadt Oberndorf.

Schon jetzt zeigen sich erste Erfolge der Kampagne, wie:

- die massive öffentliche Kritik am von der christlich-liberalen Bundesregierung geplanten Export von mindestens 270 Kampfpanzern des Typs Leopard 2A7+ an Saudi-Arabien;
- die staatsanwaltschaftlichen Ermittlungen und Hausdurchsuchungen bei Heckler & Koch nach der Strafanzeige des Autors im April 2010 im Fall Mexiko und der »Aufschrei«-Kampagne im Fall Libyen, jeweils wegen des Verdachts illegaler Waffenlieferungen;
- die öffentliche Thematisierung menschenverachtender Waffenge-

schäfte mit repressiven Regimen und kriegführenden Staaten. Der legale Waffenhandel Deutschlands ist eines der Themen, über das weitaus häufiger und kritischer berichtet wird als in den Jahren zuvor;

- die Sammlung von Unterschriften (Zwischenstand Februar 2013: über 75 000) mit dem Ziel einer Ergänzung von Artikel 26 (2) des Grundgesetzes, wonach Kriegswaffen und sonstige Rüstungsgüter »grundsätzlich nicht exportiert« werden dürfen.

Ziel ist die Legitimationsumkehr. Bislang gestattet das Grundgesetz den Export von Waffen und Rüstungsgütern, Ausfuhrverbote müssen begründet werden. Zukünftig soll ein Genehmigungsvorbehalt gelten: Waffentransfers sollen grundsätzlich verboten sein und nur noch in begründeten Ausnahmefällen genehmigt werden können – beispielsweise wenn es um Polizeiwaffen für demokratische Staaten oder den Export von Minenräumfahrzeugen geht.

Margot Käßmann bekundet, dass ein »grundsätzliches Verbot des Waffenhandels« nur über »das breite gesellschaftliche Bündnis dieser Kampagne« erreichbar ist. Als Schirmherrin bittet die vormalige Ratsvorsitzende der Evangelischen Kirche in Deutschland jede Bürgerin und jeden Bürger um Mithilfe bei der Unterschriftenaktion: »Helfen Sie uns mit Ihrer Unterschrift und mit Ihren Ideen, den Waffenhandel zu stoppen!« Die Unterschriften für die Ergänzung des Grundgesetz-Artikels 26 (2) sind ein Schritt auf dem Weg zum vollständigen Rüstungsexportstopp. »Das gelingt dann, wenn wir den notwendigen gesellschaftlichen Druck auf die Politik entwickeln«, so die Schirmherrin der »Aufschrei«-Kampagne.

Was aber, wenn die Ergänzung des Grundgesetz-Artikels – mit der notwendigen Zweidrittelmehrheit im Deutschen Bundestag – erreicht werden würde? Käßmann verspricht sich sehr viel von einer Vorreiterrolle Deutschlands: »In anderen Fragen ist das ja auch nicht das entscheidende Argument. Nehmen wir die engen Grenzen bei der Präimplantationsdiagnostik, der PID, oder den Ausstieg aus der Kernenergie.« »Erst einmal geht es um unser Land und um unsere Haltung. Der Ausstieg könnte bei der Nummer 3 der Rüstungsexporteure Signalwirkung haben«, weiß Käßmann, die gewohnt ist, in langen Zeiträumen zu planen. So wurde sie zur »Lutherbotschafterin« für das Reformationsjahr 2017 ernannt.[9]

In längeren Zeiträumen muss auch planen, wer Rüstungsexporte stoppen und damit auch einen ganzen Industriezweig zur Produktionsumstellung veranlassen will. Die folgende Auflistung von Schritten neuen politischen Denkens und Handelns ist nicht chronologisch, sondern vielfach als parallel ablaufend zu verstehen:

Schritte auf dem Weg zu einem Stopp des Waffenhandels

1. Aktion Aufschrei – Stoppt den Waffenhandel!

Wir schreien auf
- gegen Rüstungslieferungen, z. B. an menschenrechtsverletzende Regierungen, an Diktaturen und an kriegführende Staaten
- für den Stopp des Waffenhandels
- für Frieden und Gerechtigkeit, für Abrüstung und Rüstungskonversion

Wir geben
- den Opfern eine Stimme
- den Tätern Name und Gesicht

Schritte auf dem Weg zu einem Stopp des Waffenhandels aus Deutschland
- Verhinderung symbolträchtiger Rüstungsexporte (z. B. Leopard-2-Panzer, U-Boote, G36-Gewehrexporte und Lizenzvergaben)
- Verwirklichung parlamentarischer Kontrolle (Demokratisierung, Transparenz, Kontrolle, Restriktion)
- Neugestaltung gesetzlicher Rahmenbedingungen (grundsätzliches Rüstungsexportverbot in Art. 26 (2) Grundgesetz, neues Rüstungsexportgesetz)
- Verbot besonders verwerflicher Waffensysteme (Landminen, Streumunition, Kleinwaffen, Drohnen etc.)
- Konversion der Rüstungsindustrie (Umstellung der Rüstungsproduktion auf eine nachhaltige zivile Fertigung)

2. Über die »Aufschrei«-Kampagne hinausreichende Schritte mit dem Ziel »Stoppt den Waffenhandel!«
- Internationalisierung der Kampagnenarbeit
- Verbot der Rüstungsproduktion in Deutschland, in anderen und letztlich in allen Ländern

Sollte es in den kommenden Jahren gelingen, den Rüstungsexporthahn sukzessive zuzudrehen, so wird Rüstungskonversion zum neuen Sachzwang. Dann sind Unternehmen, unterstützt von der IG Metall, gefordert, schnellstmöglich entsprechende Konzepte vorzulegen. Scheitert die Kampagne, so wird der Waffenhandel weiterhin gesteigert. Schon heute liegt die durchschnittliche Rüstungsexportquote bei 70 Prozent, vielfach höher.

Die zunächst bis zur Bundestagswahl im Herbst 2013 terminierte Kampagne »Aktion Aufschrei – Stoppt den Waffenhandel!« ist nicht dazu konzipiert, den ambitionierten Schritteplan umzusetzen. Aber diese Kampagne kann – sei es durch Fortführung bis 2017 oder durch eine Anschlusskampagne – dank ihrer Schubkraft in diesen Schlüsseljahren entscheidende Impulse zum Umsteuern geben. Noch ist nicht sicher, wohin der Weg führt: Angesichts geringerer Beschaffungsaufträge im Rahmen der Verkleinerung der Bundeswehr sucht die Rüstungsindustrie ihr Heil erklärtermaßen in gesteigertem Waffenhandel bei Ausweitung bestehender und Erschließung neuer Absatzmärkte. Das breiteste Bündnis gegen Waffenhandel in der Geschichte der Bundesrepublik Deutschland verfolgt hingegen ein diametral entgegengesetztes Ziel: Es will der Unkultur des Krieges mit seiner Rüstungsproduktion, seinen Waffenexporten und Kriegswaffeneinsätzen eine alle gesellschaftlichen Bereiche umfassende Kultur des Friedens entgegensetzen – in Deutschland und in möglichst vielen weiteren Ländern.

Offenkundig ist, dass neben den nationalen Kampagnen gegen Waffenhandel auch eine verstärkte internationale Vernetzung der Rüstungsexportkritiker vonnöten ist. »Aktion Aufschrei – Stoppt den Waffenhandel!« war bereits 2012 an der Ausrichtung des Treffens des European Network Against Arms Trade (ENAAT) in Berlin beteiligt. Gemeinsam mit War Resisters' International (wri), Pax Christi International, den International Physicians for the Prevention of Nuclear War (IPPNW), dem International Action Network on Small Arms (IANSA) und weiteren Kooperations- und Bündnispartnern wird die Bewegung gegen Waffenhandel auch auf der internationalen – schwerpunktmäßig der europäischen – Ebene Druck auf die Politik ausüben müssen.

Zahlreiche weitere wichtige Aktivitäten wären zu nennen, wie die Kampagne »Hände hoch Mister Obama – Hände hoch für Waffenkontrolle«. Mir ihr erhöht Amnesty International im Vorfeld kommender UN-Konferenzen seit 2013 den Druck auf die Staatengemeinschaft. Ziel ist ein weltweit wirksamer Waffenhandelskontrollvertrag (Arms Trade Treaty, ATT). AI fordert in einer Petition eine starke und effiziente Kontrolle des internationalen Waffenhandels.[10] Erste Erfolge der internationalen Staatengemeinschaft können zumindest beim Verbot besonders verwerflicher Waffensysteme attestiert werden. Mit dem Ottawa-Vertrag wurden Landminen, mit dem Oslo-Abkommen Streumunition verboten. Produktions- und Exportverbote militärischer Drohnen (Aufklärungs- und Kampfdrohnen) und der extrem tödlichen Kleinwaffen müssen folgen.

Kontrollregimen sowie partiellen Herstellungs- und Exportverboten müssen letztlich Erforschungs-, Entwicklungs- und Produktionsverbote für alle Waffen folgen. Was für viele noch wie pure Utopie klingen mag, kann wahr werden, wie entsprechende radikale Veränderungen in anderen Bereichen belegen, beispielsweise die begrüßenswerte Wende von der Atompolitik hin zur Nutzung regenerativer Energiequellen, die vor noch nicht allzu langer Zeit ebenfalls als utopisch galt. Im internationalen Vergleich nimmt Deutschland hier – die konsequente Umsetzung vorausgesetzt – tatsächlich eine Vorreiterrolle ein. Allerdings gingen der politischen Entscheidung zum Ausstieg aus der Atomenergie jahrzehntelange Auseinandersetzungen voraus. Letztendlicher Auslöser war die folgenschwere Reaktorkatastrophe von Fukushima.

Bleibt zu hoffen, dass der Verzicht auf Rüstungsexporte und die Umstellung der Rüstungsindustrie auf eine sinnvolle zivile Fertigung nicht erst durch eine gewaltige humanitäre Katastrophe – verübt mit deutschen Waffen – erzwungen werden wird.

Die konkrete Utopie ist definiert. Mit jeder Verschärfung der Rahmenbedingungen für Rüstungsexporte, mit jedem verhinderten Waffendeal, mit jeder verweigerten Lizenzvergabe kommen wir dem anvisierten Ziel näher. Wie wichtig die entsprechenden Bemühungen sind, brachte Thomas Meinhardt, langjähriger pax-christi-Aktivist gegen Waffenhandel, bei meiner Vorstellung des Schritteplans im »Aufschrei«-Kampagnenrat auf den Punkt: »Mit jedem der Schritte retten wir Menschenleben.«

Die ersten Schritte in die richtige Richtung sind getan, viele weitere müssen folgen. Das bisher bereits Erreichte macht Mut.[11]

Persönliches Nachwort:
Handeln Sie!

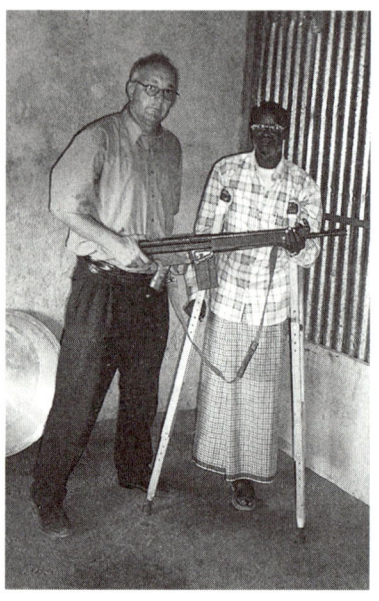

Den Opfern eine Stimme geben:
Abdirahman Dahir Mohamed aus Somalia verlor
sein rechtes Bein durch eine Kugel aus einem
G3-Gewehr, das nachweislich bei Heckler & Koch
in Oberndorf produziert wurde.

Erschreckend, enttäuschend und empörend, wie wenig wir wohlstandsverwöhnten und konsumgesättigten Menschen über unsere Mitverantwortung am massenhaften Morden in aller Welt wissen wollen. Schalten wir die abendlichen Fernsehnachrichten ein, begegnen wir dem Tod bei Berichten über Kriegsgräuel und Hungersnöte in vielerlei Gewand: als Waffentod, Hungertod, Krankheitstod, Gewehrtod.

Unsere Reaktion: Abstumpfung und Gleichgültigkeit. Wir alle verdrängen, können verdrängen, denn die gezeigten Geschehnisse tragen sich in der Regel in Tausenden von Kilometern Entfernung zu. Die allermeisten von uns werden derweil von ganz anderen »Sorgen« geplagt: Arbeitsbelastung, Terminverpflichtungen, Freizeitstress oder Urlaubsplanung.

Wie winzig, wie unbedeutend, wie banal müssen derlei Probleme all denen erscheinen, die unter repressiven Regimen leiden, die ihrer Freiheit beraubt und gefoltert werden, deren Leben existentiell bedroht ist. Was aber haben wir Deutsche damit zu tun? Was geht uns das alles an?

Das *Schwarzbuch Waffenhandel* will zeigen, dass wir massiv Mitschuld tragen. Während wir über alle Kanäle medial mit wohligen Worten vom immerwährenden Wohlstand, von Frieden und Freiheit und der Wahrung der Menschenrechte beruhigt, eingelullt und verdummt werden, betreiben politische und industrielle Händler des Todes von Deutschland aus ihr profitables Geschäft. Unter moralischen und ethischen Gesichtspunkten stehen Waffenproduzenten und Waffenhändler in wenigstens zweierlei Hinsicht auf der untersten Stufe. Zum einen ist Rüstungsexport vielfach Beihilfe zu Massenmord, zum anderen werden mit der Unterstützung des Kriegshandwerks Milliardenbeträge verdient.

Was aber interessiert einen Rüstungsmanager, dass durch den Einsatz der von seinem Unternehmen entwickelten, gefertigten und exportierten Waffen in Händen von Soldaten und Kindersoldaten, Guerillakämpfern oder Terroristen Menschen getötet oder verstümmelt werden? Was kümmert eine Kanzlerin oder einen Minister die Tatsache, dass durch den Einsatz deutscher Waffen täglich so viele Menschen sterben wie beim Massaker in Kunduz an einem einzigen Tag? Dass nach dem Bomben- und Granathagel oder den Gewehrsalven Überlebenden Gliedmaßen fehlen, dass im Körper verbleibende Munitionssplitter nach Jahren eitrige Wunden erzeugen oder fast alle Betroffenen zeitlebens traumatisiert sind. Dass die Angehörigen ihre Ehepartner, Eltern, Geschwister oder Kinder fortan auf Friedhöfen besuchen, falls es nach dem Geschehen auf dem Schlachtfeld überhaupt zu einer Beerdigung kommen konnte.

Was also können wir, was kann jeder von uns tun? Eine Antwort gab uns der im Februar 2013 leider verstorbene Stéphane Hessel. Der gebürtige Berliner überlebte das Konzentrationslager Buchenwald, wurde 1946 Büroleiter beim stellvertretenden UN-Generalsekretär Henri Laugier und zwei Jahre danach Sekretär der neu eingerichteten Menschenrechtskommission der Vereinten Nationen. Hessel sah in der Gewaltlosigkeit das bessere Mittel gegen Gewalt. »Das Schlimmste ist die Gleichgültigkeit«, so der vormalige Résistance-Kämpfer und spätere Mitunterzeichner der Charta der Menschenrechte. Widerstand wachse aus Empörung, sagte Stéphane Hessel.[12]

Eine Empörung, die auch viele der Aktiven und Unterstützer von »Aktion Aufschrei – Stoppt den Waffenhandel!« verspüren. Die Kampagne ist die friedenspolitische Antwort auf politische Fehlentscheidungen der für den Waffenhandel verantwortlichen Bundesregierung. Wie Sie mitmachen können, erfahren Sie auf der Homepage www.aufschrei-waffenhandel.de

Prüfen Sie die Wahlprogramme der politischen Parteien und deren Umsetzung ab Herbst 2013 in den Positionen zum Rüstungsexport. Die Ausgangslage ist inzwischen eine ganz andere als in früheren Jahren. Denn wie der Friedensforscher Dr. Bernhard Moltmann bei einem Vortrag Anfang 2013 treffend anmerkte, haben sich Rüstungsgeschäfte »hierzulande zu einem politischen Aufreger erster Güte gemausert, vor allem mit Staaten in Zonen politischer Instabilität und mit zweifelhaften Menschen- und Bürgerrechtsstandards«.[13]

Das *Schwarzbuch Waffenhandel* soll Sie persönlich zum Nachdenken und zum Handeln anregen. Der Kauf von Kriegswaffen ist in Deutschland genehmigungspflichtig und Privatpersonen erst einmal untersagt. Im Gegensatz zu Diktatoren und Despoten erhält kein Bundesbürger eine Genehmigung zum Erwerb von Scharfschützengewehren der Firma Heckler & Koch oder von Kampfpanzern aus der Produktion von Krauss-Maffei Wegmann und Rheinmetall.

Und doch können Sie mit Ihrer Einstellung und Ihrer Lebensweise auf Rüstungsproduktion und Waffengeschäfte Einfluss nehmen. Weitaus stärker, als Sie womöglich meinen:

- Denn Sie entscheiden, ob Sie ein Auto von einem Unternehmen erwerben, das zugleich Waffen bzw. Militärfahrzeuge fertigt und exportiert. Die Daimler AG mit Mercedes-Benz ist einer der führenden Hersteller von Militärfahrzeugen und noch immer einer der großen Anteilseigner der EADS. Die BMW AG besitzt Anteile an

Rolls-Royce, dem britischen Hersteller von Motoren für Militärflugzeuge. Die Volkswagen AG und damit auch Audi ist weitaus weniger im Rüstungsbereich tätig, liefert allerdings Militärfahrzeuge an die Bundeswehr. Ganz abgesehen von dem Ziel ökologischer Mobilität, die möglichst autofrei sein sollte.

- Sie können Ihre Geschäftsreise oder Ihren Urlaubsflug bei einer Fluggesellschaft buchen, die – anders als die Lufthansa Technik AG – nicht mit der Bundeswehr kooperiert. Bedenkenswert ist auch die Erwägung, ob die jeweilige Fluggesellschaft Flüchtlinge zwangsweise abschiebt.

- Sie können ein Bankhaus wählen, das erklärtermaßen Rüstungsgeschäfte verweigert. Die Organisation urgewald e. V. beschreibt auf ihrer Homepage einen begrüßenswerten Trend: »Immer mehr KundInnen fragen kritisch bei ihrer Bank nach, weil sie ihr Geld nachhaltig anlegen wollen«, so der Verein, dessen Mitglieder sich für Umweltschutz, Menschenrechte und Frieden einsetzen. Urgewald nennt vier »saubere« Alternativbanken, die in Nachhaltigkeit investieren und damit Gentechnik, Atom- und Kohleenergie und eben Rüstung ausschließen: GLS Bank, Triodos Bank, Umweltbank und Ethikbank.[14]

- Sie können den Dachverband der Kritischen Aktionäre in Köln unterstützen bzw. die Kritischen Aktionäre, die bei Hauptversammlungen gezielt gegen Rüstungsproduktion und -exporte auftreten, allen voran bei der Daimler AG und EADS N. V., Rheinmetall AG und ThyssenKrupp AG. Markus Dufner, Geschäftsführer des Dachverbands, empfiehlt: »Sie können uns helfen, indem Sie uns die Stimmrechte Ihrer Aktien übertragen.« Auch hier ist ein positiver Trend zu verzeichnen: Immer mehr Aktionärinnen und Aktionäre folgen dem Aufruf zur Überschreibung ihrer Stimmrechte an die Konzernkritiker. Auf den Hauptversammlungen treten die Kritischen Aktionäre mit Gegenanträgen zur Nichtentlastung von Vorständen und Aufsichtsräten in Erscheinung, deren Unternehmen in Waffengeschäfte verwickelt sind.

Viele weitere Ansatzpunkte friedensorientierten Handelns stehen Ihnen als Käufer und Kunde offen. Mit anderen Worten: Sie entscheiden, bei welchem Autokonzern Sie ein Fahrzeug kaufen, bei welcher

Bank Sie Geld anlegen, bei welcher Versicherung Sie Mitglied sind, bei welcher Fluggesellschaft Sie Ihre Reise buchen, von welcher Aktiengesellschaft sie Anteile erwerben. Teilen Sie den Geschäftsleitungen der an Rüstung beteiligten oder sie unterstützenden Unternehmen mit, dass Sie erst einmal die Dienstleistungen eines anderen Unternehmens bevorzugen, das eine ethisch verantwortliche Geschäftspolitik praktiziert. Mit jedem Brief, jeder Postkarte oder E-Mail wächst der Druck auf die Rüstungskonzerne und deren Unterstützer.

Überprüfen wir alle unser Konsumverhalten, auch das ist ein nicht zu unterschätzender Beitrag zur nachhaltigen Veränderung einer moralisch aus den Fugen geratenen Welt. Die Handlungsansätze sind vielfältig und wirkungsvoller, als der Gegenseite lieb sein mag. Ich erinnere mich an den Anruf des früheren Pressesprechers des Daimler-Konzerns, Christoph Walther. Dieser erkundigte sich, was angesichts Abertausender von Zuschriften, in denen der Ausstieg aus dem Produktion von Landminen bei der DASA (heute EADS) gefordert wurde, zu tun sei. Rund 40 000 Menschen hatten per Postkarte erklärt, keinen Mercedes mehr zu kaufen, solange DASA/Daimler Landminen vom Typ PARM (Panzerabwehrrichtmine) produziere. Der damalige Werbeslogan war vielsagend: »PARM 2 KILLS IN MILLISECONDS« mit »Effective Kill«. Meine Antwort war so einfach wie wirkungsvoll: »Herr Walther, sorgen Sie dafür, dass der Daimler-Konzern aus der Fertigung von Landminen aussteigt. Wir – gemeint waren Paul Russmann und ich als Kampagneninitiatoren – sorgen im Gegenzug dafür, dass diese Kampagne gestoppt wird.«[15]

Die Panzerabwehrrichtmine PARM 2 wurde nie produziert, die Anti-Landminenkampagne gegen Daimler eingestellt.

Jürgen Grässlin,
Freiburg im Breisgau, im Februar 2013

1 14. Jahresbericht gemäß 8 Absatz 2 des Gemeinsamen Standpunkts 2008/944/GASP des Rates betreffend gemeinsame Regeln für die Kontrolle der Ausfuhr von Militärtechnologie und Militärgütern (2012/C 386/01); *Waffenexport-Telegramm Nr. 17* vom 25. Januar 2013, Punkt 1, von Jan van Aken, MdB.

2 »Bundesregierung erteilt mehr Rüstungsexportgenehmigungen, ›Keineswegs verantwortungsvoll‹«, *Domradio* vom 13. November 2012.

3 Bernhard Moltmann: »Rüstungsproduktion und Waffenhandel. Verändern sich die Parameter der deutschen Rüstungsexportpolitik? Ansätze einer ethischen Bewertung«, Vortrag bei der Konferenz für Friedensarbeit der EKD Hofgeismar, 21. Januar 2013.

4 *SIPRI Yearbook 2012,* The 50 largest suppliers of major conventional weapons, 2007-11, S. 266.

5 Andreas Zumach, »Argumentationshilfe Stoppt den Waffenhandel«, S. 1.

6 »Deutsche Rüstungsexporte«, *loyal. Magazin für Sicherheitspolitik,* 12/2012, S. 39.

7 Forsa-Umfrage vom 7. und 8. Juli 2011, *Stern* 29/2011.

8 Umfrage von TNS Emnid, 1005 Befragte am 4./5.10.2011 im Auftrag der Linken.

9 Ebda.

10 http://www.amnesty.de/haende-hoch-fuer-waffenkontrolle

11 Jürgen Grässlin: »Schritt für Schritt zu einem Stopp des Waffenhandels«, *ZivilCourage* 2/2012.

12 Ebda.

13 Moltmann, »Rüstungsproduktion und Waffenhandel«, a. a. O.

14 »Die sauberen Banken«, siehe http://urgewald.org/kampagne/bankwechsel-jetzt/sauberen-banken

15 Werbung der Deutschen Aerospace (DASA): »PARM 2 – AUTOMATED TANK DEFENCE«, ohne Datumsangabe.

Anhang

Dank

Einmal mehr danke ich allen voran meiner Frau Eva für ihre unermüdliche Unterstützung: Sie hielt mir in den mehr als zwei Jahren Recherche- und Schreibzeit den Rücken frei, war mir eine konstruktiv-kritische Erstleserin, Lektorin und Ratgeberin. Ebenfalls danke ich unserem Sohn Philipp für den IT-Beistand 365 Tage im Jahr rund um die Uhr und unserer Tochter Sandra für das Gegenlesen von Texten sowie zahlreiche Tipps.

Ich bedanke mich für die hervorragende Zusammenarbeit und Unterstützung seitens des Heyne-Verlags sowie bei Thomas Bertram für das engagierte Lektorat.

Des Weiteren danke ich hilfreichen Mitmenschen, wie Gabi Ayivi, Ingeborg und Lothar Beck, Sönke Braasch, Julia Dubslaff von Facing Finance, Detlef Gaida, Virginia Edwards, Günter Forst, Edgar Haas, Oliver Hemmerle, Harald Thomas und Thomas Ungricht und vielen weiteren, die mir auf verschiedenste Art und Weise hilfreich zur Seite standen.

Ausdrücklich danke ich Christine Hoffmann und Paul Russmann und vielen anderen für die wunderbare Zusammenarbeit in der Kampagne »Aktion Aufschrei – Stoppt den Waffenhandel!«. Hilfreich waren Informationen des Newsletters der Aufschrei-Kampagne von Stephan Möhrle, die Informationen der Kampagnen-Website, bearbeitet von Otto Reger, sowie die DAKS-Newsletter, verfasst von Fabian Sieber und André Maertens.

Als aktive oder vormalige Beschäftigte der Rüstungsindustrie bleiben Informantinnen und Informanten ungenannt. Sie müssten bei Bekanntwerden ihrer Mitwirkung auch juristische Schritte ihrer Arbeitgeber fürchten. Ihre Motivlagen sind unterschiedlich. Manchen liegt daran, dass bereits erfolgte Direktexporte aus Deutschland oder Weiterexporte an menschenrechtsverletzende Regierungen und Militärs publik und weitere zukünftig unterbunden werden. Einige machen ethische, moralische oder christlich-religiöse Wertvorstellungen zur Grundlage ihres Handelns.

Zum Schluss möchte ich den Freundinnen und Freunden der Friedensinitiative Konstanz sehr herzlich danken. Maik Schluroff, Andrea Kraneburg-Didra und Roland Didra, Helmut Luz, Ingrid und Hans-Peter Koch haben – inmitten der Schreibzeit und zu meiner großen Freude – dazu beigetragen, dass mir im September 2011 der Aachener Friedenspreis verliehen wurde.

Ebenso danke ich den »Anstiftern«, die allen in der Aufschrei-Kampagne Engagierten im November 2012 den Stuttgarter Friedenspreis verliehen haben. Diese Auszeichnung verstehe ich als Bestätigung der Aktionen und Aktivitäten eines erfreulich breiten Bündnisses aus Menschen und Organisationen, die sich ein einziges Ziel gesetzt haben: den Waffenhandel in Deutschland und weltweit zu stoppen.

Wichtige Websites

1. Frieden, Friedensforschung, Entwicklungshilfe, Gerechtigkeit und Menschenrechte

AGDF e. V., Aktionsgemeinschaft Dienst für Frieden, Bonn – www.friedensdienst.de
Amnesty International, Deutsche Sektion, Berlin – www.amnesty.de
Arbeitsgemeinschaft Kriegsursachenforschung (AKUF), Forschungsstelle Kriege, Rüstung und Entwicklung, Institut für Politische Wissenschaft der Universität Hamburg, Hamburg –
www.sozialwiss.uni-hamburg.de/publish/Ipw/Akuf/index.htm
Berghof Foundation (vormals Institut für Friedenspädagogik Tübingen), Berlin/Tübingen, www.berghof-foundation.org
Bischöfliches Hilfswerk MISEREOR e.V, Aachen – www.misereor.de
Bischöfliches Jugendamt – BDKJ-Diözesanstelle Rottenburg-Stuttgart, Wernau/Neckar –www.bdkj.info
Berliner Informationszentrum für Transatlantische Sicherheit (BITS), Berlin – www.bits.de

Brot für die Welt, Träger: Diakonisches Werk der Evangelischen Kirche in Deutschland e. V., Stuttgart – www.brot-fuer-die-welt.de

Bundesausschuss Friedensratschlag, Kassel – www.ag-friedensforschung.de

Connection e. V. –, Internationale Arbeit für Kriegsdienstverweigerer und Deserteure, Offenbach – www.connection-ev.de

Controlarms, New York (USA) – www.controlarms.org

Dachverband der Kritischen Aktionärinnen und Aktionäre e. V., Köln – www.kritischeaktionaere.de

Deutsche Friedensgesellschaft – Vereinigte KriegsdienstgegnerInnen (DFG-VK), Frankfurt / Main – www.dfg-vk.de

Deutsche Kommission Justitia et Pax, Bonn – www.justitia-et-pax.de

Deutsches Komitee für UNICEF e. V., Köln – www.unicef.de

European Network Against Arms Trade (ENAAT), Amsterdam (NL) – www.enaat.org

Evangelischer Entwicklungsdienst e. V. (EED), Bonn – www.eed.de

Facing Finance, Berlin – www.facing-finance.org/de

Förderverein Frieden e. V., Bonn – www.friedenskooperative.de

Franziskaner, Provinzialat der Deutschen Franziskanerprovinz, München – www.franziskaner.de

Gemeinsame Konferenz Kirche und Endwicklung (GKKE), Träger: Evangelische Entwicklungsdienst (EED) und Deutsche Kommission Justitia et Pax, Ev. Geschäftsstelle, Berlin, und Kath. Geschäftsstelle, Bonn – www3.gkke.org

Gesellschaft für bedrohte Völker e. V. (GfbV), Göttingen – www.gfbv.de

Gruppe für eine Schweiz ohne Armee (GSoA), Zürich (CH) – www.gsoa.ch

Handicap International e. V., München – www.handicap-international.de

Hessische Stiftung Friedens- und Konfliktforschung (HSFK), Frankfurt am Main – www.hsfk.de

Human Rights Watch – Verein zur Wahrung der Menschenrechte e. V., Berlin – www.hrw.org/de

IALANA e. V., Juristen und Juristinnen gegen atomare, biologische und chemische Waffen, Träger: Deutsche Sektion der International Association Of Lawyers Against Nuclear Arms, Berlin – www.ialana.de

Informationsstelle Militarisierung e. V. (IMI), Tübingen – www.imi-online.de

Initiative gegen Waffen vom Bodensee, Lindau – www.waffenvombodensee.com

International Action Network on Small Arms (IANSA), London (Großbritannien) – www.iansa.org

Internationale Frauenliga für Frieden und Freiheit (IFFF), Träger: **Women's International League for Peace and Freedom (WILPF),** Berlin – www.wilpf.de

Internationale katholische Friedensbewegung pax christi (pax christi), Berlin – www.paxchristi.de

Internationales Konversionszentrum Bonn, Bonn International Center for Conversion (BICC) GmbH, Bonn – www.bicc.de

IPPNW – Deutsche Sektion der Internationalen Ärzte für die Verhütung des Atomkrieges / Ärzte in sozialer Verantwortung e. V., Träger: IPPNW, International Physicians for the Prevention of Nuclear War, Berlin – www.ippnw.de

Kampagne gegen Wapenhandel – Campagne tegen Wapenhandel, Amsterdam (NL) – stopwapenhandel.org

Kampagne TATORT Kurdistan, Berlin – http://tatortkurdistan.blogsport.de/

Komitee für Grundrechte und Demokratie, Köln – www.grundrechtekomitee.de

Kooperation für den Frieden e. V., Bonn – www.koop-frieden.de

Landmine.de, München, Frankfurt, Berlin – www.landmine.de

medico international e. V., Frankfurt am Main – www.medico.de

NaturFreunde Deutschland e. V., Berlin – www.naturfreunde.de

NON AU MISSILE M51, Frankreich – www.nonaumissilem51.org

Notts Anti-Militarism, Nottingham (Großbritannien) – nottsantimilitarism.wordpress.com/heckler-koch

Ohne Rüstung Leben m (ORL), Stuttgart – www.ohne-ruestung-leben.de

Oxfam Deutschland e. V., Berlin – www.oxfam.de

peace brigades international (pbi), Deutscher Zweig e. V., Hamburg – www.pbideutschland.de

RüstungsInformationsBüro e. V. (RIB e. V.), Freiburg im Breisgau – www.rib-ev.de

Stockholm International Peace Research Institute (SIPRI), Solna (Schweden) – www.sipri.org

TERRE DES FEMMES, Menschenrechte für die Frau e. V., Berlin – http://frauenrechte.de/online/index.php

terre des hommes Deutschland e. V., Osnabrück – www.tdh.de

urgewald e. V., Sassenberg – http://urgewald.org

ver.di, Vereinte Dienstleistungsgewerkschaft, Berlin – www.verdi.de

Versöhnungsbund e. V., Minden – www.versoehnungsbund.de

War Resisters' International (wri), London (Großbritannien) – http://wri-irg.org

Werkstatt für Gewaltfreie Aktion, Baden (WfGA), Träger: Gewaltfrei Leben Lernen e. V., Freiburg / Heidelberg – www.wfga.de

Zentrum für Politische Schönheit (ZPS), Berlin – www.political-beauty.de

2. Rüstungsproduktion und Rüstungsexport

Astrium GmbH, Immenstaad – www.astrium.eads.net

ATLAS ELEKTRONIK GmbH, Bremen – www.atlas-elektronik.com

ATM ComputerSysteme GmbH, Konstanz – www.atm-computer.de

Bayern-Chemie Gesellschaft für flugchemische Antriebe mbH (MBDA Missile Systems), Aschau/Inn – www.bayern-chemie.com

Blohm + Voss Naval GmbH, Hamburg – www.blohmvoss-naval.com

CARL WALTHER GmbH, Ulm / Arnsberg – www.carl-walther.de

Carl Zeiss Optronics GmbH, Oberkochen – www.zeiss.de/optronics

Daimler AG, Stuttgart – www.daimler.de

Diehl Aerospace GmbH, Tochterunternehmen Diehl-Gruppe, Überlingen – www.diehl-aerospace.de

Diehl BGT Defence GmbH & Co. KG, Tochterunternehmen Diehl-Gruppe, Überlingen – www.diehl-bgt-defence.de

Diehl Defence Holding GmbH, Überlingen – www.diehl.com

Diehl Stiftung & Co. KG, Nürnberg – www.diehl.com

Dynamit Nobel Defence GmbH, Burbach – www.dn-defence.com

EADS Deutschland GmbH, München – www.eads.com/eads/germany/de.html

EUROCOPTER DEUTSCHLAND GmbH, Donauwörth,
www.eurocopter.com
Eurofighter Jagdflugzeug GmbH, Hallbergmoos-
www.eurofighter.com
EUROJET Turbo GmbH, Hallbergmoos – www.eurojet.de
European Aeronautic Defence and Space Company EADS N. V.,
Leiden (NL) – www.eads.com
und www.eads.com/eads/germany/de.html
Friedrich Lürssen Werft GmbH & Co. KG, Bremen –
www.luerssen.de
General Atomics Aeronautical Systems, Inc., Kirkham Way (USA) –
www.ga-asi.com
GLOCK Ges. m. b. H., Deutsch Wagram (Österreich) –
www.glock.com
HECKLER & KOCH GmbH, Oberndorf a. N. –
www.heckler-koch.com
HECKLER & KOCH Defence (USA), HK Ashburn (Virginia) und
HK Columbus (Georgia) – www.hk-usa.com
HKPRO (USA) – www.hkpro.com/forum
Howaldtswerke-Deutsche Werft GmbH (ThyssenKrupp Marine Systems AG), Kiel – www.hdw.de/de
Iveco Magirus AG, Ulm – web.iveco.com/germany
JENOPTIK AG, Verteidigung & Zivile Systeme, Jena –
www.jenoptik.com/vzs
Krauss-Maffei Wegmann GmbH & Co. KG (KMW), München –
www.kmweg.de
Lufthansa Technik AG, Hamburg – www.lufthansa-technik.com
MAN Nutzfahrzeuge AG (MAN Truck & Bus AG), München –
www.mantruckandbus.com
MBDA Deutschland (mit LFK-Lenkflugkörpersysteme GmbH),
Schrobenhausen – www.mbda-careers.de und
www.mbda-systems.com
MEN – Metallwerk Elisenhütte GmbH, Nassau –
www.men-defencetec.de
Mercedes-Benz AG (Mercedes Military), Stuttgart/Wörth –
www.mb-military-vehicles.com und
www.mercedes-benz.com/military-vehicles (identische Website)

MTU Aero Engines GmbH, München – www.mtu.de

MTU Friedrichshafen GmbH, Friedrichshafen –
www.mtu-online.com

Northrop Grumman LITEF GmbH, Freiburg im Breisgau –
www.northropgrumman.litef.com und www.northropgrumman.com

Panavia Aircraft GmbH, Hallbergmoos – www.panavia.de

RENK Aktiengesellschaft, Augsburg – www.renk.de

Rheinmetall AG Corporate Sector Defence, Düsseldorf –
www.rheinmetall-defence.com

Rockwell Collins Deutschland GmbH, Heidelberg –
www.rockwellcollins.com

ROHDE & SCHWARZ GmbH & Co. KG, München –
www.rohde-schwarz.com

RUAG Holding AG, Wessling und Bern (Schweiz) – www.ruag.com

Siemens AG, München – www.siemens.com/marine

STEYR MANNLICHER GmbH, Kleinraming (Österreich) –
www.mannlicher.at

Thales Deutschland GmbH, Stuttgart – www.thalesgroup.com

ThyssenKrupp Marine Systems AG, Hamburg –
https://www.thyssenkrupp-marinesystems.com

Tognum AG (MTU Friedrichshafen GmbH), Friedrichshafen –
www.tognum.com

ZF Friedrichshafen AG, Friedrichshafen – www.zf.com

Abkürzungen

AA	Auswärtiges Amt
ABC-Waffen	atomare, biologische und chemische Waffen
ACDA	U. S. Arms Control and Disarmament Agency mit Sitz in Washington
ADM	Abu Dhabi Mar; Investorengruppe im Geschäftskontakt mit ThyssenKrupp Marine Systems
AE	Atlas Elektronik GmbH mit Sitz in Bremen
ai	Amnesty International; Menschenrechtsorganisation mit Sitz in London

AK	Awtomat Kalaschnikowa obrasza, russisches Sturmgewehr
AKUF	Arbeitsgemeinschaft Kriegsursachenforschung des Instituts für Politikwissenschaft der Universität Hamburg
AL	Ausfuhrliste; Anlage zur Außenwirtschaftsverordnung
ASD	AeroSpace and Defence Industries Association of Europe
ATK	Alliant TechSystems; Partnerfirma von H&K beim XM25-Granatwerfer
ATT	Arms Trade Treaty; Vertrag zur Begrenzung des weltweiten Waffenhandels
AWG	Außenwirtschaftsgesetz
AWV	Außenwirtschaftsverordnung; Verordnung zur Durchführung des Außenwirtschaftsgesetzes
BAAINBw	Bundesamt für Ausrüstung, Informationstechnik und Nutzung der Bundeswehr mit Sitz in Koblenz, Indienststellung am 1. Oktober 2012
BAe	British Aerospace, heute BAE Systems, mit Sitz in Farnborough
BAFA	Bundesamt für Wirtschaft und Ausfuhrkontrolle in Eschborn, auch Bundesausfuhramt genannt
BDI	Bundesverband der Deutschen Industrie mit Sitz in Berlin
BDLI	Bundesverband der Deutschen Luft- und Raumfahrtindustrie e. V. mit Sitz in Berlin
BDSV	Deutsche Sicherheits- und Verteidigungsindustrie e. V. mit Sitz in Berlin
BGDP	Border Guard Development Program; Grenzsicherungsprogramme unter Federführung der EADS, u. a. zur Flüchtlingsabwehr in Saudi-Arabien, Algerien etc.
BGT	ehemals Bodenseewerk Gerätetechnik GmbH, heute als Diehl BGT Defence GmbH & Co. KG zur Diehl Defence gehörend; Firmensitz in Überlingen
BICC	Bonn International Center for Conversion
BITS	Berlin Information-center for Transatlantic Security, Berliner Informationszentrum für Transatlantische Sicherheit
BWB	Bundesamt für Wehrtechnik und Beschaffung; größte technische Behörde Deutschlands mit Hauptsitz in

	Koblenz; die BWB-Dienststellen sind der Hauptabteilung Rüstung im BMVg unterstellt; seit 1. Oktober 2012 überführt in das BAAINBw
BMVg	Bundesministerium der Verteidigung mit Dienstsitzen in Bonn und Berlin; mit Wirkung vom 1. April 2012 Festlegung der Neustruktur
BMWi	Bundesministerium für Wirtschaft und Technologie
BND	Bundesnachrichtendienst; Auslandsnachrichtendienst Deutschlands mit Sitz in Pullach und Berlin
BSR	Bundessicherheitsrat
BUKO	Bundeskongress entwicklungspolitischer Aktionsgruppen, Stoppt den Rüstungsexport, in Bremen
CAAT	Campaign Against Arms Trade (CAAT); britische Friedensorganisation gegen Waffenhandel mit Sitz in London
CBC	Companhia Brasileira de Cartuchos; brasilianischer Mutterkonzern des Munitionsfabrikanten MEN Metallwerk Elisenhütte GmbH in Nassau
CCO	Creative Consulting GmbH der Gruppe Wehrtechnische Messen des BDSV
CEO	Chief Executive Officer; US-amerikanische Bezeichnung für den Vorstandsvorsitzenden oder das geschäftsführende Vorstandsmitglied eines Unternehmens
CFO	Chief Financial Officer (CFO), vorsitzender Finanzvorstand
ChBK	Chef des Bundeskanzleramtes
CMC	Cluster Munition Coalition; internationale Kampagne zum Verbot von Streumunition
COCOM	Coordinating Committee for East-West Trade Policy
Comtrade	Die United Nations Commidity Trade Statistics Database in Genf publiziert das weltweit umfassendste Ranking zu Kleinwaffenexporteuren
DAKS	Deutsches Aktionsnetz Kleinwaffen Stoppen mit Sitz in Freiburg beim RüstungsInformationsBüro; Herausgeber des monatlich erscheinenden DAKS-Newsletters zur Kleinwaffenproblematik
DASA	Deutsche Aerospace, Daimler-Benz Aerospace bzw. DaimlerChrysler Aerospace, heute Teil der EADS

D. C. A. M.	Direccion de Comercializacion de Armamento y Municiones; staatliche Direktion zum Vertrieb von Waffen und Munition in Mexiko, sie untersteht dem Verteidigungsministerium
DCNS	Constructions Navales, Systemes et Services; französischer Werftenverbund
DDR	Deutsche Demokratische Republik
DFG-VK	Deutsche Friedensgesellschaft – Vereinigte KriegsdienstgegnerInnen; älteste deutsche Friedensorganisation mit Sitz in Frankfurt
DGA	Délégation Générale pour l'Armement; französische Beschaffungsbehörde für Wehrtechnik
DWT	Deutsche Gesellschaft für Wehrtechnik e. V. mit Sitz in Bonn
EADS	European Aeronautic Defence and Space Company N. V.; deutsch-französisch-spanischer Rüstungskonzern mit Sitz in Leiden, Niederlande
EBIT	Earnings Before Interest and Taxes, Gewinn vor Zinsen und Steuern; das EBIT gilt als Schlüsselindikator der wirtschaftlichen Leistungen eines Unternehmens
EC	Eurocopter, weltweit führender Hersteller ziviler und militärischer Hubschrauber
EF	Eurofighter, in der Exportversion Eurofighter Typhoon
ENAAT	European Network against Arms Trade
ESA	European Space Agency (Agence spatiale européenne, ASE); Europäische Raumfahrtagentur mit Sitz in Paris
EU	Europäische Union mit Sitz in Brüssel (Europäischer Rat) und Straßburg (Europäisches Parlament)
FDH	Förderkreis Deutsches Heer e. V. mit Sitz in Bonn
FRONTEX	Frontières extérieures; Europäische Agentur für die operative Zusammenarbeit an den Außengrenzen; Hauptquartier in Warschau, Polen
GA-ASI	General Atomics Aeronautical Systems, Inc., zum US-Rüstungskonzern General Atomics mit Sitz in San Diego gehörend; US-amerikanischer Hersteller von Drohnen

GASP	Gemeinsame Außen- und Sicherheitspolitik; Festlegung des »Gemeinsamen Standpunktes« der EU u. a. zum Rüstungsexport
GfbV	Gesellschaft für bedrohte Völker e. V. mit Sitz in Göttingen
GG	Grundgesetz der Bundesrepublik Deutschland
GIWS	Gesellschaft für Intelligente Wirksysteme mbH; Tochtergesellschaft von Diehl und Rheinmetall mit Sitz in Nürnberg
GKKE	Gemeinsame Konferenz Kirche und Entwicklung; Sitz der Evangelische Geschäftsstelle in Berlin, Sitz der Katholischen Geschäftsstelle in Bonn
GMW	40 mm Granatmaschinenwaffe von Heckler & Koch
GSC	German Submarine Consortium (GSC); Vertragspartner, beispielsweise bei U-Boot-Verkäufen deutscher Werften an die Marine ausländischer Empfängerländer
GSoA	Gruppe für eine Schweiz ohne Armee mit Sitz in Zürich
GWM	Gruppe Wehrtechnische Messen des BDSV
HDW	Howaldtswerke-Deutsche Werft mit Sitz in Kiel; Tochterunternehmen von ThyssenKrupp Marine Systems
H&K	Heckler & Koch GmbH mit Sitz in Oberndorf am Neckar, Stadtteil Lindenhof
HKB	Heckler & Koch Beteiligungsgesellschaft, Holding
HSFK	Hessische Stiftung Friedens- und Konfliktforschung; Forschungsinstitut für internationale Politik mit Sitz in Frankfurt am Main
HvB	HypoVereinsbank, zu UniCredit gehörend, mit Sitz in München; Kreditgeber u. a. von Krauss-Maffei Wegmann
IAADH e. V.	Angolanische Antimilitaristische Menschenrechtsinitiative mit Sitz in Berlin
IALANA	International Association of Lawyers Against Nuclear Arms; Juristinnen und Juristen gegen atomare, biologische und chemische Waffen mit Sitz in Berlin
IANSA	International Action Network on Small Arms mit Sitz in London

ICBL	International Campaign to Ban Landmines; internationale Kampagne zum Verbot von Antipersonenminen; Friedensnobelpreisträger 1997
ICRC	International Committee of the Red Cross; Internationales Komitee vom Roten Kreuz
IDEX	International Defence Exhibition & Conference, Waffenmesse in Abu Dhabi
IdZ-ES	Infanterist der Zukunft – Erweitertes Systems des Hauptauftragnehmers Rheinmetall Defence Electronics GmbH
IGH	Internationaler Gerichtshof mit Sitz in Den Haag
IGM	auch IG Metall; Industriegewerkschaft Metall, Zentrale in Frankfurt am Main
ILA	Internationale Luft- und Raumfahrtausstellung; alle zwei Jahre in Berlin stattfindende zivil-militärische Messe
IPB	International Peace Bureau; Internationales Friedensbüro mit Sitz in Genf
IPPNW	International Physicians for the Prevention of Nuclear War; Internationale Ärzte für die Verhütung des Atomkrieges, deutsche Sektion mit Sitz in Berlin; auch aktiv im Einsatz gegen Waffenhandel; Friedensnobelpreisträger 1985
ISAF	Isaf; International Security Assistance Force; Internationale Sicherheitsunterstützungstruppe der NATO im Afghanistan-Krieg seit 2001
IMI e. V.	Informationsstelle Militarisierung e. V. mit Sitz in Tübingen
IWI	Israel Weapons Industries Ltd. (IWI); Hersteller der Maschinenpistole Uzi mit Sitz in Ramat Hasharon (vormals Israel Military Industries, IMI)
JET	Joint Einsatzsystem Team F125; Konsortium unter Führung der Atlas Elektronik GmbH mit Sitz in Bremen zur Entwicklung des gesamten Einsatzsystems für die Fregatte 125
JIW	*Jane's Infantry Weapons,* Fachpublikation der Jane's Information Group in Großbritannien und den USA
JMT	Junghans Microtec; Zünderproduzent und -exporteur in Seedorf, Kreis Rottweil

KAD	Kritische AktionärInnen Daimler mit Sitz in Stuttgart
KfW	Kreditanstalt für Wiederaufbau; staatliche Bankengruppe mit Sitz in Frankfurt a. M.
KRK	Krisenreaktionskräfte der NATO und der Bundeswehr. Letztere wurden mit der Reform 2010 aufgelöst und gliedern sich heute in Eingreifkräfte, Stabilisierungskräfte und Unterstützungskräfte
KSK	Kommando Spezialkräfte; Bundeswehreinheit für Spezialeinsätze mit Sitz in Calw (Baden-Württemberg)
KMW	Krauss-Maffei Wegmann; Rüstungsproduzent mit Sitz in München
KWKG	auch KrWaffKontrG abgekürzt, Kriegswaffenkontrollgesetz
KWL	Kriegswaffenliste; Anlage zum KWKG
LaGS	lasergelenkter Sidewinder-Flugkörper von Diehl Defence
LBBW	Landesbank Baden-Württemberg mit Sitz in Stuttgart; Finanzier von Rüstungskonzernen
LFK NG	Lenkflugkörper Neue Generation; eine Luft-Boden-Rakete von LFK und Diehl Defence u. a. für den Kampfhubschrauber Tiger
LHT	Lufthansa Technik AG mit Sitz in Hamburg; liefert Lösungen für militärische Flotten
LKW	Lastkraftwagen als Militärfahrzeuge
MALE	Medium Altitude Long Endurance, Drohnentechnik im Bereich mittlerer Flughöhe und großer Flugdauer
MANPADS	Man-portable air defence system; Flugabwehr-Raketensysteme und tragbare Luftverteidigungssysteme
MB	Mercedes-Benz, hundertprozentige Unternehmenstochter der Daimler AG
MBAG	Mercedes-Benz AG
MBB	Messerschmitt-Bölkow-Blohm GmbH
MBSA	Mercedes-Benz of South Africa
MBT	Main Battle Tank, Kampfpanzer
MdB	Mitglied des Deutschen Bundestages
MBDA	Zusammenschluss des französisch-britischen Joint Ventures Matra BAe Dynamics (MBD), der französi-

	schen Aerospatiale Matra Missiles (AMM) mit Alenia Marconi Systems und der LFK-Lenkflugkörpersysteme der EADS
MEADS	Medium Extended Air Defense System; Flugabwehrsystem das bis 2014 eingeführt werden soll
MEN	Metallwerk Elisenhütte GmbH; Fabrikant kleinkalibriger Munition mit Sitz in Nassau an der Lahn
MEPC	Middle East Propulsion Company mit Sitz in Saudi-Arabien; Unternehmen, das sich auf die Instandhaltung für Luftfahrtmotoren spezialisiert hat. Die Beteiligung von MTU Aero Engines soll zukünftig auch Module für das RB199-Triebwerk der Tornado-Kampflugzeuge und der EJ200-Triebwerke des Eurofighters der EADS einschließen
MIC	Military Industries Corporation; saudi-arabischer Hersteller bzw. Vertriebsfirma der in Lizenz gefertigten Kleinwaffen von Heckler & Koch, z. B. G36-Sturmgewehre, mit Sitz auf den Prince Sultan Military Camps (Al-Khardi-Arsenal)
MILAN	Missile d'infanterie léger antichar; Panzerabwehrwaffe
MKEK	auch MKE, Makina ve Kimya Endüstrisi Kurumu, H&K-Lizenznehmer mit Sitz in Ankara
MoU	Memorandum of Understanding
MRCA	Multi-Role Combat Aircraft, Mehrzweckkampfflugzeug, beispielsweise der Panavia Tornado oder der Eurofighter Typhoon; verwendbar z. B. als Luftüberlegensheitsjäger, Jagdaufklärer oder Jagdbomber
MRTT	Multi-Role Tanker Transport, Tank- und Transportflugzeug der EADS
MTU	Motoren- und Turbinen-Union, heute MTU Aero Engines mit Sitz in München sowie MTU Friedrichshafen, ein Tochterunternehmen der Tognum AG
NATO	North Atlantic Treaty Organisation, westliches Militärbündnis mit Sitz in Brüssel
NMI	Nordafrika Mittelostinitiative der Deutschen Wirtschaft mit Dialogcenter in Berlin

NVA	Nationale Volksarmee, die ehemaligen Streitkräfte der DDR
OAU	Organisation für Afrikanische Einheit, seit 2002 Afrikanische Union (AU)
OCCAR	Organisation Conjointe de Coopération en matiere d'ARmement, Organisation für die gemeinsame Rüstungszusammenarbeit auf europäischer Ebene
OECD	Organisation for Economic Co-operation and Development; Organisation für wirtschaftliche Zusammenarbeit und Entwicklung mit Sitz in Paris
ORL	Ohne Rüstung Leben; Friedensorganisation mit Sitz in Stuttgart
OSZE	Organisation für Sicherheit und Zusammenarbeit in Europa mit Sitz in Wien
OVCW	Organisationen zum Verbot chemischer Waffen mit Sitz in Den Haag
PcW	PricewaterhouseCoopers AG; Wirtschafts- und Beratungsgesellschaft mit Sitz in New York und 28 Standorten in Deutschland
PDS	Partei des Demokratischen Sozialismus; Nachfolgerin der SED (Sozialistische Einheitspartei Deutschlands) und Vorgängerpartei der heutigen Partei Die Linke
PKK	Partîya Karkerên Kurdistan, Arbeiterpartei Kurdistans
POF	Pakistan Ordnance Factories; Lizenznehmer und Exporteur zahlreicher H&K-Waffen
RABIT	Rapid Border Intervention Teams der Europäischen Agentur für die operative Zusammenarbeit an den Außengrenzen (FRONTEX) zur Flüchtlingsabwehr Europas
RAM	Rolling Airframe Missile, Flugabwehrsystem von RAM-Sys
RAMSyS	RAM-System GmbH; Gemeinschaftsunternehmen von Diehl Defence und der MBDA Deutschland mit Sitz in Ottobrunn
RIB e. V.	RüstungsInformationsBüro e. V.; Aktionsbüro und Archiv zum Waffenhandel mit Sitz in Freiburg i. Br.

RMMV	Rheinmetall MAN Military Vehicles; Joint Venture für militärische Radfahrzeuge
R&S	Rhode & Schwarz, auch RSD für Rhode & Schwarz Deutschland; Hersteller u. a. militärischer Messtechnik mit Sitz in München
SAG	Sammelausfuhrgenehmigung zur Ausfuhr von Waffen an mehrere Empfänger
SALW	Small Arms and Light Weapons; Kleinwaffen und Leichtwaffen
SFO	Serious Fraud Office; britische Strafverfolgungsbehörde mit Sitz in London
SIPRI	Stockholm International Peace Research Institute; Friedensforschungsinstitut mit Sitz in Stockholm
SMArt	SMArt® 155; Suchzünder-Munition für die Artillerie entwickelt von GIWS zur Punktzielbekämpfung
SPLA	Sudan People's Liberation Army; Volksbefreiungsarmee im Sudan
StGB	Strafgesetzbuch
SVI	Sicherheits- und Verteidigungsindustrie
TAI	Turkish Aerospace Industries, Inc.
tdh	terre des hommes, Kinderhilfswerk mit Sitz in Osnabrück
TDW	TDW Gesellschaft für verteidigungstechnische Wirksysteme; hundertprozentiges Tochterunternehmen der LFK GmbH mit Sitz in Schrobenhausen
TIVs	Trend-Indicator Values; Berechnungsfaktor von SIPRI zum Vergleich des Volumens von Rüstungsexporten und -importen von Staaten
TKMS	ThyssenKrupp Marine Systems; Deutschlands führender Werftenverbund mit Sitz in Hamburg
UAS / UAV	Unmanned Aerial System bzw. Unmanned Aerial Vehicle; unbemannte Plattformen, Drohnentechnik zur Aufklärung oder für den Bodenkampf
UN	United Nations, Vereinte Nationen; Weltfriedensorganisation mit Sitz in New York
UNDP	United Nations Development Programme; Entwicklungsprogramm der Vereinten Nationen

UNICEF	United Nations International Children's Emergency Fund; Kinderhilfswerk der Vereinten Nationen mit Sitz in New York
VAE	Vereinigte Arabische Emirate
VCD	Verkehrsclub Deutschland
ver.di	Vereinigte Dienstleistungsgewerkschaft; Mitgliedsorganisation des Deutschen Gewerkschaftsbundes
VPR	Verteidigungspolitische Richtlinien der Bundeswehr
VStGB	Völkerstrafgesetzbuch, u. a. Grundlage einer Strafanzeige gegen Heckler & Koch
WRI	War Resisters' International; Friedensorganisation mit Sitz in London
WTC	World Trade Center in New York, zerstört bei den Terroranschlägen vom 11. September 2001
WVO	Warschauer Vertragsorganisation; militärisches Bündnis der Ostblockstaaten mit Hauptquartieren in Moskau und Lemberg (von 1955 bis 1991), auch Warschauer Pakt
XM25	Individual Airburst Weapon System, Granatwaffe mit H&K-Beteiligung
ZKA	Zollkriminalamt in Köln
ZKI	Zollkriminalinstitut, von 1952 bis 1992 Vorgängerinstitution des ZKA
ZPS	Zentrum für politische Schönheit; Menschenrechts- und Künstlergruppe aus Berlin

Verzeichnis der Infokästen

Bildnachweis

Bibliografie

Bücher

Albrecht, Ulrich: *Die Wiederaufrüstung der BRD*, Köln 1974
Albrecht, Ulrich: *Die Wiederaufrüstung der Bundesrepublik*, Köln 1980

Bebermeyer, Hartmut (Hrsg.): *Deutsche Ausfuhrkontrolle 1992. Rechts- und Verfahrensvorschriften für den Export von Rüstungsgütern*, Bonn 1992
Bernard & Graefe Verlag (Hrsg.): *Handbuch der Bundeswehr und der Verteidigungsindustrie 1997*, Bonn 1997
Bernard & Graefe Verlag (Hrsg.): *Handbuch der Bundeswehr und der Verteidigungsindustrie 2009/2010*, Bonn 2009
Bernard & Graefe Verlag (Hrsg.): *Handbuch der Bundeswehr und der Verteidigungsindustrie 2011/2012*, Bonn 2011
Bickerich, Wolfram: *Franz Josef Strauß. Die Biographie*, Düsseldorf 1996
Budzinski, Manfred (Hrsg.): *Minen, Mörser, Maschinengewehre. Kleine und leichte Waffen – eine große Herausforderung für den Weltfrieden*, Evangelische Akademie Bad Boll 2005
Bülow, Andreas von: *Im Namen des Staates. CIA, BND und die kriminellen Machenschaften der Geheimdienste*, München 1998
Bremische Stiftung für Rüstungskonversion und Friedensforschung u. a. (Hrsg.): *Rüstungsstandort Bremen: »Erlebnisland als Lieferant der Zutaten für Kriege«*, Bremen 2009
Brzoska, Michael: *Die Rüstungsexportpolitik der sozialliberalen Regierungen 1969–1982*, Stockholm/Hamburg 1984
BUKO-Kampagne »Stoppt den Rüstungsexport« (Hrsg.): *Händler des Todes. Bundesdeutsche Rüstungs- und Giftgasexporte im Golfkrieg und nach Libyen*, Frankfurt a. M. 1989
Bundeskongress entwicklungspolitischer Aktionsgruppen (BUKO) und Junge Europäische Föderalisten (JEF) (Hrsg.): *Südfrüchte aus Oberndorf. Der Reader zum Film*, Bonn 1986

Coll, Steve: *Die Bin Ladens. Eine arabische Familie*, München 2008
EADS Corporate Communications: *10 Steps Beyond. The Years of Achievement*, München ohne Datumsangabe

Engelmann, Bernt: *Schwarzbuch Helmut Kohl. Wie alles begann*, Göttingen 2000
Erler, Gernot: *Das Versagen nach 9/11. Mit besseren Strategien gegen den Terror*, Hamburg 2011

Feinstein, Andrew: *Waffenhandel. Das globale Geschäft mit dem Tod*, Hamburg 2012
Fischer, Joschka: *Die rot-grünen Jahre. Deutsche Außenpolitik – vom Kosovo bis zum 11. September*, Köln 2007
Fischer, Joschka: *»I am not convinced«. Der Irak-Krieg und die rot-grünen Jahre*, Köln 2011
Friederichs, Hauke: *Bombengeschäfte. Tod Made in Germany*, St. Pölten – Salzburg – Wien 2012

Graduate Institute of International and Development Studies: *Small Arms Survey 2011*, Genf 2011

Grässlin, Jürgen: *Abgewirtschaftet?! Das Daimler-Desaster geht weiter*, München 2007

Grässlin, Jürgen: *Daimler-Benz. Der Konzern und seine Republik*, München 1995

Grässlin, Jürgen: *Das Daimler-Desaster. Vom Vorzeigekonzern zum Sanierungsfall?*, München 2005

Grässlin, Jürgen: *Den Tod bringen Waffen aus Deutschland. Von einem, der auszog, der Rüstungsindustrie das Fürchten zu lehren*, München 1994

Grässlin, Jürgen: *Jürgen E. Schrempp. Der Herr der Sterne*, München 1998

Grässlin, Jürgen: *Lizenz zum Töten. Wie die Bundeswehr zur internationalen Eingreiftruppe gemacht wird*, München 1997

Grässlin, Jürgen: *Versteck dich, wenn sie schießen. Die wahre Geschichte von Samiira, Hayrettin und einem deutschen Gewehr*, München 2003

Helmut-Michael-Vogel Bildungswerk der DFG-VK Bayern, Bertha-von-Suttner-Stiftung der DFG-VK, Initiative gegen Rüstung am Bodensee, Kampagne gegen Rüstungsexport, c/o Ohne Rüstung Leben, Konstanzer Friedensinitiative und AWC Deutschland e. V. (Hrsg.): *Diehl – Porträt einer deutschen Waffenfabrik*, München 2012

Hummel, Hartwig: *Sayonara Rüstungsexporte. Die Beschränkung des Rüstungsexports in Japan als friedenspolitisches Modell*, Tübingen 1990

Internationale Kampagne gegen Landminen (Hrsg.): *Das Bild der Welt als kontrollierter Explosivkörper*, Frankfurt 1993

IPPNW (Hrsg.): Body Count: *Opferzahlen nach 10 Jahren »Krieg gegen den Terror« Irak Afghanistan Pakistan*, Berlin 2012

Jane's Infantry Weapons 2011–2012, Coulsdon, Surrey, 2011

Kersten, Manfred und Walter Schmid: *Heckler & Koch. Die offizielle Geschichte der Oberndorfer Firma Heckler & Koch*, Wuppertal 1999

Knopp, Guido: *Kanzler. Die Mächtigen der Republik*, München 1999

Kohl, Helmut: *Erinnerungen 1982–1990*, München 2005

Kohl, Helmut: *Mein Tagebuch 1998–2000*, München 2000

Kurdistan Komitee in der BRD e. V. (Hrsg.): *Völkermordanzeige gegen Bundesdeutsche staatliche Stellen wegen Unterstützung des Völkermordes am kurdischen Volk*, Köln 1993

Leyendecker, Hans, und Richard Rickelmann: *Exporteure des Todes. Deutscher Rüstungsskandal in Nahost*, Göttingen 1990

Mettelsiefen, Marcel, und Christoph Reuter: *Kunduz, 4. September 2009. Eine Spurensuche*, Berlin 2010

Morgenrath, Birgit, und Gottfried Welmer: *Deutsches Kapital am Kap. Kollaboration mit dem Apartheidregime*, Hamburg 2003

Nielebock, Thomas (Hrsg.): *Rüstungsexport. Analysen Daten Stellungnahmen*, Tübingen 1984

Owen, Mark: *No easy Day. The Autobiography of a Navy Seal*, New York 2012

Perdelwitz, Wolf, und Hasko Fischer: *Waffenschmiede Deutschland. Das Bombengeschäft*, Hamburg 1984

Reuter, Edzard: *Schein und Wirklichkeit. Erinnerungen*, Berlin 1998
Rose, Jürgen: *Ernstfall Angriffskrieg. Frieden schaffen mit aller Gewalt?*, Hannover 2009

Sadlowski, Manfred (Hrsg.): *Handbuch der Bundeswehr und der Verteidigungsindustrie 1999*, Bonn 1999
Schrempp, Jürgen: *Jürgen E. Schrempp Interviews 1989–1993*, ohne Angaben zum Verlag und Jahr
Schröder, Gerhard: *Entscheidungen. Mein Leben in der Politik*, Hamburg 2006
Stadt Oberndorf a. N. (Hrsg.): *Geschichte der Stadt Oberndorf am Neckar, Band 2 – Vom Übergang an Württemberg bis heute*, Oberndorf a. N. 2006
Seifert, Thomas, und Klaus Werner: *Schwarzbuch Öl. Eine Geschichte von Gier, Krieg, Macht und Geld*, Frankfurt am Main, Wien und Zürich 2006
Stockholm International Peace Research Institute: *SIPRI Yearbook 2011. Armaments, Disarmament and International Security*, Oxford New York 2011 (und zahlreiche weitere Jahrbücher voriger Jahre)

Wette, Wolfram: *Militarismus in Deutschland. Geschichte einer kriegerischen Kultur*, Frankfurt 2008

Zumach, Andreas: *Argumentationshilfe Stoppt den Waffenhandel*, Idstein 2013
Zumach, Andreas: *Die kommenden Kriege. Ressourcen, Menschenrechte, Machtgewinn – Präventivkrieg als Dauerzustand?*, Köln 2007

Artikel, Beiträge, Berichte, Fachzeitschriften, Jahres- und Geschäftsberichte, Gesetzestexte

Amnesty International: *Arms Transfers to the Middle East and Northafrica. Lessons for an Effective Arms Trade Treaty*, London 2011
AMNESTY INTERNATIONAL REPORT 2012, Frankfurt am Main 2012
AMNESTY INTERNATIONAL REPORT 2011, Frankfurt am Main 2011
AMNESTY INTERNATIONAL REPORT 2010, Frankfurt am Main 2010
AMNESTY INTERNATIONAL REPORT 2009, Frankfurt am Main 2009
AMNESTY INTERNATIONAL REPORT 2008, Frankfurt am Main 2008
amnesty international Jahresbericht 2007, Frankfurt am Main 2007
amnesty international Jahresbericht 2006, Frankfurt am Main 2006
(und vorhergehende Jahrgänge)

Bundesregierung (Hrsg.): *Bericht der Bundesregierung über ihre Exportpolitik für konventionelle Rüstungsgüter im Jahr 2011* vom 14. November 2012 (Rüstungsexportbericht 2011)

Bundesregierung (Hrsg.): *Bericht der Bundesregierung über ihre Exportpolitik für konventionelle Rüstungsgüter im Jahr 2010* vom 7. Dezember 2011 (Rüstungsexportbericht 2010)

Bundesregierung (Hrsg.): *Bericht der Bundesregierung über ihre Exportpolitik für konventionelle Rüstungsgüter im Jahr 2009* vom 15. Dezember 2010 (Rüstungsexportbericht 2009) (und vorhergehende Jahrgänge 2009, 2008, 2007, 2006, 2005, 2004, 2003, 2002, 2001, 2000 und 1999)

Connection e. V. (Hrsg.): *Waffenexporte ins südliche Afrika. Ein Geschäft mit dem Tod*, Offenbach 2011

Cremer, Dr. Hendrik, im Auftrag des Deutschen Bündnisses Kindersoldaten: *Schattenbericht Kindersoldaten 2013, Schattenbericht im Rahmen des Staatsberichtsverfahrens zum Übereinkommen über die Rechte des Kindes und zum Fakultativprotokoll betreffend die Beteiligung von Kindern an bewaffneten Konflikten*. Deutsches Bündnis Kindersoldaten, Rautenberg Januar 2013.

Dachverband Kritische AktionärInnen DaimlerChrysler (Hrsg.): *Schatten des Sterns 2004*, Stuttgart 2004

Diehl Geschäftsbericht 2011

Dean, Sidney E.: »Granatwaffe XM25. Deutsche Technologie für die US-Army«, *Europäische Sicherheit & Technik* 4/2011

Deckert, Roman: »Der letzte König von Schottland und die Braut des deutschen Soldaten«, DAKS *Kleinwaffen Newsletter* März 2007

Deutsches Aktionsnetz Kleinwaffen Stoppen, DAKS, und RüstungsInformationsBüro, RIB e. V. (Hrsg.): *Kleinwaffen Newsletter* März 2007

Financial Statement EADS 2011

Geschäftsbericht EADS: *Fortschritt, Innovation, Wandel. Das Unternehmen im Jahr 2011*

Geschäftsbericht EADS: *Flug in die Zukunft. Das Unternehmen im Jahr 2010*

Geschäftsbericht EADS: *Welten verbinden. Das Unternehmen im Jahr 2009*

Geschäftsbericht EADS: *Geschäftsverlauf, rechtliche Struktur und Unternehmensverantwortung 2007*, Registrierungsdokument Teil 2

Geschäftsbericht EADS: *Geschäftsverlauf, rechtliche Struktur und Unternehmensverantwortung 2006*, Registrierungsdokument Teil 2

Geschäftsbericht EADS: *Einblick. Das Unternehmen im Jahr 2006*

Geschäftsbericht EADS: *Zu neuen Höhen. Beschreibung des Geschäftsverlaufs und der rechtlichen Struktur 2003*, S. 26

Geschäftsbericht 2011 der Daimler AG: *Innovation und Wachstum*, Stuttgart 2012

Geschäftsbericht Rheinmetall AG 2011

Geschäftsbericht Rheinmetall AG 2010

Geschäftsbericht 2010 der Tognum AG: *Motoren treiben uns an*, Friedrichshafen 2011

Gemeinsame Konferenz Kirche und Entwicklung, GKKE (Hrsg.): *Rüstungsexportbericht 2012 der GKKE,* vorgelegt von der GKKE-Fachgruppe Rüstungsexporte; Vorabdruck für die Bundespressekonferenz am 10. Dezember 2012 in Berlin (GKKE-Rüstungsexportbericht 2012)

Gemeinsame Konferenz Kirche und Entwicklung, GKKE (Hrsg.): Rüstungsexportberichte 2011, 2010, 2009, 2008, 2007, 2006, 2005, 2004, 2003, 2002, 2001, 2000, 1999, 1998, 1997, Berlin und Bonn

Grässlin, Jürgen: »Gerechtigkeit für Kleinwaffenopfer – Gedanken und Anregungen«, in: Manfred Budzinski (Hrsg.): *Minen, Mörser, Maschinengewehre. Kleine und leichte Waffen – eine große Herausforderung für den Weltfrieden,* Evangelische Akademie Bad Boll 2005, S. 145 ff.

Grässlin, Jürgen: »Heckler & Kochs Weg zu einem Weltmarktführer«, in: Manfred Budzinski (Hrsg.): *Minen, Mörser, Maschinengewehre. Kleine und leichte Waffen – eine große Herausforderung für den Weltfrieden,* Evangelische Akademie Bad Boll 2005, S. 121 ff.

Grässlin, Jürgen: »Vom Ende eines Weichziels in der Minen-Killbox«, in: Internationale Kampagne gegen Landminen (Hrsg.): *Das Bild der Welt als kontrollierter Explosivkörper,* Frankfurt 1993, S. 50 ff.

Koordinierungskreis der Aktion »Entrüstet Daimler 1995« (Hrsg.): *SchattenBericht '95 The Global Play,* Stuttgart 1995

Ohne Rüstung Leben (Hrsg.): *kompakt Deutsche Rüstungsexporte nach Saudi-Arabien,* Stuttgart 2011

Politische Grundsätze der Bundesregierung für den Export von Kriegswaffen und sonstigen Rüstungsgütern vom 19. Januar 2000

Politische Grundsätze der Bundesregierung für den Export von Kriegswaffen und sonstigen Rüstungsgütern vom 28. April 1982

Politische Grundsätze der Bundesregierung für den Export von Kriegswaffen und sonstigen Rüstungsgütern vom 16. Juni 1971

Report Verlag GmbH (Hrsg.): *UAV Unmanned Aerial Vehicles Unbemannte Luftfahrzeuge,* Wehrtechnischer Report 5/2007

Rothbauer, Holger: »Rechtliche Grundlagen für den Export von Kleinwaffen aus der Bundesrepublik Deutschland«, in: Manfred Budzinski (Hrsg.): *Minen, Mörser, Maschinengewehre. Kleine und leichte Waffen – eine große Herausforderung für den Weltfrieden,* Evangelische Akademie Bad Boll 2005, S. 108 ff.

ThyssenKrupp AG Geschäftsbericht 2010/2011: *Im Zentrum der Innovationen*

ThyssenKrupp AG Geschäftsbericht 2011/2012: ING. Ingenieurskunst.

»Verhaltenskodex der Europäischen Union für Waffenausfuhren« *(Code of Conduct)* vom 8. Juni 1998

Firmen- und Waffenregister

623

624